91 In precedenti ca° audiuimus de eterna comparacione
naturae
Consequenter audiamus de bonorum et malorum premiis
Deus noster clementissimus et in collacione beneficiorum

Mario Müller

Verletzende Worte

Hildesheimer Universitätsschriften

herausgegeben von der Universitätsbibliothek Hildesheim

Band 33

Mario Müller

Verletzende Worte

Beleidigung und Verleumdung in Rechtstexten
aus dem Mittelalter und aus dem 16. Jahrhundert

Zweite überarbeitete Auflage

UV | O

Universitätsverlag Hildesheim | Georg Olms Verlag
Hildesheim | Hildesheim · Zürich · New York

2022

Mario Müller

Verletzende Worte

Beleidigung und Verleumdung in Rechtstexten aus dem Mittelalter und aus dem 16. Jahrhundert

Zweite überarbeitete Auflage

UV | O

Universitätsverlag Hildesheim
Hildesheim

Georg Olms Verlag
Hildesheim · Zürich · New York

2022

Diese Publikation entstand in Zusammenarbeit von Georg Olms Verlag
und Universitätsverlag der Stiftung Universität Hildesheim.

Die Deutsche Nationalbibliothek verzeichnet diese Publikation in der Deutschen
Nationalbibliografie; detaillierte bibliografische Daten sind im Internet
über http://dnb.d-nb.de abrufbar.

Zweite überarbeitete Auflage 2022
Die erste Auflage erschien 2017.

Gedruckt auf säurefreiem, alterungsbeständigem Papier
Redaktion und Satz: Jan Schönfelder
Umschlaggestaltung: Inga Günther, Hildesheim
Umschlagabbildung: Nachweis auf S. 85, Abbildung 3

Printed in Germany

ISSN 1433-5999
ISBN 978-3-487-31218-7

Dieser Titel steht auch als elektronische Publikation
im Internet kostenfrei (Open Access) zur Verfügung: http://dx.doi.org/10.18442/hus-33

Ad perpetuam rei memoriam

Prof. Dr. Volker Honemanns

(1943–2017)

Vorwort und Dank zur zweiten Auflage

Die gedruckte Erstauflage dieses Buches war im Herbst 2021 nach nicht einmal vier Jahren vergriffen und die parallel erschienene elektronische Publikation ist mit knapp 7.000 Downloads (Stand vom 24. April 2022) ein inzwischen viel gelesenes Werk geworden. Sowohl der Georg Olms Verlag als auch der Universitätsverlag Hildesheim ermöglichten es mir, eine zweite, überarbeitete und erweiterte Auflage zu veröffentlichen. Dafür gilt beiden Verlagen mein herzlicher Dank.

Ich ergänzte vor allem in den Kapiteln C und E Ergebnisse aus der jüngeren Forschungsliteratur und korrigierte dort, wo es notwendig geworden war. Auch die Zahl der untersuchten Rechtstexte aus dem Mittelalter und der Frühen Neuzeit stieg im Vergleich zur ersten Auflage von knapp 200 auf nun 231 an. Für die daraus resultierende Überarbeitung der umfangreichen Register danke ich besonders Thao-My Chau, Lisa Jahnz, Johanna M. Jung, Melissa Mohring und Mascha Thürsam.

Es freut mich sehr, dass mit den inhaltlichen Veränderungen auch typografische einhergehen konnten. Jan Schönfelder vom Universitätsverlag Hildesheim – dem ich zu großen Dank verpflichtet bin – führte den ansprechenden und aufwendigen Umbruch dieses Buches aus. Es kamen fünf neue Abbildungen hinzu und auch Marginalien. Diese erleichtern mit den 215 im Sachregister zusammengetragenen Stichworten die Orientierung im Buch. Die Titel der Quellentexte blieben wie bereits in der Erstauflage durch Kursive im Text ausgezeichnet.

Mario Müller

Hildesheim, im April 2022

Vorwort und Dank zur ersten Auflage

Die vorliegende Arbeit ist motiviert durch ein ehrgeizig konzeptioniertes Projekt aus der Zeit meines Promotionsstipendiums am Internationalen Graduiertenkolleg «Politische Kommunikation von der Antike bis ins 20. Jahrhundert», angesiedelt an den Universitäten Frankfurt am Main, Innsbruck, Trient, Bologna und Pavia. Eine Gruppe von Kollegiatinnen und Kollegiaten hatte sich zum Ziel gesetzt, die Phänomene «Verleumdung» und «Beleidigung» epochenübergreifend auf der Grundlage eines gemeinsam erarbeiteten Fragekatalogs zu erarbeiten. Obwohl das Vorhaben trotz fortgeschrittener Ergebnisse keinen Abschluss fand, hat es mich nicht mehr losgelassen, weshalb ich die Arbeit an dem mittelalterlichen Teil, für den ich mich verpflichtet hatte, Jahre später wiederaufnahm und für die vorliegende Studie ausweitete und einer umfassenderen Fragestellung unterwarf. Das Ergebnis dieses Prozesses wurde im Sommersemester 2012 an der Philosophischen Fakultät der Technischen Universität Chemnitz als Habilitationsschrift mit dem Titel «Verletzende Worte. Die Tatbestände Beleidigung und Verleumdung in mittelalterlichen und frühneuzeitlichen Rechtstexten 500–1600» zur Erlangung des akademischen Grades PD Dr. phil. eingereicht. Mit Erteilung der Venia Legendi für die Fächer Geschichte des Mittelalters und Geschichte der Frühen Neuzeit im Januar 2013 wurde das Habilitationsverfahren abgeschlossen; die Arbeit an der Habilitationsschrift prämierte der Chemnitzer Universitätsrektor «auf Grund besonderer persönlicher Leistungen in der Forschung». Für die Veröffentlichung wurde das Manuskript überarbeitet und um mehrere Literaturempfehlungen ergänzt.

Im Verlauf der mehrjährigen Arbeit an dieser Studie wurde mir viel Rat und Unterstützung zuteil. Mein erster Dank gilt Herrn Prof. Dr. phil. Gerhard Dohrn-van Rossum, der als Inhaber der Professur für Geschichte des Mittelalters und der Frühen Neuzeit an der Universität Chemnitz meine Forschung stetig begleitete, mir Zeit und Gelegenheit gab, diese Studie voranzutreiben: Lieber Gerhard, herzlichen Dank für deine stetige Unterstützung und Ermutigung! Er sowie die Herren Professoren Dr. phil. Stefan Pfeiffer und Dr. iur. Heiner Lück von der Martin-Luther-Universität Halle-Wittenberg übernahmen die Begutachtung meiner Arbeit und gaben mir hilfreiche Hinweise für die nachträgliche Überarbeitung des Manuskriptes; dafür danke ich ihnen im Besonderen.

Im Jahr 2011 erhielt ich die Gelegenheit, als Herzog-Ernst-Stipendiat (Postdoc) der Fritz Thyssen Stiftung an der Forschungsbibliothek Gotha zu arbeiten, unter anderem auf der Suche nach Bildmotiven zu meinem Untersuchungsgegenstand. Von den zahlreichen Personen, die mich in Gotha unterstützten, bedanke ich mich stellvertretend und vor allem bei Frau Cornelia Hopf, die mir als Leiterin der Handschriftenabteilung mit Rat und Tat beiseite stand; der Fritz Thyssen Stiftung bin ich für die Finanzierung meines Gothaer Aufenthalts zu Dank verpflichtet. Den ehemaligen Kollegiatinnen und Kollegiaten des Internationalen Graduiertenkollegs, meinem Doktorvater Herrn Prof. Dr. phil. Josef Riedmann (Leopold-Franzens-Universität Innsbruck), Frau Dr. iur. Oda Cordes (Berlin), Herrn Richter Alexander Rädke (Niedersächsisches Oberverwaltungsgericht Lüneburg), Frau Dr. phil. Gunhild Roth (Berlin) und Herrn Prof. Dr. phil. Volker Honemann (†) danke ich für zahlreiche Anregungen und Hinweise.

Mein letzter Dank gilt dem Georg Olms Verlag und dem Universitätsverlag Hildesheim für die sorgfältige redaktionelle Betreuung und die Aufnahme meiner Arbeit in die Reihe «Hildesheimer Universitätsschriften» sowie der Universitätsgesellschaft Hildesheim e. V. für die anteilige Übernahme des Druckkostenzuschusses.

Mario Müller

Hildesheim, im Februar 2017

Inhaltsverzeichnis

KAPITEL A
Einleitung

1. Aufgabenstellung, Quellengrundlage, Forschung

«Verletzende Worte» ist der Haupttitel eines bereits im Jahr 2007 von Steffen Kitty Herrmann, Sybille Krämer und Hannes Kuch herausgegebenen Bandes. Sie warfen einen philosophisch begründeten performativen Blick auf Sprache und Gewalt mit den zwei Schwerpunkten «symbolische Verletzbarkeit» und «die Grammatik der sprachlichen Gewalt». In den darin versammelten Beiträgen werden ganz unterschiedliche Phänomene auf der Grundlage gegenwärtiger Beobachtungen und Analysen beleuchtet, so zum Beispiel die Verletzungsmacht der Sprache, Akte der Degradierung, der Gesichtsverlust durch sprachliche Gewalt, Funktionsweisen diskriminierender Sprechakte, die Körperkraft des Sprechens, die Dichotomie von Verständigung und Gewalt und anderes mehr. In vielen dieser Beiträge wird eine Antwort darauf gesucht, was «missachtende Worte überhaupt verletzen können» und wogegen sie sich richten: «Gegen unsere Ehre? Unsere Identität? Unseren Körper?». Damit öffneten die Herausgeber einen großen Untersuchungsraum, in dem die vielschichten Dimensionen sprachlicher Gewalt angesprochen werden und vor allem zeigen sie die aktuelle Relevanz und mehr noch die Brisanz ihres Themas auf.

Auch in der 1000-jährigen Geschichte des Mittelalters ist die sprachliche Gewalt verletzender Worte fortwährend präsent; sie spiegelt sich in politisch schwierigen Begebenheiten wider, über sie wird in historiografischen Quellen berichtet, sie bildet in literarischen Werken den Plot der Erzählung und nicht zuletzt können wir sie in zahlreichen Rechtstexten aufspüren. Rechtsgelehrte, Dichter, Philosophen und Theologen widmeten Beleidigungen und Verleumdungen – um die es als Teilmenge sprachlicher Gewalt in dieser Studie gehen soll – viel Aufmerksamkeit. Sie sinnierten über ihre fragwürdigen moralischen Hintergründe und Folgen und empfahlen Verfahren zu ihrer Vermeidung und Sanktionierung. So überrascht es nicht, dass sowohl Beleidigungen als auch Verleumdungen als Tatbestände im weltlichen und kirchlichen Straf- und Zivilrecht behandelt wurden.

1.1 Aufgabenstellung

Die Vielfalt der in den jeweiligen Rechtstexten beschriebenen oder doch zumindest angedeuteten Tatbestandsmerkmale überwältigt und entzieht sich einer übergreifenden Definition. Vor allem die begriffliche Mehrdeutigkeit in den lateinischen und deutschen Texten des Mittelalters stellen uns vor das Problem, die Tatbestände nicht immer genau fassen zu können, denn Legaldefinitionen kennen diese Rechtstexte im Zusammenhang mit den thematisierten Untersuchungsgegenständen nicht. Ungeachtet dessen wird es ein Ziel dieser Studie sein, die jeweiligen Begrifflichkeiten und ihre Kontexte so aufzuarbeiten, dass wir eine möglichst genaue Vorstellung von ihnen erhalten. Dafür werden als gedankliches Modell die bekannten Tatbestandsbeschreibungen aus dem gegenwärtig gültigen deutschen Strafrecht hinzugezogen. Dass damit ein anachronistischer Weg mit einer Reihe von Gefahren für eine überzeugende Interpretation beschritten wird, liegt auf der Hand. Diese Gefahren können mit Blick auf andere Herangehensweisen in Kauf genommen werden, weil es sinnvoller erscheint, von begrifflich Bekanntem auszugehen und dies am jeweiligen historischen Text zu modifizieren bzw. gegebenenfalls zu verwerfen, als zum Beispiel eine nicht überschaubare und kaum zu interpretierende Sammlung von Begriffen vorzustellen, wie es zum Beispiel der renommierte und verdiente Rechtshistoriker Rudolf His (1870–1938) vor knapp neun Jahrzehnten und ihm folgend viele andere getan haben.[1] In neueren Beiträgen wird das Problem, wie die mittelalterlichen Tatbestände der Beleidigung zu klassifizieren und zu beschreiben wären, zum Teil als Marginale behandelt, beispielsweise im Artikel «Beleidigung» aus der zweiten Auflage des «Handwörterbuchs zur deutschen Rechtsgeschichte» (erschienen 1998): Dort wird Beleidigung als ein «Angriff auf die Ehre »qualifiziert und mit Bezug auf die Einführung neuer Beweismittel im Verfahrensrecht des 11. Jahrhunderts darauf verwiesen,[2] dass es «noch ein langer Weg bis zur endgültigen Ehre

1 His, Rudolf: Das Strafrecht des deutschen Mittelalters, Bd. 2: Die einzelnen Verbrechen. Weimar 1935 (ND Aalen 1964), S. 104–140.

2 Zu diesen Beweismitteln (Zeugenbeweis, Zeugeneid, Reinigungseid, Ordale, freiwilliges Geständnis, Urkundenbeweis) siehe Plöchl, Willibald M.: Geschichte des Kirchenrechts, Bd. 1: Das Recht des ersten christlichen Jahrtausends. Von der Urkirche bis zum großen Schisma, 2., erweiterte Aufl. Wien · München 1960, S. 419–421.

begrifflichen Unterscheidung der beiden Delikte Beleidigung und Verleumdung» gewesen sei.[3] Ein überzeugender Beitrag zu den mittelalterlichen Merkmalen der Tatbestände Beleidigung und Verleumdung wurde noch nicht vorgelegt. Für die nachfolgende Herangehensweise bedeutet dies, zu Beginn der Arbeit keine verbindliche und unter Umständen ausgrenzende quellenbasierte Definition der Untersuchungsgegenstände anzubieten. Diese wird erst innerhalb der ersten Kapitel Schritt für Schritt erarbeitet, um hinreichend auf die zum Teil problematischen historischen Kontexte aufmerksam machen zu können.

Trotz mehrerer solider Studien zu Beleidigungen und Verleumdungen stehen bis heute noch keine Überblicksdarstellungen für diese Untersuchungsgegenstände zur Verfügung, in denen die kirchlichen und weltlichen Rechtstexte des Mittelalters gleichermaßen und ihre Wechselwirkungen über einen Zeitraum von einem Jahrtausend berücksichtigt worden wären. Mit vorliegender Arbeit soll versucht werden, diese Lücke für den Zeitraum von ca. 500 bis 1500 (mit einigen weiterführenden Beobachtungen zum 16. Jahrhundert) zu schließen. Natürlich ist dieses Vorhaben innerhalb eines angemessenen Arbeitsaufwandes nur mit einigen, die Untersuchungsgegenstände eingrenzenden Einschränkungen zu realisieren. So ist es mit Blick auf die Quellenlage nötig, Untersuchungsräume und Textgattungen auszuwählen, die zielführende Zusammenhänge aufweisen. Im Mittelpunkt der Studie stehen Texte des kirchlichen und profanen Rechts wie zum Beispiel Leges, Kapitularien, Dekretalen, Konzils- und Synodalbeschlüsse, Landfrieden und Rechtsbücher. Pönitentiaren, Weistümer, Amtsbücher, Gerichtsakten, historiografische Schriften, theologische Traktate und auch Buchillustrationen werden gelegentlich zur Erörterung und Vertiefung bestimmter historischer Entwicklungen mit herangezogen; sie bilden jedoch nicht den Hauptbestandteil des zugrundeliegenden Quellenkorpus.[4] Während mit dem Corpus Iuris Civilis, den frühmittelalterlichen Leges, Kapitularien, Pönitentiaren sowie Konzils- und Synodalbeschlüssen Quellen aus mehreren Königreichen und Bistümern des christlichen Abend-

Landfrieden

3 Lieberwirth, Rolf: Art. Beleidigung, in: Handwörterbuch zur deutschen Rechtsgeschichte, hg. von Albrecht Cordes · Heiner Lück · Dieter Werkmüller · Ruth Schmidt-Wiegand, Bd. 1. Berlin ^{2}2008, Sp. 514–516.

4 Siehe den Gesamtbestand der zusammengetragenen Rechtsquellen im Anhang des Bandes «Verzeichnis der verwendeten Quellentexte», S. 478–486.

landes (insbesondere aus dem fränkischen Herrschaftsraum und Italien) herangezogen werden, wird der Untersuchungsraum nach der Auflösung des Frankenreiches mit wenigen Ausnahmen auf Rechtstexte eingeschränkt, die im deutschen Sprachraum entstanden sind bzw. dort Geltung und Einfluss besaßen (Dekretalen werden somit eingeschlossen). Die Rezeption des römischen Rechts und kirchenrechtlicher Normen sowie die durch die jeweiligen Herrscher angestrebte Herrschaftstradition des römischen Kaisertums im Frankenreich und Deutschland verbinden die Untersuchungsräume miteinander. In welchem Maß sie Einfluss auf die regionalen und lokalen Rechtsgewohnheiten nahmen, wird sich im Verlauf dieser Arbeit zeigen.

Römisches Recht

In Anlehnung an das Corpus Iuris Civilis werden Beleidigungen vom späten Mittelalter bis zum 19. Jahrhundert «Injurien» genannt. Mit Bezug auf das zu schützende Rechtsgut ist in der gegenwärtigen historischen Forschung hingegen in der Regel von Ehrverletzungen statt von Injurien die Rede. In dieser Arbeit werden wir den Begriff «Injurie» alternativ zu den gegenwärtigen Gepflogenheiten verwenden, weil in den mittelalterlichen Rechtstexten nicht allein die Ehre einer Person als zu schützendes Rechtsgut thematisiert wurde.[5]

Ehre

Die Injurien werden in reale (tätliche), verbale und schriftlich verbreitete (Schmähschriften und Ähnliches)[6] unterschieden; nur wenige Rechtstexte des Untersuchungszeitraumes führen explizit

5 Siehe hierzu in der Einleitung, Abschnitt 2.3 Rechtsgüter, S. 45–51.

6 Einschlägig zu Schmähschriften, Scheltbriefen und Pasquillen: Hupp, Otto: Scheltbriefe und Schandbilder. Ein Rechtsbehelf aus dem 15. und 16. Jahrhundert. München · Regensburg 1930. – Bauer, Martin: Die «gemain sag» im späten Mittelalter. Studien zu einem Faktor mittelalterlicher Öffentlichkeit und seinem historischen Auskunftswert. Inaugural-Diss. Erlangen-Nürnberg 1981, hier S. 149–164. – Schmidt, Günter: Libelli famosi. Zur Bedeutung der Schmähschriften, Scheltbriefe und Pasquille in der deutschen Rechtsgeschichte. Köln 1985. – Müller, Ulrich: Art. Schmähdichtung [II. Deutsche Literatur], in: Lexikon des Mittelalters, hg. von Robert-Henri Bautier u. a., Bd. 7. München 1995 (ND München 2002), Sp. 1499. – Lentz, Matthias: Konflikt, Ehre, Ordnung. Untersuchungen zu den Schmähbriefen und Schandbildern des späten Mittelalters und der frühen Neuzeit (ca. 1350 bis 1600), mit einem illustrierten Katalog der Überlieferung. Hannover 2004. – Siegemund, Jan: unrechtliche peinliche schmehung oder dem gemeinen nutz nuetzlich? Eine Fallstudie zur Normkonkurrenz im Schmähschriftprozess des 16. Jahrhunderts, in: Das Mittelalter 25 (2020), S. 135–149.

auch gestische Beleidigungen[7] an. Schmähschriften werden im verwendeten Quellenkorpus fast ausnahmslos als ein gesonderter Tatbestand behandelt, während Verbal- und Realinjurien oft im Zusammenhang dargestellt werden. Dennoch wird hier von einer eingehenden Untersuchung der Realinjurien abgesehen, weil es sich bei ihnen um einen eigenen Tatbestand handelt. In den Rechtstexten wird das vor allem deutlich in der Höhe des Strafmaßes und durch die häufig fließende Grenze zwischen Realinjurien und anderen Delikten der Körperverletzung. Das zu schützende Rechtsgut bei einer Realinjurie ist nicht nur die Ehre wie bei der Beleidigung durch Wort und Schrift, sondern auch die leibliche Unversehrtheit. Insofern bestehen beim Vergleich der Tatbestandsmerkmale dieser Form der Beleidigung und den Verbrechen an Leib und Leben zahlreiche Übereinstimmungen. Dieser Umstand zieht Konsequenzen in der methodischen Herangehensweise nach sich. Für die Analyse der Grundlagen zur Sanktionierung von Realinjurien müssten die rechtlichen Bestimmungen zu Delikten an Leib und Leben vergleichend herangezogen werden, um im darauf folgenden Schritt eine überzeugende Systematisierung der Einzeltatbestände vorlegen zu können. Das soll im Rahmen dieser Studie nicht geleistet werden.

Realinjurien

Ehre
Leibliche Unversehrtheit

Die in den Rechtstexten am meisten besprochenen Injurien sind die verbalen Beleidigungen und beleidigenden Verleumdungen. Diese beiden Tatbestände der Verbalinjurie, die im gegenwärtigen Strafrecht noch differenzierter behandelt werden, bilden die zwei Hauptgegenstände der vorliegenden Untersuchung. Aus diesen Hauptgegenständen werden folgende ausgeschlossen:

Majestätsbeleidigung

- Majestätsbeleidigung (crimen laesae maiestatis). Sie konnte in Mittelalter und Früher Neuzeit nahezu jede mittelbare und unmittelbare Verletzung von Rechtsgütern der Obrigkeit oder deren Vertreter einschließen.
- Meineid bzw. falsches Zeugnis (falsum testimonium). Diese bilden einen eigenen, bereits im römischen Recht ausgeformten Tatbestand. Er ist unter anderem aufgrund seiner pro-

7 Einen knappen Problemaufriss zu «Schmähgesten in gerichtsnotorischen Konflikten des Alltags» in Spätmittelalter und Früher Neuzeit gibt Schwerhoff, Gerd: Invektive Hände. Schmähgesten im Spätmittelalter und in der Frühen Neuzeit, in: Handgebrauch. Geschichten von der Hand aus dem Mittelalter und der Frühen Neuzeit, hg. von Robert Jütte · Romedio Schmitz-Esser. Paderborn 2019, S. 211–233, hier S. 227–232.

zessrechtlichen Bedeutung auch in den frühmittelalterlichen Leges, in den karolingischen Kapitularien und den Rechten des späten Mittelalters und der Frühen Neuzeit zahlreich belegt.[8] Darüber hinaus konnte der Tatbestand Meineid auch auf ein gebrochenes oder verletztes Rechtsverhältnis zwischen Herrn und Gefolgschaft bzw. Lehnsherrn und Lehnsmann Anwendung finden. Überall dort, wo ein Eid zur Bekräftigung eines Rechtsgeschäftes zum Tragen kam, war der Meineid als Delikt des Eidbruchs anzutreffen.

- Gruppenbeleidigungen. Sie werden in den mittelalterlichen Rechtstexten selten als eigener Tatbestand behandelt, sondern meist in Privilegierungen aufgegriffen, zum Beispiel in Schutzprivilegien für Juden. Juden
- Grabschändungen bzw. (wie es in manchen Texten heißt) «Vergewaltigung» und «Verhöhnung» der Gräber.[9] Beide Tatbestände werden im Unterschied zur Beleidigung von Verstorbenen nicht behandelt.
- Zurückweisen oder Verhöhnen (Schelten) von Gerichtsurteilen und Anklagepunkten in einem Gerichtsverfahren. Klage Diese Tatbestände sind vor allem in spätmittelalterlichen Rechten eigens besprochen wurden und werden aufgrund ihrer spezifischen Situationsgebundenheit ausgeschlossen.
- Beim «Ansprechen der Ehe», einem Tatbestand, der bisher noch keinen treffenderen Namen erhalten hat, wurde verurteilt und bestraft, wer behauptete, «Unzucht» mit einer Sodomie ehrbaren Frau oder einem ehrbaren Mann begangen zu haben. Dieser Tatbestand tritt in den frühmittelalterlichen Leges und in zahlreichen deutschen Rechtsquellen des späten Mittelalters und der Frühen Neuzeit auf, weicht allerdings sowohl in seinen Merkmalen als auch in seinen Rechtsfolgen von Verbalinjurien ab.[10]

8 Die umfangreichste historische Belegstellensammlung bietet Liszt, Franz E. von: Meineid und falsches Zeugnis. Eine strafrechts-geschichtliche Studie. Wien 1876, S. 41–111 (hier vom frühen Mittelalter bis zur Carolina).

9 Damhouder, Joost de: Praxis rerum criminalium. Frankfurt am Main 1565 (VD16 D1084), cap. 109, Blätter 204v–205v.

10 Zu einer kurzen Beschreibung des Tatbestandes und Nachweisen zu den Quellen siehe His: Das Strafrecht des deutschen Mittelalters, Bd. 2 (1935), S. 132–135.

Blasphemie

- Als eigene Tatbestände werden auch Blasphemie, Verfluchen und Verwünschungen ausgeschieden.[11]

Mit Blick auf Lücken und Fehlurteile in der Forschung zum Injurienrecht[12] stellt sich diese Arbeit im Rahmen ihre Übersichtsdarstellung sechs thematischen Schwerpunkten:

Genugtuung

1. Bisher widmeten sich Studien zu Verbalinjurien in Mittelalter und Früher Neuzeit fast ausnahmslos nur einem Rechtsgebiet, entweder dem kanonischen oder dem profanen; kirchenrechtliche Studien konzentrierten sich in der Regel auf Bußbücher und die Modalitäten der Genugtuung in Kommentaren der Scholastiker. Diese Vernachlässigung verhinderte, die nicht zu übersehenden Zusammenhänge in der Entwicklung von profanem und kirchlichem Recht zu analysieren und die besondere Bedeutung der Theologen und Dekretisten für die profanen Rechte des späten Mittelalters herauszustellen. Deshalb werden diese Zusammenhänge vor allem für den relevanten Zeitraum vom 12. bis zum 14. Jahrhundert dargestellt.

Ehre

Christliches Bekenntnis

2. Ein zweiter Schwerpunkt liegt auf der präzisen Herausarbeitung der durch die Rechte geschützten Rechtsgüter einer Person. In der (rechts-)historischen Forschung wird einhellig davon ausgegangen, dass die Injurienrechte des Untersuchungszeitraums die Ehre einer Person im Blick hatten. Das trifft ohne Zweifel zu, jedoch kennen Mittelalter und Frühe Neuzeit auch den besonders durch die Scholastiker herausgestellten guten Ruf als Rechtsgut sowie seit dem 13. Jahrhundert auch das Bekenntnis zum christlichen Glauben und zur christlichen Kirche. Diese Differenzierung ist in spätmittelalterlichen Rechtstexten von Bedeutung für die Bemessung des Strafmaßes gewesen.
3. Die Rechtstexte werden auf mögliche geschlechtsspezifische Differenzierungen untersucht: Gab es bevorzugte Strafen für Männer oder Frauen? Benachteiligten die Rechtstexte ein Geschlecht, indem durch sie Vorurteile befriedigt wurden? Welche Schimpfwörter wies man dem jeweiligen Geschlecht zu?

---

11 Belege dazu ebenda, S. 113.

12 Die Forschung zum Injurienrecht wird im Anschluss an den nachfolgenden Abschnitt zur «Quellengrundlage» vorgestellt, S. 25–27 (Abschnitt 1.3 Forschung).

4. Die in den Rechtstexten erwähnten (falschen) Anschuldigungen, denen eine Person durch eine andere ausgesetzt sein konnte, sollen auf das mögliche Strafmaß hin untersucht werden, unter anderem um zu erörtern, in welchem Zusammenhang das Strafmaß für eine Anschuldigung mit dem damit vorgeworfenen Verbrechen steht.

Falsche Anschuldigung

5. Bisher fehlen in Darstellungen zum Injurienrecht die zugrundeliegenden Prozessverfahren. Nur die neuen Klageformen des Spätmittelalters fanden in Einzeldarstellungen Berücksichtigung. Für die verhältnismäßig quellenarme Zeit des frühen Mittelalters geben verschiedene Verfahren (Rügegericht, Famapurgation) Auskunft über die Grundlagen des Aufspürens von Beleidigungsdelikten und der Verurteilung von Delinquenten.

Klage

6. Es gilt auch, Bewertungen aus der älteren und jüngeren Forschung zu modifizieren. Dazu gehören einerseits Fehleinschätzungen wie jene, dass bis in die Frühe Neuzeit im Injurienrecht vor allem Duelle und erst seit dem 17. Jahrhundert Verbalinjurien an Bedeutung zugenommen hätten,[13] oder die Behauptung, dass im späten Mittelalter Todesstrafen für Injuriendelikte im Vergleich zu den vorangehenden Jahrhunderten stark zugenommen hätten.[14] Nach Ralf-Peter Fuchs wären für Injurien im frühen und hohen Mittelalter Geld- und Körperstrafen ohne Todesfolge die Regel gewesen, im späten Mittelalter «scheint man dazu übergegangen zu sein, vor allem Strafbezichtigungen als besondere Kategorie von Beleidigungen mit der Todesstrafe zu belegen. So wird im Sachsenspiegel, der in der ersten Hälfte des 13. Jahrhunderts verfaßt wurde, für

Duell

13 Gerhard Lingelbach: «Waren es bis in die frühe Neuzeit vor allem die verbotenen Duelle, die als Injurienhandlung verfolgt und in rechtlichen Auseinandersetzungen verhandelt wurden, so nehmen durch die Verbreitung des Buchdrucks vor allem im 17. Jahrhundert die Injurien wegen Verbalinjurien zu.» Zitiert nach Lingelbach, Gerhard: Art. Injurienklage in: Handwörterbuch zur deutschen Rechtsgeschichte, hg. von Albrecht Cordes · Heiner Lück · Dieter Werkmüller · Ruth Schmidt-Wiegand, Bd. 2. Berlin 2012, Sp. 1221–1222.

14 Zitiert nach Fuchs, Ralf-Peter: Um die Ehre. Westfälische Beleidigungsprozesse vor dem Reichskammergericht 1525–1805. Paderborn 1999 (Westfälisches Institut für Regionalgeschichte, Landschaftsverband Westfalen-Lippe, Münster. Forschungen zur Regionalgeschichte, 28), S. 36.

fälschliche Beschuldigung im Hinblick auf schwere Delikte – bezeichnet als ‹Verrat› – gleich den Delikten Mord, Mordbrand, Kirchenraub etc. die Todesstrafe, das Flechten auf das Rad, festgesetzt.» Darüber hinaus werden in der Forschungsliteratur die irrigen Annahmen kolportiert, dass die deutschen Partikularrechte dem Injurienrecht der *Carolina* gefolgt seien und dass der *Codex Iuris Canonici* sich zu Injurien gar nicht äußere.[15] Die 1532 erlassene *Carolina* Kaiser Karls V. behandelt von den möglichen Tatbeständen der Injurien allein die Schmähschriften. Verbalinjurien werden nur am Rande erwähnt. In Artikel 216 befindet sich eine Bestimmung zur Schmähung von Handwerkern, die am Aufrichten des Galgens mitarbeiteten. In Art. 215 wurde im Gegensatz zu vielen älteren Rechtstexten festgesetzt, dass diese durch den Richter unter Androhung einer Geldstrafe verpflichteten Zimmerleute nicht an ihrer Ehrbarkeit einbüßen sollen. Falls sich dennoch eine Person versehe, einen solchen Handwerker zu schmähen, «als offt das beschicht», müsse der Täter (hier «überfarer» genannt) eine halbe Mark Goldes an die Obrigkeit zahlen, die ihn richtet, und eine halbe Mark Goldes an das Opfer:

Richter

> So aber eyn solcher überfarer bestimpter geldt peen nit vermöcht/ der soll im kercker als lang gestrafft werden, biß er dem verletzten nottürfftig entschuldigung thůt/ daß er jne an seinen ehren/ damit nit woll geschmecht haben/ vn sich verpflicht, fürter dergleich schmach zůuermeiden/ solcher überfarer soll auch da wider von niemandt beschützt ider gehandthabt werden/ bei verlierung obgemelter peen eyner marck goldts.[16]

Hans Helfritz dürfte zuzustimmen sein, wenn er behauptet:

> Man kann demnach die Bestimmung des Art. 216 der Carolina nicht als einen gesetzgeberischen Akt von entschei-

15 Bartels, Karlheinz: Die Dogmatik der Ehrverletzung in der Wissenschaft des gemeinen Rechts bis zum Ausgang des 18. Jahrhunderts. Göttingen 1959, S. 8–9.

16 Des allerdurchleuchtigsten großmechtigste[n] vnüberwindtlichsten Keyser Karls des fünfften: vnnd des heyligen Römischen Reichs peinlich gerichts ordnung auff den Reichsztägen zu Augspurgk vnd Regenspurgk, in[n] jaren dreissig, vn[d] zwey vnd dreisssig gehalten, auffgericht vnd beschlossen. Mainz 1533 (VD16 D1069).

dender Tragweite bezeichnen. Immerhin aber ist es von Interesse, daß in der Reichsgesetzgebung der Gedanke einer wörtlichen Genugtuung Beobachtung gefunden hat.[17]

1.2 Quellengrundlage

Für diese Arbeit wurden 231 Texte ausgewertet, die in frühen Drucken des 15. und 16. Jahrhunderts oder in wissenschaftlichen Editionen vorliegen und durch Register relativ gut erschlossen werden können.18 74 dieser Texte sind kirchenrechtlicher Provenienz, 157 Texte lassen sich auf weltliche Rechtsinstanzen zurückführen. Für das frühe Mittelalter liegen vor allem das Corpus Iuris Civilis, mehrere Leges, Kapitularien, Konzils- und Synodalbeschlüsse vor. Gelegentlich werden auch Bußbücher und Handreichungen zum bischöflichen Sendgericht verwendet. Aus den ersten Jahrhunderten wurden zehn geistliche und 13 profane Textzeugen ausgewertet. Das 8. und 9. Jahrhundert, das karolingische Zeitalter, ist mit 13 geistlichen und elf profanen Quellen vertreten.

Für das 10. bis 12. Jahrhundert 17 geistliche und fünf weltliche Texte für die Auswertung zur Verfügung. Dabei handelt es sich um die für das Injurienrecht wichtige Anfangszeit der Rezeptionsphase des römischen Rechts. Aus der Gesetzgebung der deutschen Könige konnten der Sächsische Gottesfrieden von 1085 und der Landfrieden Kaiser Barbarossas (1152–1190) von 1152 herangezogen werden. Königliche oder «fürstliche» Urkunden sind aufgrund der Ergebnisse einer Stichprobe nicht mit aufgenommen wurden: So werden in den «Urkundenregesten zur Tätigkeit des deutschen Königs- und Hofgerichts» für den Zeitraum von 911 bis 1272 insgesamt 20 Beleidigungen bzw. Verleumdungen erwähnt. In dreizehn Urkunden wird von Majestätsbeleidigungen berichtet, das heißt Schutzbefohlene des Königs wurden verbal

Römisches Recht

Landfrieden

Majetätsbeleidigung

17 Zitiert nach Helfritz, Hans: Der geschichtliche Bestand und die legislative Verwertbarkeit von Widerruf, Abbitte und Ehrenerklärung. Greifswald 1905, S. 95. Nach Lieberwirth: Art. Beleidigung (^{2}2008) ist die dürftige Behandlung des Injurienrechts «darauf zurückzuführen, dass die Carolina ausschließlich die schweren, peinlich zu strafenden Missetaten behandelt […], jedoch nicht die bürgerlich zu strafenden, zu denen damals auch die B[eleidigung] gehörte» [Kursive nach dem Original].

18 Zur Übersicht aller benutzten Quellen siehe im Anhang, S. 478–486. Dort sind alle in dieser Arbeit aufgeführten Text- und Bildzeugen mit Datierung aufgeführt.

attackiert oder Güter entrissen.[19] In zwei Diplomen beklagt der König, dass sein Hofgericht durch Nichterscheinen des Geladenen geschmäht wurde,[20] und ebenfalls zweimal nimmt der König Untertanen in seinen Schutz und verbietet, diese zu beleidigen.[21] Nur drei Fälle erzählen von anderen Beleidigungen, diese sind aber so reduziert wiedergegeben, dass sich die eigentlichen Tatbestandsmerkmale nicht erkennen lassen.[22] Deshalb und weil das zu bearbeitende Urkundenvolumen sehr groß wäre, wurde für diese Arbeit von einer Auswertung von Königs- und Fürstenurkunden abgesehen.

Im späten Mittelalter steigt erwartungsgemäß die Zahl der Textzeugen. Für das 13. Jahrhundert konnten 43 (davon 17 kirchenrechtliche), für das 14. Jahrhundert 45 (davon zehn kirchenrechtliche), für das 15. Jahrhundert 47 (davon sieben kirchenrechtliche) und für das 16. Jahrhundert 47 profane Texte analysiert werden. Während das Kirchenrecht noch im hohen Mittelalter eine systematische Durchdringung erfuhr, begann im Reich eine erste Dokumentationswelle heimischer Rechte, der sogenannten Partikularrechte, erst im 13. Jahrhundert. Von diesen Partikularrechten erlangten einige Stadtrechte, wie zum Beispiel das Lübische und Magdeburger Recht, sowie Land- und Lehnrechtsbücher (hier wirkten vor allem Sachsen- und Schwabenspiegel eindrucksvoll nach) besondere Bedeutung für die überregionale Rechtsentwicklung. Die Partikularrechte kennzeichnete, dass ihnen eine «klare Abgrenzung einzelner Rechtsmaterien noch fehlte, sodass Artikel des Strafrechts neben und zwischen Bestimmungen zum Erb-, Lehn- oder auch Kaufrecht standen».[23] Mit der Verschriftung des Rechts gewann der geschriebene Text an Autorität. Bis zum Ausgang des Mittelalters lag eine kaum überschaubare Fülle an städ-

19 Diestelkamp, Bernhard (Hg.): Urkundenregesten zur Tätigkeit des deutschen Königs- und Hofgerichts bis 1451, Bd. 1 (1988), Nr. 174, 360, 361, 402, 481 und 541. Ebenda, Bd. 2 (1994), Nr. 209, 278, 285, 299, 354, 484 und 552.

20 Ebenda, Bd. 1 (1988), Nr. 307 und Bd. 2 (1994), Nr. 535.

21 Ebenda, Bd. 2 (1994), Nr. 468 und 553.

22 Ebenda, Bd. 1 (1988), Nr. 76 und 379. Ebenda, Bd. 2 (1994), Nr. 241.

23 Ludwig, Ulrike: Art. Strafrecht, 4. Die Entstehung des öffentlichen Strafrechts, in: Enzyklopädie der Neuzeit, Bd. 12, im Auftrag des Kulturwissenschaftlichen Instituts (Essen) und in Verbindung mit den Fachwissenschaftlern hg. von Friedrich Jaeger. Stuttgart · Weimar 2010, Sp. 1089.

tischen Statuten, Land- und Lehnsrechten, Glossen, Weistümern, Urteilssammlungen und anderes mehr als Grundlage bzw. Ergebnis für die Rechtsprechung vor.

Zum Ende des 15. Jahrhunderts entstanden mit den Halsgerichtsordnungen Rechtsbücher, die vor allem eine einheitliche Handhabung der peinlichen Gerichtsbarkeit anstrengten. Sie (und auch andere Rechtstexte) waren erfasst von einer erneuten Rezeptionsphase des römischen Rechts, vermittelt vor allem durch italienische Rechtsgelehrte.24 Straftatbestände wurden hier ausführlich und oft auch systematisiert besprochen. Sie waren angereichert durch Prozessordnungen und besonders ab dem 16. Jahrhundert begleitet von einer blühenden Literatur des gelehrten Rechts, die durch den Buchdruck sich rasch verbreitete. Wichtige Vorläufer dieser oft volkssprachlich aufbereiteten Rechtsliteratur waren zum Beispiel die Summa Bruder Bertholds (14. Jahrhundert), die erste umfassende Wiedergabe des Kirchenrechts in deutscher Sprache, und der Klagspiegel des Conrad Heyden aus dem zweiten Viertel des 15. Jahrhunderts. Obwohl diese Entwicklungen zu einem sehr anregenden Austausch unter den Rechtsgelehrten führte und mit der Halsgerichtsordnung Kaiser Karls V. (1519–1556) einflussreiche Rechtstexte entstanden, kam es nicht zu einer Vereinheitlichung des Rechts. Die Unterschiede zwischen den kaiserlichen Erlassen und Rechten, den landesherrlichen und lokalen Rechten, den profanen und kirchlichen Rechten blieben nach wie vor bestehen.

Römisches Recht

1.3 Forschung

Den Beleidigungen und Verleumdungen in der Geschichte näherten sich zahlreiche Vertreter aus verschiedenen wissenschaftlichen Disziplinen: allen voran natürlich Juristen, oft auch Geschichtswissenschaftler. Den Ergebnissen ihrer Studien wird in dieser Arbeit die größte Aufmerksamkeit geschenkt. Nur am Rande, wenn es die Argumentation erfordert oder es zum besseren Verständnis beiträgt, werden auch Studien aus benachbarten Disziplinen herangezogen, zum Beispiel von Theologen, die sich im Zusam-

24 Siehe dazu Aehnlich, Barbara: Rechtspraktikerliteratur und neuhochdeutsche Schriftsprache. Conrad Heydens Klagspiegel und Ulrich Tenglers Laienspiegel. Berlin u. a. 2020 (Deutsche Sprachgeschichte – Texte und Untersuchungen, 11), besonders S. 27–35.

menhang mit der Predigtliteratur dem Thema widmeten,[25] oder von Sprach- und Literaturwissenschaftlern, die phraseologischen Spuren folgten,[26] etymologische Phänomene[27] und die Relevanz der Wirkungen eines Wortes[28] analysierten, literarische Motive und Stoffe[29] sowie Legenden zu bekannten verleumdeten Personen aufarbeiteten[30].

---

25 Zum Beispiel Opelt, Ilona: Schimpfwörter bei Commodian, in: Vigiliae Christianae 24 (1970), S. 290–299 (1970). – Posset, Franz: Luthers Predigt von 1515 gegen das Laster der Verleumdung und seine mittelalterliche Quelle: Bernhard von Clairvaux oder Bernhardin von Siena? In: Luther. Zeitschrift der Luther-Gesellschaft 75 (2004) S. 142–149.

26 Binz, Gustav: Basler Schimpfwörter aus dem 15. Jahrhundert, in: Zeitschrift für deutsche Wortforschung 8 (1906), S. 161–164. – Mathiassen, Terje: Zur Syntax der Schimpfanrede. Eine areallinguistische und typologische Übersicht: germanisch, slavisch, baltisch, ostseefinnisch, in: Balten – Slaven – Deutsche. Aspekte und Perspektiven kultureller Kontakte, hg. von Ulrich Obst, Gerhard Ressel. Münster 1999, S. 139–143. – Hammer, Françoise: Schimpf und Schande. Beschimpfungen aus phraseologischer Sicht. Ein deutsch-französischer Vergleich, in: Phraseologie in Raum und Zeit. Akten der 10. Tagung des Westfälischen Arbeitskreises «Phraseologie/Parömiologie» (Münster 2001), hg. von Elisabeth Piirainen, Ilpo Tapani Piirainen. Hohengehren 2002 (Phraseologie und Parömiologie, 10), S. 239–254. – Nöcker, Rebekka; Rüther, Hanno: «Es ist besser in Ehre zu sterben, als mit Schande zu leben». Zur Verwendung situationsmodellierender Phraseologismen in mittelhochdeutschen Romanen des 12. und 13. Jahrhunderts, in: ebenda, S. 101–112.

27 Fleischhauer, Wolfgang: Mittelhochdeutsch «Leit» = Beleidigung? In: Modern language notes 69 (1954), S. 586–594. – Demandt, Karl E.: Scherz und Schimpf. Der Spott in hessischen Familiennamen und sein Gegenbild, in: Zeitschrift des Vereins für hessische Geschichte und Landeskunde 87 (1978/1979), S. 221–267.

28 Lobenstein-Reichmann, Anja: Sprachliche Ausgrenzung im späten Mittelalter und in der frühen Neuzeit. Berlin · Boston 2013 (Studia Linguistica Germanica, 117), besonders S. 49–65.

29 Frohne, Bianca: Narren, Tiere und «grewliche Figuren». Zur Inszenierung komischer Körperlichkeit im Kontext von Bloßstellung, Spott und Schande vom 13. bis zum 16. Jahrhundert, in: Glaubensstreit und Gelächter. Reformation und Lachkultur im Mittelalter und in der Frühen Neuzeit, hg. von Christoph Auffarth · Sonja Kerth. Berlin 2008 (Religionen in der pluralen Welt. Religionswissenschaftliche Studien, 6), S. 19–54. – Kiening, Christian: Verletzende Worte – verstümmelte Körper. Zur doppelten Logik spätmittelalterlicher Kurzerzählungen, in: Zeitschrift für deutsche Philologie 127 (2008), S. 321–335.

30 Zum Beispiel Schaller, Dieter: Der verleumdetet David. Zum Schlußkapitel von Bedas «Epistola ad Pleguinam», in: Literatur und Sprache im europäischen Mittelalter. Festschrift für Karl Langosch zum 70. Geburtstag, hg. von Alf Önnerfors, Johannes Rathofer, Fritz Wagner. Darmstadt 1973, S. 39–43. –

Die von Albrecht Classen (* 1956) angeregte intensivere Auseinandersetzung mit der literaturhistorischen Forschung und mittelalterlichen literarischen Texten muss unterbleiben. In seiner Rezension zur ersten Auflage der vorliegenden Studie bemerkte er, dass sich das «globale Thema» gut anbietet, um «über die engen Fachgrenzen hinwegzusehen».[31] Diese Feststellung ist zweifellos richtig und noch vor dem Erscheinen der ersten Auflage wurde der Quellenbefund für literarische Texte in Stichproben geprüft. Eine Suche nach dem Begriff «verleumd*» in der «Verfasser-Datenbank» ergab 139 Treffer.[32] Ähnliche Erhebungen wurden auch in den Regesta Imperii,[33] in den «Ausgewählten Quellen zur deutschen Geschichte des Mittelalters» der Freiherr-von-Stein-Gedächtnisausgabe[34] und im «Ökumenischen Heiligenlexikon»[35]

Tiemann, Hermann (Hg.): Der Roman von der Königin Sibille in drei Prosafassungen des 14. und 15. Jahrhunderts. Mit Benutzung der nachgelassenen Materialien von Fritz Burg. Hamburg 1977 (Veröffentlichungen aus der Staats- und Universitätsbibliothek Hamburg, 10). – Schleif, Corine: «Das pos weyb» Agnes Frey Dürer. Geschichte ihrer Verleumdung und Versuche der Ehrenrettung, in: Mitteilungen des Vereins für Geschichte der Stadt Nürnberg 86 (1999), S. 47–80.

31 Rezension in: Mediaevistik. Internationale Zeitschrift für interdisziplinäre Mittelalterforschung 31 (2018) S. 292–294, hier S. 293.

32 Verfasser-Datenbank. Autorinnen und Autoren der deutschsprachigen Literatur und des deutschsprachigen Raums: Von den Anfängen bis zur Gegenwart (Online Reference des Walter de Gruyter Verlags, veröffentlicht 2012): «Mit der Verfasser-Datenbank werden die renommierten Standardwerke *Die deutsche Literatur des Mittelalters, Deutscher Humanismus 1480–1520, Frühe Neuzeit in Deutschland 1520–1620, Frühe Neuzeit in Deutschland 1620–1720* (im Erscheinen) und das *Killy-Literaturlexikon* erstmals systematisch elektronisch nutzbar. Über 20.000 Lexikonartikel zu Autorinnen und Autoren der deutschen Literatur von den Anfängen bis zur Gegenwart wurden in der Online Reference miteinander vernetzt und lassen sich mit differenzierten Suchkriterien gezielt inhaltlich erschließen.» Lizensierter Online-Zugriff unter: https://www.degruyter.com/database/vdbo/html.

33 Zur elektronischen Ressource der Regesta Imperii, erstellt durch die Akademie der Wissenschaften und der Literatur Mainz, siehe: http://www.regesta-imperii.de/startseite.html.

34 Es stehen aktuell 43 Bände dieser derzeit in der Wissenschaftlichen Buchgesellschaft erscheinenden Schriftenreihe elektronisch zur Verfügung (Stand 24.11.2021). Der erste Band der Druckausgabe erschien im Jahr 1955 bei Rütten & Loening in Berlin.

35 Redaktion: Joachim Schäfer, frei zugänglich im Internet unter: www.heiligenlexikon.de/

durchgeführt. Auch hier war die Trefferquote hoch, sodass die Entscheidung, literarische, hagiografische und historiografische Texte sowie Königsurkunden nicht in die Untersuchung miteinzubeziehen, durchaus begründet ist. Diese Befunde belegen aber auch, wie viel Echo dieses Thema in der mittelalterlichen Welt fand.

Länderübergreifende Studien zum Injurienrecht blieben bisher rar. Sieht man von notwendigerweise übergreifenden Zugängen für das frühe und zum Teil noch für das hohe Mittelalter einmal ab, dann liegt nur von Stephan Balthasar (* 1978) eine vergleichende Analyse der zivilrechtlichen Grundlagen von Ehrverletzungen in Deutschland, England und Frankreich sowie von Jorge Luis Borges (1899–1986) eine Universalgeschichte der Infamie vor.[36] Der von Balthasar vorgestellte Überblick zum mittelalterlichen und frühneuzeitlichen Recht behandelt die Rezeption der «actio iniuriarum» des «klassischen» römischen Rechts vom Mittelalter bis in die Gegenwart,[37] wobei er nicht die Tatbestände Beleidigung und Verleumdung in den Mittelpunkt seiner Arbeit stellt. Vielmehr versucht er einerseits zu zeigen, «ob das Geheimnis als rechtliches Schutzgut anerkannt war» und andererseits «inwieweit der Verbreitung wahrer Tatsachen Schranken gesetzt wurden».[38] Borges Arbeit greift hingegen nur ein (wenn auch wichtiges Thema aus der Geschichte der Ehrverletzungen) heraus: die Infamie im kanonischen Recht.

Infamie

Ästimatorische Injurienklage

Die italienische Forschung beschäftigte sich wohl am eingehendsten mit dem Injurienrecht. Zahlreiche Arbeiten vor allem mit spätmittelalterlichen und regionalen Schwerpunkten liegen zu mehreren Themenfeldern vor: zur Diffamierung des Klerus,[39] zu

36 Borges, Jorge Luis: Storia universale dell'infamia. Milano 1982. – Balthasar, Stephan: Der Schutz der Privatsphäre im Zivilrecht. Eine historisch-vergleichende Untersuchung zum deutschen, französischen und englischen Recht vom ius commune bis heute. Tübingen 2006 (Grundlagen der Rechtswissenschaft, 7), hier S. 15–82.

37 Zur «actio iniuriarum» vgl. den Abschnitt «Die ästimatorische Injurienklage», S. 351–353.

38 Balthasar: Der Schutz der Privatsphäre im Zivilrecht (2006), S. 13.

39 Bellini, Pieoro: «Denunciatio evangelica» e «Denunciatio judicialis privata». Un capitolo di storia disciplinare della chiesa. Milano 1986. – Ottavia, Niccoli: Rinascimento anticlericale. Infamia, propaganda e satira in Italia tra Quattro e Cinquecento. Roma · Bari 2005.

Institutionen der Bekämpfung von Ehrverletzungen[40] und zu herausragenden Persönlichkeiten.[41] In der englischen, französischen und spanischen Forschung wird das Augenmerk vor allem auf die (geschlechtsspezifische) Auswertung der Beschuldigungen, Schimpfwörter und Phrasen gelenkt.[42] Darüber hinaus suchte man rechtliche Einzelfragen zu klären, widmete grundlegenden Rechtstexten Aufmerksamkeit, arbeitete zu sozialhistorischen Problemen der juridischen Verurteilung und Diskriminierung von «Unzüchtigen»[43] und legte - anders als in Deutschland - kürzere länderspezifische Überblicksdarstellungen vor.[44]

Im deutschsprachigen Raum bahnte sich eine wirklich historisch-kritische Auseinandersetzung mit dem Injurienrecht am Ausgang des 18. Jahrhunderts ihren Weg mit der Arbeit des Rostocker Rechtsgelehrten Adolph Dietrich Weber (1753–1817) «Ueber Injurien und Schmähschriften», die in erster Auflage 1793 erschien und in den Folgejahren mehrfach ergänzt und verbessert wurde. In sechs Kapiteln[45] trug er teils aufgrund seiner Vorliebe für Anekdoten, teils aus historischem Interesse Belege aus der römischen

40 Migliorino, Francesco: Fama e infamia. Problemi della società medievale nel pensiero giuridico nei secoli XII e XIII. Catania 1985.

41 Dumont, Jean; Vittorio, Messori (Hg.): La regina diffamata. La verità su Isabella la Cattolica. Torino 2003.

42 Zum Beispiel: Odgers, William B.: A digest of the law of libel and slander and of actions on the case for words causing damage, with the evidence, procedure, practice and precedents of pleadings, both in civil and criminal cases. London 1929. – Gauvard, Claude: «De grace especial» Crime, Etat et Société en France à la fin du Moyen Age. Paris 1991 (Publications de la Sorbonne, 24), hier S. 705–752. – Saint-Denis, Alain: La punition des mauvaises paroles aux XIIe et XIIIe siècles. Paris 1998.

43 Telechea, Jesus A. S.: «Fama publica», infamy and defamation. Judical violence and social control of crimes against sexual morals in medieval Castile, in: Journal of Medieval History 33 (2007), S. 398–413.

44 Holdsworth, William: Diffamation in the sixteenth and seventeenth centuries, in: The Law Quarterly Review 40 (1924), S. 302–315, S. 397–412 und ebenda 41 (1925), S. 13–31. – Jones, Whitney R.: «Actions for Slaunder». Defamation in English law, language, and history, in: Quarterly Journal of Speech 57 (1971), S. 274–283. – Helmholz, Richard H. (Hg.): Select cases on defamation to 1600. London 1985. - Baker, James H.: An Introduction to English Legal History. London 42002, passim.

45 Die Kapitel handeln über die Formen der Genugtuung, Retorsion, öffentliche Strafen, gerichtliche Rechtsmittel und Rechtsmittel der Beklagten sowie von Schmähschriften.

Antike, dem Mittelalter und der Neuzeit zusammen, ohne diese allerdings systematisch auszuwerten. Ihm folgte 1839 der Berliner Juraprofessor August Wilhelm Heffter (1796–1880) mit einer kurzen, aber auf das Problem der begrifflichen Historizität aufmerksam machenden Abhandlung über den Unterschied der «römischen und deutschen Injurie».

Eine umfassende historisch-kritische Auseinandersetzung mit Injurien gelang drei Jahre später Wilhelm Eduard Wilda (1800–1856), dem ersten Juristen, der die Geschichte des deutschen Strafrechts als wissenschaftlichen Gegenstand aufarbeitete. Von den zwei geplanten Bänden zum «Strafrecht der Germanen» erschien allerdings nur der erste; vor der Fertigstellung des zweiten starb Wilda. Im ersten Band zitiert er fast ausschließlich skandinavische Textbeispiele zum Injurienrecht, sodass bis zur Mitte des 19. Jahrhunderts noch immer eine Studie über die Geschichte des deutschen Injurienrechts und seiner Vorläufer ausstand. Trotz alledem gab Wilda wichtige Impulse, sodass in den folgenden Jahrzehnten zahlreiche historische Arbeiten zum Injurienrecht publiziert wurden. Vielen dieser Abhandlungen zu Beleidigung und Verleumdung im zeitgenössischen Recht schickte man in der Regel einen knappen historischen Abriss voraus. Einflussreiche Schriften aus der ersten Hälfte des 19. Jahrhunderts, wie zum Beispiel die von Paul Johann Anselm von Feuerbach (1775–1833),[46] legten auf diese Arbeitsweise noch keinen Wert.

Die erste grundlegende und quellenreiche Zusammenstellung des weltlichen deutschen Injurienrechts in Mittelalter und Früher Neuzeit lieferte 1855 der in Tübingen lehrende Strafrechtler Christian Reinhold Köstlin (1813–1856) mit seinem Beitrag «Die Ehrverletzung nach deutschem Rechte». Ihm gelang es, der Verwirrung stiftenden Vielfalt der deutschen Rechte ein Gerüst zu geben und die größtenteils spätmittelalterlichen und frühneuzeitlichen Quellenbefunde zu systematisieren. Obwohl Köstlin eine sehr profunde Arbeit vorlegte, wird er von der gegenwärtigen Forschung nicht mehr wahrgenommen. Stattdessen werden heute die beiden nachfolgenden Überblickswerke von Osenbrüggen und His zitiert.

46 Lehrbuch des gemeinen in Deutschland gültigen Peinlichen Rechts (1. Aufl. Gießen 1801).

Der Schweizer Rechtshistoriker Eduard Osenbrüggen (1809–1879) arbeitete sich mit seiner 1860 erstmals erschienenen Publikation zum alamannischen Strafrecht weitgehend an Köstlin ab, modifizierte einige Aussagen, ohne grundstürzend neue Thesen zu formulieren, und gab weitere eindrucksvolle Belege für die mittelalterlichen Injurien. Er behandelte gleichermaßen Schmähschriften, verbale und reale Injurien.[47] Rudolf His und Helmut Rannacher schlossen mit ihren Überblicksdarstellungen zum Mittelalter bzw. zur Neuzeit die erste Phase intensiver Beschäftigung mit dem Injurienrecht ab.[48] Sie ergänzten Quellenbelege ihrer Vorgänger und nahmen eine neuerliche Systematisierung der Tatbestandsmerkmale vor. Aber auch sie übergingen das kanonische Recht und konzentrierten ihr Interesse auf die deutschen Partikularrechte.

Diese einschlägigen Werke wurden ergänzt durch Hermann Wegeles «Geschichte der falschen Anschuldigung» (1892), Victor Frieses Arbeit über «Das Strafrecht des Sachsenspiegels» (1898), Robert Mainzers Studie zur «ästimatorischen Injurienklage in ihrer geschichtlichen Entwicklung» (1908) und Edith Hennings Untersuchung über «Die Zulässigkeit des Wahrheitsbeweises bei der Ehrenkränkung in historischer und rechtsvergleichender Darstellung» (1938). Wegele arbeitete überzeugend heraus, dass aufgrund der oft fehlenden Angaben zu Vorsatz und Fahrlässigkeit in den mittelalterlichen Rechtstexten kaum zwischen übler Nachrede und Verleumdung differenziert werden könne und man daher besser von falscher Anschuldigung sprechen sollte.[49] Die Behand-

Ästimatorische Injurienklage

Wahrheitsbeweis

Fahrlässigkeit

Vorsatz und Fahrlässigkeit

Falsche Anschuldigung

47 Osenbrüggen, Eduard: Das Alamannische Strafrecht im deutschen Mittelalter. Schaffhausen 1860, S. 243–272.

48 His: Das Strafrecht des deutschen Mittelalters (1935). – Rannacher, Helmut: Der Ehrenschutz in der Geschichte des deutschen Strafrechts von der Carolina bis zum Reichsstrafgesetzbuch von 1871. Breslau 1938.

49 Köstlin und Wegele folgten ohne nennenswerte Ergänzungen jüngere juristische Dissertationen wie zum Beispiel die von Delbrück, Victor: Begriff und Voraussetzung der Verleumdung und üblen Nachrede. Berlin 1885. – Eichmann, Arthur: Über das Wesen der verleumderischen Beleidigung und der falschen Anschuldigung nach deutschem Strafrecht. Leipzig 1896. – Feldner, Adolf: Die falsche Anschuldigung. Lübbecke 1896. – Barth, Eugen: Die Lehre von der falschen Anschuldigung. Historisch und dogmatisch dargestellt. Freiburg im Breisgau 1908. – Schulte, Nikos: Öffentliche Strafe und Privatgenugtuung bei Ehrverletzungen mit Rücksicht auf die historische Entwicklung. Breslau 1913 (Strafrechtliche Abhandlungen, 173). – Hälschner, Hugo:

lung von Ehrenkränkungen und falschen Anklagen durch den *Sachsenspiegel* stellte Friese sehr ausführlich vor.[50] Mainzer zeichnete mit der ästimatorischen Injurienklage die Entwicklungsgeschichte einer Sonderform nach, die im deutschen Injurienrecht erst im 15. Jahrhundert in Erscheinung trat. Ekkehard Kaufmann (1923–2010) und Bruno Koschwanez nahmen sich diesem Thema später nochmals an und stellten an Beispielen des sächsischen Rechtskreises, des Ingelheimer und Neustädter Oberhofs zusätzliches Zahlenmaterial zur Verfügung.[51] Jedoch nahm Kaufmann die ältere Forschung nicht gänzlich wahr, sodass er zum Teil nur einseitige Ergebnisse formulieren konnte, obwohl die aufgearbeitete Quellengrundlage auch andere Beobachtungen zulässt.

Genugtuung

Zu den Genugtuungsformen Ehrenerklärung, Widerruf und Abbitte sind drei einschlägige Arbeiten entstanden, die sich auch den mittelalterlichen Theologen und Dekretisten angenommen haben: von Wallenrodt, Hugo Hälschner (1817–1889) und Hans Helfritz (1877–1958) waren die ersten und auch letzten Juristen, die am Beispiel ihres Untersuchungsgegenstandes unter anderem der Frage nachgingen, welche Wechselwirkungen zwischen kirchlichem und weltlichem Injurienrecht bestanden haben. Während Wallenrodt eine sehr frühe Einflussnahme des Kirchenrechts durch Heinrich von Segusio (auch Hostiensis genannt, ca. 1200–1271) vermutete, lehnten Hälschner und noch vehementer Helfritz diese Annahme ab und machten erst einen sehr späten Einfluss des kirchlichen Rechts zum Ausgang des Mittelalters geltend. Sehr knappe Einblicke ins kirchenrechtliche Injurienrecht bieten zudem die Übersichtswerke des Paul Hinschius (1835–1898) und

---

Ehrenerklärung, Widerruf und Abbitte in ihrer geschichtlichen Entwickelung und ihrem Verhältnisse zur heutigen Gesetzgebung, in: Der Gerichtssaal. Zeitschrift für Strafrecht, Strafprozeß, Gerichtliche Medicin, Gefängnißkunde und die gesammte Strafrechtsliteratur 16 (1864), S. 321–369. – Helfritz: Der geschichtliche Bestand und die legislative Verwertbarkeit von Widerruf, Abbitte und Ehrenerklärung (1905).

50 Friese, Victor: Das Strafrechts des Sachsenspiegels. Breslau 1898 (Untersuchungen zur Deutschen Staats- und Rechtsgeschichte, 55), S. 274–286.

51 Kaufmann, Ekkehard: Das spätmittelalterliche deutsche Schadensersatzrecht und die Rezeption der «actio iniuriarum aestimatoria», in: Zeitschrift der Savigny-Stiftung für Rechtsgeschichte, Germanistische Abt. 78 (1961), S. 93–139. – Koschwanez, Bruno: Ehrverletzungsklagen im 15. Jahrhundert in den Urteilen des Ingelheimer und Neustadter Oberhofes. Frankfurt am Main 1973.

Nikolaus München (1794–1881) vom Ende des 19. Jahrhunderts, sie sollten die einzigen Überblicksdarstellungen auf diesem Gebiet bleiben.[52] Während Hinschius zumindest auf einige Stellen des *Corpus Iuris Canonici* aufmerksam machte, büßen die Ergebnisse Münchens an Wert ein, weil er kirchliches und römisches Recht unkritisch gleichsetzte und dadurch keine Unterschiede in der Rezeption feststellen konnte.

Nach dem Zweiten Weltkrieg nahmen sich nun auch Geschichtswissenschaftler des Injurienrechts an, selbst wenn es weiterhin eine Domäne der juristischen Forschung blieb.[53] Dadurch gewann die Forschungssituation neue Themenfelder und der Umgang mit den Quellen wurde ein anderer. Während zuvor die Schriften der Rechtsgelehrten und Theologen ausgewertet wurden, tritt nun als Novum die Analyse von Gerichtsprotokollen und Gnadengesuchen hinzu. Insgesamt vier Schwerpunkte lassen sich in der Forschung für die gut fünf zurückliegenden Jahrzehnte erkennen:

1. Karlheinz Bartels (* 1937 † 2016) und Hans-Heinrich Dreßler (* 1938) arbeiteten in ihren juristischen Dissertationen den gelehrten Disput zum Beleidigungsrecht in der Frühen Neuzeit auf. Sie stellen die wichtigsten Standpunkte und einflussreichsten Rechtsgelehrten im deutschsprachigen Raum vor. Gelegentlich finden sich Exkurse zu den Rechtsgrundlagen ihres Untersuchungszeitraumes.[54]

52 München, Nicolaus: Das kanonische Gerichtsverfahren und Strafrecht, 2 Bde. Köln · Neuss 1865/1866, S. 575–612. – Hinschius, Paul: System des katholischen Kirchenrechts, mit besonderer Rücksicht auf Deutschland, Bde. 4–6. Berlin 1888–1897 (Das Kirchenrecht der Katholiken und Protestanten in Deutschland. ND Graz 1959), S. 204–207. Zum neueren kirchlichen Beleidigungsrecht siehe Ciprotti, Pio: De iniuria ac diffamatione in iure poenali canonico. Roma 1937.

53 Insbesondere für die Schweiz existieren zahlreiche regionale strafrechtliche Überblicksstudien, die Ehrverletzungen am Rande streifen. Dazu zählen zum Beispiel: Metzger, Karl: Die Verbrechen und ihre Straffolgen im Basler Recht des späten Mittelalters. Basel 1931. – Rickenbacher, Franz: Das Strafrecht des alten Landes Schwyz. Leipzig 1902. – Ruof, Wilhelm H.: Die Züricher Räte als Strafgericht und ihr Verfahren bei Freveln im 14. und 15. Jahrhundert. Zürich 1941. – Schuler, Josef: Bedeutung und Tragweite der strafrechtlichen Bestimmungen in den ältesten schweizerischen Bundesbriefen 1291–1332. Zürich 1947. – Müller, Albert: Das Strafrecht im alten Lande Glarus seit der Befreiung von 1387 bis zur Helvetik. Diss. Freiburg in der Schweiz 1981.

54 Bartels, Karlheinz: Die Dogmatik der Ehrverletzung in der Wissenschaft des gemeinen Rechts bis zum Ausgang des 18. Jahrhunderts. Göttingen 1959. –

Infamie, Inquisition

2. Nach den grundlegenden Arbeiten Peter Landaus (* 1935 † 2019), Winfried Trusens (1924–1999) und Markus Hirtes (* 1977) zum kanonischen Infamiebegriff und Inquisitionsprozess[55] widmeten sich insbesondere Wilhelm Rees (* 1955), Lotte Kéry (* 1958) und Sarah Neumann (* 1974) der Entwicklung des kirchlichen Strafgedankens im frühen und hohen Mittelalter. Während Rees eine Gesamtschau des kirchlichen Strafrechts in der Geschichte bietet, stellte Kéry unter anderem die Rolle Bernhards von Pavia († 1213) für die Ursprünge eines systematischen kanonischen Strafrechts heraus; Neumann machte auf die Bedeut,ung der bischöflichen Sendgerichte während dieses Prozesses aufmerksam.[56]

Dressler, Hans-Heinrich: Das deutsche Beleidigungsrecht des 16. und 17. Jahrhunderts. Frankfurt am Main 1967.

55 Landau, Peter: Die Entstehung des kanonischen Infamiebegriffs von Gratian bis zur Glossa Ordinarius. Köln · Graz 1966 (Forschungen zur kirchlichen Rechtsgeschichte und zum Kirchenrecht, 5). – Trusen, Winfried: Strafprozeß und Rezeption. Zu den Entwicklungen im Spätmittelalter und den Grundlagen der Carolina, in: Strafrecht, Strafprozeß und Rezeption. Grundlagen, Entwicklung und Wirkung der Constitutio criminalis Carolina, hg. von Peter Landau · Friedrich-Christian Schroeder. Frankfurt am Main 1984, S. 29–118. – Ders.: Der Inquisitionsprozeß, in: Zeitschrift für Rechtsgeschichte, germanistisch-kanonistische Abt. 74 (1988), S. 168–230. – Ders.: Das Verbot der Gottesurteile und der Inquisitionsprozeß. Zum Wandel des Strafverfahrens unter dem Einfluß des gelehrten Rechts im Mittelalter, in: Sozialer Wandel im Mittelalter. Wahrnehmungsformen, Erklärungsmuster, Regelungsmechanismen, hg. von Jürgen Miethke · Klaus Schreiner. Sigmaringen 1994, S. 235–247. – Hirte, Markus: Papst Innozenz III., das IV. Lateranum und die Strafverfahren gegen Kleriker. Eine registergestützte Untersuchung zur Entwicklung der Verfahrensarten zwischen 1198 und 1216. Tübingen 2005 (Rothenburger Gespräche zur Strafrechtsgeschichte, 5). Ergänzend aus der italienischen Forschung siehe Bellini, Pieoro: «Denunciatio evangelica» e «Denunciatio judicialis privata». Un capitolo di storia disciplinare della chiesa. Milano 1986.

56 Rees, Wilhelm: Die Strafgewalt der Kirche. Das geltende kirchliche Strafrecht, dargestellt auf der Grundlage seiner Entwicklungsgeschichte. Berlin 1993 (Kanonistische Studien und Texte, 41), hier: S. 116–150. – Neumann, Sarah: Von Kirchenbuße und öffentlicher Strafe. Öffentliche Sanktionsformen aus der Sendgerichtsbarkeit in städtischem und landesherrlichem Recht, in: Herrschaftliches Strafen seit dem Hochmittelalter. Formen und Entwicklungsstufen, hg. von Hans Schlosser · Rolf Sprandel · Dietmar Willoweit. Köln · Weimar · Wien 2002 (Konflikt, Verbrechen und Sanktion in der Gesellschaft Alteuropas. Symposien und Synthesen, 5), S. 159–187. – Kéry, Lotte: «Canonica servitas» und «amor correctionis». Zur Ausbildung des kirchlichen Strafrechts im Spannungsfeld zwischen Strafanspruch und Besserungsverlangen, in: «Strafrecht» in einer Kirche der Liebe. Notwendigkeit oder Widerspruch? Hg. von Ludger Müller, Alfred E. Hierold, Sabine Demel, Libero Gerosa, Peter Krämer. Berlin 2006 (Kirchenrechtliche Bibliothek, 9), S. 23–44. –

3. Neben Rolf Lieberwirth (* 1920 † 2019) und Gerhard Lingelbach (* 1948), den Verfassern der aktuellen Artikel im «Handwörterbuch zur deutschen Rechtsgeschichte» (1. bzw. 2. Auflage) zu Beleidigung, Verleumdung und Injurienklage,[57] präsentierten Ralf-Peter Fuchs (* 1956), Thomas Müller-Burgherr in seiner Dissertation zum Injurienrecht der Schweiz von 1252 bis 1798 und Esther Sonntag (* 1969) knappe Überblicksdarstellungen zur Strafverfolgung von Ehrverletzungen in Mittelalter und Früher Neuzeit.[58] Die Themenfelder dieser Darstellungen wurden in enger Anlehnung an die ältere Literatur um His und Osenbrüggen gewählt. Müller-Burgherrs Arbeit zeichnet sich durch die übersichtliche Zusammenstellung zahlreicher, auch unbekannter Quellenbelege aus. Auch die historische Kriminalitätsforschung widmete den Wortdelikten als eine zahlreich repräsentierte Gruppe innerhalb spätmittelalterlicher Quellen Aufmerksamkeit – so am Beispiel Nürnbergs.[59] Hierher

Dies.: Gottesfurcht und irdische Strafe. Der Beitrag des mittelalterlichen Kirchenrechts zur Entstehung des öffentlichen Strafrechts. Köln · Weimar · Wien 2006 (Konflikt, Verbrechen und Sanktion in der Gesellschaft Alteuropas. Symposien und Synthesen, 10). – Dies.: Verbrechen und Strafe im kanonischen Recht des Mittelalters, in: Kriminalität in Mittelalter und Früher Neuzeit. Soziale, rechtliche, philosophische und literarische Aspekte, hg. von Sylvia Kesper-Biermann, Diethelm Klippel. Wiesbaden 2007 (Wolfenbütteler Forschungen, 114), S. 13–33. Eine knappe aktuelle Zusammenschau von den Anfängen der kirchlichen Strafrechtsgeschichte bis in die Gegenwart bietet Haering, Stephan: Strafrecht in der Kirche – gestern und heute, in: 100 Jahre Mittelalterliches Kriminalmuseum. Festschrift zum Museumsjubiläum, hg. von Markus Hirte. Darmstadt 2021 (Schriftenreihe des Mittelalterlichen Kriminalmuseums Rothenburg ob der Tauber, 13), S. 163–180.

57 Lieberwirth, Rolf: Art. Verleumdung, in: Handwörterbuch zur deutschen Rechtsgeschichte, hg. von Adalbert Erler, Ekkehard Kaufmann, unter philologischer Mitarbeit von Ruth Schmidt-Wiegand, Bd. 5. Berlin 1998, Sp. 762–764. – Ders.: Art. Beleidigung ([2]2008), Sp. 514–516. – Lingelbach: Art. Injurienklage ([2]2012), Sp. 1221–1222.

58 Müller-Burgherr, Thomas: Die Ehrverletzung. Ein Beitrag zur Geschichte des Strafrechts der deutschen und rätoromanischen Schweiz von 1252–1798. Zürich 1987. – Fuchs: Um die Ehre (1999), hier S. 35–58. – Sonntag, Esther: Entwicklungstendenzen der Privatstrafen. Strafschadensersatz im antiken, römischen, deutschen und US-amerikanischen Recht. Berlin 2005 (Berliner Juristische Universitätsschriften – Grundlagen des Rechts, 33), S. 162–179.

59 Henselmeyer, Ulrich: Ratsherren und andere Delinquenten. Die Rechtsprechungspraxis bei geringfügigen Delikten im spätmittelalterlichen Nürnberg. Konstanz 2002 (Konflikte und Kultur – Historische Perspektiven, 6), S. 75–83.

gehört auch ein Beitrag von Ernst Schubert (* 1941 † 2006) zum «bauerngeschrey», der sich auf der Grundlage von Beispielen aus dem 15. und 16. Jahrhundert mit dem Einfluss von Beleidigungen und Verleumdungen auf die öffentliche Meinung in Franken auseinandersetzte.

4. Nicht nur Müller-Burgherr bereicherte die Forschung durch die systematische Zusammenstellung und Aufarbeitung bisher unbekannter Quellen. Neu an der Auswertung von Gerichtsprotokollen und Gnadenersuchen ist der aus der Soziallinguistik entlehnte Zugang, Ausschnitte des Wertesystems einer Gesellschaft aus der Interpretation der Schimpfwörter zu rekonstruieren, um Aussagen über Tabus und Ängste, Vorurteile und Zuschreibungen treffen zu können. Dieser Methode fühlen sich Arbeiten zum städtischen Milieu der spätmittelalterlichen Schweiz[60] sowie Schleswigs und Holsteins im 16. Jahrhundert[61] verpflichtet. Martin Toch (* 1946) arbeitete zum dörflichen Raum Hessens im 15. Jahrhundert.[62] Dass Sprache konstitutiv auf gesellschaftliche Verhaltensmuster Einfluss nehmen kann, steht außer Frage. Deshalb dürfte der soziallinguistische Ansatz auch ertragreiche Ergebnisse zutage fördern, allerdings sind für solche Untersuchungen die reziproken Zusammenhänge zwischen dem Gebrauch von Schimpfwörtern und ihrer Festschreibung in rechtsrelevanten Texten zu hinterfragen. Die Ergebnisse dieser Arbeit werden zeigen, dass zumindest die Rechtstexte einen gefestigten Schimpfwörterkanon wiederholen, dessen Ursprung unter anderem in kirchenrechtlichen Kommentaren liegen dürfte.[63] Für weiterführende Studien würde sich also die Frage stellen, inwieweit ein in Gerichtsprotokollen aufgefundener Schimpfwörterkatalog Aussagen über das Wertesystem einer Gesellschaft zulässt. In

60 Burghartz, Susanna: Leib, Ehre und Gut. Delinquenz in Zürich Ende des 14. Jahrhunderts. Zürich 1990. – Wechsler, Elisabeth: Ehre und Politik. Ein Beitrag zur Erfassung politischer Verhaltensweisen in der Eidgenossenschaft (1440–1500) unter historisch-anthropologischen Aspekten. Zürich 1991.

61 Lorenzen-Schmidt, Klaus-Jürgen: Beleidigungen in schleswig-holsteinischen Städten im 16. Jahrhundert. Soziale Normen und soziale Kontrolle in Städtegesellschaften, in: Kieler Blätter zur Volkskunde 10 (1978), S. 5–27.

62 Toch, Michael: Schimpfwörter im Dorf des Spätmittelalters, in: Mitteilungen des Instituts für Österreichische Geschichtsforschung 101 (1993), S. 311–327.

63 Siehe hierzu den Abschnitt «Kanon schwerer Verbrechen», S. 252–254.

diesem Sinn versteht sich diese Arbeit auch als notwendige Ergänzung für sozialhistorische Fragestellungen.

5. Im Rahmen des von der Deutschen Forschungsgemeinschaft geförderten Schwerpunktprogramms zur «Entstehung des öffentlichen Strafrechts»[64] entstanden mehrere Arbeiten, in denen Ehrverletzungen als ein meist knapp behandeltes Thema erörtert wurden, unter anderem von Barbara Frenz (* 1961) über deutsche Städte vor 1300[65]; ihre Arbeit wurde in der Reihe «Konflikt, Verbrechen und Sanktion in der Gesellschaft Alteuropas» publiziert.

6. Der im Jahr 2017 ins Leben gerufene Dresdner Sonderforschungsbereich 1285 «Invektivität. Konstellationen und Dynamiken der Herabsetzung» befasst sich in 13 Teilprojekten mit herabsetzender, diskriminierender und exkludierender Kommunikation unter dem «übergreifenden und bewusst artifiziellen Begriff […] Invektivität».[66] Das mittelalterliche Teilprojekt unter der Leitung von Uwe Israel (* 1963) untersucht die invektiven Kommunikationsformen im italienischen und deutschen Humanismus.[67]

---

64 Das Programm des Forschungsprojektes, veröffentlicht von Dietmar Willoweit, in: Ders. (Hg.): Die Entstehung des öffentlichen Strafrechts. Bestandsaufnahmen eines europäischen Forschungsproblems. Köln · Weimar · Wien 1999 (Konflikt, Verbrechen und Sanktion in der Gesellschaft Alteuropas. Symposien und Synthesen, 1), S. 1–12.

65 Frenz, Barbara: Frieden, Rechtsbruch und Sanktion in deutschen Städten vor 1300. Mit einer tabellarischen Quellenübersicht nach Delikten und Deliktgruppen. Köln · Weimar · Wien 2003 (Konflikt, Verbrechen und Sanktion in der Gesellschaft Alteuropas. Symposien und Synthesen, 8).

66 Schwerhoff, Gerd: Invektivität und Geschichtswissenschaft. Konstellationen der Herabsetzung in historischer Perspektive – ein Forschungskonzept, in: Historische Zeitschrift 311 (2020), S. 1–36, hier S. 11.

67 Israel, Uwe · Kraus, Marius · Sasso, Ludovica (Hg.): Agonale Invektivität. Konstellationen und Dynamiken der Herabsetzung im italienischen und deutschen Humanismus. Heidelberg 2021 (Das Mittelalter. Perspektiven mediävistischer Forschung. Beihefte, 17).

2. Grundlegende Begrifflichkeiten: Injurien und Rechtsgüter

Am Beginn des Untersuchungszeitraumes steht mit dem *Corpus Iuris Civilis* Kaiser Justinians I. (527–565) aus dem 6. Jahrhundert ein Rechtstext, der in seiner konsequenten Struktur und in seinem Bemühen um begriffliche Präzision mehr Ausnahme als Regel für die im weiteren Verlauf zu besprechenden Texte ist. Ähnlich detaillierte Ausführungen zu den Tatbeständen Beleidigung und Verleumdung kommen erst mit den Schriften der Dekretisten im 12. Jahrhundert wieder auf. In den Strafrechtsbestimmungen aus dem städtischen Bereich oder aus der Rechtssetzung weltlicher Herrscher werden diesen Tatbeständen später, an der Wende zur Neuzeit, ausdifferenzierte und systematische Überlegungen gewidmet.

2.1 Die Semantik des Begriffs «iniuria»

Römisches Recht

Sach-beschädigung

Ehre

Seit dem Zwölftafelgesetz ist «iniuria» als Tatbestand der Personalverletzung dem römischen Recht bekannt; sie erfährt im Laufe ihrer geschichtlichen Entwicklung bis zum *Corpus Iuris Civilis* eine Dreiteilung: 1. rechtwidrige Personenverletzung, 2. «iniuria» im Allgemeinen und 3. rechtswidrige Sachbeschädigung (damnum iniuria). Danach konnte eine Person an ihrem Körper, ihrer Rechtsstellung und ihrer Ehre verletzt werden, wobei die Ehrenkränkung auch mit «convicium» (meint nur die mündliche Ehrverletzung) und «contumelia» bezeichnet wurde.[68] In diesem Sinne bietet das *Corpus Iuris Civilis* zur Erklärung des Wortes «iniuria» eine weite Definition:

---

68 Mommsen, Theodor: Römisches Strafrecht. Berlin 1899 (Nachdr. Berlin 1955), S. 784–788. – Hirschberg: Der Vermögensbegriff im Strafrecht (1934), S. 33–44. – Lübtov, Ulrich von: Zum römischen Injurienrecht, in: Labeo 15 (1964), S. 131–167. – Sonntag: Entwicklungstendenzen der Privatstrafen (2005), S. 162–170.

> Mit «Unrecht» [iniuria] wird im Allgemeinen alles bezeichnet, was nicht rechtmäßig geschieht. Im besonderen bezeichnet man damit bald die contumelia, die Mißachtung einer Person, die nach «contemnere», mißachten, so genannt wird und bei den Griechen hybris, Selbstüberhebung, heißt [...].[69]

Danach konnte der Begriff «iniuria» bereits auf jene Tatbestände, die in Mittelalter und Neuzeit mit «schmähen», «schelten» und ähnlichen Worten bezeichnet wurden, verweisen. Im Zwölftafelgesetz bedeutet «iniuria» gleichermaßen Unrecht oder Körperverletzung. In der römischen Kaiserzeit schlug der Jurist Domitius Ulpianus (um 170–223) drei Bedeutungsebenen für «iniuria» vor: 1. «iniuriae quae inferuntur in corpus», 2. «iniuriae quae pertinent ad dignitatem», 3. «iniuriae quae pertinent ad infamiam». Der Tatbestand der «iniuria» setzte Vorsatz voraus, den sog. «animus iniuriandi».[70] Der bei Justinian verwendete Injurienbegriff unterscheidet sich aber grundlegend von jenem der klassischen Zeit:

> Für die sich jetzt abzeichnenden Tatbestände der nachklassischen *iniuria* als besonders wichtig erweisen sich dabei unserer Ansicht nach das Vordringen des Vulgarismus sowohl im Rahmen der Praxis als auch in dem der Kaisergesetze, die Veränderung der Gerichtsverfassung und der Verfahrensordnung, die Standesbezogenheit und die Härten des voll entwickelten absolutistischen Staates sowie der Aufschwung des Christentums zur Staatsreligion.[71]

69 Corpus iuris civilis, Buch IV: Institutionen, vierter Titel «De iniuriis»: «Generaliter iniuria dicitur omne quod nun iure fit: specialiter alias contumelia, quae a contemnendo dicta est, quam Graeci ὕβςιν appellant [...].» Zitiert nach Behrends, Okko · Knütel, Rolf · Kupisch, Berthold · Seiler, Hans Hermann (Hg.): Corpus Iuris Civilis. Text und Übersetzung. Auf der Grundlage der von Theodor Mommsen und Paul Krüger besorgten Textausgaben, 4 Bde. Heidelberg 1990–2005., Bd. 1 (^{2}1996), S. 222.

70 Dochow, Adolf: Art. Beleidigung, in: Handbuch des deutschen Strafrechts, hg. von Franz von Holtzendorff, Bd. 3. Berlin 1874, S. 329–330. – Landsberg, Ernst: Iniuria und Beleidigung. Eine Untersuchung über die heutige Anwendbarkeit der «Actio iniuriarum aestimatoria». Bonn 1886, S. 29. – Balthasar: Der Schutz der Privatsphäre im Zivilrecht (2006), S. 16.

71 Zitiert nach Hagemann, Matthias: Injuria. Von den XII-Tafeln bis zur Justinianischen Kodifikation. Köln · Weimar · Wien 1998 (Forschungen zum römischen Recht, 43), S. 131–132 (Kursive nach dem Original).

Es kommt in der Nachklassik mit den *Pauli Sententiae* und dem *Codex Theodosianus* zur Verschärfung und Modifizierung der Tatbestände. Nun werden anonyme verleumderische Schriften viel härter sanktioniert, sodass Hagemann sich zu der Einschätzung veranlasst sieht, dass die verleumderische Eingabe zwar bereits in der Klassik zur «iniuria» zählte, aber dass diese unter Kaiser Konstantin derart an Bedeutung gewinnt,

> dass sie zum zentralen Punkt der Rechtssetzung der Kaiser im Rahmen der famosi libelli wird. Darin spiegelt sich der Wandel der Staatsform vom vergleichsweise liberalen Prinzipat zum absoluten Dominat, in dem Bespitzelung und Denunziation ausufern und die aufgeblähte Beamtenhierarchie ihre Macht oft missbraucht.[72]

Neben dem *Corpus Iuris Civilis* war für die mittellateinische Begriffsfindung auch die am Beginn des 7. Jahrhunderts entstandene Enzyklopädie *Etymologiarum sive originum libri XX* des Isidor von Sevilla († 636) prägend. Dort heißt es, dass «iniuria» Ungerechtigkeit, also «iniustitia», bedeute.[73] Als ein Hauptwort für Ehrverletzungen ist der Begriff «iniuria» bis zum 15. Jahrhundert allerdings nicht benutzt worden;[74] eine zentrale Begrifflichkeit fehlt bis dahin: «die Quellen reden von iniurare verbo vel facto, missehandeln, missebieten mit worten und werken» und anderem mehr.[75] Viele Rechte des 13., 14. und frühen 15. Jahrhunderts boten daher

72 Zitiert nach ebenda, S. 146 (Kursive nach dem Original).

73 Buch V, Kap. 26, 10: «Iniuria est iniustitia.» Zitiert nach Lindsay, Wallace M. (Hg.): Isidori Hispalensis episcopi Etymologiarum sive originum. Libri XX, 2 Bde. Oxford 1911, Bd. 1, ohne Seitenzählung.

74 Dennoch konnte das Wort «inuiria» den Tatbestand der Beleidigung und der Verleumdung in einem bestimmten Kontexten anzeigen. Siehe Dochow: Art. Beleidigung (1874), S. 331. – Hälschner, Hugo: Das preußische Strafrecht, Bd. 3: System des preußischen Strafrechts, Teil 1: Die Verbrechen gegen das Recht der Privatperson. Bonn 1868 (ND Aalen 1975), S. 224. – Landsberg: Iniuria und Beleidigung (1886), S. 65. Zur Diskussion des Begriffes «iniuria» im frühen und hohen Mittelalter siehe Hübner, Heinz: Zur Iniuria in der Gesetzgebung Friedrichs II. von Hohenstaufen, in: Satura Roberto Feenstra sexagesimum quintum annum aetatis complenti ab alumnis collegis amicis oblata, hg. von Hans A. Ankum · J. E. Spruit · Felix B. J. Wubbe. Fribourg 1985, S. 317–319. – Fuchs, Ralf-Peter: Art. Beleidigung, in: Enzyklopädie der Neuzeit, Bd. 1, im Auftrag des Kulturwissenschaftlichen Instituts (Essen) und in Verbindung mit den Fachwissenschaftlern hg. von Friedrich Jaeger. Stuttgart · Weimar 2005, Sp. 1180–1183.

75 His: Das Strafrecht des deutschen Mittelalters, Bd. 2 (1935), S. 104.

alternativ eine Aufzählung von Schimpfwörtern, um den Tatbestand zu konkretisieren. Seit dem 15. Jahrhundert werden dann aber jene Texte zahlreicher, in denen eine begriffliche Definition vorausgeschickt wird. «Iniuria» ist dort ein klar auf Beleidigungsdelikte eingegrenzter Begriff:

> In dieser clage würt d[a]z wort iniuria genom[m]en für laster/ schand/ schmachheit oder scheltwort/ damit man eim sein ere oder gůtten lewmů[n]t nympt oder abschneyt.[76]

So wie hier der Injurienbegriff durch Conrad Heyden (* vor 1414 † 1444) im *Klagspiegel* erörtert wird,[77] lässt er sich von nun an in vielen Rechtstexten finden. Wenige Ausnahmen wie die *Weichbildglosse* (14. Jahrhundert) kennen den römischen Injurienbegriff noch in seiner weiteren und in seiner engeren Bedeutung: «und heist ungerichte alles, das wedir recht ist, und ist eigintlich eine smaheit genannt.»[78] Auch das zwischen 1358 und 1387 entstandene *Meißner Rechtsbuch* (auch: *Rechtsbuch nach Distinktionen*), das maßgeblich am sächsischen Recht antizipierte,[79] kennt noch den weiteren Injurienbegriff:

> Alles das nicht mit rechtt geschieht, also hohnliche wort, schade, misszhandel, schlege und dergleichen, das heist alles unrecht, und darumb magk man einen beklagen zu buesse, ut in instituti juris. [80]

---

76 [Heyden, Conrad:] Der Richterlich Clagspiegel. Ein nutzbarlicher begriff: wie man setzen vnd formieren sol nach ordenung der rechten [...] Straßburg 1516 (VD16 B7085), Blatt 11v (De actione iniuriarum).

77 Zur Entstehung und Verfasserschaft des zwischen 1436 und 1442 entstandenen Klagspiegels siehe Deutsch, Andreas: Der Klagspiegel und sein Autor Conrad Heyden. Ein Rechtsbuch des 15. Jahrhunderts als Wegbegleiter der Rezeption. Köln · Weimar · Wien 2004 (Forschungen zur deutschen Rechtsgeschichte, 23), S. 5–75. Zur Sprache im Klagspiegel siehe Aehnlich: Rechtspraktikerliteratur und neuhochdeutsche Schriftsprache (2020).

78 Zitiert nach Daniels, Alexander von · Gruben, Franz von (Hg.): Das Saechsische Weichbildrecht – Jus municipale Saxonicum, Bd. 1. Berlin 1858 (Rechtsdenkmäler des deutschen Mittelalters), Art. 88, Sp. 402.

79 Siehe dazu siehe Buchhester, Dörthe · Müller, Mario: Art. Meißner Rechtsbuch, in: Deutsches LiteraturLexikon. Das Mittelalter. Autoren und Werke nach Themenkreisen und Gattungen, Bd. 6: Das wissensvermittelnde Schrifttum bis zum Ausgang des 14. Jahrhunderts, hg. von Wolfgang Achnitz, Berlin/Boston 2014, Sp. 1025-1030.

80 Zitiert nach Ortloff, Friedrich (Hg.): Das Rechtsbuch nach Distinctionen und ein Eisenachisches Rechtsbuch enthaltend. Jena 1836 (Sammlung Deutscher

Die weite Definition des Injurienbegriffs wird zwar zu Beginn des 16. Jahrhunderts wieder aufgenommen, unter anderem in Übersetzungen römischer Rechtstexte in die deutsche Sprache,[81] doch zu diesem Zeitpunkt war der Begriff bereits weitgehend festgelegt auf die engere Definition von Schmach, Beschimpfung und Beleidigung.

2.2 Die begriffliche Differenzierung im *Corpus Iuris Civilis*

Das römische Recht gibt noch eine zweite engere Definition des Injurienbegriffs, die für Mittelalter und Neuzeit gleichermaßen vorbildlich wirkte. Im Anschluss an die Wortdefinition unterscheidet das *Corpus Iuris Civilis* nämlich in Verbal- und in Realinjurien, wobei die beiden Delikte nochmals differenziert werden nach dem körperlichen und besitzständischen Schaden an einer Person sowie nach der Art der Verbreitung verbaler Injurien – auf mündlichem bzw. schriftlichem Weg:

Realinjurien

> Begangen wird eine Verletzung der Person nicht nur, wenn jemand mit der Faust oder mit dem Knüppel geschlagen oder sogar geprügelt wird, sondern auch, wenn er öffentlich geschmäht wird oder wenn seine Güter oder die eines Schuldners von jemandem in Besitz genommen worden sind, der wußte, daß der Betreffende ihm nichts schuldete, oder wenn jemand, um einen anderen zu beleidigen, eine Schrift oder ein Gedicht entwirft, verfaßt, herausgibt oder vorsätzlich veranlaßt.[82]

Rechtsquellen, 1), S. 357. Weitere Quellenbeispiele des 16. Jahrhunderts, die ebenfalls die weitere Definition kennen, bei Mainzer: Die ästimatorische Injurienklage in ihrer geschichtlichen Entwicklung (1908), S. 76–79. Zur gelehrten Diskussion über den Begriff «iniuria» in der Frühen Neuzeit siehe Bartels: Die Dogmatik der Ehrverletzung (1959), S. 128–149.

81 Zum Beispiel die Übersetzung des Fuchsberger, Ortolf: Justinianischer Jnstituten warhaffte dolmetschung/ darin der groszmechtigst Kayser IVSTINIAN. den ersten grond geschribner recht hat fürgebildet. Augsburg 1536 (VD16 C5236), IV, 4: «De iniurijs. Von abtrag zůgefůgter Iniuri oder schmacheit», Blätter 76v–77v.

82 «Iniuria autem committitur non solum, cum quis pugno puta aut fustibus caesus vel etiam verberatus erit, sed etiam si cui convicium factum fuerit, sive cuius bona quasi debitoris possessa fuerint ab eo, qui intellegebat nihil eum sibi debere, vel si quis ad infamiam alicuius libellum aut carmen scripserit composuerit ediderit dolove malo fecerit, quo quid eorum fieret […].» Zi-

Obwohl in den mittelalterlichen Rechtstexten der besitzständische Schaden im Zusammenhang mit Injurien kaum erläutert wird, ist das Bewusstsein dafür doch vorhanden. Insbesondere die Beschneidung von königlichem Reichsgut oder von Besitz königlicher Gefolgsleute wurde von den Majestäten selbst als Beleidigung verstanden. Die ältere rechtshistorische Forschung äußerte sich übertrieben, aber im Kern treffend zu diesem Umstand. Im mittelalterlichen Recht galt

> ein gegen einen Anderen verübtes Unrecht schon überhaupt als eine Ehrenverletzung gegen ihn [...]; allein die Injurien kommen auch in einer speciellen Richtung auf die Ehre des Anderen aufgefaßt vor, und zwar entweder indem Jemand gegen einen Anderen Handlungen vornimmt, die als Ausdruck der Verachtung und als Beschimpfung des Anderen nach Volksansichten galten [...], oder indem er wörtliche Injurien gegen einen Anderen (Schelte) ausstieß.[83]

Ehre

2.3 Rechtsgüter

Die mittelalterlichen und neuzeitlichen Texte legten als Rechtsgüter der Injurienrechte übereinstimmend die Ehre (honor) bzw. den Leumund, den guten Ruf (fama)[84] einer Person fest, verzichteten allerdings darauf, diese Begrifflichkeiten genauer zu definie-

Leumund

tiert nach Behrends u. a.: Corpus Iuris Civilis, Bd. 1 (^{2}1996), S. 222–223. Zur geschichtlichen Entwicklung siehe Mommsen: Römisches Strafrecht (1899), S. 794: «Das öffentlich gesungene Schmählied (‹carmen famosum›) wird nach Zwölftafelrecht streng geahndet. Nicht wesentlich davon verschieden ist das ‹convicium› im ursprünglichen Sinn, die jemand mit öffentlicher Zusammenrottung vor seinem Hause zugefügte Schmähung. Nachdem die Publicität mehr und mehr durch die Schrift vermittelt wird, tritt neben und vor das Schmählied die Schmähschrift (‹libellus famosus›). Strafbar ist gleichmässig die Herstellung wie der Vortrag und die Verbreitung der Beschimpfung. Geschärft wird das durch die Schmähschrift begangene Delict durch deren Anonymität oder Pseudonymität.»

83 Mittermaier, Carl T. A.: Art. Injurien, in: Rechtslexikon für Juristen aller teutschen Staaten, enthaltend die gesammelte Rechtswissenschaft, bearbeitet vonKarl Ludwig Arndts von Arnesberg, Bd. 5. Leipzig 1844, S. 868.

84 «Leumund» und «fama» werden im Folgenden synonym gebraucht, so wie es die benutzten Quellen nahelegen. Siehe zum Beispiel Tengler, Ulrich: Layen Spiegel. Von rechtmässigen ordnungen in Burgerlichen vnd peinlichen regimenten. Augspurg 1509 (VD16 T337), Blatt 154v, dritter Teil: «Von vnleümbden. Als ain gůter leümandt, zů latein genannt fama [...]».

Christliches Bekenntnis

Häresie

ren.[85] Als drittes Rechtsgut, das in einem späteren Kapitel noch ausführlich gewürdigt wird,[86] nennen einige spätmittelalterliche Rechte die «cristenheit» im Sinne des Bekenntnisses einer Person zur römischen Kirche und zum christlichen Glauben; hier handelt es sich um eine Sondererscheinung infolge der intensiven Auseinandersetzungen mit Häretikern im Kirchenrecht.

Ehre

Leumund

Aufgrund des rechtshistorischen Schwerpunktes dieser Arbeit wird auf mentalitätsgeschichtliche Ansätze aus der Mittelalter-Forschung verzichtet, obwohl diese in Bezug auf die Begriffsdiskussion zur «Ehre» sehr produktive Anregungen in der Vergangenheit gegeben hat. Diese Anregungen haben die Relevanz für sowohl rechtssoziologische als auch rechtspsychologische Untersuchungen überzeugend aufgezeigt. Für die vorliegende Studie können diese Anregungen jedoch keine Berücksichtigung finden, weil dafür noch weitere Quellen ergänzend hinzugezogen werden müssten. Das stünde mit Blick auf den Arbeitsumfang in keinem tragbaren Verhältnis mehr.[87] Für eine möglichst umfassende Arbeitsdefinition zu den Begriffen «Ehre» und «Leumund» wird in dieser Studie stattdessen auf die Erörterungen im aktuellen Kommentar zum deutschen Strafgesetzbuch von Klaus Rogall (* 1948) aufgrund der ausführlichen Diskussion zurückliegender und aktueller Analysen zurückgegriffen.[88] Sie trugen aus dem

85 Dressler: Das deutsche Beleidigungsrecht des 16. und 17. Jahrhunderts (1967), S. 23–24.

86 Siehe dazu den Abschnitt «Rechtsgut ‹cristenheit›», S. 235–241.

87 Zum mentalistätsgeschichtlichen Ansatz in der Mittelalter-Forschung in Bezug auf den Ehrbegriff siehe den grundlegenden Beitrag von Dinzelbacher, Peter: «strîtes êre». Über die Verflechtung von Ehre, Schande, Scham und Aggressivität in der mittelalterlichen Mentalität, in: Mediaevistik. Internationale Zeitschrift für interdisziplinäre Mittelalterforschung 28 (2015), S. 99–140.

88 Aktuelle juristische Lehrbücher gehen nicht in dieser Ausführlichkeit auf den Begriff der Ehre ein. Siehe zum Beispiel: Kindhäuser, Urs: Strafrecht – Besonderer Teil I: Straftaten gegen Persönlichkeitsrechte, Staat und Gesellschaft, 8., völlig neu überarb. Aufl. Baden-Baden 2017, S. 198–200. – Küpper, Georg · Börner, René: Strafrecht – Besonderer Teil 1: Delikte gegen Rechtsgüter der Person und Gemeinschaft, 4., neu bearb. Aufl. Berlin 2017, S. 137. – Wessels, Johannes · Hettinger, Michael · Engländer, Armin: Strafrecht – Besonderer Teil 1: Straftaten gegen Per-

kontroversen Disput um diese Begriffe folgende Interpretationen zusammen:[89]

7. Normativer bzw. personaler Ehrbegriff: Ehre bezeichnet die mit der Geburt zuteil gewordene persönliche Würde, die den Menschen als Träger sittlicher und geistiger Werte betont. Durch ihre ethische Integrität wird einer Person ein bestimmter Geltungswert innerhalb des gemeinschaftlichen Wertekanons zugeschrieben. Aus diesem Geltungswert fließt der rechtlich geschützte Achtungsanspruch90 der Person, der durch den unrechtmäßigen Vorwurf, die ethische Integrität weise Mängel auf, verletzt wird.

8. Die mittelalterlichen lateinischen Quellen sprechen in diesem Zusammenhang von «existimatio» oder «opinio» und wenn sie vom Gegenteil berichten von «contemptio» oder «contemptus».[91]

9. Interpersonaler Ehrbegriff: Im Vordergrund dieser Interpretation steht das gegenseitige Anerkennungsverhältnis von Menschen innerhalb einer Gemeinschaft, dessen Schutz gewährleisten soll, dass jede Person über ihre Entfaltungsmöglichkeiten frei verfügen kann. Der gute Ruf, der Leumund einer Person ist Voraussetzung für das Anerkennungsverhältnis.

---

sönlichkeits- und Gemeinschaftswerte, 44., neu bearb. Aufl. Heidelberg 2020 (Schwerpunkte), S. 155.

89 Rogall, Klaus: §§ 185–200 StGB, in: SK – StGB. Systematischer Kommentar zum Strafgesetzbuch, hg. von Jürgen Wolter, Bd. IV: §§ 174–241a StGB, 9., neu bearbeitete Aufl., Köln: Carl Heymanns Verlag 2017, S. 251–359, hier: S. 253–256 (Vor § 185 Rn. 1–8).

90 «Die Achtung gegenüber dem gleichgeordneten Rechtsgenossen kann mit der Ehre in Zusammenhang gebracht werden, sofern in dieser Achtung ein Respektieren des Wertes der Persönlichkeit des andern durch sein Betragen enthalten ist. In jedem Rechtsgut wird die dahinterstehende Person geachtet und an diese Achtung kann ein Wertgefühl der Person sich anschliessen.» Zitiert nach Sprecher, Daniel: Persönliche Ehre und Ehrenstrafen. Die strafrechtsgeschichtliche Entwicklung der Ehrenstrafe vom Mittelalter bis zur Neuzeit, in: Das Recht im kulturgeschichtlichen Wandel. Festschrift für Karl Heinz Burmeister zur Emeritierung, hg. von Bernd Marquardt · Alois Niederstätter. Konstanz 2002, S. 405–406.

91 München: Das kanonische Gerichtsverfahren und Strafrecht, Bd. 2 (1866), S. 567–568 (Quellenbelege ebenda).

10. Verdienstbetonter Ehrbegriff: Die Ehre einer Person bemisst sich nach dem ihr zugerechneten Verdienst, das die Person sich durch die Erbringung positiv bewerteter Leistungen in einer Gemeinschaft erarbeitet. Wenn dieser Person wahrheitswidrig negativ zu beurteilende Leistungen zugerechnet werden, liegt eine Beleidigung vor.

11. Funktionaler Ehrbegriff: Ehre ist die Bereitschaft und Fähigkeit einer Person, sich normgemäß zu verhalten. Beide Eigenschaften können ihre Funktion nur dann entfalten, wenn sie durch andere bewertet werden. Während die äußere Ehre die Bereitschaft und Fähigkeit bezeichnet, den Erwartungen der anderen zu entsprechen, wird mit der inneren Ehre beschrieben, dass diese Erwartungen tatsächlich erfüllt werden.

12. Kommunikationsbasierter Ehrbegriff: In Erweiterung des funktionalen Ehrbegriffs wird davon ausgegangen, dass durch die Beleidigung von Personen psychische Prozesse ausgelöst werden, durch die sich die Opfer oder Dritte zu einem rechtlich unerwünschten Verhalten gedrängt fühlen. Ursache des unerwünschten Verhaltens ist die eingetretene, beabsichtigte oder befürchtete soziale Ausgrenzung.

Dass neben einem leistungsbetonten Ehrbegriff auch ein weiterer existiert, der als Mitgift beschrieben werden kann[92], steht außer Frage. Diese Mitgift beruht in der Gegenwart selbstredend auf anderen Kriterien als im Untersuchungszeitraum. Dort zählten Abstammung in erster Linie jene Zuschreibungen, die an Abstammung, Stand sowie die Tätigkeit einer Person gebunden waren[93], und der Ver-

92 Rogall: §§ 185–200 StGB (2017), S. 255 (Vor § 185 Rn. 5) und 258–259 (Vor § 185 Rn. 14).

93 Deutsch, Andreas: Art. Ehre, in: Handwörterbuch zur deutschen Rechtsgeschichte, hg. von Albrecht Cordes · Heiner Lück · Dieter Werkmüller, Ruth Schmidt-Wiegand, Bd. 1. Berlin ²2008, Sp. 1225–1228 («Ständische Ehre in Mittelalter und Frühneuzeit», «Wende zur Neuzeit»). – Ders.: Was ist Ehre? Ein Rechtsbegriff im historischen Vergleich, in: Früchte vom Baum des Wissens. Eine Festschrift der wissenschaftlichen Mitarbeiter. 100 Jahre Heidelberger Akademie der Wissenschaften, hg. von Ditte Bandini, Ulrich Kronauer. Heidelberg 2009, S. 179–192. – Köbler, Gerhard: Art. Ehre. Rechtshistorisches, in: Reallexikon der Germanischen Altertumskunde von Johannes Hoops, mit Unterstützung der Akademie der Wissenschaften in

trauensvorschuss[94], den andere einer Person bereit waren zu geben. Wenn zum Beispiel das Würzburger Stadtgericht dem der Verunglimpfung und des Unruhestiftens angeklagten Hans von Simmringen Milde wegen seines frommen Vaters entgegenbrachte, wie Abbildung 1 (S. 51) zeigt, dann profitierte Hans von seiner Mitgift und nicht von seinen erbrachten Leistungen, die ohnehin als zweifelhaft beschrieben werden.

Lorenz Fries (1489/91–1550), bischöflich-würzburgischer Sekretär und Kanzler, erzählt in seiner *Chronik der Bischöfe von Würzburg 742–1495* die Geschichte des Hans von Simmringen (urkundlich erwähnt 1373–1383), der wegen Verunglimpfung des Bischofs und Anstiftung zum Aufruhr aus der Stadt Würzburg verwiesen wurde: Als 1386 der Getreidepreis in Würzburg aufgrund einer schlechten Ernte in die Höhe schoss, sodass die armen Einwohner der Stadt Hunger leiden mussten, ließ Bischof Gerhard von Schwarzburg (1359-1372) einen Höchstpreis für das Korn festsetzen. Hans, der schon vorher wegen allerlei Hader aufgefallen sein soll, behauptete, dass der Bischof, wenn die Bürger dessen Gebot hinnehmen, auch den Preis für den Wein demnächst bestimmen werde. Durch Polemisierung und Aufruhr versuchte er, den Erlass des Bischofs kassieren zu lassen – jedoch ohne Erfolg. Er warf dem Bischof daraufhin vor, dass er Ritter um sich sammle, damit sie sein Gebot gewaltsam durchsetzen würden. Ohne Einwilligung der Stadt ließ Hans deshalb Wachen aufstellen und gab Befehl, die Sturmglocken zu läuten, falls ein Reiter vom bischöflichen Schloss in die Stadt wolle. Als der Würzburger Rat davon Nachricht erhielt, ließ er Hans festsetzen und durch Gerichtsurteil ewig verweisen, verbunden mit dem Verlust seiner bürgerlichen Rechte. Ihm hätte ein noch härteres Urteil gedroht, doch seines

Göttingen hg. von Heinrich Beck, Herbert Jankuhn, Kurt Ranke, Reinhard Wenskus, Bd. 6. Berlin · New York 1986, S. 502–504. – Weber, Wolfgang E. J.: Art. Ehre, in: Enzyklopädie der Neuzeit, Bd. 3: Dynastie-Freundschaftslinien, im Auftrag des Kulturwissenschaftlichen Instituts (Essen) und in Verbindung mit den Fachwissenschaftlern hg. von Friedrich Jaeger. Stuttgart · Weimar 2006, Sp. 77–79 («Religiöse, humanistische und adelige Ehrkonzepte» sowie «Ehransprüche verschiedener Gruppen» in der Frühen Neuzeit).

94 Zur Erläuterung dieses Begriffs siehe Müller, Mario: Besiegelte Freundschaft. Die brandenburgischen Erbeinungen und Erbverbrüderungen im späten Mittelalter. Göttingen 2010 (Schriften zur Politischen Kommunikation, 8), S. 192–193.

«fromen» Vaters (Götz von Simmringen, Schultheiß, urkundlich erwähnt 1379–1385) wegen ließ das Gericht Milde walten.

Leumunnd

Die Würzburger anerkannten nach dieser Erzählung den Leumund des Vaters und übertrugen ihn auf den Sohn; der «Geltungswert» der einen Person wurde auf die andere übertragen. Nachteilig wirkte sich im Urteil hingegen aus, dass Hans nicht die Bereitschaft zur Normtreue und deren Umsetzung aufbrachte. Lorenz Fries hielt es für wichtig zu berichten, dass Hans schon in der Vergangenheit negativ aufgefallen war. Das heißt Fries berücksichtigte den Achtungsanspruch, den Hans aufgrund der Mitgift einfordern konnte.

Definitionsgrundlage für die Begriffe Ehre und Leumund ist nach der vorgestellten Besprechung folgende: Einer Person wird mit der ihr zuerkannten und von ihr beanspruchten Ehre ein Geltungswert beigemessen, der sich aus der Anerkennung persönlicher Leistungen und der sozialen Mitgift einer Person zusammensetzt. Voraussetzung dafür ist, dass die Person ihre Bereitschaft zur Einhaltung und Wahrung der bestehenden Normen signalisiert und umsetzt. Daraus leitet die Person in der Gemeinschaft ihr Recht auf einen Achtungsanspruch her, der ihr innerhalb des eigenen Standes entsprechende Handlungsspielräume gewährt. Der Leumund einer Person entspricht ihrem Geltungswert, der durch die soziale Stellung dieser Person bestimmt und von anderen aus dem Umfeld der Person zuerkannt wird.

Abbildung 1

Verweisung des Hans von Simmringen aus der Stadt Würzburg in der *Chronik der Bischöfe von Würzburg 742–1495* des Lorenz Fries (ca. 1495)

Nach einer Abschrift von 1596

Forschungsbibliothek Gotha, Chart. A 184, fol. 61r

Zur Handschriftenbeschreibung siehe Rockar, Hans-Joachim [Bearb.]: Abendländische Bilderhandschriften der Forschungsbibliothek Gotha. Ein kurzes Verzeichnis mit 34 Abbildungen. Forschungsbibliothek Gotha 1970, S. 40

unnd darnach zu Würtzburg unntersagten leben, unnd
wollten die vertriebnen Chorherren unnd Münche
wider ein kommen unnd [illegible] sein, nun tet er die
bewilligte anlag unnd schatzung zu richten und bezalen.

Wie Hannß von Sömmering en der Statt verwiesen worden

Es war dazumahl ein Burger zu Würtzburg, Vo[illegible]
von Sömmering genant, ein frommer Man, der hette
einen ungerathenen Sohn, Hanns genant, welcher zu keiner
andern sachen größern lust truge, dann zu [illegible]
[illegible] unnd war sehr [illegible]
Hanns [illegible] unnd andere
nicht sein gesellen. Unnd wiewohl der vater
seinen sohn oftermals [illegible] freuntlich darumb
straffet, unnd darumb mit [illegible], so wollt er doch [illegible]

3. Gliederung der Arbeit

Falsche Anschuldigung

Diese Arbeit gliedert sich in vier Teile, denen zur besseren Übersichtlichkeit jeweils ein knapper Überblick zum Inhalt vorausgeht. In den ersten beiden Teilen werden die vier für diese Arbeit ausgewählten Tatbestände des Injurienrechts vorgestellt und definiert: einfache Beleidigung und üble Nachrede sowie Verleumdung und falsche Anschuldigung. Im Anschluss daran befindet sich eine Auswertung der in den benutzten Texten aufgezählten Beschuldigungsgegenstände und Schimpfwörter nach geschlechtsspezifischen Kriterien (dritter Teil); und der letzte Teil widmet sich den Rechtsfolgen zu den erarbeiteten Tatbeständen. Im Ergebnisteil werden, nach einer Zusammenfassung der historischen Entwicklungslinien, in kurzen Artikeln die wesentlichen Inhalte der besprochenen Themen wiedergegeben. Im Ergebnis soll ein möglichst umfassendes Glossarium für das Thema Beleidigung und Verleumdung in Rechtstexten vom 5. bis zum 16. Jahrhundert zur Verfügung gestellt werden (S. 384–402).

3.1 Probleme zur Abgrenzung der Tatbestandsmerkmale

Die begriffliche und semantische Vielfalt in den mittelalterlichen Rechtstexten macht es oft unmöglich, zwischen den Tatbeständen Beleidigung und Verleumdung zu unterscheiden. So konnten Ehrverletzungen im Allgemeinen als auch Einzeltatbestände wie die Verleumdung mit Begriffen wie «calumniare» und «maledicere» ausgedrückt werden; Nomen für Beleidigungen bzw. Beschimpfungen waren beispielsweise «contumelia», «convicium», «opprobrium», «nota», «ignominia», «invidia» oder «turpiloquium».[95] Andernorts bezeichnen «infamatio» und «infamia facti» die Ehrverletzung. Mit der «infamia facti» und «fama mala publica» wa-

95 His, Rudolf: Geschichte des deutschen Strafrechts bis zur Karolina. München · Berlin 1928 (Handbuch der mittelalterlichen und neueren Geschichte, Abt. 3), S. 132–133. – ders.: Das Strafrecht des deutschen Mittelalters, Bd. 2 (1935), S. 107–109. – München: Das kanonische Gerichtsverfahren und Strafrecht, Bd. 2 (1866), S. 568–569.

ren der schlechte Ruf gemeint, die Verminderung oder der Verlust der «fama». Die «infamia facti» wurde unterschieden von der «infamia iuris», worunter die Feststellung der Infamie und der damit einhergehende Verlust der Ehre verstanden wurden.[96] Für die deutsche Sprache führt Grimms «Deutsches Wörterbuch» einen gleichermaßen reichen Befund von Begriffen an: Neben den bekannten Worten wie «schelten», «schmähen», «beleidigen», «verleumden» etc. werden dort unter anderem «einhauen»[97], «besprachen»[98], «schnarren»[99] und «schmitzen»[100] erwähnt. In der Rechtssprache wurden «schmähen», «schelten» und «verleumden» bevorzugt verwendet; «verleumden» oder «beleumden» besaßen jedoch noch nicht die semantische Festsetzung, wie sie das gegenwärtige deutsche Strafrecht kennt. Beide Verben konnten auch auf Beleidigungen hinweisen.[101]

Infamie

Ehre

Als einer der frühesten Rechtstexte trennt die *Lex Salica*, deren Wurzeln bis ins 5. Jahrhundert zurückreichen, den Tatbestand

96 Landau: Die Entstehung des kanonischen Infamiebegriffs (1966), S. 6–7. – Lieberwirth: Art. Verleumdung (1998), Sp. 762. – Sellert, Wolfgang: Art. Leumund, in: Handwörterbuch zur deutschen Rechtsgeschichte, hg. von Adalbert Erler, Ekkehard Kaufmann, unter philologischer Mitarbeit von Ruth Schmidt-Wiegand, Bd. 2. Berlin 1978, Sp. 1856. Zahlreiche weitere Belege in: Mittellateinisches Wörterbuch bis zum ausgehenden 13. Jahrhundert, begründet von Paul Lehmann und Johannes Stoux, in Gemeinschaft mit den Akademien der Wissenschaften zu Berlin, Göttingen, Heidelberg, Leipzig, Mainz, Wien und der Schweizerischen Akademie der Geistes- und Sozialwissenschaften hg. von der Bayerischen Akademie der Wissenschaften, Bd. 2. München 1999, Sp. 93–97 sowie Niermeyer, Jan Frederik · Kieft, Co van de: Mediae Latinitatis lexicon minus, 2 Bde. Darmstadt [2]2002, passim.

97 Art. Einhauen, in Grimm, Jacob: Deutsches Wörterbuch, Bd. 3 (1862), Sp. 196–197.

98 Art. Besprachen, in ebenda, Bd. 1 (1854), Sp. 1639–1640.

99 Art. Schnarren, in ebenda, Bd. 9 (1899), Sp. 1186–1189.

100 Art. Schmitzrede, in: ebenda, Sp. 1104.

101 Weitere Begriffe bei His: Geschichte des deutschen Strafrechts bis zur Karolina (1928), S. 132: «bismerian mið worde oððe mið weorce» (altgermanisch) und «missehandeln mit worten oder werken» (mittelhochdeutsch). – Müller: Das Strafrecht im alten Lande Glarus (1981), S. 155–157. – Müller-Burgherr: Die Ehrverletzung (1987), S. 57–66. – Frenz: Frieden, Rechtsbruch und Sanktion in deutschen Städten vor 1300 (2003), S. 500–518 (tabellarischer Überblick mit Angaben zu den Tatmerkmalen, Verfahrenseinleitungen und Sanktionen).

der Beleidigung[102] von der falschen Anklage vor Gericht[103]. Einige Rechtsammlungen folgten der Lex darin, ohne dass eine übergreifende und umfassende Tendenz, diese Unterscheidung zu übernehmen, im weiteren Verlauf des Mittelalters sichtbar würde.

Eine grundlegende Differenzierung, wie sie Rudolf His für das Mittelalter geltend machen wollte, nämlich «man fragt, ob die ehrverletzenden Worte dem Gegner ins Gesicht oder hinterrücks, gegenüber Dritten gesprochen wurden», hat es nur in einigen weltlichen und kirchenrechtlichen Texten gegeben.[104] His orientierte sich an der von Köstlin erstmals in diesem Sinne beobachteten Unterscheidung[105] und bestimmte den ersten Fall als Form der Beleidigung und den zweiten als Form der Verleumdung.[106] Diese Differenzierung ist allerdings nicht zielführend, weil sie zum einen nur einen kleinen Teil der Rechtstexte erfasst und zum anderen in der älteren Forschung dazu führte, dass diese Definitionen auch dort zur Anwendung gebracht wurden, wo die Quellen keine verlässlichen Hinweise bieten. Aufgrund dieser hier nur knapp umrissenen Probleme zur Abgrenzung der Tatbestandsmerkmale werden in den Kapitel B (S. 59–117) und C (S. 119–173) die jeweiligen Tatbestände ausgehend von den Definitionen des gegenwärtigen Strafrechtes herausgearbeitet, um in Gegenüberstellungen von gegenwärtigen und mittelalterlichen Merkmalen zu einer den historischen Gegebenheiten entsprechenden Charakteristik der Tatbestände zu gelangen.

3.2 Gegenstände der Beschuldigungen und ihre geschlechtsspezifischen Ausdifferenzierungen

Die Schimpfwörter und Gegenstände der falschen Beschuldigungen, die in den Rechtstexten des Untersuchungszeitraumes auf-

102 Kap. 20 § 1: «Si quis hominem innocentem et absentem de culpis minoribus ad regem accusaverit […]». Zitiert nach Eckhardt, Karl A. (Hg.): Die Gesetze des Karolingerreiches 714–911, Bd. 1: Salische und rebuarische Franken. Weimar 1934, S. 30.

103 Kap. 20 § 2: «Si vero talem crimen ei imputaverit, unde mori debuisset, si verum fuisset […]». Zitiert nach ebenda.

104 Auf entsprechende Quellenbelege weist His: Das Strafrecht des deutschen Mittelalters, Bd. 2 (1935), in den Anm. 5 und 6 auf S. 109 sowie auf S. 129 hin.

105 Köstlin: Die Ehrverletzung nach deutschem Rechte (1855), S. 188–189.

106 His: Das Strafrecht des deutschen Mittelalters, Bd. 2 (1935), S. 107.

gezählt werden, bilden einen überschaubaren Fundus von nicht mehr als zwei Dutzend Wörtern. Manche dieser Schimpfwörter und Gegenstände weisen eine erstaunliche zeitliche Kontinuität auf, andere sind epochenspezifisch und verlieren nach geraumer Zeit an Bedeutung. In zahlreichen spätmittelalterlichen Texten kristallisierte sich ein häufig wiederkehrender Kanon von als Schimpfwörter aufgefassten Begriffen heraus, deren Gebrauch unter Strafe gestellt war. Für diese Worte setzten die Rechtstexte unterschiedliche Strafmittel bzw. verschieden hohe Geldbußen fest, das heißt hinter jedem Wort verbirgt sich eine bestimmte Auffassung von der Schwere eines Deliktes, die im dritten Teil «Gegenstände der Beschuldigungen und ihre geschlechtsspezifischen Ausdifferenzierungen» vorgestellt wird.

Mit diesen rechtlichen Normen sollten nicht nur die Rechtsgüter Ehre, Leumund und «cristenheit» einer Person geschützt werden, sondern in vielen Fällen auch die leibliche Unversehrtheit einer Person, vor allem dann, wenn eine Beleidigung den Tatbestand der falschen Anschuldigung einschloss. Anschuldigungen wie beispielsweise jene, eine Person sei eine «Hexe» oder ein «Ketzer», waren ja bekanntermaßen dazu geeignet, die beschuldigten Personen vor oder außerhalb des Gerichtes in Gefahr für Leib und Leben zu bringen, wenn das Gericht und die Mitglieder jener Gemeinschaft, in der sich das Opfer bewegte, nicht von seiner Unschuld überzeugt werden konnten.

Ehre, Leumund

Leibliche Unversehrtheit

Falsche Anschuldigung

Etliche Rechtstexte erwähnen Schimpfwörter im Rahmen geschlechtsspezifischer Kriterien. Dabei werden Wertungen sichtbar, die einerseits Auskunft über das «Züchtigungsrecht» von Männern gegenüber Schutzbefohlenen geben, andererseits schließen einige Rechte (Vor-)Urteile gegenüber Personengruppen ein, die in sich den Keim einer durch das Recht kodifizierten Vorverurteilung tragen, weil sie einem Geschlecht bestimmte (geistige und/oder moralische) «Defizite» unterstellen. Dieser legalisierten Diskriminierung wird unter Berücksichtigung zeitlicher und räumlicher Bezüge des Verhältnisses von Rechtsetzung und gesellschaftlichem Werturteil besondere Aufmerksamkeit gewidmet.

Züchtigung

3.3 Rechtsfolgen

Köstlin machte die «Unfähigkeit, die Gebiete der Moral und des Rechts auseinander zu halten», dafür verantwortlich, dass der mittelalterliche Injurienbegriff eine kaum überschaubare Fülle von Tatbestandsmerkmalen einschloss. In «jeder Beleidigung, Verletzung des Anstands, guten Tons, Grobheit, Derbheit, Unart, Satire Ehre etc.» sei eine Verletzung der Ehre zu finden gewesen:

> Namentlich zeigen schon die Volksrechte deutlich den sozialen und subjektiven Charakter des germanischen Ehrbegriffs; sie heben die verschiedenen Richtungen der wörtlichen Beschimpfung nach ihrer schwereren oder geringeren Bedeutung in der öffentlichen Meinung hervor; sie nehmen an, daß durch das Erdulden solcher Vorwürfe die Ehre wirklich geschmälert werde; eben deshalb begnügen sie sich aber auch theilweise nicht mit den gewöhnlichen Reaktionsmitteln, sondern ordnen ganz eigenthümliche Satisfaktionsweisen (Widerruf, Ehrenerklärung etc.) Buße an, und auch die Buße hat hier spezifisch die Bedeutung eines ‹pretium contemtus›. Ebenso ist im Mittelalter die Ehre durchaus nicht bloß der Ausdruck der politischen Vollberechtigung, sondern der Ausdruck des aus den Augen Andrer reflektirten positiven sittlichen Werths, wodurch die soziale Stellung eines Menschen bedingt wird.[107]

In diesem Urteil spiegelt sich eine bis heute anhaltende Diskussion darüber wider, ob die Ehre einer Person verletzbar sei, und wenn dies tatsächlich möglich ist, wie müsste dann ein solcher Ehrbegriff charakterisiert werden? In mittelalterlichen Rechtstexten stellt sich diese Frage nicht, weil dort ohne Ausnahme davon ausgegangen wird, dass Personen (mit wenigen Ausnahmen) Ehre besitzen und der daraus Leumund erwachsene gute Leumund zu schützen ist. Diese Überzeugungen, die auch gegenwärtig im deutschen Grundgesetz als «Recht der persönlichen Ehre» verankert sind,[108] sollten nicht nur Gefährdungen der Persönlichkeitsentfaltung einschränken helfen. Sie

> dienen darüber hinaus aber auch dem **öffentlichen Interesse** an der **Verhinderung fehlerhafter Zurechnungsurteile**; sie sind insoweit auch als Beitrag zum Schutz der

107 Köstlin, Christian R.: System des deutschen Strafrechts, 2. Abt.: Abhandlungen aus dem Strafrechte, hg. v. Theodor Geßler. Tübingen 1858 (ND Aalen 1978), S. 11–12.

108 Art. 5, Absatz 2.

> Grundbedingungen von Zurechnung und der Entwicklung von Sinn in der Gesellschaft zu verstehen.[109]

Der Ehrbegriff erwächst in diesem Sinne unmittelbar aus den ethischen Vorstellungen einer Gemeinschaft, die es zu verteidigen gilt, um ihr einen normativen Rahmen zu geben, in dem sich die Mitglieder der Gemeinschaft bewegen können. Politische Vertreter, Gerichtsangehörige, Administratoren und andere mehr benötigten den normativen Rahmen für die Rechtfertigung ihres Handelns. Deshalb ließen sie in der Vergangenheit Beleidigungen und Verleumdungen nicht nur bestrafen, sondern sorgten auch dafür, dass falsche Anschuldigungen öffentlich widerrufen und Abbitte geleistet wurde, um den Leumund des Einzelnen zu restituieren und der Gemeinschaft die Sicherheit zu geben, dass ihre ethischen Werte gewahrt würden. Diesem Zusammenhang ist im Rahmen einer gründlichen Erörterung und Zusammenstellung der Rechtsfolgen der gleichnamige vierte Teil gewidmet.

Falsche Anschuldigung, Genugtuung

109 Rogall: §§ 185–200 StGB (2017), S. 265 (Vor § 185 Rn. 31; Markierungen nach dem Original).

KAPITEL B

Tatbestände: Einfache Beleidigung und üble Nachrede

1. Definition der Tatbestände

Einige mittelalterliche und frühneuzeitliche Rechtstexte kennen eine Differenzierung der Tatbestandsmerkmale für Beleidigung, die unserem gegenwärtigen Rechtsverständnis nahekommt, wobei der Begriff «Tatbestand» in seiner Anwendung auf mittelalterliche Rechtsverhältnisse irritieren mag. Dennoch wird dieser Terminus aus der aktuellen Rechtssprache in Ermangelung einer besseren, knappen Bezeichnung im Folgenden beibehalten. So unterschieden die Rechtstexte nach «bloßen» bzw. «leeren» Scheltwörtern und nach jenen, die die Ehre betreffen. Mit den ehrrührigen Schimpfwörtern waren in der Regel Tatsachenbehauptungen (üble Nachrede oder Verleumdung) gemeint, mit den bloßen Schimpfwörtern «einfache» Beleidigungen. Diese Unterscheidung galt nicht übergreifend, sondern in anderen Rechtstexten wurden spezifische Tatbestandsmerkmale formuliert; zum Beispiel unterschieden das Hamburger und Goslarer Stadtrecht danach, ob eine Beleidigung bewusst wahrgenommen oder hinter dem Rücken des Opfers verbreitet wurde.

Ehre

Fahrlässigkeit

Vorsatz und Fahrlässigkeit – wichtige Kriterien zur Unterscheidung der Tatbestände im heutigen Strafrecht – thematisierten kanonische und profane Rechte gleichermaßen, allerdings überwiegt der Anteil jener Rechtstexte, in denen dazu keine Aussagen zu finden sind.

Eingeschränkte Rechte in Bezug auf Beleidigungen besaßen Frauen, Kinder, Gesinde und andere abhängige Personen. Sie unterstanden dem «Züchtigungsrecht» des Vormundes bzw. des Herrn, der bei Zurechtweisungen bis zu einem bestimmten Maß schmähen durfte. Nach kanonischem Recht galt die Einschränkung, nicht den Leumund eines Schutzbefohlenen zu verletzen, denn dies sei sündhaft.

Auch verstorbene Personen hatten ein Recht auf die Verteidigung ihrer Ehre, in einigen wenigen spätmittelalterlichen Rechtstexten wurden entsprechende Vorkehrungen dazu getroffen.

Nach dem gegenwärtigen deutschen Strafrecht ist eine Beleidigung «die Kundgabe von Missachtung oder Nichtachtung in beliebiger Form. Zu unterscheiden sind zwei Fallgruppen: die Werturteile und die Tatsachenbehauptungen» (Strafgesetzbuch, §§ 185–186).[110] Diese Definition ist noch zu ergänzen, weil Miss- und Nichtachtung nicht per se ein Straftatbestand sind, sondern nur dann, wenn:

1. die Kundgabe sich gegen die Ehre des Opfers richtet (Ehrverletzung),
2. die Kundgabe das Opfer oder eine dritte Person erreicht (Kenntnisnahme) und
3. die beleidigte Person genau feststellbar ist.[111]

Als Äußerungsdelikt kann die Beleidigung auf verschiedene Weise zum Ausdruck gebracht werden, zum Beispiel verbal, schriftlich, durch Bilder, gestische und mimische Handlungen. Bei Werturteilen, in der älteren Literatur auch «einfache Beleidigung»[112] genannt, handelt es sich um Äußerungen, die den Geltungswert einer Person herabsetzen und den Vorwurf in sich tragen, dass die Ehre des Opfers unzulänglich ist (zum Beispiel: «feiger Hase», «Hundsfott», «Maultasche»).

Eine Tatsachenbehauptung, dabei handelt es sich um den Tatbestand der üblen Nachrede, ist durch einen Beweis zugänglich. Dazu zählen unter anderem die Vorwürfe, eine Person sei ein Dieb oder Mörder. Wichtigstes Kriterium für die Abgrenzung zum Tatbestand der Verleumdung ist, dass die üble Nachrede in dem Bewusstsein geäußert wird, dass die Anschuldigung wahr ist oder der Täter zumindest belegen kann, dass er nicht wider besseres Wissen die Beschuldigung hervorgebracht hat. Das zwingt das Opfer dazu, den Vorwurf zu entkräften bzw. den Täter, seine Vorwürfe zu bestärken (Beweislast).

Verunglimpfung des Andenkens Verstorbener

Im § 189 des deutschen Strafgesetzbuches wurden auch Beleidigungen gegen Verstorbene als Tatbestand aufgenommen (Verunglimpfung des Andenkens Verstorbener). Die Auslegung dieses Paragraphen ist umstritten; das gilt besonders für das zu schützende Rechtsgut. In mittelalterlichen und frühneuzeitlichen Rechten taucht dieser Tatbestand nur sehr selten auf. Es ist jedoch durch Prozessakten, Korre-

110 Beulke, Werner: Art. Beleidigung, in: Deutsches Rechts-Lexikon, Bd. 1, hg. von Horst Tilch · Frank Arloth. München ³2001, S. 628.

111 Rogall: §§ 185–200 StGB (2017), S. 280–281 (§ 185 Rn. 4–5).

112 Ebermayer, Ludwig: Art. Beleidigung, in: Handwörterbuch der Rechtswissenschaft, hg. von Fritz Stier-Somlo, Alexander Elster, Bd. 1. Berlin · Leipzig 1926, S. 594–595.

spondenzen und chronikalische Aufzeichnungen hinlänglich belegt, dass in der Vergangenheit Personen post mortem gleichermaßen für begangene Straftaten gerichtet und ihre Ehre durch die Lebenden geschützt wurden.

Bei Beleidigungsfällen galt erstens, den Achtungsanspruch der verstorbenen Person und ihrer noch lebenden Angehörigen (Sippe, Dynastie, Familie) zu wahren und es lag zweitens im öffentlichen Interesse, die Geltung von bestehenden Normen und die Wahrheit von Anerkennungsurteilen zu bekräftigen. Wenn eine Straftat einer bereits verstorbenen Person noch ungesühnt war, gehörte es zum Rechtsbrauch, den toten Straftäter zu exhumieren und nach Beweis seiner Schuld unehrenhaft zu bestatten, das bedeutete, den Toten ungeweihtem Boden zuzuführen.

2. Die Tatbestandsbeschreibungen in den Quellentexten

Die mittelalterlichen Rechtstexte kennen keine Legaldefinitionen, das heißt in den Rechtstexten werden keine Begriffe definiert, um im Anschluss auf sie zurückgreifen zu können. Allerdings ist aus mehreren Texten das Bestreben erkennbar, den Straftatbestand exakt zu formulieren. Mit Rücksicht auf diesen Umstand lassen sich die Texte in zwei Hauptgruppen einteilen. In der ersten Gruppe können all jene Rechtstexte zusammengefasst werden, die über keine begriffliche Schärfung oder genauere Bezeichnung der Tatbestände verfügen. Die zweite Gruppe greift jene Texte auf, in denen die Straftatbestände benannt sind, zum Beispiel durch Erwähnung bestimmter Schimpfwörter.

Eine erste Übersicht von Schmähwörtern stellte Jacob Grimm vor der Mitte des 19. Jahrhunderts vor. Er fasste die gesammelten Wörter unter «Schelte» zusammen, da ihm dieser Begriff geeigneter erschien als das zu seiner Zeit im Rechtsgebrauch noch übliche Wort Injurie. Er unterschied in acht Gruppen: 1. in die allgemeinen Scheltwörter(Teufel), 2. in Vorwürfe leiblicher Missgestalt (lahme Hutsche), 3. in den Vorwurf der Unfreiheit (fauler Knecht), 4. in Worte, die auf die außereheliche Geburt einer Person verwiesen (Hurensohn), 5. in Feigheitsvorwürfe (Hasenfuß), 6. in Scheltworte, die Laster anzeigten (Trinker), 7. in schwere Vorwürfe (Mörder) und 8. in Schimpfwörter, die allein Frauen diffamierten (Nachtreiterin). Diese Sammlung ist über die semantische Gliederung hinaus noch sehr unsystematisch angelegt: Ihr liegen keine zeitlichen, räumlichen oder quellenspezifischen Kriterien zugrunde.[113]

113 Grimm, Jacob: Deutsche Rechtsalterthümer, 2 Bde. 4., vermehrte Ausg., hg. von Andreas Heusler · Rudolf Hübner. Leipzig 1899, hier Bd. 2, S. 204–210 (die Erstaufl. erschien 1828).

2.1 Rechtstexte ohne begriffliche Differenzierung

Ehre, Leumund
Schmähwörter

Zur ersten Gruppe gehören Rechtstexte, in denen keine Differenzierungen zwischen den Tatbeständen zu erkennen sind. In der Regel werden die Ehre oder der Leumund als verletztes Rechtsgut erwähnt[114] bzw. es kommen bestimmte Verben wie «schelten»[115] und «schmähen»[116] oder die Redewendungen «böse Worte»[117] und «mit Scheltworten»[118] zur Anwendung. Dazu zählen gleichermaßen Synodalbeschlüsse, Dekretalen, theologische Schriften, Stadtrechte und Weistümer. Diese Texte unterscheiden nicht nach den möglichen Konsequenzen für das Opfer. Die Strafmaße folgen anderen Kriterien, die im Anschluss an dieses Kapitel erörtert werden (Vorsatz – Affekt, Mann – Frau, vor Gericht – außerhalb des Gerichts etc.).

Eine Ausnahme bilden städtische Privilegierungen durch den König. Hier wird nur das Recht, über Beleidigungsdelikte richten zu dürfen, an sich erwähnt. Die Beschreibung der Tatbestände und die Art der Verfahren wurden von den betreffenden Gerichtsinstanzen selbst festgelegt. In den *Privilegienbestätigungen für*

114 Zum Beispiel: Offnung von Neukilch, einem Städtchen unweit des Bodensees, von 1330 (ediert nach einer späteren Fassung): «Fugte oder funde sich dann, das ainer dem andren, es were wyb oder man, an syn eer oder aydt redten und sich das erfunde und kundtlich wurde […].» Zitiert nach Grimm, Jacob u. a. (Hg.): Weisthümer, 7 Bde. Berlin 1840–1878 (ND Göttingen 1957), hier Bd. 1, S. 297. – Rechtsbuch des Johannes Purgoldt, Stadtschreiber und Bürgermeister in Eisenach, vom Anfang des 16. Jahrhunderts: «Eyn fromer man, der guthe swere sythen hadt, undt des leumundt in eyner stadt unvorleczt ist […].» Zitiert nach Ortloff, Friedrich (Hg.): Das Rechtsbuch Johannes Purgoldts nebst statuarischen Rechten von Gotha und Eisenach. Jena 1860 (ND Aalen 1967. Sammlung deutscher Rechtsquellen, 2), S. 312.

115 Laxer Urbar (Graubünden) von 1303: «Der den ander beschiltet also, das ez im an sin niht gat […].» Zitiert nach Grimm: Weisthümer, Bd. 1 (1840), S. 813.

116 Weistum des Hochgerichts und Flecken Kellenbach (Hunsrück) von 1560: «Zum achten, schilt oder schmeht einer den andern mit worten […].» Zitiert nach ebenda, Bd. 2 (1840), S. 143.

117 Offnung von Kilchberg, Grafschaft Toggenburg in der Ostschweiz, von 1515: «Item, welcher den andern beschalcket frevenlich mit bösen worten […].» Zitiert nach ebenda, Bd. 1 (1840), S. 208.

118 Wartenberger (oder Enkenbacher) Weistum von 1560 (Dörfer nordöstlich von Kaiserslautern): «Forder so weisen wir, wo sich zwen mit scheltworten uberlifen […].» Zitiert nach ebenda, S. 782.

die Städte Colmar und Neuenburg im Breisgau verbriefte König Adolf I. (* ca. 1250 † 1298) 1292/1293, dass Schmähungen von den Richtern der Städte nach der dort festgesetzten Buße zu verurteilen sind.[119] Für Memmingen weitete Kaiser Friedrich III. (* 1415 † 1493) am 16. Januar 1490 den Rechtsbezirk aus. Die Stadt habe sich bei ihm beklagt, dass sie an ihrem gegebenen Recht, verleumderische Personen auch außerhalb der Stadt aufgreifen und in der Stadt bestrafen zu dürfen, gehindert würde. Deshalb bestätige Friedrich der Stadt dieses Recht aufs Neue; es ist allerdings nicht bekannt, ob ein derartiges Privileg für die Stadt zuvor bestanden hatte.[120] Ähnliche Diplome ratifizierte Friedrich 1467 für Georg I. (Jörg) Truchsess von Waldburg († 1467),[121] für Nürnberg (1476),[122] Lindau (1485)[123] und Biberach (1487)[124]. Buße

Mit diesen Privilegien sicherten und erweiterten die städtischen Räte ihre Gerichtsrechte. Offenbar wurden in den genannten Fällen Beleidigungen als ein besonderer Tatbestand aufgefasst, dessen Behandlung nicht ohne weiteres der jeweiligen städtischen Gerichtsbarkeit oblag, sondern erst von einer höheren Instanz erbeten werden musste. Nicht in jedem Fall ersuchten städtische oder auch andere Gerichte den König um die Erlaubnis für das Richten von Beleidigungstaten. Dies war abhängig davon, welche Rechte die Gerichte bereits innehatten und wie sie Beleidigungen straften, denn das Strafmaß entschied darüber, welche Delikte der Hoch- und welche der Niedergerichtsbarkeit (causae maiores und causae minores) zugewiesen waren.[125] Das Strafmaß variierte

119 Redlich, Oswald (Hg.): Die Regesten des Kaiserreiches unter Rudolf, Adolf, Albrecht, Heinrich VII. 1273–1313. Innsbruck 1898 (ND Hildesheim 1969. Regesta Imperii, 6/1–2), Nr. 159 und 197.

120 Koller, Heinrich u. a. (Hg.): Regesten Kaiser Friedrichs III. (1440–1493). Nach Archiven und Bibliotheken geordnet, Heft 1 ff. Wien u. a. 1982 ff., hier Heft 1, Nr. 147.

121 Chmel, Joseph (Hg.): Regesta chronologico-diplomatica Friderici IV. romanorum regis (Imperatoris III.). Auszug aus den im k. k. geheimen Haus-, Hof- und Staats-Archive zu Wien sich befindenden Reichsregistraturbüchern vom Jahre 1440–1493. Wien 1838 (ND Hildesheim 1962), Nr. 4975.

122 Ebenda, Nr. 7029 und 7060.

123 Koller: Regesten Kaiser Friedrichs III., Heft 1 (1982), Nr. 126.

124 Chmel: Regesta chronologico-diplomatica Friderici IV. romanorum regis (1838), Nr. 7946.

125 Lück, Heiner: Art. Hochgerichtsbarkeit, in: Handwörterbuch zur deutschen Rechtsgeschichte, hg. von Albrecht Cordes · Heiner Lück · Dieter Werkmüller, Ruth Schmidt-Wiegand, Bd. 2. Berlin ^{2}2012, Sp. 1055–1059.

zeitlich und räumlich jedoch so stark, dass eine Zuweisung zur entsprechenden Gerichtsbarkeit nur am Einzelfall geprüft werden kann. Die erbetenen königlichen Privilegierungen der aufgeführten Beispiele weisen auf ein hohes Strafmaß hin: entweder auf eine sehr hohe Geldstrafe oder auf eine peinliche Strafe (Leibes- und Todesstrafen). Dann nämlich wären Beleidigungen Teil der Hochgerichtsbarkeit, die in der Regel vom König und den Landesherren ausging.

Auch einzelne Weistümer weisen darauf hin, dass Beleidigungen von höheren Gerichten zu verhandeln waren, zum Beispiel die *Anweisung für Schöffen des Gerichts in Hirzenach* (Kurfürstentum Trier, heute Stadt Boppard) vom 16. Januar 1598: «der schultheiß soll die scheffen ermahnen», dass «gewaltige wort» durch die Grundherren und ihre bevollmächtigten Vertreter gerichtet werden.[126]

2.2 Rechtstexte mit begrifflicher Differenzierung

Zur zweiten Textgruppe, in der die Tatbestände einzeln benannt werden, zählen früh- und spätmittelalterliche sowie frühneuzeitliche Rechtstexte. So widmet sich das 30. Kapitel der *Lex Salica*, die insbesondere unter den Karolingern rezipiert und revidiert wurde, ausschließlich den beleidigenden Worten (De conviciis). Hier werden einfache Beleidigungen und üble Nachreden zusammengefasst. Die Lex stellt den Gebrauch der Worte «Scheißkerl», «Fuchs» und «Hase» unter Strafe; hinzukommen noch: «Buhlknabe», «Hure», «Denunziant», «Fälscher» und «Meineidiger». Gleichfalls darf keiner einem Freien vorwerfen, dass er in der Schlacht seinen Schild weggeworfen

126 Loersch, Hugo: Die Weistümer der Rheinprovinz, Abt. 1: Die Weistümer des Kurfürstentums Trier, Bd. 1: Oberamt Boppard, Hauptstadt und Amt Koblenz, Amt Bergpflege. Bonn 1900 (Publikationen der Gesellschaft für rheinische Geschichtskunde, 18), S. 125.

habe.[127] Etwas später, im 67. Kapitel zum Hexenwesen, werden noch weitere Worte ergänzt: «Hexendiener», «Hexenträger» und «Hexe».[128]

Mit der Verwendung der Bezeichnungen «Fuchs», «Hase» und dem Vorwurf, den Schild fortzuwerfen, wird dem Opfer unterstellt, feige zu sein. Wer seinen Schild in der Schlacht ablegte, galt als Flüchtling.[129] Feigheit tritt in den Rechtstexten entgegen, wenn militär- bzw.

127 «1. Si quis alterum centium clamaverit, DC denariis qui faciunt solidos XV culpabilis iudicetur. 2. Si quis alterum conchagatum clamaverit, CXX denariis qui faciunt solidos III culpabilis iduicetur. 3. Si quis alterum vulpiculam clamaverit, CXX denariis qui faciunt solidos III culpabilis iudicetur. 4. Si quis alterum leporem clamaverit, CCXL denariis qui faciunt solidos VI culpabilis iudicetur. 5. Si quis alteri inputaverit, quod scutum suum proiecisset in oste vel fugiendo pre timore, CXX denariis qui faciunt solidos III culpabilis iudicetur. 6. Si quis alterum delatorem clamaverit et non potuerit conprobare, DC denariis qui faciunt solidos XV culpabilis iudicetur. 7. Si quis alterum falsatorem clamaverit et non potuerit conprobare, DC denariis qui faciunt solidos XV culpabilis iudicetur.» Zitiert nach Eckhardt, Karl A. (Hg.): Die Gesetze des Karolingerreiches 714–911, Bd. 1: Salische und ribuarische Franken. Weimar 1934 und Bd. 2: Lex Salica: recensio Pippina. Weimar 1953 (Germanenrechte. Texte und Übersetzungen, 2), hier Bd. 1, S. 46–48.

128 «1. Si quis alterum herburgium clamaverit, hoc est strioportium, aut qui aenum portare dicitur, ubi striae concinnunt, et convincere non potuerit, MMD denariis qui faciunt solidos LXII s culpabilis iudicetur. 2. Si quis mulierem ingenuam striam clamaverit aut meretricem et convincere non potuerit, VIIMD denariis qui faciunt solidoas CLXXXVII s culpabilis iudicetur.» Zitiert nach ebenda, S. 96–98.

129 Edikt des Langobardenkönigs Rothar, Art. 381: «Schilt jemand einen andern aus Wut ‹Feigling› [...]» (Si quis alium ‹arga› per furorem clamaverit [...]). Zitiert nach Beyerle, Franz (Hg.): Die Gesetze der Langobarden, mit einem Glossar von Ingeborg Schröbler. Weimar 1947, S. 154–155. – Lex Salica, 30. Kap.: «3. Wenn jemand einen anderen Fuchs schimpft, werde er zu 120 Pfennigen, gleich 3 Schillingen, verurteilt. 4. Wenn jemand einen anderen Hase schimpft, werde er zu 240 Pfennigen, gleich 6 Schillingen, verurteilt. 5. Wenn jemand einem anderen zur Last legt, daß er seinen Schild weggeworfen habe [und die Flucht ergriffen hätte] [...]» (Si quis alterum vulpiculam clamaverit, CXX denariis qui faciunt solidos III culpabilis iudicetur. 4. Si quis alterum leporem clamaverit, CCXL denariis qui faciunt solidos VI culpabilis iudicetur. 5. Si quis alteri inputaverit, quod scutum suum proiecisset in oste vel fugiendo pre timore [...]). Zitiert nach Eckhardt: Die Gesetze des Karolingerreiches, Bd. 1 (1934), S. 46–48. – Schild, Wolfgang: Art. Feigheit, in: Handwörterbuch zur deutschen Rechtsgeschichte, hg. von Albrecht Cordes · Heiner Lück · Dieter Werkmüller, Ruth Schmidt-Wiegand, Bd. 1. Berlin ²2008, Sp. 1529–1530. Zur Feigheit in den frühmittelalterlichen Leges siehe Brinkkötter, Hans-Otto: Feigheit. Die Verletzung der soldatischen Gefahrtragungspflicht als Wehrstraftatbestand in rechtshistorischer Betrachtung. Ein Beitrag zur Wehrstrafrechtsgeschichte von der Zeit der Germanen bis zum 18. Jahrhundert mit einem Ausblick. Marburg 1983, S. 16–22.

heeresrechtliche Gegenstände behandelt werden. Dort wird es in den frühmittelalterlichen Rechten im Zusammenhang mit der Flucht im Kampf thematisiert. Im Rahmen des Gefolgschaftsgedankens ist «Feigheit» begrifflich kaum noch zu fassen, da er hinter die Tatbestände Verrat oder Majestätsverbrechen zurücktritt. Diese Tatbestände konnten mit dem Tod oder auch dem Entzug des Vermögens bzw. des Lehns sanktioniert werden. Tacitus (* ca. 55 † nach 116) berichtet in seiner *Germania* (um 100 n. Chr.) von den Folgen für denjenigen, den diese Schuld tatsächlich traf: Er durfte weder an heiligen Handlungen noch an der Volksversammlung mehr teilnehmen.[130] Bereits das *Corpus Iuris Civilis* kannte Desertionen als eine Straftat. Die frühmittelalterlichen Rechte sollen sie als «Treuebruch gegen den Mitkämpfer» bewertet haben, während spätere Rechte darin ein Delikt gegen den König oder (Lehns-)Herrn erkannt hätten. In jedem Fall war es ein ehrenrühriges Delikt, das für den Täter schwerwiegende soziale und materielle Konsequenzen nach sich zog.[131]

130 Kap. 6: «Scutum reliquisse praecipuum flagitium, nec aut sacris adesse aut concilium inire ignominioso fas; multique superstites bellorum infamiam laqueo finierunt.» Zitiert nach Tacitus, Publius Cornelius: Germania, übersetzt und mit Erläuterungen versehen von Eugen Fehrle. Heidelberg 51959, S. 22. Zur weiteren Verbreitung dieser Strafe siehe Köbler, Gerhard: Art. Ehre. Rechtshistorisches, in: Reallexikon der Germanischen Altertumskunde von Johannes Hoops, mit Unterstützung der Akademie der Wissenschaften in Göttingen hg. von Heinrich Beck, Herbert Jankuhn, Kurt Ranke · Reinhard Wenskus, Bd. 6. Berlin · New York 1986, S. 502–504, hier S. 502–503.

131 Brümmer-Pauly, Kristina: Art. Fahnenflucht, in: Handwörterbuch zur deutschen Rechtsgeschichte, hg. von Albrecht Cordes · Heiner Lück · Dieter Werkmüller · Ruth Schmidt-Wiegand, Bd. 1. Berlin ^{2}2008, Sp. 1461.

Abbildung 2

Hasen als Sinnbild für Furcht und Feigheit in den *Pluemen der tugent* des Hans Vintler (1411)

Nach einer Handschrift aus der zweiten Hälfte des 15. Jahrhunderts
Gotha, Forschungsbibliothek, Chart. A 594, fol. 93v: «Von der forcht»

Zur Beschreibung der Bilderhandschrift siehe Schweitzer, Franz-Josef: Tugend und Laster in illustrierten didaktischen Dichtungen des späten Mittelalters. Studien zu Hans Vintlers «Blumen der Tugend» und zu «Des Teufels Netz». Hildesheim · Zürich · New York 1993 (Germanistische Texte und Studien, 41), S. 233–236

Von der forcht

Den tadel der forcht geleicht man
Dem hasen alz ich vernomen han
Daz ist daz forchtsamest tier
Daz solt ir gelauben mir
Alz es auf ertreich gesein mag
Wann wenn es ist in ainem hag
Oder in ainem pusch hört es ain laub Daz sich rört od staub
Oder der wind von im tribt
Zehand der hass nymmer plibt
Wenn er fleucht fursich von dannan
Also tůt auch ain zager pidermanne
Der plibt pey den frumen nicht

Jüngere Texte als die *Lex Salica*, wie das *Edikt des langobardischen Königs Rothari* von 643 oder die *Leges Alamannorum* (ca. 712–725) und *Lex Baiuwariorum* (um 740), nahmen keine anderen Schimpfwörter als die oben genannten auf. Das dürfte auf rezeptionshistorische Gründe zurückzuführen sein, denn diese Rechte zeigen auch in anderen Kapiteln untereinander zahlreiche Übereinstimmungen auf.[132]

Die hochmittelalterlichen königlichen Landfrieden und das *Corpus Iuris Canonici*[133] verzichten darauf, die Tatbestände Beleidigung und Verleumdung durch eine Aufzählung von Worten zu konkretisieren. Auch die königlichen Urkunden, in denen Beleidigungen gemaßregelt werden, geben keine Auskunft über den Wortlaut. Erst im 13. Jahrhundert setzen die Quellen für die zweite Gruppe mit dem *Sachsenspiegel* (1224/1225?) und den mit ihm verwandten *Augsburger Sachsenspiegel* (1265/1276), *Deutschenspiegel* (1274/1275) und *Schwabenspiegel* (1275/1276) wieder ein. Während die ersten drei Texte nahezu identische Artikel zur Beleidigung aufweisen und unter Strafe stellen, eine andere Person des Lügens zu bezichtigen,[134] wählt der *Schwabenspiegel* eine ungewöhnliche, jedoch später häufiger aufgenommene Begrifflichkeit, wenn er die Straftäter «verrater» nennt:

> Verrater, das sind die mit ir red ainen uerpalmundent, das sy in sagent von der christenhait, also das sy sagen, er sey ain sodomit, oder er hab vich geunraint oder er sey ain keczer; mugen si das nicht erzeugen, die soll man radprechen.[135]

---

132 Wallenrodt: Die Injurienklagen auf Abbitte, Widerruf und Ehrenerklärung (1864), S. 244–254.

133 Die entsprechenden Nachweise nennt Hinschius: System des katholischen Kirchenrechts, Bd. 5 (1959), S. 204–205.

134 Sachsenspiegel, Landrecht, Buch II, Art. 16 § 8: «Swene men âne wunden sleit oder beschilt lugenêre, deme sol men bûze geben nâch sîner bord [Abstammung].» Zitiert nach Eckhardt, Karl A.: Sachsenspiegel. Quedlinburger Handschrift. Hannover 1966 (Fontes iuris Germanici antiqui in usum scholarum ex Monumentis Germaniae Historicis separatim editi, 8), S. 42. Augsburger Sachsenspiegel und Deutschenspiegel: derjenige, der einen anderen «âne wunden slehet oder beschiltet oder ane liuget [...]» soll «büezen nâch sîner geburt» bzw. soll «buoze geben nâch sîner geburt». Zitiert nach Eckhardt, Karl A. · Hübner, Alfred (Hg.): Deutschenspiegel und Augsburger Sachsenspiegel. Hannover ^{2}1933 (Monumenta Germaniae Historica, Fontes juris Germanici antiqui, N. S., 3), S. 204–205.

135 Zitiert nach Eckhardt, Karl A.: Schwabenspiegel, Kurzform I. Landrecht, II. Lehnrecht. Hannover ^{2}1974 (Monumenta Germaniae Historica. Fontes

Das *Augsburger Stadtbuch*, das 1276 durch König Rudolf von Habsburg betätigt worden ist und vom Anonymus des Schwabenspiegels verwendet wurde, kennt diese Straftatbestände unter Artikel 54 und geht über den Schwabenspiegel noch hinaus. Es stellt folgende Worte und damit verbundene Anschuldigungen unter Strafe: «hurre» und «hurrensun», «zohensun», «mehrhensun», «mussensun», «ketzer», «meineid», «diup», «viertaeter», «rauber», «boesenwiht oder anderiu schaeltwort».[136]

Mit den ersten fünf Begriffen wird eine Frau der Hurerei bzw. ein Mann der illegitimen Geburt bezichtigt. Dabei handelt es sich um Tatbestände, die in älteren Rechtstexten ebenfalls aufgenommen worden sind. Dort wird im Zusammenhang mit Beleidigungsdelikten allerdings nicht erläutert, was unter «Hurerei» zu verstehen ist. Im Untersuchungszeitraum konnten damit diverse Vergehen bezeichnet werden: Ehebruch, Prostitution, sexuelle Kontakte vor oder nach der Ehe, bewusste Unehelichkeit bzw. sexuelle Freuden, die nicht fortpflanzungs-, sondern lustbezogen waren.[137] Unter diesen Voraussetzungen musste der Vorwurf, eine Frau sei eine Hure, überzeugend begründet werden.

Ehebruch

Die im *Augsburger Stadtbuch* erwähnte Anschuldigung, eine Person sei ein Ketzer, Dieb, Räuber, Bösewicht oder sie habe einen Meineid geschworen, versteht sich weitgehend von selbst: Die

iuris Germanici antiqui, N. S., 4.1–2), S. 253, Sp. 1. His vermutete, dass im Schwabenspiegel «die Bestimmung des Sachsenspiegels (2, 13) über den Verrat mißverständlich auf Verreden im Sinne von Verleumden» bezogen wurde. Siehe His: Das Strafrecht des deutschen Mittelalters, Bd. 2 (1935), S. 131. – Zu den ebenfalls ungewöhnlichen und eher seltener gewählten Begrifflichkeiten für die Bezeichnung eines Beleidigers gehört das Wort «überfarer», das die Carolina in Art. 216 verwendet. Siehe: Des allerdurchleuchtigsten großmechtigste[n] vnüberwindtlichsten Keyser Karls [...] peinlich gerichts ordnung (1533), Blatt 47v. Die Bambergische peinliche Halsgerichtsordnung, das unmittelbare Vorbild der Carolina, kennt diesen Begriff noch nicht, da der genannte Artikel erst 1529 aufgenommen wurde. Siehe dazu Wallenrodt: Die Injurienklage auf Abbitte, Widerruf und Ehrenerklärung (1864), S. 285.

136 Meyer, Christian (Hg.): Das Stadtbuch von Augsburg, insbesondere das Stadtrecht vom Jahre 1276, nach der Originalhandschrift zum ersten Male herausgegeben und erläutert. Mit einem lithographirten Facsimile der Handschrift. Augsburg 1872, S. 124.

137 Ulbrich, Claudia: Art. Prostitution, in: Enzyklopädie der Neuzeit, Bd. 10: Physiologie–Religiöses Epos, im Auftrag des Kulturwissenschaftlichen Instituts (Essen) und in Verbindung mit den Fachwissenschaftlern hg. von Friedrich Jaeger. Stuttgart · Weimar 2009, Sp. 464–471.

spätmittelalterlichen Rechte bringen Raub, wie auch das gegenwärtige deutsche Strafgesetzbuch (§ 249), mit dem Vollzug bzw. der Androhung von Gewalt in Verbindung. Das Merkmal des Diebstahls hingegen ist die Heimlichkeit der Wegnahme einer fremden Sache.[138]

Sodomie

Masturbation

Mit «sodomit» oder «viertaeter» (Viehtäter) wird Bezug auf Unzucht mit Tieren genommen, ein Tatbestand, der in mittelalterlichen Rechtsquellen vor allem mit den unscharfen Begriffen «Ketzerei» und «Sodomie» erfasst wurde, die nicht nur das sittenwidrige Hin-gezogen-sein zu Tieren (Zoophilie)[139] bezeichneten, sondern auch Homosexualität, Masturbation, Anal- und Oralverkehr etc.[140] Eine deutliche Differenzierung der Ketzertatbestände nimmt allerdings Ruprecht von Freising in seinem Rechtsbuch von 1328 vor:

> Swer den andern rueget, daz er ein chetzer sei oder ein diup sei oder ein mainâder, mag in der nicht uberwinten, er muos an sein stat stên mit dem leib unt mit dem guot.

138 Kaufmann, Ekkehard: Art. Raub, in: Handwörterbuch zur deutschen Rechtsgeschichte, hg. von Adalbert Erler, Ekkehard Kaufmann, unter philologischer Mitarbeit von Ruth Schmidt-Wiegand, Bd. 4. Berlin 1990, Sp. 182–186.

139 Zu diesem, der Sexualpsychologie entlehnten Begriff siehe Massen, Josef: Zoophilie. Die sexuelle Liebe zu Tieren. Informationen zu einem sexuellen Tabu. Köln 1994.

140 Ruggiero, Guido de: The boundaries of eros. Sex crime and sexuality in renaissance Venice. New York 1989 (Studies in the history of sexuality). – Hergemöller, Bernd-Ulrich: Art. Homosexualität, in: Lexikon des Mittelalters, hg. von Robert Bautier u. a., Bd. 5. München 1991 (ND München 2002), Sp. 113–115, hier Sp. 113–114. – Ders.: Sodom und Gomorrha. Zur Alltagswirklichkeit und Verfolgung Homosexueller im Mittelalter. Hamburg 22000. – Ders.: Chorknaben und Bäckerknechte. Homosexuelle Kleriker im mittelalterlichen Basel. Hamburg 2004. – Rocke, Michael: Forbidden friendships. Homosexuality and male culture in Renaissance Florence. New York 1996 (Studies in the history of sexuality). – Reinle, Christine: Das mittelalterliche Sodomieverständnis im Spannungsfeld von rechtlicher Norm, theologischer Deutung und gesellschaftlicher Praxis, in: Rechtsverständnis und Konfliktbewältigung. Gerichtliche und außergerichtliche Strategien im Mittelalter. Festschrift Hanna Vollrath, hg. von Stefan Esders. Köln u. a. 2007, S. 165–209 (nochmals abgedruckt in: «Die sünde, der sich der tiuvel schamet in der helle». Homosexualität in der Kultur des Mittelalters und der frühen Neuzeit, hg. von Lev Mordechai Thoma, Sven Limbeck. Ostfildern 2009, S. 13–42). – Eickels, Klaus van: Unerlaubter Handgebrauch. Masturbation und ihr Platz in der Wahrnehmung des sexuellen Verhaltens im Mittelalter, in: Handgebrauch. Geschichten von der Hand aus dem Mittelalter und der Frühen Neuzeit, hg. von Robert Jütte · Romedio Schmitz-Esser. Paderborn 2019, S. 253–283.

> Zeicht [bezichtigt] ein mensch daz ander, daz es ein chetzer sei, alsô mit unrechten luppen [Zauberei] oder daz er vergift mache oder daz er unrechten gelauben hab oder das er sippehuor [Inzucht] an ihm hab, den sol er ruegen dem gæstleichen richter und nicht dem wertleichen; und sol in versuochen. Vindet er icht [etwas] an im, daz an wertlich gericht gehœrt, dâ mag in der wertleich [richter] wol um an vallen [belangen]; zeicht er in aver, daz er ein mændler [Gleichgeschlechtlicher] sein und hât das nieman gesehen denn er ain, das mag er wol mit einem kchamph auf den bewæren, der es getân hât, oder selb dritt, es sein frawn oder man. Und so soll man in denn prennen. [...] Zeicht ein frawe oder ein man ainen, er sei ein vichunrainer [Viehschänder] und daz hab er gesehen, sô tuot man di selben schant gern, dô es nieman sicht, sô sol deu frawe oder der man zuo dem gericht gâhen und sol den unrainer haizzen vâhen. [...] Wirt er uberwunden, sô sol man in auf daz vich legen und sol man si paideu mit ein ander prennen.[141]

Richter

Bereits ältere Rechte hatten unter anderem mit Bezug auf das Buch Levitikus 18,23 und 20,15[142] die Unzucht mit Tieren unter Strafe gestellt,[143] jedoch war dort der Tatbestand noch nicht im Zusammenhang mit Beleidigungsdelikten aufgetreten. Erst spätmittelalterliche Rechtstexte wie das *Augsburger Stadtrecht* und der *Schwabenspiegel* zitierten Schimpfwörter, mit denen «unzüchtiges» Handeln zum Vorwurf gemacht werden konnte, und sanktionierten ihren Gebrauch.

Es ist auffällig, dass die Zoophilie als Straftat vor allem in Rechtstexten und Urteilen aus dem süddeutschen und schweizerischen Raum auftreten: im *Augsburger Stadtrecht*, im *Schwabenspiegel* und im *Rechtsbuch des Ruprecht von Freising* (1328). Aus Luzer-

141 Zitiert nach Claussen, Hans-Kurt (Barb.): Freisinger Rechtsbuch. Weimar 1941 (Germanenrechte, N. F. Schriften des Deutschrechtlichen Instituts), S. 132–134.

142 Levitikus 18,23: «Keinem Vieh darfst du beiwohnen; du würdest dadurch unrein. Keine Frau darf vor ein Vieh hintreten, um sich mit ihm zu begatten; das wäre eine schandbare Tat.» – Levitikus 20,15: «Ein Mann, der einem Tier beiwohnt, wird mit dem Tod bestraft; auch das Tier sollt ihr töten. Sie werden mit dem Tod bestraft; ihr Blut soll auf sie kommen.»

143 Lang, Dominik: Sodomie und Strafrecht. Geschichte der Strafbarkeit des Geschlechtsverkehrs mit Tieren. Frankfurt am Main u. a. 2009. – Deutsch, Andreas: Das Tier in der Rechtsgeschichte – eine Gesamtschau im Hinblick auf die deutsche Rechtsentwicklung, in: Das Tier in der Rechtsgeschichte, hg. von dems. · Peter König. Heidelberg 2017 (Schriftenreihe des Deutschen Rechtswörterbuchs – Akademiekonferenzen, 27), S. 11–102, hier S. 80–84.

ner und Basler Urteilen des 14. und 15. Jahrhunderts erfährt man, dass eine Reihe von Personen aufgrund ihres sexuellen Umgangs mit Tieren verurteilt wurden. Zum Beispiel wurde Peter Vasant 1390 von dem Luzerner Gericht zum Tode verurteilt, weil er von einem zwölfjährigen Jungen beobachtet wurde, wie er die Kuh von dessen Vater mit der einen Hand kratzte, während er mit der anderen sein Gewand angehoben hatte und mit der Kuh «unmenschlich geberde» trieb. Das Gericht verurteilte ihn als «ein bösen ketzer».[144]

In Luzern beschloss der Rat 1395, dass wenn «einre zem andern spricht, du hest ein kuo gehit [...] oder du bist ein verhiter diep oder ein bösewicht, und ander soliche swere rede, die eim berlich an sin ere gat», dann müsse diese Beleidigung vor dem Gericht verhandelt und geurteilt werden.[145] Im 15. Jahrhundert wurde der Vorwurf, die Schweizer Bauern würden ihr Vieh missbrauchen, zum polemischen Bestandteil der Auseinandersetzungen zwischen den Habsburgern einerseits und den Eidgenossen andererseits, die im Schwabenkrieg 1499 ihren Höhepunkt erreichten.[146]

Bisher noch nicht erwähnt wurde der Vorwurf des Mordens, der oft in formelhaften Zusammenstellungen von Beleidigungen in den spätmittelalterlichen Rechten auftritt, wie zum Beispiel im *Freiheitsbrief des Grafen von Saarbrücken für die Bürger der Stadt Saarbrücken und das Dorf St. Johann* von 1321:

> Wer den andern schulde morder, diep, felscher, meyneyder, oder das solichen reden glichen mocht, das yemants

144 Wechsler, Elisabeth: Ehre und Politik. Ein Beitrag zur Erfassung politischer Verhaltensweisen in der Eidgenossenschaft (1440–1500) unter historisch-anthropologischen Aspekten. Zürich 1991, S. 174. Ebenda, S. 174–176, mehrere weitere Beispielfälle. Zu Basel siehe Guggenbühl, Dietegen: Mit Tieren und Teufeln. Sodomiten und Hexen unter Basler Jurisdiktion in Stadt und Land 1399 bis 1799. Liestal 2002 (Quellen und Forschungen zur Geschichte und Landeskunde des Kantons Basel-Landschaft, 79). Zu Österreich siehe Hehenberger, Susanne: Unkeusch wider die Natur. Sodomieprozesse im frühneuzeitlichen Österreich. Wien 2005.

145 Wechsler: Ehre und Politik (1991), S. 173–174.

146 Krings, Stefanie: Sodomie am Bodensee. Vom gesellschaftlichen Umgang mit sexueller Abartigkeit in spätem Mittelalter und früher Neuzeit auf St. Galler Quellengrundlage, in: Schriften des Vereins für Geschichte des Bodensees 113 (1995), S. 1–46. – Puff, Helmut: Sodomy in Reformation Germany and Switzerland 1400–1600. Chicago · London 2003 (The Chicago Series on Sexuality, History, and Society).

> ere rurte, geschee das vor gerichte, uff eyme markete, uff jaremessen oder da vil lude weren, wirt das geclagt [...].[147]

Bei dieser Kombination von Verbrechen handelt es sich um einen verbreiteten Kanon, in dem die schweren Delikte des Strafrechts subsummiert wurden: Mord, Diebstahl, Raub, Meineid und Fälschung. In leichter Modifikation findet sich dieser Kanon bereits in der *Lex Salica*, der offensichtlich als stehende Redewendung in andere Tatbestandszusammenhänge wie den der Beleidigung eingefügt werden konnte.[148]

Insgesamt führen die ausgewerteten Rechtstexte zwölf Anschuldigungen an, die geeignet sind, eine Person durch üble Nachrede in ihrer Ehre herabzusetzen: Ehebruch/Prostitution, Illegitimität, Denunziation, Fälschung, Meineid, Desertion, Hexerei/Zauberei, Betrug, Diebstahl, Raub, Unzucht (mit Tieren, Familienangehörigen und gleichgeschlechtlichen Sexualpartnern) und Mord. Als Schimpfwörter, die mit diesen Anschuldigungen in Zusammenhang stehen können, finden Erwähnung.[149]

Ehre, Illegitimität, Prostitution

Ehebruch

Hexerei, Zauberei

Ohne Ausnahme hätten die Anschuldigungen für das Opfer, wenn sie nicht als haltlos erwiesen werden konnten, schwerwiegende Konsequenzen vor Gericht und im sozialen Miteinander nach sich gezogen. Da diese Delikte entweder mit Strafen an Leib und Leben gesühnt werden mussten oder zur starken Einschränkung persönlicher Rechte führten, war das Ziel der Rechtstexte, Personen vor falschen Anschuldigungen und damit vor den drohenden Strafen zu schützen. Die zu bewahrenden Rechtsgüter (Ehre, Leumund, «cristenheit») erweisen sich im Rahmen dieser möglichen strafrechtlichen Folgen als besonders anschauliche Gegenstände des mittelalterlichen und frühneuzeitlichen Rechts. Die ehrenrührige Herabsetzung bedeutete in der Regel für eine Person peinliche Bestrafung oder finanzielle Verluste.

Falsche Anschuldigung

Ehre, Leumund

147 Grimm u. a.: Weisthümer, Bd. 2 (1840), S. 5.

148 Siehe den Abschnitt «Ein Kanon schwerer Verbrechen», S. 252–254.

149 Dazu ausführlich Kapitel D «Gegenstände der Beschuldigungen und ihre geschlechtsspezifischen Ausdifferenzierungen», S. 175–254.

3. Formen der einfachen Beleidigung und der üblen Nachrede

Die Trennung von übler Nachrede und einfacher Beleidigung wird in den Texten oft nicht deutlich. Stattdessen bieten die Rechte alternative Tatbestandsmerkmale, um Beleidigungsdelikte voneinander zu unterscheiden.

3.1 Beleidigungen mit bewusster Kenntnisnahme

Die Gerichtsordnungen des späteren Mittelalters, wonach dem «Geschwätz» der Frauen kein Glauben geschenkt werden soll, zeigen das eigentliche Problem exemplarisch auf. So heißt es in einer österreichischen Quelle aus Schatterlee, südwestlich von Laa gelegen, aus dem Jahr 1489:

> Item ob sich gepurt, das sich zwo frawn vergässen mit red,
> so schullen sich die mannen nicht darumb annemen, aber
> Klage sie schulln das bringen an ein richter und das anklagn.[150]

Bei dieser Ordnung geht es um die bewusste Kenntnisnahme der Beleidigung. Schenkt man den Reden der «zwon frawn» Gehör, dann wird die Beleidigung angenommen und man muss sie wegen Ehrverletzung, das heißt wegen Beleidigung, vor Gericht belangen. Nehmen sich die «mannen» der Reden nicht an, dann werden die Frauen nur aufgrund ihrer (schimpflichen) «red» durch das Gericht belangt.

Das *Lübische Recht*, dessen älteste Textschichten ins 12. Jahrhundert zurückreichen, zieht eine Person für eine Beleidigung nur zur Verantwortung, wenn diese dem Opfer persönlich gesagt wurde. Stellt das Opfer den Täter auf der Basis von Hörensagen zur Rede, ist

150 Zitiert nach Künßberg, Eberhard Freiherr von: Über die Strafe des Steintragens. Breslau 1907 (Untersuchungen zur deutschen Staats- und Rechtsgeschichte, 91), S. 55–56.

dieser keine Rechenschaft schuldig;[151] im gleichen Sinn urteilt auch das *Hamburger Stadtrecht* von 1270[152] und die *Nordhäuser Statuten* (1300–1456)" aus dem 14. Jahrhundert[153]. In diesen Rechten ist die Kenntnisnahme des Opfers entscheidendes Kriterium für die Straffälligkeit. In Luzern entschloss sich der Rat 1421, trotz fehlender Kenntnisnahme die «hinterred» künftig zu bestrafen:

> Als bisher gewonlich gewesen ist, das man umb hinterred nit richtet, das hant nu unser herren geendert und ufgesetzt und wellent es für dishin halten, was slechter und einvaltiger hinterrede beschicht, die eim an sin ere gat, das ein rat dunket, darumb wellent und söllent bed rät rihten.[154]

151 «Van deme, der den anderen vor denket: gift en deme anderen schult, dat he sines ovele gedacht hebbe oder dat eme ovele ghesproken hebbe, he ne hebbet sulven ghehort, he ne darf eme nicht dar umme antworden de eme de schult gift.» Zitiert nach Rubo, Ernst T.: Zur Lehre von der Verleumdung mit besonderer Bezugnahme auf alle gegenwärtig geltenden deutschen Strafgesetzbücher. Berlin 1861, S. 14. Das Kolberger Recht (1297), eine Redaktion des lübischen Rechts, nimmt diesen Artikel in modifizierter Weise auf: «Beschuldigt einer den anderen, daß er seiner übel gedacht habe oder daß er ihm übel nachgeredet habe, und hat er es nicht selbst gehört, dann braucht der Beschuldigte sich gegenüber demjenigen, der ihn beschuldigt hat, nicht zu verantworten.» Zitiert nach Jancke, Peter (Hg.): Das Kolberger Rechtsbuch. Der Kolberger Kodex des Lübischen Rechts von 1297. Faksimiledruck der verschollenen Handschrift mit hochdeutscher Übersetzung und Glossar. Hamburg 2005 (Beiträge zur Geschichte der Stadt Kolberg und des Kreises Kolberg-Körlin, 32), S. 199. Eine spätere Fassung des lübischen Rechts von 1586 gibt Ackermann, Ernst: Die Verleumdung des gemeinen deutschen Strafrechts im Vergleich mit der Verleumdung nach dem Strafgesetzbuch für das deutsche Reich. Greifswald 1872, S. 7: «Beklaget einer den anderen, dass er ihme habe übel nachgeredet, hat es der kleger selbst nicht gehört, so ist es eine machtlose klage. Es were denn, das der beklagte der wort gestendig oder genugsam überweiset, so ist solches zu straffen etc.»

152 «Spreke en man deme anderen quat achter syneme rugge und vorsakede he des vor synen ogen, he schal darmede ledich wesen unde ne schal nicht sweren. Bekent he over, he schalt it beteren.» Zitiert nach Rubo: Zur Lehre von der Verleumdung (1861), S. 13–14. Die gleiche Vorschrift findet sich in den Hamburger Stadtrechten von 1292 und 1497. Ebenda, S. 14.

153 Köstlin: Die Ehrverletzung nach deutschem Rechte (1855), S. 181–182.

154 Zitiert nach Rubo: Zur Lehre von der Verleumdung (1861), S. 14–15. – Ebenda, S. 15, ein Züricher Ratsbeschluss von 1304: «Der rat und die burger Zürich hant von alter gewonheit eweklich gesetzet, das man umb enkeine hinterrede richten sol gen nieman Zürich, es si danne so verre, das sich ein rat erkennet, das es dem kleger an sin ere oder an sinen lip so verre gan möchte, und mit erbern lüten diu selbe rede bewiset wurde, so sol ein rat dem kleger und der stat richten nach ir bescheidenheit und der sache gelegenheit uf den eit.» – Das magdeburgisch-breslauische Recht von 1295 setzt fest, dass eine

Mit diesen Einschränkungen versuchten die Gerichte einerseits die Anzahl der Verfahren einzudämmen, andererseits Gerüchten entgegenzuwirken. Eine besonders drastische Einschränkung sah das *Appenzeller Landbuch* (1409) vor: Es lässt die Verhandlung von Beleidigungen erst zu, wenn eine Person der «anderenn an sin eer redt so schwärlich, das es ainem an sin leben gon möchte». [155] Damit schützte man auch den mutmaßlichen Täter und das Opfer, denn genauso gut war es möglich, dass Beleidigungen durch Dritte in Umlauf gebracht wurden, um dem Täter und/oder dem Opfer Schaden zuzufügen.

Das *Saarbrücker Recht* legte bereits die möglichen Umstände beim Tathergang fest, um jeden Zweifel an der Schuld des Täters auszuräumen. Es ließ nur Klagen auf Beleidigungen zu, die «vor gerichte, uff eyme markete, uff jaremessen oder da vil lude weren», ausgesprochen wurden;[156] und im friesischen Recht werden die Richter angewiesen, eine unbesonnene Vermutung, die durch Beleidigungen oder Gerüchte entsteht, weder zu berücksichtigen noch einem Urteil zugrunde zu legen.[157] Im reformierten *Hamburger Recht* von 1605 wurde sogar zwischen den «Öffentlichkeiten» unterschieden. Wer eine Person vor dem Gericht beschimpfte, musste zwölf Reichstaler Strafe zahlen; wer eine andere Person auf dem Markt gescholten hatte, sollte mit fünf Reichstalern büßen. Üble Nachreden vor Gericht und dem städtischen Rat – wie die

Klage

Richter

Beleidigungsklage vor Gericht nicht fallen gelassen werden darf: «§ 20. Swa ein mann einen eid gelobet vor gerichte, vor unbilliche wort [...], des ne mac man en nicht ledich lazen, iz en si des richters wille.» Zitiert nach Laband, Paul (Hg.): Magdeburger Rechtsquellen. Zum akademischen Gebrauch. Königsberg 1869, S. 30. – Weitere Belege bei Osenbrüggen, Eduard: Die Ehre im Spiegel der Zeit. Berlin 1872, S. 12 und Köstlin: Die Ehrverletzung nach deutschem Rechte (1855), S. 181–188.

155 Zitiert nach Helfritz: Der geschichtliche Bestand und die legislative Verwertbarkeit von Widerruf, Abbitte und Ehrenerklärung (1905), S. 44.

156 Freiheitsbrief des Grafen von Saarbrücken für die Bürger der Stadt Saarbrücken und das Dorf St. Johann von 1321. Zitiert nach Grimm u. a.: Weisthümer, Bd. 2 (1840), S. 5.

157 In den wohl um 1500 entstandenen Excerpta legum, einer Materialsammlung zu einem friesischen Rechtsbuch, deren Entstehung wohl im Zusammenhang mit der Unterwerfung Frieslands durch die Wettiner 1498 zusammenhängt, heißt es: «Dio domme weninge is en weninge; zo comtze von ursmaynge ende van en hlude, mer di riuchter scel der nat fulgia, ner sentencia om dela.» Zitiert nach Buma, Wybren Jan · Gerbenzon, Pieter · Tragter-Schubert, Martina (Hg.): Codex Aysma. Die altfriesischen Texte. Assen · Maastricht 1993 (Fryske Akademy, 742), S. 329 und 469.

Anschuldigung, die Person sei ein «Dieb», «Schelm», «Verräter» oder «Hurensohn» – wurden mit einem Strafgeld in Höhe von 20 Reichstalern belegt.[158] Solcherlei verschärfte Bestimmungen für bestimmte öffentliche Orte wie Kirche, Rats- oder Gerichtsstube, Stadtkeller, Korn- und Brothaus sowie für Tage mit öffentlichen Feiern finden sich vielerorts.[159]

Öffentlichkeit

3.2 Schimpfwörter wider die Ehre

Einer der ältesten Texte, der ähnlich dem modernen Rechtsverständnis zwischen einfacher Beleidigung und übler Nachrede differenziert, ist das *Laxer Urbar* (Graubünden) von 1303. Es unterscheidet erstens in Beleidigungen, die «an sin ere» gehen. Damit wird der Tatbestand der üblen Nachrede berührt. Als zweiter Tatbestand wird das Schelten (schilten) aufgeführt. Dies entspricht der einfachen Beleidigung; und drittens soll jene Person belangt werden, die «frevelich abe dem gerihte gat.»[160] Aus dem letzten Punkt geht nicht hervor, ob das Urbar damit eine falsche Anschuldigung wider besseres Wissen vor Gericht aufgreift oder ob es darum geht, eine Person vorsätzlich falsch anzuklagen. Sicher hingegen ist, dass alle drei Tatbestände unter Strafe gestellt sind: Der erste und dritte Tatbestand, auf beide stehen die gleichen Strafen, werden mit einem höheren Strafmaß belegt als der zweite. Mit dem Begriff «frevelich» wird angezeigt, welches rechtliche Denkmodell der Einteilung der Tatbestände zugrunde liegt. Hier wirkt eine auf das römische Recht zurückgehende Unterscheidung zwischen «delictum» und «crimen» nach. Während «delictum» ein leichteres Vergehen bezeichnet, handelt es sich beim «crimen» um ein schweres, durch den Gerichtsherrn zu verfolgendes Verbrechen. Im Deutschen wurden diese schweren Verbrechen mit den Worten «Missetat», «Untat» oder «Frevel» zusammengefasst.

Römisches Recht

158 Teil IV, Art. 59–60, Der Stadt Hamburgk Gerichtsordnung vnd Statuta (1605), S. 391–392.

159 Siehe die Beispiele bei Köstlin: Die Ehrverletzung nach deutschem Rechte (1855), S. 425.

160 «Der dem andern sprichet an sin ere, der sol buossen mit III lib. imperial. Der den ander beschiltet also, das ez im an sin niht gat, der sol buossen mit III sz. imperial. Swer ouch frevelich abe dem gerihte gat, der soll buossen mit III lib. imperial.» Zitiert nach Grimm u. a.: Weisthümer, Bd. 1 (1840), S. 813. Weitere Beispiele bei Köstlin: Die Ehrverletzung nach deutschem Rechte (1855), S. 372–373 Anm. 43.

Spätestens mit der *Carolina* verblasst diese Unterscheidung, beide Begriffe werden dort synonym verwendet.[161]

Fast identisch mit dem *Laxer Urbar* sind die Ausführungen des Eisenacher Stadtschreibers und Bürgermeisters Johannes Purgoldt (lebte 1480/1508). Er schreibt in seinem zu Anfang des 16. Jahrhunderts beendeten Rechtsbuch:

> Myßhandelt eyn man den andern mit worten, das ist eyne myßtadt. Spricht aber eyn man dem andern dye ere undt lest sich das erwynnen, das ist eyn frevell. Bekendt er es aber an gerichtes banck, szo ist es dy hochste buße.[162]

Dem Frevel liegt ein Strafmaß in Höhe von «fünff schillinge pfennige» zugrunde und der «mystadt eyn schilling undt dem cleger auch 1 schilling». Purgoldt kennt demnach die gleichen Tatbestände, korrigiert aber die Abstufungen des Strafmaßes, indem er der falschen Beschuldigung vor Gericht (calumnia) eine höhere Strafe zurechnet als derjenigen, die andernorts geschah.[163]

Das *Rechtsbuch des Ruprecht von Freising* (lebte 1292/1319) aus dem Jahr 1328 kennt in den Kapiteln 276 und 277 «scheltwart» wie «zôhensun» (Hundesohn), «poeswicht», «chetzer» und «chuoserttinne» (Kuhschänder); wer diese zu einem anderen spricht, «muos dem richter zehen schilling geben». Von diesen Scheltworten, die wohl

Richter

161 Gschwend, Lukas · Good, Christoph: Art. Straftat, in: Enzyklopädie der Neuzeit, Bd. 12, im Auftrag des Kulturwissenschaftlichen Instituts (Essen) und in Verbindung mit den Fachwissenschaftlern hg. von Friedrich Jaeger. Stuttgart · Weimar 2010, Sp. 1106–1107.

162 Buch XI, Kap. VII–XV. Zitiert nach Ortloff, Friedrich (Hg.): Das Rechtsbuch Johannes Purgoldts nebst statuarischen Rechten von Gotha und Eisenach. Jena 1860 (ND Aalen 1967. Sammlung deutscher Rechtsquellen, 2), S. 321.

163 Weitere Belege für diese Differenzierung: das Stadtrecht von Rüthen (1310) unterscheidet in Worte, die an die Ehre gehen und in Worte, die an Leib und Ehre gehen (siehe Seibertz, Johann S.: Landes- und Rechtsgeschichte des Herzogthums Westfalen, Bd. 2. Arnsberg 1843, S. 78); das Medebacher Stadtrecht (1350) in Worte großer und kleiner Schmach: «verba quantum cumque turpia, magna vel parva» (ebenda, S. 386); das Statut von Frankenhausen (1558) in «schlechte Worte, die beschwerlich und doch keine Injurien seindt» (zitiert nach Walch, Carl Friedrich: Vermischte Beyträge zu dem deutschen Recht, 8 Bde. Jena 1771–1793, hier: Bd. 1, S. 331); und das Landbuch von Gaster (1564) in «unnütze unglimpfliche Worte, die nicht gar ehrrührig sind» von ehrrührigen Schimpfwörtern (zitiert nach Blumer, Johann Jakob · Heer, Gottfried (Hg.): Urkundensammlung zur Geschichte des Kantons Glarus, Bd. 1. Glarus 1865, S. 410).

als Schimpfwörter aufzufassen sind, unterscheidet Ruprecht die «gelogene urchund», die ihrem Charakter nach einen «an seinen leunten [Leumund] gêt oder an sein êr».[164] Ruprecht kennt jedoch die moderne Unterscheidung von übler Nachrede und einfacher Beleidigung nicht, sondern nur jene, die aus allen Beispieltexten spricht: die Differenz zwischen Schimpfwörtern und Beschuldigungen, die ehrverletzend sind. Rolf Lieberwirths Beobachtung, wonach mittelalterliche und frühneuzeitliche Rechtsgelehrte unterscheiden in «Schimpfwörter», die «kaum oder nur gering geahndet wurden» und in «Scheltworte, die ausdrücklich oder stillschweigend den Vorwurf eines sittlichen Makels wie Feigling, Meineidiger, Hurenkind und ähnliches enthalten, sogar Friedlosigkeit zur Folge haben konnten»,[165] trifft also zu. Der Sprachwissenschaftliche Befund von Anja Lobenstein-Reichmann stützt diesen Befund. Auch sie kommt zu dem Ergebnis, dass es den Sprechern beim Gebrauch von Schimpfwörtern «weniger um die identifizierende Aussage als um den Wunsch, mit den Worten zu treffen, zu beleidigen, zu verletzten», geht.[166] Davon unterscheidet sie «kriminalisierende Schimpfwörter»:

Leumund

Friedlosigkeit

> *Dieb* oder *Schelm* gehörten dazu, was vor allem mit dem damit einhergehenden ausgesprochenen Verdachtsmoment «Diebstahl» erklärbar ist, aber auch die Beschimpfung als *Henker*, *Abdecker*, *Schinder* oder *Racker*. Kriminalisierenden Charakter können auch Kollektivierungen wie *gesinde 6*, *gesindel 5* oder Wortbildungen mit den kollektivierenden und gleichermaßen negativisierenden Grundwörtern *-folk*, *-pack*, *-plage* haben. Während man die Männer eher als unehrlich oder kriminell beschimpfte, griff man bei Frauen bevorzugt deren vorgeblich defizitäre Tugendhaftigkeit und Sexualmoral an und nannte sie *Hure*, kopulativ *Diebshure* usw., oft mit verstärkenden Attributen wie *abgefeimte*, *ausgestaupte*, *gebrandtmarkte*, *ausgestrichene* Hure. Gefährlich für sie wurde es schließlich, wenn man sie als *Hexe* oder *Zauberin* beschimpfte.[167]

164 Zitiert nach Claussen, Hans-Kurt: (Bearb.): Freisinger Rechtsbuch. Weimar 1941 (Germanenrechte, N. F. Schriften des Deutschrechtlichen Instituts), S. 318.

165 Lieberwirth: Art. Verleumdung (1998), Sp. 762.

166 Lobenstein-Reichmann: Sprachliche Ausgrenzung im späten Mittelalter und in der frühen Neuzeit (2013), S. 57.

167 Ebenda, S. 63 (Kursive im Original).

Das besondere Merkmal der vorausgeschickten Beispieltexte ist ihre Differenzierung in schimpfliche und in ehrverletzende Worte. Dort wird nicht behauptet, dass die schimpflichen Worte Leumund oder Ehre herabsetzen. Allerdings wird nicht erläutert, weshalb diese Worte unter Strafe stehen. Aber welches Rechtsgut soll mit der Bestrafung der Schimpfwörter geschützt werden? Die Rechtstexte geben auf diese Frage keine befriedigende Antwort, sie zeichnen vielmehr ein divergentes Bild von den Bedingungen der Verfahren. Sie werten Beleidigungen, die einfache wie auch die üble Nachrede, als ein von der sozialen Norm abweichendes (delinquentes) Verhalten.[168]

Die herangezogenen Rechtstexte befinden – oft sehr undifferenziert – einfache Beschimpfungen und Worte gegen die Ehre gleichermaßen als Verstöße gegen die bestehende Norm, sie unterstellen, dass es sich bei beiden Sachverhalten um ein von der Norm abweichendes Verhalten handelt. Sie begründen dies jedoch nur beim schwerwiegenderen Vorwurf, in dem sie geltend machen, den Leumund und die Ehre einer Person durch die Verhängung einer Strafe zu schützen. Mit der geringen Bestrafung von Schimpfwörtern, die durchaus den Vorwurf des sittlichen Makels in sich tragen können, oder verfahrensbedingten Einschränkungen existierten mehrere Möglichkeiten, sich den minderschweren einfachen Beleidigungen zu stellen. Der *Beschluss des Schatterleer Gerichts*, der die schimpfliche Rede von Frauen zwar straft, ohne diese jedoch als ehrverletzende Straftat zu beurteilen, führt dies vor Augen. Öffentliche Beschimpfungen stören die soziale Interaktion einer Gemeinschaft, sie werden grundsätzlich als abweichendes Verhalten bewertet. Doch gehen die Gemeinschaften unterschiedlich mit dieser Auffassung um; das Gericht muss nicht in jedem Fall (durch Abschreckung) erzieherisch auf die Personen einer Gemeinschaft wirken. Es gab genügend alternative persuasive, also «überredende» Botschaften im positiven Sinn,[169] mit denen auf die Gemeinschaft und die einzelnen Personen eingegangen werden konnte. Dazu zählen unter anderem Legenden, Historien, Mirakelberichte und natürlich die exegetischen Schriften. Ihre

168 Lamnek, Siegfried: Theorien abweichenden Verhaltens, Bd. 1: «Klassische» Ansätze. Eine Einführung für Soziologen, Psychologen, Juristen, Journalisten und Sozialarbeiter, 8., überarbeitete Aufl. Paderborn 2007, S. 49.

169 Aronson, Elliot · Wilson, Timothy D. · Akert, Robin M.: Sozialpsychologie. München [6]2008, S. 207.

didaktischen Kernaussagen konnten auf vielfältige Weise vermittelt werden: Schreib- und Lesefähigkeit waren dabei keine notwendige Voraussetzung.

So ist zum Beispiel auf einer Illustration (Abbildung 3, S. 85) aus dem *Ovidius moralizatus* des Petrus Berchorius († 1362), einer Interpretation von Ovids (* 43 v. Chr. † 17 n. Chr.) *Metamorphosen*, oberhalb der schönen Coronis aus Larissa ein auf einem Baum sitzender weiß-schwarzer Rabe zu sehen. Ovid berichtet im Liber secundus der Metamorphosen von diesem Raben:

> Dieser Vogel hatte nämlich einst schneeweiße Federn, so silberglänzend, dass er völlig fleckenlos Tauben gleichkam und nicht den Gänsen nachstand, die später mit wachsamer Stimme das Capitol retten sollten, und nicht dem Schwan, der die Flüsse liebt. Die Zunge wurde ihm zum Verhängnis; sie, die geschwätzige Zunge, bewirkte, dass seine Farbe, die weiß war, jetzt ins Gegenteil verkehrt ist.[170]

In Mittelalter und früher Neuzeit symbolisierten der Rabe und auch die schwarz-weiß gefiederte Elster die schimpfliche Rede und die üble Nachrede.[171]

---

170 Die deutsche Übertragung folgt: P. Ovidi Nasonis Metamorphoseon libri quindecim. Metamorphosen in fünfzehn Büchern von P. Ovidus Naso, übersetzt und hg. von Michael von Albrecht. Stuttgart 1997, Verse 534–541 (Quam tu nuper eras, cum candidus ante fuisses, corve loquax, subito nigrantis versus in alas. Nam fuit haec quondam niveis argentea pennis ales, ut aequaret totas sine labe columbas, nec servaturis vigili Capitolia voce cederet anseribus nec amanti flumina cycno. Lingua fuit damno: lingua faciente loquaci qui color albus erat, nunc est contrarius albo.).

171 Dittrich, Lothar • Dittrich, Sigrid: Lexikon der Tiersymbole. Tiere als Sinnbilder in der Malerei des 14. bis 17. Jahrhunderts, 2. Aufl. Petersberg 2005 (Studien zur internationalen Architektur- und Kunstgeschichte, 22), S. 95–99.

3.3 Die «contumelia» nach Thomas von Aquin

Während die profanen Rechte bis zum 15. Jahrhundert geringe Differenzierungen der Tatbestände ausweisen, ganz so wie es Lieberwirth anzeigt, beschäftigten die Scholastiker sich eingehend mit diesbezüglichen begrifflichen Fragen. Es war Thomas von Aquin (* 1224/1225 † 1274), der erstmals die Beleidigung oder, wie er es nennt, die Schmähung (contumelia) einer tiefgreifenden Befragung unterzieht. Contumelia ist für ihn ein Unrecht, «das außerhalb des Gerichtes in Worten geschieht». Er unterscheidet in 1. die Schmähung an sich, 2. die Ehrabschneidung, 3. die Ohrenbläserei, 4. die Verspottung und 5. die Verwünschung; die letzten beiden Sünden können im Folgenden vernachlässigt werden, weil es sich bei ihnen nicht um Beleidigungen im Sinne der Definitionen dieser Arbeit handelt.[172]

Die Contumelia beraube das Opfer seiner Vorzüglichkeit (excellentia), die es prägt und derentwegen es geehrt wird. Erst wenn eine wörtliche Schmähung unter die Leute gebracht sei, könne sie ihre Wirkung entfalten.[173] Thomas stellt die Schmähung an sich (1),

---

172 «Et primo, de contumelia; secunda, de detractione; tertio, de susurratione; quarto, de derisione; quinto, de maledictione.» Zitiert nach Thomas von Aquin: Recht und Gerechtigkeit, hg. von der Albertus-Magnus-Akademie Walberberg bei Köln, kommentiert von Arthur Fridolin Utz OP. Heidelberg u. a. 1953 (Die deutsche Thomas-Ausgabe. Vollständige, ungekürzte deutsch-lateinische Ausgabe der «Summa theologica», 18), hier S. 289, questio 72.

173 «Respondeo dicendum quod contumelia importat dehonorationem alicujus. Quod quidem contingit dupliciter. Cum enim honor aliquam excellentiam

Abbildung 3

Schwarz-weißer Rabe als Sinnbild der Geschwätzigkeit im *Ovidius moralizatus* (*Reductorium morale*, liber XV) des Petrus Berchorius (ca. 1340)

Nach einer oberitalienischen Pergamenthandschrift des 14. Jahrhunderts

Gotha, Forschungsbibliothek, Memb. I 98, fol. 15r

Zur Beschreibung der Handschrift siehe Hopf, Cornelia [Bearb.]: Die abendländischen Handschriften der Forschungs- und Landesbibliothek Gotha. Bestandsverzeichnis:
1. Großformatige Pergamenthandschriften Memb I. Forschungs- und Landesbibliothek Gotha 1994, S. 71

Licaon fuit quidam tyrampnus qui fabula. 19ª.
mutatus fuit in lupum qui habuit filiam quandam Calisto
nomine que mutata fuit in ursam. Et sic videmus ut in plu
ribus patrem sequuntur sui proles quia si pater lupus fuit
tyrampnus turpis et crudelis filii eius ursi efficiuntur
quia scilicet crudelitates paternas vel in toto vel in parte imi
tantur. Dicitur quod quales patres vestri ita et nos.

Corvus in principio fuit avis albissima fab. 16.
et pulcra que soli erat potissime dedicata et ab ipso so
le mutata est in nigrum colorem cuius causa fuit ista. Sol enim suum
pre ceteris habebat pulcerrimam amicam que dicebatur coronide
que cum quadam die adulteraret cum quodam iuvene. Cor
vus hec videns nuntiavit domino suo. Ille autem iratus
arrepto arcu occidit amicam suam que pregnans erat de
eo. Qui videns eam mortuam de tam precipiti sententia nimie do
luit et ipsum corvum de albo in nigrum mutavit et ut
de cetero esset relator malorum rumorum pro pretio condempna
vit. Et inde est quod sunt augurios corvus semper suo cantu
denuntiat et presagit futura mala scilicet mortalitates et
infortunia aliorum. Recte tales corvi sunt moraliter
adulatores et aliorum relatores qui soli id est domino suo semper

Ehre

die er für eine Todsünde hält und die dem Zorn und der Torheit entspringe, dem Diebstahl und Raub gleich, da der Mensch seine Ehre nicht weniger liebe als seinen Besitz.[174] Sein differenzierender Blick auf die Tatbestandsmerkmale setzt sich fort in der Unterscheidung der Rechtsgüter. Wenn eine Person eine andere öffentlich mit Worten beleidigt, müsse sie diese Person verachten und damit gehe von selbst eine Entehrung einher: Das Opfer verlöre seine Ehre. Wenn aber die Worte heimlich vorgebracht würden, läge wohl keine Missachtung vor, sondern Furcht. Dadurch würde nicht unmittelbar die Ehre beschnitten als vielmehr der gute Ruf, denn es gelte, die Meinung der Anderen über das Opfer zu verschlechtern:[175]

> Einem den [guten] Ruf nehmen, ist aber eine sehr schwere Sache; denn unter den zeitlichen Gütern scheint der gute Ruf das Kostbarste, durch dessen Verlust der Mensch um viele gute Werke gebracht wird. Deshalb heißt es Sir 41, 15: «Trage Sorge für deinen guten Namen; denn dieser verbleibt dir länger als tausend große und kostbare Schätze.»

consequatur, uno modo aliquis alium dehonorat cum privat eum excellentia propter quam habebat honorem. Quod quidem fit per peccata factorum, de quibus supra dictum est. – Alio modo, cum aliquis id quod est contra honorem alicujus deducit in notitiam ejus et aliorum. Et hoc proprie pertinent ad contumeliam.» Zitiert nach ebenda, questio 72, art. 1 (S. 290).

174 «Et hoc est peccatum mortale, non minus quam furtum vel rapina: non enim homo minus amat suum honorem quam rem possessam.» – «Et ideo contumelia maxime oritur ex ira. [...] Et propter hoc ex stultitia oritur contumelia, secundum affinitatem quam habet cum ira.» Zitiert nach ebenda, questio 72, art. 2 (S. 294) und art. 4 (S. 300–301).

175 «Ex hoc autem quod aliquis manifeste verba contra alium profert, videtur eum parvipendere, unde ex hoc ipso exhonoratur: et ideo contumelia detrimentum affert honori ejus in quem profertur. Sed qui verba contra aliquem profert in occulto, videtur eum vereri magis quam parvipendere: unde non directe infert detrimentum honori, sed famae; inquantum, hujusmodi verba occulte proferens, quantum in ipso est, eo contra quem loquitur. Hoc enim intendere videtur, et ad hoc conatur detrahens, ut ejus verbis credatur.» Zitiert nach ebenda, questio 73, art. 1 (S. 303–304). – Mit diesem Katalog an Merkmalen folgt Thomas den durch die Dekretisten erarbeiteten drei Grundelemeten des Verbrechens (crimen): «es muß sich um eine schwere Sünde handeln (mortale), es muß eine äußerlich erkennbare Handlung vorliegen und die Tat muß öffentlich für die Kirche ein Ärgernis bedeuten (scandalum).» Zitiert nach Kéry: Verbrechen und Strafen im kanonischen Recht des Mittelalters (2007), S. 23.

> Und daher ist die Ehrabschneidung, an sich gesprochen, Todsünde.[176]

Wer einem solchen Ehrabschneider (2) ohne Widerstand zuhöre oder gar Gefallen daran finde oder schlimmer noch, eine Person zur Ehrabschneidung verführe, sündige wie der Ehrabschneider selbst «und zuweilen sogar mehr».[177]

Die letzte hier interessierende Form der Contumelia, die Ohrenbläserei (3), gleiche nach Thomas den Handlungen des Ehrabschneiders. Allerdings verfolge ein Ohrenbläser ein anderes Ziel: Weil er Freundschaften zu sprengen beabsichtige, heuchle er Falsches vor und säe Unfrieden unter Freunden.[178] Die Ohrenbläserei muss demnach nicht zwangsläufig durch Beleidigungsmerkmale gekennzeichnet sein, sondern der Ohrenbläser hatte nur Behauptungen auszustreuen, die es ihm ermöglichten, das angestrebte Ziel zu erreichen.

176 «Auferre autem alicui famam valde grave est: quia inter res temporales videtur fama esse pretiosor, per cujus defectum impeditur homo a multis bene agendis. Propter quod dicitur Eccli. 41: ‹Curam habe de bono nomine: hoc enim magis permanebit tibi quam mille thesauri magni et pretiosi.› Et ideo detraction, per se loquendo, est peccatum mortale.» Zitiert nach Thomas von Aquin: Recht und Gerechtigkeit (1953), questio 73, art. 2 (S. 307).

177 Thomas beruft sich hier auf die Worte Bernhards von Clairvaux: «Ehrabschneiden oder den Ehrabschneider anhören – was von diesen beiden verdammungswürdiger ist, kann ich nicht leicht sagen.» (Detrahere, aut detrahentem audire, quid horum damnabilius sit, non facile dixerim, in: «De consideratione ad Eugenium papam», liber II, cap. 13). – Das Zitat bei Thomas, questio 73, art. 4: «Dicendum est ergo quod si aliquis detractions audiat absque resistentia, videtur detractor consentire: unde fit particeps peccati ejus. Et si quidem inducat eum ad detrahendum, vel saltem placeat ei detraction, propter odium ejus cui detrahitur, non minus peccat quam detrahens; et quandoque magis.» Zitiert nach ebenda, S. 315–316.

178 «Susurro autem intendit amicitiam separare […].» Zitiert nach ebenda, questio 74, art. 1 (S. 319).

4. Vorsatz und Fahrlässigkeit

Am 6. August 1484 gab Gregor Titze aus Mickten vor dem Dresdner Gericht zu, dass er Jörg Hofmann einen «Schuhdieb» (schwdiep) geheißen und damit beleidigt habe. Er räumte jedoch ein, betrunken und durch anderer Leute Gerede angestachelt gewesen zu sein. Er versprach deshalb, dies nicht wieder zu sagen und beteuerte, dass er nur Redliches und Ehrenhaftes von Hofmann gehört und gesehen habe.[207] Diese Notiz aus dem *Dresdener Stadtbuch* verrät nicht, ob Titze, nachdem er seine Tat eingestanden hat, eine Strafe verbüßen musste. Es wird nur deutlich, dass Titze offensichtlich hoffte, einer bestimmten Strafe zu entgehen. Dazu schien es ihm geeignet, auf seinen betrunkenen Zustand bei der Tat und die Anstiftung durch Andere zu verweisen, das heißt, dass Dresdener Recht könnte die Unterscheidung in vorsätzliches und in fahrlässiges Handeln bei der Festsetzung des Strafmaßes berücksichtigt haben. Dies wäre nicht unwahrscheinlich, da mehrere von den untersuchten Rechtstexten Vorsatz bzw. die Beleidigungsabsicht für den Tatbestand einer Injurie voraussetzen.[208] Andere Rechtstexte thematisieren diese Bedingungen nicht und bieten stattdessen einen Katalog von ab-

207 «Greger Thycze von Mickten hat vorm rate gesaget und bekannt, das er durch lichteloße lute angehalden sey, das er Jurgen Hoffeman eynen schwdip geheißen habe, sundern er wolle es nymmermehir gethun. Und was er dorinne geredt und gethan hette, das were geschen uff anreißung der lute und in syner trunckenheit, denne er wisse von Jurgen Hoffeman nichts anders wenne ere, redelichkeit und alles gut, und wil en eren und furdern, wo er kan ader mag. Actum feria sexta post vincula Petri.» Zitiert nach Kübler, Thomas · Oberste, Jörg (Hg.): Das vierte und fünfte Stadtbuch Dresdens 1477–1505, bearbeitet von Jens Klingner · Robert Mund. Leipzig 2008 (Die Stadtbücher Dresdens und Altendresdens, 2), Nr. 202.

208 Einige ältere Arbeiten wie die von Hälschner oder München gehen grundsätzlich vom Vorsatz als Voraussetzung für eine Injurie aus; doch die mittelalterlichen Rechte sind auch in diesem Fall keineswegs homogen. Hälschner: Ehrenerklärung, Widerruf und Abbitte in ihrer geschichtlichen Entwicklung (1864), S. 346. – München: Das kanonische Gerichtsverfahren und Strafrecht, Bd. 2 (1866), S. 575.

gestuften Straftaxen, die für bestimmte Schimpfwörter und Tatbestandsmerkmale verbindlich sein sollten.[209]

Schuldhaftes Handeln kann vorsätzlich oder fahrlässig geschehen. Die untersuchten Rechtstexte des Quellenkorpus kennen allerdings die aktuelle Aufgliederung in die verschiedenen Grade von Vorsatz und Fahrlässigkeit nicht.[210] Wenn gelegentlich eine Unterscheidung in den Rechtstexten getroffen wurde, dann in «Vorsatz» und «Zorn» oder in «Vorsatz» und «Trunkenheit».[211] Erst die jüngeren profanen Rechte des 16. Jahrhunderts setzten die Beleidigungsabsicht (animus iniuriandi) für eine Injurienklage voraus.[212] Aufgrund dieser Umstände werden in der Rechtsgeschichte als Behelfsmittel für eine einfache Unterscheidung die Begriffe «absichtlich» (Absicht) und «absichtslos» (ohne Absicht) verwendet.[213]

Im *Corpus Iuris Canonici* wird der Vorsatz mit den Begriffen «dolus», «animus», «voluntas», «propositum», «industria», «deliberatio», «consultum», «scientia», «malitia», «audacia», «fraus», «nequitia» bzw. «praesumptio» ausgedrückt.[214] Die Semantik zeigt jedoch, dass fast jeder dieser Begriffe je nach Textzusammenhang verschiedene Interpretationen zulässt, sodass «es nicht selten schwer zu erkennen» sei, «ob zur Verwirklichung eines bestimm-

---

209 Siehe den Abschnitt «Schadensersatz, Geld- und Sachbußen», S. 335–353.

210 Dolus directus ersten Grades = Absicht, dolus directus zweiten Grades = wissentliches Handeln und dolus eventualis als schwächste Form = die Tatbestandsverwirklichung für möglich haltend und deren Folgen billigend in Kauf nehmend, bewusste Fahrlässigkeit = das Erkennen der möglichen Tatbestandsverwirklichung bei pflichtwidrigem Vertrauen auf Nichteintritt des Erfolges, unbewusste Fahrlässigkeit = Nichtvoraussehen der Tatbestandsverwirklichung trotz Anlegen des subjektiven Maßstabes; siehe Kauffmann, Hans (Hg.): Rechtswörterbuch, begründet von Carl Creifelds. München 1994, S. 1035–1036. Ausführlich zu Vorsatz und Fahrlässigkeit im aktuellen Strafrecht siehe zum Beispiel Baumann, Jürgen · Weber, Ulrich · Mitsch, Wolfgang · Eisele, Jörg: Strafrecht – Allgemeiner Teil. Lehrbuch, 13., neu bearb. Aufl. Bielefeld 2021, S. 210–272.

211 Zur Trunkenheit siehe Müller-Burgherr: Die Ehrverletzung (1987), S. 165–166.

212 Bartels: Die Dogmatik der Ehrverletzung in der Wissenschaft des gemeinen Rechts bis zum Ausgang des 18. Jahrhunderts (1959), S. 75–90.

213 Kaufmann, Hans: Art. Vorsatz, in: Handwörterbuch zur deutschen Rechtsgeschichte, hg. von Adalbert Erler, Ekkehard Kaufmann, unter philologischer Mitarbeit von Ruth Schmidt-Wiegand, Bd. 5. Berlin 1998, Sp. 1062.

214 Michiels, Gommarus: De delictis et poenis. Paris 1934, S. 102.

ten Tatbestandes Vorsatz notwendig ist oder nicht.»[215] Für Fahrlässigkeit kannte das kanonische Recht hingegen den eindeutigen Begriff «casus», der jede nicht vorsätzliche Straftat bezeichnete.[216] Darüber hinaus fanden auch «neglegentia», «neglectus» und «incuria» Anwendung, um Fahrlässigkeit anzuzeigen.[217] Einige Texte interpretierten eine fahrlässige Handlung als unüberlegte Tat und bezeichneten sie mit den Worten «inconsulto» oder «non convicii consilio».[218]

Mit Berufung auf Thomas von Aquin müsse nach dem Dominikaner Bruder Berthold (lebte im 14. Jahrhundert) der Täter für das Opfer Besserung schaffen. Dabei ist für ihn offenbar unerheblich, ob die wissentlich falsche Anschuldigung vor einem Gericht vorgebracht wird oder ob es sich um eine Denunziation außerhalb des Gerichts handelte. Entscheidendes Kriterium für Berthold ist ein für das Opfer fassbarer Schaden und der Verstoß gegen das Gebot der Liebe «ze seinem nächsten».[219]

Das *Kolberger Stadtrecht* (1255), eine Redaktion des *Lübischen Rechts* und eines der seltenen spätmittelalterlichen Rechte im deutschen

---

215 Mörsdorf, Klaus: Die Rechtssprache des Codex Juris Canonici. Eine kritische Untersuchung. Paderborn 1937 (Görres-Gesellschaft zur Pflege der Wissenschaft im katholischen Deutschland. Veröffentlichungen der Sektion für Rechts- und Staatswissenschaft, 74), S. 373.

216 Eine ausführliche Darstellung von «Zufall und Fahrlässigkeit» im kanonischen Recht bei Kuttner, Stephan: Kanonistische Schuldlehre von Gratian bis auf die Dekretalen Gregors IX. Systematisch auf Grund der handschriftlichen Quellen dargestellt. Città del Vaticano 1935 (Studi e testi, 64), S. 185–247.

217 Mörsdorf: Die Rechtssprache des Codex Juris Canonici (1937), S. 375.

218 München: Das kanonische Gerichtsverfahren und Strafrecht, Bd. 2 (1866), S. 592.

219 «Betrueget der mensch seinen nachsten wissentlich mit worten oder mit wercken vnd pringt in zeschaden, so ist er jm darumb schuldig ain pessrung gross oder klain darnach vnd der schad ist. Dauon lis an dem puchstab A an dem xiiij. Platt, Von arglist vnd schalckhaitt.» Dort heißt es: «Vnd wer ez tut, der tut wider die lieb, die er ze seinem nächsten solt han, vnd ist schuldig den schaden zu verchern vnd wenden, in welihen sachen vnd geschäftnüzz daz getan wirt.» Zitiert nach Steer, Georg · Klimanek, Wolfgang · Kuhlmann, Daniela · Löser, Freimut · Südekum, Karl-Heiner (Hg.): Die ‹Rechtssumme› Bruder Bertholds. Eine deutsche abecedarische Bearbeitung der «Summa Confessorum» des Johannes von Freiburg. Synoptische Edition der Fassungen B, A und C, Bde. 1–4. Tübingen 1987 (Texte und Textgeschichte. Würzburger Forschungen, 11–14), hier Bd. 1, S. 248 (A 29) und 448 (B 49).

Sprachraum, die Vorsatz und Fahrlässigkeit thematisieren, bestimmt in Artikel 56:

> Fällt ein Mann ein ungerechtes Urteil vor dem Gericht, dann soll er dafür mit vier Schillingen büßen. Schwört er demjenigen, über den er das Urteil gefällt hat, einen heiligen Eid darauf, daß er das zu der Zeit nicht besser gewußt habe, dann geht er daraus völlig ohne Schaden hervor, und derjenige, über den das Urteil gefällt worden war, der ist auch jeden Schadens ledig und frei.[220]

Die *Hamburger Gerichtsordnung und Statuta* von 1605 fassen die Unterscheidung begrifflich noch schärfer, wenn die Tatbestände mit «bösem vorsatz», «vorsetzlich» und «unbesonnen» konkretisiert werden.[221]

4.1 Im Zorn gesprochen

Die früheste Unterscheidung in Zorn und Vorsatz ist aus dem *Edictum Rothari* bekannt:

> Gesetzt, ein freies Mädchen oder ein Weib, das unter fremder Munt steht, wird von jemand ‹Hure› oder ‹Hexe›

220 Jancke, Peter (Hg.): Das Kolberger Rechtsbuch. Der Kolberger Kodex des Lübischen Rechts von 1297. Faksimiledruck der verschollenen Handschrift mit hochdeutscher Übersetzung und Glossar. Hamburg 2005 (Beiträge zur Geschichte der Stadt Kolberg und des Kreises Kolberg-Körlin, 32), S. 171.

221 Teil IV, Art. 7: «Straffe derjenigen/ die schmäheschriffte vnd Paßquillos sprengen/ oder falsche Instrumenta machen. Der einen Schmähebrieff ohne seinen Namen vnd zunamen außsprenget/ vnd [...] der falsche Brieffe auß bösem vorsatz machet/ [soll ...] nach gelegenheit der verwirckung/ mit Gefecknuß/ oder Verweisung/ oder verfestung belegt werden.» Teil IV, Art. 58: «Straffe der Injuranten/ Calumnianten/ Lästermeuler vnd Ehrenschender. Wann einer den andern mit bösen schmähe- vnd Scheldtworten/ hinterrückens vnbesonnen beschweret [. . .]. Da aber hochbeschwerliche schmähunge/ die ehr vnd glimpff concerniren, einem würden vorsetzlich angefügt [. . .] soll der Injurante solche außgegossene Injurien vnd schmähunge/ vor dem Rath offenes Hauses/ oder im Niederngerichte/ zu revociren vnd zu wiederruffen [. . .].» Zitiert nach Der Stadt Hamburgk Gerichtsordnung und Statuta. Hamburg: Georg Ludwig Frob-nius und Paul Lange 1605 (ND Hamburg 1978, mit einer Einleitung Jürgen Christoph Gödans), S. 355 und 390–391.

193 Lex Ribuaria, 30. Kap.: «7. Si quis alterum falsatorem clamaverit et non potuerit conprobare, DC denariis qui faciunt solidos XV culpabilis iudicetur.» Zitiert nach Eckhardt: Die Gesetze des Karolingerreiches 714–911, Bd. 1 (1934), S. 48.

> gescholten. Verklagt, bekennt er reuig, er habe es nur im Zorn gesagt. Da muss er mit seinen zwölf Eideshelfern den Schwur erbringen: im Zorn habe er dieses sündhafte Verbrechen ihr nachgesagt, nicht etwa, weil er sichere Kenntnis von der Sache habe. Dann soll er für dies leere Schmähwort, das er ungehörigerweise ausgesprochen hat, zwanzig Schillinge erlegen und weiter nicht behelligt werden.[222]

Und weiter:

> Schilt jemand einen andern aus Zorn ‹Feigling› und kann er's nicht bestreiten, behauptet aber, dass er im Zorn so sprach, dann schwöre er und sage: als Feigling kenne er ihn nicht. Danach erlegt er für das Schmähwort zwölf Schillinge.[223]

Falsche Anschuldigung

Schmähwörter

Der Täter, der zuerst für seine falsche Anschuldigung im Sinne einer üblen Nachrede belangt werden soll, wird, nachdem er seinen Zorn (furor) eingestanden hat, für die Verwendung eines leeren Schmähwortes (pro vanum improperii sermonem), also eines einfachen Schimpfwortes, verurteilt. Damit beschreibt das *Edictum Rothari* das Handeln des Täters als bedingten Vorsatz bzw. bewusste Fahrlässigkeit. Welche der beiden Alternativen gemeint sein könnte, ist nicht zu entscheiden, da unklar ist, ob der Täter die Folgen seiner Tat billigend in Kauf genommen hat (dolus eventualis). Diese Entscheidung wird in keinem der herangezogen Texte reflektiert. Die Grenzen zwischen bedingtem Vorsatz und bewusster Fahrlässigkeit sind fließend und von Fall zu Fall zu unterscheiden. Ähnlich wie im *Edictum Rothari* verfährt man in den *Capitula Remedii*, verfasst im Umfeld des Bischofs Remedius von Chur um 800: Nach Kapitel 11 kann ein Beklagter, der der Beleidigung oder der Verleumdung überführt werden soll, seiner Strafe entgehen, wenn er schwört:

222 Kap. 198: «Si quis puellam aut mulierem liberam, qui in alterius mundum est, ‹fornicariam› aut ‹strigam› clamaverit et pulsatus penitens manefestaverit, per furorem dixissit, tunc praeveat sacramentum cum duodecim sacramentalis suos, quod per furorem ipso nefando crimen dixissit, nam non de certam causam cognovissit. Tunc pro ipsum vanum improperii sermonem, quod non convenerat loqui, conponat solidos vigenti et amplius non calumnietur.» Zitiert nach Beyerle: Die Gesetze der Langobarden (1947), S. 76–77.

223 Kap. 381: «Si quis alium ‹arga› per furorem clamaverit et negare non potuerit ex dixerit, quod per furorem dixissit, tunc iuratus dicat, quod eum arga non cognovissit; postea conponat pro ipso iniurioso verbo solidos duodecim». Zitiert nach ebenda, S. 154–155.

> quod per iram dixisset et verum illum (criminosum verbum) non sciat oder hanc crimen iratus dixi, nam hoc eum probare non possum.

Diese Formel entstammt der *Lex Romana Curiensis* (entstanden wohl in der zweiten Hälfte des 8. Jahrhunderts in Churrätien), in deren Anhang die *Capitula Remedii* überliefert ist. Jedoch konnte der Eid in der *Lex Romana Curiensis* die Strafe nur abmildern, aber nicht zu deren Erlassung führen. Verwandt sind diese Eide nicht nur mit denen aus dem *Edictum Rothari*, sondern auch mit denen aus der *Lex Baiuwariorum.*[224]

Im 14. Jahrhundert treten unter anderem mit den *Goslarer Statuten* (1320/1360)[225] und dem *Freiheitsbrief des Grafen von Saarbrücken für die Stadt Saarbrücken und das Dorf St. Johann*[226] Rechte auf, die ebenfalls nach Vorsatz und Zorn das Strafmaß bei Beleidi-

224 Siehe dazu Brunner, Heinrich: Deutsche Rechtsgeschichte, Bd. 1, in zweiter Aufl. neu bearbeitet von Claudius Freiherrn von Schwerin. Leipzig · München 1928 (Systematisches Handbuch der Deutschen Rechtsgeschichte, 2. Abt., 1.2), S. 516–525, besonders S. 523.

225 «We deme anderen mid frevele in torne mid hastmude sunder vorsate wat dede edder up on spreke edder betege, dat om an syn liff ere unde gude gerochte ginge, des he up on nicht vulbringen konde alse recht were, unde sek vorsate dar ane entleddigen wolde, eff men dat van om esschede, de scholde deme clegere buten mid drittich schillinge unde deme vogede wedden sestich schillinge lüttiker pennighe. We aver in hate edder mit vorsate unde mid vorbedachtem mode weme wat dede edder up spreke dichtede edder betege, dat an syn liff ere unde gude gerochte ghinge, des he up on nicht vulbringen konde alse rechte is, unde der vorsate sek dar ane nicht entleddigen mochte, de scholde deme clegere boten mid drittich schillinge unde deme vogede wedden sestich schillinge lüttike pennighe: dartho schal dat an deme rade stan, wu de om dat umme de vorsate keren wolden. [...] We den anderen sculdight, dat he to unrechte unde mit vrevele unde mit vorsate gheweygheret hebbe vor ghërichte to komende uppe seinen scaden: bekannt hes, he mot dat wederdon oder he mot sich des untsculdighen.» Zitiert nach Göschen, Otto (Hg.): Die Goslarischen Statuten, mit einer systematischen Zusammenstellung der darin enthaltenen Rechtssätze und Vergleichung des Sachsenspiegels und vermehrten Sachsenspiegels. Berlin 1840, liber tertius «Van ghërichte unde klaghe», S. 74.

226 «Wer den andern schulde morder, diep, felscher, meyneyder, oder das solichen reden glichen mocht, das yemants ere rurte, geschee das vor gerichte, uff eyme markete, uff jaremessen oder da vil lude weren, wirt das geclagt und zubrochte mit zweyen wardrechtigen luden, wer soliche rede dud uff yeman, der sol [...] die worte widder reden, wo er sie gerett hat, und auch in uffener kerchen, das die wort nit ware sien, und wol nit glauben, das das mensche soliche were, also eß die rede hat gerett und sy geschiet in syme zorn.» Zitiert nach Grimm u. a.: Weisthümer, Bd. 2 (1840), S. 5.

gungsklagen festsetzen.[227] Das *Rheingauer Landrecht* (nach einer Handschrift vom Ende des 14. Jahrhunderts) toleriert nicht den Zorn, um die Strafe abzumildern, sondern nimmt wie das Dresdener Recht die Trunkenheit zum Anlass, um den unmittelbaren Vorsatz zu entkräften.[228]

Andere Rechte, wie die *Leges Alamannorum* (712/725) oder die älteren *Statuten von Nordhausen* (1300) geben Strafnachlass, wenn sich der Streit innerhalb einer öffentlichen Verhandlung, in der «rixa»[229] bzw. in «unhußlinge teidingen»[230], entfachte. Hier wird auf hitzige Wortdebatten Rücksicht genommen, die den Zorn von beiden Streitparteien erwecken können und damit in der Regel ohne Vorsatz zur Verwendung von Schimpfwörtern führten.

4.2 Beleidigungsabsicht

Der größere Teil der Rechtstexte reflektiert hingegen nicht, ob die Differenzierung von Vorsatz, Zorn und Trunkenheit auf das Urteil über eine Person Einfluss nehmen konnte. Ekkehard Kaufmann urteilt über die «Vorsatz-Probleme» im mittelalterlichen und mit Einschränkung auch im frühneuzeitlichen Recht, dass es in «örtlich und zeitlich variierender, auf das einzelne Delikt bezogener Kasuistik» stehen geblieben sei.[231] Dieser Befund spiegelt sich

227 Weitere Belege aus Hamburg, Nordhausen, Regensburg und dem Rechtsbuch Kaiser Ludwigs des Bayern bei Köstlin: Die Ehrverletzung nach deutschem Rechte (1855), S. 426–429.

228 «Wer beym trunk jemanden mörder, dieb, verräther etc. schilt und seinen fuß nicht dabei setzen wollte, der ist bußfällig; setzt er hingegen den Fuß dabey, kann aber hernach nicht beweisen, so verliert er seinen leib.» Zitiert nach Grimm u. a.: Weisthümer, Bd. 1 (1840), S. 539.

229 «32. Si femina aliam stria aut erbaria clamaverit sine rixam sine absente hoc dixit, solvat solidos. 33. Si femina barone extra rixa subdulo clamaverit, solvat solidos aut cum medicus electus iuret maritus ipsius.» Zitiert nach Pertz, Georg Heinrich: Legum, Bd. 3 [Lex Alamannorum, Leges Baiuwariorum, Leges Burgundionum, Lex Frisionum]. Hannover 1863 (Monumenta Germaniae Historica, 15), S. 36.

230 «Swelcher unsere burgere mit einander unhußlinge teidingen, da en ist dichein buze gesazt, ez en were wider des rathis gebote.» Zitiert nach Förstemann, Ernst G. (Hg.): Die alten Gesetze der Stadt Nordhausen, in: Mittheilungen aus dem Gebiet historisch-antiquarischer Forschungen 3.1 (1836), S. 66. In den späteren Statuten der Stadt aus den Jahren 1308/1324 und 1350–1456 wird das vorsätzliche (vorebliche) Schmähen härter bestraft. Siehe dazu Köstlin: Die Ehrverletzung nach deutschem Rechte (1855), S. 181–182.

231 Kaufmann: Art. Vorsatz (1998), Sp. 1063.

auch in den hier herangezogenen Textbelegen wieder. Allerdings zeigen die deutschen Rechte des 16. Jahrhunderts, die bereits von der Rezeption des römischen und italienischen Rechts reichlich partizipierten, ein anderes Bild: Dort wird zwischen Vorsatz und Affekt oder Beleidigungsabsicht unterschieden. Ein selbstredendes Beispiel dafür sind die *Kursächsischen Konstitutionen* von 1572. Kurfürst August (* 1526 † 1586) war daran gelegen, mit diesen Konstitutionen das sächsische Recht in der Praxis zu vereinheitlichen. Dort wird bestimmt, dass der Injurie für schuldig befunden werden soll, wer in «freuentlicher/vorsetzlicher und mutwilliger weise» eine andere Person an ihrer Ehre schmähte, lästerte bzw. injurierte.[232] Römisches Recht Ehre

Bereits in der *Oberhofgerichtsordnung* des Kurfürsten Moritz von Sachsen (* 1521 † 1553) aus dem Jahr 1549 ist die Beleidigungsabsicht als Voraussetzung für eine Verurteilung wegen eines Injuriendeliktes festgeschrieben worden. Der Injuriant dürfe durch einen Reinigungseid «beweisen», dass er keine Beleidigungsabsicht bei seinen schmähenden Worten verfolgt habe. Über diesen Eid hinaus sollte ihn keine Strafe beschweren. Allerdings haben einflussreiche Juristen wie der kursächsische Hof- und Appellationsrat Daniel Moller (* ca. 1544 † 1600) diese Ansicht verworfen, der das Verständnis zugrunde lag, dass nur der Injuriant durch einen Reinigungseid darüber Aufschluss geben könnte, ob die Beleidigungsabsicht tatsächlich vorliegt. Ein Injuriant dürfe, so Moller, nur noch dann auf dieses Verfahren zurückgreifen dürfen,

> wenn zum Beispiel die persönliche Beziehung des Beleidigers und Beleidigten oder die Beschaffenheit der angeblich injuriösen Äußerung die Absicht zu beleidigen unwahrscheinlich erscheinen lasse.[233]

Im *Freiburger Stadtrecht* des Ulrich Zasius (* 1461 † 1535) von 1520 zeichnet sich die von Moller postulierte Ansicht bereits früher ab. Man kennt dort die Unterscheidung in Vorsatz und Zorn, beobachtet jedoch, dass die Beleidiger, wenn sie sich vor Gericht

232 Des Durchlauchtigsten Hochgebore[n] Fürsten vnd Herrn, Herrn Augusten Hertzogen zu Sachsen [...] vnd Churfürsten [...] Verordenungen vnd Constitutionen des Rechtlichen Proces, auch waser massen etzlicher zweiffelhafftiger vnd streitiger fell halben [...] zu recht erkand vnd gesprochen werden sol. Dresden 1572 (VD16 S894), Pars IV, Constitutio 42, Blatt 108v–109v.

233 Hälschner: Ehrenerklärung, Widerruf und Abbitte in ihrer geschichtlichen Entwicklung (1864), S. 346.

Buße

Richter

verantworten sollten, aussagten, sie hätten im Zorn gesprochen, um so mit der geringeren Buße bestraft zu werden. Dem wolle man künftig vorbeugen, indem der Beleidiger auch dann, wenn er im Zorn gesprochen habe, dem Opfer Kosten und Schaden sowie dem Schultheiß den üblichen Satz zahlen müsse. Dem Gericht und dem Richter stehen jeweils die gleichen Sätze zu.[234] Letztlich wirft diese Bestimmung der Freiburger den Verdacht auf, die Einnahmen aus einer Injurienklage erhöhen zu wollen, denn es bleibt dabei, dass der Beklagte seinen Vorsatz oder seine Fahrlässigkeit beeiden sollte. Das neue *Freiburger Stadtrecht* nimmt dem Täter die Beweisführung nicht aus den Händen, wie es die späteren sächsischen Juristen fordern, sondern man erhöht die Strafe auf ein gleiches Maß wie das der vorsätzlichen Beleidigung. Dadurch bleibt zwar die Unterscheidung der Tatbestandsmerkmale gewahrt, jedoch ist diese faktisch gegenstandslos für die Festlegung des Strafmaßes.

234 Mainzer: Die ästimatorische Injurienklage in ihrer geschichtlichen Entwicklung (1908), S. 72.

5. Die Berücksichtigung der ständischen Differenz und autoritätsabhängiger Beziehungen

Als die Reichsstädte Bibrach, Lindau, Memmingen und Nürnberg sich in der zweiten Hälfte des 15. Jahrhunderts vom Kaiser verbriefen ließen, verleumderische Personen auch vor den Stadtmauern aufgreifen und selbst richten zu dürfen, hatten sie nicht nur eine räumliche Ausdehnung ihrer Kompetenzen im Auge, sondern mit diesem Privileg gelang es ihnen auch, Adlige und andere Personen, die bisher nicht vor ihrem Gericht erscheinen mussten, zu richten. Diese Praxis führte zu zahlreichen Verfahren und Auseinandersetzungen mit den benachbarten Landesherren, die ihrerseits versuchten, ihre Gerichtsrechte zu wahren und auszudehnen.[235]

Aufgrund der unübersichtlichen «Gerichtsverfassung» in Mittelalter und früher Neuzeit gehören diese konkurrierenden Verhältnisse zum Rechtsleben dazu; die Gerichtsbarkeiten konnten sich auf Herrschaften, Grundstücke, Personen, Institutionen etc. erstrecken (Lehnshöfe, Dorfgerichte, Universitätsgerichte, Zunftgerichte usw.).[236] Deshalb gab es gleichermaßen Kompetenzbereiche von Gerichten, die einem bestimmten Stand (Standesgerichtsbarkeit)[237] vorbehalten waren, und Gerichte, die ständeübergreifend angerufen werden konnten.

235 Zu diesem an Quellen und Literatur umfangreichen Thema siehe zum Beispiel: Andermann, Kurt (Hg.): «Raubritter» oder «Rechtschaffene vom Adel»? Aspekte von Politik, Friede und Recht im späten Mittelalter. Sigmaringen 1997 (Oberrheinische Studien, 14), mit zahlreichen Beispielen.

236 Lück, Heiner: Art. Gerichtsverfassung, in: Handwörterbuch zur deutschen Rechtsgeschichte, hg. von Albrecht Cordes · Heiner Lück · Dieter Werkmüller · Ruth Schmidt-Wiegand, Bd. 2. Berlin ^{2}2012, S. 192–219.

237 Sellert, Wolfgang: Art. Standesgerichtsbarkeit, in: Handwörterbuch zur deutschen Rechtsgeschichte, hg. von Adalbert Erler, Ekkehard Kaufmann, unter philologischer Mitarbeit von Ruth Schmidt-Wiegand, Bd. 4. Berlin 1990, Sp. 1916–1917.

Für das Beleidigungsrecht schlägt sich das in jenen Texten nieder, die wegen ihres ständeübergreifenden Geltungsbereiches auf die gesellschaftliche Hierarchie Rücksicht nehmen. Entweder werden dort bestimmten Ständen privilegierte Verfahren zugewiesen oder das Strafmaß wird dem Stand entsprechend verhängt.[238] Darüber hinaus legen einige Texte Bestimmungen für Situationen innerhalb familiärer oder dienstrechtlicher Verhältnisse fest, wenn beispielsweise die Tatbestände für eine Injurie zwischen Herr und Diener, zwischen Hausherr und Gast, zwischen Vater und Kind bzw. zwischen den Ehepartnern besprochen werden. Kurzum, es geht in den Rechten nicht nur um die Berücksichtigung ständischer Differenzen bei Tatbeständen der Beleidigung, sondern auch um die Thematisierung autoritätsabhängiger Beziehungen.

Hausherr, Gast

5.1 Unterscheidungen nach der Herkunft

Während die frühmittelalterliche *Lex Salica*, das *Edictum Rothari* und die *Westgotenrechte* hierarchisch differenzieren, wenn sie Strafen für Beleidigungen auf freie Frauen und Männer beziehen[239] oder die verbalen Übergriffe der Sklaven auf Edle und andere Personen extra berücksichtigen[240], kennen andere Rechte Sonderregeln für bestimmte Personenkreise, die sie konkret ansprechen, so zum Beispiel Geistliche, Ritter (milites) und Bauern (rustici).[241] Sehr präzise unter-

238 Rechtstexte, die sich ohnehin nur an einen Stand richten und deshalb das Strafmaß dieser Personengruppe widerspiegeln, werden im Folgenden nicht berücksichtigt oder miteinander verglichen.

239 Ein entsprechender Paragraph befindet sich in der älteren Radaktion des Pactus legis Salicae aus dem 6. Jahrhundert. Siehe Eckhardt, Karl A.: Pactus legis Salicae, Bd. 2.1. Göttingen 1955 (Germanenrechte: Westgermanisches Recht, 2), S. 53. – Edictum Rothari, Kap. 198. Beyerle: Die Gesetze der Langobarden (1947), S. 76–77.

240 Leges Visigothorum, liber VI, titulus IV, cap. 7: «Si servus ingenuo fecerit contumelium. Quamvis idoneus servus persone nobili et inlustri nullatenus indebite contumeliosus aut sediciosus presumat existere. Quod si fecerit, XXXX verberibus subiacebit. Servus autem vilior L flagellorum hictibus addicetur. Certe si eadem persona, ut sibi fieret contumelium, servum prius excitaverit alienum, sue necligentie deputet, quod oblitus honestatis et patientie quod merebatur excepit.» Zitiert nach Zeumer, Karl (Hg.): Leges Visigothorum. Hannover 1902 (Monumenta Germaniae Historica. Leges nationum Germanicarum, 1), S. 268.

241 Sächsischer Gottesfrieden Kaiser Heinrichs IV. von 1084: «Wer gegen einen anderen Beleidigungen sagt – wenn er ein Ritter [ist], soll er mit dem Stock bestraft werden, wenn er ein Bauer [ist], [soll er] mit Ruten verprügelt werden.» (Qui convicia in alium dixerit, si miles, baculis multetur, si rusticus,

scheiden die *Leges Alamannorum* das Strafmaß für eine Beleidigung (iniuria) nach den geistlichen Ämtern und Zugehörigkeiten, nämlich nach dem Bischof, dem Priester einer Parochie, dem Diakon, einem Mönch und einem predigenden Kleriker.[242] In einem Bußkatalog aus dem frühen 9. Jahrhundert, der auf Kaiser Karl den Großen und seinen Sohn Ludwig den Frommen zurückgehen soll, sind Bußleistungen für jene überliefert, die sich gegen Geistliche vergangen haben. Dort werden in den ersten Kapiteln Schmähungen gegen Diakone und Subdiakone behandelt.[243]

Allgemeiner und damit für jeden Stand zutreffend fassen der *Sachsenspiegel* sowie – diesen rezipierend – der *Deutschen-* und der *Schwabenspiegel* ihr Beleidigungsrecht, wenn sie festlegen, dass man «bûze geben» soll «nâch sîner bord [Abstammung]».[244] In einigen Weistümern wird diese allgemeine Regel wieder konkretisiert, indem nach der rechtlichen Anhängigkeit zum jeweiligen Gerichtsstandort das Strafmaß bemessen wird.[245]

scopis verberetur.) Zitiert nach Weinrich, Lorenz (Hg.): Quellen zur deutschen Verfassungs-, Wirtschafts- und Sozialgeschichte bis 1250 – Diplomata et acta publica statum regni et imperii us-que ad annum MCCL illustrantia. Darmstadt 1977 (Ausgewählte Quellen zur deutschen Geschichte des Mittelalters. Freiherr vom Stein-Gedächtnisausgabe, 32), S. 150–151.

242 Eckhardt: Die Gesetze des Karolingerreiches 714–911, Bd. 2: Alemannen und Bayern (1934), S. 8–11.

243 Mühlbacher, Engelbert (Bearb.): Regesta Imperii, hg. von der Österreichischen Akademie der Wissenschaften, Bd. 1.1: Die Regesten des Kaiserreichs unter den Karolingern 751–918. Innsbruck 1889, Nr. 489.

244 Sachsenspiegel, Landrecht, Buch II, Art. 16 § 8. Zitiert nach Eckhardt: Sachsenspiegel (1966), S. 42. Für den Deutschenspiegel siehe Eckhardt · Hübner: Deutschenspiegel und Augsburger Sachsenspiegel (1933), S. 190. Für den Schwabenspiegel siehe Eckhardt, Karl A.: Schwabenspiegel, Kurzform. I. Landrecht, II. Lehnrecht. Hannover [2]1974 (Monumenta Germaniae Historica. Fontes iuris Germanici antiqui, N. S., 4.1–2), Landrecht III 91 § 2, S. 269.

245 Im Weistum des Hofes Mühlheim bei Koblenz vom 14. Januar 1596 heißt es: «[...] ist es aber sach, das sich etwan einer uf diesem hoif oder diß hofs gerechtigkeit sich ungeburlich mit uberbracht oder schaltworten ungemeßig ergryff und daruber bedinckt wurdet, ist erfallen vor feunf marck, derselbig zu erlegen in drey theil, erstlich ein theil dem scholteßen dieses hofs, so fer er der person ein ist, die mit zu hof gehen oder schuldig seyn zu gehen; ist eß aber ein ander, so hat ihn der vögt, so hoch zu strafen, wen er daruber bedinckt wirt, alß er will und nach gelegenheit der sachen befinden wirt, edoch unserem gnedigsten herren seine vorbehalten straf.» Zitiert nach Loersch: Die Weistümer der Rheinprovinz, Abt. 1, Bd. 1 (1900), S. 241.

Ehre

Vor allem in städtischen Rechten, aber nicht nur dort, werden nachweisbar ab dem 12. Jahrhundert «unehrliche» Personen vom Injurienrecht ausgenommen. Das ist insofern konsequent, weil die Rechtstexte die Ehre einer Person als zu schützendes Rechtsgut im Blick hatten. Dieser Anspruch kann bei Personen, die in ihren Rechten bereits eingeschränkt sind, nicht vollständig zur Geltung gebracht werden. Namentlich nimmt beispielsweise das *Landshuter Stadtrecht* (1279) «Huren» (meretrix) von seinem Schutz aus.[246] Wahrscheinlich werden hier im Besonderen Prostituierte (nicht Konkubinen oder Ehebrecherinnen) angesprochen, die in einigen Städten des Reiches gänzlich entrechtet waren.[247]

In diesem Zusammenhang gehört wohl auch die Bestimmung des *Nordhäuser Stadtrechts* von 1538, die auf die älteren Statuten aus dem Jahr 1300 zurückgeht. Wenn nämlich ein «kempffen son»[248] oder der Sohn eines «lotterers»[249], ein Dieb, Räuber oder Münzfälscher eine Person «umb fridebruchs» vor Gericht fordert, soll diesem Begehren nicht stattgegeben werden.[250] Da es sich bei Friedbruch um ein übergreifendes Tatbestandsmerkmal von Verbrechen handelt, dürften darunter auch die Injurien gefasst worden sein, zumal es sich bei der Aufzählung wiederum um unehrenhafte Personen handelt.

246 Art. 15: «Item si civis interdictum civitatis vel mimum vel meretricem publicam ex causa laeserit, quoad judicium civitatis remanet impunitus. Non sunt enim jure legali tales legume laqueis innodati.» Zitiert nach Gaupp, Ernst Theodor (Hg.): Deutsche Stadtrechte des Mittelalters. Mit rechtsgeschichtlichen Erläuterungen hg., 2 Bde. Breslau 1851/1852, hier Bd. 1, S. 154.

247 Über die Semantik des Begriffs «Hure» (Prostitution – Ehebruch – Konkubinat) siehe den Abschnitt «Unzucht und Illegitimiät», S. 212–241. Lömker-Schlögell, Annette: Prostituierte. «umb vermeydung willen merers übels in der cristenhait», in: Randgruppen der spätmittelalterlichen Gesellschaft, hg. von Bernd-Ulrich Hergemöller, neu bearb. Aufl. Warendorf 2001, S. 77–84. Weitere Beispiele für solcherart Ausgrenzungen im Injurienrecht bietet Köstlin: Die Ehrverletzung nach deutschem Rechte (1855), S. 187–188.

248 Eine Person, die (zur Erlangung eines materiellen Gewinns) stellvertretend einen Zweikampf bestreitet.

249 Ein Gaukler, fahrender Spielmann oder Possenreißer.

250 Förstemann, Ernst G.: Die alten Gesetze der Stadt Nordhausen, in: Mittheilungen aus dem Gebiet historisch-antiquarischer Forschungen 3.3 (1837), S. 39–72, hier: Art. 28, S. 49.

5.2 Hausherr, Gast und Dienstbefohlene

Verbale und tätliche Beleidigungen gegen Dienstbefohlene und Gäste sollten, soweit sie nicht mit Totschlag endeten, ohne Buße und Strafe bleiben. Allerdings scheint nur das *Stadtrecht von Halle an der Saale* (Anfang des 14. Jahrhunderts) diese Bestimmung gleichermaßen für das Verhältnis von Hausherr und Gesinde sowie für Hausherr und Gast zu kennen. Die städtischen *Rechte von Enns* (1212), *Wien* (1221), *Saalfeld* (13. Jahrhundert), *Passau* (1299) und *Memmingen* (1396) beziehen ihre Artikel nur auf die Beleidigungen des Hausherrn gegenüber seinem Gesinde. Ob Sanktionen durch die städtische Gerichtsbarkeit drohten, wenn die Knechte und Mägde ihren Herrn beleidigten, lassen die Rechtstexte unbesprochen, denn die «Züchtigung» des Gesindes oblag dem Hausherrn auf Grundlage seines Rechtes auf Disziplinierungsmaßnahmen.[251]

Buße

Hausherr

Züchtigung

Das *Frauenfelder Stadtrecht* von 1331 konzentriert seine Bestimmungen auf das Verhältnis von Bürger und Gast. Falls der Gast den Bürger durch verbale oder körperliche Injurien beleidigt, muss er die Buße für den Beleidigten übernehmen, falls dieser sich handhaft zur Wehr setzen sollte; und wenn sich daraus ein Streit ergibt, in dessen Folge beide Parteien zu Tätern werden, dann muss der Gast ebenfalls die Buße für sich und seinen Gastgeber tragen:

> Wer öch, das ain gast mit ainem burger als schalklich oder als vnzühtklich in der stat wrbe mit worten oder mit werchen vnuerdienet, mag er das für bringen mit zwain erberen mannen, die das gesehen vnd gehoert hant, vnd zühtgot er in dar vmb mit trochenen straichen, das er nit wundot, so git der gast die bůsse, die der burger da von geben solte, ob er ims vnuerdienet getan hette, vnd ist die bůsse das er geben sol dem vorgenanden herren drü phunt vnt an die stat ain phunt. Wer owch, das der gast vber die schalklichen rede, so der des ersten, dem burger, zů geredet hat, hin wider an in vechte und in steche oder sluege, oder das sü bede ain ander stechen oder sluegin, oder swie sü an enandren freueltin ane totslag, die bůsse sol der gast für sü bede geben, als vor geschriben stat von semlich freuelli.[252]

251 Köstlin: Die Ehrverletzung nach deutschem Rechte (1855), S. 223. – Müller-Burgherr: Die Ehrverletzung (1987), S. 184–185.

252 Schauberg, Joseph: Aelteste Stadtordnung von Frauenfeld vom Jahre 1331, in: Zeitschrift für noch ungedruckte schweizerische Rechtsquellen 2 (1847),

5.3 Hausherr, Gemahlin und Kinder

Der Hausherr geht in den meisten Rechtstexten auch straffrei aus, wenn er seine Gemahlin oder Kinder verbal oder körperlich «züchtigt». Die *Wormser Reformation* von 1499 kommentiert diese Entscheidung mit dem Satz:

> Was ein man mit seiner Hausfrawn zu handeln hat, da gehört kain wertlich recht, nur geistlich puess.[253]

Im *Memminger Stadtrecht* (1396) wird zwar eingeräumt, dass der seine Frau beleidigende Mann «frävelt», doch es sieht dafür keine Sanktionen vor, sondern mahnt, den begangenen Frevel zu bessern.[254] Für die Züchtigungen der Kinder sind ähnliche Bestimmungen vorgesehen. Falls ihre ohnehin eingeschränkten Rechte im Injurienrecht überhaupt Berücksichtigung fanden, dann nur in geringem Umfang. Der *Sachsenspiegel, Richtsteig Lehnrechts* (zweite Hälfte des 14. Jahrhunderts), die *Goslarer Statuten* und das *Meißner Rechtsbuch* (1358/1387) gestatten die körperliche und verbale «Beleidigung» eines fremden Kindes,[255] während das Landrecht im *Görlitzer Rechtsbuch* (ca. 1301/1320) noch ergänzt, dass ein Mann nicht mit gerichtlichen Sanktionen rechnen muss, wenn er ein Kind «züchtigt», das nicht von seinem Blut ist, es jedoch wider ihn «misse tůt». Er muss es aber auf der Stelle strafen und nicht erst später, dann nämlich muss

S. 116–121, hier S. 118. Zu weiteren Beispielen siehe Köstlin: Die Ehrverletzung nach deutschem Rechte (1855), S. 226 Anm. 298. Das Arnstädter Stadtrecht von 1543 berücksichtigt die Beleidigung eines Bürgers durch einen Auswärtigen ebenfalls in einem gesonderten Artikel (9): «Schilt aber ein auswirdiger einen burger mit boesen vnnutzen worten [...].» Zitiert nach Michelsen, Andreas L. J.: Rechtsdenkmale aus Thüringen. Jena 1863, S. 44.

253 Zitiert nach Köstlin: Die Ehrverletzung nach deutschem Rechte (1855), S. 224 Anm. 292. Ebenda weitere Quellenbelege.

254 Ebenda, S. 224.

255 Sachsenspiegel, Landrecht, Buch 2, 65 § 2: «Sleit aver en man en kint dot, he scal sin vulle wergelt geven. Scilt aver en man en kint oder roft he it oder sleit he it mit besmen dorch sine missedat, he blift is ane wandel, darn he it geweren oppen hilgen, dat he it dorch anderes nicht geslagen hebbe, wan dorch sine missedat.» Zitiert nach Eckhardt, Karl A. (Hg.): Sachsenspiegel – Landrecht. Göttingen · Berlin · Frankfurt [2]1955 (Monumenta Germaniae Historica. Fontes iuris Germanici antiqui, N. S., 1.1), S. 184. Besprechung und weitere Hinweise bei Köstlin: Die Ehrverletzung nach deutschem Rechte (1855), S. 224–225. – Friese: Das Strafrechts des Sachsenspiegels (1898), S. 274.

er Bußgeld zahlen.[256] In Basel wird die Beleidigung der Eltern durch Kinder gleichgestellt mit jener aller «hohen Obrigkeiten, dero Räthe Beampte und Befelchshabere, item Pfarrherren und Kirchendiener, Schulmeister und Elteste, auch Vormünder Herren und Frawen».[257] Das kanonische Recht unterstützt dieses Rechtsverständnis, wenn es Kindern mit Buße droht, die ihre Eltern oder andere erwachsene Personen schelten.[258] Buße

5.4 Der Stadt schaden

Falls Delinquenten mit ihren falschen oder gemeinen Beschuldigungen einer Stadt Schaden zufügen, dann droht nach dem *Recht der Stadt Halle* an der Saale eine sehr hohe Strafe:

> De oblocucione detractoria. Sie wilkorn ouch. Wenn aff-tersprache vnd hinderrede habin gemacht grosen schaden vnd czweitracht der Stat. Wo man boben eynen qweme, der eyn lögener vnd eyn menger were, czu czweitracht der burgere vnd der Stat, bekente er des, wen er geschuldiget würde, er solde funff marg gebin, vnd eyn Jar auß der Stat seyn addir ynne sitczen.[259]

Dieser Artikel lässt Fragen offen. Zum einen bestehen Verständnisschwierigkeiten, denn das Wort «menger» (auch: «mangære») bezeichnet eigentlich einen Händler. Hier dürfte es sich jedoch um eine Ableitung von der Verbform «mangelen» handeln, die im Sinne von «ringen» oder «handgemein» zu übertragen ist.[260] Trifft diese Über-

256 Kap. 47 § 16: «Swer ein kint, daz wider in misse tůt, da ze stet gevůchliche mit eime besme zuchtigit, der ne darf dem richtere nicht gebůzin noh den magin; ob er iz dar nach obir ettisliche zit zuchtigin will, daz můz er vor bůzin.» Zitiert nach Eckhardt: Sachsenspiegel – Landrecht (²1955).

257 Zitiert nach Müller-Burgherr: Die Ehrverletzung (1987), S. 167.

258 «Also wer seinez eltern spott oder einen schimpf von im macht, den er solt ern, oder seinez obristen oder einz guten menschen, daz ist ein tot sünd.» Zitiert nach Steer: Die ‹Rechtssumme› Bruder Bertholds, Bd. 4 (1987), S. 2020–2022 (S 47). Weitere Beispiele bei His: Das Strafrecht des deutschen Mittelalters, Bd. 2 (1935), S. 120. – München: Das kanonische Gerichtsverfahren und Strafrecht, Bd. 2 (1866), S. 605 und 610.

259 Zitiert nach Förstemann, Ernst G.: Die alten Statuten der Stadt Halle, in: Mittheilungen aus dem Gebiet historisch-antiquarischer Forschungen 1.2 (1834), S. 70.

260 Lexer, Matthias: Mittelhochdeutsches Handwörterbuch, 3 Bde. Leipzig 1872–1878, hier Bd. 1, Sp. 2019–2030.

legung zu, dann meint das Statut mit «menger» eine Person, die an der Stadt und ihren Bürgern handhaften Schaden anrichtet oder Personen dazu veranlasst, dies zu tun. Zum anderen macht das Statut nicht deutlich, ob sich «afftersprache vnd hinderrede» direkt gegen die Stadt und ihre Bürger richten muss, ob darunter auch die Anstiftung zum Aufruhr als Tatbestand gefasst wird oder ob Injurien gegen Andere, die infolgedessen die Stadt in Mitleidenschaft ziehen, inbegriffen sind. Ungeachtet dieser Präzisierungsschwierigkeiten besitzt dieser Artikel Anklänge an Majestätsverbrechen, weil hier ein Delikt definiert wird, dessen wichtigstes Tatbestandsmerkmal die Gefährdung der öffentlichen Ordnung (des Friedens) innerhalb des städtischen Rechtsbereichs ist. Beispielsweise wurden in Lüneburg die Bürger angehalten, Beleidigungen, die sie außerhalb der Stadt über ihre Mitbürger zu Ohren bekämen, dem Rat anzuzeigen:

> were, dat ein man buten landes hörede rede de men spreke up einen börger, de eme wanhafftig were und de an sine ere ginge, queme he to hus und dede dat witlik mit guden lüden dem rade, dat mach he doen sunder vare.[261]

5.5 Beleidigungen von Amtsträgern

Unter dem Begriff «mittelbare Injurie» fasst Reinhold Köstlin einen Tatbestand zusammen,[262] der in etwa mit der heute sogenannten Beamtenbeleidigung vergleichbar ist. Wenn nämlich ein Amtsträger oder ein Soldat der Bundeswehr während der Ausübung seines Dienstes beleidigt oder aber die «Beleidigung in Beziehung auf seinen Dienst begangen» wird, so kann nicht nur die betroffene Person einen Strafantrag stellen, sondern auch deren Dienstvorgesetzte als Vertreter einer Behörde oder sonstigen Stelle, «die Aufgaben der öffentlichen Verwaltung wahrnimmt».[263] Im Mittelalter und in der frühen

---

261 Zitiert nach Dreyer, Carl Heinrich: Zur Erläuterung der teutschen Rechte, Rechtsalterthümer und Geschichten angewandte Nebenstunden. Wismar 1768, S. 379.

262 Köstlin: Die Ehrverletzung nach deutschem Rechte (1855), S. 219.

263 Deutsches Strafgesetzbuch § 194 Strafantrag Abs. 3: «Ist die Beleidigung gegen einen Amtsträger, einen für den öffentlichen Dienst besonders Verpflichteten oder einen Soldaten der Bundeswehr während der Ausübung seines Dienstes oder in Beziehung auf seinen Dienst begangen, so wird sie auch auf Antrag des Dienstvorgesetzten verfolgt. Richtet sich die Tat gegen eine Behörde oder eine sonstige Stelle, die Aufgaben der öffentlichen Verwaltung wahrnimmt, so wird sie auf Antrag des Behördenleiters oder des Leiters

Neuzeit konnten Beleidigungen gegen einen Amtsträger oder den Diener eines Herrn gleichermaßen als eine Beleidigung des Herrn oder der Institution, in deren Diensten die entsprechende Person stand, aufgefasst werden.[264] Auch die beiden wichtigsten profanen Rechte im spätmittelalterlichen Deutschland, der Sachsen- und der Schwabenspiegel, und von ihnen abhängige Rechte sahen vor, dass sich eine wegen Beleidigung angeklagte Person von dem Vorwurf befreien könne, mit der Beleidigung eines Dieners (knecht) auch dessen Herrn oder Herrin treffen zu wollen. Spricht er, «daz her iz deme heren zů lasten noch zů varen ne getete», dann war er vom Bußgeld für diesen Tatbestand befreit und musste sich nur noch für die Beleidigung des Dieners verantworten. Diesen Passus kennen neben dem *Schwabenspiegel* und dem *Sachsenspiegel* noch die *Goslarer Statuten* und das *Meißner Rechtsbuch*. Allerdings geht aus diesen Texten nicht immer deutlich hervor, ob Verbal- und Realinjurien gegen den Diener gemeint sind. Im Vordergrund steht bei allen Rechten die körperliche Gewalt gegen das Opfer.[265]

der aufsichtführenden Behörde verfolgt. Dasselbe gilt für Träger von Ämtern und für Behörden der Kirchen und anderen Religionsgesellschaften des öffentlichen Rechts.»

264 Zu weiterführenden Beispielen siehe Müller-Burgherr: Die Ehrverletzung (1987), S. 167–173 und Müller: Besiegelte Freundschaft (2010), S. 171–174.

265 Schwabenspiegel, L 179: «SWer eynes knecht beschilt oder roůfet oder Wůndet oder vehet oder roůbet vmme nicht anders Wan vmme des heren schůlde, der sol in beiden bůzen, her ne bereden denne mit sinem eide, daz her iz deme heren zů lasten noch zů varen ne getete; So ist her der eynen bůze ledich iegen den heren.» Zitiert nach Große, Rudolf (Hg.): Schwabenspiegel – Kurzform. Mitteldeutsch-niederdeutsche Handschriften. Weimar 1964 (Monumenta Germaniae Historica. Fontes iuris Germanici antiqui, N. S., 5), S. 158, linke Sp. – Sachsenspiegel, Landrecht, Buch 2, 34 §1: «Swe so enes mannes knecht sleit oder vet oder rovet nicht wan dorch des herren scult, na rechte scal he ene beiden bute geven, he ne dorrre dat oppe'n hilgen beweren, dat he it dem herren to lastere noch to scaden hebbe gedan; so is he der enen bute ledich.» Zitiert nach Eckhardt: Sachsenspiegel – Landrecht (^{2}1955), S. 159. – Meißner Rechtsbuch, Kap. 36, Distinktion 1: «Wer ein mannes knecht slecht, oder recht, oder roubet, nicht denn durch sinez herren schult, noch rechte schol er beiden buze geben; er turre denn uff den heiligen gewern, daz er ez dem herren czu laster noch czu schanden nicht hab getan, so ist er der eynen buze ledic.» Zitiert nach Ortloff: Das Rechtsbuch nach Distinctionen (1836), S. 248. – Goslarer Statuten: «We enes ghesinde sleyt oder anverdighet, deme oder sine nerven mot men beteren: sineme herren oder vrowen mot men antworden, dat it ime to scaden noch to lastere nicht gheschen ne si. Hevet he aver des scaden, dene mot men ine irleghen oder untsekghen mit rechte.» Zitiert nach Göschen: Die Goslarischen Statuten (1840), S. 46.

Im kanonischen Recht wurde sogar bestimmt, dass eine Strafe nicht aus persönlichem Hass oder aus Rache verhängt werden soll, denn das kanonische Strafrecht gebe keine Antwort auf ein persönlich erlittenes Unrecht, sondern auf ein Unrecht gegen die Kirche, die die betroffene Person repräsentiere.[266] Wenn ein Priester während seiner Amtshandlung und beim Tragen seines liturgischen Gewandes geschmäht wird, kann er persönlich Klage erheben, sein Vorsteher hingegen ist verpflichtet, diese Injurie vor einen Richter zu bringen – die Heiligkeit von kultischer Handlung, Ort und gegebenenfalls Mysterium gilt es hier zu schützen und ihre böswillige Gefährdung zu sühnen. Das Gleiche trifft zu, wenn in einer Kirche oder bei Prozessionen Beleidigungen gegen Kirchendiener oder kultische Gegenstände oder den Gottesdienst ausgestoßen werden.[267]

Klage

Richter

Kirchendiener

Ratsmänner

In dieser Stellvertreterfunktion stehen auch die Ratsmänner und jene Personen, die dieses Amt in der Vergangenheit innehatten, unter dem rechtlichen Schutz vor verbalen Injurien.[268] Da ihre

266 Decretum Gratiani, pars 2, causa 23, questio 4, cap. 27 (Pro iniuria propria episcopo aliquem excommunicare non licet): «Inter querelas multiplices Ysidorus uir clarissimus a fraternitate tua frustra se excommunicatum anathematizatumque conquestus est. Quod quam ob rem factum fuerit, dum a clerico tuo, qui presens erat, uoluissemus addiscere, pro nulla alia causa, nisi pro eo, quod te iniuriauerat, factum innotuit. Que res nos uehementer afflixit, quia, si ita est, nichil te cogitare de celestibus ostendis, sed terrenam te habere conuersationem significas, dum pro uindicta propriae iniuriae (quod sacris regulis prohibetur) maledictionem anathematis inuexisti. Unde de cetero omnino esto circumspectus atque sollicitus, et talia cuiquam pro defensione tuae iniuriae inferre denuo non presumas. Nam si tale aliquid feceris, in te scias postea esse uindicandum. Gratian: Hinc idem in omeliis, ostendens, quod peccata, que in Deum uel in proximum conmittuntur, a nobis punienda sunt, ea uero, quibus in nos delinquitur, patienter tolleranda, uel potius dissimulanda sunt ait.» Zitiert nach Decretum magistri Gratiani, ed. Lipsiensis secunda post Aemilii Ludovici Richteri curas ad librorum manu scriptorum et editionis Romanae fidem recognovit et adnotatione critica instruxit Aemilius Friedberg. Leipzig 1879 (Corpus iuris canonici, ND New Jersey 2000), Sp. 912.

267 München: Das kanonische Gerichtsverfahren und Strafrecht, Bd. 2 (1866), S. 611–612.

268 Sehr frühe Beispiele sind von König Roger II. und Kaiser Friedrich II. für Sizilien bekannt. Beide hatten ihre Amtsleute unter besonderen Schutz gestellt und Vergehen gegen diese mit einem doppelten Strafmaß als sonst üblich belegt. Hübner: Zur Iniuria in der Gesetzgebung Friedrichs II. von Hohenstaufen (1985), S. 320–321. Gleichfalls versuchte Friedrich aber auch, den Schutz des Einzelnen gegenüber Einflussreicheren zu stärken, indem er ihnen mit der «defensa» die Möglichkeit einräumte, den Namen des Kaisers auszuru-

Ämter das Risiko, beleidigt zu werden, erhöhen, aber von den Amtspersonen eine vorbildliche moralische Integrität erwartet wird, heben zahlreiche spätmittelalterliche Stadtrechte die Ratsmänner in den Injurienartikeln hervor. Danach ist es unmöglich, sich einer öffentlichen Anhörung bei einem Beleidigungsdelikt zu entziehen und bei Feststellung der Schuld sich der Rechtsfolgen zu entledigen. Beispielsweise hat nach dem Rüthener Stadtrecht von 1310 der Delinquent, der den Bürgermeister oder die Ratsleute durch «snode wart» schmäht, dem Bürgermeister zwei Eimer Wein, jedem Ratsmann sowie den «höchsten Boten» der Stadt je einen zu bringen.[269] Solche Artikel setzten voraus, dass die ernannten Ratsleute einen untadeligen Lebenswandel vorweisen konnten. In einigen Stadtrechten wird deshalb der Magistrat angehalten, keine Amtspersonen bzw. neue Bürger aufzunehmen, von denen bekannt ist, dass sie «verunleumbt» sind.[270]

Majestätsbeleidigung

Solche Formen der repräsentativen Beleidigungen einer Person standen inhaltlich der Majestätsbeleidigung sehr nahe, nach der ein verbaler oder handhafter Angriff auf einen Vertreter des Königs oder eines Fürsten als eine Beleidigung gegen den Herrn verfolgt wird.

fen, um damit dem Gegner Einhalt zu gebieten, da jede weitere Handlung gegen den Bedrängten dann zu einem Majestätsverbrechen werde. Ebenda, S. 323–324.

269 Art. 34: «Hyr steht eyn ander recht, Were dat also, dat eyn dem borghermester efthe dem rade sceldewort gheue, al so dat he snode wart en gehue, de en an ere ede nicht en ghingen, de hedde ghebroken dem borghermester tve eymer wynes vnd eyme yuliken vyt dem rade eynen, vnde der stat de hoghesten bothe also, vere als de wart van der stades weghene synt.» Zitiert nach Seibertz, Johann Suibert (Hg.): Landes- und Rechtsgeschichte des Herzogsthums Westfalen, Bd. 3: Urkundenbuch zur Landes- und Rechtsgeschichte des Herzogthums Westfalen, Bd. 2: Urkunden von 1300 bis 1400. Arnsberg 1843, S. 78. Zahlreiche weitere Belegstellen bringen Köstlin: Die Ehrverletzung nach deutschem Rechte (1855), S. 234–236 und 420–421 sowie His: Das Strafrecht im deutschen Mittelalter, Bd. 2 (1935), S. 122.

270 Zum Beispiel in der von Erzherzog Ferdinand I. am 12. März 1526 erlassenen Stadtordnung für Wien (Art. 52): «Verwerffung der personen. Unnser burgermaister und rate sollen auch mit vleiß ir aufsehen haben, damit sy zu burgern oder zu den ambtern kainen aufnemen, so mit schmachlicher urfechd sich entledigt, manaydig, widerspruchig, verunleumbt und zu eeren unteweglich uberzeugt war [...].» Zitiert nach Csendes, Peter (Hg.): Die Rechtsquellen der Stadt Wien. Wien u. a. 1986 (Fontes rerum Austriacarum, Abt. 3: Fontes iuris, 9), S. 297.

6. Post mortem

Esels- und Hundsbegräbnis

Im Winter 1480/1481 forderte der apostolischer Protonotar Nicolao Garriliati († nach 1481) die Stadt Bern auf, den verstorbenen Adrian I. von Bubenberg († 1479) zu exhumieren, um ihn in ungeweihter Erde erneut zu bestatten; man solle ihm ein «eselsbegräbnüss»[271] bereiten, denn eine Verwandte Garriliatis, Jeanne de la Sarraz († nach 1480), war in zweiter Ehe mit Adrian vermählt und von diesem beleidigt worden, ohne dass diese Tat jemals zur Verhandlung gekommen wäre.[272] Diese Forderung beruht auf dem Gedanken, dass die ungesühnte Schuld Adrian ein christliches Begräbnis verwehren müsste. Die Schuld aber, und darin liegt das eigentliche Problem des Falls, war bis zum Tod noch nicht gerichtlich festgestellt worden. Auf ein posthumes Urteil wollten die Berner sich allerdings nicht einlassen; sie hätten eine Klage gegen Garriliati anstrengen können, weil er, indem er Adrian eine nicht bewiesene Tat vorwarf, sich strafbar gemacht hatte. Doch welcher Tatbestand läge einer solchen Anklage zugrunde: die Verunglimpfung des Andenkens Verstorbener wie im modernen Strafrecht?

Klage

Verunglimpfung des Andenkens Verstorbener

Fälle wie den des Adrian von Bubenberg gab es so oder so ähnlich zahlreich in Mittelalter und Neuzeit, und die Schmähung eines Verstorbenen wurde auch gerächt. Jedoch folgten diese Racheakte entsprechenden Rechtsgrundlagen? Johannes Purgoldt, von 1490 bis 1534 Stadtschreiber und Bürgermeister in Eisenach, der das von Johannes Rothe (* ca. 1355/1360 † 1434) verfasste *Eisenacher Rechtsbuch* (erstes Viertel des 15. Jahrhunderts) durch Hinzuzie-

---

271 Der Begriff «Esels-» oder auch «Hundsbegräbnis» für die Bestattung Ausgestoßener abseits bzw. am Rand von Friedhöfen geht auf Jer 22, 19 zurück; dort heißt es vom judäischen Königssohn Jojakim: «Ein Eselsbegräbnis wird er bekommen. Man schleift ihn weg und wirft ihn hin, draußen vor den Toren Jerusalems.» Siehe dazu Sörries, Reiner: Der mittelalterliche Friedhof. Das Monopol der Kirche im Bestattungswesen und der so genannte Kirchhof, in: ders. (Hg.): Raum für Tote. Die Geschichte der Friedhöfe von den Gräberstraßen der Römerzeit bis zur anonymen Bestattung. Braunschweig 2003, S. 51.

272 Wechsler: Ehre und Politik (1991), S. 78–79.

hung römisch-kanonischer Rechtstexte ergänzte und überarbeitete, kennt ein Beleidigungsverfahren gegen Tote nicht, er stärkt allerdings auf eine ungewöhnliche Weise den Achtungsanspruch eines Mannes mit einer über Jahre hinweg sehr guten Reputation, wenn er Folgendes festsetzt:

> Eyn fromer man, der guthe swere sythen hadt, undt des leumundt in eyner stadt unvorleczt ist, ab den zcwenn ader drey ader mher lewthe vorleumenden wollten, und bose dinge von ihm sagen, das nicht offenbare ist, den sal darummb nymand bose undt vorleumdit halden, man sal im auch das gezceugkeniß eyns guten leumdes, ab im des nodt thut, mit der stad offen brieffe nicht vorsagen.[273]

Leumund

Nach Purgold ist dem Mann ein schriftliches Leumundszeugnis auszustellen, wenn er Beleidigungen ausgesetzt ist, die nicht bewiesen sind, aber von mehreren Personen behauptet werden. Ohne dass es in Purgolds Rechtsbuch genau beschrieben wird, dürfte das Leumundszeugnis auf Wunsch des Opfers ausgestellt werden müssen, nachdem die Beschuldigungen als nicht beweisbar zurückgewiesen worden sind. Dahinter verbirgt sich die Absicht, die Ehrenrettung des Mannes nicht auf einen zeitlich befristeten Akt zu beschränken. Das Leumundszeugnis fungiert hier als begleitendes Diplom zu dem sonst üblichen Widerruf, der in aller Öffentlichkeit an einem festgesetzten Ort (Kirche, Rathaus, Markt) zu leisten war. Mit diesem Zeugnis liegt dann eine entfristete, rechtlich gesicherte Bescheinigung vor, die in etwa dem gegenwärtigen Führungszeugnis entsprochen haben mag. Dieses Zeugnis bedeutet auch, dass dem Mann aufgrund seiner Reputation ein guter Leumund rechtlich zugebilligt werden muss, bis er diesen Achtungsanspruch durch eine Straftat oder ein von der Norm abweichendes Verhalten verwirkt.

Öffentlichkeit

Bereits das hamburgische *Ordeelbook* von 1270 kennt einen ähnlich lautenden Passus. Danach durfte einem Mann vor dem Gericht nicht die Ehre abgesprochen werden, egal in welcher Sache auch immer, es sei denn, der städtische Rat wusste von einem unehrenhaften Handeln. Das gelte besonders für Anschuldigungen wegen Diebstahls oder Raubes. Nur wenn der Beschuldigte mit

Ehre

273 Buch X, Kap. XXXV. Zitiert nach Ortloff: Das Rechtsbuch Johannes Purgoldts nebst statuarischen Rechten von Gotha und Eisenach (1967), S. 312.

offenbarer Schuld aufgegriffen worden wäre, könne man ihm sei-
Ehre ne Ehre absprechen:

> Dar en mach neen man deme anderen sine ere af tughen, de en unberopen man seines rechtes is vmme nenerhande sake id en si deme rade witlick, anders is he siner ere negher to beholdene vppe den hilgen de se eme ienich man aff thowinnende si, van den dar hyr bynnen desseme wicbelde ghescheen is. Men en mach duue este roef vppe nenen man tughen, de mit der apenbaren schult nicht begrepen en is. Unde is he een unberopen man, vnde gift men eme schult dar vmme he mach entgan mit sineme rechte.[274]

Dass diese Entfristung tatsächlich über den Tod hinaus Gültigkeit besitzen konnte, belegt ein zweites, älteres thüringisches Rechtsbuch, das wahrscheinlich 1381 in Orlamünde verfasst wurde.[275] Dort wird unter anderem erörtert, wann eine Beschuldigung vor ein Gericht gelangen soll:

> Wo wort geschen vndir ein andir, ane werg, vnde ouch nicht vor gerichte in gehegeter bang, daz ist alles mit worten wedir czu tunde // ab is scheltwort sint ane wissentliche drowewort, da volgit gerichte nach. Wo abir ein toter vor gerichte stet, vnde wirt mit gerufte vor bracht, wer dar vmb beclait wirt, der [mag] wo selb sebende guter geczugen vnde mit guter wissenschaft sich dar vs czyn.[276]

274 Zitiert nach Eichler, Frank (Hg.): Das Hamburger Ordeelbook von 1270 samt Schiffrecht, nach der Handschrift von Fredericus Varendorp von 1493 (Kopenhagener Codex). Textausgabe und Übersetzung ins Hochdeutsche mit rechtsgeschichtlichem Kommentar. Hamburg 2005, S. 184. Dieser Artikel ging in die nachfolgenden Statuten von 1301, 1497 und 1603 ein. Er fand überdies Aufnahme in die Stadtrechte von Bremervörde, Buxtehude und Stade. Siehe dazu Scheelje, Reinhard (Hg.): Der mittelalterliche Bremervörder Stadtrechtskodex. Stade 2009 (Schriftenreihe des Landschaftsverbandes der ehemaligen Herzogtümer Bremen und Verden, 34), S. 226–229.

275 Homeyer, Carl G.: Die deutschen Rechtsbücher des Mittelalters und ihre Handschriften. Berlin 1856, S. 101, Nr. 279. Die Pergamenthandschrift, die mit dem Sachsenspiegel und Ordnungen aus der Stadt Orlamünde zusammengebunden ist, und sich in dieser Stadt über einen sehr langen Zeitraum befunden haben soll, wird heute in der Forschungsbibliothek Gotha (Memb. I 87) aufbewahrt.

276 Zitiert nach Walther, Oskar Albert (Hg.): Das Sächsische oder Magdeburgische Weichbild-Recht. Nach der Pergament Handschrift einst der Stadt Orlamünda, jetzt zu Gotha vom Jahre 1381. Zum ersten Male herausgegeben mit einem Glossar. Leipzig 1871, S. 52–54.

Das *Orlamünder Rechtsbuch* setzt fest, dass jede Beschuldigung eines Toten vor Gericht verhandelt werden muss. Jene Person, die diese Anschuldigung vorgebracht hat, muss seinen Vorwurf mit sieben «guten» Zeugen, also Zeugen mit gutem Leumund, dem Gericht plausibel vortragen können.[277] Zeuge

Beide Rechtsbücher legen nahe, dass es sich bei dem zu schützenden Rechtsgut um den Leumund des Verstorbenen handelt. Des Weiteren soll sichergestellt werden, dass Täter auch dann verfolgt werden, wenn das Opfer keine Anklage mehr erheben oder sich rechtfertigen kann. Noch ausführlicher geht Art. 40 der *Handfeste von Freiburg im Uechtland* (1249) auf diesen postmortalen Ehrenschutz ein: Klage

> Wenn ein Bürger bis zu seinem Tod sein Leben in ruhigem Frieden gelebt hat ohne Tadel und ohne rechtlichen Einspruch, und wenn jemand einem solchen bei seinem Tod das Recht streitig machen will, auf dem Friedhof beerdigt zu werden, dann muss der, der das tut, selber oder seine Erben den Schaden, der den Erben des Verstorbenen durch diesen Einspruch erwachsen ist, mit einer Buße von drei Pfund und ebenso viel dem Schultheißen wiedergutmachen.[278]

Solcherart Verfahren hatten die bestehenden Ordnungsvorstellungen durch eine autoritäre Instanz zu gewährleisten und sollten für Verfah-

277 Auch Heydens Klagspiegel legt fest, dass bei Verletzung des Leumundes eines Toten durch die Erben Klage eingereicht werden kann und diese durch das Gericht angenommen werden muss, es sei denn, dem Toten wurde zu Lebzeiten oder nach dem Tod durch den Stadtrat der gute Leumund abgesprochen: «Merck/ es würr entschuldiget von dieser clage, wo der magistrat eim seinen schilt durchsticht/ so er im streyt übel gestritten oder geschlagen hat. Oder so 8 richter vrteilet ein zů dem todt/ oder heißt in in thurn füren/ so er im nit gehorsam will sein. Es wurde dann bewisen, das sollichs in neyde oder schmahe geschehen were.» Zitiert nach Heyden: Der Richterlich Clagspiegel (1516), Blatt 12v (De actione iniuriarum).

278 «Si quis burgensium usque ad mortem suam in quieta pace extiterit et vixerit et sine calumpnia et sine prohibitione iuris, si quis uni talium ipso defuncto contradixerit, ne in cimiterio sepeliatur, omnia dampna, que propter contradictionem illam heredibus defuncti venirent, ipse contradictor et heredes sui heredibus defuncti tenentur emendare cum banno trium librarum et sculteto similiter.» Zitiert nach Foerster, Hubert · Dessonnaz, Jean-Daniel (Hg.): Die Freiburger Handfeste von 1249. Edition und Beiträge zum gleichnamigen Kolloquium 1999. Fribourg 2003 (Scrivium Friburgense, 16), Art. 40, S. 122–124. Weitere Beispiele bei His: Das Strafrecht des deutschen Mittelalters, Bd. 2 (1935), S. 131.

rensgerechtigkeit[279] sorgen. Allerdings dürfte nicht jeder dieser Fälle vor Gericht zum Austrag gekommen sein, unter anderem aufgrund der unscharfen Trennlinie zwischen der Beleidigung eines Verstorbenen und der Bestimmung, dass eine Injurienklage gegen einen Toten nicht auf die Erben übertragen werden konnte. Nicolao Garriliati, der am Beginn des Kapitels zitiert wurde, wäre mit seiner Forderung demnach wohl zu spät gekommen. Die Berner mussten den Fall des Adrian von Bubenberg nicht aufrollen, weil der mutmaßliche Täter nicht mehr unter den Lebenden weilte. Wenn Garriliati oder ein anderer Klageberechtigter zu Lebzeiten ein Verfahren angestrengt hätte, das vor dem Ableben des Beklagten noch nicht abgeschlossen wurde, dann wäre es dem Kläger möglich gewesen, seine Klage auf die Erben auszuweiten. So jedenfalls erörtert Joost de Damhouder die Rechtslage für das 16. Jahrhundert:

> Desgleichen vergeht die Rechtfärtigung in Schmähesachen/ wan[n] der Geschmähet[e] mitler weile stirbt: Vnnd wird als dann seinen Erben/ solcher Schmähunge halben zu handeln keyne Rechtliche klag verlassen/ es werde denn die Gerichtliche handlung/ durch den Geschmäheten vorhin fürgenommen/ vnd der krieg des Rechten beuestigt worden.[280]

279 Unter Verfahrensgerechtigkeit wird die «Bewertung der Gerechtigkeit von Verfahren» verstanden, «mit denen Ergebnisse wie die Entscheidung über Schuld und Unschuld erzielt werden.» Aronson · Wilson · Akert: Sozialpsychologie (2008), S. 546.

280 Zitiert nach Damhouder, Joost de: Praxis rerum criminalium. Gründlicher Bericht und Anweisung welcher massen in Rechtfertigung peinlicher Sachen nach gemeynen beschriebnen Rechten vor und in Gerichten ordentlich zu handeln [...] / erstlich durch Josten Damhouder [...] lateinisch beschrieben. Jetzt aber [...] in hoch Teutsche Sprach mit vleiß verwandelt durch Michaelem Beuther. Frankfurt am Main 1565 (VD16 D1084), cap. 136, Blatt 245v. Eine Besprechung der juristischen Werke des 16. Jahrhunderts zu diesem Problem bei Bartels: Die Dogmatik der Ehrverletzung in der Wissenschaft des gemeinen Rechts bis zum Ausgang des 18. Jahrhunderts (1959), S. 64–65.

7. Haftung und Beleidigungsfähigkeit

Im Jahr 1377 beschlossen die Schöffen und die Stadträte im hessischen Seligenstadt, dass alle Verbalinjurien unter ihnen mit einem Pfund Heller bestraft werden sollen und dass sie um diese Straftat kein anderer richten darf:

> Wir, die scheffen und der radt gemeinlich, haben unter uns gemacht und verwillkort, wer unter uns den andern mit worten obersert oder obel behandelt, der ist igklicher uns ein phunt heller schuldig zu pene, und sol doch das under uns gerichtet werden.[281]

Dieser Beschluss, der unter die Standesgerichtsbarkeit fällt, sollte die Schöffen und Räte vor Anklagen an anderen Gerichten bewahren. Er regelt allerdings nicht die Haftung gegenüber den Personen, über die sie zu Gericht sitzen; und es wird auch nicht erörtert, wer für Beschimpfungen und falsche Beschuldigungen als Täter verurteilt werden muss. Erst die Rechtsgelehrten der Frühen Neuzeit beschäftigen sich damit, wer «für eine aus einem Schuldverhältnis herrührende Schuld»[282] im Zusammenhang mit einem Beleidigungsdelikt einstehen muss. Sie fragen auch danach, wer aufgrund körperlicher Gebrechen oder gesellschaftlicher Funktionen nicht haftbar gemacht werden darf. Schöffen

Zu den wichtigsten Schriften auf diesem Gebiet zählt der *Rechten-Spiegel* (1550) des umtriebigen Verfassers, Kommentators und Herausgebers juristischer Schriften, Justin Gobler (* 1503 † 1567).[283] Im *Rechten-Spiegel* fragt er danach, wen die Klage wegen Beleidigung treffen kann und er unterscheidet dabei in fünf Gruppen von Tätern:

---

281 Zitiert nach Grimm u. a.: Weisthümer, Bd. 1 (1840), S. 506–507.

282 Kauffmann: Rechtswörterbuch (1994), S. 556.

283 Zu seiner Person siehe Deutsch, Anreas: Art. Gobler, Justin, in: Handwörterbuch zur deutschen Rechtsgeschichte, hg. von Albrecht Cordes · Heiner Lück · Dieter Werkmüller · Ruth Schmidt-Wiegand, Bd. 2. Berlin ^{2}2012, Sp. 438–440.

1. die Person, die die falsche Beschuldigung ausgesprochen hat (Beleidiger),
2. die Person, die «fürsetzlich vnd listiglich» dafür sorgte, dass die falsche Beschuldigung ausgesprochen wurde,
3. die Person, die dem Beleidiger befohlen hat, die Tat zu vollziehen,
4. die Person, die den Beleidiger «bestelt/ gedinget/ oder gekaufft» hat und
5. die Person, die den Beleidiger aufgehetzt hat bzw. dazu beitrug, dass die falsche Beschuldigung zum Opfer drang. Diese Person ist dadurch gekennzeichnet, dass sie nicht selbst den Willen aufzubringen vermochte, die falsche Behauptung auszusprechen:

> [...] gegen den/ welcher geschmächt hat. Zum andern gegen den/ der fürsetzlich vnd listiglich verschafft vnd zuwegen gebracht hat/ daß solches geschehen. Zum dritten/ wider den/ der befohlen hat/ daß er die schmach vnnd Injurien thet. Zum vierten/ wider den/ welchen iemands darzu bestelt/ gedinget/ oder gekaufft hett. Zum fünften/ gegen den/ welcher iemands darzu persuadiert/ beredt/ vn mit worten angereytzt hett/ der es doch sunst nit in willen gehabt/ auff daß er jm in dem gehorcht vnd wilfartig were/ auff iemands schmach zuwenden etc.[284]

Falsche Anschuldigung

Mit diesen fünf Gruppen geht Gobler davon aus, dass nicht nur die Person, die die falsche Anschuldigung ausspricht, für die Tat haften muss, sondern dass auch andere Beteiligte sich am Opfer verschulden können. Er gibt damit dem Gericht den Auftrag, den Tathergang und die Motive zu rekonstruieren. In welcher Weise das Strafmaß je nach Mitschuld eventuell abzustufen oder ob grundsätzlich von einer gleichwertigen Schuld aller fünf Personengruppen auszugehen ist, erläutert Gobler nicht. Er schließt hingegen die «Wanwitzigen/ Vnsinnigen/ vnd Vnmanbarn» von der Haftung aus, weil sie nicht schmähen könnten:

284 Zitiert nach Göbler, Justinus: Der Rechten Spiegel/ Auß den beschribenen Geystlichen/ Weltlichen/ Natürlichem/ vnd andern gebreuchlichen Rechten/ Auch gemeynen im Heiligen Reich Teutscher Nation/ Constitutionen, vnd übungen/ zugericht. Allen Oberkeyten/ [...] Befelchhabern/ vnd Vnderthonen/ zuwissen nötig [...]/ Durch Herrn Justin Goblern/ von Sanct Gwere/ der Rechten Doctorem. Frankfurt am Main 1550 (VD16 G2313), Kap. LXXVI.

> Vnd künnen alle die jhenigen schmach begehn vnnd Injurien thun/ auch durch diese Klage angefochten werden/ welche schmach leiden können/ oder denen schmach widerfahren vnd geschehen kann/ Welches doch nit statt hat an den Wanwitzigen/ Vnsinnigen/ vnd Vnmanbarn/ welche/ ob jhn wol schmach vnd Injurien geschehen vnd widerfahren kann/ so können sie doch eygentlich nit schmähen/ dieweil Injuriien vnd schmach auß dem Affekt vnd begird des der sie thut/ herkompt vnd gelegen ist.[285]

Klage

Geisteskranke

Diese Begründung überzeugt nicht vollständig, denn im Umkehrschluss wären die Geisteskranken und Ehrlosen weder zu einer Handlung im Affekt, also veranlasst durch eine Gemütsbewegung, oder zu einer vorsätzlichen Tat befähigt. Da beide Gruppen zur Ausführung der ersten der beiden Handlungen in jedem Fall in der Lage waren und zumindest die Ehrlosen vorsätzlich eine Straftat begehen konnten, dürften Gobler andere Gründe zu dieser Argumentation bewegt haben. Da Geisteskranke und Ehrlose nur eingeschränkt oder gar nicht rechtsfähig waren, war es ihnen nicht möglich, die Ehre oder den Leumund einer Person zu verletzen. Den Anschuldigungen dieser Personen wurde aufgrund der bestehenden Rechtslage keine Glaubwürdigkeit beigemessen. Eine Untersuchung durch ein Gericht, ob ein Geisteskranker oder Ehrloser mit seiner Anschuldigung Recht oder Unrecht habe, erübrigte sich daher von selbst. Gobler spricht darüber hinaus die betreffenden Personen von Schuldfähigkeit und damit von einer entsprechenden Bestrafung frei. Ob in diese Straffreiheit auch jegliche Möglichkeiten eines Gerichts oder eines herrschaftlichen Ordnungsorganes inbegriffen sind, mit Hilfe derer das Opfer die Einstellung der Anschuldigungen in der Öffentlichkeit einfordern kann, bleibt bei Gobler offen.

Ehre

Öffentlichkeit

Wenn eine Person in Ausübung ihres Amtes eine andere «harter anredet/ oder befelch thet/ in gefengkniß zu legen», wird die Amtsperson nach Gobler von jeglicher Haftung freigesprochen, denn «aurichtung vnd vollstreckung des Rechtens/ schmähet nit».[286] Ebenso sind

285 Zitiert nach ebenda.

286 In älteren Rechten wie dem magdeburgisch-breslauischen Recht von 1261 wird hingegen explizit darauf verwiesen, dass wärend des Prozesses und der Urteilsverkündung Beleidigungen gegen die Schöffen unter Strafe stehen: «§ 32. Swer so einen schephenen beschildet uf der banc, her gewinnet sine buze, drizich schillinge, unde die richtere sin gewette. § 33. Beschildet ein man einen schephenen, swenne des urteiles gevolget ist, sie gewinnen alle ire

Personen ohne Schuld und Strafe, wenn ihre Beschuldigung wahr ist und die öffentlich ausgesprochene Information «dem gemeynen nutz zu gut» kommt. Damit meint Gobler Aussagen wie zum Beispiel, dass eine Person ein «hurenkind/ oder von eins todtschlags wegen verdampt» ist. Wenn «dem gemeynen nutz» hingegen nichts an einer wahren Information liegt, die das Schamgefühl oder den Leumund einer Person trifft, dann wird der Beschuldiger (verweisser) zum Täter und muss für seine Beschimpfung haften. Damit meint Gobler beispielsweise Informationen über Personen, die «blinde oder lam» sind:

> Ferner ist zu mercken/ daß einer von dieser Klagen Excusiert vnd entschuldigt wirt. Erstlich/ von wegen seines Ampts vnnd befechs/ als so einer/ diweil er in Magistrat vnd regierendem Ampt vnd befelch ist/ etwas handelt vnd außrichtet/ oder etwan einen harter anredet/ oder befelch thet/ in gefengkniß zu legen/ der wirt nit geacht noch gehalten/ daß ers schmach halben thu/ Dann aurichtung vnd vollstreckung des Rechtens/ schmähet nit/ oder hat auff jm kein schmach/ etc. Zum andern/ So der welcher sie schmach thut/ die warheyt sagt/ darin dieser vnderscheyd zumercken/ Eintweder kompt es dem gemeynen nutz zu gut/ daß mans wisse/ Als so iemand einem für würff/ er wer ein hurenkind/ oder von eins todtschlags wegen verdampt/ etc. Wenn solchs war ist/ so ist der verweisser nit schuldig/ diweil der gmeyn daran glegen/ daß die Infamia vnd berüchtigung bekannt vnd offenbar sei/ daß er zu gezeugniß vnd wirdigkeyten nit gestattet werde. Oder ist dem gemyenen nutz nichts daran gelegen/ daß mans wisse/ Als so iemand einem für würff/ daß er blinde oder lam werde/ etc. Vnd dann so ist der verweisser schuldig.[287]

---

buze, unde die richtere sin gewette. Also manege buze, also manich gewette.» Zitiert nach Laband, Paul (Hg.): Magdeburger Rechtsquellen. Zum akademischen Gebrauch. Königsberg 1869, S. 18. – Das reformierte Hamburger Recht von 1605 verbietet jener Person die Bürgen, die einen Ratsdiener oder Wächter beleidigt: «Da sich auch einer sonst vorsätzlicher meinung/ auß trotzigem Gemüte/ der ordentlichen Wacht/ oder den Dienern des Raths/ freventlich wiedersetzen/ vnd dieselbigen beleidigen würde/ der soll keiner Bürgen geniessen» (Teil IV, Art. 39). Zitiert nach Der Stadt Hamburgk Gerichtsordnung vnd Statuta. Hamburg: Georg Ludwig Frobenius und Paul Lange, 1605 (ND Hamburg 1978, mit einer Einleitung Jürgen Christoph Gödans), S. 377–378.

287 Ebenfalls nicht als Beleidigung zählen die Beschimpfung als feiger Soldat oder Wahrsager(in). Zitiert nach Göbler: Der Rechten Spiegel (1550), Kap. LXXVII.

Gobler argumentiert hier wiederum vom Opfer aus: Er schützt dessen Intim- und Privatsphäre, sofern von diesem Schutz kein Schaden für die öffentliche Ordnung entsteht.[288]

288 Zur Behandlung strafausschließender Tatumstände in der juristischen Diskussion der Frühen Neuzeit siehe weiterführend Bartels: Die Dogmatik der Ehrverletzung in der Wissenschaft des gemeinen Rechts (1959), S. 161–187. Zum Verhältnis von Öffentlichem und Privatem im mittelalterlichen Recht siehe Duby, George: Private Macht, öffentliche Macht, in: Geschichte des privaten Lebens, Bd. 2: Vom Feudalzeitalter zur Renaissance, hg. von dems. Frankfurt am Main 1990 (französische Originalfassung unter dem Titel «Histoire de la vie privée». Paris 1985), S. 17–45.

KAPITEL C

Tatbestände: Verleumdung und falsche Anschuldigung vor Gericht

1. Definition der Tatbestände

Fahrlässigkeit

Thomas von Aquin wies als einer der ersten mittelalterlichen Gelehrten darauf hin, dass bei einer Beurteilung einer falschen Anschuldigung vor Gericht ergründet werden müsse, ob diese Anschuldigung aus Fahrlässigkeit oder mit Vorsatz behauptet wurde. Dieses Kriterium entscheidet auch im gegenwärtigen deutschen Strafrecht darüber, ob es sich um den Tatbestand der Verleumdung (vorsätzliche Behauptung) oder den der üblen Nachrede (fahrlässige Behauptung) handelt. Viele Rechte, profane und das kanonische, nahmen allerdings keine Rücksicht auf diese Unterscheidung, denn es ging vordergründig darum, falsche Anklagen vor Gericht durch die Androhung schwerer Strafen einzudämmen. Wenn Verleumder wider besseres Wissen vor Gericht eine Person anklagten, dann erfüllten sie den Tatbestand der Kalumnie.

Insbesondere die Gelehrten des Kirchenrechts versuchten durch bestimmte Verfahren, wie zum Beispiel durch die Famapurgation, solchen Klagen vorzubeugen. Im 13. Jahrhundert setzte sich der auf die Rechtsgeschichte epochal auswirkende Inquisitionsprozess schrittweise durch. Er forderte ein Geständnis vom Beklagten und neue Beweismittel wie Wahrnehmungszeugen, Urkunden und anderes mehr. Vorher genügte ein Reinigungseid, allein oder mit Eideshelfern geleistet, um sich von einem (falschen) Vorwurf zu befreien.

1.1 Verleumdung

Im aktuellen deutschen Strafrecht (§ 187) wird jener der Verleumdung überführt,

> wer wider besseres Wissen in Beziehung auf einen anderen eine unwahre Tatsache behauptet oder verbreitet, welche denselben verächtlich zu machen oder in der öffentlichen Meinung herabzuwürdigen oder dessen Kredit zu gefährden geeignet ist [...].

Das heißt, dass die behauptete Tatsache erstens als unwahr bewiesen werden muss und zweitens ist es erforderlich, dem mutmaßlichen Täter den Vorsatz bei der Begehung seiner Straftat nachzuweisen. Mit einer Verleumdung muss allerdings keine Beleidigung beabsichtigt werden.[288] Von der einfachen Beleidigung unterscheidet sich die Verleumdung dadurch, dass nur Tatsachenbehauptungen zu ihren Tatbestandsmerkmalen zählen, von der üblen Nachrede wird sie durch die Maßgabe geschieden, dass eine Tatsachenbehauptung wider besseres Wissen verbreitet worden sein muss und nicht im Glauben daran, dass die falsche Anschuldigung wahr ist. Vorsatz

Während die frühmittelalterlichen Gesetze, Kapitularien und Synodalbeschlüsse der Verleumdung relativ viel Aufmerksamkeit schenken, behandeln die Rechtstexte aus dem späten Mittelalter und dem 16. Jahrhundert diesen Tatbestand bei weitem nicht in der Häufigkeit wie einfache Beleidigung oder üble Nachrede. So kennt zum Beispiel die umfangreiche Weistümersammlung Jacob Grimms (* 1785 † 1863) mit Zeugnissen vor allem vom 14. bis zum 16. Jahrhundert insgesamt 118 Belege, in denen die beiden letztgenannten Delikte besprochen werden. Grimm kann hingegen nur drei Beispiele für eine Verleumdung anführen.[289] Allerdings trifft für diesen Befund zu, was für viele andere Rechtstexte gleichermaßen gilt: Aus den meisten Ausführungen geht keine deutliche Trennung zwischen einer Verleumdung und einer Beleidigung hervor.[290] Zudem dürften die

288 Rogall: §§ 185–200 StGB (2017), S. 310 (§ 187 Rn. 5).

289 Offnung für das Dorf Dachsen, dem Kirchsprengel Lauffen bei Zürich zugehörig, 1532: «Am funffzehenden, so ein vogt umb marchenn angerüefft würt, dann soll der vogt den vieren gepiettenn, damit sy dem cleger one verzug marchind.» Zitiert nach Grimm u. a.: Weisthümer, Bd. 1 (1840), S. 111. – Rechtssammlung für Nußdorf (bei Landau) von 1508: «§ 3. Item, wan einer den andern schmeht vor gericht, daß stet zu der herschaft zu strafen hoch oder nider.» Ebenda, Bd. 5 (1866), S. 547. – Gerichtsordnung für das Dorf Hochstetten an der Alsenz bei Münster von 1543: «§ 24. Item, ob der schultheis oder scheffen einer heimlich oder offentlich der ehre beleumbt wurde, der soll nit schuldig oder desselben mitscheffen verpflichtet sein von inen ufzustehn, sonder bei inen und mit einander pleiben sitzen zu gericht, sachen hoeren, urtheil sprechen, als lang bisz er des bezigs oder leumuts zu recht genugsam bewiesen wird. doch soll der verleumut die sach gerichtlich gegen dem bezeuger vornehmen oder des leumuts halben sich wie recht zu der purgation schicken.» Ebenda, S. 648.

290 Die Verleumdung behandeln der Schwabenspiegel, das Kleine Kaiserrecht, Ruprecht von Freisingen, die Statuten von Halle, Nordhausen, Dortmund, Bodenwerder und Augsburg, die Landbücher von Schwyz, Obwalden und Appenzell. Zu den Nachweisen siehe Köstlin: Die Ehrverletzung nach deutschem Rechte (1855), S. 400.

Kalumnie

Strafsetzungen für Meineid, die in den Texten häufiger auftreten, zur Anwendung gekommen sein, wenn eine Person vor Gericht durch falsche Beschuldigungen verleumdet wurde.

Ein besonderes Problem bereitet die begriffliche Unschärfe in den Texten. Isidor von Sevilla hat in seinem «Etymologiarum sive originum» unterschieden zwischen der «calumnia», mit der ein Streit hervorgerufen werden soll, und dem «calumniator», einem Rechtsverdreher; «falsitas», der Trug, bezeichnet nach Isidor eine unwahre Aussage.[291] Diese Begrifflichkeiten werden im Sinne der falschen Anschuldigung bereits in frühen Rechtstexten verwendet, unabhängig davon, ob sie königlicher oder kirchlicher Provenienz sind.[292] Spätere Rechte, wie zum Beispiel das von Herzog Leopold VI. von Österreich und Steier (* 1176/1177 † 1230) verliehene *Wiener Stadtrecht* vom 18. Oktober 1221, bei dem es sich um eines der frühesten Stadtrechte handelt, das sich mit Injurien beschäftigt, sieht ein entsprechendes Strafmaß für Personen vor, die überführt werden, ein falsches Zeugnis (falsum testimonium) abgelegt zu haben.[293] Der Tatbestand

291 Buch V, Kap. 26, 8–10: «Calumnia est iurgium alienae litis, a calvendo, id est decipiendo dicta. Falsitas appellata a fando aliud quam verum est.» Zitiert nach Lindsay, Wallace M. (Hg.): Isidori Hispalensis episcopi Etymologiarum sive originum. Libri XX, 2 Bde. Oxford 1911, Bd. 1, ohne Seitenzahlen. – Buch X, Kap. 42: «Calumniator, falsi criminis accusator; a calculis, id est frustrando et decipiendo, dictus.» Ebenda.

292 Zum Beispiel: Lex Baiuwariorum, Kap. IX, § 18: «Si quis contra caput alterius falsa suggesserit vel quacumque invidia de iniusta accusatione commoverit, ipse penam vel damnum quod alteri intulit, excipiat.» Zitiert nach Eckhardt: Die Gesetze des Karolingerreiches 714–911, Bd. 2: Alamannen und Bayern (1934), S. 130.

293 Art. 14: «Si quis convictus fuerit cum VII viris honestis et credibilibus, quod falsum testimonium perhibuerit, abscidatur ei lingua, vel redimat eam X talentis, et quem falsitate sua dampnificavit, illi dampnum suum emendet.» Zitiert nach Csendes: Die Rechtsquellen der Stadt Wien (1986), S. 36. Bei einer erneuten Bestätigung des Stadtrechts im Jahr 1244 blieb der Wortlaut dieses Artikels bestehen (siehe ebenda S. 54). In der Erweiterung des Stadtrechts durch König Rudolf I. vom 24. Juni 1278 heißt es dann allerdings (Art. 38): «Item si quis convictus […], vel redimat eam decem libris, et quem periurio suo dampnificavit, illi emendet integraliter dampnum suum, et ammodo in omnibus causis testimonium suum nullatenus admittatur.» (ebenda, S. 70). «Verba contumeliosa» werden hingegen an anderer Stelle und mit einer eindeutigen Eingrenzung auf einen bestimmten Sachverhalt in Artikel 10 des ältesten Wiener Stadtrechts von 1221 behandelt: «Si vero quispiam verba contumeliosa alicui dixerit et filium meretricis appellaverit, quadraginta denarios dabit.» (ebenda, S. 26).

der Verleumdung kann auch – wie beispielsweise in der *Lex Salica*[294] oder in der *Kapitulariensammlung des Lütticher Bischofs Gerbaldus* († 810)[295] – umschrieben werden.

Besonders in kirchlichen Rechtstexten wird verleumden mit «maledicere» ausgedrückt, der «maledicus» war danach der Verleumder. Andernorts wurde «infamatio» oder auch «infamia facti» verwendet, um das Verleumden anzuzeigen. Letzteres bezeichnete den schlechten Ruf einer Person (Leumund) – die Verminderung oder den Verlust der «fama» («fama mala publica»).[296] Allgemeiner waren jene Formulierungen, die auf Vorbilder der Heiligen Schrift referierten; der bereits bekannte Begriff «iniuria» schloss ebenfalls den Tatbestand der Verleumdung mit ein.[297]

Leumund

1.2 Kalumnie

Nicht nur für das Kirchenrecht, sondern auch für spätmittelalterliche Stadtrechte wirkten vorbildhaft Gratian († ca. 1150), die Neuerungen unter Papst Innozenz III. (* 1160/1161 † 1216, Inquisitionsprozess) und der *Liber extra* (1234), eine Dekretalen-

Inquisitionsprozess

294 Kap. XX, § 2: «Si vero talem crimen ei imputaverit, unde mori debuisset, si verum fuisset [...]». Zitiert nach Eckhardt: Die Gesetze des Karolingerreiches 714–911, Bd. 1: Salische und rebuarische Franken (1934), S. 30. Siehe dazu Ackermann, Ernst: Die Verleumdung des allgemeinen deutschen Strafrechts im Vergleich mit der Verleumdung nach dem Strafgesetzbuch für das deutsche Reich. Greifswald 1872, S. 6–7.

295 Diedenhofen, im Dezember 805: «De clamoribus [vel] causedicis, qui nec iudicum scabiniorum adquiescere nec blasphemare volunt, antiqua consuetudo servetur, id est ut in custodia recludantur, donec unum e duobus faciant. Et si ad palatium pro hac re reclamaverit et litteras detulerint, non quidem eis credatur, nec tamen in carcere ponantur, sed [cum] custodia et com ipsis litteris pariter ad palacium nostrum remittantur, ut ibi dicutiatur sicut dignum est.» Zitiert nach Eckhardt, Wilhelm A. (Hg.): Die Kapitulariensammlung Bischof Ghaerbalds von Lüttich. Göttingen · Berlin · Frankfurt am Main 1955 (Germanenrechte, N. F. Deutsch-rechtliches Archiv-Heft, 5), S. 81–82, Kap. 8.

296 Landau, Peter: Die Entstehung des kanonischen Infamiebegriffs von Gratian bis zur Glossa Ordinaria. Köln · Graz 1966 (Forschungen zur kirchlichen Rechtsgeschichte und zum Kirchenrecht, 5), S. 6–7.

297 Dochow, Adolf: Art. Beleidigung, in: Handbuch des deutschen Strafrechts, hg. von Franz von Holtzendorff, Bd. 3. Berlin 1874, S. 327–378, hier S. 331. – Hälschner: Das preußische Strafrecht, Bd. 3.1 (1868), S. 224. – Landsberg, Ernst: Iniuria und Beleidigung. Eine Untersuchung über die heutige Anwendbarkeit der «Actio iniuriarum aestimatoria». Bonn 1886, S. 65.

sammlung Papst Gregors IX. (* ca. 1170 † 1241).[298] Auch im deutschen Sprachgebrauch wurde mit den Begriffen «Verleumdung» oder «verleumden» noch nicht zwischen den Tatbeständen Beleidigung und Verleumdung unterschieden.[299] Eine grundlegende Durchdringung des Problems bietet hingegen Thomas von Aquin. Er macht auf einen Fehler aufmerksam, den er im *Decretum Gratiani* vorfand, denn dort heißt: «Verleumden heißt, falsche Verbrechen angeben».[300] Dazu bemerkt Thomas:

> Zuweilen aber wirft einer dem anderen ein falsches Verbrechen vor aus Unkenntnis des Tatbestandes, durch welche er entschuldigt ist. Also scheint es, daß die Anklage nicht jedesmal ungerecht wird, wenn sie verleumderisch ist.[301]

Klage

Er folgerte weiter, da es nicht die Pflicht des Menschen sei, alle Verbrechen aufzudecken, könne eine Klage durch Verheimlichung nicht ungerecht sein. Und die dritte Beobachtung ist mit Blick auf die umstrittene Praxis, jenen zu verurteilen und zu bestrafen, der seine Klage vor Gericht nicht überzeugend beweisen kann, von größter Bedeutung. Thomas meint nämlich, dass sich Kläger und Beklagter beim Nichtbeweis der Klage verzeihen müssten und die Klage aufgrund mangelnder Durchführung keinesfalls ungerecht

298 Gratian widmet sich der falschen Anklage vor allem in Questio VI der fünften Causa (Decretalium collectiones, ed. Lipsiensis secunda post Aemilii Ludovici Richteri curas ad librorum manu scriptorum et editionis Romanae fidem recognovit et adnotatione critica instruxit Aemilius Friedberg. Leipzig 1881 [Corpus iuris canonici, ND New Jersey 2000], Sp. 551–553), Gregor geht in Titulus VII des zweiten Buches, De iuramento calumniae, und in Titulus II des fünften Buches, De calumniatoribus, auf diesen Straftatbestand ein (Decretalium collectiones [1881], Sp. 265–268 und 748–749). Zum Inquisitionsprozess siehe den gleichnamigen nachfolgenden Abschnitt, S. 160–165.

299 Zum Beispiel: Kyburger Offnung von 1506 (Kyburg nördlich von Zürich), Kap. 15: «Und wo ein herre zu Kiberg vernimpt, daz personen einandern verlümdent, das die e berürende ist, so sol er die darzu halten, trostung zegebent, ob die da gesin mag, oder wo nit trostung ist, zu swerent ein andern mit recht für ze nement, und behept die obgenanten buss [10 lib.] von im inzezichnet.» Zitiert nach Grimm u. a.: Weisthümer, Bd. 1 (1840), S. 19.

300 «Calumpniari est falsa crimina intendere […].» (decreti pars II, causa II, questio III). Dieser Satz geht zurück auf ein römischen Gesetz des Jahres 61, das über die justinianischen Digesta ins Mittelalter Eingang fand (Digesta 48, 16, 1, 1).

301 «Sed quandoque aliquis alteri falsum crimen objicit ex ignorantia facti, quae excusat. Ergo videtur quod non semper reddatur injusta accusatio si sit calumniosa.» Zitiert nach Thomas von Aquin: Recht und Gerechtigkeit (1953), questio 68, art. 3 (S. 239).

werde. Am Ende steht bei Thomas eine neue und für das mittelalterliche Recht überdurchschnittlich klare Definition des Tatbestandes Verleumdung, die in dieser Weise keine Verbindlichkeit erlangte, aber auf empfindliche Probleme hinwies, die fortan in den rechtsgelehrten Disputen thematisiert wurden:

> Der Mensch darf nur dann zur Anklage schreiten, wenn er seiner Sache völlig sicher ist, so daß Unkenntnis des Sachverhaltes ausgeschlossen ist. – Doch verleumdet nicht jeder, der einem anderen ein falsches Verbrechen zur Last legt, sondern nur der, der aus Bosheit eine falsche Klage anstrengt. Zuweilen nämlich kommt es vor, daß einer aus Leichtsinn zur Anklage schreitet, weil er allzu leicht glaubt, was er hört; und das ist Unbesonnenheit. Zuweilen aber wird einer durch einen unverschuldeten Irrtum zur Anklage veranlaßt. All das muß der Richter in kluger Weise unterscheiden, damit er nicht voreilig urteilt, er [der Ankläger] habe verleumdet, der vielleicht nur aus Leichtsinn oder auf Grund eines unverschuldeten Irrtums sich hat zur falschen Anklage verleiten lassen.[302]

Kalumnie

Richter

Reinhard Köstlin wies in einer Studie von 1855 darauf hin, dass die meisten mittelalterlichen (Rechts-)Texte – so wie der von Thomas von Aquin – nur einen bestimmten Tatbestand der Verleumdung kennen würden, nämlich die Kalumnie:

> Das Eigenthümlich der Verläumdung besteht indessen wohl darin, daß sie die Präsumtion des sittlichen Werths, [...], in dem Urtheile Andrer zu untergraben sucht. Sie muß daher Thatsachen enthalten (nicht bloß Urtheile), und der

302 «Ergo dicendum quod homo non debet ad accusationem procedere nisi de re sibi omnino certa, in quo ignorantia facti locum non habeat. – Nec tamen qui falsum crimen alicui imponit calumniator: sed solum qui ex militia in falsam accusationem prorumpit. Contingit enim quandoque ex animi levitate ad accusationem procedere, quia scilicet aliquis nimis faciliter credit quod audivit: et hoc temeritatis est. Aliquando autem ex justo errore movetur aliquis ad accusandum. Quae omnia secundum prudentiam judicis debent discerni, ut non prorumpat eum calumniatum fuisse qui ex levitate animi vel ex justo errore in falsam accusationem prorupit.» Zitiert nach Thomas von Aquin: Recht und Gerechtigkeit (1953), questio 68, art. 3 (S. 241). – In questio 74, art. 1, gibt Thomas noch eine zweite Definition; dort nennt er den Verleumder «criminator». Ein Verleumder wäre eine Person, die «öffentlich anderen Verbrechen zur Last legt, indem sie sie entweder anklagt oder lästert». (Quia criminator est qui publice crimina aliis imponit, vel accusando vel conviciando.) Zitiert nach ebenda, S. 320.

> Verläumder muß solche (fingierte) Thatsachen hinter dem Rücken des Verletzten bei Andern [...] vorbringen, natürlich mit dem Bewußtsein, daß die so verbreiteten Thatsachen falsch und geeignet seien, den Verletzten als einen der öffentlichen Achtung Unwürdigen, resp. als Verbrecher in der allgemeinen Meinung zu brandmarken. Hievon ist die Kalumnie nur ein besonders schwerer Fall. [...] Aber seinen Schwerpunkt scheint er doch in dem Gebiete der Ehrverletzung zu haben, eben als Fall der Verläumdung überhaupt, die ja gleichfalls sehr nahe an das Gebiet des ‹falsum› streift, sofern sie darauf ausgeht, die Basis alles sittlichen Gemeinlebens zu untergraben.[303]

Kalumnie
Römisches Recht

Die Kalumnie wird nach Peter Weimar definiert als «Schikane», die «im Sinne des römischen und des mittelalterlichen gemeinen Rechts» immer dann vorliegt,

> wenn jemand wider besseres Wissen eine Kriminalanklage erhebt oder einen Zivilprozeß führt. Ankläger, Kläger und Beklagter sowie deren Beistände und Vertreter müssen am Anfang jedes Prozesses im Kalumnien- oder Gefährdeeid schwören, daß sie von der Gerechtigkeit ihrer Sache überzeugt sind; weitere Eide können, vor allem nach jüngerem gemeinem Recht, auch vor einzelnen Prozeßhandlungen verlangt werden. Im Strafprozeß droht dem Ankläger, der der Kalumnia überführt wird, die gleiche Strafe, die sonst den Angeklagten getroffen hätte. Im Zivilprozeß sollen die Androhung der Infamie oder die Verurteilung zu einem Mehrfachen des Streitwertes (sog. Litiskreszenz) leichtfertiges Bestreiten verhindern. Auch die Auferlegung der gegnerischen Prozeßkosten war anfänglich als Ausgleich für unberechtigte Prozeßführung gedacht. Wer für die Begehung oder Unterlassung einer Kalumnie Geld genommen hat (Prozeßbestechung), muß auf Grund der Kalumnienklage den vierfachen Betrag als Buße zahlen.[304]

Infamie

Bestechung
Buße

Die mittelalterliche Vorstellung von Verleumdung weitgehend auf die Kalumnie im oben beschriebenen Sinne zu reduzieren, so wie es Köstlin anregte, würde bedeuten, die kontroverse Diskussion um diesen Tatbestand außer Acht zu lassen. Denn über die Auffassung des

303 Zitiert nach Köstlin: Die Ehrverletzung nach deutschem Rechte (1855), S. 188–189.

304 Weimar, Peter: Art. Calumnia, in: Lexikon des Mittelalters, hg. von Robert-Henri Bautier u. a., Bd. 2. München 1983 (ND München 2002), Sp. 1403.

Thomas von Aquin hinausgehend, formulierte der ebenso einflussreiche Kanonist Raymund von Peñafort (* ca. 1180 † 1275), Kompilator des *Liber extra*, in seiner *Summa de casibus poenitentiae* (1222/1229), dass Verleumder (detractores et infamatores) nicht nur diejenigen heißen würden, die anderen eine unwahre Tat zur Last legten, sondern auch jene, die eine nicht öffentlich bekannte Tat ans Licht brächten. Also stimmte Thomas mit Raymund zumindest in Teilen überein, wenn er meint, dass es nicht die Pflicht eines Menschen sei, jedes erdenkliche Verbrechen aufzudecken.[305] Raymund und Thomas wägen in ihren Kommentaren ab, wann und an welchem Ort verdeckte Verbrechen offenbart werden dürften: vor einem Gericht oder in einer beliebigen Öffentlichkeit. Vor Gericht bestehe die Gefahr, eine falsche Anschuldigung aufgrund von Unkenntnis vorzubringen (so Thomas), außerhalb des Gerichts gefährde man unzulässig den Leumund einer Person – damit würde die geschädigte Person (unabhängig vom Wahrheitsgehalt der Anschuldigung) im tatsächlichen Wortsinn verleumdet (so Raymund).

Öffentlichkeit

Leumund

Als der Dominikaner Berthold zum Ende des 13. oder im 14. Jahrhundert eine deutsche Übertragung der *Summa confessorum* des Johannes von Freiburg (* ca. 1250 † 1314) anfertigte, deren Grundlage Raymunds *Summa* bildet, übernahm Bertold die ältere Auffassung und übersetzte den entsprechenden Passus wie folgt:

> […] wann der mensch ain haymlich übel des nächsten offenbart und meldet, da von der nächst geschendet wirt.[306]

Vor Gericht dürfe man wahre Verbrechen zur Anklage bringen, außerhalb aber sei dies «wider die weiz dez rechtens».[307]

Noch im 15. Jahrhundert diskutierten Gelehrte das hier vorgestellte Problem noch kontrovers. Der einflussreiche Kanonist und Kardinal Nicolaus de Tudeschis (* 1386 † 1445)[308] stellte in seinem umfangreichen Kommentar zu den Dekretalen Georgs IX. sechs unterschiedliche Stellungnahmen zusammen, von denen sich jene, wonach die

305 S. Raimundus de Pennaforte: Summa de paenitentia, curantibus Xaverio Ochoa et Aloisio Diez. Rom 1976, lib. 2, tit. 5, nr. 42, col. 522.

306 Steer u. a.: Die «Rechtssumme» Bruder Bertholds, Bd. 3 (1987), Stichwort L 24, S. 1584.

307 Ebenda, Stichwort L 25, S. 1586, 1588, 1590.

308 Auch (Abbas) Panormitanus, Abbas Siculus oder Abbas Modernus genannt.

Verbreitung von bislang nicht öffentlich bekannten Tatsachen nur zulässig sei, wenn dies dem Interesse des Allgemeinwohls dient, in der Neuzeit durchsetzte.[309]

1.3 Falsche Anschuldigung

Ein großer Teil der bisher zitierten Artikel aus den mittelalterlichen Rechtstexten umfasst üble Nachrede und Verleumdungen gleichermaßen. Dort wird aber, und das ist für das moderne Strafrecht von Bedeutung, nicht immer nach Vorsatz und Fahrlässigkeit unterschieden. Angaben, wie die Tat zu beweisen sei, deuten jedoch gelegentlich darauf hin, dass den Kaluminatoren unterstellt wurde, sie hätten ihre falsche Behauptung wissentlich ausgesprochen. In den mittelalterlichen und frühneuzeitlichen Texten fehlt noch etwas, wenn man von der Definition des Thomas von Aquin ausgeht. Er formulierte den Tatbestand der Kalumnie, bei dem die wissentlich falsche Anschuldigung außerhalb des Gerichts nicht inbegriffen ist. Es fehlt also, wie Hermann Wegele in seiner 1892 erschienen Inauguraldissertation bereits bemerkte, die falsche Denunziation als Tatbestand: Beim Tatbestand der falschen Denunziation wird davon ausgegangen, dass eine Person wissentlich eine andere beschuldigt, ohne dies vor Gericht zu tun. Allerdings ist auch diese Beschuldigung geeignet, das Opfer vor einen Richter zu zitieren. Diese Form tritt unter anderem dann auf, wenn eine Person nicht klagen kann oder keine Klage erheben will.[310]

Vorsatz und Fahrlässigkeit

Klage

In den strafrechtlichen Bestimmungen zur falschen Anschuldigung lassen sich fünf Ziele erkennen, die durch die Verhängung von hohen Strafen präventiv oder durch den Urteilsspruch selbst erreicht werden sollten: Das erste und wichtigste Ziel bestand darin, den angeschlagenen Leumund des Opfers in der Öffentlichkeit wiederherzustellen. Diesem Thema ist das Kapitel «Ehrenerklärung, Widerruf und Abbitte» (S. 268–290) gewidmet. Zweitens ging es natürlich um den Schutz des Opfers vor den unrechtmäßigen Anschuldigungen des Täters. Sehr deutlich wird dies in einem eher ungewöhnlichen *Gesetz des Langobardenkönigs Ratchis* (Kö-

Genugtuung

309 Hier: Lectura super secundo libro Decretalium, pars 3. Ausführlich dazu: Balthasar: Der Schutz der Privatsphäre im Zivilrecht (2006), S. 25-28.

310 Wegele, Hermann: Zur Geschichte der falschen Anschuldigung. Ansbach 1892, S. 1. Über den Straftatbestand der falschen Anschuldigung siehe auch Müller-Burgherr: Die Ehrverletzung (1987), S. 81–85.

nig 744–749), entstanden etwa 746. Dort wird nämlich der Beschuldiger in die Hände seines Opfers übergeben, das dann mit ihm beliebig verfahren konnte:

> Art. 6: Si vero de causa regis aliquid dicere voluerit, sit ei licentiam veniendum ad palatium; et sie, super quem dixerit, veritatem adprovaverit, sit condemnatus, cui adprovaverit, et suscipiat sententiam secundum qualitatem cause, sicut anterior edictus contenit; et si veritatem adprovare non potuerit, fiat ei datus in manus cum rebus suis et faciat de eo, quod voluerit.[311]

Neben dieser sehr seltenen Strafe drückte insbesondere das Talionsprinzip aus, dass der Schutz des fälschlich Beschuldigten und die Bestrafung des Täters unmittelbar aufeinander bezogen waren. Das Talionsprinzip bzw. die Talion, auch «lex talionis» genannt, kehrte entweder eine begangene Tat zur Strafe für den Täter um oder bestimmte bei falscher Anschuldigung vor Gericht das Strafmaß für den Ankläger, indem dieser jene Strafe erhielt, die dem Beklagten bei einer wahrheitsgemäßen Anklage erwartet hätte. Sie fand Anwendung bei Verletzungen an Leib, Leben und Ehre.[312] Ehre Eine Unterscheidung zwischen der sogenannten «Fußstapfenstrafe» und dem Talionsprinzip, wie sie unter anderem Müller-Burgherr erkennen will, geben die hier untersuchten Rechtstexte nicht her. Danach basiere die Fußstapfenstrafe

> auf dem in den Quellen ausdrücklich ausgesprochenen Gedanken, dass der Täter, der jemanden zu Unrecht eines Verbrechens beschuldigte, diejenige Strafe zu erleidien hatte, die den Angeschuldigten getroffen hätte, sofern er sich tatsächlich des fälschlich bezichtigten Verbrechens schuldig gemacht hätte. […] Nicht zu verwechseln ist diese Strafe – wie His zu Recht festhält – mit der sogenannten Talionsstrafe, da der falsche Ankläger dem Angeklagten den Schaden ja nicht wirklich zugefügt hatte.[313]

In dieser Argumentation wird nicht berücksichtigt, dass dem Opfer nicht erst durch den Strafvollzug Schaden zugefügt wird, sondern

311 Zitiert nach Beyerle: Die Gesetze der Langobarden (1947), S. 350.

312 Holzhauer, Franz von: Über materielle und prozessuale Talion, in: Leges – Gentes – Regna. Zur Rolle von germanischen Rechtsgewohnheiten und lateinischer Schrifttradition bei der Ausbildung der frühmittelalterlichen Rechtskultur, hg. von Gerhard Dilcher · Eva-Marie Distler. Berlin 2006, S. 367–376.

313 Müller-Burgherr: Die Ehrverletzung (1987), S. 129–130.

dass mit der falschen Anschuldigung bereits die Straftat begangen wird, weil die Ehre des Opfers verletzt oder gänzlich genommen wird. Der Strafvollzug ist eine Folge dieses eigentlichen Straftatbestandes.

Ehre

Im *Schwabenspiegel* begründete man die Wahl für dieses Strafmaß mit «Moyses buch»; darin folgten ihm das *Kulmbacher Recht* und *Freisinger Rechtsbuch*, beide verfasst im 14. Jahrhundert:[314]

Zeuge

Richter

> Wenn jemand vor Gericht geht und als Zeuge einen andern zu Unrecht der Anstiftung zum Aufruhr bezichtigt, wenn die beiden Parteien mit ihrem Rechtsstreit vor den Herrn hintreten, vor die Priester und Richter, die dann amtieren, wenn die Richter eine genaue Ermittlung anstellen und sich zeigt: der Mann ist ein falscher Zeuge, er hat seinen Bruder fälschlich bezichtigt, dann sollt ihr mit ihm so verfahren, wie er mit seinem Bruder verfahren wollte. Du sollst das Böse aus deiner Mitte wegschaffen. Die übrigen sollen davon hören, damit sie sich fürchten und nicht noch einmal ein solches Verbrechen in deiner Mitte begehen. Und du sollst in dir kein Mitleid aufsteigen lassen: Leben für Leben, Auge für Auge, Zahn für Zahn, Hand für Hand, Fuß für Fuß. (*Deuteronomium* 19, 16–21)

Inquisition

Kalumnie

Mit der schrittweisen Verbreitung des Inquisitionsprozesses seit dem frühen 13. Jahrhundert und den damit einhergehenden Bestrebungen, einer Kalumnie vorzubeugen, gewann der Kalumnieneid (iusiurandum calumniae [uitandae]) an Bedeutung, dem beispielsweise der Kanonist Tankred von Bologna (* ca. 1185 † ca. 1236) in seinem 1216 verfassten und viel gelesenen Traktat zum Prozesswesen, *Assiduis postulationibus*, einen eigenen Artikel widmete. Er verpflichtete dazu, den Prozess

> mit der Überzeugung von der Richtigkeit der eigenen ‹causa› zu führen. Der Eid war also nicht auf ein objektives Wissen um Ungerechtigkeit, sondern auf ein subjektives Gefühl der Gerechtigkeit ausgerichtet.[315]

314 Schild, Wolfgang: Art. Talio(n), in: Lexikon des Mittelalters, hg. von Robert-Henri Bautier u. a., Bd. 8. München 1997 (ND München 2002), Sp. 446–447. Auch ältere Rechte (Lex Baiuwariorum, Leges Visigothorum, Lex Burgundionum und die Leges Liutprandi) sehen die Talion vor.

315 Mausen, Yves: «Pugio malitiae». Misstrauen als Prinzip des Gerichtsverfahrens im mittelalterlichen ius commune, in: Akten des 36. Deutschen Rechtshistorikertages, Halle an der Saale, 10.–14. September 2006, hg. von Rolf Lieberwirth · Heiner Lück. Baden-Baden 2008, S. 397.

Drittens sollte das Gericht vor falschen Urteilen bewahrt werden, denn die Ehre dieser Institution und seiner Vertreter standen auf dem Spiel. So schrieben Rechtstexte wie die frühmittelalterliche *Lex Frisionum* (ca. 802/803) ein Gottesurteil (kochendes Wasser) vor, wenn eine Person angeblich fälschlich wegen Diebstahl angeklagt wurde.[316] Auch in moralisch-didaktischen Texten wird die Vorbildfunktion des Richters bzw. des Gerichts thematisiert wie zum Beispiel im *Welschen Gast* des Thomasins von Zerklaere (* ca. 1186 † nach 1216). In einer Illustration einer Fassung von 1340 wird ein Herr als böser Richter dargestellt (siehe Abbildung 4, S. 133). Rechts von ihm kniet ein armer Bittsteller mit Stock. Der Richter raunt seinem links stehenden Kämmerer ins Ohr, dass er den Armen von ihm wegschicken solle, der Kämmerer gehorcht ihm. Die beiden Männer auf der rechten Seite sagen zueinander: «Sich, wez unser here tut! – Wir müzzen och daz selbe tun!» Thomasin erläutert, dass der Herr für alle Vorbild sein müsse, allerdings ohne sich direkt auf dessen Richteramt zu beziehen, dies ist eine Zutat des Illustrators. In Ulrich Boners (lebte um 1350, Vorname ungewiss) *Edelstein* wird der Verleumdungsstoff ebenfalls literarisch verarbeitet: Dort wird ein Schaf von einem Hund fälschlicherweise angeklagt, ihm das Futter gestohlen zu haben. Ein Richter im Wolfspelz verurteilt das Schaf daraufhin zum Tod. Boner habe laut Prolog seines Werkes versucht, «Einsicht in richtiges und damit auch geistlich sanktioniertes Verhalten (‹kluogkeit›) mit Hilfe des von Gott geschaffenen Spiegels der Natur» herzustellen.[317] Angegriffen werden mit der Gerichtsszene das ungleiche Verhältnis von Kläger und Beklagtem in einer ständisch unterschiedenen Gesellschaft und die Korruptionsmöglichkeiten der Gerichte. Die Vorbildfunktion der Richter, die auch auf sogenannten «Gerichtsbildern» zum Gegenstand gemacht wurde, schloss mit ein, dass sein Urteil frei von Zweifeln

316 Lex Frisionum, Tit. III § 9: «Si vero is qui alium furem interpellavit falso eum calumniatus est et in iudico ferventis aque fuerit convictus, LX solidis manum suam redimat.» Zitiert nach Eckhardt, Karl A. Eckhardt, Albrecht (Hg.): Lex Frisionum. Hannover 1982 (Monumenta Germaniae Historica: Fontes juris Germanici antiqui, 12), S. 44–45.

317 Grubmüller, Ulrich: Art. Boner, Ulrich, in: Lexikon des Mittelalters, hg. von Robert-Henri Bautier u. a., Bd. 2. München 1983 (ND München 2002), Sp. 410–411.

sei.[318] Strafen für Fehlurteile von Richtern fielen entsprechend hoch aus, wenn diese vorsätzlich handelten.[319]

318 Die dazugehörigen Verse in: Thomasin von Zirclaria: Der wälsche Gast, zum ersten Male hg., mit sprachlichen und geschichtlichen Anmerkungen von Heinrich Rückert. Quedlinburg · Leipzig 1852 (Bibliothek der gesammten deutschen National-Literatur von der ältesten bis auf die neuere Zeit, 30), Verse 1747–1810. Zur Bildinterpretation siehe Kries, Friedrich W. von (Hg.): Thomasin von Zerclaere, Bd. 4: Die Illustrationen des Welschen Gasts. Kommentar mit Analyse der Bildinhalte und den Varianten der Schriftbandtexte. Verzeichnisse, Namenregister, Bibliographie. Göppingen 1985 (Göppinger Arbeiten zur Germanistik, 425/IV), S. 69–70, Bild Nr. 29.

319 Zum Beispiel in den Konstitutionen von Melfi Kaiser Friedrichs II., Buch II, Tit. 50: hier verliert der Richter sein Amt, gilt als ehrlos, alle seine Güter wurden eingezogen; wird der Richter einer erlegenen Bestechung überführt, droht die Todesstrafe. Siehe Conrad, Hermann · Lieck-Buyken, Thea von der · Wagner, Wolfgang (Hg.): Die Konstitutionen Friedrichs II. von Hohenstaufen für sein Königreich Sizilien. Nach einer lateinischen Handschrift des 13. Jahrhunderts hg. und übersetzt. Köln · Wien 1973 (Studien und Quellen zur Welt Friedrichs II., 2), S. 241–245.

Abbildung 4

Böser Richter im *Welschen Gast* (1215/1216) des Thomasin von Zerklaere

Pergamenthandschrift, ostfränkisches Sprachgebiet oder ostfränkisch-nordostschwäbisches Übergangsgebiet, 1340

Gotha, Forschungsbibliothek, Memb. I 120, fol. 19r

Zur Beschreibung der Handschrift siehe Hopf: Die abendländischen Handschriften der Forschungs- und Landesbibliothek Gotha [1994], S. 78

B

Ia dorrent ouch eines bovmes aste
ob den würzen wirret iht
swaz ze fliezzen geschiht
In einem flůme ist ez vnreine
ez wirt den bachen ouch gemeine
Daz selbe sag ich swelhe lant
ist in eines herren hant
Der da niht verenden chan
fur-het einen iegelichen man
Des si getar gerihten niht
daz lant ist mit eime bösewiht
Der irret ez můz im schaden vil
swer in dem lande biliben wil
Wan der herren tracheit
den armen livten dicke scheit
Ein herre der rihten niht getar
der maht sin livte tůmb gar
Ein herre zagen machen chan
chůn wider sich einen lihten man
Ob er gebieten niht getar
er chrenchet sin gebot gar
Daz mer ist ane wazzer niht
boslichen tůn dem bosem geschiht
Der walt ist niht ouch ane wilde
ein böser herre ane böse bilde
Niht ze wol gesin mach
wir můzen sehen durch den tach
An iv herren waz man sol
tůn ist daz ir tůt wol
Wir volgen harte gerne dem gůte
ob aber ir vnrehte tůte
Wir enwizzen waz wir suln volgen
vn varn irre nahtes vn morgen
Tůt ir vnreht ir sit div naht
div vns nimet des lihtes tages chraft

Wir suln vns gar an iv schowen
ir sit der spiegel wir die vrowen
Ist der spiegel vngeliche
man sieht sich selben wunderliche
Man dunchet sich ze chvrtz od' ze lanch
oder ze breit oder ze chranch
Ein herre sol schowen die enge
die praite die chůrtze vn die lenge
Die enge daz er behabe daz reht
so ist die strazze wit vn sleht
Er en sol der eren lazzen niht
div im von reht ze habene geschiht
Ein herre sol schowen so die praite
daz er sine maht also belaite
Daz im der fůz niht enslieffe
daz er iemens reht über grieffe
Die chůrtze wan er sol niht ze hart
gahen in sines willen vart
Ein herre sol tůn nimmer niht
denne im von reht zetůn geschiht
Die lenge ein herre schowen sol
vn sůme sich niht ze tůne wol
Ein herre sol tůn nimmere
denne daz reht ze tůne gere
Ist der spiegel lieht als er sol
gantz sinewel man sieht sich wol
Ein herre der sol vil liehte sin
daz er an gůtem bilde erschin
Er sol sin gantz an dececheit
daz im niht wandel lieb noch leit
Tret vz der tůgende chreize niht
swaz halt in der werlde geschiht
Man sol an tůgenden stette sin
daz waz ie der rate min
Ob ein herre an tůgende ist
bechůmbert mit bösem list
Den ahte ich gar in minem můt
ze einem liehte daz man tůt
Als hohe erlischet ez etteswenne
ez were baz her abe denne
So welch man ein erloschenz lieht

Auff böß gewonheyt vrteyl geben
Die dem rechten wider streben
Jst diser plinden narren leben

Viertens galt es, falschen Klagen vor dem Gericht vorzubeugen. So führt Bernhard von Pavia († 1213) in seiner *Compilatio prima* (um 1190) mehrere Maßnahmen aus, mit denen Klagen auf Grundlage falscher Anschuldigungen eingedämmt werden könnten. Denn jedes Motiv des Täters muss im Rahmen einer falschen Anklage als verabscheuungswürdig gelten, insofern sie wider besseres Wissen vorgebracht wird. Sie assoziiert Hass, Habgier oder Rachsucht, vor allem weil man die Tat mit Blick auf das achte Gebot, «Du sollst nicht falsch gegen deinen Nächsten aussagen» (Ex 20, 16), verurteilt.[320]

Fünftens steht hinter den Gesetzen und Geboten der Versuch, das gesellschaftliche Zusammenleben im Sinne der biblischen Botschaft zu organisieren. Bereits für die Frühzeit des Mittelalters sind Nachrichten von Geistlichen überliefert, in denen Wertsetzungen in Anlehnung an das achte Gebot als fester Grundsatz formuliert werden. In den *Statuten des zweiten Konzils von Braga* (572) heißt es von den Funktionen der bischöflichen Visitationen, dass die Laien unter anderem keinen Meineid und kein falsches Zeugnis leisten dürften. Sie sollen ihren Nächsten keine Dinge antun, die sie selbst nicht erdulden oder erleiden möchten. In Kapitel I (Ut episcopus ambulet per diaecesim suam et ante viginti dies Paschae catechumeni doceantur symbolum) heißt es:

> [...] Postquam ergo haec suos clericos discuserint vel docuerint episcopi, alio die convocata plebe ipsius ecclesiae doceant illos, ut errores fugiant idolorum vel diversa crimina; id est homicidium, adulterium, periurium, falsum

320 Kéry: Gottesfurcht und irdische Strafe (2006), S. 510. – Lindorfer, Bettina: Bestraftes Sprechen. Zur historischen Pragmatik des Mittelalters. München 2008, S. 69.

Abbildung 5

Bestechliche und dem Recht widerstrebende Richter mit Narrenkappen und Augenbinden

Bambergische halsgerichts ordenung des Johann von Schwarzenberg aus dem Jahr 1507, Blatt 77

Über ihren Köpfen der Satz: «Auff böß gewonheyt vrteyl geben/ Die dem rechten wider streben/ Ist dieser plinden narren leben»

> testimonium et reliqua peccata mortifera, aut quod nolunt sibi fieri alteri non faciant, [et] ut credant resurrectionem omnium hominum et diem iudicii, in qua unusquisque secundum sua opera recepturus est, et sic postea proficiscatur ad aliam.[321]

Der hier zusammengestellte Katalog an Verhaltensregeln wurde zu einem immer wiederkehrenden Bestandteil späterer konziliarer Ermahnungen.[322] Dass all diese Versuche tatsächlich auf Breitenwirksamkeit zielten, legen unter anderem die späteren karolingischen Anstrengungen nahe, Predigten und Beichten in der jeweiligen Volkssprache zu halten bzw. abzufassen. Nach der *Sächsischen Beichte* (erste Hälfte des 9. Jahrhunderts) soll verzichtet werden auf:

> Neid, Feindschaft und Missgunst, Gelübde und Verleumdung, Eid und Lüge, sündhafte Begierde und [...] nicht eingehaltene Gebetszeiten, Übermut und Trägheit beim Gottesdienst, Verlangen nach Unzucht, Mord, übermäßiges Essen und Trinken.[323]

---

321 Zitiert nach Vives, José, con la colaboración de Tomás Marín Martínez · Gonzalo Martínez Díez (Hg.): Concilios Visigoticos e Hispano-Romanos. Barcelona · Madrid 1963 (España Cristiana. Textos, 1), S. 81. In Reginos von Prüm Katalog mit 89 Inquisitionsfragen für ein bischöfliches Sendgericht aus dem frühen 10. Jahrhundert heißt es unter dem Punkt «De falso testimonio» (2. Buch, Kap. 5, Frage 40): «Interrogandum, si aliquis scienter contra aliquem falsum testimonium protulerit, quia hoc capitale crimen est, et quale damnum aliquis per hanc testificationem habuerit?» Zitiert nach Wasserschleben, Friedrich Wilhelm (Hg.): Reginonis abbatis Prumiensis libri duo de synodalibus causis et disciplinis ecclesiasticis, iussu domini reverendissimi archiep. Trever. Ratbodi, ex diversis sanctorum patrum conciliis atque decretis collecti. Leipzig 1840, S. 212. Die Übersetzung bei Hartmann, Wilfried (Hg.): Das Sendhandbuch des Regino von Prüm. Unter Benutzung der Edition von F. W. H. Wasserschleben hg. und übersetzt. Darmstadt 2004 (Freiherr-vom-Stein-Gedächtnisausgabe. Ausgewählte Quellen zur deutschen Geschichte des Mittelalters, 42), S. 244–245: «Über falsches Zeugnis. Es muss gefragt werden, ob jemand wissentlich ein falsches Zeugnis gegen einen anderen vorgebracht hat – denn dies ist ein Kapitalverbrechen – und welchen Schaden jemand durch dieses Zeugnis erlitten hat.» Weiter unten, ebenfalls im zweiten Buch, hat Regino in den Kapiteln 339 bis 350 die entsprechenden Rechtsfolgen für überführte Delinquenten zusammengetragen.

322 Kéry: Gottesfurcht und irdische Strafe (2006), S. 83.

323 «Ik iuhu nithas endi auunstes, hetias endi bisprakias, sueriannias endi liagannias, firinlustono endi minero gitidio farlatanero, ouarmodias endi tragi godes ambahtas, horuuilliono, manslahtono, ouaratas endi ouerdrankas [...].»

Der volkssprachliche Beichttext, der vermutlich im Kloster Lorsch nach dem Vorbild älterer Formulare entstanden ist,[324] folgt den Bemühungen Kaiser Karls (* 748 † 814), die christliche Missionierung im Frankenreich voranzutreiben und verlässliche (geistliche) Texte bereitzustellen. So fordert die von ihm im Jahr 789 erlassene *Admonitio generalis* zum einen auf, überführte Falschaussager vor Gericht nicht zuzulassen, und zum anderen werden Priester in Anlehnung an den ersten *Brief an die Korinther* (Kapitel 6, 9) angewiesen, alle vor sündhaftem Tun – wie zum Beispiel der Unlauterkeit (inmunditia) – in ihren Predigten zu warnen:

> Omnibus. Item in eodem infra duo capitula, ut viles «personae» non habeant potestatem «accusandi». Et si in primo «crimine» victi sunt falsum dicere, in secundo non habeant potestatem dicendi.

Und in Kapitel LXXX heißt es:

> Item cum omni diligentia cunctis praedicandum est, pro quibus criminibus deputentur cum diabolo in aeternum supplicium. Legimus enim apostolo dicente: «Manifesta autem sunt opera carnis, quae sunt fornicatio, inmunditia, luxuria, idolorum servitius, veneficia [...] et his similia. Quae praedico vobis, sicut praedixi, quoniam, qui talia agunt, regnum dei non possidebunt.»[325]

In diesem Zusammenhang trug auch die Empfehlung des *Konzils von Tours* (813), Predigten in der entsprechenden Volkssprache zu halten, sicher zur schnelleren Verbreitung der Ermahnungen bei:

> Visum est unanimitati nostrae, ut quilibet episcopus habeat omelias continentes necessarias ammonitiones, quibus subiecti erudiantur, id est de fide catholica, prout capere possint, de perpetua retributione bonorum et ae-

---

Zitiert nach Steinmeyer, Elias von (Hg.): Die kleineren althochdeutschen Sprachdenkmäler. Berlin 1963, S. 318–319.

324 Masser, Achim: Art. Sächsische Beichte, in: Die deutsche Literatur des Mittelalters. Verfasserlexikon, begründet von Wolfgang Stammler, fortgeführt von Karl Langosch. 2, völlig neu bearb. Aufl. hg. von Kurt Ruh u. a., Bd. 8. Berlin · New York 1992 (ND Berlin 2010), Sp. 467–468.

325 Admonitio generalis, cap. XLV, zitiert nach: Mordek, Hubert · Zechiel-Eckes, Klaus · Glatthaar, Michael (Hg.): Die Admonitio generalis Karls des Großen. Hannover 2012 (MGH, Fontes iuris Germanici antiqui in usum scholarum separatim editi, tom. XVI), S. 202, Z. 168–170 und S. 236, Z. 413–419.

> terna damnatione malorum, de resurrectione quoque futura et ultimo iudicio et quibus operibus possit promereri beata vita quibusve excludi. Et ut easdem omelias quisque aperte transferre studeat in rusticam Romanam linguam aut Thiotiscam, quo facilius cuncti possint intellegere quae dicuntur.[326]

Tugend u. Laster

Sowohl in exegetischen Schriften zu den Zehn Geboten, den Todsünden, den Lastern und Tugenden als auch in der Bußliteratur, den Predigten und den Werken der Patristik fand seit dem 12. Jahrhundert eine verstärkte Auseinandersetzung mit der «peccata linguae», der Zungensünde, statt. In diesen Schriften, in denen die Körperlichkeit der Zunge besonders im Vordergrund steht,[327] wird auf Textstellen des Alten und Neuen Testamentes referiert.[328] Zwei Zitate aus dem Jakobusbrief und dem Matthäusevangelium besitzen eine herausgehobene Bedeutung, sie werden immer wieder als Beleg herangezogen. In Jakobus 3, 2–9 heißt es:

> Wer sich in seinen Worten nicht verfehlt, ist ein vollkommener Mann und kann auch seinen Körper vollkommen im Zaum behalten. [...] So ist auch die Zunge nur ein kleines Körperglied und rühmt sich großer Dinge. Und wie klein kann ein Feuer sein, das einen großen Wald in Brand steckt. Auch die Zunge ist ein Feuer, eine Welt voll Ungerechtigkeit. Die Zunge ist der Teil, der den ganzen Menschen verdirbt und das Rad des Lebens in Brand setzt; sie selbst aber ist von der Hölle in Brand gesetzt. Denn jede Art von Tieren, auf dem Land und in der Luft, was am Boden kriecht und was im Meer schwimmt, lässt sich zähmen und ist vom Menschen auch gezähmt worden; doch die Zunge kann kein Mensch zähmen, dieses ruhelose Übel

326 Konzil von Tours (813), cap. XVII: Zitiert nach Werminghoff, Albert (Bearb.): Concilia aevi Karolini, tom. I, p. I. Hannover · Leipzig 1906 (MGH Concilia, tom. II, p. I), S. 288, Z. 24–30. – Longère, Jean: Art. Predigt, in: Lexikon des Mittelalters, hg. von Robert-Henri Bautier u. a., Bd. 7. München 1995 (ND München 2002), Sp. 172.

327 Der Paradigmenwechsel von der «Zungensünde» zur «Mundsünde» (peccatum oris) wird dem Franziskaner Alexander von Hales (1179/80–1245) zugeschrieben, der in seiner «Summa fratis Alexandri» weniger auf die Körperlichkeit der Zunge an sich abhebt, sondern seine Aufmerksamkeit mehr auf den Willen lenkt, denn dieser entscheide über die Schwere der Sünde. Lindorfer: Bestraftes Sprechen (2009), S. 65.

328 Die zentralen alttestamentlichen Passagen nennt Lindorfer: Bestraftes Sprechen (2009), S. 45: in den Psalmen, den Büchern Hiob, in Jesus Sirach und im Buch der Sprüche.

voll von tödlichem Gift. Mit ihr preisen wir den Herrn und Vater, und mit ihr verfluchen wir die Menschen, die als Abbild Gottes erschaffen sind.

Im Matthäusevangelium (12, 36–37) wird der Mensch in Erinnerung an das Jüngste Gericht mit folgenden Worten gewarnt:

> Ich sage euch: Über jedes unnütze Wort, das die Menschen reden, werden sie am Tag des Gerichts Rechenschaft ablegen müssen; denn aufgrund deiner Worte wirst du freigesprochen, und aufgrund deiner Worte wirst du verurteilt werden.

Die Theologen des 12. Jahrhunderts, so legen es zumindest die Studien von Carla Casagrande, Silvana Vecchio, Gerd Schwerhoff und Bettina Lindhofer nahe, arbeiteten fieberhaft an einer Systematisierung und Durchdringung der sprachlichen Äußerungen. Insbesondere zwischen 1190 und 1260 entstanden eine Reihe grundlegender Werke, die von später wirkenden Klerikern wieder und wieder herangezogen, kommentiert und schließlich auch ins Volkssprachliche übertragen wurden.[329] Eine der ersten Systematisierungsversuche geht auf Bernhard von Clairvaux zurück (* 1190 † 1153). In seiner Predigt *De triplici custodia manus, linguae et cordis* (Die dreifache Überwachung: von Hand, Zunge und Herz) aus der Mitte des 12. Jahrhunderts weiß er drei «Zungen» der schlechten Rede zu nennen: die ungezügelte, die unreine und die arrogante. Bei der ersten Zunge unterscheidet Bernhard in die lügnerische und schmeichelnde; die zweite Zunge spreche hingegen Schmähungen und Verleumdungen aus; und die dritte erkläre sich von selbst:

> Est enim lingua dissoluta in sermonibus otiosis, est lingua impudica, est et magniloqua: quarum prior lasciviae, sequens arrogantiae famulatur. Est etiam lingua dolosa, et item lingua maledica: quarum altera in falsiloquam et adu-

329 Casagrande, Carla: Fama e diffamazione nella letteratura teologica e pastorale del sec. XIII, in: Ricerche storiche (Napoli) 26 (1996), S. 7–24. – Casagrande, Carla · Vecchio, Silvana: I peccati della lingua. Disciplina e etica della parola nella cultura medievale. Roma 1987. – Lindorfer: Bestraftes Sprechen (2009). – Schwerhoff, Gerd: Zungen wie Schwerter. Blasphemie in alteuropäischen Gesellschaften 1200–1650. Konstanz 2005 (Konflikte und Kultur – historische Perspektiven, 12). – Ders.: Verfluchte Götter. Die Geschichte der Blasphemie. Frankfurt am Main 2021.

> latoriam subdividitur, altera vero nunc in facie contumelias irrogat, nunc detrahit in occulto.[330]

In Handbüchern für Prediger und Beichtväter wird den Sprachsünden dann erstmals ausführlich Platz eingeräumt. Die *Summa de arte praedicatoria* (ca. 1180) des Pariser Magisters Alain de Lille († 1202/1203) widmete der Schwatzhaftigkeit (verbositas), der Lüge (mendacium) und der Verleumdung (detractio) je ein eigenes Kapitel. Weitere Schriften dieserart sollten folgen, in der Mehrzahl aus Paris stammend bzw. abgefasst durch Kleriker, von denen angenommen wird, dass sie dort ihre Ausbildung erhielten.[331]

Als in ihrer Radikalität unübertroffen gilt die *Summa de vitiis virtutibus* des Dominikaners Guillelmus Peraldus († 1271) aus Lyon. Diese Schrift, in ihrer Zeit bereits hochgelobt, wurde bis ins 17. Jahrhundert zahlreich kopiert, kommentiert und gedruckt.[332] Der um 1236 fertiggestellte erste Teil behandelt die sieben Hauptlaster, im etwa zehn Jahre später beendeten zweiten Teil lässt Peraldus die entsprechenden Kardinaltugenden folgen. Das Besondere an dieser Schrift ist ihre Aufwertung der Zungensünde, die gleich den sieben Hauptlastern behandelt wird. 24 sprachliche Sünden zählt der Dominikaner auf, darunter auch das Lügen (de peccato mendacii), das Verleumden (de peccato detractionis), das Beleidigen (de peccato convicii) und das Verspotten (de peccato derisionis). Diese Sünden würden nach Peraldus keinen blasphemischen Charakter besitzen, zählten also nicht zu den gravierendsten der Zungensünden, sondern sie seien gegen die Mitmenschen gerichtet und würden deren Ehre verletzen.[333] Da sich Peraldus auf die zitierte Textstelle in Jakobus 3 bezieht und seine Schrift für Predigt

Ehre

330 Zitiert nach Bernhard von Clairvaux: Sämtliche Werke. Lateinisch / Deutsch, hg. von Gerhard B. Winkler in Verbindung mit Alberich Altermatt · Denis Farkasfalvy · Polykarp Zakar, Bd. 9. Innsbruck 1998, S. 322. Den bösen Zungen stellt Bernhard in der Predigt «De proprietatibus dentium» (Die Eigenschaften der Zähne) die weißen und starken Zähne gegenüber; diese stehen als Metapher für den Mönch mit vorbildlichem Lebenswandel. Ebenda, S. 718–723.

331 Casagrande · Vecchio: I peccati della lingua (1987), S. 25. – Lindorfer: Bestraftes Sprechen (2009), S. 53–54.

332 Mit konkreten Hinweisen: Lindorfer: Bestraftes Sprechen (2009), S. 56–57. Zu Peraldus und sein Werk siehe dies.: ‹Zungensünden› und ewiges Strafgericht (2008).

333 Ebenda, S. 61–62

und Ausübung des Bußsakraments gleichermaßen an Bedeutung gewinnen sollte, darf man wohl davon ausgehen, dass seine Auffassung, nach der die Zungensünde und Ehrverletzung in einem zwingendem Zusammenhang stehen, auch für Rechtstexte relevant gewesen ist, die diesen Zusammenhang nicht ausdrücklich erwähnen.

Ende des 13. Jahrhunderts werden die Zungen- bzw. Mundsünden[334] auch den Zehn Geboten zugewiesen. Während sie anfangs allein dem achten Gebot, «Du sollst nicht falsch gegen deinen Nächsten aussagen» (Ex 20, 16), zur Seite gestellt wurden, ordnete der Dominikaner Jean Nider († 1438) in seinem *Preceptorium divine legis* Verleumdung und Beleidigung dem fünften Gebot zu:[335] «Du sollst den Namen des Herrn, deines Gottes, nicht missbrauchen, denn der Herr lässt den nicht ungestraft, der seinen Namen missbraucht» (Ex 20, 7). Dass damit, wie Lindorfer schließt, das «‹System› der Zungensünden auch innerhalb der Dekalogauslegungen zunehmend aus den Fugen» gerate, «weil es sich einmal mehr als unmöglich erweist, die innere Zusammengehörigkeit sprachlicher Delikte innerhalb überlieferter Ordnungen zu bewahren», dürfte übereilt argumentiert sein, zumal Lindorfer nur diesen einen Beleg anführt.[336] Vielmehr scheint es so, dass die sündige Zunge weiterhin und mit ungebrochenem Interesse gleichermaßen Teil sowohl der theologischen als auch der strafrechtlichen Diskussion geblieben ist.

Die heftigen konfessionellen Kontroversen des 16. Jahrhunderts, aus denen zahlreiche Traktate und literarische Werke zu Beleidigung und Verleumdung (calumnia) hervorgehen,[337] zeigen, dass die Analyse des sündigen Sprechens noch weiter voranschreitet.

334 Siehe S. 138, Anmerkung 327.

335 Lindorfer: Bestraftes Sprechen (2009), S. 69.

336 Ebenda, S. 69–70.

337 Zum Beispiel: Buchanan, George: Baptistes, sive calumnia. Tragoedia. London 1577. – Hegelund, Peder Jensen: Susanna. København 1578. – Hessus, Helius Eobanus: Elegia, recens scripta de calumnia. Wittenberg 1538 (VD16 E1487). Zwei Übertragungen nach der Vorlage Lukians von Samosata: Knaust, Heinrich: Calumnia. Das mann dem Affterreden, Schendung, Lästerung, Angebung, unnd verleumbdung, so auff andere geredt unnd außgesperet wirdt, nicht leichtlich glauben solle, Oration [...]. Frankfurt am Main 1569 (VD16 L3021, Übertragung nach Lukian von Samosatensis). – Micyllus, Jakob: Apelles, ein schöne Historia wider die Verleumbder, in deutschen Reimen von Jacob Corner. Frankfurt am Main 1569.

Es ändern sich die Referenzen; andere biblische Belegstellen, andere Autoritäten werden zitiert. Aber das beschimpfende und diffamatorische Sprechen in seinen sündhaften Zuschreibungen bleibt Stoff glühender Wortgefechte, seitdem es im 12. Jahrhundert zu einem oft besprochenen Thema wurde. So widmete der Elsässer Theologe Johann Geiler von Kaysersberg (* 1445 † 1510) – wie vermutlich kein anderer vor ihm – den Zungensünden im Jahr 1505 eine ganze Serie von Predigten. Martin Luther (* 1483 † 1546) besprach dieses Thema in seiner *Hauspostille* von 1521 mit der Auslegung von Markus 7, 31–37, der Heilung eines Taubstummen; im Rahmen seines *Großen* und *Kleinen Katechismus* wertete Luther als Verletzung des achten Gebotes «Lüge, Spott, üble Nachrede und Ehrabschneidung, Schmeichelei und falsche Aussage vor Gericht».[338] Auch in ermahnenden Schriften, gerichtet an die Großen der Reiche, und in Fürstenspiegeln nahmen die Warnungen vor Lügen und Falschheit seit dem ersten karolingischen *Fürstenspiegel* des Saint-Mihieler Abtes Smaragd (*Via regia*, um 810) zu.[339] Ähnliches trifft auf die höfische Epik des hohen und späten Mittelalters zu.[340] Das Sprechen an sich ist damit abseits rhetorischer Reflexionen zu einem eigenen theologischen und literarischen Stoffkomplex innerhalb christlicher Wertvorstellun-

Falschheit

338 Bogner, Ralf G.: Die Bezähmung der Zunge. Literatur und Disziplinierung der Alltagskommunikation in der frühen Neuzeit. Tübingen 1997 (Frühe Neuzeit – Studien und Dokumente zur deutschen Literatur und Kultur im europäischen Kontext, 31), S. 66–68 und 109 mit zahlreichen weiteren Belegstellen für Predigttexte.

339 Singer, Bruno: Der Fürstenspiegel im Zeitalter des Humanismus und der Reformation. Bibliographische Grundlagen und ausgewählte Interpretationen: Jakob Wimpfeling, Wolfgang Seidel, Johann Sturm, Urban Rieger. München 1981, S. 59, 140 und 192. – Bogner: Die Bezähmung der Zunge (1997), S. 70. In der Nachfolge Smaragds mahnt zum Beipsiel auch Jonas, seit 818 Bischof von Orleans, in seiner 834 für König Pippin von Aquitanien, einem Sohn Kaiser Ludwigs des Frommen, verfassten Schrift Institutio regia, sich vor verleumderischen Hofleuten zu hüten. Er schöpfte hierbei aus seinen eigenen Erfahrungen am Könighof, als er selbst Opfer falscher Anschuldigungen geworden war. Siehe Booz, Ernst: Fürstenspiegel des Mittelalters bis zur Scholastik. Inaugural-Diss. Freiburg im Breisgau 1913, S. 23.

340 Roloff, Volker: Reden und Schweigen. Zur Tradition und Gestaltung eines mittelalterlichen Themas in der französischen Literatur. München 1973 (Münchener Romanistische Arbeiten, 34), S. 117–187. – Ruberg, Uwe: Beredtes Schweigen in lehrhafter und erzählender deutscher Literatur des Mittelalters. Mit kommentierter Erstedition spätmittelalterlicher Lehrtexte über das Schweigen. München 1978 (Münstersche Mittelalter-Schriften, 32), S. 139–223.

gen herangereift, der gleichermaßen von den Heil bringenden und den beängstigenden sündhaften Eigenschaften des gesprochenen Wortes ergriffen war.

2. Reinigungseid und Gottesurteil im frühen Mittelalter

Die mittelalterlichen und frühneuzeitlichen Rechtsinstanzen und Gerichte zielten darauf ab, die eben im Abschnitt «Falsche Anschuldigung» genannten fünf Ziele durch ein geregeltes Verfahren und/oder ein abschreckendes Strafmaß zu erreichen. Das hieß zuerst einmal, jede Klage zu prüfen und die vorgebrachte Schuldzuweisung zu erhärten oder als falsch zu enttarnen.

Bereits in frühmittelalterlichen Gesetzen lassen sich erste Spuren für Vorkehrungen in dieser Hinsicht nachweisen. Sie bieten dafür verschiedene Möglichkeiten an, sind aber zum Teil inhaltlich sehr knapp gefasst, sodass eine Interpretation schwerfällt. Im *Gesetz des Langobardenkönigs Ratchis (ca. 746)*" legte das Gericht die Höhe des Strafmaßes und die Ausführung der Strafe in die Hände des Beklagten:

> Will er [der Kläger] aber in einer Sache des Königs etwas erklären, dann darf er an die Pfalz kommen. Und beweist er das, was er über den andern sagt, als wahr, dann wird der Überführte verurteilt und empfängt den Rechtsspruch nach Gestalt der Sache, wie es im älteren Gesetzbuch steht. Kann er aber die Wahrheit nicht beweisen, dann wird er jenem in die Hand gegeben samt seinem Gut; der mag mit ihm dann machen, was er will.[320]

Nicht nur die mit dem Strafmaß verbundene Ungewissheit mag abschreckend gewirkt haben, sondern es scheint ganz so, als ob dem unschuldig Beklagten damit Tür und Tor für jede Art von Strafe geöffnet wurden. Dem Opfer stand offen, Vergeltung zu üben und eventuell entstandene Schäden auszugleichen. Da es

320 «Si vero de causa regis aliquid dicere voluerit, sit ei licentiam veniendum ad palatium; et sie, super quem dixerit, veritatem adprovaverit, sit condemnatus, cui adprovaverit, et suscipiat sententiam secundum qualitatem cause, sicut anterior edictus contenit; et si veritatem adprovare non potuerit, fiat ei datus in manus cum rebus suis et faciat de eo, quod voluerit.» Zitiert nach Beyerle: Die Gesetze der Langobarden (1947), S. 350.

ihm auch frei stand, den Besitz des Verurteilten an sich zu nehmen, räumte das Gericht offensichtlich nicht nur die Gelegenheit ein, den beschädigten Leumund zu restituieren, sondern es wollte auch mögliche materielle Schäden tilgen lassen. Mit diesem Verfahren waren Gefahren verbunden, weil die Überlassung des Vollzugs zu willkürlichen Taten führen konnten, die das gewohnheitsmäßige Maß an Strafen überschritten. Außerdem lag im Vollzug dieser Strafe der Keim für eine Kette von Vergeltungsmaßnahmen, da nicht der König oder eine von ihm bevollmächtigte Person, die über ausreichende Mittel und Autorität verfügte, mit dem exekutiven Vorgang betraut wurde. Möglicherweise schreckten deshalb andere Rechtsinstanzen zurück, in dieser Weise zu verfahren: aus anderen Rechtstexten ist ein solches Strafmaß für Injurien nicht bekannt.

Leumund

In Ratchis Gesetz wird deutlich, dass der Kläger den Beweis seiner Aussage antreten musste. Als Beweismittel galt der Reinigungseid (assertorischer Eid), mit dem der Schwörende für seine aufgestellte Behauptung sein Seelenheil verpfändete und mit seiner ganzen Persönlichkeit für die Richtigkeit dieser Behauptung bürgte. Der Reinigungseid diente nicht der «Ermittlung der Wahrheit von Tatsachen, die das Gericht beurteilen müsste, sondern es wird dadurch der Rechtsstreit zum Abschluss gebracht».[321] Es konnte vom Gericht ein Einereid gefordert werden, das heißt nur der Kläger selbst musste eine Eidesformel nachsprechen oder er musste Eideshelfer beibringen, die mit ihm schworen. Dieser gerichtliche Eid war durch einen strengen Formalismus geprägt: Der Schwörende musste den Eid, der von der Gegenpartei oder einer Gerichtsperson vorgesprochen wurde, präzise wiedergeben. Aus anderen Rechtstexten geht hervor, dass auch dem Beklagten die Möglichkeit offenstand, sich durch einen Eid von der zur Last gelegten Schuld zu reinigen. Damit hätte das Beweisvorrecht bei ihm gelegen und nicht beim Kläger. In einem weiteren Verfahrensschritt war die Eidesschelte möglich: Der Kläger bzw. der Beklagte zweifelte den (Reinigungs-)Eid an und warf damit dem jeweils anderen Meineid vor. Diesem Vorwurf folgte ein Gottesurteil (iudicium Dei, ordalium), zum Beispiel in Form eines Zwei-

321 Munzel-Everling, Dietlinde: Art. Eid, in: Handwörterbuch zur deutschen Rechtsgeschichte, hg. von Albrecht Cordes · Heiner Lück · Dieter Werkmüller · Ruth Schmidt-Wiegand, Bd. 1. Berlin ^{2}2008, Sp. 1254.

kampfes (iudicum pugnae, duellum) oder eines Feuerordals.[322] Eine Möglichkeit des Feuerordals wird in der karolingischen *Lex Frisionum* im Zusammenhang mit einem fälschlich zur Last gelegten Diebstahl behandelt:

> Wenn aber derjenige, der den andern als Dieb belangt, ihn fälschlich anschuldigte und beim Urteil des siedenden Wassers überführt wird, kaufe er mit 60 Schillingen seine Hand frei.[323]

322 Drüppel, Hubert: Art. Eid, IV. Germanisches und deutsches Recht, in: Lexikon des Mittelalters, hg. von Robert-Henri Bautier u. a., Bd. 3. München 1986 (ND München 2002), Sp. 1677–1680. Zu den Forschungsmeinungen, ob ein Zweikampf ein Gottesurteil sei und wie er sich in die Reihe der anderen Ordale systematisch einfügen lasse, siehe Neumann, Sarah: Der gerichtliche Zweikampf. Gottesurteil – Wettstreit – Ehrensache. Ostfildern 2010 (Mittelalter-Forschungen, 31), S. 19–21; zu den Nachweisen des Gottesurteils in den mittelalterlichen Rechtstexten siehe auch Köbler, Gerhard: Welchen Gottes Urteil ist das Gottesurteil des Mittelalters? In: Vom mittelalterlichen Recht zur neuzeitlichen Rechtswissenschaft. Bedingungen, Wege und Probleme der europäischen Rechtsgeschichte, hg. von Norbert Brieskorn u. a. Paderborn u. a. 1994 (Rechts- und Staatswissenschaftliche Veröffentlichungen der Görres-Gesellschaft, N. F. 72), S. 89–109.

323 Lex Frisionum, Tit. III § 9: «Si vero is qui alium furem interpellavit falso eum calumniatus est et in iudico ferventis aque fuerit convictus, LX solidis ma-

Abbildung 6

In der *Sächsischen Weltchronik* (1269/1275) wird berichtet, wie Kaiserin Kunigunde († 1023), die Gemahlin Heinrichs II. († 1024), vom Teufel auf eine harte Probe gestellt wird. Da sie von einem Herzog des Ehebruchs angeklagt wird, stellt Heinrich sie zur Rede. Sie bietet an, über sieben glühende Pflugmesser zu gehen, um ihre Unschuld zu beweisen. Als sie in Gegenwart mehrerer Bischöfe und ihres Mannes über die Pflugmesser läuft, bittet sie Gott: «Herre god, d[i]u weist mine schult alene. Ledege mic van dirre not, alse du dedest de guden Susannam van der unrechten bitale» (Illustration in der Bildmitte). Nachdem sie sicher die Probe überstanden hat, werfen sich Heinrich und die Bischöfe vor ihr auf den Boden und erkennen das Gottesurteil an. Diese Erzählung folgt dem Vorbild Susannas aus dem Buch *Daniel*, Kapitel 13. Dort wird Susanna von zwei Greisen wegen Ehebruchs angeklagt, weil sie dem Wunsch der Beiden nach Beischlaf nicht nachkommen wollte. Daniel, durch Gott erleuchtet, entlarvt die falsche Anschuldigung und sühnt diese mit der Talion: Die Greise werden mit dem Tode bestraft.

Gotha, Forschungsbibliothek, Memb. I 90, fol. 92r

Zur Erzählung Kunigundes siehe Herkommer, Hubert: Das Buch der Welt. Kommentar und Edition zur «Sächsischen Weltchronik». Ms. Mem. I 90 Forschungs- und Landesbibliothek Gotha. Luzern 2000, Editionsteil, S. 165

De purgatorio et [illegible] pro mortuis.

vrlost van gůd' liude bede vnde van iren beden almosen.
vnde bi namen des closteres gebede van cloniac. van diser 18.
sake ward gesat aller sele dach na aller hilegen dage. In

deme. ∞. ii. iare van godes gebort. heinric de h'toge Henricus 2dus.
van beieren disses namen de ander. gewan dat rike 1002.
de .lxxxiiii. van augusto vn̄ was dar an .xxiii. iar. Ime 84 23
ward gegeuen to wiue div gůde konegunt. Se beleuen Uxor ejus Kunegunda
vnbewollen beide wante an iren dot. de duvel wolde
se doch vn eren dat se de keiser tech van enes hertogen
rade dat siv im vor hoget hadde. div vrowe bot dar vore Miraculum et probatio innocentiae
ir gerichte. dar to quam manich bischop. dar worden

seuen sek geleget de solde div
vrowe treden. siv hof up ire
hande to godde unde sprak.
herre god div weist mine schult
al ene. ledege mie van dirre not alse du dedest de gůden
susannam van d' unrechten bitale. siv trat de schare balt
like vnde ward siker mit groten eren. de koning vel
ire do to vote vn̄ de h'ren alle. De koning stephan van Gisla soror Henrici
ungeren nam des koning heinrikes suster to wiue div uxor Stephani Hungarorum Regis.
was geheten gisle. dar van ward de selue koning xp̄en
vnde al dat lant to ungeren. de selue ko ning stephā
vient sinen om den koning van polenen vn̄ dwang Hungarorum et Polonorum conversio.
in dar to dat he xp̄en ward mit al sineme lande. Alse
ward he xp̄en mit de ungeren vn̄ pollenen. Dit is de
heilege koning steph.m. to des graue god vile tekene doo Miracula ad sepulchrum S.
De koning heinric vor do to walscheme lande vn̄ besat en Stephani Hungarorum Regis.
castel. dar ward he gevangen. de sine wolden in do losen

mit siluere vn̄ mit golde. des ne moch Expeditio Italica
te nicht geschen se ne mochten oc der
burch nicht gewinne. De koning

Bei diesem Gottesurteil musste ein Gegenstand aus siedendem Wasser geholt werden. Wenn die Brandwunde ohne Komplikationen heilte, galt der Proband als unschuldig.[324] Diesem Verfahren liegt der Gedanke zugrunde, dass Gott Hüter des Rechts sei und es nicht dulde, dass Schuldige freigesprochen würden. Deshalb wirke er persönlich als himmlischer Richter und zeige den Menschen die Wahrheit. Infolgedessen waren Gottesurteile in ein liturgisches Zeremoniell eingebunden und fanden in der Kirche oder auf dem Kirchhof statt. Nach Fasten, Messe und der Anrufung Gottes durch einen Priester wird der Beweisführer zum Geständnis aufgefordert, falls er sich schuldig fühle, danach wird der eigentliche Gottesbeweis angetreten.[325]

Der zitierte Artikel aus der *Lex Frisionum* ist aufgrund seiner Komprimierung nicht in jedem Punkt ohne Probleme nachzuvollziehen. Zum einen legt er nahe, dass der sonst verbreitete Reinigungseid in diesem Verfahren vielleicht nicht vorgesehen war, sondern der Beklagte hätte sich gleich dem Gottesurteil aussetzen müssen, wenn er auf seine Unschuld beharrte. Damit läge die Beweisführung beim Kläger. Zum anderen könnte der letzte Teilsatz, «LX solidis manum suam redimat», auf ein zweites Strafmaß, das Talionsprinzip, hinweisen. Falls es der Kläger nicht vermag seine Hand freizukaufen, müsste er wohl jene Strafe hinnehmen, die den Beklagten bei einer Verurteilung erwartet hätte: den Verlust der Hand.

Hans Helfritz (* 1877 † 1958) wies am Beispiel des *langobardischen Rechts unter König Rothari* darauf hin, dass es sich nicht immer nur um Reinigungseide handeln musste, wenn die frühmittelalterlichen Leges im Zusammenhang mit Injurien dazu auffordern, einen Eid zu schwören. Wenn eine Person nämlich schwören musste, dass ihre Beschuldigung, eine andere Person sei eine Hexe oder ein Hexer, nicht zutreffe und er gar nichts in dieser Hinsicht von der beschuldigten Person gehört habe, dann gehe es ja nicht um die Ehrenhaftigkeit des Klägers, sondern um die des Beschuldigten. Damit würden die Merkmale des Reinigungseides

num suam redimat.» Zitiert nach Eckhardt · Eckhardt: Lex Frisionum (1982), S. 44–45.

324 Becker, Hans-Jürgen: Art. Gottesurteil, in: Lexikon des Mittelalters, hg. von Robert-Henri Bautier u. a., Bd. 4. München 1989 (ND München 2002), Sp. 1594.

325 Erler: Art. Gottesurteil (1971), Sp. 1770.

nicht zutreffen. Dementsprechend handelt es sich in diesem Fall um eine Form der Genugtuung, um eine Ehrenerklärung.[326] Genugtuung

In der älteren Redaktion der *Lex Salica*, entstanden in den Jahren 763/764, wurde in Kapitel 24 auch die falsche Anschuldigung vor dem Königsgericht als Tatbestand aufgenommen. Dort heißt es, dass derjenige zu einer Geldstrafe verurteilt wird, der vor dem König einen abwesenden unschuldigen Mann anklagt:

> De cuique ad regem hominem innocentem absentem accusat, mallobergo seolando veva, sunt dinarii MMD qui faciunt solidus LXII semis culpabilis iudicetur.»[327]

Im Sinne des oben beschriebenen Verfahrens war ohne die Anwesenheit des Beklagten oder eines bevollmächtigten Vertreters keine Beweisführung und damit auch kein Prozess möglich. Vermutlich ging es also darum, die Zahl der Klagen einzugrenzen. Die Vertreter des kanonischen Rechts im hohen Mittelalter und die spätmittelalterlichen Stadtrechte setzten sich – wie man im Folgenden noch sehen wird – lebhaft mit den Möglichkeiten auseinander, die Gerichtsfälle zu beschränken. Allerdings geht aus dem salfränkischen Artikel nicht hervor, welche Strafe jenen erwartet hätte, der in Gegenwart des Beklagten vor Gericht falsch anklagte.

Die frühmittelalterlichen Leges kennen auch andere, heute weniger befremdliche Beweismittel wie den Wahrnehmungszeugen (testis), der seine Aussage auf Grundlage des Augenscheins vor Gericht bringt.[328] Hier waren Gedanken des römischen Rechts Zeuge Römisches Recht

326 Helfritz: Der geschichtliche Bestand und die legislative Verwertbarkeit von Widerruf, Abbitte und Ehrenerklärung (1905), S. 16–17.

327 Zitiert nach Eckhardt: Die Gesetze des Karolingerreiches 714–911, Bd. 1: Lex Salica: recensio Pippina (1953), S. 44.

328 «Prozeßgeschichtlich wird im allgemeinen zwischen Zufallszeugen, also Zeugen aufgrund zufälliger Wahrnehmungen – sie werden auch Tat- oder Erfahrungszeugen genannt –, und Zeugen unterschieden, die zu rechtserheblichen Vorgängen ausdrücklich hinzugezogen werden. [...] Darüber hinaus unterscheidet man zwischen Augen- und Ohrenzeugen sowie Zeugen, die ihr Wissen nur vom Hörensagen haben (testes de auditu).» Fischer, Mattias G.: Art. Zeugen, in: Handwörterbuch zur deutschen Rechtsgeschichte, hg. von Adalbert Erler · Ekkehard Kaufmann, unter philologischer Mitarbeit von Ruth Schmidt-Wiegand, Bd. 5. Berlin 1998, Sp. 1684. Einen knappen historischen Überblick (Mittelalter und frühe Neuzeit) zu Zeugen und Zeugenschaft in Recht, Philosophie, Theologie, Literatur und bildender Kunst bei Drews, Wolfram · Schlie, Heike: Zeugnis und Zeugenschaft. Perspektiven aus der Vormoderne. Zur Einleitung, in: Zeugnis und Zeugenschaft. Perspekti-

eingeflossen. Das trifft insbesondere für die *Leges Visigothorum* zu. Dort wird wiederholt angemahnt, zur Ermittlung der Wahrheit (veritas) Wahrnehmungszeugen heranzuziehen.[329] Sollte auf diesem Weg keine Wahrheitsfindung möglich sein, wird dem Richter aufgeben, den Beklagten zum Reinigungseid zuzulassen. Andere Texte zeigen hingegen die schwerwiegenden Probleme, die mit der Identifizierung von Zeugen in den Quellen verbunden sind. In den *Formulae Turonenses* aus dem 8. Jahrhundert wird die Wahrheit

Notwehr

> durch Eideshelfer kundgetan, freilich durch Eideshelfer, die in Wirklichkeit verkappte Tatzeugen sind. Ein Mann schwört hier nämlich, «dum sic veritas comprobaretur», mit zwölf Helfern, daß er einen Totschlag in Notwehr begangen habe. Seine Helfer sind «homines ibidem commanentes, qui in initio litis ibidem fuerunt vel qui ad ipsos huccos cucurrerunt». Vierzig Nächte nach diesem Verklarungseid, der ihn von der Verfolgung auf handhafter Tat befreit, schwört er dann mit dreimal zwölf Helfern den eigentlichen Reinigungseid, bei dem von «veritas» keine Rede ist.[330]

In einem *Kapitular Pippins* († 811) von 785 und in einem *Kapitular Ludwigs des Frommen* (* 778 † 840) von 816 wird bestimmt, Nachbarn unter Eid als Zeugen zu befragen, um die Wahrheit zu ermitteln – widersprechen sich die Aussagen, soll zumindest nach *Ludwigs Kapitular* ein Gottesurteil entscheiden.[331] Trotz dieser Belege scheint die Zulassung von Wahrnehmungszeugen außerhalb des römischen Einflussbereiches selten gewesen zu sein, sodass eine Überführung des Beklagten durch Wahrnehmungszeugen kaum gelang; für den Ausgang des Verfahrens war im frühen Mittelalter vor allem der Reinigungseid entscheidend.[332]

---

ven aus der Vormoderne, hg. von Wolfram Drews · Heike Schlie. München 2011 (Trajekte. Eine Reihe des Zentrums für Literatur- und Kulturforschung Berlin), S. 8–12.

329 Kroeschell, Karl: Wahrheit und Recht im frühen Mittelalter, in: ders.: Studien zum frühen und mittelalterlichen deutschen Recht. Berlin 1995 (Freiburger Rechtsgeschichtliche Abhandlungen, N. F. 20), S. 402–404.

330 Ebenda, S. 410.

331 Ebenda, S. 411–412. Weitere Hinweise auf karolingische Kapitularien mit ähnlichen Bestimmungen bei Fischer: Art. Zeugen (1998), Sp. 1685.

332 Kroeschell: Wahrheit und Recht im frühen Mittelalter (1995), S. 412–413.

3. Famapurgation

Von einigen spätantiken Konzilen und Synoden ist bekannt, dass sie sich im Bemühen um eine vorbildliche klerikale Lebensführung eingehend mit Verleumdungen beschäftigten, und zwar einerseits mit solchen, die gegen Geistliche gerichtet, und andererseits mit solchen, die von Geistlichen ausgestoßen worden waren.[333] Wurde ein Geistlicher durch (falsche) Anschuldigungen belastet, galt es in vielen Fällen als geboten, dessen Schuld oder Unschuld innerhalb eines Prozesses zu klären. Hatte kein Prozess stattgefunden und war der Verdacht nicht ausgeräumt worden, konnte dennoch darauf gedrängt werden, dass sich der Geistliche von seinem schlechten Ruf (fama mala) durch einen Reinigungseid glaubhaft distanzierte. Erste Fälle dieserart sind aus dem Umfeld des heiligen Augustinus (* 354 † 430) und Papst Gregors des Großen (590–604) bekannt.[334]

Zur Begründung dieses Verfahrens wurden seit dem 8. Jahrhundert insbesondere der *Liber pontificalis* und die um 850 entstandenen Fälschungen in der *Kapitulariensammlung des Benedictus Levita* herangezogen. Der *Liber pontificalis* berichtet in den Viten zu Damasus I. (366–384), Sixtus III. (432–440) und Symmachus (498–514), wie sich diese Päpste auf Synoden von ihrer «mala

333 Zum Beispiel das erste Konstantinopeler Konzil aus dem Jahr 381 und das Chalkeodoner Konzil aus dem Jahr 451: auf beiden Konzilien wurde festgelegt, welche Personen berechtigt waren, Bischöfe oder Kleriker anzuklagen. Die Edition der Texte in Wohlmuth, Josef (Hg.): Dekrete der ökumenischen Konzilien, im Auftrag der Görres-Gesellschaft ins Deutsche übertragen und herausgegeben unter Mitarbeit von Gabriel Sunnus und Johannes Uphus, Bd. 1: Konzilien des ersten Jahrtausends: vom Konzil von Nizäa (325) bis zum vierten Konzil von Konstantinopel (869/70). Paderborn u. a. ²1998, Bd. 2: Konzilien des Mittelalters: vom ersten Laterankonzil (1123) bis zum fünften Laterankonzil (1512–1517). Paderborn u. a. 2000. Bd. 1 (1998), S. 33–34 und 97. Die Synode von Karthago von 418 verbot es Geistlichen, Verleumdungen auszustoßen. Bei Verstößen drohten Amtsenthebung und Exkommunikation. Blackmore, Anthony: Christliche Alterthümer. Mit einer Vorrede von Friedrich Eberhard Rambach, Bd. 1. Breslau 1768, S. 361.

334 Plöchl: Geschichte des Kirchenrechts, Bd. 1 (1960), S. 421. – Trusen, Winfried: Gelehrtes Recht im Mittelalter und in der frühen Neuzeit. Goldbach (bei Aschaffenburg) 1997 (Bibliotheca eruditorum, 23), S. 175.

fama» gereinigt hätten. Im 35. Kapitel des ersten Buches des *Liber pontificalis* wird

> ein an die fränkischen Bischöfe gerichtetes Schreiben von Karl d. Gr. von 799 angeführt, in dem er ihnen aufträgt, bis zu seiner erbetenen Antwort Papst Leos zu beraten, wie dem Ärgernis abzuhelfen sei, wenn verdächtige Kleriker ihre Vergehen nicht gestanden, diese aber auch nicht bewiesen werden könnten. Im folgenden c. 36 wird die Entscheidung mitgeteilt, nach der im Einvernehmen mit Papst Leo und vielen Bischöfen sowie dem Reichstage festgesetzt wird, daß jeder angeklagte Kleriker, der nicht gestehe, aber auch nicht überführt werden könne, sich bei einer bleibenden Verdächtigung mit drei, fünf, sieben oder nach dem Ermessen des Bischofs mit noch mehr Eideshelfern reinigen müsse. Schließlich findet sich bei Benedictus Levita in lib. III c. 281 noch ein Nachtrag, worin Karl berichtet, es sei ihm früher unbekannt gewesen, daß schon Papst Gregor II. sich über dieses Problem geäußert habe. Das habe ihm Erzbischof Riculf von Mainz erst auf einer Versammlung zu Worms mitgeteilt.[335]

Eideshelfer

In der Folge bestätigten dieses Verfahren mehrere Synoden innerhalb des Frankenreichs und es trat seit dem 11. Jahrhundert in den päpstlichen Dekretalen häufiger auf, bis es im 12. Jahrhundert einen wichtigen Platz in der römischen Kirche einnahm.

Infamationsverfahren

Abweichend von dem durch Winfried Trusen stark gemachten Begriff des «Infamationsverfahren» für dieses Verfahren, wählte Markus Hirte in seiner Untersuchung des kirchlichen Strafverfahrens unter Papst Innozenz III. den überzeugenderen Begriff «Famapurgation». Danach war die

> *Purgatio* (*canonica*) als terminus technicus für einen Reinigungseid in Abgrenzung zur *purgatio vulgaris* für die anderen (unzulässigen) Unschuldsbeweise [...] bereits unter Rufinus gängig. Als eine Voraussetzung für die Reinigung war eine Infamie erforderlich (*infamia facti*), welche von der Infamie als Rechtsfolge (*infamia iuris*) getrennt wurde. Letztere umfaßte u. a. die Infamie wegen schuldhafter Weiheuntauglichkeit oder begangenem Verbrechen, trat als Tat- oder Spruchstrafe ein und wurde nach eigenen Regeln getilgt. Trotz dieser Kriterien war eine klare Diffe-

335 Trusen: Gelehrtes Recht im Mittelalter (1997), S. 177–178.

> renzierung nicht immer möglich. Wenn [...] von Infamie gesprochen wird, umschreibt dies die *infamia facti*, welche Voraussetzung für eine kanonische Reinigung war.[336]

Die «infamia iuris» fand im 4. Jahrhundert im kanonischen Recht auch bei Häretikern und Apostaten Anwendung. Sie wurde sowohl im Westgoten- als auch im Fränkischen Reich rezipiert und um den Ausschluss von den kirchlichen Weihen vermehrt; über die *Pseudoisidorischen Dekretalen* fand die «infamia iuris» Eingang in jüngere Rechtstexte. Eine «infamia factis» galt aufgrund der den Geistlichen zugeschriebenen Vorbildfunktion als unhaltbar; sie war wie die «infamia iuris» eine Irregualität, «deren Vorhandensein der beruflichen Eignung, der Würde und dem Ansehen des Klerikers abträglich waren».[337] Beide Arten wurden im Zusammenhang mit der Zulassung von Personen zu den heiligen Weihen geprüft. Allerdings bestanden auch Kriterien, nach denen sowohl die «infamia factis» als auch die «infamia iuris» eines Kandidaten in einem Zulassungsverfahren bewertet wurden: Häresie

Geheime Sünden konnten nicht als Ursache der faktischen Infamie gewertet werden. Eine gewisse Öffentlichkeit mußte mit den unwürdigen Handlungen verbunden sein, bevor jemand vom Empfang der Weihen ausgeschlossen werden konnte. War daher jemand eines Verbrechens angeklagt, so mußte erst der Ausgang des Verfahrens abgewartet werden. Jedoch konnte der Bischof bekannte öffentliche Sünder von den Weihen ausschließen, ohne daran ein eigenes Verfahren zu knüpfen. Es stand ferner seiner Überprüfung zu, zu entscheiden, ob die Gründe der Infamie und ihre Folgen weggefallen waren, um einen Kandidaten zuzulassen.[338] Öffentlichkeit Sünder

336 Hirte: Papst Innozenz III., das IV. Lateranum und die Strafverfahren gegen Kleriker (2005), S. 108–109. Zum kanonischen Infamiebegriff siehe zudem Jacobi: Der Prozeß im Decretum Gratiani und den älteren Dekretisten (1913). – May, Georg: Die Infamie im Decretum Gratiani (Erstveröffentl. 1960), in: Ders.: Schriften zur Rechtsgeschichte. Ausgewählte Aufsätze, hg. von Anna Egler · Wilhelm Rees. Berlin 2014 (Kanonistische Studien und Texte, 64), S. 309–332. – Ders.: Die Anfänge der Infamie im kanonischen Recht, in: Zeitschrift der Savigny-Stiftung für Rechtsgeschichte, Kanonistische Abt. 47 (1961), S. 77–94. – Landau: Die Entstehung des kanonischen Infamiebregriffs von Gration bis zur Glossa ordinaria (1966). – Trusen: Gelehrtes Recht im Mittelalter und in der frühen Neuzeit (1997).

337 Plöchl: Geschichte des Kirchenrechts, Bd. 2 (1962), S. 293.

338 Ebenda, S. 293–294.

4. Injurien im Kirchenrecht des 12. und 13. Jahrhunderts

Zu den entscheidenden kirchenrechtlichen Grundlagen der Injurien seit dem 12. Jahrhundert gehörten folgende Kapitel aus dem um 1140 entstandenen *Decretum Gratiani*:[339]

> Si accusator in accusatione defecerit, talionem recipiat. Item Damasus Papa. [ad Stephanum Archiepiscopum, epist. III.] Calumpniator, si in accusatione defecerit, talionem recipiat. [...]
>
> Item ex decreto Adriani Papae. [in capitulis ab ipso collectis, c. 52. in medio] Qui non probauerit quod obiecerit, penam, quam ipse intulerit, patiatur. (pars II, causa II, question III, cap. II)
>
> Item Fabianus Papa. [ep. II. ad Episcopos orientales] Deus ergo, fratres, ad hoc preordinauit uos et omnes, qui summo sacerdotio funguntur, ut iniusticias remoueatis, et presumptiones abscidatis, et in sacerdotio laborantibus succurratis, et obprobriis et calamitatibus eorum locum non prebeatis, sed ei, qui calumpniam uel obprobrium patitur, adiutorium feratis; illum uero, qui calumpniam uel obprobrium facit, abscidatis, et Domino in suis sacerdotibus opem feratis. Gratian. Patet ergo, quod expoliati prius sunt presentialiter restituendi, antequam ad causam sint uocandi. Sed obicitur, ubi non fuit legitima institucio, ibi non potest esse restitucio. Non enim probatur destitutus qui prius non fuit institutus, ac per hoc nec restaurationem postulare

339 Die Zählung und Zitate folgen der Ausgabe von Friedberg, Emil: (Hg.): Corpus juris canonici. Editio Lipsienis secunda post Aemilii Ludouici Richteri, curas ad librorum manu scriptorum et editionis Romanae fedem recognouit et adnotatione critica instruxit Acmilius Friedberg, 2 Bde. Leipzig [2]1879/1881. Eine Aufstellung aller Belegstellen der Begriffe «calumnia»/«calumniator» in Reuter, Timothy · Silagi, Gabriel: Wortkonkordanz zum Decretum Gratiani, 5 Bde. München 1990 (Monumenta Germaniae Historica. Hilfsmittel, 10.1–5), S. 482–483. Ergänzend dazu Hinschius: System des katholischen Kirchenrechts, Bd. 5 (1895), S. 204 Anm. 5–9 und S. 207 Anm. 6.

potest. Illi ergo, quorum election uiciosa est, uel qui a clero non sunt electi, uel a populo expetiti, uel qui per symoniam inrepserunt, non sunt habendi inter episcopos, et ideo, si a sedibus, quas tenere uidebantur, expulsi fuerint, non possunt restitutionem petere ante, quam uocentur ad causam. Unde supra in tractatu ordinandorum: «Si quis pecunia uel gratia humana, seu populari uel militari tumultu, etc.» Sed hoc in eo tantum casu intelligitur, quo apostolica sedes per uiolentiam occupatur, quo casu iudex non inuenitur, cuius offitio ille apostaticus possit excludi. In aliis autem locum non habet, cum uiolenta possessio, nisi per iudicis sententiam, uiolento detentori detrahi non possit. Si autem uerus dominus, bello non continuato, sed renouato, ui illum eiecerit de possessione, iudicis auctoritate predoni possessionem restituet. Si ergo episcopi a sedibus, quas quoquomodo tenere uidebantur, non per iudicem, sed uiolenter eiecti fuerint, post eiectionem restituendi sunt ante regularem ad sinodum uocationem. (pars II., causa III, questio I., cap. VI)

Gratianus. In infamiam cuiusdam episcopi cartula accusationis occulte conscribitur; tandem accusator procedit in publicum. Episcopus semel litteris euocatus, causae suae die statuta adesse non ualens, per procuratorem iudici se representauit; absque sinodali audientia dampnatur. Demum iudicio per appellationem renouato, de accusatoris inimicitia episcopus conqueritur; tandem in probatione deficit accusator. [Qu. I.] Primo queritur, qua pena sit feriendus, qui, famosum libellum clanculo scribens, probare negligit que litteris mandauit? [Qu. II.] Secundo, quotiens sit uocandus ad causam ante, quam sententiam dampnationis excipiat? [Qu. III.] Tertio, an per procuratorem causam suam agere ualeat qui per se ipsum causae suae adesse non potest? [Qu. IV.] Quarto, an absque sinodali audientia sit dampnandus? [Qu. V.] Quinto, an ideo aliquis sit habendus inimicus, quia crimen alterius indicat? [Qu. VI.] Sexto, qua pena sit plectendus, qui quod intulit probare non ualet? (pars II., causa V)

Gratianus. Duo fornicatores et infamia notati quendam religiosum episcopum de symonia accusare nituntur; reus alterius prouinciae archiepiscopi iudicium expetit; tandem in probatione deficit accusator; reus cogitur ad innocentiae suae assertionem. [Qu. I.] Primo queritur, an crimine irretiti uel infamia notati ad huiusmodi accusationem sint admittendi? [Qu. II.] Secundo, si episcopus in eos accusa-

> tionem uertere uoluerit, an simplici assertion suae sit fides habenda? [Qu. III.] Tertio, si liceat sibi expetere iudicium archiepiscopi alterius prouinciae? [Qu. IV.] Quarto, cuius iudicium sibi sit expetendum, si circa suam sententiam episcopos suae prouinciae discordare contigerit? [Qu. V.] Quinto, si in probatione deficit accusator, an reus sit cogendus ad probationem innocentiae suae? (pars II., causa VI)

sowie folgende Titel aus der *Dekretalensammlung* Papst Gregors IX. von 1234:

> Liber II, titulus VII De iuramento calumniae: cap. I: Clericus in causa ecclesiae suae iuramentum calumniae potest alteri committere, et per se iurare non cogitur, nec debet sine superioris licentia. [...] – cap. II: In spiritualibus causis de non iuratur. [...] – cap. III: Principalis persona non indistincte relevatur ab onere iurandi de calumnia, licet compareat per oeconomum; sed sibi vel oeconomo est deferendum, inspecta qualitate causae et personarum. [...] – cap. IV: Universitas tenetur iurare de calumnia, nisi relevet se constituendo oeconomum. [...] – cap. V: Clerici etiam in eorum causis iurant de calumnia, contraria consuetudine non obstante. [...] – cap. VI: Procurator vel syndicus universitatis ecclesiasticae vel saecularis de calumnia iurare potest. [...] – cap. VII: Episcopus iurat de calumnia, si per se ipsum elegit litigare, propositis tantum, non tactis evangeliis. Si vero per syndicum litigat, per illum poterit iurare. H. d. - §. 1. Actor refutando iuramentum calumniae sine causa, cadere debet ab instituta actione; reus autem debet haberi pro confesso. Hoc dicit. [...]

> Liber V, titulus II De calumniatoribus: cap. I : Subdiaconus, calumniose accusans diaconum, subdiaconatu privatur, et publice verberibus castigatur, et in exsilium mittitur. [...] – cap. II: Denunciator, in probatione criminum deficiens, ab officio et beneficio suspenditur, donec innocentiam suam purget. [...]

> Liber V, titulus XX De crimine falsi : cap. I : Testis falsidicus tres laedit, Deum, iudicem et partem, et falsus est non solum, qui mendacium dicit, sed etiam, qui veritatem occultat. [...] – cap. III: Clericus, falsans sigillum principis, deponitur. Item ei character inprimitur, et in exsilium mittitur. [...] – cap. V: Ponit novem modos falsandi literas papales. [...] – cap. VI: Falsae sunt literae papales, in quibus episcopus vocatur filius, vel inferior frater, vel uni scribitur

in plurali. [...] – cap. VII: Qui per se, vel per alios literas Papae falsant, excommunicati sunt cum suis fautoribus, et clerici officiis et beneficiis privati sunt, et degradandi et tradendi curiae saeculari, per quam laicus legitime punitur. Qui vero falsis literis utitur, si clerericus est, officio et beneficio privatur; si laicus, excommunicatus est. [...]

Liber V, titulus XXXVI De iniuris et damno dato: cap. VII: Saecularis potestas, quae clericum bannivit, condemnari debet per iudicem ecclesiasticum secundum aestimationem iniuriae in expensis et damnis. Et hodie adde poenam in Clem. 1. de poenis. [...] – cap. VIII: Qui iurat statutum super non repetendis damnis, hoc non obstante, expensas repetere poterit. H. d. vel sic: Statutum super damnis non repetendis ad expensas non extenditur. [...]

In diesen Artikeln werden unter anderem die drei nachfolgenden Fragestellungen erörtert:

1. Wann müsse der Kirchenobere einem Verdacht nachgehen? – Der Verdacht müsse vor allem glaubhaft sein, also von ehrenhaften Personen vorgebracht worden sein und nicht von Übel wollenden oder feindseligen. Gelegentlich wurde darüber hinaus eingefordert, dass zu einem Gerücht entsprechende Indizien vorliegen müssten.[340] Hinter diesen Überlegungen verbirgt sich die Sorge um den Schutz des verdächtigen Klerikers und die Einschränkung von unberechtigten bzw. falschen Klagen vor einem Gericht. So fügte zum Beispiel Bernhard von Pavia in seiner *Compilatio prima* den angeblich auf dem Konzil von Tours, das 1163 unter der Leitung Papst Alexanders III. (1159–1164) stattgefunden hatte, formulierten neunten Kanon «Über die Bestrafung unberechtigter und verleumderischer Klagen» ein,[341] unter anderem um, so Bernhard, die Prozesskosten und die Anzahl der Klagen vor Gericht zu senken.[342] In einem eige-

340 Landau: Die Entstehung des kanonischen Infamiebegriffs von Gratian bis zur Glossa ordinaria (1966), S. 10–21.

341 Zur Entstehungsgeschichte und Rezeption siehe Somerville, Robert: Pope Alexander III and the Council of Tours (1163). A Study of Ecclesiastical Politics and Institutions in the Twelfth Century. Berkeley · Los Angeles · London 1977, S. 39–40.

342 Laspeyres, Ernst A. Th. (Hg.): Bernardi Papiensis Favientini episcopi Summa decretalium. Ad librorum manuscriptorum fidem cum aliis eiusdem scriptoris anecdotis editit. Regensburg 1860 (ND Graz 1956), X 5.37.4. – Kéry: Gottesfurcht und irdische Strafe (2006), S. 509–510.

nen Kapitel über Verleumder (De calumniatoribus)[343] präsentiert er ein Fallbeispiel aus dem frühen 7. Jahrhundert: Papst Gregor der Große rügte in einem Mahnschreiben vom 10. Juli 601[344] einen gewissen Anthemius, den «subdiaconus Campaniae», weil er und andere Richter im Verleumdungsfall des Diakons Johannes nicht das rechte Strafmaß gefunden hätten. Hilarius, der Verleumder, müsse hart bestraft werden; er habe sich gegenüber einem Schuldlosen und Geweihten schuldig gemacht. Daher befahl Gregor, Hilarius von seinem Amt zu entsetzen, ihn öffentlich auspeitschen und verweisen zu lassen. Bernhard weicht mit seiner Kommentierung dieses Monitoriums vom päpstlichen Strafmaß ab, wenn er in diesem Fall eine auf dem Talionsprinzip basierende Strafe empfiehlt. Ergänzend weist er darauf hin, dass es äußerst schwer sei, die wissentlich falsche Anschuldigung zu beweisen. Es obliege dem Richter, die Vorwürfe zu bewerten und die Modalitäten der Reinigung (purgatio) festzulegen.[345] Hostiensis ergänzte in seiner Schrift *In quinque libros decretalium lectura* zu Bernhards Empfehlung noch weitere Alternativen. Danach könne man falschen Anschuldigungen vor Gericht mit der Androhung einer Geldstrafe, der Leistung eines Eides, der Furcht vor Infamie und schließlich der Talion begegnen:

Richter

Kalumnie

> [...] modo mulcta pecuniaria, modo iureiurando modo metu infamie, modo pena talionis in criminalibus; sed et multis aliis modis de calumnia punitur [...].[346]

Gottesurteile

2. Welche Rolle spielten Gottesurteile? – Gratian lehnt nicht grundsätzlich das Gottesurteil ab, sondern die Wasser- und Eisenprobe. Jüngere Dekretisten wie Paucapalea (lebte um 1148), ein Schüler Gratians, erklären in diesem Zusammen-

343 Laspeyres: Bernardi Papiensis Favientini episcopi Summa decretalium (1860), X 5.2.1–2.

344 Hartmann, Ludwig M. (Hg.): Gregorii I. papae registrum epistolarum, Bd. 2: libri VIII–XIV. Berlin 1899 (Monumenta Germaniae Historica. Rerum Germanicarum medii aevi: Epistolae, 2), S. 327–328.

345 Kéry: Gottesfurcht und irdische Strafe (2006), S. 510.

346 Zitiert nach: Henrici de Segusio Cardinalis Hostiensis Lectura in quinque libros decretalium. Venedig 1581 (ND Torino 1965). [...] Lectura in quinque libros decretalium (1581), X 5.37.4.

hang auch den Zweikampf für nicht statthaft und Magister Rolandus aus Bologna will nur noch den Reinigungseid zulassen. Andere betonen, dass Geistliche auf keinen Fall einem Gottesurteil unterzogen werden dürften und votieren für eine am Amt und Weihegrad orientierte Anzahl von Eideshelfern beim Reinigungseid.[347]

3. Musste der Reinigungseid öffentlich oder im Geheimen erfolgen? – Während Gratian eine Suspendierung des Verdächtigen vom ausgeübten Amt bis zur Reinigung vorsieht und damit andeutet, dass diese in der Öffentlichkeit zu erfolgen habe, machen andere ihre Entscheidung darüber abhängig vom Zustandekommen des Gerüchts bzw. des Verdachts. Wenn ein Verdacht durch bekannte und angesehene Personen glaubwürdig vorgetragen wird, solle die Reinigung nur vor dem Bischof als Gerichtsherrn und den Klägern stattfinden. Sind die Urheber des Gerüchts nicht bekannt, müsse die Reinigung vor dem Bischof und dem Volke, also in der Öffentlichkeit erfolgen.[348]

Öffentlichkeit

347 Trusen: Gelehrtes Recht im Mittelalter und in der frühen Neuzeit (1997), S. 182–183.

348 Ebenda, S. 183–184.

5. Inquisitionsprozess

Unter Papst Innozenz III. (1198–1216) wurde mit dem Inquisitionsprozess eine neue Prozessform im Disziplinarrecht gegen Kleriker geschaffen. «Inquirere» bedeutet im römischen Recht «aufsuchen», «nachspüren», und das zugehörige Substantiv «inquisitio» ist im Sinne von «Aufsuchung», «Nachsuchung», «Untersuchung» oder auch «Nachforschung» zu verstehen. Die früh- und hochmittelalterlichen Rechtsgelehrten nutzten beide Begriffe in diesem Sinne:

Zeuge

> bei der Beauftragung von Auditoren zur Zeugenvernehmung, zur Feststellung eines *notorium*, [...] bei der Untersuchung von Pfründen- und Amtsübertragungen, Kloster- und Kirchenvisitationen, Wahlangelegenheiten, Bischofstranslationen, Statusfragen, in Ehefällen, bei Häresie und in reinen Verwaltungssachen.[349]

Davon zu unterscheiden ist der Inquisitionsprozess, für den unter anderem die Ergründung der materiellen Wahrheit ein wichtiges Merkmal wurde. Mit dem Inquisitionsprozess konnte ein Prozess bei hinreichendem Verdacht von Amts wegen (ex officio) in Gang gesetzt werden. Ein Kläger hatte Sicherheitsleistungen (Kaution, Bürgen etc.) zu stellen, haftete beim Unterliegen im Prozess für die Entschädigung des Beklagten und musste in diesem Fall auch die Gerichtskosten tragen.[350]

Im Jahr 1210 ließ Papst Innozenz III. eine Sammlung seiner wichtigsten Dekretalen durch den Notar Petrus Beneventanus anfertigen, die, nachdem sie den Rechtsgelehrten an der Universität Bologna vorgestellt worden waren, als *Compilatio tertia* zum Grundstock des Inquisitionsverfahrens wurde und nach ihrer Bestätigung durch das vierte

349 Ebenda, S. 102.

350 Lingelbach, Gerhard: Art. Anklage, in: Handwörterbuch zur deutschen Rechtsgeschichte, hg. von Albrecht Cordes · Heiner Lück · Dieter Werkmüller · Ruth Schmidt-Wiegand, Bd. 1. Berlin ²2008, Sp. 245. – Hirte: Papst Innozenz III., das IV. Lateranum und die Strafverfahren gegen Kleriker (2005), S. 164–220.

Laterankonzil 1215 rasch Verbreitung fand. Sie ging unter anderem 1234 in den *Liber extra* Papst Gregors IX. ein, einem wesentlichen Bestandteil des *Corpus Iuris Canonici*.[351] Friedrich II. übernahm als erster König den Inquisitionsprozess in den 1231 erlassenen Konstitutionen von Melfi für das Königreich Sizilien. Großen Anteil daran hatte Roffredus Epiphanii (* ca. 1170 † ca. 1243), Mitglied des königlichen Hofgerichts. Er sah das Inquisitionsverfahren im römischen Recht begründet und dehnte dessen Anwendungsbereich nun auch auf die königliche Rechtsprechung aus.[352]

Römisches Recht

Das neue Verfahren sollte es einerseits erleichtern, die Kirchenoberen zu belangen und sie in einem Disziplinarverfahren ihrer Ämter zu entsetzen; denn für sie scheint es leichter gewesen zu sein, sich durch einen Eid mit Eideshelfern von einem schwerwiegenden Verdacht zu reinigen. Andererseits sollte mit der Durchsetzung des Verfahrens auf dem vierten Laterankonzil eine flächendeckende Reform und Prüfung der Sitten des Klerus innerhalb jeder Diözese in Gang gesetzt werden.[353] Hinzu kommt noch, dass sich mit dem Inquisitionsprozess der Schutz von angeklagten Personen erhöhte: Ihre Taten wurden innerhalb des Prozessverlaufes im Sinne der materiellen Wahrheit mit entsprechenden Beweismitteln geprüft.

Eid/Eidesheilfer

Zu den Beweismitteln zählten neben dem Reinigungseid auch der Augenschein, ein eidliches Zeugnis Dritter – zum Beispiel von Zeugen und Sachverständigen – und Urkunden.[354] Dem Richter oblag weiterhin die Beweiswürdigung. Der Beweis erlangte erst Rechtskraft vor Gericht, wenn er von mindestens zwei glaubwürdigen Personen vorgetragen wurde,[355] gegebenenfalls fiel die Zahl der Zeugen auch höher aus; dies wurde dann ausdrücklich im Verfahren vermerkt. Die Zeugen hatten nach vorangegangener Ermahnung wahrheitsgetreu vor Gericht zu sprechen, einen Zeu-

Richter

351 Ebenda, S. 126–127 und 132.

352 Ebenda, S. 133–134. – Deutsch: Der Klagspiegel und sein Autor Conrad Heyden (2004), S. 226–232.

353 Trusen: Gelehrtes Recht im Mittelalter und in der frühen Neuzeit (1997), S. 128.

354 Schlosser, Hans: Art. Beweis (Recht), III. Deutsches Recht, in: Lexikon des Mittelalters, hg. von Robert-Henri Bautier u. a., Bd. 2. München 1983 (ND München 2002), Sp. 30–31, Sp. 30.

355 In Anlehnung an Matthäus 18, 60 und Johannes 8, 17 sowie an das römische Recht. Siehe Fischer: Art. Zeugen (1998), Sp. 1688.

geneid und im Anschluss daran ihre mündliche Aussage abzulegen. Der Unterschied zwischen Eideshelfer (coniuratores, consacramentales)[356] und Zeugen bestand darin, dass die Eideshelfer ihren Eid nicht auf die eigene Wahrnehmung zum vorliegenden Sachverhalt stützten, sondern «auf ihre Überzeugung von der persönlichen Integrität der Partei».[357] Die Aussage eines Zeugen hatte hingegen nur Beweiskraft, wenn sie auf eigene Wahrnehmung (de visu) des Sachverhaltes beruhte.

Von der Zeugenschaft waren Frauen, Unfreie, Blinde, Taube, Blödsinnige, Wahnsinnige, Fieberkranke, Betrunkene, Unmündige, Exkommunizierte, Meineidige, überführte Kriminelle und Korrupte ausgeschlossen, ebenso Beichtväter aufgrund ihres Beichtsiegels. Verwandte standen unter Verdacht, zugunsten ihres Familienmitglieds auszusagen, jedoch waren sie grundsätzlich vor einem geistlichen Gericht zugelassen. Personen, die schon einmal falsch ausgesagt hatten oder die einen schlechten Leumund besaßen, sollten aufgrund der mangelnden Glaubwürdigkeit ebenfalls als Zeugen kein Gehör finden. Im *Sachsenspiegel* schloss man darüber hinaus jene aus, die sich ungefragt als Zeugen anboten. Juden, Ungläubige und Häretiker sollten als Zeugen ausscheiden, wenn ihre Aussage sich gegen Christen richtete. Falls der Kläger oder der Beklagte dem Gericht schriftliches Beweismaterial vorlegte, hatte der Richter darüber zu entscheiden, ob er das Schriftstück als Beweis zuließ.[358]

Leumund

Juden

Häresie

Richter

Mit dem neuen Verfahren einhergehend, versuchte man sich von irrationalen Beweismitteln zu trennen. Das vierte Laterankonzil bestätigte 1215 einerseits die neue Beweisführung, andererseits auch das Verbot für Geistliche, an Gottesurteilen teilzunehmen:

Gottesurteile

356 Sie konnten auch «testes» genannt werden, deshalb fällt eine begriffliche Abgrenzung in den lateinischen Quellentexten oft schwer. Im Deutschen konnten sie «Helfer», «Eidgenosse» oder auch «Folger» heißen. Siehe Schott, Claudieter: Art. Eideshelfer, in: Handwörterbuch zur deutschen Rechtsgeschichte, hg. von Albrecht Cordes · Heiner Lück · Dieter Werkmüller · Ruth Schmidt-Wiegand, Bd. 1. Berlin ²2008, Sp. 1261.

357 Nehlsen-von Stryk, Karin: Art. Zeuge, C I. Deutsches Recht, in: Lexikon des Mittelalters, hg. von Robert-Henri Bautier u. a. Bd. 9. München 1998 (ND München 2002), Sp. 584.

358 Hinschius: System des katholischen Kirchenrechts, Bd. 6 (1897), S. 95–109. – Fischer: Art. Zeugen (1998), Sp. 1686–1687.

> Art. 4 der Konstitutionen: Niemand darf bei einem Gottesurteil, das mit siedendem oder eiskaltem Wasser oder mit glühenden Eisen vorgenommen wird, einen Segens- oder Weiheritus vollziehen.[359]

Damit waren Gottesurteile praktisch nicht mehr durchführbar, weil der kultische Rahmen durch die Geistlichen nicht mehr erbracht werden durfte.[360] Die neue Prozessform sollte vor allem Kirchenobere vor falschen Anschuldigungen schützen; denn diese könnten aufgrund ihres Amtes nicht allen gefallen und würden leichter zur «Zielscheibe für den Pfeil»:

Klage

> Deshalb trafen die heiligen Väter die kluge Entscheidung, daß Anklagen gegen Kirchenobere nicht leicht zugelassen werden dürfen, damit nicht durch Erschütterung der Säulen das ganze Bauwerk einstürzt, es sei denn, man treffe sorgfältige Schutzmaßnahmen, wodurch einer falschen Anschuldigung ebenso der Weg versperrt wird wie einer böswilligen. [...] So haben sie gegen die Krankheiten eine entsprechende Arznei gefunden [...]. Gerät jemand wegen seiner Vergehen so sehr ins Gerede, daß bereits eine allgemeine Klage entsteht, die nicht länger ohne Ärgernis verheimlicht oder ohne Gefahr ertragen werden kann, dann muß man ohne Zögern und Zaudern zur Untersuchung und Bestrafung seiner Verstöße schreiten [...]. Handelt es sich um ein schweres Vergehen, so wird der Schuldige, wenn schon nicht aus dem Ordo, so doch aus der kirchlichen Verwaltung ganz entfernt. Das bedeutet nach dem Spruch des Evangeliums die Absetzung eines Verwalters von seiner Verwaltung, der von seiner Verwaltung keine Rechenschaft geben kann. Demzufolge muß der, gegen den die Untersuchung durchzuführen ist, gegenwärtig sein –, es sei denn, er erscheint im hartnäckigen Ungehorsam nicht vor Gericht –, und die einzelnen Punkte, die den Gegenstand der Untersuchung bilden, müssen dargelegt werden, damit er sich verteidigen kann. Ferner sind ihm nicht nur die Aussagen, sondern auch die Namen der Zeugen bekanntzumachen, damit er weiß, was er gesagt hat. Zugelassen sind auch gesetzliche Einsprüche und Entgegnungen. Denn es darf nicht durch die Geheimhaltung der Namen

359 «[...] nec quisdam purgationi aquae ferventis vel frigidae seu ferri candentis ritum cuiuslibet benedictionis aut consecrationis impendat [...]». Zitiert nach Wohlmut: Dekrete der ökumenischen Konzilien, Bd. 2 (2000), S. 244.

360 Trusen: Das Verbot der Gottesurteile und der Inquisitionsprozeß, S. 247.

> zur Verleumdung und durch den Ausschluß von Einsprüchen zu Falschaussagen ermutigt werden. [...] Gegen diese Mißstände, sieht man von den allgemein bekannten einmal ab, kann dreifach vorgegangen werden, nämlich durch die Anklage, Anzeige und Untersuchung. In allen Fällen ist peinlich darauf zu achten, daß nicht durch einen geringen Vorteil ein schwerer Nachteil entsteht.[361]

Geständnis

Da im Rahmen der Untersuchung und der Urteilsfindung der Beweis unbedingt überzeugend sein musste und das Geständnis des Beschuldigten im Sinne eines Bekenntnisses[362] an Bedeutung gewann, nahmen Zwang und Folter zu:

361 «Ideo sancti patres provide statuerunt, ut accusatio praelatorum non facile admittatur, ne concussis columnis corruat aedificium, nisi diligens adhibeatur cautela, per quam non solum falsae sed etiam malignae criminationi ianua praecludatur. [...] contra morbum utrumque invenientes congruam medicinam [...]. Sed cum super excessibus suis quisquam fuerit infamatus ita, ut iam clamor ascendat, qui diutius sine scandalo dissimulari non possit vel sine periculo tolerari, absque dubitationis scrupulo ad inquirendum et puniendum eius excessus [...]; quatenus si fuerit gravis excessus, etsi non degradetur ab ordine, ab administratione tamen amoveatur omnino, quod est secundum evangelicam sententiam a villicatione villicum amoveri, qui non potest villicationis suae dignam reddere rationem. Debet igitur esse praesens is, contra quem facienda est inquisitio, nisi se per contumaciam absentaverit, ex exponenda sunt ei illa capitula, de quibus fuerit inquirendum, ut facultatem habeat defendendi seipsum, et non solum dicta sed etiam nomina ipsa testium sunt ei, ut quid et a quo sit dictum appareat, publicanda, necnon exceptiones et replicationes legitimae admittendae, ne per suppressionem nominum infamandi, per exceptionum vero exclusionem deponendi falsum audacia praebeatur. [...] contra quos, ut de notoriis excessibus taceatur, etsi tribus modis possit procedi, per accusationem videlicet, denunciationem et inquisitionem eorum, ut tamen in omnibus diligens adhibeatur cautela, ne forte per leve compendium ad grave dispendium veniatur [...].» Zitiert nach Wohlmut: Dekrete der ökumenischen Konzilien, Bd. 2 (2000), S. 238–239 [De inquisitionibus].

362 «In vielen Fällen wurde» in Anlehnung an die Auffassung vom Beicht- und Schuldbekenntnis «‹Beweisen› gleichbedeutend mit ‹Bekennen›; das Verhör zielte nicht nur auf rein äußerliche Fakten ab, sondern diente vorab der Gewissenserforschung der Menschen. Nirgends wird dies deutlicher als in der Inquisitionsgerichtsbarkeit [...]». Zitiert nach Müller, Daniela: Schuld – Geständnis – Buße. Zur theologischen Wurzel von Grundbegriffen des mittelalterlichen Strafprozeßrechts, in: Herrschaftliches Strafen seit dem Hochmittelalter. Formen und Entwicklungsstufen, hg. von Hans Schlosser · Rolf Sprandel · Dietmar Willoweit. Köln · Weimar · Wien 2002 (Konflikt, Verbrechen und Sanktion in der Gesellschaft Alteuropas. Symposien und Synthesen, 5), S. 414.

Die Folter als Mittel zur Erzwingung des Geständnisses entsprang also dem wachsenden Interesse der Obrigkeiten an der Erlangung der materiellen Wahrheit.[363]

Das neue Verfahren fand Anwendung in königlichen und kommunalen Rechten, besonders in Italien, auf der Iberischen Halbinsel und in Frankreich und schließlich auch in deutschen Rechtstexten.[364]

---

363 Lieberwirth, Rolf: Art. Folter, in: Handwörterbuch zur deutschen Rechtsgeschichte, hg. von Albrecht Cordes · Heiner Lück · Dieter Werkmüller · Ruth Schmidt-Wiegand, Bd. 1. Berlin ²2008, Sp. 1612.

364 Landau: Die Entstehung des kanonischen Infamiebegriffs (1966), S. 15–16.

6. Zweikämpfe

Schon für das 13. Jahrhundert lässt sich nachweisen, dass man auch in Deutschland der älteren Verfahrenspraxis den Rücken zuwandte und ihr Einhalt gebieten wollte. So lässt das *Kolberger Stadtrecht* von 1297 vermuten, dass die ältere Prozessform außergerichtliche Lösungen gefördert haben könnte, denn es stellt den (außergerichtlichen) Zweikampf unter Strafe. Statt des Zweikampfes musste unbedingt der Beweis durch andere Mittel erbracht werden und Ehrenhändel sollten auf keinen Fall außerhalb des Gerichtes verhandelt werden:

Richter

> Wer den anderen einen Dieb oder Räuber oder Mörder oder Missetäter schilt oder ihn zu Felde außerhalb der Stadt zum Zweikampf fordert, ihm zum Hohn, und es sei so, daß er – der den Vorwurf erhoben hat – das nicht beweisen kann, dann soll er das büßen mit sechzig Schillingen. Davon erhält den dritten Teil der Richter, den dritten Teil die Stadt und den dritten Teil der zu Unrecht Bescholtene.[365]

Zeuge

Aus einem später folgenden Artikel geht hervor, dass für die Beweisführung glaubwürdige Zeugen erbracht werden mussten; dort heißt es:

> Wer den anderen dadurch schmäht, daß er ihn zu Unrecht vor dem Gericht beschuldigt, geschlagen oder gezüchtigt worden zu sein, und deshalb behauptet, daß er seinesgleichen nicht sein könne, und wird er dessen durch Zeugen überführt, so muß er es der Stadt büßen mit sechzig Schillingen.[366]

Dieser Befund wird durch andere spätmittelalterliche Stadtrechte gestützt. Der gerichtliche Zweikampf war, wenn er in den städtischen Rechtstexten Erwähnung fand, in der Regel zugelassen, doch schränkten viele Rechte den Zweikampf ein: Kläger und

365 Art. 36, zitiert nach Jancke: Das Kolberger Rechtsbuch (2005), S. 165.

366 Art. 138, zitiert nach ebenda, S. 197.

Beklagter mussten gleichermaßen dem Kampf zustimmen, Stadtfremde wurden geschützt. Der Inquisitionsprozess wurde nun gestärkt, um den Zweikampf als letztes Mittel des Beweises in Betracht ziehen zu müssen.[367]

Inquisitionsprozess

Das vierte Laterankonzil hatte den gerichtlichen Zweikampf im Zusammenhang mit dem generellen Verbot für Geistliche, an Gottesurteilen teilzunehmen, verurteilt, nachdem sich seit dem frühen Mittelalter kritische Stimmen zum Zweikampf nicht nur von klerikaler Seite erhoben hatten, sondern auch einzelne Erlasse von weltlichen Gerichtsherren die Teilnahme der Geistlichkeit an Gottesurteilen untersagt hatten.[368] Kaiser Friedrich II. folgte diesem Beschluss in seinen *Konstitutionen von Melfi*, indem er Gottesurteile und weitgehend auch den Zweikampf als Beweismittel in einem Prozess abschaffte. Diese Erlasse waren gerichtet gegen die Annahme, dass mit diesen Beweismitteln die Wahrheit zutage gefördert werden könne:

> Wir, die wir der wahren Rechtsgelehrsamkeit folgen und irrige Auffassungen verwerfen, schaffen bei unseren Gerichten die gesetzlichen Einrichtungen ab, welche von gewissen einfältigen Leuten, die weder das Wesen der Dinge berücksichtigen noch die Wahrheit anstreben, Gottesurteile genannt werden.[369]

Aufgrund der Schwere des Verbrechens waren vom Zweikampfverbot Majestätsverbrecher, Meuchelmörder und Giftmischer ausgenommen. Friedrich geht in dieser Regelung davon aus, dass man ohnehin keine gleichwertigen Kämpfer finden könne und daher die Beklagten den Tod finden würden, wenn ihnen entsprechend übermächtige Kämpfer gegenübergestellt werden. Der Zweikampf stelle in diesem Sinne kein Gottesurteil, sondern ein Abschreckungsmittel dar.[370] In den folgenden Jahrhunderten hat

367 Neumann, Sarah: Der gerichtliche Zweikampf. Gottesurteil – Wettstreit – Ehrensache. Ostfildern 2010 (Mittelalter-Forschungen, 31), S. 55–66.

368 Ebenda, S. 66–75.

369 «Leges, quae a quibusdam simplicibus sunt dictae paribiles, qui nec rerum naturam respiciunt nec veritatem attendunt, nos, qui veram legum sapientiam prosequimur et aspernamur errores […]». Zitiert nach Conrad · Lieck-Buyken · Wagner: Die Konstitutionen Friedrichs II. von Hohenstaufen für sein Königreich Sizilien (1973), S. 116–117. Die Bestimmungen zu Gottesurteil und Zweikampf befinden sich im Buch II, Tit. 31–33, ebenda S. 116–213.

370 Ebenda, S. 220–223.

der Zweikampfgedanke in seiner metaphysischen Auslegung jedoch nicht vollständig an Bedeutung verloren. Das Vertrauen in die Gerechtigkeit Gottes war von substantieller Bedeutung und schloss keinen Lebensbereich aus.[371] Vielmehr bewegten sich die Zweikämpfe in ihrer Kausalität auf dünnem Eis. Zwischen der Glaubwürdigkeit eines Zweikampfes als Beweismittel und dem Verlangen nach Vergeltung und Wiederherstellung des Leumundes kann nicht in jedem Fall unterschieden werden. Dieser Verbindung war es wohl geschuldet, dass im Rahmen sogenannter «Kampfgerichte» der Zweikampf unter Aufsicht des Gerichts für die Entscheidung von Ehrenhändeln noch bis ins 16. Jahrhundert erhalten blieb.[372]

Leumund

Dennoch entfernten sich die Gerichte und Gerichtsherren im späten Mittelalter zunehmend von dieser Lösung. Im Rahmen der Befriedungsmaßnahmen in Landfriedens- und Polizeiordnungen, königlichen, landesherrlichen und städtischen Initiativen, sollten gewaltsame Urteilsfindungen zurückgedrängt werden:

Polizeiordnungen

> Der Zweikampf als Beweismittel bei gravierenden Deliktvorwürfen scheint zuerst in den Städten aus dem Rechtsleben ausgeschieden worden zu sein. Teilweise erfolgen Verbote, zum Beispiel in Soest schon im Ältesten Stadtrecht aus dem 12. Jahrhundert. Daß in viele Niederschriften von Stadtrechten Bestimmungen aufgenommen wurden, mit denen die Bestrafung der Äußerung unbewiesener Beschuldigungen festgelegt wurde, mag unter anderem mit dieser Zurückdrängung zusammenhängen.[373]

Die unzähligen Erbeinungen, Erbverbrüderungen und Friedensverträge mit entsprechenden Klauseln zur künftigen Friedenswahrung legen exemplarisch ein entsprechendes Zeugnis dafür ab. Streitsachen, auch Ehrenhändel sollten vor ein Gericht gebracht und dort – ohne gerichtlichen Zweikampf – entschieden werden. Gerieten die Landesherren und städtischen Obrigkeiten selbst in Händel, sollten die Streitsachen durch Vermittler oder festgelegte Schiedsgerichte entschieden werden; im äußersten Fall wurden die Entscheidungen Papst oder Kaiser als den höchsten richterlichen Instanzen des christ-

371 Müller: Besiegelte Freundschaft (2010), S. 188–189.

372 Fehr, Hans: Der Zweikampf: Antrittsrede 1908. – Hils, Hans-Peter: Meister Johann Liechtenauers Kunst des langen Schwertes. Frankfurt am Main 1985.

373 Zitiert nach Fuchs: Um die Ehre (1999), S. 38–39.

lichen Abendlandes angetragen. Zorn, Vergeltungsdrang, Falschheit und fehlende Organe, die eine flächendeckende Durchsetzung der Bestimmungen garantiert hätten, beeinträchtigten allerdings immer wieder die Absichten der Gerichtsherren.[374] Falschheit

Der zweite zitierte Artikel aus dem *Kolberger Recht* zeigt, dass der von Innozenz beabsichtigte, möglichst optimale Schutz des Beklagten auch in den deutschen Rechten Eingang gefunden hatte. Denn nicht der Beklagte muss ausreichend Beweismittel für seine Unschuld erbringen, sondern der Kläger musste durch glaubhafte Zeugen seine Klage beweisen. Hinter diesen Bestimmungen stehen die komplexen theologischen Ausführungen zu den «Zungensünden», die seit der zweiten Hälfte des 12. Jahrhunderts gesammelt und systematisiert wurden.[375] Es wird sich wohl nicht um ein zufälliges Zusammenfallen von Ereignissen handeln, wenn die Einführung der neuen Beweisführung und die tiefgehenden Überlegungen zur sündigen Zunge der Menschen in etwa den gleichen Zeitraum fallen und in einer klerikalen Umwelt geboren wurden. Die Annahme von der lasterhaften Zunge zog nach sich, über den Schaden für die Mitmenschen nachzusinnen. Aus dieser Einsicht erwuchs die Sorge um durch verbale Äußerungen unschuldig angegriffene Personen. Zeuge

374 Müller: Besiegelte Freundschaft (2010); zu den rechtlichen Bestimmungen siehe das Kapitel «Verträge und Vertragspartner», S. 77–155; zur problematischen Praxis: S. 117–153 und zu den Gründen des Scheiterns: S. 239–280. Köstlin nahm an, dass für die «höheren Stände» das «Strafrecht völlig in der Form des mittelalterlichen Fehderechts aufgegangen» sei und «jene Kampfrechte, in welchen die Rechtssitte des Adels ihren formellen Ausdruck fand, hatten daher den allerunbestimmtesten und vagsten Begriff der Beleidigung überhaupt zur Voraussetzung. Die leitenden Gerichte untersuchten die Art und Größe der Beleidigung in der Regel gar nicht näher, ja sie erfuhren sie wohl kaum.» Köstlin: Die Ehrverletzung nach deutschem Rechte (1855), S. 381–182.

375 Siehe ausführlich dazu den Abschnitt «Falsche Anschuldigung», S. 128–143.

7. Das Nebeneinander der Verfahren

Im deutschen Sprachraum bleibt die Famapurgation auch am Ausgang des Mittelalters noch greifbar, zum Beispiel in einem Artikel des Schweizer *Amtsrechts von Willisau* aus dem Jahr 1489:

> Welcher einen von ehren stoßen wollte, das muß beschehen mit fünf unpartheiischen männern oder mehr, deren ehr und eid zu glauben sei und die auch einmündig seien.[376]

Eideshelfer

Leumund

Dieser Spruch kann nicht ohne weiteres auf Eideshelfer oder auf Zeugen bezogen werden, weil beide Personengruppen in deutschsprachigen Rechtstexten begrifflich nicht klar voneinander unterschieden wurden. Das heißt wir könnten hier einen Artikel vor uns liegen haben, der für eine Verurteilung nur Eideshelfer vorsieht und der die allgemein übliche Einschränkung einschließt, dass deren Eid glaubhaft und ihr Leumund ohne Tadel sein musste, wenn der Eid Beweiskraft vor dem Gericht erlangen sollte.[377] Jedoch nimmt der Artikel die Einschränkung vor, dass nur unparteiische Männer vor dem Gericht zugelassen werden dürfen. Gegen die Annahme, dass es sich bei den «unpartheiischen männer[n]» um Zeugen handelt, spricht die hohe Zahl der geforderten Personen. Es gab zwar für Injurienprozesse keine verbindliche Zahl von Zeugen für eine erfolgreiche Prozessführung, jedoch mussten wenigstens zwei Zeugen vor Gericht treten, selten waren mehr als sechs Personen gefordert. Dennoch ist nicht auszuschließen, dass mit den unparteiischen Männern auf Zeugen angespielt wird, weil «die prozessuale Stellung der Zeugen entsprechend der Formgebundenheit des Prozesses vielfach derjenigen der Eideshelfer angenähert» war, «insofern keine Zeugenvernehmung statt-

376 Zitiert nach Osenbrüggen: Die Ehre im Spiegel der Zeit (1872), S. 12.

377 Weitere Beispiele, die mit großer Wahrscheinlichkeit auf einen Reinigungseid hinweisen, sind die Goslarer Statuten und das Freisinger Stadtrecht. Helfritz: Der geschichtliche Bestand und die legislative Verwertbarkeit von Widerruf, Abbitte und Ehrenerklärung (1905), S. 39.

findet und die Zeugen lediglich die Aussage der Partei beschwören.»[378]

In dem wenige Jahrzehnte später entstandenen *Rechtsbuch des Johannes Purgoldt* wird der Tatsachenbehauptung durch Zeugen oder anderer Beweismittel mehr Glaubwürdigkeit eingeräumt als der Anschuldigung durch mehrere Personen (zcwenn ader drey ader mher lewthe vorleumenden). Wieder geht es darum, für den Beklagten einen möglichst großen Schutz zu bieten, wenn er «guthe swere sythen hadt, undt des leumundt in eyner stadt unvorleczt ist». Erfüllt er diese Voraussetzung und ist die zur Last gelegte Anschuldigung «nicht offenbare», dann sollte er nicht für schuldig befunden werden. Es wird sogar empfohlen, eine schriftliche Freisprechung auszustellen:

> man sal im auch das gezceugkeniß eyns guten leumdes, ab im des nodt thut, mit der stad offen brieffe nicht vorsagen.[379]

Wenn eine Person einer anderen übel nachredete, sie also mit einer Tatsachenbeleidigung angriff, und deswegen vor Gericht zur Rede gestellt wurde, war es ihr, wie ein brandenburgisches Beispiel aus dem 15. Jahrhundert zeigt, möglich, den Richter um einen Reinigungseid zu bitten: So hatte 1481 Thomas Moller eine Witwe namens Ertmudt Valentin aus Berlin beschuldigt, dass sie nach dem Tod ihres Mannes ein uneheliches Kind geboren haben soll. Nachdem die Witwe ihn deswegen verklagt hatte, bekannte er vor dem *markgräflichen Hofgericht*, die ihm vorgeworfenen Worte tatsächlich gesprochen zu haben, aber «er habs In clagewys geret und nicht der frouwen tzu hon oder tzu smach und erbewt sich, das mit seinem eyde außtzulegen und also tzu bestettigen».[380] Diese Bitte wurde vom Hofgericht allerdings mit der Begründung abgelehnt, dass die Worte von jedermann als verhöhnend und schmähend verstanden würden; Moller müsse statt des Eides einen Widerruf leisten. Der Verurteilte wollte seine Beleidigungs-

378 Nehlsen-von Stryk: Art. Zeuge, C I. Deutsches Recht (1998), Sp. 584.

379 Buch X, Kap. XXXV, zitiert nach Ortloff: Das Rechtsbuch Johannes Purgoldts nebst statuarischen Rechten von Gotha und Eisenach (1967), S. 312.

380 Urteil des Hofgerichts unter dem Vorsitz Markgraf Johanns von Brandenburg, Cölln an der Spree, 17. Oktober 1481. Zitiert nach Raumer, Georg W. (Hg.): Codex diplomaticus Brandenburgensis continuatus. Sammlung ungedruckter Urkunden zur Brandenburger Geschichte, 2 Bde. Berlin · Elbing 1831/1833 (ND Hildesheim 1976), S. 157, Nr. 71.

Richter
Vorsatz

absicht (animus iniuriandi) leugnen und stattdessen mit einem Reinigungseid nachweisen, dass er es gesagt habe, weil er es so wisse bzw. es so gehört habe. Dem Richter stand es hier aber offenbar zu, den Reinigungseid zu verweigern, wenn die Beleidigungsabsicht offen zutage lag. In dem Urteilsspruch wird nicht begründet, weshalb man den Hohn aus den Worten herauslesen konnte. Im benachbarten Kursachsen war der Reinigungseid noch in der *Oberhofgerichtsordnung* von 1549 bestätigt worden.[381]

Klage

Rechtsfolgen

Die vorgestellten Beispiele zeigen, dass die Zeugenschaft bis zum Ausgang des Mittelalters nicht in jeder Prozessführung zum Tragen kam, sondern dass «vielfältige Übergangsformen und ein erhebliches regionales sowie zeitliches Gefälle festzustellen sind.»[382] Bereits vor den entscheidenden Neuerungen durch Papst Innozenz III. und durch die Sensibilisierung in der Buß- und Beichtpraxis für die Gefahren, die von der menschlichen Zunge ausgehen würden, ist aus den Rechtstexten die Sorge um den Schutz des Beklagten abzulesen. Bis zum frühen 13. Jahrhundert sollten neben den Eideshelfern insbesondere die angedrohten Rechtsfolgen helfen, das gerechte Urteil zu finden und Straftäter abzuschrecken. Entscheidend für den Ausgang des Verfahrens waren der gute Leumund, der über Jahre hinweg erworben werden musste, und die Hilfe von glaubwürdigen Personen. Aufgrund der ständischen Gliederung der Gesellschaft dürfte auch maßgeblich auf die Einschätzung, wer mehr oder weniger glaubwürdig war, die soziale Stellung Einfluss genommen haben. In dieser Prozessführung besteht ohne Zweifel die Gefahr, dass der gute Ruf einer Person bzw. ihrer Eideshelfer der Urteilsfindung vorauseilt und dass der tatsächliche Tathergang kaum oder keine Berücksichtigung findet.

In gleicher Weise flossen negative Zuschreibungen und Vorurteile in die Würdigung der Beweise ein, mit denen der Ruf einer Person oder einer Personengruppe behaftet war. Die reformierte Prozessführung hat den grundsätzlichen Gedanken zur Ehrbarkeit und Reputation einer klagenden oder beklagten Person nicht aufgegeben. Doch sie führte die Möglichkeit ein, den Tathergang stärker zu berücksichtigen: Der Leumund einer Person erfüllte weiterhin wichtige Funktionen, zum Beispiel bei der Festlegung der Höhe des Strafmaßes oder der Einschätzung, ob eine Aussage und ein Eid als glaubwürdig

381 Siehe dazu den Abschnitt «Vorsatz und Fahrlässigkeit», S. 88–96.

382 Nehlsen-von Stryk: Art. Zeuge, C I. Deutsches Recht (1998), Sp. 584.

einzuschätzen seien. In der *Carolina* spielte der Reinigungseid keine Rolle mehr,[383] Zeugen und Geständnis hatten andere Beweismittel teilweise zurückgedrängt.[384] Jedoch ist davon auszugehen, dass – vielleicht sogar wegweisend – die geistlichen Gerichte wesentlich früher aufgrund ihrer institutionellen Gebundenheit den päpstlichen Reformen folgten.[385] Der Inquisitionsprozess gewann vor allem im Strafrecht maßgeblich an Bedeutung:

Zeuge, Geständnis

Inquisitionsprozess

> Allerdings hafteten ihm bis weit in das 16. Jahrhundert hinein schwere Mängel an. Sie zu mildern und eine strenge juristische Ordnung zu schaffen, gelang mit Hilfe der italienischen und kanonistischen Lehre und Praxis. Dabei handelte es sich in erster Linie um eine selbständige geistige Verarbeitung, nicht um eine einfache Übernahme fremder Institutionen.[386]

383 Kaufmann, Ekkehard: Art. Reinigungseid, in: Handwörterbuch zur deutschen Rechtsgeschichte, hg. von Adalbert Erler · Ekkehard Kaufmann, unter philologischer Mitarbeit von Ruth Schmidt-Wiegand, Bd. 4. Berlin 1990, Sp. 837.

384 Deutsch, Andreas: Art. Beweis, in: Handwörterbuch zur deutschen Rechtsgeschichte, hg. von Albrecht Cordes · Heiner Lück · Dieter Werkmüller · Ruth Schmidt-Wiegand, Bd. 1. Berlin ^{2}2008, Sp. 564.

385 Buchda, Gerhard: Art. Gerichtsverfahren, in: Handwörterbuch zur deutschen Rechtsgeschichte, hg. von Adalbert Erler · Ekkehard Kaufmann, unter philologischer Mitarbeit von Ruth Schmidt-Wiegand, Bd. 1. Berlin 1971, Sp. 1556–1557.

386 Ebenda, Sp. 1552.

KAPITEL D

Gegenstände der Beschuldigungen und ihre geschlechtsspezifischen Ausdifferenzierungen

1. Worum geht es?

Falsche Anschuldigung

Vor allem die profanen Rechte bestimmten die Tatbestandsmerkmale der Beleidigung und Verleumdung durch die Nennung von Schimpf- und Scheltwörtern sowie falschen Anschuldigungen näher. Während die frühmittelalterlichen Leges für Frauen nur die falsche Anschuldigung der Hexerei und Hurerei sowie für Männer vor allem die der Hexerei und Feigheit kannten, bildete sich in Anlehnung an das kanonische Verständnis von schweren Verbrechen ein Kanon von Beschuldigungen mit «Kapitalverbrechen» wie Mord, Raub, Sodomie etc. heraus, der sich in zahlreichen profanen Rechtstexten des späten Mittelalters auffinden lässt.

Im Rahmen dieser Kanonbildung schlossen einige Rechtstexte (Vor-)Urteile gegenüber Personengruppen ein, die in sich den Keim einer durch das Recht kodifizierten Vorverurteilung trugen, weil sie einem Geschlecht bestimmte «Defizite» unterstellten, insbesondere dem weiblichen (Geschwätzigkeit, böse Stiefmutter und anderes mehr).

Viele geschlechtsspezifische Beschuldigungen weisen zudem eine hohe zeitliche Kontinuität auf, zum Beispiel tritt innerhalb des gesamten Untersuchungszeitraumes der Vorwurf der Hurerei am häufigsten für das weibliche Geschlecht auf. Einen tiefgreifenden Einschnitt im Injurienrecht brachte die systematische Bekämpfung häretischer Gruppen durch die römische Kirche seit dem 12. und 13. Jahrhundert mit sich. Ihre Ergebnisse flossen unmittelbar in die deutschen Rechtstexte ein: Der Sodomie- und Ketzervorwurf – oft sind beide Beschuldigungen in den Rechtstexten kaum voneinander zu unterscheiden – wurde infolgedessen zu einem festen Bestandteil im Injurienrecht.

Beinahe alle der untersuchten Rechtstexte behandeln Beleidigungen nicht derart, dass darin der Tatbestand definiert wird. In vielen Fällen wurden bestimmte Schimpfwörter in die Rechtstexte aufgenommen, die entweder als einfache Beleidigungen angezeigt werden oder die dem Opfer ein Verbrechen wie zum Beispiel Diebstahl oder Mord unterstellen und damit den Straftatbestand der üblen Nachrede bzw. der Verleumdung erfüllen. Die Rechtstexte erklären also induktiv die Tatbestandsmerkmale der Beleidigung und Verleumdung: sie benennen konkrete Gegenstände der Beschuldigungen, um die Tatbestände exemplarisch zu veranschaulichen. Besonders umfangreiche Artikel stellen einen Kanon von bis zu zehn Schimpfwörtern auf, der sich in anderen Rechtstexten in ganz ähnlicher Form wiederfindet. Manche dieser Schimpfwörter wie «Hure» kommen Jahrhunderte lang immer wieder in den Rechtstexten vor, andere treten erst infolge und in Abhängigkeit eines bestimmten Ereignisses oder eines Wandels in der Rechtspraxis auf. Dazu zählen unter anderem die Begriffe «Sodomit» und «Ketzer». Solche Gegenstände der Beschuldigungen werden im Folgenden vorgestellt und ausführlich im Zusammenhang mit der strafrechtlichen Relevanz und den möglichen sozialen Folgen für das Opfer einer Beschuldigung diskutiert.[387]

Auf welchen Sachverhalt rekurriert nun aber eine Untersuchung der geschlechtsspezifischen Ausdifferenzierungen von Schimpfwörtern und der mit ihnen formulierten Gegenstände der Beschuldigungen? In etwa 25 der untersuchten Rechtstexte wird die geschlechtliche Differenz bei Personen berücksichtigt. Die anderen Texte sehen keine geschlechtsspezifische Unterscheidung von Tatbeständen vor bzw. sie lassen nicht in jedem Fall erkennen, ob sich die entsprechenden Artikel an ein bestimmtes Geschlecht richten. Da die Schimpfwörter aufgezählt und diese in der Regel in der maskulinen Form angesprochen werden, ist eine geschlechtsspezifische Einordnung nicht möglich. Die Bestimmungen zu Injurien im kirchlichen Recht, darauf verwies bereits Nicolaus München 1866, sind wohl bis auf wenige Ausnahmen ebenfalls immer mit Einschluss der weiblichen Geistlichen zu verstehen.[388] Aus dem erwähnten Korpus der 25 Rechtstexten geht nicht hervor, weshalb man sich für eine geschlechtsspezifische Trennung bei der Bewertung der Tatbestände entschieden hat. Eine Ausnahme bilden Kaiser Friedrichs *Konstitutionen von Melfi*, in denen resümiert wird, dass in der Vergangenheit Frauen durch falsche Anschuldigungen und üble Nachreden sich der Erpres-

387 Eine umfassende Aufzählung dieser Gegenstände bei Müller-Burgherr: Die Ehrverletzung (1987), S. 66–67.

388 München: Das kanonische Gerichtsverfahren und Strafrecht, Bd. 2 (1866), S. 617.

sung schuldig gemacht hätten und dass dieser Zustand mit dem neuen Rechtsbuch abgestellt werden soll.[389]

In den differenzierenden Rechtstexten werden entweder die Tatbestände einem der beiden Geschlechter zugewiesen und besprochen oder es sollten Personen durch die Rechtstexte vor geschlechtsspezifischen Verunglimpfungen unter Schutz gestellt werden. Zum Beispiel haftete nach einigen Texten Frauen der Ruf an, geschwätzig zu sein. Ihrem diffamatorischen Gerede widmete man aufgrund dieses angenommenen Charakterzuges eine eigene rechtliche Behandlung. Diese angeblich typisch weibliche Verhaltensweise ist «external attributiert», das heißt es wird von Erfahrungen über bzw. von (Vor-)Urteilen mit einer kleineren Gruppe von Personen oder Einzelpersonen auf das Verhalten einer größeren Gruppe geschlossen, zu der noch keine Kenntnisse vorliegen.[390] Dabei handelt es sich um eine Vorgehensweise, mit der es erleichtert wird, das Verhalten anderer abzuschätzen und zu kategorisieren.

Geschwätzigkeit

In einigen Texten werden zum Beispiel Beleidigungen bzw. falsche Anschuldigungen, die besagen, eine Frau sei eine «Hure», als ein gesonderter geschlechtsspezifischer Vorwurf mit Aufmerksamkeit verfolgt. Auch hinter dieser Differenzierung verbirgt sich ein bestimmtes Erwartungsmuster zur Rolle des weiblichen Geschlechts. Allerdings legen die Rollenzuweisungen in den Rechtstexten nahe, dass bei der Bearbeitung der Tatbestände nicht nur geläufige Attribute (Zuschreibungen) aufgenommen wurden, sondern die Benennung konkreter Tatbestände scheint vor allem den rechtlichen Konsequenzen geschuldet zu sein. So werden die Begriffe «Hure» und «Hurensohn» in den Texten mit Blick auf die gesellschaftlichen Einschränkungen, die bei einem Wahrheitserweis folgen konnten, in Beziehung gesetzt.

Die Beschuldigungen müssen gleichermaßen geschlechtsspezifisch erfragt werden: Ereilten die diffamatorischen Worte das Opfer von einer Frau oder einem Mann? Worauf zielte der Vorwurf oder die Beschimpfung, eine Frau sei eine Hure, eigentlich ab: auf sexuelle

389 Siehe den nachfolgenden Abschnitt «‹Stiefmütterliche Willkür›, Vergewaltigung und ‹weibisches Geschwätz›», S. 181–200.

390 Mit der externalen Attributation wird angenommen, «dass sich ein Mensch aufgrund der Situation, in der er sich befindet, auf eine bestimmte Weise verhält; dabei wird vermutet, dass die meisten Menschen sich in der gleichen Weise verhalten». Aronson · Wilson · Akert: Sozialpsychologie (2008), S. 104.

Freizügigkeit, auf die mögliche Schwangerschaft und die damit verbundenen Probleme des illegitimen Kindes oder auf die eventuelle materielle Gegenleistung, falls es sich um Prostitution handelte? Können auf diese Fragen Antworten gefunden werden, wird es zum Beispiel möglich sein zu erklären, weshalb bei Injurien gegen Männer das Schimpfwort «Hurenbock» selten nachzuweisen ist. Prostitution

Für die Bischofsstadt Konstanz liegen für das 15. Jahrhundert geschlechtsspezifische Befunde zum Injurienrecht vor. Sie zeigen deutlich die unterschiedlichen Handlungsspielräume und Verhaltensmuster von Frauen und Männern in dieser Zeit:

> Männer denunzierten zu 90 % Männer. Zwei Drittel der denunzierten Frauen waren von Frauen verraten bzw. angeschwärzt worden. Wenn Frauen beleidigten, so waren in drei von vier Fällen wiederum Frauen Opfer der verbalen Giftpfeile. Männer beendeten einen Streit mit Frauen bevorzugt mit ihrer stärksten Waffe, der Faust. Wortduellen mit Frauen fühlten sie sich offensichtlich nicht gewachsen. Nur sieben Mal in dreißig Jahren belangte der Rat einen Mann wegen der Beleidigung einer Frau, dreißigmal zogen die Männer körperliche Antworten vor: sie schlugen zu. Frauen unter sich verhielten sich genau umgekehrt. Acht Schlägereien stehen 34 Beleidigungen gegenüber. [...] Insgesamt waren Frauen bei Wortdelikten deutlich stärker vertreten als in anderen Deliktfeldern. Bei Beleidigungen stellten sie 30 % der Täter, bei den Denunziationen waren sie sogar häufiger als Täter denn als Opfer vertreten.[391]

Die beiden vorausgeschickten Kapitel zu den Tatbeständen der Verbalinjurien zeigen, dass mit vielen Rechtstexten auch der Versuch verbunden war, Klagen vor Gericht einzuschränken. Deshalb sollten Richter seit dem 13. Jahrhundert nachforschen, ob der Kläger über eine ausreichende Reputation verfügte, ob es sich nur um «weibisches Geschwätz» handelte, dem kein Glauben geschenkt werden dürfe, oder ob man die Beschimpfung vom Hörensagen bzw. aus eigener Wahrnehmung kannte. Richter

Wenn zum Beispiel ein Mann mit dem Wort «Hurensohn» beleidigt wurde, würde der Vorwurf, sich sexuell vergangen zu haben, nicht direkt ihn treffen, sondern seine Eltern, denn deren Leu-

391 Schuster, Peter: Der gelobte Frieden. Täter, Opfer und Herrschaft im spätmittelalterlichen Konstanz. Konstanz 1995, S. 88–89.

mund stand damit auf dem Spiel. Zielte der Vorwurf aber auf den gesellschaftlichen Stand des Mannes ab, der aufgrund seiner Abstammung bestimmten Einschränkungen unterworfen gewesen wäre, dann griff das Schimpfwort dessen Ruf an, denn das delinquente Verhalten der Eltern, so mutmaßte man, lege sich auf den Charakter und die Handlungen des Kindes. In Zürich zum Beispiel fühlte sich im Jahr 1376 Elsi Seilerin angegriffen, weil

Abstammung

> der Schneider Egli zu ihr gesagt habe: Sie sei ein verdammtes Lügenhaar und eine hätte leichter einen Meineid gebüsst als die Lügen, die sie tue. Und sprach, sie werde niemals so bieder wie seine Frau und das lasse sich dadurch wohl beweisen, dass ihr Vater in einem Sack ertränkt worden sei.[392]

Es ist natürlich nicht auszuschließen, dass das semantische Wortfeld von «Hurensohn» mehrere Beschuldigungen zugleich einschloss. Heide Wunder (* 1939) appellierte im Zusammenhang mit ihren methodischen Überlegungen zur «weiblichen Kriminalität» in der Frühen Neuzeit nachdrücklich, die geschlechtsspezifischen Vorstellungen und die damit verbundenen Rechtsfolgen im Strafrecht zu berücksichtigen:

Rechtsfolgen

> Die zu beherzigende «Lehre» besteht vielmehr darin, daß nach den jeweils herrschenden Geschlechterstereotypen, den spezifischen Bedingungen der Normenproduktion und den Selektionsmechanismen zu fragen ist.[393]

Diese Aufgabe soll im Folgenden am Beispiel des mittelalterlichen Injurienrecht zumindest teilweise eingelöst werden.

392 Zitiert nach Burghartz: Leib, Ehre und Gut (1990), S. 129.

393 Wunder, Heide: «Weibliche Kriminalität» in der Frühen Neuzeit. Überlegungen aus der Sicht der Geschlechtergeschichte, in: Von Huren und Rabenmüttern. Weibliche Kriminalität in der Frühen Neuzeit, hg. von Otto Ulbricht. Köln · Weimar · Wien 1995, S. 39–61, hier S. 44.

2. «Stiefmütterliche Willkür», Vergewaltigung und «weibisches Geschwätz»

Auf den ersten Blick haben die «Willkür einer Stiefmutter», die Vergewaltigung einer Frau und das angeblich typisch «weibische Geschwätz» kaum etwas miteinander zu tun. Untersucht man die Behandlung dieser Themen in den mittelalterlichen Rechtstexten, dann fällt allerdings auf, dass in diesen Fällen die Rechtsprechung einem vorgefassten Urteil zu einer bestimmten Personengruppe folgte und aufgrund dieses Urteils die damit zusammenhängenden Rechtsfälle diskutierte und entsprechende Rechtsfolgen dafür vorsah. Das heißt der anderswo gewährte Rechtsschutz vor Verbalinjurien wurde in diesen Fällen gelockert und die Rechtsprechung bestätigte, dass Frauen bestimmte Charakterzüge zu eigen seien, die gemaßregelt werden müssten.

2.1 «Böse Stiefmutter»

Brigitte Kasten folgte auf der Grundlage von Rechtstexten und historiografischen Quellen aus dem frühen Mittelalter den Spuren der «bösen Stiefmutter» (noverca venefica). Dabei

> springt die Diskrepanz zwischen dem Tenor der rechtlichen und dem der narrativen Quellen auf. Die erstgenannten beargwöhnten den Stiefvater, die letzteren die Stiefmutter. Beide Quellengruppen haben als übereinstimmendes Merkmal lediglich die augenscheinliche große Bedeutung der Stieffamilien und ihres Potentials an sozialem Unfrieden gemein.

Zu erklären wäre dieser Unfrieden unter anderem mit der Stellung der Stiefmutter als «Hausherrin». Handelt es sich bei der Stiefmutter gar um eine Königin, dann leite sie

> aus ihrer Funktion als Herrin des Hauses ihre ureigene Macht her. Die sich so eröffnenden weiblichen Handlungs-

> spielräume riefen das familiäre wie gesellschaftliche Mißtrauen gegen die neue Frau hervor, zumal dann, wenn es um Besitz im Umfang eines königlichen Schatzes ging. [...] Die Stellung der Hausfrau verlieh dieser eine praktische Handlungsfreiheit, die mißbraucht werden konnte und offensichtlich weder durch die Muntgewalt des Mannes noch durch eine gesetzliche Einschränkung zu kontrollieren war. Es mag sein, daß hierin begründet liegt, warum die Stiefmutter mehr als der Stiefvater als böse galt und gilt. Ziel aller ehe- und vermögensrechtlichen Regelungen war der Schutz des häuslichen Friedens, der in sogenannten Hybridfamilien in besonderem Maß bedroht war.[394]

Kinder

Kasten konnte für die Verurteilung der Stiefmutter nur einen Rechtstext auffinden, während sie aus den erzählenden Quellen zahlreiche Beispiele beibringen konnte. In dem um 475 entstandenen *Codex Euricianus* wird geboten, dass jener, der eine zweite Frau nach Hause führt, die Hinterlassenschaft der ersten Ehefrau den gemeinsamen Kindern übertragen soll, damit die Kinder nicht durch die «iniuria» der Stiefmutter bedroht würden.[395] Zweck dieses Artikels ist es, den Rechtsanspruch der Kinder auf das mütterliche Erbe vor dem Zugriff der Stiefmutter zu bewahren, deren Stellung innerhalb der Hausgemeinschaft offensichtlich genug Spielräume geboten hatte, um das Erbe der Kinder zu veruntreuen. Diesen Vorbehalt gegenüber der

394 Kasten, Brigitte: «Noverca venefica». Zum bösen Ruf der Stiefmütter in der gallischen und fränkischen Gesellschaft, in: Frühmittelalterliche Studien. Jahrbuch des Instituts für Frühmittelalterforschung der Universität Münster 35 (2001), S. 145–181, hier S. 180–181.

395 Kap. 321: «Qui autem noversam superduxerit, omnes facultates maternas filiis mox reformet; ne, dum filii cum rebus ad domum transeunt alienam, novercae suae vexentur iniuriis.» Zitiert nach Zeumer: Codicis Euriciani fragmenta (1902), S. 22.

Abbildung 7

«Falschheit der Frauen» im *Welschen Gast* des Thomasin von Zerklaere

Gotha, Forschungsbibliothek, Memb. I 120, fol. 14r

Zur Handschrift siehe Abbildung 4, S. 133

Ich sag ev von der warheit
vorht mit haz vnde girischeit
Lieb leit mit erge vnde zorn
hant ir geberde niht verlorn
Doch ist der leute harte genuge
die da helent mit gefuge
Beide haz vñ zorn mit sinne
daz sin niemā mach wrden inne
Wande der wisen lute schar
ist ovh der toren regel gar
Man mach der toren gedanch vil
bi ir rede versten swerz ton wil
Swer den wisen erchennen sol
der bedarf ovch sinnes wol
Wil man ervarn sinen mut
daz zu gehoret ettleiner sin gut
Dunne sehen triuget man sich dicke
ia sint niht tage all lichte blicke
Allez daz man wiz siht
daz ist sne zallen zeiten niht
Beidiu man vñ ovch wip
erzeigent ofte daz in ir lip
Vnde in ir herzen niender ist
daz machet gar ir boser list
Dar ist niht schone diu ī ir mute
hat deheiner slahte gute
Wan swie schon ein wip si
ist vntriw vñ vnzuht da bi
So ist ir vzeriu schon enwiht
si ist schon innerhalben niht
Ich nem ein gut niht schon wip
fur einen schonē vnuertigen lip
Wan si hat ir schone in ir gemute
schone ist ein niht wider gute
Ich werte gerne mine schulde
fur silber chopher vbergulde
Valsch schone wip man ahtē sol
ze chupher vbergvldet wol
Daz an im lutzel goldes hat
vnd schonem vel ist valscher rat
Man sol wizzen daz valsche liute
hant niht mer schon wan ir hiute

Man git vergift mit honige wol
swenne vns diu suzze triegen sol
Zvnge valscher wibe honich ist
ir wille ist eiter wize christ
Der valsch zimt niemen wol
ein vrowe sich behuten sol
Vor valsche harter denn ein man
valsch stet den vrowen wirser an
So stet milt allen luten wol
ein iegelich vrowe milt wesen sol
Doch zimt diu milt den ritter baz
danne den vrowen wizzet daz
Diemute zimt in beidē wol
ein ritter vñ ein vrowe sol
Diemut sin doch stet diemut
den vrowen baz wan ir gut
Sol sin gezirt mit der tugent
beidiu an alter vñ an iugent
Dem ritter zimt wol kuncheit
den vrowen triwe vñ warheit
Der ritter zage ist enwiht
daz valsche wip ist ovch zeniht
Der ritter arg ist gar an ere
daz tumbe wip an gutiu lere
Dem ritter zimt niht schalcheit
ein vrow sol vor vnstetecheit
Vnde vor vntriowen sin behut
vñ vor hochfart daz ist gut
Sint dise tugent an ir niht
so ist ir schone gar enwiht

Ist ein wip schone an ander gute VIII
vor der mich vnser herr behute
Daz ich ir nimmer wol getriwe
swerz tut er chumt ī grozziu riwe
... er ervert irn valsch vil gar
vnde ir vntriwe deist war
Swenne si im aller liebest ist
so erzeiget si im ir bosen list
Der toren netze ist wibes schone
swer chumt der in dr hat di hone
Der chumt daz in der selben rat
an ein wip vil gar verlat

Stiefmutter arbeitete Kasten überzeugend heraus. Darüber hinaus dürfte die vermögensrechtliche Stellung der Stiefmutter eine Rolle gespielt haben, ganz besonders dann, wenn auch die Stiefmutter eine zweite Ehe einging. Unter diesen Umständen musste sie mit erheblichen Einbußen bei der Erziehung ihrer leiblichen Kinder und der Verwaltung des Vermögens ihres Mannes rechnen.[396] Zwischen den Zeilen von König Eurichs († 484) Rechtstext steht auch der unausgesprochene Vorwurf, Stiefmütter seien habgierig und würden ihrer Habsucht auf Kosten von Schutzbefohlenen nachkommen. Denn nicht das Verhältnis von Mann und Frau wird durch Eurich thematisiert, sondern das zwischen Frau und Stiefkindern. Dem Gatten wird hingegen unterstellt, das Erbe seiner Kinder vor dem Zugriff seiner zweiten Ehefrau nicht bewahren zu können.

Kinder

In der bereits erwähnten oberdeutschen Fassung des *Welschen Gastes* von Thomasin von Zerklaere wird die Falschheit der Frau in zwei Bildmetaphern vor Augen geführt (Abbildung 7, S. 183): Oberhalb steht eine Frau in werbender Haltung. In der rechten Hand hält sie Feuer, in der linken einen Eimer angefüllt mit Wasser. Feuer und Wasser drücken die Gegensätzlichkeit von Schönheit und Süße einerseits sowie Falschheit und Gift andererseits aus. Thomasin warnt davor, der Falschheit der Frauen zu erliegen, die mit süßem Honig verabreicht würde. Vor der Falschheit der Frauen solle man sich deshalb besonders hüten, weil sie «harter» wäre als die der Männer.[397] Auf der unteren Illustration treibt eine Frau einen Mann, Thomasin nennt ihn einen «tôren», in ihr Netz. Wiederum warnt Thomasin: Eine schöne Frau «ân ander güete» solle man nicht vertrauen, ihr «valsch» bringe einem nur «hoene».[398]

Falschheit

396 Kasten: «Noverca venefica» (2001), S. 150–151.

397 Thomasin von Zirclaria: Der wälsche Gast (1852), Verse 965–972. Zur Bildinterpretation siehe Kries: Thomasin von Zerclaere, Bd. 4 (1985), S. 63, Bild Nr. 22.

398 Thomasin von Zirclaria: Der wälsche Gast (1852), Verse 995–1004.

2.2 Der Vergewaltigung beschuldigt

In den *Konstitutionen von Melfi* Kaiser Friedrichs II. wird beklagt, dass Frauen zu Unrecht Männer bezichtigt hätten, sie beraubt oder vergewaltigt zu haben. Sie taten dies entweder in erpresserischer Weise, also mit der zweifelsfreien Absicht, sich einen materiellen Vorteil zu verschaffen, oder indem sie einen Mann einer Tat vor Gericht fälschlich anschuldigten:

Falsche Anschuldigung

> Wir wollen Einhalt gebieten einem sehr verderblichen und verabscheuungswürdigen Beschwerdegrund, der bislang zum schweren Schaden unserer Untertanen überhandgenommen hat. Denn es gibt Frauen, die über irgendwelche Männer lügnerisch Klage führten, obwohl sie das Unrecht des Raubes oder der Vergewaltigung nicht erduldet hatten; auf diese Art erlangten sie durch die Angst vor künftiger oder schon erhobener Klage, wenn die Beschuldigten auch nur die Unruhe oder den ungewissen Ausgang von Gerichtsverhandlungen fürchten, bisweilen sogar unebenbürtige Heiraten oder verschafften sich manchmal auch von den Angeklagten unter dem Vorwand der vorgenannten Anschuldigung schimpfliche Nachkommen. Wir wünschen und befehlen daher, daß jede Frau, welche künftig einer solch falschen Anschuldigung überführt wird, verspüren soll, daß sie sich in den Schlingen des Todes gefangen hat und in die Grube gefallen ist, welche sie für den Untergang eines anderen vorbereitet hatte – sofern sie nämlich das, was sie zur Anzeige brachte, bewiesen hätte.[399]

Kalumnie

Mit diesem Artikel wird ein konkreter Fall der Kalumnie angesprochen. Offensichtlich soll es in der Vergangenheit Fälle gegeben haben, in denen Frauen zu Unrecht Männer mit einer Falschaussage erpresst hätten, eine Eheverbindung mit der Delinquentin einzu-

399 Buch I, Tit. XXIV: «Pessimam et horrendam questus materiam, quae hactenus in grave dispendium subiectorum nostrorum invaluit, resecantes, dum mulieres, quae raptus iniuriam vel violentiam passae non errant, de aliquibus per mendacium querebantur, et sic accusationis instituendae vel institutae timore, dum iudiciorum strepitus [vel eventus] metuerint accusati, etiam imparia matrimonia sortiuntur interdum, interdum etiam stirpem turpem a reis velamento praedictae accusationis acquirunt, volumes et mandamus, ut, quaecumque post haec de tali falsa fuerit delatione convicta, mortis laqueis irretita in foveam incidisse se sentiat, quam alterius casui praeparabat, si ea, quae detulerat, comprobasset.» Zitiert nach Conrad · Lieck-Buyken · Wagner: Die Konstitutionen Friedrichs II. von Hohenstaufen für sein Königreich Sizilien (1973), S. 36–37.

gehen oder dieser – und das wird nicht detailliert ausgeführt – auf andere Weise einen Vorteil zu verschaffen. Es wird behauptet, dass Männer sich diesem erpresserischen Vorgehen gebeugt hätten aus Angst vor dem ungewissen Ausgang einer stattfindenden bzw. möglichen Gerichtsverhandlung.

Das deutsche Recht kennt diesen Straftatbestand ebenfalls.[400] Allerdings räumen andere spätmittelalterliche Rechtstexte wie das *Mühlhäuser Recht* dem Schutz der vergewaltigten Frau viel Platz ein, indem es auch jene zur Verantwortung zieht, die nicht gegen den Delinquenten aussagen wollen oder der Frau während der Tat nicht halfen:

> 4. 5. Inwoldin abir die luiti die uri gescreigi gihort hettin · zu nicht bikenni, durch sulicherhandi winhaldungi daz weri, daz su iz liezin · noch inwoldin der vroiwin noit nicht helfi brengi · so sal su die richteri besindi · undi sal su bituingi, daz su bikennin bi urmi eidi, daz su gisien undi gihort han · 4. 6. Gisciet iz uf einir hovistad, undi sint da luiti uffi · undi virligin su der vroiwin noit, daz su iz uri nicht [helfin] cundigi noch clagi [...] den sal min wellindi blie in uri orin giezi [...] 4. 7. Gisce iz abir uzirtalp dir stat uf enimi ackiri edir in enimi gartin · die insal zu rechti nimmirme vurucht gitragi, ist he sin.[401]

Selbst wenn solche Passagen anderswo fehlen, sehen alle Rechtstexte, die mit dem *Sachsenspiegel* in Zusammenhang stehen, die Todesstrafe für Vergewaltigungen vor;[402] Variationen gibt es nur in den Tötungsarten.[403]

400 Mit Beispielen aus Oberbayern und Goslar siehe His: Das Strafrecht im deutschen Mittelalter, Bd. 2 (1935), S. 138 Anm. 3.

401 Zitiert nach Meyer, Herbert (Hg.): Das Mühlhäuser Reichsrechtsbuch aus dem Anfang des 13. Jahrhunderts. Deutschlands ältestes Rechtsbuch nach den mittelalterlichen Handschriften hg., eingeleitet und übersetzt. Weimar ^{2}1934 (ND Leipzig 1969), S. 108–109. Ebenso Volkert, Wilhelm (Hg.): Das Rechtsbuch Kaiser Ludwigs des Bayern von 1346, hg. von W. V. unter Verwendung der Vorarbeiten von Walter Jaroschka (†) und Heinz Lieberich (†). München 2010 (Bayerische Rechtsquellen, 4), Art. 57, S. 291.

402 Dane, Gesa: «Zeter und Mordio» Vergewaltigung in Literatur und Recht. Göttingen 2005, S. 63–66. – Teufert, Eveline: Notzucht und sexuelle Nötigung. Ein Beitrag zur Kriminologie und Kriminalistik der Sexualfreiheitsdelikte unter Berücksichtigung der Geschichte und der geltenden strafrechtlichen Regelung. Frankfurt am Main 1980, S. 15–35.

403 Siehe Kümper, Hiram: Sachsenrecht. Studien zur Geschichte des sächsischen Landrechts in Mittelalter und früher Neuzeit. Berlin 2009 (Schriften zur

Unter Vergewaltigung, im Deutschen mit «notzucht», im Lateinischen mit «oppressio» und «viloentia» umschrieben, wurde im Mittelalter – wie gegenwärtig auch – eine «gewaltsame oder mit Drohung einhergehende Erzwingung geschlechtlichen Umgangs» verstanden. Sie galt als «ein gegen die Geschlechtsehre der Frau und die Ehre ihrer Familie gerichtetes Delikt.» Oft waren nur unbescholtene Frauen, also ehrenhafte Unverheiratete, Vermählte und Witwen geschützt.[404] In die Bewertung der Straftat flossen zudem «Herkunft und Stand von Täter und Opfer» sowie «die Folgen der jeweiligen Tat als die überwiegende Schande, Verhöhnung und Befleckung, das heißt die endgültige und irreparable Beschädigung des Opfers» ein.[405] Ehre

Den in den Konstitutionen angesprochenen Erpressungszweck, eine Ehe mit der Delinquentin einzugehen und mit ihr Kinder zu zeugen, erwähnt auch Shulamith Shahar, wenn sie meint, dass Klagen wegen einer Vergewaltigung «zu mancher unstandesgemäßen Ehe» geführt hätten. Denn die «Frau kann mit der Verleumdung, vergewaltigt worden zu sein, auf Heirat klagen und den Mann zur Ehe mit ihr zwingen.»[406] Belege für diese Aussage fehlen bei Shahar allerdings. Vermutlich rekurriert sie auf die frühmittelalterlichen Bestimmungen im *Edictum Rothari* und in der *Lex Frisionum*, wonach eine Ehe Kinder

Rechtsgeschichte, 142), S. 539, und Teufert: Notzucht und sexuelle Nötigung (1980), S. 15–27.

404 Ebenda, S. 536. – Saar: Art. Notzucht (2002), Sp. 1298–1299.

405 Kleinen, Michael: «... zur Wollust und zur Unzucht preisgegeben». Vergewaltigungsszenen in den Berichten zum Sachsenaufstand gegen König Heinrich IV. (* 1050 † 1106), in: Leben in der Stadt. Eine Kultur- und Geschlechtergeschichte Magdeburgs, hg. von Eva Labouvie. Köln · Weimar · Wien 2004, S. 182. Noch schärfer formuliert Kleinen auf S. 183: «Vergewaltigungen wurden im Früh- und Hochmittelalter vor allem als Rechts- bzw. Regelverletzungen auf der Ebene des Raubes und der Beschädigung aufgefasst. Die Gewaltausübung war im Verständnis der Zeitgenossen weder ein hinreichendes noch ein notwendiges Kriterium, um sexuellen Verkehr als Vergewaltigung klassifizieren zu können.» Dieser Befund ist allerdings von Kleinen nicht ausreichend belegt, insbesondere nicht durch einen überzeugenden Abgleich von römischem, kanonischem und profanem Partikularrecht. Die lateinischen und deutschen Begrifflichkeiten für Vergewaltigung machen aber bereits deutlich, dass Zwang und Gewalt in jedem Fall ein wichtiges Tatbestandsmerkmal im Mittelalter gewesen sein müssen.

406 Shahar, Shulamith: Die Frau im Mittelalter. Königstein im Taunus 1981, S. 28.

Frauenraub

zwischen Opfer und Vergewaltiger zwar als Frauenraub galt, jedoch Gültigkeit besaß.[407]

Auch Chronisten wie Georg Spalatin nahmen spektakuläre Erzählungen in ihre Werke auf, um Anklagen von Frauen über angebliche sexuelle Übergriffe zu thematisieren. In seiner *Chronik der Sachsen und Thüringer* berichtet er über Kaiserin Maria, einer legendären Gemahlin Kaiser Ottos III. (* 980 † 1002) und Tochter des Königs von Aragon (siehe Abbildung 8, S. 189). So habe die Kaiserin den verdienten Getreuen ihres Gemahls, den Grafen von Amula, der als der schönste Mann weit und breit galt, sehr begehrt. Sie täuschte eine Krankheit vor, bat den Grafen in ihre Kammer und enthüllte diesem ihr Verlangen. Der Graf lehnte ab und floh, nachdem die Kaiserin zudringlich wurde. Dabei riss die Kaiserin ein Stück seines Mantels aus. Erbost über die Zurückweisung, klagte die Kaiserin den Grafen vor ihrem Gemahl an und legte das Mantelstück als Beweis vor. Der Graf wurde hingerichtet und vergoss bei seiner Enthauptung Blut und Milch – ein Umstand, der als sicheres Zeichen für ein ungerechtes Urteil gedeutet wurde. Da sich viele ob dieses Urteils empörten, musste der Kaiser einen Gerichtstag einberufen, auf dem die verwitwete Gräfin erschien und anbot, sich einem Gottesurteil zu unterziehen. Ohne Wunde überstand sie, ein glühendes Eisen zu tragen. Die Kaiserin gab daraufhin ihre Lüge zu, wurde verbrannt und die Gräfin mit mehreren Burgen entschädigt.

Gottesurteile

Nach einer anderen Legende soll Otto III. sich in die Gemahlin eines «Crescentius» verliebt haben. Crescentius hatte den von Otto eingesetzten Papst aus Rom vertrieben und einen Gegenpapst, Johannes XVI., eingesetzt. Otto rächte diese Tat, indem er Johannes blenden

407 Kleinen: «... zur Wollust und zur Unzucht preisgegeben» (2004), S. 182–183.

Abbildung 8

Eine von fünf Illustrationen zur Geschichte der legendären Kaiserin Maria aus dem zweiten Teil von Georg Spalatins *Chronik der Sachsen und Thüringer*

Nach einer mitteldeutschen Pergamenthandschrift aus dem späten 16. oder frühen 17. Jahrhundert

Gotha, Forschungsbibliothek, Chart. A 190, fol. 300r

(zur Handschriftenbeschreibung siehe Abbildung 6, S. 147)

Etliche Cronickh haben, das dises Römischen Keysers fraw, sey
ein sehr Unkeüsch Weib gewesen, Und wiewoll dauon den
glaubwirdigen Büchern wenig vermeldung ist, villeicht der
Römischen Keyserlichen Maiestatt zu ehren, Und von wegen
der grausamen Unthat der Keyserin, Dennach hat Gotfridus
von Viterb, Und sunst noch einer solches beschreiben, Welches auch
umb Verwunderung willen hernach folgt, Und soll also gangen sein.

und die Nase abschneiden ließ; Crescentius wurde gefangengenommen und erhängt. Als Otto von Rom wieder nach Deutschland zurückkehren wollte, übergab ihm Crescentius Frau ein Paar vergifteter Handschuhe und einen Ring; Otto starb, als er die Geschenke annahm.[408]

Kinder

Das *Eisenacher Rechtsbuch* des Johannes Rothe weiß zu berichten, dass die Kinder aus Ehen zwischen einer Vergewaltigten und einem Vergewaltiger nicht gleichgestellt würden mit legitimen Nachkommen anderer Ehen. Die geistlichen Rechte hingegen, so Rothe weiter, tolerierten die Kinder aus diesen Ehen:

> Wer eynis andirn mannes wip behurit, mayd adir wip nodzoogit, nemmit he si darnach zcu der e, eliche kindir gewynnen si nummer miteynandir, di erin rechtin gevolgin mogin, noch der stad rechte, lantrechte und noch der witpildisrechte. Abir noch geistlichim rechte mogen si sich zcu der e nehmen, waz si an dem rechtin irwerbun mogin, daz volget en.[409]

Rothe streift hier in aller Kürze einen größeren Rahmen von eherechtlichen Konsequenzen bei Strafdelikten. Hiram Kümpers Bewertung in diesem Zusammenhang, wonach im Sachsenrecht die «Ehe zwischen Vergewaltiger und Opfer […] ebenso wie die zwischen Ehebrechern für unstatthaft erklärt» wird,[410] stimmt nicht zur Gänze. Denn so wie es Rothe korrekt wiedergibt, wird die Legitimität der Kinder aus dieser Verbindung im *Sachsenspiegel* infrage gestellt und nicht die Ehe an sich:

> Swe so enes mannes wif behuret openbare, oder wif oder maget nodeget, nimt he se dar na to echte, echt kint ne wint he nimmer bi er.[411]

---

408 Zur Legende nach der Sächsischen Weltchronik (1269/1275) siehe Herkommer: Das Buch der Welt (2000), Editionsteil, S. 162–165.

409 Zitiert nach Rondi Peter (Bearb.): Eisenacher Rechtsbuch. Weimar 1950 (Germanenrechte, N. F. Abt. Stadtrechtsbücher, 3), Buch 1, Kap. 44, S. 68.

410 Kümper: Sachsenrecht (2009), S. 536.

411 Landrecht, Buch I, Art. 37. Zitiert nach Eckhardt: Sachsenspiegel (1966), S. 100. Diesen Artikel übernahm unter anderem das Zwickauer Rechtsbuch in Art. 33 (Ob eins mannes wîp behûret wirt), siehe Ullrich, Günther (Bearb.) unter Mitarbeit von Hans Planitz: Zwickauer Rechtsbuch. Weimar 1941 (Germanenrechte N. F. Abt. Stadtrechtsbücher, 2), S. 126.

Einzuräumen ist, dass sich bereits aus dem Strafmaß für die Tat eine Eheschließung verbietet, denn mit einem hingerichteten Delinquenten lässt sich kein Ja-Wort tauschen. Der *Sachsenspiegel* will hier offensichtlich nachträglich regulierend auf eine nicht vor Gericht gebrachte Straftat einwirken. Das widersprach kanonischem Recht, wie Rothe zu erzählen weiß. Da er nachdrücklich auf diesen Gegensatz aufmerksam macht, dürfte ihm die päpstliche Bulle *Salvator humani generis* (1374)“ Gregors XI. zumindest mittelbar bekannt gewesen sein, mit der vierzehn Artikel des *Sachsenspiegels* verketzert wurden. Darunter befand sich eben auch jener Artikel zum Umgang mit dem Vergewaltigungsdelikt.[412]

Ehre

Hier stand ein grundsätzliches Problem zur Disposition: Bei sexuellem und verbalem Missbrauch von Frauen sollte deren materielle Sicherheit gewährleistet und ihre geschändete (Geschlechts-) Ehre wieder hergestellt werden. Drei Delikte, die in der Praxis auch ineinander übergehen konnten, werden dabei sichtbar:

Defloration

1. die Defloration einer Frau außerhalb der gemeinsamen Ehe,
2. der Bruch eines gegebenen Eheversprechens, für das sich die Frau im Gegenzug dem sexuellen Verlangen des Mannes hingegeben hat, und
3. der schlimmste Eventualfall, die Vergewaltigung einer Frau.

Die nach Rothe unstatthafte Anerkennung der Kinder aus Ehen, die infolge einer Vergewaltigung zustande kamen, findet ihre Parallele in Verboten gegen Inzestehen. Auch dort wird versucht, durch Abschreckung Personen davon abzuhalten, eine Ehe mit einer verwandten Person einzugehen. Diese Drohung dürfte ihre Wirkung nicht verfehlt haben, denn die in Aussicht gestellte Be-

412 Die Bulle Gregors XI. ist mehrfach mit dem Sachsenspiegel gemeinsam überliefert. Siehe dazu die Nachweise bei Oppitz, Ulrich-Dieter: Deutsche Rechtsbücher des Mittelalters, Bd. 2 (1990), S. 551, 627 und 636. Zum durch den Augustiner Johannes Klenkok 1369 ausgelösten Streit zwischen Anhängern und Gegnern des Sachsenspiegels, in dessen Folge die Papstbulle erlassen wurde, siehe Kullmann, Hans J: Klenkok und die «Articuli reprobati» des Sachsenspiegels. Frankfurt am Main 1959. – Lade-Messerschmied, Ulrike: Die articuli reprobati des Sachsenspiegels. Zur Rezeption eines Rechtstextes, in: Der Sachsenspiegel als Buch. Vorträge und Aufsätze, hg. von Ruth Schmidt-Wiegand. Frankfurt am Main 1991 (Germanistische Arbeiten zur Sprache und Kulturgeschichte, 1), S. 169–217.

Kinder strafung ist bei Kinderwunsch unausweichlich und wiegt schwer, da auf rechtlichem Weg nichts an die leiblichen Nachkommen weitergeben werden konnte.[413] Über den spätantiken *Codex Theodosianus* ging diese Form der Drohung in die *Lex Romana Visigothorum* und «einige wenige fränkische Rechtshandschriften» ein, darunter befindet sich auch die umfangreiche Inzestgesetzgebung innerhalb der *Kapitulariensammlung Bischof Isaaks von Langres* (859-880).[414]

2.3 Defloration und Verlöbnis

Ludwig Schmugge (* 1939) kann auf Grundlage von Bittschriften an den Papst, die sich in den Beständen der Apostolischen Pönitentiarie für die zweite Hälfte des 15. Jahrhunderts erhalten haben, aus mehr als 6000 Belegen deutscher Herkunft eine Reihe von Beispielen aufzählen, in denen sich Frauen vor allem wegen Defloration bzw. wegen eines gebrochenen Eheversprechens beim Papst oder den örtlichen Offizialaten beklagten.[415] Beide Tatbestände wurden durch die geistlichen Gerichte in der Regel, wenn das Urteil zugunsten der Frau ausfiel, mit einer materiellen Entschädigung in Form eines «Kranzgeldes»[416] gesühnt. Es sollte den Ehrverlust der Frau und ihres Vormundes ausgleichen helfen, der infolge der Defloration zu einer schwierigen Verheiratung und den Verlust an Ausstattung bzw. zu einer Erhöhung der zu zahlenden Mitgift führen konnte. Aus diesem Grund richtete sich
Abstammung das Kranzgeld nach Herkunft und Ansehen der betroffenen Frau

413 Zur Theorie der Abschreckung, die besagt, «dass Menschen unter Androhung rechtlicher Bestrafung von kriminellen Handlungen absehen, solange diese Bestrafung als schwer, unausweichlich und rasch eintretend empfunden wird», siehe Aronson · Wilson · Akert: Sozialpsychologie (2008), S. 543.

414 Kasten: «Noverca venefica» (2001), S. 160 und 165.

415 Schmugge, Ludwig: Ehen vor Gericht. Paare der Renaissance vor dem Papst. Berlin 2008, S. 81–83, 206–209 und 256.

416 Schmugge verwendet hier einen Begriff aus dem 1998 aufgehobenen § 1300 des Bürgerlichen Gesetzbuches. Dabei handelt sich um das Recht einer unbescholtenen Verlobten, «wenn sie ihrem Verlobten im Hinblick auf das Eheversprechen die Beiwohnung gestattet hat, bei dessen unberechtigten Rücktritt vom Verlöbnis auch für den hierdurch erlittenen Nichtvermögensschaden, z. B. wegen verminderter Heiratsaussichten, eine Entschädigung in Geld [zu] verlangen, deren Höhe vom Gericht nach billigem Ermessen festzusetzen ist. [...] Unbescholtenheit i. S. der Vorschrift bedeutet Unversehrtheit der Geschlechtsehre.» Zitiert nach Kauffmann: Rechtswörterbuch ([12]1994), S. 1291–1292.

und ihres Vormundes. Zur Einlösung eines angeblich gegebenen Eheversprechens kam es im 15. Jahrhundert nicht, obwohl die anklagenden Frauen dies zum Teil als Ziel vor Augen hatten.[417] Klage

Die Zahlung des Kranzgeldes konnte noch einen anderen Zweck erfüllen. Es ging darum, den Vorwurf der «Hurerei» entgegen zu treten, indem der Mann durch die Zahlung seine Schuld eingestand und damit die Ehre des Opfers wieder herstellte und anerkannte. So soll sich nach einem Protokoll des Konstanzer Offizialats von 1455 Kunigunda Hueberin aus der Pfarre Gossau bei St. Gallen angeblich gegenüber ihrem Liebhaber, der nach sexuellem Entgegenkommen verlangte, vor dem vollzogenen Geschlechtsakt versucht haben abzusichern. Sie sprach zu Othmar, ihrem Liebesgesellen: Ehre

> Sichst du Othmar, ich wil din huor nit sin, welist aber zuo mir komen als ain man zuo inem elichen wib, so kom.

Wissend, dass die Erfüllung seines sexuellen Wunsches nun zum Greifen nahe war, soll er Kunigunda geantwortet haben:

> Ich begir nit, das du min huor syest.

Um ihren und den Worten des Mannes Nachdruck zu verleihen, drohte sie daraufhin:

> Beschissest du mich, ich sag dir, ich wolt dich darumb gen Costenz laden, engiengist du mir den uuis der E, ich wolt an dich umb den bluomen.[418]

Dieser lebhaft wiedergegebene Dialog, den die Hueberin dem Offizial im Nachhinein aus der Erinnerung mitteilte, besagt, dass sie Othmar gedroht hätte, ihn in Konstanz wegen des gegebenen Eheversprechens zu verklagen. Falls dieser Prozess nicht zu ihren Gunsten ausfallen würde, werde sie auf Defloration klagen. Offenbar kannte die Frau nicht nur die beiden Tatbestände «Bruch des Verlöbnisses» und «Defloration», sondern sie und ihr Liebhaber hatten offensichtlich

417 Das ältere kanonische Recht forderte von den Männern entweder die Heirat der «entehrten» Frau oder die Zahlung des Kranzgeldes. Die profanen Rechte folgten dem kanonischen darin, bis sie im 14. und 15. Jahrhundert ein eigenes Strafmaß festlegten, zum Beispiel Verweisung, Ehrenstrafen oder in einigen Fällen auch die Todesstrafe. Siehe dazu His: Das Strafrecht des deutschen Mittelalters, Bd. 2 (1935), S. 146–147.

418 Zitiert nach Schmugge: Ehen vor Gericht (2008), S. 206.

das gleiche Verständnis vom Begriff «Hurerei». Der Beischlaf innerhalb des Verlobungszeitraumes und noch vor Eheschluss scheint jedoch bei beiden auf keine moralischen Einwände gestoßen zu sein.[419] Dass diesen beiden Tatbeständen höchste Aufmerksamkeit zukam, lässt sich unter anderem daran ablesen, dass sich die Höhe des Kranzgeldes um 1500 wohl mindestens verdoppelte.[420]

2.4 «Weibisches Geschwätz»

Mit dem dritten Thema, dem «weibischen Geschwätz», wurde von den Rechtstexten ein eher beiläufiges Delikt aufgegriffen, dass zum Teil nicht sanktioniert war oder dessen Bestrafung man dem Ehegatten einer Delinquentin überließ. Kommt dieses Delikt zur Sprache, werden ausschließlich Beschimpfungen und Zank zwischen Frauen in den Blick genommen. Bei Beleidigungen zwischen den Geschlechtern treten jene Artikel in Kraft, die im Kapitel «Beschimpfung und üble Nachrede» behandelt worden sind. Die wenigen Rechtstexte, die sich gesondert dem «weibischen Geschwätz» widmen, führen nicht aus, weshalb sie abweichend von anderen Rechten diese Zusätze einfügten. Es werden auch keine direkten Bezüge zur Heiligen Schrift oder zu Kommentaren der Kirchenväter hergestellt.

Auffällig ist, dass der weibliche Anteil an Verbalinjurien vor Gerichten deutlich geringer ist als jener der Männer. Diese Beobachtung wird durch Befunde aus Regensburg[421] oder auch durch Schweizer Beispiele zu blasphemischen Äußerungen[422] gestützt. Möglicherweise

419 Arnold Angenendt und Ludwig Schmugge kommen in ihren Untersuchungen zur spätmittelalterlichen Ehe zu dem Ergebnis, dass in Bezug auf die geschlechtliche Lust «ein geradezu modernes Eheverständnis» bestanden habe (Angenendt, Arnold: Ehe im Mittelalter. Mit Anmerkungen zur Xantener Ehegerichtsbarkeit, in: Xantener Vorträge zur Geschichte des Niederrheins 1996–1998, hg. von Dieter Geuenich. Duisburg 1998, S. 75). Es ergebe sich «der Eindruck eines vielfach unverklemmten sexuellen Umgangs zwischen den Geschlechtern, der offenbar auch vor der Ehe in allen Schichten der Bevölkerung praktiziert worden ist». Schmugge: Ehen vor Gericht (2008), S. 250.

420 Schmugge: Ehen vor Gericht (2008), S. 256.

421 Wernicke, Steffen: Von Schlagen, Schmähen und Unendlichkeit. Die Regensburger Urfehde im 15. Jahrhundert, in: Kriminalitätsgeschichte. Beiträge zur Sozial- und Kulturgeschichte der Vormoderne, hg. von Andreas Blauert und Gerd Schwerhoff. Konstanz 2000, S. 392.

422 Schwerhoff: Zungen wie Schwerter (2005), S. 264.

wertete man die schmähenden Worte von Frauen tatsächlich nicht als Angriff auf die Ehre einer Person, also nicht als einen Tatbestand der Beleidigung, und verhandelte sie deshalb nicht vor Gericht, sondern überantwortete die «Züchtigung» ihrem Gemahl.[423] Ehre Züchtigung

Gerd Schwerhoff geht davon aus, dass die Zahl weiblicher Delinquenten an «mit ‹petty crimes› und Alltagskonflikten beschäftigten Niedergerichten eher» zunahm.[424] Obwohl er diese Annahme nicht durch Belege untermauert, zeichnen sich parallele Entwicklungen in den Rechtstexten mit Bestimmungen zu weiblichen Injurien für den Ausgang des Mittelalters ab. Denn das alemannische Recht scheint für mehrere Jahrhunderte eines von wenigen Rechten mit Bezügen zu weiblichen Schmähreden zu sein.[425] Im 15. und 16. Jahrhundert befasst sich dann eine Reihe von Rechten insbesondere für die ländliche Bevölkerung mit diesem Thema wie beispielsweise eine österreichische *Rechtsquelle aus Schatterlee* von 1489. Dort heißt es:

> Item ob sich gepurt, das sich zwo frawn vergässen mit red, so schullen sich die mannen nicht darumb annemen, aber sie schulln das bringen an ein richter und das anklagn. Und der richter scholl sent nach den frawn und sol die gesworen zu im nehmen und schol sew verhören nach irr baider furlegung; und welchew di ist, dew die gesworen kunnen erkennen, das sie ungerecht ist, die scholl darumb gebessert werdn und gestrafft von irm mann untzt als lang, das di ander der ungutlich ist geschehen, ein genuegn hat. Wär aber, das sie ir man nicht straffn wollt umb di schuld, so schol sei der richter nehmen und scholl die legn in ein kastn und scholl fur sei slahn zwai sloss, damit di fraw wol behüet sei. Auch scholl der richter irm mann den ainn schlussl gebn und er scholl den andern habm; und scholl sein in dem kasten untzt als lang das di gesworen kunnen erkennen, das si umb die schuld gepessert wird.[426] Richter

423 Einen Überblick zu den «Bestimmungen hinsichtlich der Weiber» gibt Köstlin: Die Ehrverletzung nach deutschem Rechte (1855), S. 429–435.

424 Schwerhoff: Zungen wie Schwerter (2005), S. 264.

425 Im Pactus Legis Alamannorum wurde auf die Einleitung eines Verfahrens bei weiblichen Schmähreden ausdrücklich verzichtet. Fuchs: Um die Ehre (1999), S. 35. Das Hamburger Recht von 1292 und von 1497 sehen für berüchtigte Frauen, die ehrbare Frauen beleidigen, das Steintragen vor. Köstlin: Die Ehrverletzung nach deutschem Rechte (1855), S. 375.

426 Zitiert nach Künßberg: Über die Strafe des Steintragens (1907), S. 55–56.

Zwar sieht dieser Artikel die Einschaltung des Gerichts vor, doch es erfolgt im ersten Schritt keine Bestrafung durch die entsprechende Obrigkeit; erst wenn der Mann seine delinquente Gemahlin nicht strafen will, soll der Richter aktiv werden. Es wird auch nichts davon berichtet, dass die Worte der zu bestrafenden Frau beleidigend gewesen sein müssen, so dass die Ehre einer anderen Person als Rechtsgut verletzt worden wäre; und es gibt keine Hinweise darauf, dass durch Buße irgendeine Art von Buße oder Widerruf das Gesagte richtig gestellt werden musste. Vor allem für Österreich, aber auch für andere Regionen des Reiches sind solche oder ähnliche Bestimmungen bekannt.[427]

Nach dem *Augsburger Stadtbuch* sollte der Mann seine Frau strafen, wenn diese im Haus eines anderen ausfällig geworden ist. Allerdings musste beim Vollzug der Strafe das Opfer mit anwesend sein, damit es mit eigenen Augen die Vergeltung wahrnehmen und sichergehen konnte, dass die Delinquentin tatsächlich gestraft wurde:

> Art. 424: Ob eines erbaren Mannes Haußfrau ein Vnzucht thut. Man soll auch wissen, wo eines erbaren Mannes Frau eine Vnzucht thut mit schlahen, mit rauffen oder mit bösen worten in eines andren mannes Hauß oder wo sie es Klage thu, das soll man ihrem wirth klagen und soll auch der also richten, daß der kläger innen werde, daß ihm gericht sey.[428]

Auch in diesem Fall sollte die Frau keinesfalls einer Sanktion entgehen. Weder der *Schatterleer* noch der *Augsburger Artikel* sahen allerdings konkrete Rechtsfolgen vor, sondern überließen das rechte Maß dem Ehegatten. Darin lag natürlich ein Ermessensspielraum, der insbesondere im *Augsburger Stadtrecht* zu weiteren strittigen Auseinan-

427 Der Limburger Abt behielt sich 1508 für sein Gericht in Schifferstadt am Rehbach (bei Neustadt) vor, «wan sich zwo frauwen schelten, dieselben frevel» selbst nach Maßgabe des Verschuldens zu richten. Grimm u.a.: Weisthümer, Bd. 5 (1866), S. 584; und in der Ordnung für das Dorf Hochstetten von 1543 heißt es: «§ 14. Item, so sich weiber an ehren schölten und nit schlügen, soll jede zu pen 1/2 malter kesz geben; ist ihr unrecht geschehen, soll gegen der anderen furderlich recht gestatt und verholfen werden. Hetten sie aber einander mit der that geschlagen, soll gericht und der that gemeß gestraft werden.» Ebenda, S. 644. Zahlreiche weitere Quellenhinweise aus österreichischen Weistümern zur Bestrafung und Bewertung weiblicher Straftaten bei Künßberg: Über die Strafe des Steintragens (1907), S. 48–61, und His: Das Strafrecht im deutschen Mittelalters, Bd. 2 (1935), S. 131.

428 Zitiert nach Walch: Vermischte Beyträge zu dem deutschen Recht, Bd. 4 (1774), S. 414.

dersetzungen führen konnte, nämlich dann, wenn das Opfer mit dem Maß der Züchtigung nicht einverstanden war.

Nach kirchlichem Recht konnte der Hausherr (obrister hauswirt) oder der geistliche Seelsorger (prelat) mit «beschaidenleichen schelt worten» und Schlägen zur Ordnung rufen, ganz so wie es Jesus Christus mit seinen Jüngern tat. Jedoch dürfe der schmale Grat von Züchtigung und Ehrenschelte nicht überschritten werden, so Bruder Berthold. Den Leumund einer Person sollte man zu keiner Zeit verletzen, weil das eine Todsünde wäre: Hausherr Leumund

> Ditz ist, wenn schelten ein tot sünd sei oder nit xxj. 23. Schelten vnd dem menschen reden an sein er vnd wider seinen guten läunten, wer daz tut, daz ist ein tot sünd. Aber ein prelat oder ein obrister hauswirt, schilt der seinen vndertan mit ordenleicher weiz durch zucht vnd straffung, der tut nicht sünd. Vnd alz dez auch not ist, daz man den menschen etzwann straft mit den werken, alz mit slegen vnd mit geld, also ist dez auch etzwann not, daz ein obrister seinen vndertan straff mit beschaidenleichen schelt worten. Aber wurd der mensch da von verleiunmunt, daz man in vnordenleichen strafft, daz wär ein tot sünd. Vnd also mit ordenleicher weis vnd mit beschaidenhait schalt vnd straft Christus sein iunger, do er si mant an torn vnd narren vnd an ein pözz geslächt.[429]

Spätestens seit dem späteren Mittelalter drangen also die Vorstellungen eines zurechtweisenden und strafenden (Haus-)Herrn auch in das Injurienrecht ein.[430] Das hatte nicht nur Auswirkungen auf die Delinquenten, sondern auch auf die Männer selbst. Denn ihnen drohten zum Teil harte Strafen, wenn sie ihrer Pflicht nicht nachkamen. Ein Mann, der sich von seiner Frau durch Verbal- oder Realinjurien angreifen ließ und dies nicht strafte oder klagte, sollte nach den *Statuten der thüringischen Städte Blankenburg und Teichel* die Ratsdiener mit Gewändern ausstatten. Vermochte er das nicht, sah das *Blankenburger Rechtsbuch* vor, ihn mit Gefängnis und durch die Abtragung seines Hausdaches zu strafen: Realinjurien Ratsdiener

429 Zitiert nach Steer: Die ‹Rechtssumme› Bruder Bertholds, Bd. 4 (1987), S. 1936 (S 23). Für Beispiele aus dem städtischen Rechtsbereich, die sich mit dem Maß des Züchtigungrechts befassen, siehe Schuster: Der gelobte Frieden (1995), S. 87.

430 Siehe dazu auch den Abschnitt «Die Berücksichtigung der ständischen Differenz und autoritätsabhängiger Beziehungen», S. 97–107.

Art. 15. Da aber ein exempel gefunden werden sollte, daß ein Mann so wiebisch, daß er sich von seinem Weibe rauffen, schlagen und schelten ließ, und solches gebührlicherweise nicht eiffert oder klaget, der soll des Raths beyde Stadt-Knechte mit Wüllen gewandt kleiden oder da ers nicht vermag, mit Gefängnis oder sonsten willkührlich gestrafft, und ihm hierüber das Dach auf seinem Hauße abgehoben werden.[431]

Klage

In Teichel übernahm die städtische Gewalt die Bestrafung der Frau. Diese wurde in das Halseisen (Pranger) gelegt und musste dem Ehegatten öffentlich Abbitte leisten.[432] Die Stadträte sorgten also unabhängig vom Willen der Delinquentin und des Opfers für die Aufrechterhaltung der patriarchalischen Ordnung gleichermaßen in der Öffentlichkeit und im Privaten, ohne natürlich tatsächlich in diese zwei Räume zu unterscheiden. Damit blieb dem Ehegatten gar nichts anderes übrig, als sein in den Augen der städtischen Obrigkeit angemessenes Züchtigungsrecht über Gattin, Kinder und Diener im Rahmen des ihm durch das Recht zugebilligten Spielraumes auszuüben, wenn er nicht selbst bußfällig werden wollte. Dieser Befund deckt sich mit den verfassungsrechtlichen Beobachtungen, wonach in vielen deutschen Städten um

Genugtuung

Kinder

431 Zitiert nach Walch: Vermischte Beyträge zu dem deutschen Recht, Bd. 5 (1775), S. 88.

432 § 13: «Läst sich ein Mann von seinem Weibe verschimpfen, reiffen und schlagen, soll Er den Rathsdiener kleiden, Sie aber an das Halß-Eisen treten und den Manne öffentliche Abbitte thun.» Zitiert nach ebenda, S. 176.

Abbildung 9

Darstellung der Geschwätzigkeit von Frauen an der Nordwand der St. Georgskirche in Reichenau-Oberzell, vor 1308. Abgebildet sind zwei miteinander sprechende Frauen, vor denen vier feixende Teufel eine Kuhhaut ausbreiten, auf der neben einem Flöte spielenden fünften Teufel die Mahnung geschrieben steht: ICH · WILL · HIE · SCHRIBVN · VON · DISEN / TVMBEN · WIBVN / WAS · HIE · WIRT · PLAPLA GVSPR / OCHVN · VPPGS IN DER · WOCHVN / DAS · WIRT · ALL / VS · WOL · GVR / AHT · SO · ES · W / IRT · FVR · DEN / RIHT[E]R · / BRAHT.

Zum Fresko siehe Jakobs, Dörthe (Hg.): Sankt Georg in Reichenau-Oberzell. Der Bau und seine Ausstattung: Bestand, Veränderungen, Restaurierungsgeschichte, 2 Textbde. und 1 Tafelbd. Stuttgart 1999 (Landesamt Baden-Württemberg. Forschungen und Berichte der Bau- und Kunstdenkmalpflege in Baden-Württemberg, 9), hier Textbd. 1, S. 181–182 und Textbd. 2, S. 524, Abb. 701.

1500 ein starker Trend zur «Monopolisierung und Durchsetzung des Strafanspruchs durch die Obrigkeiten» zu verzeichnen ist.[433]

Hexerei

Eine restlos überzeugende Erklärung für die Sonderbehandlung von weiblichen Verbalinjurien liegt noch nicht vor. Sicher nahm nicht nur die im Vergleich zu Männern rechtliche Zurückstellung der Frau Einfluss auf dieses Phänomen, sondern auch die mittelalterliche Auffassung von der Schlichtheit der weiblichen Geistesfähigkeit und die generelle Geringschätzung von Frauen in einer von Männern bestimmten Welt. Diese Auffassung, die unter anderem durch Terenz und die Erbsündetheologie des heiligen Augustinus in das Mittelalter hineingetragen wurde, barg ein enormes Diskriminierungspotential in sich, das beispielsweise bei Hexenverfolgungen verheerende Züge annehmen konnte.[434]

433 Eibach, Joachim: Art. Strafe, in: Enzyklopädie der Neuzeit, Bd. 12, im Auftrag des Kulturwissenschaftlichen Instituts (Essen) und in Verbindung mit den Fachwissenschaftlern hg. von Friedrich Jaeger. Stuttgart · Weimar 2010, Sp. 1054.

434 Siehe dazu die ausführlichere Erörterung im nachfolgenden Abschnitt «Hexerei und Zauberei», S. 201–211.

3. Hexerei und Zauberei

In den mittelalterlichen Texten treten die Begriffe «Hexerei» und «Zauberei» sowie die stammverwandten Substantive undifferenziert auf. Das gilt gleichermaßen für die deutschsprachige Verwendung der Worte wie auch für den lateinsprachigen Gebrauch (magica, maleficum - striga, venefica etc.).[435] In der historischen Forschung wurde vielerorts der Versuch unternommen, orientiert an der sich langsam herauskristallisierenden Differenzierung in frühneuzeitlichen Quellen, eine sinnvolle begriffliche Unterscheidung zu treffen. Zauberinnen und Zauberer könnten demnach in der mittelalterlichen Vorstellungswelt weiße wie schwarze Magie ausüben. Die weiße gute Magie diene zu Heil- und Fruchtbarkeitszwecken, während die schwarze böse Magie mit ihrem Schadenzauber Unheil bringe. Hexen und Hexer hingegen würden ausschließlich schadenstiftend sein und sie hätten im Unterschied zu den Zauberinnen und Zauberern körpereigene magische Kräfte, mit denen es ihnen möglich ist, «ohne zusätzliche Hilfsmittel diverse Schadenzauber zu verursachen».[436] Für die nachfolgend vorgestellten Rechtstexte spielt diese Zweiteilung keine Rolle. Entweder werden die Begriffe für Hexerei und Zauberei ohne Erörterung in eine Reihe mit anderen gestellt, sodass eine zweifelsfreie und überzeugende Erklärung zur Semantik nicht gegeben werden kann, oder es wurden Begriffspaare gewählt, die in der Regel den schadenstiftenden Charakter des bezeichneten Gegenstandes deutlich werden lassen.

3.1 Entwicklungsstufen des Hexenwahns

Der frühneuzeitliche, theologisch fundierte und systematisch organisierte Hexenwahn besitzt eine lange Vorgeschichte, deren fassbare Wurzeln in die Spätantike zurückreichen. Den theologischen Grund-

435 Schormann, Gerhard: Hexenprozesse in Deutschland, 3., durchgesehene Aufl. Göttingen 1996, S. 23.

436 Labouvie, Eva: Zauberei und Hexenwerk. Ländlicher Hexenglaube in der frühen Neuzeit. Frankfurt am Main 1991, S. 224. Zu einer knappen Forschungsdiskussion siehe Hille: Der Teufelspakt in frühneuzeitlichen Verhörprotokollen (2009), S. 39–42.

stock hatte Augustinus gelegt, doch entfalteten sich seine Vorstellungen vom Pakt zwischen Dämon und Mensch, nachdem sie Eingang in das *Decretum Gratiani* gefunden hatten, erst mit der intensiven Auseinandersetzung seit dem 13. Jahrhundert, vor allem in der *Summa theologiae* des Thomas von Aquin. Infolgedessen wietete sich der Häresiebegriff auf den Bereich der Hexerei als ein apostatischer Bund zwischen Ketzern und Teufel aus. Der um 1486 durch den Inquisitor Heinrich Kramer (Institoris, * ca. 1430 † ca. 1505) verfasste *Hexenhammer* (Malleus maleficarum) bildete den Abschluss der mittelalterlichen Zauberei- und Hexentheorie. In der Einleitung des dritten Teils begründet er ausführlich, weshalb ein Inquisitor gegen Personen vorgehen kann und soll, die der Ketzerei beschuldigt und verdächtigt werden, wenn sie nämlich

Häresie

1. ohnehin der Ketzerei verdächtig sind,
2. sie im Verstande irren und dieser Irrtum sich auf den Glauben und die Unfehlbarkeit der Kirche bezieht,
3. sie hartnäckig Behauptungen gegen die Entscheidungen der Kirche aufstellen,
4. sie der Apostasie verdächtig sind oder
5. sie ketzerische Lehren halsstarrig verteidigen.

Apostasie

Trifft eine dieser Voraussetzungen zu, können gleichermaßen die örtlichen Gewalten des zuständigen Bischofs als auch die Inquisitoren die Verdächtigen in Gewahrsam nehmen, um sie zu befragen.[437] Damit stärkte der *Hexenhammer* Denunzianten und eröffnete ihnen eine größere Auswahl an Gegenständen zur Beschuldigung.

3.2 Verurteilung des Hexenglaubens

Die erste Periode dieser über ein Jahrtausend währenden «Vorgeschichte» begann also mit Augustinus im 4. Jahrhundert und en-

437 Behringer, Wolfgang · Jerouschek, Günter (Hg.): Heinrich Kramer (Institoris). Der Hexenhammer – Malleus Maleficarum. Neu aus dem Lateinischen übertragen von Wolfgang Behringer, Günter Jarouschek · Werner Tschacher. Herausgegeben und eingeleitet von Wolfgang Behringer · Günter Jarouschek, 13. Aufl., München 2020, S. 601–627 . – Mackay, Christopher S. (Hg.): Malleus Maleficarum, von Henricus Institoris und Jacobus Sprenger, Bd. 1: The Latin Text and Introduction. Cambridge 2006, S. 572–577.

dete 1230.[438] Sie war geprägt vom Dualismus zwischen Glaube und Zweifel an der Existenz von Hexen, Hexenflug, Teufelsbuhlschaft und Tierverwandlung. Die ersten frühmittelalterlichen Rechtstexte trennten Schadenzauber (maleficium) und Hexen noch voneinander. Während Schadenzauber bestraft wurde, taten «kirchliche und weltliche Autoritäten» den Glauben an Hexen, die vampirähnliche Wesen sein sollten, die sich nachts umhergetrieben und Menschen von innen heraus verzehrt hätten, als «volkstümlichen Wahn» ab.[439] Das *Edictum Rothari*[440], die *Recensio Clothariana* des *Pactus legis Alamannorum*[441] und die *Lex Salica*[442] verboten daher die Beschimpfung von Personen als Hexen oder Hexer.

---

438 Die Periodisierung folgt Harmening, Dieter: Hexen. Hinter dem Rand des Christentums, in: Randgruppen der spätmittelalterlichen Gesellschaft, hg. von Bernd-Ulrich Hergemöller, neu bearb. Aufl. Warendorf 2001, S. 300–334, hier S. 301.

439 Ragg, Sascha: Ketzer und Recht. Die weltliche Ketzergesetzgebung des Hochmittelalters unter dem Einfluß des römischen und kanonischen Rechts. Hannover 2006 (Monumenta Germaniae Historica: Studien und Texte, 37), S. 37.

440 Kap. 198: «Gesetzt, ein freies Mädchen [oder Weib], das unter fremder Munt steht, wird von jemand Hure oder Hexe gescholten [fornecariam aut histrigam clamauerit]. Verklagt, bekennt er reuig, er habe es [nur] in der Wut gesagt. Da muß er mit seinen zwölf Eideshelfern den Schwur erbringen: im Zorn habe er dieses sündhafte Verbrechen ihr nachgesagt, nicht etwa, weil er sichere Kenntnis von der Sache habe. Dann soll er für dies leere Schmähwort [vanum inproperii sermonem], das er ungehörigerweise ausgesprochen hat, zwanzig Schillinge erlegen und weiter nicht behelligt werden. Bleibt er indes dabei und sagt, er könne es beweisen, dann muß der Fall mit Kämpen [das heißt im Zweikampf] nach dem Urteil Gottes ausgetragen werden.» Zitiert nach Beyerle: Die Gesetze der Langobarden (1947), S. 76–79.

441 Kap. 13 § 1–2: «1. Wenn eine Frau die andere Hexe oder Giftmischerin schilt, sei es, daß sie dies im Streit oder in Abwesenheit sagt, zahle sie 12 Schillinge. 2. Wenn eine Frau einen Mann ohne Streit einen Heimtücker schilt, zahle sie 12 Schillinge oder ihr Gatte schwöre mit 12 zur Hälfte ausgewählten.» (1. Si femina aliam striga aut erbaria clamaverit, si[v]e rixam si[v]e absente hoc dixit, solvat sol. XII. 2. Si femina barone extra rixa subdulo clamaverit, solvat sol. XII aut cum XII medicus electus iuret maritus ipsius.) Zitiert nach Eckhardt, Karl A.: Leges Alamannorum, Bd. 1: Einführung und Recensio Chlothariana (Pactus). Göttingen · Berlin · Frankfurt am Main 1958 (Germanenrechte, N. F., Bd. 5: Westgermanisches Recht), S. 110–111. Das Strafmaß hing jeweils vom Stand des Anklägers ab und ob die überführte Person ihre Tat freiwillig oder unter Zwang des Gerichts zugegeben hatte. Ebenda, Kap. 14, S. 110–113.

442 Kap. 67: «2. Wenn jemand ein freies Weib eine Hexe schimpft oder eine Hure und sie nicht überführen kann, werde er zu 7.000 Pfennigen, gleich 187,5 Schillingen, verurteilt.» (2. Si quis mulierem ingenuam strigam clamaverit aut meretricem et convincere non potuerit, VIIMD denariis qui faciunt so-

Die Artikel in diesen Leges dienten wohl dem Schutz der Opfer. Denn die Realität von Hexen wurde immer wieder in Abrede gestellt. Die Kritik am Hexenglauben richtete sich nicht allein gegen angebliche dämonische Eigenschaften und Gräueltaten; es ging den christlichen Apologeten um eine grundsätzliche Abkehr von Aberglaube und «heidnischen» Gewohnheiten. So heißt es im Sermon des heiligen Eligius:

> Bei Krankheit sollen nicht Zauberer oder Wahrsager befragt oder teuflische Amulette an Quellen, Bäume oder Scheidewege gebracht werden. Wer krank ist, soll vielmehr auf Gottes Barmherzigkeit allein vertrauen, Leib und Blut Christi gläubig und mit Andacht empfangen und von der Kirche geweihtes Öl erbitten. Damit soll er im Namen Christi seinen Leib salben und nach dem Glauben der Apostel wird das Gebet den Kranken heilen und Gott ihn aufrichten. So wird er nicht nur seines Leibes, sondern auch seiner Seele Gesundheit erlangen, und an ihm erfüllt sich, was Gott im Evangelium verheißen hat: «Alles, was ihr im Gebet erbittet, werdet ihr erhalten».[443]

Dennoch war der Glaube an magische Kräfte fest verankert und man fürchtete um das Leben von Personen, die im Ruf standen, sich der Zauberei zu widmen. Deshalb verbot das *Edictum Rothari*, solche Personen zu töten mit einem Appell an den Verstand der Betreffenden:

> Daß sich keiner unterstehe, eine fremde Aldin oder Magd als Hexe, auch Maske genannt [strigam, quem dicunt mascam], zu töten! Denn für den christlichen Verstand ist es

---

lidoas CLXXXVII s culpabilis iudicetur.) Zitiert nach Eckhardt: Die Gesetze des Karolingerreiches, Bd. 1 (1934), S. 96–98.

443 Vita Eligii episcopi Novimagensis, liber II: «Praeterea quotiens aliqua infirmitas supervenerit, non quaerantur praecantatores, non divini, non sortilogi, non caragi, nec per fontes aut arbores vel bivios diabolica filacteria exerceantur; sed qui aegrotat, in sola Dei misericordia confidat et eucaristiam corporis ac sanguinis Christi cum fide et devotione accipiat oleumque benedictum fideliter ab ecclesia petat, unde corpus suum in nomine Christi ungeat, et secundum apostolum oratio fidei salvabit infirmum et allevabit eum Dominus; et non solum corporis, sed etiam animae sanitatem recipiet, conplebiturque in illo quod Dominus in euangelio promisit, dicens: Omnia enim quaecumque petieritis in oratione credentes, accipietis.» Zitiert nach Krusch: Passiones vitaeque sanctorum aevi Merovingici (1902), S. 707. Deutsche Übertragung nach Harmening: Hexen (2001), S. 315–316.

> nicht glaubhaft oder [auch nur] möglich, daß ein Weib einen lebendigen Menschen in sich hinein schlingen kann.[444]

In dieser Passage wird deutlich, dass die Hexereivorwürfe, auf die die Lex reagiert, vor allem oder sogar ausschließlich gegen Frauen gerichtet waren. Im Zusammenhang mit den Hexenverfolgungen des späteren Mittelalters und der frühen Neuzeit sind dafür mehrere Erklärungsmöglichkeiten angeboten wurden. Sie können allerdings nur unter Vorbehalt auf die frühmittelalterlichen Verhältnisse übertragen werden.[445] Ungeachtet dessen lässt sich eine kontinuierliche Spur von Frauen diskriminierenden Äußerungen von spätantiken Autoren wie Augustinus, Hieronymus und Laktanz bis hin zu jüngeren Autoren des 16. Jahrhunderts verfolgen. Dort werden Frauen und ein von Leichtgläubigkeit hergeleiteter Aberglauben (superstitio) in einen engen Zusammenhang gebracht, der angeblich in Verbindung mit der Unwissenheit (ignorantia) der Ungläubigen und der «ersten Sünde» Evas gestanden hätte. Die erste Sünde wird

Aberglauben

Sünden

> als Folge eines natürlichen Verstandesmangels der ersten Frau beschrieben. Denn Eva, aus der Rippe Adams gemacht, gilt nur als Schöpfung aus zweiter Hand. So konnte

444 Art. 376. Zitiert nach Beyerle: Die Gesetze der Langobarden (1947), S. 152–155.

445 Zum Beispiel Ahrend-Schulte, Ingrid: Schadenzauber und Konflikte. Sozialgeschichte von Frauen im Spiegel der Hexenprozesse des 16. Jahrhunderts in der Grafschaft Lippe, in: Wandel der Geschlechterbeziehungen zu Beginn der Neuzeit, hg. von Heide Wunder · Christina Vanja. Frankfurt am Main 1991, S. 228: Frauen hätten sich im «Ehrdiskurs [...] weitestgehend auf die Macht der Worte» gestützt oder nutzten, weil es ihnen «aus verschiedensten Gründen nicht möglich war, den Rechtsweg zu beschreiten», andere Möglichkeiten, um ihren Aggressionen Ausdruck zu verleihen. So wandten sie zum Beispiel magische Kenntnisse an, «um andere das Fürchten zu lehren. Sie setzten Magie als Machtmittel ein!» Es habe auf Männer und die von Männern besetzten Gerichte bedrohlich gewirkt, dass «böse Weiber» mit Zauberei einem nach Leib und Leben trachten konnten. Dass ausgerechnet Frauen besonders unter Zaubereivorwürfen zu leiden hatten, lag vermutlich an den «Erfahrungen mit Ratgeberinnen, die sich in der Anwendung von magischen Mitteln und Präparaten auskannten oder solches nur vorgaben und bezog sich auf die Arbeitsbereiche von Frauen, wie Nahrungsproduktion, Krankenpflege, Geburtshilfe und Versorgung des Viehs. Auf Grund dieser Tätigkeiten hatten alle Frauen eine unmittelbare Verantwortung für die Erhaltung und Pflege des Lebens von Menschen und Tieren. Misstrauen gegenüber Frauen äußerte sich in der Angst, dass sie ihre Verantwortung missbrauchen und Leben zerstören, das heißt Krankheit und Tod verursachen konnten.» Kritisch zu dieserart Erklärungsmodellen Harmening: Hexen (2001), S. 303–304.

> nur sie, die an Adams Irrtumslosigkeit nicht teilhatte, den Versuchungen der Schlange erliegen.[446]

Nach diesen sehr frühen Leges setzt unter den karolingischen Herrschern und Partikularsynoden eine Welle von Verfolgungen gegen Personen ein, die angeblich Magier (malefici), Wettermacher (tempestarii), Wunderheiler (incantatores) oder auch Weissagerinnen (auguriatrices) gewesen sein sollen; wurden sie ergriffen, drohten ihnen harten Strafen. Zur Rechtfertigung berief Kaiser Karl sich in der *Admonitio generalis* auf *Levitikus* 19, 26[447] und *Deuteronomium* 18, 10–13[448], wonach der Herr keine Wahrsager, Heil-, Wetter- oder Schutzzauberer dulde, «und wo immer sie sind, sollen sie gebessert oder verurteilt werden»:

> Omnibus. Item habemus in lege domini mandatum: «Non auguriamini». Et in deuteronomio: Nemo sit «qui ariolos sciscitetur» vel «somnia observet» vel ad «auguria» intendat. Item: «ne sit maleficus nec incantator nec pithones consolatory». Ideo praecipimus, ut cauculatores nec incantatores nec tempestarii vel obligatores non fiant, et ubicumque sunt, emendentur vel damnentur. Item de arboribus vel petris vel fontibus, ubi aliqui stulti luminaria vel alias observationes faciunt, omnino mandamus, ut iste pessimus usus et deo execrabilis, ubicumque inveniatur, tollatur et distruatur.[449]

Auch später stellten Autoritäten wie Abt Regino von Prüm (892–899), Bischof Burchard von Worms (1000–1025) und Bischof Ivo

446 Harmening: Hexen (2001), S. 310. Ebenda, S. 304–312, eine ausführliche, mit entsprechenden Zitaten untermauerte Darstellung des Werdegangs dieser Vorstellungen am Beispiel des Hexenwahns.

447 «Ihr sollt nichts mit Blut essen. Wahrsagerei und Zauberei sollt ihr nicht treiben.»

448 «Es soll bei dir keinen geben, der seinen Sohn oder seine Tochter durchs Feuer gehen lässt, keinen, der Losorakel befragt, Wolken deutet, aus dem Becher weissagt, zaubert, Gebetsbeschwörungen hersagt oder Totengeister befragt, keinen Hellseher, keinen, der Verstorbene um Rat fragt. Denn jeder, der so etwas tut, ist dem Herrn ein Greuel. Wegen dieser Greuel vertreibt sie der Herr, dein Gott, vor dir. Du sollst ganz und gar bei dem Herrn, deinem Gott, bleiben.»

449 Admonitio generalis, cap. LXIV. Zitiert nach Mordek · Zechiel-Eckes · Glatthaar: Die Admonitio generalis (2012), S. 216, Z. 263–271. Zu weiteren Nachweisen zur Verfolgung von Magiern, auch für frühere und spätere Rechtstexte, siehe Mordek · Glatthaar: Von Wahrsagerinnern und Zauberern (1993).

von Chartres (1090–1115) unter Rückgriff auf den *Canon episcopi* die Realität von Hexen weiter in Abrede.

3.3 Bund mit Dämonen

> [...] erst im 13. Jahrhundert setzt sich der Glaube an die Realität der Dämonenwelt allgemein durch. Jetzt wird Zauberei dem Begriff der Ketzerei subsumiert und weltliche Bestrafung für sie verlangt. Der kirchlichen Forderung kommt als erstes weltliches Rechtsbuch der Sachsenspiegel (1220/1235) nach.[450]

Die nun verbreitete Annahme, Hexen würden mit Dämonen einen Bund eingehen, schloss die Auffassung mit ein, Hexen entfernten sich von Gott. Damit wurde aus dem älteren Zaubereiverständnis, das in den magischen Kulten vor allem abergläubische und ältere heidnische Praktiken sehen wollte, ein klar umrissener Tatbestand häretischer Verbrechen: der Abfall vom christlichen Glauben, die Apostasie durch den Teufelspakt. In den hier behandelten spätmittelalterlichen Artikeln zu Beleidigung und Verleumdung tauchen nun kaum noch Hinweise zu Hexen und Zauberern auf. Zu den wenigen Ausnahmen gehört zum Beispiel die *Ordnung für das Dorf Hochstetten* von 1543:

Apostasie

Teufel

> § 15. Item, schilts jemand den andern diep, diebin, zauber, zauberin, morder, verreter, bößwicht oder dergleichen, das leib, leben, ehr und glimpf berurt, er gehoer an wen er woll, der schuldiger und theter sollen durch den schultheißen von stund an genomen werden und burgschaft thun, die sach ufs furderlichst zu verrichten. Drifts aber leib und leben an, soll man die beschuldigten in gleich sicherheit und verwahrung behalten, unserm gn. h. furter anzuzeigen und irer gn. bescheids darin weiter zu gewarten, bis zu außtrag und end der sachen.[451]

450 Harmening: Hexen (2001), S. 301. Der entsprechende Artikel im Sachsenspiegel, Landrecht, Buch 2, 13 § 7: «Swelk kersten man ungelovich is oder mit tovere umme geit oder mit vorgiftnisse, unde des verwunnen wert, den scal men op der hort bernen.» Zitiert nach Eckhardt: Sachsenspiegel (1966), S. 143–144.

451 Zitiert nach Grimm u. a.: Weisthümer, Bd. 5 (1866), S. 644. Weitere Beispiele aus Norddeutschland bei His: Das Strafrecht im deutschen Mittelalter, Bd. 2 (1935), S. 112.

Manche Beleidigungen, wie jene, eine Person sei eine Wahrsagerin oder ein Wahrsager, stellten überhaupt keinen Straftatbestand mehr dar.[452] Nun heißt es, man dürfe eine andere Person nicht einen «Ketzer» oder «Sodomiten» nennen, wenn dieser Vorwurf nicht zutreffend sei. Denn aufgrund der unterstellten sexuellen Verfehlungen wurden der Häresie Verdächtige oft mit Sodomiten gleichgestellt, sodass eine klare inhaltliche Differenzierung oft nur schwer zu vollziehen ist.[453]

Mit seinem Kreuzzugsaufruf *Vox in Rama* von 1233 stellte Papst Gregor IX. die theologische Grundlage für die Verbindung von Häresie und Sodomie her, die sich fortan in den Köpfen der Menschen festsetzte; und nach und nach fand diese Vorstellung Eingang in die geistlichen und weltlichen Rechtstexten.[454] Zeitgleich widmeten die katechetische Literatur und populäre Glossare wie die *Rechtssumme* Bruder Bertholds den sodomitischen Sexualpraktiken ihre Aufmerksamkeit.[455] In diesem Zusammenhang spielten auch die Tierverwandlungen des Teufels eine wichtige Rolle: nicht nur in der gesprochenen und geschriebenen Sprache, sondern auch in der Bilderwelt wurden mit viel Phantasie und Vorstellungskraft bekannte Tiergestalten für

452 Zum Beispiel zählte Justinus Göbler in seinem Rechten Spiegel (1550) die Beschimpfung als feiger Soldat oder Wahrsager(in) nicht zum Tatbestand der Beleidigung (Kap. LXXVII).

453 «Seit dem 13. Jahrhundert jedoch wurde der Sodomitentatbestand unter der Bezeichnung Ketzerei ins weltliche Recht eingeführt.» Reinle: Das mittelalterliche Sodomiedelikt im Spannungsfeld von rechtlicher Norm, theologischer Deutung und gesellschaftlicher Praxis (2009), S. 31–32.

454 Ausführlich dazu Hergemöller, Bernd-Ulrich: Krötenkuß und schwarzer Kater. Ketzerei, Götzendienst und Unzucht in der inquisitorischen Phantasie des 13. Jahrhunderts. Warendorf 1996, S. 1–190.

455 Reinle, Christine: Zur Rechtspraxis gegenüber Homosexuellen. Eine Fallstudie aus dem Regensburg des 15. Jahrhunderts, in: Zeitschrift für Geschichtswissenschaft 4 (1996), S. 320: «Will man also die Zunahme von Hinrichtungen Homosexueller im Verlauf des späteren Mittelalters erklären, so wird man zum einen auf die Etablierung eines neuen Strafensystems hinweisen, das anstelle von Bußen peinliche Strafen vorsah und das die Anwendung der Folter zur Erpressung von Geständnissen erlaubte; zum anderen kann man auch das sprunghafte Anwachsen volkssprachlicher katechetischer Literatur anführen. Diese wird über das punktuelle Wirken einiger Prediger hinaus die Vorstellungswelt ihrer Rezipienten nachhaltig beeinflusst und mit zur Ächtung homosexuellen Handelns beigetragen haben.»

die Darstellung des dämonischen Schabernacks zum Leben erweckt (Abbildung 10, S. 211).[456] Teufel

456 Siehe dazu zum Beispiel Schild, Wolfgang: Tiergestalten und Hexereiverbrechen, in: Das Tier in der Rechtsgeschichte, hg. von Andreas Deutsch · Peter König. Heidelberg 2017 (Schriftenreihe des Deutschen Rechtswörterbuchs – Akademiekonferenzen, 27), S. 511–547 (mit zahlreichen Bildbeispielen).

Abbildung 10

«Wilde Jagd» von vier Männern in den *Pluemen der tugent* des Hans Vintler: reitend auf einer Ziege, einem Wolf, einem Wildschwein und einem Schemel.

Gotha, Forschungsbibliothek der Universität Erfurt, Chart. A 594, fol. 179v: «Von der zaubry»

Zur Handschriftenbeschreibung siehe Abbildung 2, S. 69; zur Einordnung der Illustration in spätmittelalterliche Magier- und Hexenbilder siehe Schild, Wolfgang: Das Magier- und Hexenbild von Hans Schäufelin in Ulrich Tenglers «Neu Laienspiegel» (1511), in: Ulrich Tenglers Laienspiegel. Ein Rechtsbuch zwischen Humanismus und Hexenwahn, hg. von Andreas Deutsch. Heidelberg 2011, S. 353–402, hier S. 371 und Abb. 4.

Das er müß sterben an ainem pam
Von vnder weyß mich auch des
Was habt ir nu zeritten es
Herr wir haben zeritten gnůg
Yeglicher nach seinem fůg
Ainer ritt am kē der ander am hund

Von der zaubrey

4. Unzucht und Illegitimität

In den beiden Titelbegriffen treffen mehrere Themenbereiche aufeinander. Die Unzucht (fornicatio) wird bereits in den frühmittelalterlichen Bußbüchern unterschieden in natürliche und unnatürliche bzw. in rationale und irrationale. Zur natürlichen Unzucht zählten der voreheliche Geschlechtsverkehr, die sexuelle Untreue von Ehepartnern und von Gott geweihten Geistlichen sowie die nächtliche Ejakulation eines Mannes. Unter unnatürlicher Unzucht fassten die Bußbücher vor allem gleichgeschlechtliche Sexualität, Inzest, Zoophilie[457], analen Geschlechtsverkehr, Onanie oder Geschlechtsverkehr, bei dem der Blick der Partner nicht einander zugewandt ist, zusammen.[458] Im Mittelalter wurden die meisten Formen der unnatürlichen Unzucht unter dem Wort «Sodomie» (sodomia)[459] subsumiert. Die Semantik dieses Begriffes, der in der gegenwärtigen Rechts- und Umgangssprache die «Vornahme beischlafsähnlicher Handlungen eines Menschen mit einem (lebenden) Tier» bezeichnet,[460] war für die christliche Welt sehr form- und wandelbar, sodass an konkreten Beispielen oft nur schwer zu erkennen ist, auf welchen Gegenstand rekurriert wird.[461] Schon der Vertraute Karls des Großen,

457 Wenn im Folgenden von sexueller Hingezogenheit eines Menschen zu einem Tier die Rede ist, wird der eindeutigere, aus der Sozialpsychologie entlehnte Begriff «Zoophilie» (bestialitas) benutzt.

458 Lutterbach, Hubertus: Sexualität im Mittelalter. Eine Kulturstudie anhand von Bußbüchern des 6. bis 12. Jahrhunderts. Köln · Weimar · Wien 1999 (Beihefte zum Archiv für Kulturgeschichte, 43), S. 114–116.

459 Auch: «vitium sodomiticum», «peccatum sodomiticum», «crimen sodomiticum», «vitium contra naturam», «peccatum mutum» und andere mehr. Zu den Begrifflichkeiten siehe Hergemöller, Bernd-Ulrich: Sodom und Gomorrha. Zur Alltagswirklichkeit und Verfolgung Homosexuellerim Mittelalter, überarb. und ergänzte Ausg. Hamburg 2000, S. 15–27.

460 Kauffmann: Rechtwörterbuch ([12]1994), S. 1068.

461 Zum Sodomiebegriff im Mittelalter siehe Puff, Helmut: Weibliche Sodomie. Der Prozeß gegen Katherina Hetzeldorfer und die Rhetorik des Unaussprechlichen an der Wende vom Mittelalter zur frühen Neuzeit, in: Historische Anthropologie. Kultur – Gesellschaft – Alltag 7 (1999), S. 364–365. – Ders.: Sodomy (2003), S. 17–74.

Bischof Theodulf von Orléans (798–821), hatte in seinem zweiten Kapitular eine klare Klassifikation der unnatürlichen Unzucht bereitgestellt. Danach galt die Zoophilie als die abscheulichste Form, es folgten gleichgeschlechtlicher Geschlechtsverkehr und Inzest, danach Oral- und Analverkehr zwischen Mann und Frau.[462]

Illegitimität spielt in den nächsten Abschnitten nur eine Rolle, wenn die ehrenhafte Abstammung einer Person durch Beleidigung oder Verleumdung angezweifelt wird, konkreter: wenn einem Mann vorgeworfen wird, dass er ein «Hurensohn» sei. Diese Beschuldigung macht auf ein geschlechtsspezifisches Phänomen in den Rechtstexten aufmerksam. Zwar kennen die Texte diesen Begriff für die Beschimpfung von Männern, eine inhaltlich äquivalente Form für Frauen hingegen nicht. Für die Beschimpfung von Frauen steht die Anwendung des allgemeineren Begriffs «Hure» unter Strafe. Umgekehrt gibt es in den Texten kaum konkrete Bezeichnungen für die außerehlichen Fehltritte der Männer; das Wort «Hurenbock», das heute umgangssprachlich genutzt wird, kommt nur einmal vor.[463] Das hat allerdings nichts damit zu tun, dass Männern dieses Delikt nicht zugetraut wurde oder dass keine entsprechenden Rechtsfolgen vorgesehen waren.[464] Auch die Beschimpfung, «Zuhälter» bzw. «Zuhälterin» zu sein, ein Verhalten, dass in den Bußbüchern noch schärfer verurteilt wurde, weil man nicht nur die eigene Seele, sondern auch die einer anderen Person verkauft habe,[465] tritt in den Injurienartikeln namentlich nicht auf. Es handelt sich letztlich nur um eine kleine Gruppe von Worten, hinter dem sich allerdings ein zäher und vielgefächerter ethischer Disput verbirgt.

Die frühmittelalterlichen Leges kennen den Begriff «Hure» – oft in Verbindung mit «Hexe» – als konkrete Anspielung auf ein un-

462 Lutterbach: Sexualität im Mittelalter (1999), S. 147.

463 Im 30. Kapitel der Lex Salica heißt es: «Wenn jemand einen andern Buhlknabe/Hurenbock schimpft, werde er zu 600 Pfennigen, gleich 15 Schillingen, verurteilt.» (Si quis alterum centium clamaverit, DC denariis qui faciunt solidos XV culpabilis iudicetur.) Zitiert nach Eckhardt: Die Gesetze des Karolingerreiches, Bd. 1 (1934), S. 46–48.

464 Die mittelalterlichen Bußbücher sahen für «unzüchtige» Männer zum Teil hohe Bußtarife vor, manche schrieben fest, dass nach dem Geschlechtsverkehr mit einer unverheirateten Frau die Heirat folgen sollte. Lutterbach: Sexualität im Mittelalter (1999), S. 116–118.

465 Ebenda, S. 167–168.

terstelltes sexuelles Fehlverhalten. Im 67. Kapitel der *Lex Salica* zum Hexenwesen heißt es:

> Wenn jemand ein freies Weib eine Hexe schimpft oder eine Hure und sie nicht überführen kann, werde er zu 7.000 Pfennigen, gleich 187,5 Schillingen, verurteilt.[466]

Das *Edikt des Langobardenkönigs Rothari* wird noch deutlicher:

Zorn

> Gesetzt, ein freies Mädchen oder ein Weib, das unter fremder Munt steht, wird von jemand ‹Hure› oder ‹Hexe› gescholten. Verklagt, bekennt er reuig, er habe es nur in der Wut gesagt. Da muss er mit seinen zwölf Eideshelfern den Schwur erbringen: im Zorn habe er dieses sündhafte Verbrechen ihr nachgesagt, nicht etwa, weil er sichere Kenntnis von der Sache habe. Dann soll er für dies leere Schmähwort, das er ungehörigerweise ausgesprochen hat, zwanzig Schillinge erlegen und weiter nicht behelligt werden.[467]

Ehebruch, Prostitution

Hurerei (meretricium), ein Vorwurf, der in den untersuchten Rechtstexten ohne Ausnahme nur auf Frauen bezogen war, bezeichnete mehrere Formen des außerehelichen Geschlechtsverkehrs: Konkubinat, Prostitution, Ehebruch. Es ist gut möglich, dass der innereheliche Geschlechtsverkehr, der allein zur Befriedigung des sexuellen Triebes diente oder sexuelle Vorlieben einschloss, die für widernatürlich gehalten wurden, gleichfalls den Vorwurf der Hurerei einschließen konnten. Die Bußbücher legen dies jedenfalls nahe.[468]

---

466 «2. Si quis mulierem ingenuam strigam clamaverit aut meretricem et convincere non potuerit, VIIMD denariis qui faciunt solidoas CLXXXVII s culpabilis iudicetur.» Zitiert nach Eckhardt: Die Gesetze des Karolingerreiches, Bd. 1 (1934), S. 96–98. In der älteren Radaktion des Pactus legis Salicae aus dem 6. Jahrhundert findet sich noch dieser Paragraph im 30. Kapitel mit dem Titel «De conviciis» (Von Schimpfwörtern): «Wenn einer ein freies Weib, sei's Mann oder Weib, eine andere Hure schilt und es [ihr] nicht nachweisen kann, werde er (bzw. sie) zu 1.800 Pfennigen, gleich 45 Schillingen, verurteilt.» Zitiert nach Eckhardt: Pactus legis Salicae (1963), S. 53.

467 Kap. 198: «Si quis puellam aut mulierem liberam, qui in alterius mundum est, ‹fornicariam› aut ‹strigam› clamaverit et pulsatus penitens manefestaverit, per furorem dixissit, tunc praeveat sacramentum cum duodecim sacramentalis suos, quod per furorem ipso nefando crimen dixissit, nam non de certam causam cognovissit. Tunc pro ipsum vanum improperii sermonem, quod non convenerat loqui, conponat solidos vigenti, et amplius non calumnietur.» Zitiert nach Beyerle: Die Gesetze der Langobarden (1947), S. 76–77.

468 Lutterbach: Sexualität im Mittelalter (1999), S. 118–122.

4.1 Konkubinat

Der Konkubinat – abgeleitet vom lateinischen «concubare» (darnieder liegen)[469] – tritt in den Quellen dort entgegen, wo gesellschaftliche Zwänge den Partnern ein gemeinsames (Ehe-)Leben untersagten, so zum Beispiel in Beziehungen zwischen Geistlichen und Laien oder zwischen Personen unterschiedlichen Standes. Es wird mit dem Begriff in der Regel eine dauerhafte bzw. eine langfristige Partnerschaft bezeichnet. Im römischen Recht der Kaiserzeit sind diese Partnerschaften als «hen minderen Rechts» anerkannt und mehrfach novelliert wurden; der Nachwuchs aus diesen Beziehungen hatte im Vergleich zu anderen außerehelichen Kindern eine gehobene Rechtsstellung.[470] Das frühe kanonische Recht übernahm mit dem ersten *Konzil von Toledo* in den Jahren 397 bis 400 und dem *Decretum Gratiani*[471] zum Teil diese Grundsätze, vorausgesetzt es handelte sich bei den Konkubinaten um monogame Partnerschaften, die Nachwuchs nicht grundsätzlich ausschlossen. Danach war es einem unverheirateten Mann gestattet, mit einer Konkubine (einer nicht standesgemäßen Frau) eine Verbindung einzugehen, während verheiratete Männer von den Sakramenten ausgeschlossen wurden, wenn sie in einem Konkubinat lebten:

Römisches Recht

Kinder

> *Ut religiosa puella virorum familiaritatem non habeat:* Item ne qua puella Dei aut familiaritatem habeat cum confessore aut cum quolibet laico sive sanguinis alieni, aut convivium sola, nisi ubi sit seniorum frequentia aut honestorum aut viduarum honestarumque, ubi honeste confessor quilibit cum plurimorum testimonio interesse possit. Cum lectoribus autem in ipsorum domibus non admittendas poentius nec videndas, nisi forte si consanguinea soror sit vel uterina.

Und:

> *Ut clericus cui uxor peccaverit, praeter necem potestatem habeat distringendi eam, et cum ea cibum non sumat:*

469 Hartwich, Filip: Die Entwicklung des Konkubinats im Lauf der Geschichte, in: Zeitschrift für Geschichtswissenschaft 55/4 (2007), S. 336–360, hier S. 336.

470 Ebenda, S. 338–342.

471 «Is, qui non habet uxorem, et pro uxore concubinam habet, a communione non repellatur: tamen ut unius mulieris, aut uxoris aut concubinae, sit coniunctione contentus.» Zitiert nach Decretum magistri Gratiani (1879), destinctio XXXIV, cap. IV, Sp. 125–126.

> Placuit, ut si cuiquumque clericorum aliorum uxores peccaverint, ne forte licentiam peccandi plus habeant, accipiant mariti earum hanc potestatem praeter necem custodiendi, legandi in domo sua, ad ieiunia salutaria non mortifera cogentes, ita ut invicem sibi clerici pauperes auxilium ferant, si servitia forte non habeant; cum uxoribus autem ipsis quae peccaverint nec cibum sumant, nisi forte ad timorem Dei acta poenitentia revertantur.[472]

In diesem Sinne wurde lange Zeit nicht scharf zwischen einer Ehe und einem Konkubinat unterschieden.[473] Mit den Reformen im kirchlichen Eherecht seit dem 11. Jahrhundert wurde die rechtmäßige, vor Zeugen und im gegenseitigen Einvernehmen abgeschlossene Ehe gestärkt, der Konkubinat hingegen wurde zuerst für Kleriker sanktioniert. 1074 erließ Papst Gregor VII. ein generelles Verbot der Priesterehe:

> Papa predictus decrevit precepto Petri apostoli et sancti Clementis, ut supra, et canonibus patrum per bannum Dei, Petri et Pauli et suum, synodali iudicio multorum episcoporum, et contradicens interdixit presbiteris, diaconibus omnibus que clericis, uxores habere et omnino cum feminis habitare, nisi cum eis quas regula vel Nicena synodus concessit. Decrevit quoque, ut sub sententia sancti Petri cum Simone damnaretur non solum emptor et venditor cuiusque consecrationis officii eccle siastici, id est episcopatus, presbiteratus, diaconatus, prepositurae, decanatiae, ecclesiae vel decimationis, sed socius transgressoris. Dominus enim dixit: Gratisaccepistis, gratis date. Unde de predicta synodo legati papae missi ad Heinricum regem Romanorum, id est duo episcopi cum regina, regis eiusdem matre, ut et universali synodo coram rege, communi omnium episcoporum interdictu, feminas separarent a clericis, et maxirne a presbiteris; noluerunt esse in pascha cum rege in civitate Bamberg, nec cibum vel societatem Hermanni eiusdem civitatis episcopi, qui olim comparavit episcopatum et servivit regi in hoc pascha, haberent.[474]

472 Konzil von Toledo, Kanon VI–VII. Zitiert nach Vives: Concilios Visigotos e Hispano-Romanos (1963), S. 21–22 (Kursive im Original).

473 Hartwich: Die Entwicklung des Konkubinats im Lauf der Geschichte (2007), S. 345.

474 Zitiert nach Pertz, Gerog Heinrich: Scriptorum, Bd. 5 [Mariani Scotti chronicon etc.]. Hannover 1844 (Monumenta Germaniae Historica, 7), S. 560–561 (Kursive im Original).

Auf dem *Vierten Laterankonzil* von 1215 wurde der Konkubinat auch für alle anderen verboten.[475] Allerdings belegen zahlreiche Synodal- und Konzilsbeschlüsse des späten Mittelalters gegen den Konkubinat, dass er weiterhin verbreitet blieb und oft gesellschaftlich toleriert wurde.[476]

4.2 Prostitution

Prostitution unterscheidet sich vom Konkubinat durch zwei wesentliche Merkmale: Sie dient dem Erwerb von Geld oder anderen Zahlungsmitteln und die Partner der Frau – Männer waren als Prostituierte nicht geduldet und wurden der Sodomie angeklagt – wechseln rasch.[477] Drei Formen von Prostitution lassen sich nach

475 Hartwich: Die Entwicklung des Konkubinats im Lauf der Geschichte (2007), S. 346.

476 Zur historischen Entwicklung des Konkubinats im Überblick siehe Becker: Art. Konkubinat (1991/2002), Sp. 1335. – Hartwich: Die Entwicklung des Konkubinats im Lauf der Geschichte (2007). – Landwehr, Götz (Hg.): Die nichteheliche Lebensgemeinschaft in der Geschichte. Göttingen 1978. Zum Konkubinat im frühen und hohen Mittelalter: Duby: Frauen im 12. Jahrhundert, Bd. 2. – Esmyol, Andrea: Geliebte oder Ehefrau. Konkubinen im frühen Mittelalter. Köln u. a. 2002. – Hartmann, Martina: Concubina vel regina? Zu einigen Ehefrauen und Konkubinen der karolingischen Könige, in: Deutsches Archiv für Erforschung des Mittelalters 63 (2007), S. 545–568. – Kottje, Raymund: Konkubinat und Kommunionwürdigkeit im vorgratianischen Kirchenrecht. Zu c. 12 der römischen Ostersynode von 1059, in: Annuarium Historiae Conciliorum 7 (1975), S. 159–165. – Müller-Lindenlauf, Hans Günther: Germanische und spätrömisch-christliche Eheauffassungen in fränkischen Volksrechten und Kapitularien. Diss. Freiburg im Breisgau 1969, S. 117–122. Zum spätmittelalterlichen Konkubinat: Heinig, Paul-Joachim: «Omnia vincit amor». Das fürstliche Konkubinat im 15./16. Jahrhundert, in: Principes. Dynastien und Höfe im späten Mittelalter, hg. von Cordula Nolte · Karl-Heinz Spieß · Ralf-Gunnar Werlich. Stuttgart 2002 (Residenzenforschung, 14), S. 277–314. – Tacke, Andreas (Hg.): «... wir wollen der Liebe Raum geben». Konkubinate geistlicher und weltlicher Fürsten um 1500. Göttingen 2006. – Vasella, Oskar: Über das Konkubinat des Klerus im Mittelalter, in: Mélanges d'histoire et de litterature offerts à Charles Gilliard. Lausanne 1944, S. 268–283. – Widder, Ellen: Konkubinen und Bastarde. Günstlinge oder Außenseiter an Höfen des Spätmittelalters? In: Der Fall des Günstlings. Hofparteien in Europa vom 13. bis zum 14. Jahrhundert, hg. von Jan Hirschbiegel · Werner Paravicini. Ostfildern 2004 (Residenzenforschung, 17), S. 417–480.

477 Lömker-Schlögell: Prostituierte (2001), S. 60 und 70–71. Grundlegend zur Prostitution im Mittelalter mit zahlreichen juridischen, historiografischen und literarischen Quellenbelegen: Bloch, Iwan: Die Prostitution. Berlin 1912 (Handbuch der gesamten Sexualwissenschaft in Einzeldarstellungen, 1), S. 588–825.

ihrer willkürlichen bzw. ihrer zielstrebigen Organisation unterscheiden:

1. Straßenprostitution,
2. Prostitution in Privathäusern,
3. städtisch organisierte bzw. kontrollierte Prostitution in Frauenhäusern.[478]

Die Straßenprostitution ist bereits für das frühe Mittelalter nachgewiesen. Die Frauen verdingten sich entlang der Landstraßen, an Wegkreuzungen, auf Märkten und Festen, entlang der Pilgerwege, auf Turnieren und bei durchziehenden Heeren.[479] Seit dem späten 14. Jahrhundert werden in einigen Städten des Reiches Bestrebungen sichtbar, Prostituierte unter Aufsicht der Magistrate zu stellen, zu organisieren und zu kontrollieren.[480] Das äußerte sich in der Zuweisung von Stadtvierteln, in der Einstellung eines Zuhälters (Frauenwirt) mit einem festem Einkommen, das durch die Frauen zu erbringen war, in der Kennzeichnung der Prostituierten durch eine bestimmte Kleidung und in der befremdlichen Alternative für straffällige Frauen, diese aus der Stadt zu verweisen oder sie in einem Bordell tätig werden zu lassen. Städtische Bordelle wurden eingerichtet oder private Häuser unter die Aufsicht des Rates gestellt; Vorläufer dieser Einrichtungen dürften Gasthäuser und Gynaeceen (Webereien) gewesen sein.[481] Damit stieg der Druck auf Prostituierte, die sich auf der Straße verdingten oder ihre Dienste

478 Knefelkamp, Ulrich: Diskriminierung durch Prostitution. Dirnen, Huren und städtische Gesellschaft in Mitteleuropa vom 14.–16. Jahrhundert, in: Diskriminierung – Antidiskriminierung, hg. von Jan C. Joerden. Berlin u. a. 1996, S. 49.

479 Lömker-Schlögell: Prostituierte (2001), S. 61.

480 Schuster, Beate: Frauenhandel und Frauenhäuser im 15. und 16. Jahrhundert, in: Vierteljahresschrift für Sozial- und Wirtschaftsgeschichte 78 (1991), S. 172–189. – Schuster, Peter: Das Frauenhaus. Städtische Bordelle in Deutschland 1350–1600. Paderborn 1992. – Ders.: Hinaus oder ins Frauenhaus. Weibliche Sexualität und gesellschaftliche Kontrolle an der Wende vom Mittelalter zur Neuzeit, in: Mit den Waffen der Justiz. Zur Kriminalitätsgeschichte des späten Mittelalters und der Frühen Neuzeit, hg. von Andreas Blauert · Gerd Schwerhoff. Frankfurt am Main 1993, S. 17–31. – Wernicke, Steffen: «Weil ich mich gegen meinen benannten Mann vergessen ...» Frauen vor Gericht, in: Regensburger Frauenspuren. Eine historische Entdeckungsreise, hg. von Ute Kätzel · Karin Schrott. Regensburg 1995, S. 76–80.

481 Lömker-Schlögell: Prostituierte (2001), S. 62.

in nicht von der Stadt beaufsichtigten privaten Bordellen anboten. Der Zutritt zum Frauenhaus war nur unverheirateten Männern gestattet; Ehemänner, Kleriker und Ungläubige (Juden, Mauren etc.) sollten bestraft werden, falls sie die käuflichen Dienste der Frauen in Anspruch nahmen.[482]

Juden, Mauren, Ungläubige

Die Kirche und weltliche Obrigkeiten versuchten, Prostituierte in den Schoß der Gemeinschaft zurückzuführen. Männer, die ehemalige Prostituierte ehelichten, konnten seit einer päpstlichen Bulle von 1198 mit Ablass belohnt werden. Solche Ehen wurden zum Beispiel in Nürnberg durch Stiftungen finanziell bezuschusst. Andernorts gründete man Klöster und Konvente, die reuige Prostituierte aufnahmen.[483] Die Standpunkte zu diesem heiklen Thema waren ungeachtet dessen allerdings kontrovers: Augustinus und Thomas von Aquin klagten über die Verderbtheit der «Dirnen», erörterten aber auch, dass Prostitution ein notwendiges Übel sei. Andere, wie Berthold von Regensburg († 1272), lehnten sie strikt ab.

Wenn Prostituierte ohne städtische Duldung ihrem Gewerbe nachgingen, drohten zum Teil empfindliche Strafen, nicht nur Ehrenstrafen sind bekannt, sondern auch Leibesstrafen, Verweisungen und Hinrichtungen. Gelegentlich sprachen städtische Rechte den Prostituierten ihre Geschäftsfähigkeit ab. Während in einigen deutschen Städten Prostituierten die Teilnahme an Festen untersagt war, Zünfte ihren Handwerkern verboten, diese zu ehelichen, lassen sich Beispiele vor allem aus dem 15. und frühen 16. Jahrhundert anführen, in denen Prostituierte zu wichtigen Anlässen, zum Beispiel beim Besuch eines Königs oder Fürsten, als Tänzerinnen, Gäste und Tischgenossinnen geladen waren.[484]

Mit der Reformation verschärfte sich die Situation für Prostituierte weiter: In Nürnberg zum Beispiel wurden ihnen bestimmte Ausgangszeiten vorgeschrieben, die Gasse zum Frauenhaus schottete man durch ein Tor ab und die Kundschaft durfte erst nach Einbruch der Dunkelheit das Bordell betreten. 1562 schloss der Rat das Frauenhaus – Prostitution war von nun an illegal.[485]

482 Eine Zusammenstellung zahlreicher Beispiele ebenda, S. 67–68.

483 Ebenda, S. 73–74.

484 Ebenda, S. 77–84.

485 Knefelkamp: Diskriminierung durch Prostitution (1996), S. 50–66. Weitere Beispiele bei Lömker-Schlögell: Prostituierte (2001), S. 84.

4.3 Ehebruch

Schlimmer noch als Konkubinat und Prostitution galt der Ehebruch. Er war den profanen und kanonischen Rechten gleichermaßen suspekt. Zwischen den Rechtstexten bestehen allerdings erhebliche Unterschiede bei der Beschreibung der Tatbestandsmerkmale und der Rechtsfolgen des Deliktes. Ein kurzer Überblick wird zeigen, dass einige Übereinstimmungen auszumachen sind, doch eine für den Untersuchungszeitraum verallgemeinernde Definition kann nicht angeboten werden.

Römisches Recht

Das spätrömische Recht unter Justinian novellierte die Bestimmungen zum Ehebruch (adulterium), nachdem seit der *Lex Iulia* immer wieder Korrekturen an den Artikeln zu diesem Tatbestand vorgenommen worden waren. Unter diese Neuerungen fiel auch die Anwendung des Talionsprinzips auf den Gemahl, falls er seine Gemahlin fälschlich des Ehebruchs angeklagt hatte oder den Tatbestand nicht überzeugend nachweisen konnte. Auf ältere Vorgaben aufbauend, sollte den Ehebrecher (adulter) der Tod durch das Schwert ereilen. Sein Vermögen wurde durch die öffentliche Hand eingezogen, allerdings unter der Maßgabe, dass Ehefrauen und andere Erbberechtigte einen bestimmten Anteil aus der Vermögensmasse erhalten. Eine überführte Ehebrecherin (adultera) sollte hingegen in Klosterhaft verfallen, die nach zwei Jahren durch ihren Gatten aufgehoben werden konnte, wenn er sie wieder in Gnaden aufnahm. Verzichtete er darauf, verblieb die Ehebrecherin bis zur ihrem Tod im Kloster. Erbberechtigte, soweit sie vorhanden waren, erhielten zwei Drittel des Vermögens der Delinquentin, ein Drittel bekam das Kloster. Ertappte der Gemahl seine Frau in flagranti crimine, durfte er sie töten, verdächtigte er seine Gemahlin des Ehebruchs, musste er ihr unter Zeugen drei Warnungen zukommen lassen. Wenn er seine Gemahlin mit dem verdächtigen Nebenbuhler traf, durfte er auch diesen ohne Rücksicht auf dessen Stand erschlagen.[486]

Zeuge

Im kanonischen Recht – im *Decretum Gratiani* und in den *Dekretalen Gregors IX.* – ist der Tatbestand schärfer formuliert worden. Dort werden Personen zu Ehebrechern, die aus der Ehe entlassene Ehebrecher heiraten oder die nach einem (unverschuldeten)

486 Bennecke, Hans: Die strafrechtliche Lehre vom Ehebruch in ihrer historisch-dogmatischen Entwicklung, Abt. 1: Das römische, canonische und das deutsche Recht bis zur Mitte des XV. Jahrhunderts. Marburg 1884, S. 18–21.

Ehebruch eine zweite Ehe eingehen. Noch härter ist die Bestimmung in *Gratians Decretum*, wonach sich ein Mann bereits des Ehebruchs schuldig mache, der eine Frau begehrlich ansieht. Das kanonische Recht trennt darüber hinaus vor allem mit Blick auf die Rechtsfolgen nach geistlichen und laikalen Delinquenten. Die Ehebrecher müssen nach Gratian sieben Jahre in Buße leben, getrennt von ihren Gatten. Papst Gregor mildert dies ab, indem er dem Richter über die Dauer der Buße entscheiden lässt. Die Ehebrecherin verliert ihre Mitgift, das Gleiche gilt für die in die Ehe eingebrachte Habe des Mannes, wenn er des Ehebruchs für schuldig befunden wird. In Anlehnung an das römische Recht muss die ehebrechende Frau ins Kloster, falls ihr Mann sie nach der Bußzeit nicht wiederaufnimmt. Kleriker hatten ihr Amt niederzulegen, wurden exkommuniziert und gelangten in Klosterhaft. Bei entsprechender Reue wurde ihnen Absolution erteilt. Es bestand allerdings auch die Möglichkeit, sich von den Rechtsfolgen teilweise «freizukaufen».

Rechtsfolgen

Buße

Richter

Das *Decretum Gratiani* wendet sich beim Tötungsrecht des betrogenen Mannes ausdrücklich gegen das römische Recht und gegen die regionalen Bestimmungen: es verbietet die Tötung der bei der Tat ertappten Ehefrau.[487] Ältere Bußbücher und kirchliche Autoritäten hatten für den Ehebruch nicht immer die Todesstrafe für die Delinquenten ausgeschlossen, sondern orientiert am römischen Recht auch die Hinrichtung durch das Schwert gefordert.[488] Im frühen Mittelalter ist sie an Geistlichen auch tatsächlich praktiziert worden, selbst bei einflussreichen Personen wie Ottmar, dem Gründungsabt der Reichenau, der einer per Urteil angeordneten Hinrichtung nur knapp entging und zu lebenslanger Haft verurteilt wurde. Er wurde des Ehebruchs bezichtigt und zum Tode

487 Ebenda, S. 60–63.

488 Zum Beispiel: Hrabanus Maurus im Liber ad Heribaldum: «Wenn jemand die Ehe mit der Ehefrau eines anderen gebrochen und Ehebruch verübt hat mit der Ehefrau seines Nachbarn, sterbe sowohl der Ehebrecher als auch die Ehebrecherin des Todes.» (Si moechatus fuerit cum uxore alterius, et adulterium perpetraverit cum conjuge proximi sui, morte moriatur et moechus, et adultera.) Zitiert nach Hrabanus Maurus: Liber ad Heribaldum, in: Patrologia Latina, tom. 110, hg. von Jean-Paul Migne. Paris 1852, Nr. 469A; die deutsche Übertragung nach Lutterbach: Sexualität im Mittelalter (1999), S. 123. Unter Rückgriff auf ältere Vorlagen sollte nach Regino von Prüm eine ehebrecherische Frau durch das Schwert den Tod finden; denn dies lege das kanonische und das römische Recht nahe. Ubl: Doppelmoral im karolingischen Kirchenrecht (2007), S. 121.

verurteilt. Seine Strafe wurde in eine Haft auf der Insel Werd abgemildert. Als der Verleumder nach dem Tod Otmars 759 seine Tat gestand, wurden dessen Gebeine nach St. Gallen übertragen.[489]

Im 12. Jahrhundert gewann die Auseinandersetzung mit dem Ehebruch für das kanonische Recht eine höhere Priorität, denn in dieser Zeit wird die Ehe zum festen Bestandteil der heiligen Sakramente, nachdem sie in den Jahrhunderten zuvor vor allem als ein weltlicher Rechtsakt angesehen wurde, der je nach den örtlichen Gegebenheiten die kirchliche Einsegnung und das Brautexamen erforderte.[490] Damit war der Ehebruch zum Sakrileg geworden.

Sakrileg

Die frühen Leges und die karolingischen Kapitularien definierten zum Teil ganz verschiedene Tatbestände als Ehebruch, wenn sie sich überhaupt mit diesem Delikt auseinander setzten. Wenn einer der Gatten einer Ehe mit einer anderen Person die bestehende eigene Ehe bricht, waren in der Regel der Tod oder Vermögenskonfiskationen als Sanktionen vorgesehen. Darüber hinaus kannten die Rechtstexte Bigamie als Tatbestand des Ehebruchs und den Raub einer Ehefrau. Beide Delikte konnten je nach Rechtstext mit Tod, Vermögenseinzug oder auch einem Wergeld sanktioniert werden. Die Rechte kennen außerdem das bereits erwähnte Tötungsrecht des betrogenen Mannes und weitere Bestimmungen zu Ehebrüchen mit Unfreien.[491]

Bigamie

Die spätmittelalterlichen deutschen Rechte sind sich weitgehend einig in der Beschreibung des Tatbestandes, wenn nämlich ein Mann bei einer verheirateten Frau liege, spreche man von Ehebruch; der umgekehrte Fall wird nicht thematisiert, dürfte aber zum Tatbestandsmerkmal dazu gehört haben. Allerdings kennen gerade frühe Rechtstexte wie der *Sachsenspiegel* keine Tatbestandsbeschreibung. Viele Rechte, vor allem jene, die in Abhängigkeit zum *Sachsen-* oder *Schwabenspiegel* stehen, sanktionierten den Ehebruch unabhängig vom Geschlecht mit dem Tod durch das Schwert oder durch Erhängen. Einige dieser

489 Duft, Johannes · Gössi, Anton · Vogler, Werner: Art. St. Gallen, in: Helvetia Sacra, Bd. III/1: Frühe Klöster, die Benediktiner und Benediktinerinnen in der Schweiz. Bern 1986, S. 1266–1268.

490 Brink, Leendert: Art. Ehe/Eherecht/Eheschließung, VI. Mittelalter, in: Theologische Realenzyklopädie, hg. von Gerhard Krause und Gerhard Müller, Bd. 9. Berlin · New York 1982, S. 330–336.

491 Bennecke: Die strafrechtliche Lehre vom Ehebruch in ihrer historisch-dogmatischen Entwicklung (1884), S. 85–106.

Texte erwähnen auch das Tötungsrecht des Mannes, zum Beispiel das *Rechtsbuch des Ruprecht von Freising*, Kap. 30–31:

> Wir sprechen aver von tôtslegen. Ist daz ein wiert [Ehemann] vindet einen andern man, er sei phaff oder lay, pei seinem weib ligent an dem pett oder swô er si vindet, vindet er si an suntleichen [sündhaften] dingen und sticht oder slecht er si paide ze tôt, sol er den tôtslach puezzen? Wir sprechen: Nicht. [...] Und ist daz weip vor archwânich [verdächtig] gewesen mit dem manne, den er erslagen hât, oder mit andern mannen, sô hât er des leibes nicht verworcht [verwirkt]; und machet daz, das er in haimgesuocht hât um sein trew und um sein êr.[492]

Wurde der Ehebruch nicht durch persönliche Wahrnehmung aufgedeckt, musste ein Verfahren eingeleitet werden, dass im späten Mittelalter mit überzeugenden Beweisen und/oder einem Geständnis die Tat glaubhaft machen musste. Als Herzog Ludwig II. von Bayern am 18. Januar 1257 seine Gemahlin Maria von Brabant hinrichten ließ, weil sie angeblich Ehebruch begangen habe, die Tat allerdings nicht bewiesen werden konnte, wurde er exkommuniziert, weil er das heilige Sakrament der Ehe infam verletzt habe.[493]

Georg Spalatin griff in seiner *Chronik der Sachsen und Thüringer* diesen prominenten Fall auf (siehe Abbildung 11, S. 224). Er berichtet vom fingierten Ehebruch der Pfalzgräfin Maria, einer angeblichen Enkelin der heiligen Elisabeth von Thüringen (* 1207 † 1231) und Tochter der erwähnten Herzogin Sophie von Brabant. Sie soll wegen ihres gottesfürchtigen Lebens am Hof ihres Mannes, Pfalzgraf Heinrichs, auf Neid und Ablehnung gestoßen sein. Deshalb habe man ihrem Gemahl berichtet, dass sie ihrer «ehelichenn ehre vergeßen» und ihn «mitt einem Graffen, genannt den Rauchen Graffen», hintergangen habe. Ohne diese Anschuldigung zu prüfen, erstach der Pfalzgraf seine Frau in großem Zorn.

Ehre

Zorn

Ähnliche Fälle von politischen Intrigen und Eifersucht sind vielfach überliefert und literarisch überarbeitet. Ein wichtiges Moment dieser Geschichten ist immer wieder der schwierige Nachweis der Tat, der von einem gereizten Ehemann unter allen

492 Zitiert nach Claussen: Freisinger Rechtsbuch (1941), S. 28–30.

493 Holzfurtner, Ludwig: Herzog Ludwig II. und Maria von Brabant. Eine böse Tat und ihre Hintergründe, in: Kloster Fürstenfeld, hg. von Lothar Altmann · Werner Schiedermair. Lindenberg 2006 (²2013), S. 42–52.

frauwen Sophia, Hertzogin zu Braband tochter, vnd 151 203.
endlich Pfaltzgraffen Heinrichs bey Rhein, Ehelich ge-
mahel worden.

Wie diese Fürstin von ihrem Fürsten ist erstochen worden

Diese Fürstin hat ein Christlichs leben gefürt, vnd Gott
so treulich gedienet, das ihr derhalben etliche am hof
so vngunstig sein worden, das sie ihr vor ihrem herren haben
schuld gegeben, als hette sie ihren Ehelichen ehr vergessen

möglichen Bedingungen erbracht werden will und aufgrund der rechtlichen Grundlagen auch erbracht werden muss. So erzählt Thomas Ebendorfer in seiner *Chronica regum Romanorum* zum ersten Mal von den angeblichen Begleitumständen des Todes des heiligen Johannes von Nepomuk folgendes. Er soll auf Anweisung König Wenzels 1393 nach grässlicher Folter in die Moldau gestürzt worden sein, weil Wenzel, dessen Gemahlin häufig bei Johannes zur Beichte ging, den Heiligen aufgefordert habe, das Beichtgeheimnis zu brechen, da er annahm und seiner Gemahlin vorwarf, sie hintergehe ihn. Johannes aber soll standhaft geblieben sein:

> Confessorem eciam uxoris [Sophie von Bayern] sue Johannem in theologia magistrum, et quia dixit, hunc dignum regio nomine, qui bene regit et, ut fertur, quia sigillum confessionis violare detrectat, ipsum in Moldauia suffocari precepit. Alium [Nikolaus Puchnik] vero edacibus flammis deputavit, quem tamen lictor motus pietate effugio salvavit.[494]

Der *Schwabenspiegel* behandelt als Besonderheit den Ehebruch von Wirtsfrauen; dieser soll nicht bestraft werden, sondern die Ehebrecherin solle zur Beichte gehen, denn sie sei durch ihr tägliches Geschäft ständig dem (begehrlichen) Umgang mit Männern ausgesetzt.

---

494 Zitiert nach Zimmermann, Harald (Hg.): Chronica regum Romanorum, Bd. 1. Hannover 2003 (Monumenta Germaniae Historica. Scriptores rerum Ger-manicarum, nova series, 18.1), S. 550. Zur Biografie des Johannes und dessen Darstellung seit dem 14. Jahrhundert siehe: Seibt: Johannes von Nepomuk (1971), hier besonders S. 16–23. – Hlaváček, Ivan: Johannes von Nepomuk und seine Zeit, in: Johannes von Nepomuk 1393 – 1993, hg. von Reinhold Baumstark, Johanna von Herzogenberg und Peter Volk (Ausstellungskatalog). München 1993, S. 18.

Abbildung 11

Die Hinrichtung Pfalzgräfin Marias wegen angeblichen Ehebruchs in Georg Spalatins *Chronik der Sachsen und Thüringer*

Gotha, Forschungsbibliothek, Chart. A 191, fol. 151r

Zur Handschrift siehe Abbildung 8, S. 189

Eine Besonderheit stellt auch das *Kleine Kaiserrecht* dar, denn hier wird der Ehebrecher mit lebenslanger Kerkerhaft und die Ehebrecherin mit dem Verstoß aus dem Haus und des Einzugs des Vermögens durch den Mann bestraft. Die spätmittelalterlichen Stadtrechte sind hingegen sehr uneinheitlich in der Form der Sanktionierung; sie sehen Geld- und Leibesstrafen, Verweisung und Tod, Gefängnis und Ehrenstrafen vor.[495]

4.4 Fälschlich der Hurerei beschuldigt

Unter den skizzierten Umständen wird deutlich, weshalb die frühen Leges, die *Lex Salica* und das *Edictum Rothari*, die Beleidigung mit dem Wort «Hure» als einen gesonderten Tatbestand aufnehmen, diesen in einem Atemzug mit den Bestimmungen zu Hexen nennen und mit einem hohen Wergeld sanktionieren. Wie bei den Hexen steht der Schutz der Opfer offenbar im Vordergrund, da nicht nur die Entwertung des Leumunds droht, sondern es erwarten das Opfer beim «Beweis» des Vorwurfs hohe Strafen, beim Ehebruch sogar die Todesstrafe. Der angesprochene Tatbestand lautet demnach falsche Anschuldigung und nicht einfache Beleidigung, denn die Leges fordern vom Ankläger einen Nachweis seiner Beschuldigung. Das *Edikt des Königs Rothari* zielt auf diesen wichtigen und an Konsequenzen reichen Unterschied ab, wenn es zwischen dem leeren Schmähwort (vanum improperii sermonem), das im Zorn gesprochen wurde, und der konkreten, durch Leumundszeugen nachzuweisenden Beschuldigung trennt.

Hexerei

Leumund

Schmähwörter

Zorn

Zeuge

Die Auswahl der zwei besprochenen Tatbestände (Beschuldigung der Hurerei und der Hexerei) greift offenbar auf aus der Erfahrung gewonnenen weiblichen Zuschreibungen zurück. Vielleicht waren es sogar die zwei häufigsten Beschuldigungen, die einer Frau gegenüber geäußert wurden, da sie als einzige Tatbestände dieserart in den frühen Rechtstexten auftauchen. Das hieße, die hier zu schützende Ehre der Frau wird durch die Erhabenheit über jedwede Anklagen sexueller Verfehlungen und magischer Praktiken definiert. Dieser Befund deckt sich mit den Beobachtungen Gabrieles von Oldenbourg und Michael Kleinens, wonach in der frühmittelalterlichen Gesellschaft die Wehrhaftigkeit zu den wichtigsten Eigenschaften des freien Mannes zählte und die Gebärfähigkeit zum herausragenden Wesens-

Ehre

495 Bennecke: Die strafrechtliche Lehre vom Ehebruch in ihrer historisch-dogmatischen Entwicklung (1884), S. 122–137.

element der freien Frau.[496] Auch im *Sachsenspiegel* ist Hurerei im Zusammenhang mit Verbalinjurien der einzige Vorwurf, der mit Blick auf Frauen behandelt wird.[497]

Dass sich an dieser Wahrnehmung und den Erfahrungen über einige Jahrhunderte nicht viel änderte, zeigen Untersuchungen spätmittelalterlicher Gerichtsprotokolle. Für das Züricher Ratsgericht im 14. Jahrhundert arbeitete Susanna Burghartz die am häufigsten vorgetragenen Verbalinjurien heraus. Männer seien in erster Linie als Lügner, Diebe oder Meineidige bezeichnet wurden; Anspielungen auf sexuelle Vergehen der Mütter wären ebenfalls nicht selten gewesen. Frauen hätte man häufig direkt Hurerei vorgeworfen. Beschimpfungen als Diebin oder Lügnerin wären wie bei den Männern zu finden, dagegen gebe es allerdings kaum Gegenstände von Beschuldigungen, die sich gegen die Eltern des weiblichen Opfers richteten:

> Der Ruf von Frauen wurde also in erster Linie über ihr sexuelles Verhalten gegenüber Männern definiert.[498]

Auch Hugo Hälschner wies anhand städtischer Rechtsquellen aus dem späten Mittelalter darauf hin, dass Frauen mehr der Prostitution und des Ehebruchs bezichtigt wurden, Männer dagegen der Sodomie.[499] Ähnliche Ergebnisse erhielt Claude Gauvard am Beispiel königlicher Gnadenbriefe aus dem 14. und 15. Jahrhundert. Die häufigsten Injurien führten auf sexuelle Klagen zurück; Frauen hätte man «Huren» genannt, Männer dagegen «Hurensöhne», «Bastarde» und «Zuhälter».[500] Es scheint so, dass der vermutlich inflationäre, auf Frauen zugeschnittene Vorwurf insofern in einigen Rechtstexten Nie-

---

496 Oldenbourg, Gabriele von: Aspekte der rechtlich-sozialen Stellung der Frauen in den frühmittelalterlichen Leges, in: Frauen in der Spätantike und im Frühmittelalter. Lebensbedingungen – Lebensnormen – Lebensformen. Sigmaringen 1990, S. 221–235, hier S. 235. – Kleinen: «… zur Wollust und zur Unzucht preisgegeben» (2004), S. 181–182.

497 Friese: Das Strafrechts des Sachsenspiegels (1898), S. 274.

498 Burghartz: Ehre, Leib und Gut (1990), S. 126–128. Ähnliche Befunde teilen auch Henselmeyer: Ratsherren und andere Delinquenten (2002), S. 77–78; Hendel, Harald: Die Verbreitung einiger Rechtsbegriffe der Fürther Gerichtssprache des 15. Jahrhunderts. Köln 1975, S. 87 und Toch: Schimpfwörter im Dorf des Spätmittelalters (1993), S. 324 mit.

499 Hälschner: Das preußische Strafrecht, Bd. 3.1 (1868), S. 215.

500 Gauvard: «De grace especial» (1991), S. 705–752. Weitere ähnliche Ergebnisse bei Schubert: Alltag im Mittelalter (2002), S. 177–185. – Wernicke: Von Schlagen, Schmähen und Unendlichkeit (2000), S. 389–399.

derschlag gefunden hat, als dass man den Begriff «Hure» nicht mehr im Sinne des Tatbestandes der üblen Nachrede wertete. So steht im Artikel 54 des *Augsburger Stadtbuches*:

> Swa aber ein man eins biderben mannes wibe eine hurren mizzet oder ains biderben mannes nifteln [Nichte] oder siner besliezzerin [hier: Gemahlin] oder sust einem biderben frewelin, der ist dem vogte schuldik funf schillinge unde sol dem clager bezzern unde buzzen nah der ratgeben rate, die danne des clainen rates sint.[501]

In diesem Artikel geht es nicht um die Überprüfung des Vorwurfs, sondern es wird davon ausgegangen, dass es sich um eine Beschimpfung handelt, die als einfache Beleidigung gesühnt werden sollte. Das heißt nicht, dass es keinen Tatbestand der üblen Nachrede oder Verleumdung in diesem Zusammenhang mehr gegeben hätte. Sondern dieser Artikel aus Augsburg zeigt auf, dass man es für nötig erachtete, den Tatbestand der einfachen Beleidigung mit Blick auf den Hurereivorwurf extra zu berücksichtigen. Vermutlich hatte das Augsburger Gericht häufig über solcherlei Fälle zu urteilen, die eindeutig nur den Zweck der Beschimpfung, aber nicht den der falschen Anschuldigung verfolgten. Burghartz gibt für Zürich ein Beispiel eines eindeutigen Falles. Dort beschimpfte ein Mann eine Frau, während er ihr seinen blanken Hintern entgegenstreckte: «Du ausgefickte, abverreckte, fickende Hure, abgefieberte, aussätzige Hure» und «du ausgevögelte, aussätzige Diebin».[502] In dieser Anhäufung fäkalsprachlicher Worte treten die eigentlichen Gegenstände der Anschuldigung in den Hintergrund: Dem Delinquenten ging es in der Hauptsache darum, das Opfer verbal und durch Gebärden zu schmähen und nicht darum, ihre Ehre glaubhaft infrage zu stellen.

Ehre

Für die Beschimpfung von Männern, sie wären «Hurensöhne», trifft eine ganz ähnliche Beobachtung zu. Auch hier wird in den Rechtstexten unterschieden nach einfacher Beleidigung und böswilliger Unterstellung. Dabei überwiegt jedoch der Anteil an Artikeln zur Beleidigung.[503] Justus Gobler reflektierte in seinem

501 Zitiert nach Meyer: Das Stadtbuch von Augsburg (1872), S.124.

502 Zitiert nach Burghartz: Leib, Ehre und Gut (1990), S. 132–133.

503 Augsburger Stadtbuch von 1276, Art. 54: «Swaer dem andern miscet einen hurrensun, der ist dem vogte ainez phundes schuldik.» Zitiert nach Meyer: Das Stadtbuch von Augsburg (1872), S. 124. – Rechtssammlung des Herrn

Rechten Spiegel als einer von wenigen darüber, welche Klagen man vor Gericht zulassen müsse wegen des gemeinen Nutzens. Ohne es weiter zu begründen, hält er es für wichtig, dem Vorwurf, eine Person sei ein «Hurenkind», nachzugehen: Klage Kinder

> Ferner ist zu mercken/ daß einer von dieser Klagen Excusiert vnd entschuldigt wirt. [...] Zum andern/ So der welcher sie schmach thut/ die warheyt sagt/ darin dieser vnderscheyd zumercken/ Eintweder kompt es dem gemeynen nutz zu gut/ daß mans wisse/ Als so iemand einem für würff/ er wer ein hurenkind/ oder von eins todtschlags wegen verdampt/ etc. Wenn solchs war ist/ so ist der verweisser nit schuldig/ diweil der gmeyn daran gelegen/ daß die Infamia vnd berüchtigung bekannt vnd offenbar sei/ daß er zu gezeugniß vnd wirdigkeyten nit gestattet werde.[504]

Leider lässt sich daraus nicht ableiten, welcher explizite Vorwurf hier dem Tatbestand zugrunde liegt: der Vorwurf, die Mutter der betreffenden Person sei eine «Hure» oder der Vorwurf, dass es sich bei der beschuldigten Person um einen illegitimen Spross handelt? Vermutlich wird beides eng aufeinander bezogen, denn würde sich eine solche Klage durch Beweis bestätigen lassen, dann hätte die Mutter eine peinliche Strafe erwartet. Zudem müsste in Erfahrung gebracht werden, ob aus diesem Verhältnis Kinder hervorgegangen sind; diese hätten dann eingeschränkte Rechte. Adlige hatten den Verlust des väterlichen Standesrechts, des Heerschildes und ihre Lehnfähigkeit zu befürchten. Bürgern drohte der Entzug von Bürgerrechten und der Ausschluss aus den Zünften. Klerikern konnte die Weihe, die Aufnahme ins Kloster und höhere Kirchenämter versagt bleiben.[505]

Ulrich Eitzinger von Eitzing für Nussdorf (bei Wien) von 1450: «Item welher schefman der ist, der ainem vertailt mit posen und verpoten wortn von der kristenhait, er hais in ainen hurnsun oder ainen diep, der ist zu wandl dem ambtman verfallen zwelif phenning.» Zitiert nach Grimm u. a.: Weisthümer, Bd. 3 (1842), S. 704.

504 Zitiert nach Göbler: Der Rechten Spiegel (1550), Kap. LXXVII.

505 Siehe die Beiträge von Schreiner, Klaus: «Defectus natalium» – Geburt aus einem unrechtmäßigem Schoß als Problem klösterlicher Gemeinschaftsbildung, in: Illegitimität im Spätmittelalter, hg. von Ludwig Schmugge. München 1994 (Schriften des Historischen Kollegs: Kolloquien, 29), S. 85–114. – Schulz, Knut: Die Norm der Ehelichkeit im Zunft- und Bürgerrecht spätmittelalterlicher Städte, in: ebenda, S. 67–83. – Willoweit, Dietmar: Von der natürlichen Kindschaft zur Illegitimität. Die nichtehelichen Kinder in den mittelalterlichen Rechtsordnungen, in: ebenda, S. 55–66.

Bei außerehlichen Kindern von Klerikern kommt noch hinzu, dass man glaubte, sie würden aufgrund der Schwere des Vergehens ihrer Eltern häufig missgebildet sein. So soll 1409 in Paderborn ein «Monstrum» geboren worden sein, dessen Gliedmaßen deformiert waren und das zwei Gesichter hatte. Die verheiratete Mutter des Kindes beschuldigte einen Kleriker der Vaterschaft.[506]

4.5 Ketzerei, Sodomie und Gottes Strafe

Im späten Mittelalter treten zwei konkret benannte Beschuldigungen in den Rechtstexten hinzu: «Ketzerei» und «Sodomie». Die Aufnahme dieser Tatbestände geht auf die bereits erwähnte, durch Papst Gregor IX. 1233 hergestellte Verbindung von Häresie und widernatürlicher Unzucht zurück (*Vox in Rama*).[507] Fortan konnten «Ketzerei» und «Sodomie» denselben Tatbestand bezeichnen, sodass das eigentliche Verbrechen hinter diesen Begriffen nicht deutlich zutage tritt. Die im Mittelalter und in der frühen Neuzeit auftretenden zahlreichen Verfolgungswellen von Personen, die unter Verdacht standen, eines der möglichen Verbrechen der beiden Anschuldigungen begangen zu haben, verband die Angst vor dem Zorn Gottes, der über alle hereinbreche, die das Treiben dieser Personen nicht unterbanden. Ängste vor Naturkatastrophen und Seuchen, verstanden als göttliche Exekutive, hatte schon Kaiser Justinian auf Sodomiten und der Sodomie Verdächtige übertragen. Er ging fest davon aus, dass sie mit ihrem «unzüchtigen Treiben» Gottes Zorn herausfordern würden. Als 542/544 eine Pestwelle das oströmische Reich heimsuchte, verschärfte er mit seiner *Novella 149* die Strafen und Verfolgungen gegen Sodomiten. Über westgotische Leges und Konzilen fand die Novelle Eingang in die *Kapitulariensammlung des Benedictus Levita*, in die *Pseudoisidorischen Dekretalen* und in den *Corpus Iuris Civilis*. Während Justinians Novelle den Magistraten und anderen richtenden Gewalten seines Reiches noch nicht den Tod durch Verbrennung als verbindliche Strafe für Sodomiten vorschrieb, sondern ihnen weitgehende Befugnisse einräumte, ein entsprechendes Strafmaß festzulegen, sahen die nachfolgenden Rechtstexte die Todesstrafe vor.[508]

---

506 Schreiner: «Defectus natalium» (1994), S. 87.

507 Siehe dazu den vorangehenden Abschnitt «Hexerei und Zauberei», S. 201–211.

508 Ausführlich zur Entwicklung der rechtlichen Konsequenzen siehe Hergemöller: Sodom und Gomorrha (2000), S. 35–47.

Die gedankliche Verbindung zwischen Sodomie und Gottes Strafe blieb künftig erhalten; es wurden ganze Kataloge erarbeitet, in denen den Sodomiten schreckliche Vorkommnisse zur Last gelegt wurden. Ein anschauliches Beispiel dafür ist der 1485 fertig gestellte *Christenspiegel* des Franziskanerobservanten Dietrich Kolde († 1515) aus Münster in Westfalen. Dieser Band erfreute sich mit 40 Auflagen bis 1677 größter Beliebtheit. Dort wird berichtet, dass sich die Inkarnation Gottes um mehrere Jahrtausende wegen der Sodomiten verzögerte, die Sintflut über die Menschheit einbrach, Hungersnöte ihretwegen ausgebrochen seien und anderes mehr.[509]

Die «fornicatio», ganz gleich, ob sie nun natürlicher oder widernatürlicher Art war, bedrohe die Christenheit nicht nur mit Krankheit und Katastrophen. Theologen befürchteten, dass «unreine Christen» das Heilige beflecken und damit dessen Wirksamkeit gefährden und ebenfalls den göttlichen Zorn herausfordern könnten. Deshalb wäre alles mit Blut und Sexualität Zusammenhängende vom Heiligen fernzuhalten. Dies schloss den heiligen Ort, die Priester und die Laien gleichermaßen mit ein.

Einen lebendigen Eindruck der Sorge um dieses in der Forschung als «Konzept der kultischen Reinheit»[510] bezeichnete theologische Verständnis vermittelt exemplarisch ein Brief des Petrus Damiani an Papst Leo IX. von 1049 (*Liber Gomorrhianus).* Dort wird eindrucksvoll die Gefahr für die Seelen aller Gemeindemitglieder, die von «Sodomiten» ausginge, vor Augen geführt wird.[511] Es wären vor allem die Geistlichen, die Träger des heiligen Kultes, durch sodomitisches Handeln gefährdet.

Nachdem wegweisende Schriften wie *Adversus Nicetam* des Humbert von Silva Candida († 1061) *De caelibatu sacerdotum* des Petrus Da-

509 Ebenda, S. 161–178.

510 Angenendt, Arnold: «Mit reinen Händen». Das Motiv der kultischen Reinheit in der abendländischen Askese, in: Herrschaft, Kirche, Kultur. Beiträge zur Geschichte des Mittelalters. Festschrift für Friedrich Prinz zum 65. Geburtstag. Stuttgart 1993, S. 301–307.

511 Reindel, Kurt (Hg.): Die Briefe des Petrus Damiani, Bd. 1. München 1983 (Monumenta Germaniae Historica. Die Briefe der deutschen Kaiserzeit, 4), S. 284–330. – Puff, Helmut: Die Sünde und ihre Metaphern. Zum «Liber Gomorrhianus» des Petrus Damiani, in: Forum Homosexualität und Literatur 21 (1994), S. 45–77.

Zölibat miani († 1072) rigoros die Priesterehe ablehnten[512] und die *Synode von Clermont* 1095 die Priesterehe nach einem früheren Erlass Papst Gregors VII. von 1074 endgültig verboten und damit die Einhaltung des Zölibats vehementer als zuvor eingefordert hatte, wurde der Disput über die sexuellen Vergehen des Klerus hitziger. Kritische Stimmen warnten, dass die sexuelle Enthaltung die «Sodomie», und damit war wohl gleichgeschlechtliche Sexualität gemeint, fördern würde. Allerdings glaubte man auch, das gleichgeschlechtliche Zueinanderhingezogen-sein wäre ein temporärer Trieb, der dann sehr stark werde, wenn die Sexualität vehement unterdrückt würde:

Nach dem jetzigen Erkenntnisstand sprechen die mittelalterlichen Quellen dafür, dass in den meisten Fällen die Grundmuster «Jung-Jung» oder «Jüngerer-Älterer» bevorzugt wurden. Die Vorstellung erwachsener, berufstätiger Männer, die über Jahre oder ein Leben lang zusammenleben, die Vorstellung, die heute von den zahlenmäßig stärksten Schwulengruppen als Ideal propagiert wird, war dem Mittelalter völlig fremd.[513]

Jene Kritiker machten deshalb den Zölibat für die angeblich stetig zunehmende Verbreitung der «Sodomie» verantwortlich.[514] Ihre Gegner verteidigten den Zölibat. Sie interpretierten den Geschlechtsverkehr als gegen die als Braut verstandene «ecclesia» bzw. gegen den als Bräutigam aufgefassten Christus. Man dürfe die Geistlichen gar nicht erst in «unzüchtige» Versuchungen führen, denn für die Ausübung der liturgischen Handlungen müssten sie unbefleckt, also kultisch rein sein.[515]

Ehebruch

4.6 Homosexualität

Mit dieser ausgeprägten Angsttheologie stieg die Zahl der Verurteilten, vermutlich jedoch nicht die Zahl der Denunziationen

512 Kleinen: «… zur Wollust und zur Unzucht preisgegeben» (2004), S. 192.

513 Zitiert nach Hergemöller: Sodom und Gomorrha (2000), S. 33.

514 Zu weiterführenden Quellen- und Literaturhinweisen siehe Reinle: Das mittelalterliche Sodomiedelikt im Spannungsfeld von rechtlicher Norm, theologischer Deutung und gesellschaftlicher Praxis (2009), S. 26. Einige Fälle des 11. bis frühen 13. Jahrhunderts, in denen Bischöfen und anderen Klerikern der Vorwurf der Homosexualität gemacht wurde, ebenda, S. 25, Anm. 44 und S. 28, Anm. 57.

515 Am Beispiel früh- und hochmittelalterlicher Bußbücher siehe Lutterbach: Sexualität im Mittelalter (1999), S. 139–146.

im Reich. Christine Reinle vermutet, dass die Bereitschaft dazu «nicht eben ausgeprägt gewesen ist», da nur wenige Fälle bekannt sind.[516] Ganz ähnlich fällt das Resultat für die Untersuchung von klerikalen Sodomiefällen aus.[517] Sicher schreckten vor allem die Strafen ab, die drohten, wenn die Klage vor einem Richter nicht bewiesen werden konnte. Je nachdem, vor welchem Gericht die Klage vorgebracht wurde, musste der Kläger mit Geldstrafen, bei geistlichen Gerichten mit Suspension und Degradierung oder auch, wie zum Beispiel im *Luzerner Bürgerbuch* von 1373[518] und im *Berner Recht* von 1539[519], mit der Talion, also in diesem Fall mit dem Tod rechnen. Bei den geistlichen Gerichtsfällen wird vermutet, dass die Verfahren gegen Sodomiten unter allgemeineren Begriffen wie «incontinentia» verschleiert worden sein könnten oder mit anderen Delikten (beispielsweise Apostasie) zusammen verhandelt wurden.[520]

Klage, Richter

Apostasie

Das *Augsburger Stadtrecht* von 1276 war das erste deutsche Recht, das gleichgeschlechtliche Sexualität und Zoophilie als Straftatbestand aufnahm und für die überführten Delinquenten den Tod vorsah. Kurz darauf folgte das *Freisinger Rechtsbuch* von 1328.[521] Im 14. und 15. Jahrhundert enthielten zwei friesische Rechtstexte,

516 Reinle: Das mittelalterliche Sodomiedelikt im Spannungsfeld von rechtlicher Norm, theologischer Deutung und gesellschaftlicher Praxis (2009), S. 37. Bis 1500 sind mit Puff: Sodomy in Reformation Germany an Switzerland (2003), S. 183-189, nur 38 Fälle bekannt; diese kann Reinle noch um weitere sechs für diesen Zeitraum ergänzen.

517 Reinle: Das mittelalterliche Sodomiedelikt im Spannungsfeld von rechtlicher Norm, theologischer Deutung und gesellschaftlicher Praxis (2009), S. 40-41.

518 «[…] das nieman den anderen in ir Stat ze Lucern vmb einhein ding angevallen, noch berechten mag, denn vmb disu nachgeschriben stuk, das ist, des ersten vmb Mord, vmb Tüb, vmb nachtbrand, vmb Straßroub, vmb falsch, vmb nodzog, vmb ketzerye […] vnd viele ieman den andern an vmb dirre stucken deheins vnd er des vff in also nüt beweren möchte, der mus an sin statt treten vnd liden, das einer sollte gelitten han.» Zitiert nach Segesser, Anton P. von: Rechtsgeschichte der Stadt und Republik Lucern, Bd. 2: Die innere Rechtsgeschichte bis zum Ende es 15. Jahrhunderts. Luzern 1854 (ND Aaalen 1974), S. 617.

519 Rennefahrt, Hermann (Hg.): Die Rechtsquellen des Kantons Bern, 1. Teil, Bde. 1-2. Aarau 1971, S. 80, 222 und 648.

520 Reinle: Das mittelalterliche Sodomiedelikt im Spannungsfeld von rechtlicher Norm, theologischer Deutung und gesellschaftlicher Praxis (2009), S. 40-41.

521 Ebenda, S. 33.

das *Fivelgoer*[522] und das *Westerlauwersche Sendrecht*, entsprechende Passagen:

> Hweerso een man godes riucht brect ende Octavianus ende Moyses ewa ende al der wrald, dat hi schetten wluat, so aegh him di riuchter tre kerren to iowen, als hi liwet habbe een eetmel al om mit tuam hieldem spand, dat hi dis da wird iechte deer hy deen habbe, ende dat hy dine ker habbe hor hi sine machta by dae liue off synde, ende sinde sonda betterie; so ma een kolk delue deer dat quik in moge, ende dat ma him alles nida bringe; iesta dine tredda ker, dat ma alle dat heer gadrie fan da schettena stirten, ende makie een band, ende binden al deer mei ende baerne.[523]

Im 16. Jahrhundert berücksichtigen die *Bayerische Landesfreiheit* von 1508, die *Niederösterreichische Landesgerichtsordnung* von 1514, die *Krainer Landgerichtsordnung* von 1535 und die *Oberösterreichische Landgerichtsordnung* von 1559 Sodomie als Delikt.[524]

Bis zum Ausgang des Mittelalters führt kein Rechtstext Homosexualität unter Frauen explizit als Strafdelikt an. Erst in der Bamberger *Constitutio criminalis* von 1507 und in der darauf aufbauenden *Peinlichen Halsgerichtsordnung* Kaiser Karls V. von 1532 werden ausdrücklich beide Geschlechter erwähnt:

> Paragraph 116. Item so eyn mensch mit eynem vihe/ mann mit mann/ weib mit weib/ vnkeusch treiben/ die haben auch das leben verwürckt/ vnd man soll sie der gemeynen gewonheyt nach mit dem fewer vom leben zum todt richten.[525]

---

522 «Den Sodomiten, das heißt denjenigen, der wider die Natur sündigt, verbrennt oder siedet man.» Zitiert nach Buma, Wybren Jan · Ebel, Wilhelm: Das Fivelgoer Recht. Göttingen 1972 (Altfriesische Rechtsquellen, 5), S. 163.

523 Zitiert nach Richthofen, Karl Frhr. von (Hg.): Friesische Rechtsquellen. Berlin 1840, S. 409 (§ 17).

524 Senft, Eduard: Bemerkungen über das Verbrechen der widernatürlichen Unzucht, in: Österreichische Vierteljahrsschrift für Rechts- und Staatswissenschaft 17 (1866), S. 204 und 206.

525 Zitiert nach Radbruch, Gustav (Hg.): Die Peinliche Gerichtsordnung Kaiser Karls V. von 1532 (Carolina). Stuttgart 1960. Der Wortlaut in der Bamberger Peinlichen Halsgerichtsordnung ist identisch mit der Carolina. Siehe dort Paragraph 141 (Schwarzenberg, Johann von: Bambergische halsgerichts ordenung. Bamberg: Hans Pfeil 1507 (VD16 B256).

Das heißt allerdings nicht, dass im Mittelalter ausgeschlossen wurde, Frauen könnten gleichgeschlechtlicher Sexualität nachgehen. Zum Beispiel führte Burchard von Worms zu Beginn des 11. Jahrhunderts im 19. Buch seines *Decretum* solcherlei Vorstellungen ausführlich aus. Er berichtete von Frauen, die sich männlichen Samen in ihre Speisen mischten, von selbstgemachten Dildos, von Frauen, die ihre Schöße aneinander reiben würden und anderem mehr.[526]

Allerdings kann man wohl davon ausgehen, dass die gleichgeschlechtliche Sexualität unter Frauen kaum zur öffentlichen Verhandlung kam. Denn die ältesten bekannten Gerichtsfälle zu diesem Tatbestand treten erst am Ausgang des Mittelalters in den Quellen entgegen wie zum Beispiel der Speyerer Prozess gegen Katherina Hetzeldorfer aus Nürnberg, die 1477 zum Tode durch Ertränken verurteilt wurde. Katherina gab sich als ein Mann aus, der mit seiner Schwester zusammenlebte. Aus dieser angeblichen geschwisterlichen Beziehung wurde während der Befragung vor Gericht ein wohl nicht miteinander verwandtes Liebespaar. Welche dieser beiden Versionen stimmte, konnte nicht mit Sicherheit festgestellt werden. Die sexuelle Befriedigung erfolgte jedenfalls durch Stimulation mit einem selbstgebauten Dildo, den sich die Hetzeldorferin beim Geschlechtsakt umband. Für diesen Fall ist kein Tatbestand überliefert, weil das Verbrechen in dem erhaltenen Protokoll namentlich nicht genannt wird.[527] Weitere Fälle sind aus Freiburg im Breisgau, Brügge und Genf bekannt.[528]

4.7 Rechtsgut «cristenheit»

Die beiden Rechtsbücher aus Augsburg und Freising behandeln den Sodomievorwurf am ausführlichsten; wobei das circa 50 Jahre später beendete *Rechtsbuch Ruprechts* vom *Augsburger Stadtbuch* merklich partizipierte. Im Artikel 54 des *Augsburger Rechtsbuches* heißt es:

---

526 Hergemöller: Sodom und Gomorrha (2000), S. 22–23.

527 Puff: Weibliche Sodomie (1999), S. 366, 368 und 371. Noch älter ist der Fall einer Geistlichen aus Rottweil, die 1444 mit einer Laienfrau geschlafen haben soll. Ebenda, S. 376.

528 Ebenda, S. 375.

> Swaer dem andern miscet einen hurrensun, der ist dem vogte ainez phundes schuldik. Schiltet aber er in von der cristenheit, daz ist ob er in heizzet einen zohensun [Hundesohn] oder mehrhensun [?], mussensun [?], ketzer, meineide oder einen diup oder einen viertaeter [Viehschänder] oder einen rauber oder einen boesenwiht oder anderiu schaeltwort, diu den man von sinen eren sagent, der sol dem clager bezzern al er stat an im vindet, unde dem vogte eins phundes. Wollte aber der clager niht redelicher bezzerunge, so sol ez danne an den ratgaeben sten, die danne des klainen rates sint.[529]

Ruprecht von Freising wandelt diesen Text in den Kapiteln 276 bis 277 seines Rechtsbuches wie folgt ab:

Richter

Leumund

> Wir sprechen: waz scheltwart sint, daz sult ir wizzen, di man den richtern puezzen sol und nicht dem chlager. Swer den andern ein zôhensun [Hundesohn] haizzet oder er hab einen hunt gesortten [missbraucht] oder eine chuo oder er sei ein chuoserttinne [Kuhschänder] sun, deu dreu dinch haizzent scheltwart, und swer si spricht, der wartt aines, der muos dem richter zehen schilling geben.[…] Sam [ebenso] ist auch, swer den andern einen poeswicht haizzet oder einen chetzer […]. Wir sprechen von gelogenem urchund, daz der man auf den andern sait, daz im an seinen leunten [Leumund] gêt oder an sein êr, dez sol er seinen ansagen stellen, wer ims gesait hab.[530]

Der ältere Text ist ohne Zweifel ungleich schwerer zu verstehen als der jüngere und es fällt auf, dass Ruprecht sein Vorbild um einiges dort kürzte, wo er möglicherweise Doppelungen erkannte, und dass er dort ergänzte, wo der Augsburger Text nicht eindeutig erscheint. Die anfängliche Aufzählung im älteren Text nennt mehrere Schimpfwörter mit vermutlich derselben Semantik: «hurensun», «mehrhensun» und «mussensun». Bei den letzten beiden Begriffen handelt es sich wahrscheinlich um Synonyme von «Hurensohn», zumindest dürften sie in diesem Wortsinn gebraucht worden sein. Mit «mehr[h]e» ist die «Schindermähre» gemeint, im übertragenen Sinn könnte man also von einer «lange im Geschäft befindlichen Hure» sprechen. Der Begriff würde demnach tiefe Verachtung ausdrücken. «Musse» könnte sich herleiten von

529 Zitiert nach Meyer: Das Stadtbuch von Augsburg (1872), S. 124.

530 Zitiert nach Claussen: Freisinger Rechtsbuch (1941), S. 318.

«musch», einer wohl nicht ausschließlich negativ gemeinten Bezeichnung für «Hure», oder von «mutzen», ein Begriff, der im positiven Sinn die «Katze» und im negativen den «Katzenbalg» bezeichnen konnte.[531] Dass sich hinter dem «zohensun», dem «Hundesohn», eine gleiche oder ähnliche Bedeutung verbirgt, wird durch einen *Frankfurter* und einen *Dortmunder Rechtstext* nahe gelegt.[532] Ruprecht deutet das Wort allerdings in einem modifizierten Sinn, wenn er den damit Bezeichneten in einen Zusammenhang mit einer Person bringt, die einen Hund «missbraucht». Die Begriffe «mehrhensun» und «mussensun» nahm Ruprecht nicht in seinem Text auf und interpretierte den dritten,

---

531 Siehe Schmeller, Johann A.: Bayerisches Wörterbuch. Sammlung von Wörtern und Ausdrücken […], Bd. 2. Stuttgart · Tübingen 1828, S. 664. – Frommann, Georg K.: Bayerisches Wörterbuch Wörterbuch von Johann A. Schmeller, Bd. 1, 2., überarb. Ausg. München 1872, Bd. 1, Sp. 1681.

532 In den Statuten der Stadt Frankfurt am Main von 1297 wird der Begriff «Hundssohn» in der Bedeutung von «Hurensohn» verwendet. Siehe Kriegk, Georg L.: Deutsches Bürgerthum im Mittelalter. Nach urkundlichen Forschungen, nebst einem Anhang, enthaltend ungedruckte Urkunden aus Frankfurtischen Archiven. Frankfurt am Main 1871 (ND Frankfurt am Main 1969), S. 277. Das Dortmunder Statut von 1275 (?) bringt neben dem «Hurensohn» noch Fäkalworte ins Spiel; dort heißt es: «Si aliquis Burgensis noster alteri vituperat vel obloquitur verbis turpibus et inhonestis, vocans eum canem aut assimilans eum caude aut alteri membro canis, vel Horenzone, vel Dytherenzone […].» Zitiert nach Dreyer: Zur Erläuterung der teutschen Rechte, Rechtsalterthümer und Geschichten angewandte Nebenstunden (1768), S. 419. Im Stadtrecht von Halle findet sich als Synonym für «Hurensohn» das Wort «kotzenson». Förstemann: Die alten Statuten der Stadt Halle (1834), S. 83. Die Geraer Statuten von 1487 trennen zwischen «Katzensohn» und «Hurensohn»: «Item wurde ein Bürger oder Bürgers Sohne geheisen ein schalk oder Bösewicht oder Katzen Sohn oder Huren Sohn oder Hurenkind […].» Diese Aufzählung lässt nicht ausschließen, dass Katzensohn im Sinne von Hurensohn gebraucht wurde. Zitiert nach Walch: Vermischte Beyträge zu dem deutschen Recht, Bd. 2 (1772), S. 96. Im Rechtsbuch Kaiser Ludwigs des Bayern von 1346, Art. 61, heißt es: «Spricht ainer den andern an, er hab in gehizzen einen chüsertinn sun oder einen huntsertinn sun oder einen merhern sun oder waz sogtaner vihlicher schweltwort ist […]». Zitiert nach Volkert: Das Rechtsbuch Kaiser Ludwigs des Bayern von 1346 (2010), S. 293. Im Stralsunder Verfestungsbuch wird zum Jahr 1400 von einem beleidigenden Ausruf, der wohl das Gleiche intendiert wie Hurensohn, berichtet: «Broden sone, no scholtu id my ghelden!» Zitiert nach Francke, Otto (Hg.): Das Vefestungsbuch der Stadt Stralsund. Mit einer Einleitung von Ferdinand Frensdorff. Halle 1875 (Hansische Geschichtsquellen, 1), S. 68–69, Nr. 580. – Weitere Beispiele bei His: Das Strafrecht des deutschen Mittelalters, Bd. 2 (1935), S. 110 Anm. 1–3.

den «zohensun», in einer Form, die doppeldeutig verstanden werden kann.[533]

Allerdings überzeugt diese Interpretation nicht restlos und wirft bereits auf den ersten Blick zwei wichtige Fragen auf:

1. Wieso ließ Ruprecht nicht nur die beiden erwähnten Begriffe außer Acht, sondern vernachlässigte auch den Begriff «hurensun», um seine Aufzählung in einem klaren sodomitischen Zusammenhang zu stellen, nämlich dem geschlechtlichen Verkehr mit Hunden und Kühen?
2. Weshalb baut das Augsburger Recht einen Gegensatz zu Beginn des Artikels 54 auf, indem einerseits die Beschimpfung mit «hurensun», andererseits die Beschimpfung mit «zohensun», «mehrhensun» und «mussensun» unter Strafe gestellt wird? Es leitet diesen Gegensatz ein mit: «schiltet aber er in von der cristenheit, daz ist [...]».

Schmähwörter

Zur ersten Frage: Ruprecht unterscheidet systematisch in «Scheltworte» und in «gelogene Urkund». Beim ersten Vergehen muss

Richter

der Verurteilte nicht dem Opfer «büßen», sondern dem Richter ein Gewette zahlen. Eine Wiedergutmachung, ein Widerruf ist nicht vorgesehen. Daraus lässt sich folgern, dass Ruprecht die vier aufgezählten Begriffe nicht im Sinne einer falschen Anschuldigung versteht, sondern als einfache Beleidigung. Das ist außergewöhnlich, denn der Vorwurf, ein Tier geschändet zu haben oder Sohn eines Kuhschänders zu sein, ist wie dargelegt ein Tatbestand der widernatürlichen Unzucht, der in anderen, jedoch etwas späteren Rechtstexten, wie zum Beispiel im sich an Ruprecht anlehnenden *Luzerner Stadtrecht* von 1396, als falsche Anschuldigung behandelt wird.[534] In diesem Fall folgt Ruprecht also nicht seinem Vorbild, das im Wort «viertaeter» (Viehschänder) nicht nur eine einfache Beleidigung erkennt, wie gleich im Anschluss dargelegt wird.

533 Beispiele für Schimpfwörter, die den Verkehr der Mutter mit Tieren vorwerfen, bei His: Das Strafrecht des deutschen Mittelalters, Bd. 2 (1935), S. 110 Anm. 4.

534 1395 legte der Luzerner Rat fest, dass wenn «einre zem andern spricht, du hest ein kuo gehit [...] oder du bist ein verhiter, diep oder ein bösewicht und ander soliche swere rede, die eim berlich an sin ere gat», dann müsse diese Beleidigung vor dem Gericht verhandelt und geurteilt werden. Zitiert nach Wechsler: Ehre und Politik (1991), S. 173–174. Ebenda, S. 174–176, mehrere Beispielfälle wegen sodomitischer Schmähungen.

Ruprecht scheint bei diesen Schimpfwörtern auch keinen Zusammenhang mit den Sodomievorwürfen innerhalb der Ketzerverfolgungen herzustellen. Denn der Bezeichnung als Ketzer räumt er eine andere rechtliche Bedeutung ein. Wenn nämlich eine Person mit den Worten «poeswicht» oder «chetzer» beleidigt wird, dann handelt es sich um eine «gelogene Urkund», hier verstanden im Sinne der falschen Anschuldigung. Ruprecht geht davon aus, dass die beschuldigende Person ihre Informationen von Dritten bezogen hat, die benannt werden müssen, um die aufgestellte Behauptung zu erhärten. Damit folgt Ruprecht seiner zweiten bekannten Vorlage, dem *Schwabenspiegel*, in dem es heißt:

Falsche Anschuldigung

> Wer ain man rüget, er sey ein ketzer oder mainayde oder anders, das im an sein erwerg gat, mag er in nicht überzewgen als recht ist, er sol alle die witze leyden, die iener solt haben geliten ob er in überzewgt hete.[535]

Im Unterschied zu seinen Vorlagen fasst Ruprecht die falsche Anschuldigung in zwei Begriffen zusammen: «poeswicht» und «chetzer», wobei unter «poeswicht» eine Reihe von Tatbeständen verstanden wurde. Der *Schwabenspiegel* und das *Augsburger Rechtsbuch* zählen zum Beispiel noch Meineid, Raub und Diebstahl auf; Friedbruch und andere schwere Verbrechen konnten unter diesem Terminus ebenfalls subsumiert werden. Während der *Schwabenspiegel* für die Beleidigung mit diesen wirklichen Tatbeständen die Talion vorsieht, führt Ruprecht nicht weiter aus, wie zu verfahren ist, wenn eine Person der üblen Nachrede überführt wurde.

Zur zweiten Frage: Eine Unterscheidung in Beleidigung und falsche Anschuldigung sieht auch das *Augsburger Recht* vor, wenn es die Beschimpfung mit dem Wort «hurensun» als einfache Beleidigung behandelt, alle anderen Beschimpfungen hingegen vor einem Richter geprüft wissen will ob ihrer expliziten Beschuldigung. Die beiden anzeigenden Termini technici sind: «schiltet aber er in von der cristenheit» und «den man von sinen eren sagent». Beide Textbelege finden sich ganz ähnlich im etwa zeitgleich entstandenen *Schwabenspiegel* in der oben bereits zitierten Passage:

> Verrater das sind die mit ir red ainen uerpalmundent, das sy in sagent von der christenhait, also das sy sagen, er sey

535 Zitiert nach Eckhardt: Schwabenspiegel, Kurzform (1974), S. 393, Sp. 1.

> ain sodomit, oder er hab vich geunraint oder er sey ain keczer; mugen si das nicht erzeugen, die soll man radprechen.[536]

Christliches Bekenntnis

Schwabenspiegel und *Augsburger Stadtrecht* führen ihre Strafrechtsbestände auf zwei wesentliche Normative des christlichen Wertekanons zurück, wenn sie auf die «cristenheit» als Rechtsgut einer Person abheben: nämlich auf angemessenes sexuelles Verhalten (Beschuldigung der Sodomie) und auf die Anerkennung der «christlichen Wahrheiten», vermittelt durch die göttlichen Mysterien, die Heilige Schrift und die römische Kirche (Beschuldigung der Ketzerei).[537] Wird die Nichteinhaltung dieser beiden Normative durch eine Person von anderen in Frage gestellt, dann kann die beschuldigte Person auf falsche Anschuldigung klagen. Seit dem späten 13. Jahrhundert tritt also die «cristenheit» einer Person als neues Rechtsgut infolge der systematischen Durchdringung von Häresieprozessen in den profanen Rechtstexten zu den Beleidigungsartikeln hinzu. Dieses Rechtsgut kann als eine Form des «Glaubensbekenntnisses» bezeichnet werden und die Verletzung dieses Rechtsgutes ist danach eine Glaubensschelte. In beiden Rechtstexten wird dieses Rechtsgut ergänzt durch die Ehre einer Person, also jenes Rechtsgut, das allen Beleidigungsklagen zugrunde liegt.[538]

Häresie

Ehre

Berücksichtigt man die Einführung des neuen Rechtsgutes, das im Augsburger Recht mit dem älteren, der Ehre, kombiniert wird, steht immer noch die Frage im Raum, weshalb der Gegensatz zwischen «hurensun» und den anderen Schimpfwörtern (zohensun, mehrhensun, mussensun, ketzer, meineide, diup, viertaeter, rauber, boesenwiht) aufgebaut wird. Vor allem bleibt unklar, weshalb «hurensun» ein Schimpfwort zum Tatbestand der einfachen Beleidigung sein soll, während die anderen Begriffe dem Tatbestand der falschen Anschuldigung zugeordnet werden. Das betrifft besonders die Worte «zohensun», «mehrhensun» und «mussensun», die mit hoher Wahrscheinlichkeit das Gleiche unterstellen wie «hurensun». Vermutlich hängt dies mit der Interpretation des Wortes «hure» zusammen. Wie oben erörtert, kennt das *Augsburger Rechtsbuch* den

536 Ebenda.

537 Die Wendung «Umb schelten aus der christenheit» ist Titel des 61. Artikels in Kaiser Ludwigs Rechtsbuch. Siehe Volkert: Das Rechtsbuch Kaiser Ludwigs des Bayern von 1346 (2010), S. 293. Weitere Beispiele bis His: Das Strafrecht des Mittelalters, Bd. 2 (1935), S. 112–113.

538 Siehe den Abschnitt «Rechtsgüter», S. 45–51.

Gebrauch dieses Schimpfwortes lediglich als Beleidigung. Danach wäre es konsequent, auch den Gebrauch des Wortes «hurensun» dem gleichen Tatbestand zuzuordnen. Diese Begriffe zählten, wie vergleichbare Befunde nahelegen, zu den am häufigsten verwendeten Schimpfwörtern, bei denen man vermutlich im Unterschied zu anderen von keiner böswilligen Unterstellung ausging.

Ungeachtet der schwierigen Beantwortung der eingangs gestellten zwei Fragen fällt auf, dass der *Schwabenspiegel*, das *Augsburger Stadtbuch* und Ruprecht von Freising zwischen Häresie und Zoophilie (viertaeter) unterscheiden und diese Delikte zum Teil anderen Straftatbeständen zuordnen. Der *Schwabenspiegel* trifft sogar eine Unterscheidung in Sodomie, Zoophilie (vihe geunreinet) und Häresie. Unter anderem aus Schweizer Gerichtsfällen ist überliefert, dass im 14. und 15. Jahrhundert das Wort «Ketzerei» als Sammelbegriff Anwendung fand, der Homosexualität als eine Form der Sodomie und Zoophilie einschloss. Zoophilie ist in allen drei Rechtstexten jedoch ein eigener Tatbestand, der offensichtlich in erster Linie auf die sexuelle Unzucht abzielt und nicht auf den Zusammenhang mit ketzerischen Absichten, wie er sich in den kanonischen Texten des 13. Jahrhunderts langsam abzuzeichnen begann. Allerdings haben auch dort Dekretisten wie Johannes Faventinus († um 1190), Robert von Flamborough († 1224) und Richardus Anglicus († 1252) in ihren Glossierungen auf eine möglichst strafrechtlich konkrete Unterscheidung der Tatbestände hingearbeitet, denn sie kategorisierten nach den «crimen maxima et media» und den leichteren Vergehen.[539]

Kapitalverbrechen

Als gesichert lässt sich festhalten, dass über den *Sachsenspiegel*, der als erster profaner Rechtstext in Deutschland die Todesstrafe für «Hexerei»[540] als Tatbestand aufnahm, Häresie und mit den ersten Überarbeitungen des *Sachsenspiegels* auch Sodomie bzw. Zoophilie in das deutsche Recht Eingang fanden. Als ein fest umrissener Tatbestand ist in den Beleidigungsartikeln nur die Zoophilie mit den Begriffen «viertaeter» und «vihe geunreinet» festgehalten worden. Welche Verbrechen unter die Tatbestände Ketzerei und Sodomie fallen, lassen die drei hier ausführlich besprochenen Rechtstexte hingegen offen.

Hexerei

539 Landau: Die Entstehung des kanonischen Infamiebegriffs (1966), S. 48–50 und 54–55.

540 Harmening: Hexen (2001), S. 301. Zum entsprechenden Artikel im Sachsenspiegel siehe den Abschnitt «Zauberei und Hexerei», S. 201–211.

5. Bösewichte und Feiglinge

Unter dem gewählten Begriffspaar «Bösewichte und Feiglinge» wurden Beschuldigungen verstanden, die sich überwiegend gegen Männer richteten und die in den Rechtstexten nicht als einfache Beleidigung behandelt wurden, sondern als falsche Anschuldigung bzw. Verleumdung. Der Feigling (arga) tritt insbesondere in den frühen Leges entgegen, der Bösewicht hingegen in den spätmittelalterlichen Rechtstexten, obwohl das Wort selbst schon für das Althochdeutsche nachgewiesen ist und zwar in jener Bedeutung, die ihm auch noch im späten Mittelalter anhaftete. Mit dem althochdeutschen «bôsiwiht» waren Nichtsnutze sowie schlechte, wertlose und verächtliche Menschen gemeint.[541] Später, etwa ab dem 14. Jahrhundert, kommt der Bösewicht in verschiedenen Wortfeldern vor – mit Schalken, Lotterbuben, Dieben, Räubern, Mördern, Ehebrechern und Tyrannen, mit Treulosigkeit, Wucherei und Meineid oder als Bezeichnung für den Teufel.[542] Das Rechtswort «Bösewicht» bezeichnete eine Person, die wegen Diebstahl, Mord, Verrat, Fälscherei, Denunziation, Meineid, Landfriedensbruch, Majestätsbeleidigung oder Raub beschuldigt wurde.[543]

Falsche Anschuldigung

Majestätsbeleidigung

541 Karg-Gasterstädt, Elisabeth · Frings, Theodor (Hg.): Althochdeutsches Wörterbuch, auf Grund der von Elias von Steinmeyer hinterlassenen Sammlungen im Auftrag der Sächsischen Akademie der Wissenschaften zu Leipzig bearb. und hg., Bd. 1. Berlin 1968, Sp. 1273. – Köbler, Gerhard: Wörterbuch des althochdeutschen Sprachschatzes. Paderborn 1993, S. 135.

542 Goebel, Ulrich · Reichmann, Oskar (Hg.): Frühneuhochdeutsches Wörterbuch, begründet von Robert R. Anderson · Ulrich Goebel · Oskar Reichmann, Bd. 4. Berlin · New York 2001, Sp. 827–828. – Grimm: Deutsches Wörterbuch, Bd. 2 (1860), Sp. 256–257. – His: Das Strafrecht des deutschen Mittelalters, Bd. 2 (1935), S. 111.

543 Beispiele dafür aus den Artikeln zur Beleidigung: Ruprecht von Freising, Rechtsbuch, Kap. 277: «[…] swer den andern einen poeswicht haizzet oder einen chetzer […].» Zitiert nach Claussen: Freisinger Rechtsbuch (1941), S. 318. – Ordnung für das Dorf Hochstetten (Westfalen): «§ 15. Item, schilts jemand den andern diep, diebin, zauber, zauberin, morder, verreter, bößwicht oder dergleichen […].» Zitiert nach Grimm u. a.: Weisthümer, Bd. 5 (1866), S. 644. – Gerichtsordnung für Theilheim im Landgerichtsbezirk Würzburg: «§ 6. Item umb scheltwort, nemlichen der imands einen schalk,

Aus dem lateinischen «fello» (Bösewicht, Verräter) entwickelte sich im 11. Jahrhundert «felonia» als ein Rechtswort zur Charakterisierung eines treulos-rechtswidrigen Verhaltens. Es wurde zu einem wichtigen Begriff des abendländischen Lehnsrechtes, der eine Art «Sammeltatbestand» für Verletzungen der Treue zwischen Lehnsherrn und Lehnsempfänger beschrieb wie zum Beispiel den tätlichen Angriff, die Beleidigung, die Verweigerung der Lehnsdienste und anderes mehr.[544] Der Übergang dieses Tatbestandes zum Majestätsverbrechen konnte bei entsprechenden Voraussetzungen fließend sein. Im anglonormannischen Rechtsraum fand der Begriff «felonia» (felony) darüber hinaus Anwendung, wenn Kapitalverbrechen (Mord, Vergewaltigung, Diebstahl, Einbruch) verhandelt wurden.[545]

5.1 Kanon der Schimpfwörter

Ohne Zweifel wurde das Schimpfwort «Dieb» am häufigsten in den Artikeln zur Beleidigung verzeichnet. Seltener hingegen waren Beschimpfungen mit den Worten «Fälscher» oder «Denunziant». Zumindest für die Frühe Neuzeit wird angenommen, dass Diebstahl das am meisten verübte Verbrechen überhaupt war,[546] sodass scheinbar zwischen tatsächlicher Verbrechensrate und Aufnahme des Begriffes in den Kanon der Schimpfwörter ein unmittelbarer Zusammenhang bestehen könnte. Es dürfte sich allerdings als methodisch bedenklich erweisen, diesen Rückschluss auch auf andere Schimpfwörter zu

boeswicht, diep, verreter ider einen untugenlichen man heißet […].» Zitiert nach ebenda, Bd. 6 (1869), S. 84. – Augsburger Stadtbuch, Art. 54: «Schiltet aber er in von der cristenheit, daz ist ob er in heizzet einen zohensun oder mehrhensun, mussensun, ketzer, meineide oder einen diup oder einen viertaeter oder einen rauber oder einen boesenwiht oder anderiu schaeltwort […].» Zitiert nach Meyer: Das Stadtbuch von Augsburg (1872), S. 124. – Das Schwyzer Landbuch spricht von der «Eynung vm die acht bösen wort», das sind: «Mörder, kätzer, Meineyd, Dyeb, Böswicht, Schellm, Du lügst, oder ein hieße sin mutter ghyen.» Zitiert nach Kothing, Martin (Hg.): Das Landbuch von Schwyz, in amtlich beglaubigtem Text. Zürich 1850, S. 19–20 und 21.

544 Krieger, Karl-Friedrich: Art. Felonie, in: Lexikon des Mittelalters, hg. von Robert-Henri Bautier u. a., Bd. 4. München 1989 (ND München 2002), Sp. 344.

545 Harding, Alan: Art. Felony, in: Lexikon des Mittelalters, hg. von Robert-Henri Bautier u. a., Bd. 4. München 1989 (ND München 2002), Sp. 345.

546 Oestmann, Peter · Kahl, Karoline: Art. Diebstahl, in: Enzyklopädie der Neuzeit, Bd. 2, im Auftrag des Kulturwissenschaftlichen Instituts (Essen) und in Verbindung mit den Fachwissenschaftlern hg. von Friedrich Jaeger. Stuttgart · Weimar 2005, Sp. 1005.

übertragen. Denn dann müssten beispielsweise weibliche Angeklagte sich vor allem wegen des Vorwurfs der Hurerei vor einem Richter verantwortet haben oder aber sie sind aufgrund der verbreiteten (Rechts-)Gewohnheit durch ihren Gemahl selbst «gerichtet» wurden. Zu den wegen Diebstahl Verurteilten gehörte jedoch auch ein großer Teil von Frauen, obwohl die Rechtssprache das nicht auf den ersten Blick erkennen lässt. Jedoch schlossen die in den Rechtstexten erwähnten Schimpfwörter in der Regel nicht das weibliche Geschlecht aus, selbst wenn Frauen nicht explizit durch die Nennung der weiblichen Form mit einbezogen wurden.[547]

Die Präsenz des Schimpfwortes «Hure» müsste wohl anders begründet werden: Es handelt sich nicht nur um eine verbreitete Zuschreibung für weibliches Fehlverhalten, die durch christliche Apologeten immer mehr erhärtet wurde, sondern es ist eines der wenigen Schimpfwörter, das ausschließlich auf Frauen angewendet werden konnte und dass in sich einen schwerwiegenden Vorwurf barg, der in
Kinder
Gesellschaften, die Frauen vor allem über ihren Anteil an Kindergeburten und Kindererziehung definierten, existenzielle Folgen für die Betreffenden nach sich ziehen konnte.

Das Schimpfwort «Dieb» tritt oft in einer Reihe mit den Schimpfwörtern Mörder, Verräter/Fälscher oder Räuber auf, ganz so, als beschriebe man damit einen typischen Kanon von Kapitalverbrechen.[548]

---

547 Nur wenige Rechtstexte weißen auf beide Geschlechter hin wie zum Beispiel Ruprecht von Freising, Kap. 258: «[…] um deu chlag, ob ainer dem andern geunleuntt [verleumdet] hiet, is wær fraw oder man, daz er in diuf [Dieb] hiet zigen, die er auf in nicht bewæren mæcht.» Zitiert nach Claussen: Freisinger Rechtsbuch (1941), S. 302. – Arnstädter Statuten, Art. 133: «Item wue sich zwuhe oder mehr mans oder weibspersonenn von burgern […] zanckten, vnd einander vbelhandelten mit schelt vnd schmehe wortten […].» Zitiert nach Michelsen: Rechtsdenkmale aus Thüringen (1863), S. 74.

548 Diese Wendung nutzen die Rechtstexte und Ordnungen aus Hochstetten in Westfalen, Theilheim bei Würzburg, Nußdorf bei Wien, Kolberg, Rheingau, Freisingen, Saarbrücken und das Augsburger Stadtrecht. Ähnliche Formen in folgenden Rechten: Statut der Stadt Nordhausen von 1350–1456: «Wer dem anderen vorebelichen an sine ere sprichet in seine keinwerdigkeit edir mit dissen worten benentlichen, met mortbornen, met duben, vorretnisse, meyneyde, erlos, edir mit morde […].» Zitiert nach Förstemann: Die alten Gesetze der Stadt Nordhausen (1837), S. 39–72. – Stadtordnung von Frauenfeld (1331): «Swer dem andern an sin ere sprichet und im in ernste giht tieb oder bösewicht oder ketzer oder das er im an sinen aid sprichet und im den velschet […].» Zitiert nach Schaumberg, Joseph (Hg.): Zeitschrift für noch ungedruckte schweizerische Rechtsquellen 2 (1847), S. 117. – Stadtrecht von

Sicher werden hier die Abhängigkeiten der Texte eine Rolle gespielt haben, doch diese dürfte nicht maßgeblich gewesen sein. Denn wie im vorangehenden Kapitel am Beispiel von *Schwabenspiegel*, *Augsburger Stadtrechtsbuch* und *Ruprechts Rechtsbuch* dargestellt, gab es erhebliche Unterschiede im Wortlaut und in der rechtlichen Interpretation, sodass diese drei Rechtstexte für die Beleidigungsartikel eine hohe Eigenständigkeit aufweisen. Vielmehr scheint sich bei der Aufzählung der Schimpfwörter im späten Mittelalter eine mehr oder weniger feste Formulierung, ähnlich einer Redewendung oder eines Rechtssatzes, manifestiert zu haben, obwohl keine offensichtliche Übereinstimmung in der Anordnung von Strafdelikten in verbreiteten Rechtsbüchern bestehen. So sind beispielsweise Mord, Raub, Diebstahl und Münzfälschungen im zweiten Buch (Landrecht) des *Sachsenspiegels* abgehandelt, aber im unmittelbaren Zusammenhang werden dort auch Erbrechtsfragen und anderes mehr abgefragt.

Gemeinsam ist dem Diebstahl, Raub, Mord, Verrat und der Fälscherei, dass es sich bei diesen Delikten um Kapitalverbrechen handelt, die im späten Mittelalter mit Leibesstrafen sanktioniert wurden, oft sogar mit dem Tod.

Es ist hier nicht möglich, überzeugende Argumentationslinien aufzuzeigen, die die Zugehörigkeit von Begriffen im Kanon der Schimpfwörter bedenkenlos erklären. Dazu wäre es nötig, den Entstehungskontext jedes einzelnen Rechtstextes zu erörtern und mit

Diessenhofen (14. Jahrhundert): «[...] wer den andern beschalchet mit den fünf worten, der ist ains, der dem ansdern spricht: du bös wiht, das ander: du diep, das tritt: du morder, daz viert: du ketzer, das fünft, wer dem andern sein wip ze laster vf hept vnder ögen.» (ebenda, S. 16). – Wormser Reformation von 1499, Buch 3, Teil 1, Titel 28: «[...] der hat auff de[n] tag in disem jar an dem ort mir schmelich geredt die oder dergleichen wort vnd meinunng, ich sy ein Dieb, Bastart, Meineydiger etc.» Zitiert nach Der Statt Wormbs Reformacion Statuten ordenung Satzung (1509), fol. 21v. – In den Hamburger Statuten von 1279, 1292 und 1497 heißt es: «heete deef offte mordere, offte mordbrennere, offtere rovere, offte velschere, offte meenedere, offte horensone, offte iennighe sache [...]». Zitiert nach Köstlin: Die Ehrverletzung nach deutschem Rechte (1855), S. 238. Weitere Beispiele aus der Schweiz bei Blumer · Heer: Urkundesammlung zur Geschichte des Kantons Glarus, Bd. 1 (1865–1880), S. 410. – Bei Wendungen wie «mit worten ubel gehandelt, lugen gestraft, schmelisch gesprochen» und anderen mehr vermutete Ekkehard Kaufmann Anklänge an das römische Recht unter Justinian. Kaufmann: Das spätmittelalterliche deutsche Schadensersatzrecht und die Rezeption der «actio iniuriarum aestimatoria» (1961), S. 100. Weitere Nachweise bei His: Das Strafrecht im deutschen Mittelalter, Bd. 2 (1935), S. 111, 114 und 118.

dem jeweils relevanten zeitgenössischen Kontext anhand geeigneter Parameter zu vergleichen. Für die Rechtstexte der deutschen Städte bis ca. 1300 trug Barbara Frenz eine Vielzahl von Belegen unter dem Stichwort «Schmähwörter» zusammen. Danach beinhalteten einen vergleichbaren Kanon von Schimpfwörtern die *Stadtrechte von Lübeck* (12. Jahrhundert), *Hamburg* (1270), *Dortmund* (1275?), *Augsburg* (1276) und *Nowgorod* als Stadt *Lübischen Rechts* (zweite Hälfte des 13. Jahrhunderts?).[549]

Aufgrund der hier erzielten Befunde lassen sich einige Beobachtungen ausführen: In die Rechtstexte sind vor allem Begriffe aufgenommen worden, die geeignet waren, einer anderen Person erheblichen sozialen Schaden zuzufügen. Würden die durch die Schimpfwörter mitgeteilten Tatbestände zutreffen, dann hätte die Delinquenten fast ausnahmslos peinliche Strafen erwartet, in vielen Fällen sogar der Tod. Man kann also davon ausgehen, dass die konkrete Benennung der Tatbestände Schutz für die Opfer vor verbreiteten Beschuldigungen bieten und die Gerichte vor ungerechtfertigten Klagen entlasten sollte.

Klage

Natürlich stimmen die Tatbestände auch weitgehend mit wichtigen christlichen Normativen überein. Allein die Gebote des Dekaloges sind in den Schimpfwörtern stark vertreten: Ketzerei versus Gottes Gebot, keine anderen Götter zu dulden; Hurerei versus das Verbot des Ehebrechens; Mord versus das Verbot des Tötens; Diebstahl versus das Verbot des Stehlens etc.[550] Hinzu kommen zeitlich bedingte Impulse wie die der verstärkten Ketzerverfolgung und der konstruierten Verbindung von Apostasie und sexueller Unzucht. Deshalb treten seit dem 13. Jahrhundert die Tatbestände Sodomie, Zoophilie und Häresie neu in den Schimpfwörterkatalogen auf. Neben dem erwähnten Zusammenhang zwischen der Rate einer Verbrechensart und dem passenden Schimpfwort spielen die gesellschaftlichen Zuschreibungen eine wichtige Rolle: das «Geschwätz» der Frauen, die Homosexualität und widernatürliche Unzucht von Häretikern, der «geile» Mönch – all dies sind oft zeitlose und verbreitete Stereotypen, die sich

Apostasie

Häresie, Sodomie

Geschwätzigkeit

549 Frenz: Frieden, Rechtsbruch und Sanktion in deutschen Städten vor 1300 (2003), S. 500–518.

550 Dazu ausführlich: Mielke, Jörg: Der Dekalog in den Rechtstexten des abendländischen Mittelalters. Aalen 1992 (Untersuchungen zur deutschen Staats- und Rechtsgeschichte, N. F., 29), S. 187–223.

nicht nur in den Rechtstexten niederschlugen, sondern die auch in Predigten, in der bildenden Kunst, in der Literatur und andernorts Widerhall fanden. Die hier herausgearbeiteten Beleidigungen mit dieser Vielzahl an umher geisternden (Vor-)Urteilen zu vergleichen und auszuwerten, böte tiefe Einblicke in die mentale Struktur der vergangenen Gesellschaften und würde jenen manchmal gefährlichen, manchmal amüsanten Zündstoff zutage fördern, der den Alltag in Mittelalter und Früher Neuzeit wesentlich mitbestimmte.

5.1.1 Diebstahl

Nach römischen Recht begeht eine Person einen Diebstahl (furtum), die anderen einen Sklaven oder eine Sache heimlich und vorsätzlich entwendet; bei Verurteilung drohten körperliche Züchtigungen oder Verweisung.[551] Dieses Verständnis wird leicht modifiziert während des 12. Jahrhunderts ins kanonische Recht übernommen.[552] Allerdings kennen die mittelalterlichen Rechtstexte keine strikte Tatbestandsabgrenzung, sondern mit Diebstahl konnte im weiteren Sinn fast jede Vermögensschädigung bezeichnet werden, vom Betrug über Landdiebstahl und Unterschlagung bis zur Gebrauchsanmaßung, in manchen Fällen sogar Fälschung. Vor dem Richter wurde nicht die Entwendung von Eigentum, sondern die Verletzung fremder Gewere durch den Inhaber derselben zur Anzeige gebracht. Die Rechtstexte unterschieden in großen und kleinen Diebstahl, die Wertgrenzen waren allerdings fließend. Zum großen, schwerwiegenderen Diebstahl gehörten zum Beispiel die Entwendung von Sklaven, Vieh und Getreide sowie der Diebstahl bei Nacht, in einer Kirche, Schmiede oder Mühle. Es lässt sich zwar von der Bestrafung der Diebe kein einheitliches Bild zeichnen, doch der große Diebstahl wurde in der Regel mit dem Tod gebüßt, während beim kleinen Diebstahl, je nachdem ob es sich um heimlichen oder offenen Diebstahl handelte, Buße, doppelter Wertersatz, Pranger, Stäupen oder Verweisung drohten.[553]

Züchtigung

Buße

551 Weimar, Peter: Art. Diebstahl, A. Römisches und gemeines Recht, in: Lexikon des Mittelalters, hg. von Robert-Henri Bautier u. a., Bd. 3. München 1986 (ND München 2002), Sp. 987.

552 Puza, Richard: Art. Diebstahl, B. Kanonisches Recht, in: Lexikon des Mittelalters, hg. von Robert-Henri Bautier u.a., Bd. 3. München 1986 (ND München 2002), Sp. 988.

553 Oestmann · Kahl: Art. Diebstahl (2005), Sp. 1005. – Sonntag: Entwicklungstendenzen der Privatstrafen (2005), S. 131–133.

Im 15. Jahrhundert wurde durch den Einfluss italienischer Rechtsgelehrter der Tatbestand eingegrenzt. Im Wesentlichen waren nun Fälle der Sachentziehung (furtum ipsius rei) betroffen; die Gebrauchsanmaßung (furtum usus) und die widerrechtliche Besitzentziehung durch den Eigentümer (furtum possessionis) entwickelten sich zu eigenständigen Tatbeständen. In der *Carolina* zählte Diebstahl zu den öffentlichen Verbrechen, deren Versuch bereits strafbar war.[554]

Falsche Anschuldigung

In den deutschsprachigen Rechtstexten aus dem ausklingenden Mittelalter sind die falsche Anschuldigung, einen Diebstahl begangen zu haben, und die Beschimpfung, ein Dieb oder eine Diebin zu sein, gleichermaßen zu finden. Beide Tatbestände werden unterschiedlich behandelt; wobei die Beschimpfung häufiger in Erscheinung tritt: «Dieb» bzw. «Diebin» gehörten zu den bevorzugten Schimpfwörtern, um andere zu schmähen.[555] Im Nürnberg des 15. Jahrhunderts soll das sogenannte «diepaissen» sogar an erster Stelle unter den Beschimpfungen rangiert haben. Nach Ulrich Henselmeyer sei das zurückzuführen auf die damaligen sozialen und rechtlichen Rahmenbedingungen:

> Offensichtlich spiegelt sich im *diepaissen*, so der Quellenbegriff, ein Teil der gesellschaftlichen Wahrnehmung von Gewalt wider. Das Verbrechen, das von der spätmittelalterlichen Rechtspraxis mit unverhältnismäßiger Härte gestraft wurde, war wie kein anderes für Beschimpfungen geeignet. Die Häufigkeit, mit der jemand als ‹Dieb› bezichtigt wurde, vermag darüber hinaus Aufschluß über das Wertesystem der städtischen Gesellschaft zu geben: Das *diepaissen* war das verbale Äquivalent zum Ausmaß der Bedrohung, die dem Vergehen des Diebstahls beigemessen wurde.[556]

554 Lieberwirth, Matthias: Art. Diebstahl, in: Handwörterbuch zur deutschen Rechtsgeschichte, hg. von Albrecht Cordes · Heiner Lück · Dieter Werkmüller · Ruth Schmidt-Wiegand, Bd. 1. Berlin 2008, Sp. 1047–1050.

555 Siehe zum Beispiel Lorenzen-Schmidt: Beleidigungen in schleswig-holsteinischen Städten im 16. Jahrhundert (1978), S. 11: «Dieb muß allgemeingültiges Schimpfwort gewesen sein. Es kommt in den Rendsburger Brücheregistern mehrfach vor und war nicht nur auf Männer beschränkt. ‹Devinne› wurden auch Frauen genannt, die sich gegen diese Beleidigung nachdrücklich zur Wehr setzten.» Darüber hinaus war die Beschimpfung mit den Worten «bodel», «halfbödel» und «bodelssone» sehr beliebt. Ebenda, S. 12.

556 Henselmeyer: Ratsherren und andere Delinquenten (2002), S. 77.

5.1.2 Raub

Unter Raub (rapina, spolium, latrocinium, praeda) wird die widerrechtliche Wegnahme einer Sache verstanden. Der Diebstahl galt als die schändlichere Tat, weil er in der Regel als ein heimliches bzw. heimtückisches Verbrechen verstanden und durch dieses Merkmal vom Raub geschieden wurde; Ausnahme bilden die karolingischen Kapitularien, in denen Raub und Diebstahl miteinander verschmolzen.[557] Mit zunehmender Rezeption des römischen Rechts wird die Gewalt nach und nach zu einem Tatbestandsmerkmal des Raubes, sodass seit dem 13. Jahrhundert «unter R[aub] regelmäßig der schwere R[aub] gemeint sein» dürfte.[558] Damit einher ging eine zweite Unterscheidung zum Diebstahl, der nun als gewaltfreier Tatbestand definiert wurde.[559] Auch beim Raub unterscheiden die Rechtstexte in den großen und kleinen, jedoch gibt zu Beginn der frühen Neuzeit die *Carolina* diese Differenzierung auf: «Raub war demnach die gewaltsame Entwendung einer beweglichen fremden Sache mit der Absicht, sich zu bereichern.»[560] Dem Räuber drohte der Tod, die Tötungsart richtete sich nach der Schwere des Deliktes und den regionalen Gewohnheiten.

Römisches Recht

5.1.3 Tötung

Die Tötungsdelikte werden im Mittelalter nicht scharf voneinander getrennt. So tritt Mord als Rechtswort in den frühmittelalterlichen Leges in Zusammenhang mit heimlicher Tötung und Verbergung des Leichnams, mit Meuchelmord, der Ermordung zum Zweck der Beraubung, der Leichenberaubung und bei Totschlag eines königlichen Gefolgsmannes während eines Heerzuges auf.[561] Es existierten

557 Hagemann, Hans-Rudolf: Art. Diebstahl, C. III Deutsches Recht, in: Lexikon des Mittelalters, hg. von Robert-Henri Bautier u. a., Bd. 3. München 1986 (ND München 2002), Sp. 990.

558 Kaufmann: Art. Raub (1990), Sp. 183.

559 Oestmann · Kahl: Art. Diebstahl (2005), Sp. 1005.

560 Berg, Sebastian: Art. Raub, in: Enzyklopädie der Neuzeit, Bd. 10, im Auftrag des Kulturwissenschaftlichen Instituts (Essen) und in Verbindung mit den Fachwissenschaftlern hg. von Friedrich Jaeger. Stuttgart · Weimar 2009, Sp. 648.

561 Mit den entsprechenden Quellenbelegen: Schmidt-Wiegand, Ruth: Art. Mord (sprachlich), in: Handwörterbuch zur deutschen Rechtsgeschichte, hg. von Adalbert Erler · Ekkehard Kaufmann, unter philologischer Mitarbeit von Ruth Schmidt-Wiegand, Bd. 3. Berlin 1984, Sp. 673–674.

allerdings Abstufungen, die sich in der Form der Bestrafung niederschlugen. Zur «einfachen Tötung» gehörte demnach jede Art der Herbeiführung des Todes, in denen der Delinquent dem Opfer offen gegenübergetreten war und es mit «ehrlichen» Waffen (Schwert etc.) tötete. Unter einer qualifizierten Tötung verstand man hingegen die heimliche Tat oder wenn das Opfer mit «unehrlichen» Waffen getötet wurde, zum Beispiel mit einem Dolch, mit Gift oder einem Stock. Dazu zählten auch der Mordbrand und der Raubmord. Diese qualifizierten Tötungen werden aufgrund ihrer verwerflichen Gesinnung mit dem Begriff «Mord» bezeichnet, das heißt dieser Begriff besaß eine klare negative Konnotation im rechtlichen Sprachgebrauch. In der *Carolina* wird Mord als Tatbestand über den «fürsetz» qualifiziert, «wobei mit ‹fürsetz› nicht Vorsatz im Sinne von Wissen und Wollen gemeint ist, sondern das rein intellektuelle Merkmal des Vorbedachts».[562] Das Strafmaß für Tötungsdelikte war nicht einheitlich. Nach den frühen Leges konnten Tod oder Wergeld drohen, später traten zur Todesstrafe noch die Wüstung des Hauses, Verweisung, Ächtung oder Geldbrüche hinzu.[563] Der Mord wurde ab dem späten Mittelalter besonders hart bestraft, mit Rädern, lebendigem Begraben, Hängen, Verbrennen, Schleifen, mit glühenden Zangen brennen und anderes mehr.[564]

5.1.4 Verrat und Fälscherei

Majestätsbeleidigung

Mit den letzten beiden Verbrechen, Verrat und Fälscherei, werden Tatbestände bezeichnet, die mit anderen, wie zum Beispiel dem Majestätsverbrechen (crimen laesae maiestatis), verschmelzen, sodass nur grob umrissen werden kann, auf welche Delikte die Schimpfwörter rekurrieren. So bezeichnete, wie im vorangegangenen Kapitel aufgezeigt wurde, der Schwabenspiegel mit «Verrätern» jene Personen, die anderen übel nachredeten. Vergewaltigung, Diebstahl und heimtückische Tötung konnten allerdings ebenfalls als Verrat aufgefasst

562 Maihold, Harald: Art. Mord, in: Enzyklopädie der Neuzeit, Bd. 8, im Auftrag des Kulturwissenschaftlichen Instituts (Essen) und in Verbindung mit den Fachwissenschaftlern hg. von Friedrich Jaeger. Stuttgart · Weimar 2008, Sp. 785.

563 Meurer, Dieter: Art. Tötungsdelikte, in: Handwörterbuch zur deutschen Rechtsgeschichte, hg. von Adalbert Erler · Ekkehard Kaufmann, unter philologischer Mitarbeit von Ruth Schmidt-Wiegand, Bd. 5. Berlin 1998, Sp. 286–288.

564 Maihold: Art. Mord (2008), Sp. 786.

werden, wenn sie als Verstoß gegen das ritterliche Ethos interpretiert wurden.[565] Der Treuebruch gegenüber dem König oder einem Herrn, der Angriff auf einen Lehnsmann des Königs, die Enteignung von Reichsgut und anderes mehr konnten dem Delinquenten als Verrat, insbesondere im Rahmen eines Verfahrens wegen Majestätsverbrechen zur Last gelegt werden. Verrat als eine Teilmenge des «crimen laesae maiestatis» hatte bereits mit der *Lex Iulia de maiestate* (8 v. Chr.?) ins römische Recht Eingang gefunden (*Digesta* XLVIII, 4) und ist als solche sowohl in den profanen als auch in den kanonischen Rechtstexten des Mittelalters rezipiert worden. Erst mit der *Bamberger Halsgerichtsordnung* begannen sich im frühen 16. Jahrhundert Hoch- und Landesverrat als eigene, mit speziellen Sanktionen belegte Verbrechen auszudifferenzieren.[566]

Wesentliche Tatbestandsmerkmale des Verrates waren jedenfalls Heimtücke und Vertrauensbruch (zum Beispiel in Form des Treuebruchs). Aufgrund der skizzierten Weitläufigkeit des Tatbestandes existierte kein einheitliches Strafmaß für den Verrat, sondern erst der Zusammenhang, in dem Heimtücke und Vertrauensbruch als verbrecherische Tat eine Rolle spielten, wiesen den Weg für die entsprechenden Sanktionen. Im späten Mittelalter wurde Verrat in Anlehnung an andere Verbrechen etwa mit Rädern, Verbrennen, Sieden, Enthaupten, Zangenreißen, Vierteilen oder Hängen bestraft.[567]

Hinter der Beschuldigung, ein Fälscher zu sein, verbirgt sich im Mittelalter eine Reihe von Delikten wie beispielsweise die Fälschung von Münzen und Urkunden. Diese Delikte waren oft nur schwer von anderen Betrugsdelikten oder vom Hochverrat (in Form der Majestätsbeleidigung), unter anderem im Zusammenhang mit Fälschungen königlicher Urkunden, abzugrenzen:

> Den heutigen Tatbestand des B[etruge]s hat erst das 19. J[ahr]h[undert] entwickelt. Von seiner starken Subjektivierung unterscheiden sich frühere, ähnliche Tatbestände

565 Schild, Wolfgang: Art. Verrat (1998), Handwörterbuch zur deutschen Rechtsgeschichte, hg. von Adalbert Erler · Ekkehard Kaufmann, unter philologischer Mitarbeit von Ruth Schmidt-Wiegand, Bd. 5. Berlin 1998, Sp. 794.

566 Cavanna, Adriano: Art. Majestätsverbrechen, in: Lexikon des Mittelalters, hg. von Robert-Henri Bautier u. a., Bd. 6. München 1993 (ND München 2002), Sp. 149–150.

567 Schild: Art. Verrat (1998), Sp. 794–795.

> dadurch, daß sie Vorbereitungshandlungen, in denen sich die Betrugsabsicht objektiviert, nämlich eine Fälschung zum Mittelpunkt nehmen: Münz- und Gewichtsfälschung, Urkundenfälschung, Grenzverrückung und Rechtspflegedelikte. Dem B[etrug] am nächsten kommen Tatbestände der Warenfälschung (Wein!) sowie Unehrlichkeiten bei Kauf und Verpfändung (fehlendes Eigentum) sowie Falschspiel; hier begegnet nicht selten auch der Begriff Betrug. Die angedrohten Strafen lassen jede Einheitlichkeit vermissen.[568]

Entsprechend diesem uneinheitlichen Umgang drohten disparate Sanktionen. Während profane Rechtstexte vor allem körperliche Strafen, auch Todesstrafen vorsahen, mussten Geistliche vor einem kirchlichen Gericht spätestens seit den Reformen Papst Innozenz' III. mit der Exkommunikation und dem Entzug der Benefizien rechnen, wenn sie sich der Fälschung von Papsturkunden schuldig gemacht hatten. War das kanonische Verfahren abgeschlossen, sollten sie in die Hände der weltlichen Gerichte weitergegeben werden.[569]

5.2 Kanon schwerer Verbrechen

Ehre

Die Tatbestände dürften überzeugend dokumentieren, dass jede Beschuldigung, die mit ihnen in Verbindung gebracht werden kann, eine Verletzung der persönlichen Ehre des Opfers darstellte. Wenn in Anschlag gebracht wird, dass Rechtstexte wie das *Augsburger Stadtbuch*, der *Schwabenspiegel* und der *Freiheitsbrief des Grafen von Saarbrücken*

568 Zitiert nach Holzhauer, Heinz: Art. Betrug, in: Lexikon des Mittelalters, hg. von Robert-Henri Bautier u. a., Bd. 1. München 1980 (ND München 2002), Sp. 2087.

569 Herde, Peter: Art. Fälschungen, II. Fälschungen im weltlichen und kirchlichen Recht des Mittelalters, in: Lexikon des Mittelalters, hg. von Henri-Robert Bautier u. a., Bd. 4. München 1989 (ND München 2002), Sp. 247–249.

auch den Meineid[570] in den Kanon der Schimpfwörter aufnahmen,[571] dann gewinnt man den Eindruck, dass die jüngeren Rechtstexte mit den zuvor besprochenen sexuell konnotierten Schimpfwörtern und den Vorwürfen zu angeblichen häretischen Absichten ein umfassendes Repertoire an Beschuldigungen mit schweren Verbrechen wiederspiegeln. In dieser Vielfalt finden sich diese Beschuldigungen auch in den kanonischen Rechtstexten seit dem 12. Jahrhundert, aber nicht in den älteren profanen Rechtstexten.

Beim Vergleich zwischen den jüngeren profanen und den kanonischen Rechtstexten fällt eine doch deutliche Übereinstimmung auf. Zu den «crimen maxima et media» zählten im Kirchenrecht Mord und Totschlag (homicidium), Inzest (incestus), Häresie (heresis damnata), religiöser Frevel (sacrilegium), Simonie (symonia), Meineid (periurium), absichtliche Fälschung (adulterium), Sodomie (opus sodomiticus), Abfall vom Glauben und der christlichen Kirche (apostasia), Unzucht (fornicatio) und Diebstahl (furtum) – zu den leichteren Vergehen hingegen: Missachtung eines kirchlichen Urteils, Gerichts oder des Befehls eines kirchlichen Richters (contumacia) sowie Trunksucht (ebrietas consueta).[572] Der strafrechtliche Kanon der jüngeren profanen Rechtstexte hatte demnach stark am kanonischen

Häresie, Sodomie Simonie

570 Mit dem Meineid wurde entweder ein Versprechenseid (promissorischer Eid) oder ein Aussageeid (assertorischer Eid) verletzt. Da beide Eide auf Heilige oder Gott selbst geschworen wurden, galt der Meineid dem kanonischen Recht als besonders widerwärtig; es handelte sich demnach um ein Verbrechen, dass der Gotteslästerung nahestand. Entsprechend harte Rechtsfolgen drohten: Exkommunikation und die Übergabe an ein weltliches Gericht, das mit körperlichen Strafen und Rechtlosigkeit strafte. Schild, Wolfgang: Art. Meineid, in: Lexikon des Mittelalters, hg. von Robert-Henri Bautier u. a., Bd. 6. München 1993 (ND München 2002), Sp. 472–473.

571 Schwabenspiegel: «Wer ain man rüget, er sey ein ketzer oder mainayde oder anders, das im an sein erwerg gat, mag er in nicht überzewgen als recht ist, er sol alle die witze leyden, die iener solt haben geliten ob er in überzewgt hete.» Zitiert nach Eckhardt: Schwabenspiegel, Kurzform ([2]1974), S. 393, 1. Sp. – Freiheitsbrief des Grafen von Saarbrücken für die Bürger der Stadt Saarbrücken und das Dorf St. Johann von 1321: «Wer den andern schulde morder, diep, felscher, meyneyder, oder das solichen reden glichen mocht […]» Zitiert nach Grimm u. a.: Weisthümer, Bd. 2 (1840), S. 5. – Augsburger Stadtrechtsbuch, Art. 54: Meyer: Das Stadtbuch von Augsburg (1872), S. 124.

572 Landau: Die Entstehung des kanonischen Infamiebegriffs (1966), S. 48–50 und 54–55.

Recht partizipieren können. Die älteren profanen Rechtstexte kennen diesen Kanon nicht.[573]

Römisches Recht
Inquisitionsprozess
Häresie

Der Kanon wurzelt demnach in einer Zeit, als im Kirchenrecht mit dem *Decretum Gratiani* und dem *Liber extra* die grundlegenden Sammlungen für das spätere Injurienrecht entstanden, das kirchliche Strafrecht an Systematik gewann, die Zungensünden ein brennendes Thema der Theologie wurden, die erste Rezeptionsphase des römischen Rechts in Blüte stand, mit dem Inquisitionsprozess ein neues Verfahren in den Gerichten seinen Siegeszug antrat und die Auseinandersetzung mit den Ursprüngen häretischer Gruppen eine neue Qualität gewann. Dieser Befund legt den Gedanken nahe, dass die in den Rechtstexten aufgenommenen Schimpfwörter kein Reflex auf die an den Gerichten verhandelten Prozesse waren, sondern Ergebnis theologischer und kirchenrechtlicher Erkenntnisprozesse. Mit dem Kanon verfügten die Rechtstexte über eine überschaubare Anzahl kapitaler Verbrechen (crimen maxima). Wechselwirkungen schließt diese Beobachtung natürlich nicht aus und auch nicht, dass Beschuldigungen, die auf die Sexualität oder Abstammung des Opfers rekurrierten, einen ebenfalls festen Platz in den Rechtstexten hatten. Allerdings dürfte die Aufnahme dieser Schimpfwörter in einem anderen Zusammenhang stehen, vermutlich in einem an der Praxis der Gerichte orientierten.

573 Ein weiterer Kanon dieser Schimpfwörter im profanen Recht befindet sich zum Beispiel in der Satzung für das Land Glarus vom 11. März 1387; dort heißt es: «[...] dieb, kätzer, mörder, Böswicht, Schelm, gehy (missbrauchen) din mutter, du lügst, du hast es erhytt oder verlogen, oder du redest das nüt war ist, oder du redst das nüt ist, oder das valent übell flucht [...], du Hast als gewüss den galgen oder das Rad verdienett, oder im sine Mutter, friedlich vffhebt [...].» Zitiert nach Müller: Das Strafrecht im alten Lande Glarus (1981), S. 73 Anm. 82.

KAPITEL E

Rechtsfolgen

1. Begriffliche Konkretisierungen

Buße, Rechtsfolgen

Für Beleidigungen und Verleumdungen kannten die Rechtstexte kein einheitliches Strafmaß und keine einheitlichen Bußen. Zu den wichtigsten Rechtsfolgen zählten die in der kirchlichen Bußpraxis schon früh geübten Formen der Genugtuung (Ehrenerklärung, Widerruf, Abbitte); sie restituierten die verletzten Rechtsgüter des Opfers. Darüber hinaus spielten finanzielle Entschädigungen für das Opfer nach einem festen Kompositionensystem oder nach dem Ermessen des Gerichtes eine wichtige Rolle, sie wurden unter anderem bemessen am Stand des Opfers.

Während das kanonische Recht im frühen Mittelalter Delinquenten wegen Beleidigungen und Verleumdungen mit zum Teil schweren Strafen wie Amtsenthebungen, Verweisungen und Geißelungen bestrafte, geboten die frühmittelalterlichen profanen Leges Geldbußen und Geißelungen. Da spätere weltliche Rechtstexte wie zum Beispiel die Landrechte des *Sachsen-* und *Schwabenspiegels* (13. Jahrhundert) hinsichtlich der Strafmittel nach Ermessen des Urteilers keine Einschränkungen vorsahen, könnten noch weitere Strafen verhängt worden sein, von denen die herangezogenen Quellen allerdings nichts berichten.

Klage

Durch die Rezeption des kanonischen und römischen Rechts im Spätmittelalter traten in den profanen Rechtstexten in Deutschland neue Klageformen auf: die ästimatorische Injurienklage und die Unterscheidung in zivile und strafrechtliche Klagen. Diese beiden Neuerungen bildeten die Grundlage für künftige Entwicklungen im Injurienrecht.

Der als besonders schwerwiegend angesehene Tatbestand der falschen Anschuldigung wurde häufig und unabhängig von Zeit und Provenienz der Rechtstexte auf Grundlage des Talionsprinzips sanktioniert.

Rechtsfolgen für verbale Beleidigungen und Verleumdungen konnten eine voneinander sehr abweichende Gestalt besitzen, sodass sich Beispiele aus der kirchlichen Bußpraxis und dem gesamten Arsenal von Sanktionen, das die mittelalterlichen und frühneuzeitlichen Rechtstexte kannten, anführen lassen, nämlich

Kirchenbußen, Geldbußen, sogenannte Ehrenstrafen, Leibesstrafen, Verweisungen, Freiheitsstrafen und das Talionsprinzip. Sie hatten nicht nur das Ziel, begangenes Unrecht an einer Person durch eine Wiedergutmachung und Versöhnung von Delinquent und Opfer zu tilgen. Es ging auch um die Wiedergutmachung von Sünden eines jeden Menschen; es ging um die Sorge und kirchliche Verantwortung für das individuelle Seelenheil und die angestrebte Wiedererlangung der göttlichen Gnade. Mit dem durch die Absolution gewährten Nachlass für begangene Sünden – der Umkehr, Bekenntnis und Buße voraussetzte – strafte die römische Kirche nicht: Nach eigenem Verständnis vermittelte sie versöhnlich zwischen Gott und dem reuigen Sünder: Buße

> Im Unterschied zu den meisten Strafen der weltlichen Obrigkeit verfolgten Sanktionen im Rahmen der Kirchenzucht bzw. Kirchenbuße primär den Zweck der Versöhnung oder der Rückführung des Sünders in die christliche Gemeinschaft.[574]

Dieses Verständnis ist in der historischen Kirchenrechtsforschung seit langem einer kontroversen Diskussion unterworfen, die bis in die Gegenwart hinein noch keinen Konsens auf breiter Basis gefunden hat. Markus Hirte fasste diese Situation mit folgenden Worten zusammen:

> Nach alledem scheint zum jetzigen Zeitpunkt eine klare Begriffliche Scheidung für das Mittelalter nicht möglich. Es wird sie wohl auch nicht gegeben haben. Beide Begriffe scheinen zutiefst ineinander verwoben. Die Bußdisziplin der Kirche berührte im Kern immer Moraltheologie und Strafrecht. Somit stehen Buße und Strafe im Mittelalter weniger in einem aliud-Verhältnis, als mehr in einem Stufenverhältnis mit gemeinsamen Schnittmengen.[575]

574 Zitiert nach Kéry: Verbrechen und Strafen im kanonischen Recht des Mittelalters (2007), S. 13. - Eibach: Art. Strafe (2010), Sp. 1055.

575 Zitiert nach Hirte, Markus: Poenae et poenitentiae. Sanktionen im Recht der Kirche des Mittelalters. Budapest 2003 (Rechtsgeschichtliche Vorträge, 14), S. 21.

1.1 Kirchliches Strafrecht

Die Kirchenoberen beließen es nicht bei dieser Aufgabe, sondern sie formten nach und nach eine kirchliche Strafgewalt aus, die disziplinierend und auf die sittliche Ordnung bewahrend wirken sollte. Buße Das kirchliche Bußwesen, Beschlüsse der spätantiken Synoden und frühe Schriften der Kirchenväter Clemens von Alexandrien, Tertullian, Origines, Augustinus und Cyprian waren Wegbereiter des kirchlichen Strafrechts im Mittelalter.[576] Doch standen nach kirchlichem Rache Verständnis nicht Vergeltung in Form von Rache oder die Rache ersetzende Strafen im Vordergrund, sondern der heilende Charakter:

> selbst die Exkommunikation wurde, etwa von Bernhard von Clairvaux, noch als Mittel gesehen, die Schuldigen zur Umkehr zu bewegen.[577]

Ende des 12. Jahrhunderts leitete Bernhard von Pavia die wissenschaftlich-systematische Durchdringung des Strafrechts ein. Bernhard konnte sich dabei bereits auf Vorarbeiten zum päpstlichen Dekretalenrecht stützen. Mit seinen beiden bedeutendsten Werken, der *Compilatio prima* und der *Summa decretalium*, legte er unter Ein- Römisches Recht beziehung des römischen Rechts das kirchliche Strafrecht als eigenes System mit konkreten Definitionen und systematischen Erklärungen vor.[578] Er unterschied nicht zwischen Strafe und Buße, sondern er stellte die Buße als eine Erscheinungsform der Strafe vor:

> [...] die Bußen sind diejenigen Strafen, die in geheimen Verfahren (in iudico occulta) auferlegt werden, während für die Verhängung von Strafen ein öffentliches Verfahren (iudicium manifestum) Voraussetzung ist.[579]

Eine Vorstufe dieser Unterscheidung lässt sich bei den karolingischen Reformbischöfen erkennen, die dem älteren Modell, nach dem eine Kirchenbuße nur einmal im Leben abgeleistet werden konnte, mit der sogenannten «karolingischen Dichotomie», bestehend aus öffentlicher und geheimer Buße (paenitentia publica und paenitentia occul-

576 Siehe Rees: Die Strafgewalt der Kirche (1993), S. 117–119, mit weiterführenden Literatur- und Quellenhinweisen.

577 Müller: Schuld – Geständnis – Buße (2002), S. 417.

578 Kéry: Canonica severitas und amor correctionis (2006), S. 24–25.

579 Dies.: Verbrechen und Strafen im kanonischen Recht des Mittelalters (2007), S. 29.

ta), eine Alternative gegenüberstellten. Wenn delinquente Taten kein öffentliches Aufsehen erregt hatten, durften sie durch ein geheimes Bekenntnis des Täters und eine private Buße gesühnt werden.[580]

Im 13. Jahrhundert fand dann eine spürbare Umstrukturierung in der Rechtsauffassung statt, die sich insbesondere im Strafrecht bemerkbar machte. Es handelte sich um den Übergang vom Buß- zum Vindikationssystem, der möglich wurde, weil Dekretisten nun zwischen Sünde (peccatum) und Verbrechen (crimen) unterschieden. Danach war ein Verbrechen eine äußere Handlung und eine schwere Sünde, Sünden
mit dem der normative Rahmen der römischen Kirche verletzt wurde. Der Delinquent galt nun auch als schuldhaft im profanen Recht. Jede Straftat galt als Sünde, aber nicht jede Sünde musste einen Straftatbestand darstellen. Denn

> Sünde ist die bewußte Störung der von Gott gesetzten sittlichen Ordnung [...]. Durch eine Straftat aber wird ein göttliches Gesetz, das mit Strafe bedroht ist, oder ein kirchliches Strafgesetz äußerlich verletzt.[581]

Diese ersten zusammenfassenden Bemerkungen geben einen Eindruck davon, dass in Mittelalter und Früher Neuzeit von einem Delinquenten eine umfassende Sühneleistung abverlangt wurde, um den Frieden mit seiner Umwelt wieder herzustellen[582] und um sich mit Gott und seiner Kirche zu versöhnen. Denn natürlich mahnte die Bußpraxis, nur um ein Beispiel zu bringen, einen spätmittelalter-

580 Dies.: Canonica severitas und amor correctionis (2006), S. 26–27.

581 Zitiert nach Rees: Die Strafgewalt der Kirche (1993), S. 69. Siehe auch Kuttner: Kanonistische Schuldlehre von Gratian bis auf die Dekretalen Gregors IX. (1935), S. 19–22 und Plöchl: Geschichte des Kirchenrechts, Bd. 1 (1960), S. 423–425, mit einer knappen Zusammestellung von Kirchenstrafen; hierzu rechnet er als die vier wichtigsten Hauptarten: Deposition, Exkommunikation, Suspension und Interdikt. Als weitere Strafen für Kleriker führt Plöchl an: öffentliche Rüge, körperliche Züchtigung, Geldstrafen, Konfiskationen, Ausweisungen, Freiheitsentzug, Haarscheren, Verkenechtung und weltliche Acht; für Laien werden erwähnt: körperliche Züchtigung, Geldstrafen, Konfiskationen, Ausweisungen, Freiheitsentzug, Haarscheren, Verkenechtung, weltliche Acht, Infamie, Verstümmelung und Todesstrafe.

582 Kaufmann, Ekkehard: Art. Strafe, Strafrecht, in: Handwörterbuch zur deutschen Rechtsgeschichte, hg. von Adalbert Erler · Ekkehard Kaufmann, unter philologischer Mitarbeit von Ruth Schmidt-Wiegand, Bd. 4. Berlin 1990, Sp. 2011–2012: Strafe galt sowohl den kirchlichen als auch den profanen Rechten als eine «Reaktion auf das den Frieden störende Unrecht». Ein wichtiges Ziel musste es daher sein, den Frieden wiederherzustellen.

lichen Bürger, der vor dem für ihn zuständigen städtischen Gericht zu einer weltlichen Strafe für eine begangene Verbalinjurie verurteilt wurde, sein Gewissen in einer Beichte zu erleichtern und nach dem Gebot des Beichtvaters Buße zu tun. Als weltliche Strafe hätte ihn, je nachdem in welcher Stadt er vor Gericht stehen würde, eine Kombination aus Geldbuße und Widerruf erwartet. Unter einem Widerruf wird eine Form der Genugtuung verstanden, mit der ein Delinquent einerseits erklärte, dass er nur Ehrenhaftes von der gescholtenen Person wisse und damit ihren guten Ruf wiederherstellte. Andererseits gestand er ein, dass er gelogen oder dass er fahrlässig ein ehrenrühriges Gerücht über die betroffene Person in die Welt gesetzt hatte. Innerhalb des Kirchenwesens existierten darüber hinaus öffentliche Bußrituale, die nur zu bestimmten Feiertagen ausgeführt wurden (Gründonnerstag) und den reuigen und demütigen Sünder in einer Art Nachahmung der Passion Christi durch ein beständiges Niederwerfen und Erheben auf einem vorgegebenen Weg zum Gotteshauses führten, wo er von seiner Sünde absolviert wurde.[583] Im Zusammenhang mit diesen und anderen Beispielen macht Friedericke Neumann auf die enge Verknüpfung der weltlichen und geistlichen Gewalten aufmerksam. So war die Ableistung einer Buße bzw. Strafe, die von einem städtischen Gericht verhängt worden war, mit einer kirchlichen Bußleistung verbunden, sodass der Delinquent aufgefordert war, als bußfertiger Sünder auch eine anschließende Kirchenbuße zu absolvieren, und zwar bei Delikten wie Ehebruch, Unzucht, Blasphemie, Totschlag und Beleidigung.[584]

Fahrlässigkeit

Ehebruch

583 Siehe anhand von deutschen Beispielen aus dem späten Mittelalter Neumann: Öffentliche Sünder in der Kirche des späten Mittelalters (2008), S. 120–123.

584 Ebenda, S. 33–34. Am Beispiel Freiburgs im Breisgau siehe Schindler, Georg: Verbrechen und Strafe im Recht der Stadt Freiburg von der Einführung des neuen Stadtrechts bis zum Übergang an Baden (1520–1806). Freiburg im Breisgau 1937, sowie übergreifend: Schwerhoff, Gerd: Verordnete Schande? Spätmittelalterliche und frühneuzeitliche Ehrenstrafen zwischen Rechtsakt und sozialer Sanktion, in: Mit den Waffen der Justiz. Zur Kriminalitätsgeschichte des späten Mittelalters und der Frühen Neuzeit, hg. von dems. · Andreas Blauert. Frankfurt am Main 1993, S. 158–188.

1.2 Geldbuße und Gewette

Als Strafgelder für schuldhafte Handlungen im Injurienrecht treten in den Quellen die opferorientierte Geldbuße und das Gewette auf.[585] Unter der Geldbuße wird der «Ausgleich eines Unrechts durch eine von der Täter- an die Opferseite zu zahlende Geldsumme» verstanden; im «Vordergrund stand die Wiedergutmachung der Tat, nicht das Einwirken auf den Täter». Eine Sonderform der Geldbuße war das seit den frühmittelalterlichen Rechtstexten veranschlagte Wergeld (oder: Manngeld).[586] Mit Gewette, für das in den Quellen und in der Forschung auch die Begriffe «Brüche» und «pena/pene» geläufig ist,[587] wird das an die öffentliche Gewalt zu zahlende Strafgeld bezeichnet.[588] Einige Artikel zum Injurienrecht differenzieren nochmals zwischen dem Gewette für den Richter,[589] dem für die Beisitzer (Schöffen etc.) und dem für den Gerichtsherrn. Manche Stadtrechte, vor allem aus dem thüringischen Raum, sahen anstatt des Gewettes als Geldzahlungen auch Sachleistungen in Form von Lebensmitteln, Kleidungsstücken, Baumaterialien etc. vor. Richter, Schöffen

Grundlage der frühmittelalterlichen Leges bildete ein auf Wergeld beruhendes Kompositionensystem. Der Begriff «Komposition» leitet

585 Diese hier vorgenommene Unterscheidung ist nicht allgemein üblich. Das Gewette kann auch zur Buße gerechnet werden. Für die nachfolgenden Ausführungen bietet es sich aber an, mit dieser Unterscheidung zu arbeiten, um die in den Quellen offensichtlich wichtigen Differenzierungen der Strafgelder hervorzuheben.

586 Schumann, Eva: Art. Buße, in: Handwörterbuch zur deutschen Rechtsgeschichte, hg. von Albrecht Cordes · Heiner Lück · Dieter Werkmüller · Ruth Schmidt-Wiegand, Bd. 2. Berlin ²2008, Sp. 789. – Müller-Burgherr: Die Ehrverletzung (1987), S. 88, spricht von «Gesamtbusse» in Abgrenzung zur «Busse» an die «öffentliche Hand».

587 Müller-Burgherr: Die Ehrverletzung (1987), S. 88–90. – Sellert, Wolfgang · Rüping, Hinrich: Studien- und Quellenbuch zur Geschichte der deutschen Strafrechtspflege, Bd. 1: Von den Anfängen bis zur Aufklärung. Aalen 1986, S. 98. Eine knappe Aufstellung über die Höhe der Brüche am Beispiel der Stadt Rendsburg in der ersten Hälfte des 16. Jahrhunderts gibt Lorenzen-Schmidt: Beleidigungen in schleswig-holsteinischen Städten im 16. Jahrhundert (1978), S. 17.

588 Schumann, Eva: Art. Gewette, in: Handwörterbuch zur deutschen Rechtsgeschichte, hg. von Albrecht Cordes · Heiner Lück · Dieter Werkmüller · Ruth Schmidt-Wiegand, Bd. 2. Berlin ²2012, Sp. 360–362.

589 Im sächsisch-magdeburgischen Recht mit dem Begriff «Wette» bezeichnet. Schumann: Art. Buße (2012), Sp. 792.

sich vom lateinischen Wort für Buße, «compositio», ab und meint die «Festlegung kasuistisch abgestufter Bußtaxen»[590] bzw. die Zahlung eines Wergeldes (wirigildus, weregildum, wirgildum) an den Beschädigten.[591] Durch das Kompositionensystem sollte «dem Verletzten und seiner Sippe eine Genugtuung» und zugleich Schadensersatz zuteilwerden, um das Rache- und Talionsprinzip einzuschränken.[592] Die im spätmittelalterlichen Recht sich wie im *Sachsenspiegel*

Rache, Talion

> allmählich herausbildende Emanzipation des Schadenersatzes gegenüber der Strafe führt zu einer Aufgabenteilung von Buße und Wergeld. Buße wird immer mehr zum Strafgeld. […] Demgegenüber zielt das Wergeld zunehmend auf den Ausgleich des tatsächlichen Schadens.[593]

Im 15. Jahrhundert trat eine sich langsam im Reich ausbreitende Neuerung ein. Injurienklagen konnten nun auf zivil- oder strafrechtlichem Weg vor ein Gericht gebracht werden, wobei die zivilrechtlich klagende Person nun kein Bußgeld mehr forderte, sondern Schadensersatz für die erlittene Ehrenkränkung. Bei einer strafrechtlichen Klage erwartete der Kläger eine Genugtuung, ohne gleichzeitig Schadensersatz erhalten zu können.

1.3 Rügeverfahren

Neben der Klage des Geschädigten bzw. eines rechtlichen Vormundes der geschädigten Person kannte das mittelalterliche und neuzeitliche Rechtswesen mit der Rüge noch eine weitere Form der Überführung von Delinquenten. Während solcher Rügeverfahren, die gleichermaßen aus dem kirchlichen und profanen Prozessrecht bekannt sind, wurden gut beleumundete Personen aufgefordert, sämtliche Verstöße ihres Nächsten wider die bestehende Ordnung anzuzeigen; sie waren verpflichtet, ihnen bekannte delinquente Personen zu denunzieren mit dem Ziel, ein Verfahren gegen die beschuldigte Person einzuleiten. Es diente gleichermaßen der Gemeinde, dem Opfer und dem Täter. Exemplarisch erläuterte Bruder Bertold in seiner *Rechtssumme*

Leumund

590 Kaufmann: Art. Strafe, Strafrecht (1990), Sp. 2014.

591 Sellert · Rüping: Studien- und Quellenbuch zur Geschichte der deutschen Strafrechtspflege, Bd. 1 (1989), S. 56–57.

592 Ebenda. – Meder: Rechtsgeschichte (2008), S. 122.

593 Meder: Rechtsgeschichte (2008), S. 160.

das Verständnis hinter dem Ansinnen von solchen Rügeverfahren, wenn er einer gescholtenen Person riet, geduldig zu leiden, allerdings auch einräumte, dass es durchaus zwei wichtige Gründe gebe, in einer angemessenen und frommen Weise zu widersprechen. Erstens wäre es besser für die Seele des Täters, die begangene Sünde zu büßen und den Täter zu bestrafen, damit er in Zukunft nicht Gleiches wieder tue und damit seine Seele abermals in Gefahr bringe. Zweitens sei es um des gemeinen Nutzens und des Friedens willen wichtig zu widersprechen, damit kein Übel und kein Unfriede aus der Tat erwachsen. Mit der Bestrafung der Tat habe man darüber hinaus die Möglichkeit, anderen Leuten ein Exempel zu geben und diese zu bessern: Sünden

> Daz ist, wenn man schelten leiden süll. xxij. 24. Scheltwort sol der mensch gedultikleichen leiden, ob er daz niht wider sprechen mag mit beschaidenhait vnd mit nutz. Aber mag der mensch an ergrung da widertun vnd mit frum, so sol er dem schelter da wider sten durch zwair lai sach wegen. Die erst ist dem schelter ze nutz an seiner sel, vnd auch daz sein frauel vnd poshait wird gestrafft, daz er fürbaz daz vnd dez geleich niht alz leichtikleich tu. Vnd daz maint Salomon, do er sprach, «Du solt torn vnd narren antwurten nach seiner torhait, daz er icht wän, er sei weiz». Ze dem andern mal sol man die schender vnd schelter straffen durch dez gemainen nutz willen, daz man in frid sein sol, vnd daz grozzer vnfried vnd übel da von chümt, so man sölich läut niht strafft, andern läuten ze einem pild vnd pezzrung.[594] Schmähwörter

1.4 Ehrenstrafen

Bei alldem ist zu berücksichtigen, dass die verhängten Strafen für eine Ehrenkränkung nicht identisch mit den sogenannten «Ehrenstrafen» waren. Diese seien, so Sarah Neumann,

> als obrigkeitlich verhängte Sanktionen zur öffentlichen Beschämung und Entehrung von Delinquenten durch das mehr oder weniger kalkulierte Zusammenspiel herrschaftlicher und gesellschaftlicher Reaktionen auf abweichendes Verhalten gekennzeichnet.[595]

594 Zitiert nach Steer u. a.: Die ‹Rechtssumme› Bruder Bertholds, Bd. 2 (1987), S. 1938–1940 (S 24).

595 Zitiert nach Neumann: Von Kirchenbuße und öffentlicher Strafe (2001), S. 159; und ein Defintionsvorschlag von Sprecher: Persönliche Ehre und Ehrenstrafe (2002), S. 411: «Als Ehrenstrafen im engeren Sinn galten alle Stra-

Bei dem Wort «Ehrenstrafen» handelt es sich allerdings um eine unzureichende und notdürftige Bezeichnung zur Abgrenzung der Strafform. Auf dieses Problem wies bereits vor anderthalb Jahrhunderten Eduard Osenbrüggen hin, als er folgendes zu bedenken gab:

Ehre

> Entziehung und Schmälerung der bürgerlichen Ehre tritt oft als Folge der Strafe ein und hängt mit der Unterscheidung der ehrlichen und unehrlichen Sachen zusammen. Der Dieb, der gehängt wurde, erlitt darin eine unehrliche Strafe, wurde er gestäubt, ebenfalls, und auch wenn er Haut und Haar loskaufte, wurde seine Ehre davon berührt, als ob er diese entehrende Strafe erlitten hätte.

Osenbrüggen modifizierte daher den Begriff und das damit Bezeichnete und sprach von selbstständigen Ehrenstrafen oder beschimpfenden Ehrenstrafen.[596] Aber auch dieser Versuch einer Konkretisierung greift zu kurz. Denn das mittelalterliche und frühneuzeitliche Strafrepertoire sah in den meisten Fällen eine öffentliche Bestrafung der Delinquenten vor. Strafen an Leib und Leben für Mord, Diebstahl, Verrat oder andere schwere Verbrechen entehrten den Straftäter und oft auch seine Familie mindestens ebenso wie die sogenannten Eh-

---

fen, welche öffentlich in demütigender und beschimpfender Form die Ehre, d. h. die Achtung, Wertschätzung und den öffentlichen Ruf des Straftäters (sowie indirekt denjenigen seiner Familie und Verwandtschaft) herabsetzten, minderten oder völlig ruinierten. Ehrenstrafen beinhalten mithin als unabdingbare Bestandteile erstens den öffentlichen Vollzug, zweitens die gezielte Beeinträchtigung, Kränkung oder Vernichtung der persönlichen Ehre des Missetäters und drittens die Zielsetzung der Abschreckung, letztere tragendes Element des mittelalterlichen und neuzeitlichen Strafrechtssystems. Damit ist die Frage nach dem Zweck einer Ehrenstrafe beantwortet: Der verletzten Privatperson oder dem verletzten Gemeinwesen soll Genugtuung verschafft werden, der Delinquent soll einerseits für seine Tat bestraft, anderseits sollen er sowie die Gemeinschaft zum zukünftigen Einhalten der gültigen Rechtsordnung angehalten werden. Dies sollte durch die Öffentlichkeit der Strafvollstreckung, welche in grösstmöglichem Umfang gehalten wurde, erreicht werden.»

596 Osenbrüggen: Das Alamannische Strafrecht im Mittelalter (1860), S. 105 und 107. Für eine knappe Diskussion der Ehrenstrafen siehe auch Schwerhoff: Verordnete Schande? (1993). Zuletzt an österreichischen Beispielen: Fellner, Fritz · Kocher, Gernot · Streit, Ute (Hg.): Schande, Folter, Hinrichtung. [Forschungen zu] Rechtsprechung und Strafvollzug in Oberösterreich. Buch zu den Ausstellungen «Schande, Folter, Hinrichtung» im Linzer Schlossmuseum und «Richtrad und Schwert» im Schlossmuseum Freistadt, 8. Juni bis 2. November 2011. Linz 2011 (Kataloge der Oberösterreichischen Landesmuseen – Oberösterreichische Landesmuseen, N. S., 117), S. 64–80.

renstrafen Steintragen, Ehrenerklärung, Eselreiten und andere mehr. Die Ableistung einer kirchlichen Buße oder einer Strafe minderte in jedem Fall den Leumund und die Ehre der betreffenden Person, wenn die Öffentlichkeit davon erfuhr.[597] Denn der öffentliche Vollzug hatte unter anderem die Funktion, als abstoßendes Beispiel auf andere zu wirken. Der Bestrafte galt nach vielen Urteilen in Beleidigungsprozessen als infam.

Buße

Ein zweites wichtiges Merkmal der Ehrenstrafen ist, dass sie in der Regel nicht darauf abzielten, schwere oder gar bleibende körperliche Verletzungen herbeizuführen. Dadurch unterscheiden sie sich von peinlichen Strafen wie Rädern, das Abtrennen von Gliedmaßen, Häuten oder die Hinrichtung. Unter Berücksichtigung dieses Merkmals wird die Entscheidung für das Festhalten an dem Begriff «Ehrenstrafe» deutlicher. Während mit dem Begriff «peinliche Strafe» harte und oftmals bleibende Verletzungen hinterlassende Sanktionen in den Vordergrund gerückt werden, wird mit dem Wort «Ehrenstrafe» die öffentliche Ehrenschelte als Merkmal betont. Dabei handelt es sich aber eben nicht um ein Alleinstellungsmerkmal, im Gegenteil sah eine ganze Reihe von Sanktionen die Ehrenschelte oder sogar den Entzug der individuellen Ehre vor. Mit dem Wissen um dieses begriffliche Defizit wird das Wort «Ehrenstrafe» im Folgenden mangels einer gängigen Alternative verwendet.

597 Zu öffentlichen und «privaten» kirchlichen Bußverfahren im Mittelalter siehe Hirte: Poenae et poenitentiae (2003) S. 7–11.

2. Ehrenerklärung, Widerruf und Abbitte

Mit den Begriffen Ehrenerklärung, Widerruf und Abbitte werden drei mögliche und für den Untersuchungsraum typische Formen der Genugtuung in Injurienfällen bezeichnet. Ihre ersten Spuren im profanen und kirchlichen Recht können bereits für das frühe Mittelalter nachgewiesen werden. Das römische Recht kannte zwar keine Genugtuung, allerdings sind Beispiele für die römische Antike außerhalb des kodifizierten Rechts bekannt.[598]

Römisches Recht

2.1 Definition der Begriffe

Unter einer Ehrenerklärung versteht man in der historischen Rechtswissenschaft eine Erklärung, mit der die Ehrenhaftigkeit einer Person anerkannt wird. Der Widerruf unterscheidet sich von dieser allgemeinen Definition darin, dass speziell die Delinquenten, die eine Person durch Worte oder andere geeignete Mittel in ihrer Ehre verletzten, ihre Beleidigung oder Verleumdung widerriefen. Damit sollte zweierlei erreicht werden: Zum einen wurde die verletzte Ehre ungeschmälert wiederhergestellt, zum anderen gestand der Täter ein, dass er unwahr gesprochen hatte.[599] «Widerruf» als Rechtsbegriff tauchte spätestens seit dem 15./16. Jahrhundert in den Quellen auf. So spricht der hessische Jurist Abraham Saur in seinem *Strafbüchlein*, einer Kompilation profaner und kanonischer Rechtstexte, die allein zu Lebzeiten des Autors siebenmal aufgelegt wurde, vom «öffentlichen widerruff oder entschuldigung», womit er Widerruf und Abbitte bezeichnete:

> Welcher auch offentlich eine[n] andern mit worten oder wercken/ ehrenrürig angreiffet/ schildt/ lästert vnd schmä-

598 Beispiele dazu bei Helfritz: Der geschichtliche Bestand und die legislative Verwertbarkeit von Widerruf, Abbitte und Ehrenerklärung (1905), S. 3 und 15 Amn. 46.

599 Quellenbelege für die Definition des Begriffes «Widerruf» bei Müller-Burgherr: Die Ehrverletzung (1987), S. 143.

> het/ etc., gegen den sol gleicher gestalt exl. diffamari. Cod. de ingenuis manu miss. Proceß angestelt werden/ das ist/ Ein solch Lästermal/ schmäher vnnd schänder kann gezwungen werden/ daß er entweder die dinge vnd aufflagen/ welche er vnter die Leut gebreitet/ hin vnnd wider außgespeyhet vnd rüchtig gemacht hat/ etc., probire/ darthue vn[d] beweise/ wie recht ist. Oder aber/ im fall er das nicht thun kann/ als dann (si actio est ciuiliter intentata) einen öffentlichen widerruff oder entschuldigung dem Verleumbden thue/ vmb verzeihung bitte/ vnnd sein Maul zur lügendasche mache/ und also ehrloß werde.[600]

Mit der Abbitte versuchte der Täter Vergebung beim Opfer zu erlangen. Voraussetzung war eine offene oder stillschweigende Ehrenerklärung bzw. ein Widerruf. Die Abbitte zielte auf Versöhnung ab und beiderseitige Anerkennung der Ehre durch Täter und Opfer.[601] Nach Hugo Hälschner war die Abbitte in erster Linie kein rechtliches Institut, sondern ein «religiöses», das auf die Beziehung des Menschen zu seinem Nächsten und zu Gott einwirken sollte. Daher gebe es auch keine breite Rezeption der Abbitte in den profanen Rechtstexten vom 13. bis zum 15. Jahrhundert.[602] Bei dieser Argumentation wird wohl in Rechnung zu stellen sein, dass Hälschner die kirchlichen Disziplinierungsmaßnahmen entweder nicht als ein vollwertiges rechtliches Institut anerkannte oder dass er sie in diesem Fall ignorierte. Er selbst stellte – wie im Folgenden noch ausführlich gezeigt wird – überzeugend die Anfänge der Abbitte in den frühmittelalterlichen Bußbüchern dar.

600 Zitiert mach: Saur, Abraham: Straffbuechlein/ Das ist: Gründtliche vnd rechte Vnderweysung wie heutiges tags/ nach allen gemeinen beschriebnen Geistlichen vnd Weltlichen Rechten/ Reichs auch Lands Ordnungen/ Statuten, Opinionen der Rechtsgelehr-ten/ vnd wolhergebrachten Gewonheiten/ etliche grobe eusserliche Sünde/ Freuel vnd begangne Missethaten/ Bürgerlich vnd peinlich zustraffen gepflogen werden [...]. Frankfurt am Main 1579 (VD16 S1931), S. 26–27. Weitere Belege für die Nutzung des Begriffes im 15. und 16. Jahrhundert bei Müller-Burgherr: Die Ehrverletzung (1987), S. 143–144.

601 Hälschner: Ehrenerklärung, Widerruf und Abbitte in ihrer geschichtlichen Entwicklung (1864), S. 322–323. Nach Wallenrodt ist der Widerruf «dasjenige, was ich dem Anderen für die Kränkung, welche die Injurie ihm zugezogen hat, leisten muß, um ihn selbst wegen dieser Kränkung zu beruhigen». Wallenrodt: Die Injurienklage auf Abbitte, Widerruf und Ehrenerklärung (1864), S. 261.

602 Hälschner: Ehrenerklärung, Widerruf und Abbitte in ihrer geschichtlichen Entwicklung (1864), S. 342.

Die kirchliche Form der Abbitte für injurierende Geistliche findet sich allerdings nicht nur in Bußbüchern, sondern auch in der um 600 entstandenen und rezeptionsgeschichtlich bedeutenden *Collectio vetus Gallica.*[603] Da Gratian den entsprechenden Artikel aus dieser Sammlung unverändert in sein Decretum aufnahm,[604] wurde die Abbitte eine in der römischen Kirche verbreitete Norm, mit der das Opfer der Schmähungen um Verzeihung und Vergebung gebeten wurde. Mit der Verzeihung wurde auf das Recht verzichtet, zur Sühne eine Strafe zu fordern, und mit der Vergebung konnte dem Täter die Strafe erlassen werden.[605] Die Abbitte tritt ungeachtet der Überzeugung Hälschners auch in profanen Rechtstexten entgegen, zum Beispiel in den *Statuten der Stadt Bremen* aus den Jahren 1330 und 1335[606] oder in den *Rechtsordnungen für Weikendorf* (1581) und *Grillenberg* (1747); beide Orte liegen Niederösterreich.[607]

2.2 Die Ehrenerklärung im langobardischen Recht

Die erste bekannte mittelalterliche Ehrenerklärung wurde in den Kapiteln 198 und 381 des *Edictum Rothari* niedergeschrieben, wonach es

603 Cap. XVI, 14 (Canon Africanorum hira XLIIII): «Clericus maledicus maximeque in sacerdotibus cogatur ad postulandam veniam; si noluerit, regradetur nec umquam ad officium absque satisfaction revocetur.» Zitiert nach Mordek, Hubert (Hg.): Kirchenrecht und Reform im Frankenreich. Die Collectio Vetus Gallica, die älteste systematische Kanonessammlung des fränkischen Gallien. Studien und Edition. Berlin 1975 (Beiträge zur Geschichte und Quellenkunde des Mittelalters, 1), S. 415.

604 Decretum Gratiani, Concordia discordantium canonum ac primum de iure naturae et constitutionis, destinctio 46, cap. 5 (Remoueatur ab offitio clericus maldeicus; scurra fratrum a profectibus inuidens non promoueatur). Decretum magistri Gratiani (1879), Sp. 167–168.

605 München: Das kanonische Gerichtsverfahren und Strafrecht, Bd. 2 (1866), S. 600–601.

606 Oelrichs, Gerhard (Hg.): Volstaendige Samlung Alter Und Neuer Gesez-Bücher Der Kaiserliche Und des Heil. Römische Reichs Freien Stadt Bremen. Aus Ori-ginal-Handschriften. Bremen 1771, S. 169, Nr. 14: «Emenda illius qui alterum increpando dicit eum mentiri […] dat is gekommen up us johanne duckel […] to scedene unde scededen dat also: dat Wolf bidden scolde hermen hertogen ofte he de worte sic to hone hadde togen, dat he eme de dar got vorgawe.» Ebenda, S. 193 für das Jahr 1335.

607 Kaltenbaeck, Johann P. (Hg.): Die Plan- und Bergtaidingsbücher in Österreich unter der Enns, Bd. 1. Wien 1846 (Die Österreichischen Rechtsbücher des Mittelalters. Reihe 1, 2)., S. 102 und 133.

einem Täter, der eine Person im Zorn «Hexe» oder «Feigling» nannte, möglich war, seine Worte unter Eid zugunsten des Leumunds des Opfers zurückzunehmen und danach ein Strafgeld in Höhe von zwölf Schillingen zu zahlen. Mit dem Eid musste der Delinquent schwören, dass ihm nichts über die beschuldigte Person bekannt sei, das auf Hexerei oder Feigheit hindeute:

Zorn
Leumund

> Kap. 198. Gesetzt, ein freies Mädchen oder ein Weib, das unter fremder Munt steht, wird von jemand «Hure» oder «Hexe» gescholten. Verklagt, bekennt er reuig, er habe es nur in der Wut gesagt. Da muss er mit seinen zwölf Eideshelfern den Schwur erbringen: im Zorn habe er dieses sündhafte Verbrechen ihr nachgesagt, nicht etwa, weil er sichere Kenntnis von der Sache habe. Dann soll er für dies leere Schmähwort, das er ungehörigerweise ausgesprochen hat, zwanzig Schillinge erlegen und weiter nicht behelligt werden. [...]

Hexerei

> Kap. 381. Schilt jemand einen andern aus Wut «Feigling» und kann er's nicht bestreiten, behauptet aber, dass er in der Wut so sprach, dann schwöre er und sage: als Feigling kenne er ihn nicht. Danach erlegt er für das Schmähwort zwölf Schillinge.[608]

Die anderen profanen frühmittelalterlichen Rechtstexte kennen keine Form der Genugtuung, allenfalls waren Geldbußen für Beleidigungen gegen Personen vorgesehen, die im Vergleich zum freien Mann rechtlich schlechter gestellt waren, beispielsweise Sklaven und Frauen. Helfritz bietet dafür eine sinnvolle Erklärung. Er geht davon aus, dass ein freier Mann nicht den gerichtlichen Austrag bei Injurien

608 «Cap. 198. Si quis puellam aut mulierem liberam, qui in alterius mundum est, «fornicariam» aut «strigam» clamaverit et pulsatus penitens manefestaverit, per furorem dixissit, tunc praeveat sacramentum cum duodecim sacramentalis suos, quod per furorem ipso nefando crimen dixissit, nam non de certam causam cognovissit. Tunc pro ipsum vanum improperii sermonem, quod non convenerat loqui, conponat solidos vigenti, et amplius non calumnietur.» sowie «Cap. 381. Si quis alium «arga» per furorem clamaverit et negare non potuerit ex dixerit, quod per furorem dixissit, tunc iuratus dicat, quod eum arga non cognovissit; postea conponat pro ipso iniurioso verbo solidos duodecim.» Zitiert nach Beyerle: Die Gesetze der Langobarden (1947), S. 76–77 und 154–155. Siehe zudem Wallenrodt: Die Injurienklage auf Abbitte, Widerruf und Ehrenerklärung (1864), S. 245. – Helfritz: Der geschichtliche Bestand und die legislative Verwertbarkeit von Widerruf, Abbitte und Ehrenerklärung (1905), S. 15 und 18.

suchte, dass er vielleicht sogar durch soziale Gewohnheiten gezwungen war, eine Beleidigung mit eigener Hand zu rächen. Jene aber, die
Rache
dieses Recht auf Rache aufgrund ihres Geschlechts oder ihrer sozialen Stellung nicht in Anspruch nehmen konnten, sollten zumindest auf gerichtlichem Weg die Möglichkeit erhalten, gegen einen Täter vorzugehen. Dass nur das Langobardenrecht einem freien Mann Genugtuung einräumte, könnte sich aus dem Umstand erklären, dass es das einzige Recht mit einem Fehdeverbot war. Es nahm den freien Männern also die Möglichkeit, sich zu rächen.[609]

2.3 Die Genugtuung bei den Scholastikern

Eine erste ausführliche entwicklungsgeschichtliche Studie zur Genugtuung stellte 1864 der Görlitzer Jurist von Wallenrodt vor. Nach ihm liegt der Ursprung des Widerrufs in den scholastischen Schriften des 12. und 13. Jahrhunderts und den darin geäußerten Überlegungen zu
Buße
den Möglichkeiten, die Sünde durch Buße zu tilgen, um Vergebung vor Gott, dessen Gebot man gebrochen habe, zu erlangen. Das Wesen der Buße (materia paenitentia) bestehe mit Petrus Lombardus in der wahrhaft innigen Reue (conritio cordis), dem Bekenntnis, die Sünde nicht mehr zu begehen (confessio oris) und der Genugtuung (operis satisfactio).[610] In der Bußleistung war die Ersatzleistung für das Opfer inbegriffen (restitutio), die in der Regel ohne weiteres bei Verlust oder Beschädigung eines materiellen Gutes erbracht werden konnte. Welche Gestalt aber, so fragte Thomas von Aquin, müsse die «restitutio» bei der Verletzung eines immateriellen Gutes haben: «utrum, oporteat restitui, quod quis non abstulit»?[611]

Ausgehend von der Annahme, dass der Mensch über dreierlei Güter verfüge, nämlich die Seele (bona animae), den Leib (bona corporis) und die äußerlichen Güter (bona exteriorum rerum), behauptete Thomas, dass eine Person einer anderen nur Leib und Güter entziehen könne. Das heißt eine «restitutio» kann nur – soweit es überhaupt möglich ist – an diesen beiden Dingen erfolgen.

609 Helfritz: Der geschichtliche Bestand und die legislative Verwertbarkeit von Widerruf, Abbitte und Ehrenerklärung (1905), S. 22–24.

610 Hälschner: Ehrenerklärung, Widerruf und Abbitte in ihrer geschichtlichen Entwicklung (1864), S. 332–333.

611 Zitiert nach Wallenrodt: Die Injurienklage auf Abbitte, Widerruf und Ehrenerklärung (1864), S. 257.

Zu den vornehmsten der äußerlichen Güter zählten nicht nur für Thomas von Aquin, sondern auch für Albertus Magnus, Johannes Duns Scotus und Hostiensis die Ehre (honor) und der gute Ruf bzw. der Leumund (fama) einer Person. Diese Rechtsgüter könnten auf zweierlei Weise verletzt oder entzogen werden: durch die Schmähung mit beleidigenden Worten (contumelia) und die hinter dem Rücken des Opfers ausgesprochene Beleidigung (detractio). Die Rechtsgüter müssten durch den Widerruf der ehrverletzenden Worte wiederhergestellt werden und die damit verbundene Wiederaufrichtung des Leumunds, möglichst am selben Ort und vor denselben Personen, die bei der Diffamierung zugegen waren. Damit trage der Widerruf nicht den Charakter einer Strafe, sondern bezwecke lediglich die Ersetzung des dem Opfer Entzogenen.[612] Nach Duns Scotus beruhten die Bußwerke auf priesterlichem Gebot und könnten daher erlassen werden. Die Wiederherstellung des guten Rufs sei hingegen göttliches Gebot, sie müsse der Buße vorausgehen.[613]

612 Wallenrodt: Die Injurienklage auf Abbitte, Widerruf und Ehrenerklärung (1864), S. 258–259. Ergänzend dazu Hälschner: Ehrenerklärung, Widerruf und Abbitte in ihrer geschichtlichen Entwicklung (1864), S. 336–337, und den Abschnitt «Einfache Beleidigung und üble Nachrede», S. 59–117. Nach Albertus müsse der Widerruf dort stattfinden, wo die Beleidigung ausgesprochen wurde, selbst dann, wenn die Kunde von ihr bereits eine nicht mehr überschaubare Verbreitung gefunden habe. Summa theologiae, pars II, tract. XVIII, quest. 117, art. 4: «Dicendum quod ille, qui ex malignitate et deliberatione animoque nocendi detraxit, pro certo tenetur ad repperationem apud eoas apud quos detraxit: quia aliter non impleret verbum Domini Rom. 6 […]. Ad aliud dicendum quod licet malum multiplicabile sit in infinitum per auditum, eo quod quilibet ipsum libenter audit, ut dicet Hier. Quia proni sunt sensus hominis ad malum, ut dicitur Gen. 8 tamen etiam per eundem modum reparatio famae multiplicabilis est in infinitzm: et sic potest vulnus detractionis reparari, de quo dicitur Jere. 9. Sagitta vulneraus lingua eorum dolum locuta est. Et Augustus in regula, si autem in tautum processerit malum, ut conuitio vel criminis objectu aliquem laeserit, non pigeat ex ipso ore proserre medicamentum unde facta sunt vulnera.» Zitiert nach Helfritz: Der geschichtliche Bestand und die legislative Verwertbarkeit von Widerruf, Abbitte und Ehrenerklärung (1905), S. 68 Anm. 13a.

613 Joannis Duns Scoti reportata Parisiensia, lib. IV, dist. 15, quest. 4, schol. III: «Ista autem restitutio non est ista satisfactio, quae est pars poenitentiae sacramenti, quia satisfactio est ultima pars poenitentiae imposita a sacerdote, post confessionem, quae semper non est necessaria, ut prius patuit, nec necessario imponenda, si aliae partes insint, et praeciupe prima; sed restitutio semper necessario facienda est, et non est ex praecepta sacerdotis, sed omnipotentis Dei. Est etiam restitution facienda antequam veniatur ad confessionem cum mortali peccato actu volens in eo manere, non dicitur attritus vel contritus, sed fictus, ita volens alienum habere et retinere, et non satisfacere veniens ad

Diese komplexen Überlegungen gingen im Wesentlichen auf zwei Vordenker zurück: zum einen auf Augustinus, zum anderen auf Albertus Magnus. Augustinus stellte die «restitutio» als Teil einer wirksamen Buße heraus, ohne dabei konkret auf die Wiederherstellung des guten Rufes einzugehen.[614] Albertus knüpfte in seinem Kommentar zu den Sentenzen des Petrus Lombardus an Augustinus an und spricht in vier weitläufigen Artikeln über das Wesen der «restitutio». Er arbeitete das Erfordernis der «restitutio» speziell für Ehrverletzungen heraus, denn so wie man einer Person gestohlenes Gold und Silber wieder geben müsse, bestehe die gleiche Pflicht bei der Ent-

Buße

confessionem est fictus, quia actu manet in peccato mortali.» Zitiert nach Helfritz: Der geschichtliche Bestand und dlegislative Verwertbarkeit von Widerruf, Abbitte und Ehrenerklärung (1905), S. 73 Anm. 29.

614 Epistel 153 (Augustinus episcopus, famulus Christi familiaeque eius, dilecto filio Macedonio, in Domino salutem), Art. 20 (Furium peccatum non remitti nisi ablata restituant): «Quod autem in epistola tua sequitur, ubi dicis: Verum nunc, ut mores nostri sunt, et sceleris poenam cupiunt sibi homines relaxari, et id propter quod scelus admissum est possidere; pessimum hominum genus commemoras, cui poenitendi medicina omnino non prodest. Si enim res aliena, propter quam peccatum est, cum reddi possit, non redditur, non agitur poenitentia, sed fingitur: si autem veraciter agitur, non remittetur peccatum, nisi restituatur ablatum; sed, ut dixi, cum restitui potest. Plerumque enim qui aufert, amittit; sive alios patiendo malos, sive ipse male vivendo, nec aliud habet unde restituat. Huic certe non possumus dicere, Redde quod abstulisti, nisi cum eum habere credimus et negare. Ubi quidem si aliquos sustinet a repetente cruciatus, dum existimatur habere quod reddat, nulla est iniquitas; quia etsi non est unde luat ablatam pecuniam, merito tamen dum eam per molestias corporales redhibere compellitur, peccati quo male ablata est, poenas luit. Sed inhumanum non est etiam pro talibus intercedere, tamquam pro reis criminum; non ad hoc ut minime restituantur aliena, sed ne frustra homo in hominem saeviat, ille praesertim qui iam remisit culpam, sed quaerit paecuniam, et si fraudari metuit, non expetit vindicari. Denique in talibus causis, si persuadere potuerimus eos pro quibus intervenimus, non habere quod poscitur, continuo nobis eorum molestiae relaxantur. Aliquando autem misericordes et in ipso dubio nolunt homini pro incerta pecunia certa inferre supplicia. Ad hanc misericordiam vos etiam nos provocare et exhortari decet: melius enim, etiamsi habet, amittis, quam si non habet, aut excrucias, aut occidis. Sed pro istis magis apud eos qui repetunt, quam apud eos qui iudicant, intercedere convenit; ne ipse videatur auferre, qui cum habeat potestatem, non cogit reddere: quamvis in cogendo ita debeat adhibere integritatem, ut ne amittat humanitatem.» Zitiert nach Migne, Jacques P. (Hg.): Sancti Aurelii Augustini, Hipponensis episcopi, opera omnia, post Lovaniensium theologorum recensionem castigata denuo ad manuscriptos codices Gallicos, Vaticanos, Belgicos, etc., necnon ad editiones antiquiores et castigatiores. Paris 1865 (Patrologia Latina, 33). Siehe dazu auch Doyle, Daniel E.: The bishop as disciplinarian in the letters of St. Augustine. New York u. a. 2002 (Patristic studies, 4), S. 107 und 354.

ziehung des guten Rufes.[615] Für Albertus stellte die Restitution die Grundlage der Genugtuung und damit der Buße an sich dar.[616] Eine Verletzung des Leumundes bzw. des guten Rufs sei nach Albertus allerdings nur möglich, wenn es sich um eine Tatsachenbeleidigung handle, das heißt er lässt nicht die einfache Beleidigung als rufschädigend zu, sondern nur die üble Nachrede. Darüber hinaus mache sich eine Person auch schuldig, wenn sie eine andere mit einer Behauptung denunziere, der zwar wahr sei, jedoch bis dahin im Verborgenen lag (detractio, delatio). Bei dieser Sünde kann natürlich kein Widerruf einer Lüge stattfinden, sondern es konnte nur das Eingeständnis ausgesprochen werden, dass man «intentione infamandi» gesprochen habe.[617]

Leumund

2.4 Über die Schwierigkeit, den historischen Ursprung des Widerrufs zu ergründen

Hälschner wandelte Wallenrodts Überlegungen zum Ursprung des Widerrufs bei den Scholastikern ab. Er wies nach, dass die Scholastiker an wesentlich ältere Vorstellungen zur Bußpraxis angeschlossen hatten. Diese würden sich – so Hälschner – bereits ausgeprägt in frühmittelalterlichen Bußbüchern finden lassen. Dort sei im Zusammenhang mit Beleidigungen, Verfluchen und falschen Anschuldigungen formuliert worden, dass die Genugtuung – allerdings ohne begriffliche Spezifizierung – ein Bestandteil der Bußleistung sein könne. Für

Falsche Anschuldigung

615 Alberti Magni commentarii in IV libr. sententiarum, dist. XV, art. 43, quest. 1: «Secundo quaeritur, quid debeat restitui et haec es quaestio difficilis: cum enim restitui debeat res ablata, contingit aufferri famam quandoque veritate et quandoque medacio […].» Die Antwort: «Ad id autem quod primo quaritur, dico quod detractor (famae) tenetur ad restitutionem: sed duplex est fama […].» Und ebenda: «Si dicas, quod non debetur restitui fama. Contra: id quod charius possidetur, invitissime amittitur: ergo videtur, quod maxime debet restitui. Item Hieronnymus. Crudelis est, qui famam negligit: sed ille, qui non exigit famae restitutionem famam negligit: ergo est crudelis.» Zitiert nach Helfritz: Der geschichtliche Bestand und die legislative Verwertbarkeit von Widerruf, Abbitte und Ehrenerklärung (1905), S. 67 Anm. 11–12.

616 Alberti Magni commentarii in IV libr. sententiarum, dist. XV, art. 45: «Dicendum secundum antiquos, quod non est pars (poentitentiae) sed praesupponitur in poenitente, ut dispositio poenitentis ne sit fictus: et hoc vocaverunt antiqui fundamentum: unde dixerunt, quod restitutio est fundamentum satisfactionis et per consequens poenitentiae.» Ebenda, S. 66 Anm. 9.

617 Hälschner: Ehrenerklärung, Widerruf und Abbitte in ihrer geschichtlichen Entwicklung (1864), S. 334.

diese These führte Hälschner insgesamt sechs sündhafte Vergehen als Beispiele aus verschiedenen, mitunter in einer Tradition stehenden Bußbüchern an. Seine Quellennachweise rekurrieren jedoch nicht in jedem Fall auf eine Aufforderung zur Genugtuung, sondern einige von diesen schreiben lediglich eine bestimmte Anzahl von Bußtagen, Sanktionen nach Ermessen oder das temporäre Verbot der Teilnahme an der Kommunion vor. Im Folgenden wird Hälschners Systematisierung zwar aufgegriffen, aber es werden nur jene Belege aufgeführt, aus denen eine Aufforderung zum Ableisten einer Genugtuung hervorgeht:[618]

1. Für die Kränkung eines Anderen im Streit werden im *Paenitentiale Bedae* aus dem 8. Jahrhundert Genugtuung und eine Woche Buße gefordert,[619] im *Paenitentiale Pseudo-Bedae* (8. Jahrhundert?) wird erklärt, dass eine Person, die zu Unrecht mit Vertretern des Klerus und mit Mönchen im Streit lag, ebenfalls Genugtuung und eine Woche Buße tun müsse.[620]
2. Nach der Kränkung eines Anderen durch verächtliches Benehmen soll laut dem *Paenitentiale Columbani* (frühes 7. Jahrhundert) sofort eine Genugtuung folgen; bleibt diese aus, muss die betreffende Person 40 Tage Buße tun;[621] und auch im *Paenitentiale Cummeani* (um 650) wird für solche Fälle ausdrücklich eine Genugtuung festgeschrieben, der ein Fasten nach dem Ermessen eines Priesters angeschlossen werden muss.[622]

---

618 Ebenda, S. 331.

619 Wasserschleben: Die Bussordnungen der abendländischen Kirche (1851), S. 226 (cap. V, 8): «Si quis rixam fecerit clericorum aut monachorum, reconcilietur eis quos lesit et ebdomadam dierum peniteat.» – Schmitz: Die Bussbücher und die Bussdisciplin der Kirche, Bd. 1 (1883), S. 561 (hier cap. IV, 8).

620 Wasserschleben: Die Bussordnungen der abendländischen Kirche (1851), S. 273 (cap. XXXIV): « Qui per aliquam causam detrahit homini vel favet detrahenti, III dies peniteat, si autem ei consenserit, qui praeest, VII dies penitaet. Si quis rixam fecerit clericorum aut monachorum, reconciliet se cum eis, quos lesit, et ebdomadam dierum peniteat.»

621 Ebenda, S. 354 (A, cap. XI): «Qui autem per superbiam suum praepositum despexerit aut regulam blasphemaverit, foras repellendus est, nisi confestim dixerit: Poenitet me quod dixi. Si autem se non bene humiliaverit, quadraginta diebus poeniteat, quia superbiae morbo detinetur.» – Schmitz: Die Bussbücher und die Bussdisciplin der Kirche, Bd. 1 (1883), S. 596.

622 Wasserschleben: Die Bussordnungen der abendländischen Kirche (1851), S. 485 (cap. XI, 1): «Qui superbiae ceteros qualibet despectione arguit, primo satisfaciat eis, deinde jejunet judicio sacerdotis.» – Schmitz: Die Bussbücher und die Bussdisciplin der Kirche, Bd. 1 (1883), S. 636.

3. Bei einer Beschimpfung oder Verfluchung konnte der Sünder nach dem *Paenitentiale Bedae* Genugtuung leisten und sollte darüber hinaus sieben Tage Buße tun.[623] Das *Paenitentiale Cummeani* sah für eine Person, die in Wut harsche Worte gegen eine andere spricht, vor, dass diese Genugtuung leisten müsse.[624]

4. Der Kränkung durch Verkleinerung des Anderen oder durch üble Nachrede stellt das *Paenitentiale Vinnai* aus dem 9. Jahrhundert eine lange moralische Erörterung mit entsprechenden Textbelegen aus den heiligen Schriften entgegen. Darin werden der Verzicht auf sündhaftes Tun und die Reinigung durch Buße als etwas Lebensnotwendiges begriffen, um nicht durch böses Reden gegen Andere aus dem Land der Lebenden entwurzelt zu werden und seine Seele zu verzehren.[625]

5. Für eine falsche Anschuldigung fordert das *Paenitentiale Bigotianum* (8./9. Jahrhundert) eine Richtigstellung und eine Buße Buße

623 Ebenda, S. 226 (cap. V, 5): «Qui fratrem cum furore maledixerit, reconcilietur ei cui maledixit et VII dies peniteat.» – Schmitz: Die Bussbücher und die Bussdisciplin der Kirche, Bd. 1 (1883), S. 560 (hier cap. IV, 5).

624 Wasserschleben: Die Bussordnungen der abendländischen Kirche (1851), S. 483 (cap. IX, 3–4): «Fratrem cum furore maledicens, cui maledixerit placeat et VII dies peniteat remotus cum pane et aqua. Qui verba acerbiora in furore, non tamen injuriosa protulerit, satisfaciens fratri superponat, si autem cum pallore vel rubore vel tremore, tamen tacuit, I diem cum pane et aqua peniteat.» – Schmitz: Die Bussbücher und die Bussdisciplin der Kirche, Bd. 1 (1883), S. 635.

625 Wasserschleben: Die Bussordnungen der abendländischen Kirche (1851), S. 114–115 (cap. 29): «Si quis clericus iracundus aut invidus aut detractatus aut tristis aut cupidus, magna sunt peccata haec et capitalia et occidunt animam et demergunt ad profundum inferni; sed penitentia eorum hec est, donec evellantur et eradicantur de cordibus nostris per auxilium Domini et per studium et exercicium nostrum petimus Domini misericordiam et de his victoriam, et tamdiu in penitentia constituti in fletu et lacrimis die ac nocte quamdiu versatur hec in corde nostro, sed e contrariis ut diximus festinemus curare contraria et vitia mundemus de corde nostro et virtutes insinuamus pro illis et patientia pro iracundia, mansuetudo vel dilectio Dei et proximi, pro invidia, pro detractione continentia cordis et lingue, pro tristitia gaudium spiritale, pro cupiditate largitas nasci debet, dicit enim scriptura: ira viri justitiam Dei non operatur, et invidia lepra esse in lege judicatur. Detractio anathema in scripturis dicitur: qui detrahit proximo suo eradicabitur scilicet de terra viventium, tristitia comedit vel consumit animam. Cupiditas radix omnium malorum est, sicut ait apostolus.»

nach dem Ermessen eines Priesters[626] und folgt darin wörtlich dem *Paenitentiale Cummeani*.[627]

6. Für die Kränkung durch die Offenbarung der verborgenen Schuld eines Anderen wird in den von Hälschner angeführten Bußbüchern, dem nach 800 entstandenen *Paenitentiale Merseburgense* und dem *Paenitentiale Pseudo-Gregorii III.* aus der Mitte des 9. Jahrhunderts,[628] keine Genugtuung gefordert.

Nach diesen Beispielen hätte ein Sünder dem Opfer Genugtuung leisten müssen. Hälschner schränkte demzufolge das Ergebnis von Wallenrodt ein und modifizierte es in Bezug auf die Scholastiker:

> Wenn daher Wallenrodt behaupten will, daß die schon in der älteren Zeit und in den Pönitentialbüchern geforderte satisfactio nur in einer Abbitte bestanden habe, durchaus nicht auf den Widerruf bezogen werden könne, weil dieser erst späterhin «erfunden» worden sei, so ist dies offenbar unrichtig. Vielmehr verhält es sich so, daß schon in der älteren Zeit für jede Art der Ehrenerklärung eine satisfactio laesi gefordert wird, möge sie als Abbitte oder Widerruf oder in welcher Form sonst erscheinen. Die Scholastiker haben darum keineswegs den Widerruf ‹erfunden›, sondern nur dies haben sie gethan, daß sie die Bedeutung dieser satisfactio näher als bisher in doctrinärer Weise bestimmten und formulierten. […]
>
> Die Buße hat die Versöhnung mit Gott zum Zwecke, und eben diese erfordert die Versöhnung mit dem Nächsten, wofern dieser durch die Sünde verletzt wurde. Sie erfolgt durch die satisfactio, d. h. dadurch, daß man sich vor dem Verletzten demüthigt, um seine Verzeihung und Freundschaft zu gewinnen, oder die satisfactio wird, gleichviel in

626 Ebenda, S. 452 (III, cap. IV): «Falsum testimonium dicens placeat proximo suo primo et quale fratri imposuit, tali judicio damnetur judice sacerdote.»

627 Ebenda, S. 477 (cap. IV, 11). – Schmitz: Die Bussbücher und die Bussdisciplin der Kirche, Bd. 1 (1883), S. 629.

628 Für die schwierige Datierung des Paenitentiale Pseudo-Gregorii III. siehe Kerff, Franz: Das Paenitentiale Pseudo-Gregorii III. Ein Zeugnis karolingischer Reformbestrebungen, in: Zeitschrift der Savigny-Stiftung für Rechtsgeschichte, Kanonistische Abteilung 69 (1983) S. 46–63. Allen anderen Datierungen von Bußbüchern liegen die Ergebnisse von Schmitz: Die Bussbücher und die Bussdisciplin der Kirche, Bd. 1 (1883) zugrunde.

> welche Formel sie gefaßt werden mag, im Wesentlichen immer in einer Bitte um Verzeihung, einer Abbitte, bestehen. Eine solche Abbitte ist namentlich auch in jedem Falle einer Ehrenkränkung erforderlich. Eine satisfactio setzt aber die von ihr zu unterscheidende restitutio in den Fällen voraus, wo dem Nächsten irgend etwas unrechtmäßig entzogen worden ist. Darum erfordert zwar nicht jede Art der Beleidigung, wohl aber diejenige, bei welcher ein auferre, detrahere famam stattfand, eine restitutio. Aber auch diese restitutio erscheint nur dann als Widerruf, wofern die detractio in einer falschen Beschuldigung bestand. Abbitte wie Widerruf stammen daher aus der kirchlichen Lehre von der Buße, die in ihren Grundzügen längst vor den Scholastikern des 12. und 13. Jahrhunderts, insbesondere auch in den Pönitentialbüchern vorhanden ist. [...] darin liegt der Unterschied, daß die Scholastiker auf eine nähere doctrinäre Erörterung der ristitutio famae und ihres Unterschiedes von der bei andern Ehrenkränkungen stattfindenden satisfactio eingehen.[629]

Helfritz nahm diese Argumentation auf und formulierte treffend, dass die Scholastiker gar nicht zwischen Widerruf und Ehrenerklärung in der Form unterschieden hätten, wie es die gegenwärtige Rechtswissenschaft täte. Unter anderem deshalb könne man sie nicht als Begründer des Widerrufs ansprechen.[630]

2.5 Ehrenerklärung und Widerruf in Spätmittelalter und Früher Neuzeit

Inquisitionsprozess

Mit der schrittweisen Zurückdrängung des Reinigungseides im Rahmen des unter Papst Innozenz III. eingeführten Inquisitionsprozesses waren Ehrenerklärung und Widerruf nicht mehr zu trennen, sie wuchsen zu einem Rechtsmittel zusammen, wenn es überhaupt je eine explizite Trennung gegeben hatte.[631] Jedoch wären in einigen Rechtstexten, so Wallenrodt, die Elemente des einen oder des anderen Rechtsmittels stärker erhalten geblieben, sodass von einem

629 Hälschner: Ehrenerklärung, Widerruf und Abbitte in ihrer geschichtlichen Entwicklung (1864), S. 331–332 und 338–339.

630 Helfritz: Der geschichtliche Bestand und die legislative Verwertbarkeit von Widerruf, Abbitte und Ehrenerklärung (1905), S. 81.

631 Wallenrodt: Die Injurienklage auf Abbitte, Widerruf und Ehrenerklärung (1864), S. 270–271.

gänzlichen In-einander-gehen und der vollständigen Aufhebung der Einzelinstitute nicht die Rede sein könne. Auffällig sei, dass der *Sachsenspiegel* und die sächsischen Rechtstexte weder Widerruf noch Ehrenklärung kennen würden.[632] Hingegen sollten nach dem *Schwaben-* und *Deutschenspiegel* Beleidigungen mit leichten körperlichen Verwundungen durch öffentliche Abbitte oder Geldzahlungen je nach Stand des Verurteilten gesühnt werden.[633]

Buße

Ehrenerklärungen standen der kirchenrechtlichen «satisfactio» sehr nahe, zu der Buße und Reue als Voraussetzungen der Sühneleistung gehörten. Ab dem 13. Jahrhundert kamen in den Ehrenerklärungen weltlicher Gerichte ähnliche Voraussetzungen und Sühneleistungen in Gebrauch: Versöhnung mit dem Opfer, Bekenntnis der Schuld, Reue, Widerruf und Abbitte. Diese neuen Formen der Ehrenerklärung im profanen Recht scheinen ältere, nicht kirchliche Formen – wie sie zum Beispiel das *Edictum Rothari* kennt – mit aufgenommen zu haben. Genugtuung fand dort als eine Art Reinigungseid statt, geleistet vom Täter und seinen Eideshelfern. Im späten Mittelalter durfte allerdings nur noch der Täter den Reinigungseid leisten, nicht mehr die Eideshelfer: Der Reinigungseid hatte sich zu einer Genugtuung für das Opfer gewandelt durch die Verpflichtung, diese Genugtuung auszusprechen.[634]

Weder Wallenrodt noch seine beiden substantiellsten Kritiker, Hälschner und Helfritz, können für den geschichtlichen Fortgang von Ehrenerklärung und Widerruf seit dem 13. Jahrhundert eine tatsächlich lückenlose Darstellung bieten. Besonders Helfritz war aber davon überzeugt, dass die theologischen Überlegungen vor dem frühen 16. Jahrhundert keinen Einfluss auf das kirchliche oder profane Recht nahmen. Für ihn folgten die deutschen Partikularrechte und das Kirchenrecht zwei getrennten Wegen, die erst am Ausgang des Mittelalters mit der Rezeption der italienischen Juristen durch deutsche

632 Zahlreiche Beispiele für Widerruf und Ehrenerklärung in den spätmittelalterlichen Rechtstexten ebenda, S. 272–274 und Helfritz: Der geschichtliche Bestand und die legislative Verwertbarkeit von Widerruf, Abbitte und Ehrenerklärung (1905), S. 42–55.

633 Gengler: Des Schwabenspiegels Landrechtsbuch (1875), Kap. XCII, S. 83. – Eckhardt· Hübner: Deutschenspiegel und Augsburger Sachsenspiegel (1933), S. 190.

634 Hälschner: Das preußische Strafrecht, Bd. 3 (1868), S. 221–223.

Rechtsgelehrte zusammenfanden und dann auch die Gedanken der Scholastiker berücksichtigten.[635]

Hälschner will größere Übereinstimmungen zwischen dem *Edictum Rothari* von 643 und den ersten deutschen spätmittelalterlichen Rechtstexten, die sich zur Genugtuung äußerten, erkannt haben, nämlich den *Goslarer Statuten*, dem *Landrecht Kaiser Ludwigs des Bayern* und dem *Freisinger Recht*. Er spricht von «Ähnlichkeit» in den Texten, ohne überzeugend in seiner Argumentation zu sein:

> Im Übrigen ist die Ähnlichkeit in diesen durch mehrere Jahrhunderte voneinander getrennten Kodifikationen von einer nicht zu unterschätzenden Bedeutung, denn einmal ist damit der Nachweis erbracht, daß sich ein rein deutschrechtlicher Entwicklungsgang verfolgen läßt, ferner aber liegt darin ein deutliches Anzeichen dafür, wie tief eingebürgert im Volksbewußtsein die zu Grunde liegende Idee einer Wiederherstellung der Ehre gewesen sein muß, wenn sie sich in der jahrhundertelangen Periode rein gewohnheitsmäßiger Rechtsbildung ohne gesetzliche Fixierung erhalten hat, um sodann wieder in den Rechtsaufzeichnungen späterer Jahrhunderte Aufnahme zu finden.[636]

Dass bei einem annähernd gleichen Tatbestand, für den zur Sühne eine Genugtuung in den erwähnten Rechtstexten vorgesehen war, Übereinstimmungen aufzufinden sind, ergibt sich von selbst. Hälschner versuchte übereifrig, eine Kontinuität zwischen älterem «deutschen Recht», wie er es nennt, und jüngerem deutschen Recht herzustellen. Einen Zusammenhang zwischen dem spätmittelalterlichen Recht und den theologischen Überlegungen oder dem kanonischen Recht lässt er hingegen nicht gelten, sondern meint, dass sich bis zum 16. Jahrhundert kein «entscheidender Einfluß der kirchlichen Lehren auf die Entwicklung der Privatgenugtuung in Deutschland an der Hand des vorliegenden Materials» nachweisen lasse.

In der Frühen Neuzeit dürfte der scholastische Einfluss gleichfalls kein dominantes Moment im deutschen Partikularrecht gewesen sein. So legten beispielsweise die *Kursächsischen Konstitutionen* von

635 Helfritz: Der geschichtliche Bestand und die legislative Verwertbarkeit von Widerruf, Abbitte und Ehrenerklärung (1905), S. 85.

636 Zitiert nach Hälschner: Ehrenerklärung, Widerruf und Abbitte in ihrer geschichtlichen Entwicklung (1864), S. 40.

1572 den Widerruf für eine vorsätzlich ausgesprochene Verbalinjurie verbindlich fest, überließen es aber dem Gericht, «nach gelegenheit der person/ der zeit oder örtter/ vnd anderer vmbstende» aus einer Anzahl von Rechtsfolgen zu wählen. Es werden angeboten: eine hohe Geldbuße, Gefängnis, eine temporäre Verweisung oder eine mit Stäupen begleitete ewige Verweisung des Landes.[637] Abhängigkeiten vom Kirchenrecht lassen sich hieraus nicht ableiten. Hingegen erörtert Damhouder in seiner Zusammenschau zeitgenössischer Rechtstexte, dass Schmähungen mit Worten «zu erstattung guten Leuthmundes»

Richter

durch den Richter befohlen werden sollen; vorsätzlich ausgesprochene Schmähungen würden darüber hinaus – und hier bezieht er sich ohne es zu sagen auf kanonische Texte – mit Wallfahrten, Almosen, gestifteten Glasfenstern und anderen «KirchenGaben» gesühnt werden. Es gebe noch die Möglichkeit, dass der Täter dem Opfer Ersatz leiste, indem er diesem Gabe oder Geld nach Maßgabe des Richters reiche. Eine Form der Abbitte würden die kirchlichen Rechtstexte kennen, so Damhouder weiter, wenn Schmähungen untereinander ausgetauscht wurden. Dann solle man dazu außergerichtlich raten, einander zu verzeihen. Ganz auf eine gerichtliche Bestrafung sollte auch dann nicht verzichtet werden, wenn der Täter gleich nach der Tat am gleichen Ort dem Opfer gegenüber seine Schmähung widerrufen hatte.[638] Zu diesem verbotenen Straferlass legen auch die *Statuten der Stadt Frankenhausen* (1558) in Artikel 66 fest:

> Von iniurien vndt schmehe ehre berürende. Welcher burger den andern schildt vnnde schmehet, daß jheme seine ehre betrifft, der soll sich mit dem geschmeheten vor dem Rath erkenntnüß einigenn, vnnahngesehenn, ob er gleich erboethe die zu ermeßenenn jniurien zu erweisenn, weill er zuuorn denn ordenntlichenn weg deß rechtenn nicht gebrauchenn, noch die obrigkeit nicht ersucht, sonndernn veracht hat, jn deme daß er sein eigenn Richter hat seinn wollen, welcheß dann niemanndt gebühret.[639]

637 Des Durchlauchtigsten Hochgebore[n] Fürsten vnd Herrn, Herrn Augusten Hertzogen zu Sachsen [...] vnd Churfürsten [...] Verordenungen vnd Constitutionen des Rechtlichen Proces, auch waser massen etzlicher zweiffelhafftiger vnd streitiger fell halben [...] zu recht erkand vnd gesprochen werden sol. Dresden 1572 (VD16 S894), Pars IV, Constitutio 42, Blätter 108v–109v.

638 Damhouder: Praxis rerum criminalium (1565), cap. 136, Blätter 243r–245v.

639 Zitiert nach Walch: Vermischte Beyträge zu dem deutschen Recht, Bd. 1 (1771), S. 360. Dieser Artikel befindet sich in fast wörtlicher Übereinstim-

Helfritz bemerkte unter Berufung auf die ältere Forschung, dass die Genugtuung im späten Mittelalter «mehr und mehr den Charakter einer Strafe gegen den Täter» angenommen hätten.[640] Diese Beobachtung trifft nach quantitativen Gesichtspunkten uneingeschränkt zu. Ergänzend erklärt His, dass in den frühmittelalterlichen langobardischen und den skandinavischen Quellen der Widerruf lediglich als Genugtuung für das Opfer vorgesehen war, nicht aber als Strafe für den Täter. Dieser Standpunkt wäre auch noch in wenigen spätmittelalterlichen Rechtstexten zu finden, zum Beispiel im *Oberbayerischen Landrecht* und im *Stadtrecht von Freisingen*. Überwiegend bestehe aber in dieser Zeit die Pflicht für den Täter, Widerruf zu leisten; weigert er sich, könne er dazu gezwungen werden. Der Widerruf sei als Strafe und Demütigung aufgefasst worden, indem bestimmte ehrrührige Formeln dem Beleidiger zum Nachsprechen vorgegeben wurden.[641]

Von den profanen Rechtstexten, und nur diese wurden von den genannten Rechtshistorikern analysiert, während man dem Kirchenrecht keine Aufmerksamkeit schenkte, konnte man, wie aufgezeigt, bis zum 14. Jahrhundert übereinstimmend nur das *Edikt des Königs Rothari* mit einer Genugtuung in Verbindung bringen. Demgegenüber stehen die Belegstellen für das 14., 15. und 16. Jahrhundert. Richtig ist vielmehr, dass im profanen Recht die Genugtuung erst seit dem späten Mittelalter öfter thematisiert wurde und dass sie mit den ersten Erwähnungen in diesem Rahmen in den *Goslarer Statuten*, dem *Rechtsbuch Kaiser Ludwigs* und dem *Freisinger Stadtrecht* bereits in Kombination mit einer durch den Gerichtsherrn verhängten Strafe auftritt.

2.6 Ausführung des Widerrufs

Dass die Art und Weise des Widerrufs sehr erniedrigende Formen annehmen konnte, wie es im Anschluss noch dargestellt wird, ist einer Reihe von Statuten und Weistümern zu entnehmen, allerdings

mung in Artikel 69 des Greußener Stadtrechts von 1556. Walch: Vermischte Beyträge zu dem deutschen Recht, Bd. 7 (1781), S. 220.

640 Helfritz: Der geschichtliche Bestand und die legislative Verwertbarkeit von Widerruf, Abbitte und Ehrenerklärung (1905), S. 62 (mit weiteren Hinweisen zur älteren Forschung).

641 His: Das Strafrecht im deutschen Mittelalter, Bd. 2 (1935), S. 126.

treffen viele Rechtstexte keine Aussagen über die Form des Widerrufs. Eine historische Entwicklung aus diesem Befund ablesen zu wollen, ist daher nur bedingt gerechtfertigt. Zieht man noch die spärlichen Ergebnisse aus dem kirchlichen Strafrecht für das frühe und hohe Mittelalter hinzu, wonach die Sendgerichtsbarkeit nachweislich vorsah, die öffentlichen Bußleistungen durch Exkommunikationen zu erzwingen, sodass diese Bußleistungen den Charakter von ehrenkränkenden Strafen tragen konnten,[642] dann wird offensichtlich, dass der Genugtuung immer schon strafende Züge anhaften konnten, die regional unterschiedlich ausgeprägt waren.

Die spätmittelalterlichen Rechtstexte bieten hinsichtlich der Örtlichkeiten und der Ausführung des Widerrufs eine Fülle von Möglichkeiten, die drei verbreiteten waren:

1. Zum Beispiel sollte in Freising und Zug sowie im Geltungsbereich des *Lübischen Rechts* Delinquent vor dem tagenden Gericht seine Beleidigung widerrufen und die Ehre des Opfers restituieren. Auch in Thüringen war es spätestens zum Ausgang des Mittelalters üblich geworden, dass sich Täter und Opfer vor dem Stadtrat gütlich einigen und dieser die Beschul-
Leumund
digungen kassierte, um auf diese Weise den Leumund des Beschuldigten zu rehabilitieren.[643]

2. Im älteren *Landbuch der March* (Schwyz), im *Saarbrücker Freiheitsbrief*, im *Rügener Recht* und im *Rechtsbuch Ruprechts von Freising* wird gefordert, dass der Delinquent in der Kirche von der Kanzel oder auf dem Markt widerrufen sollte. Zum Beispiel heißt es bei Ruprecht in Kapitel 258:

> […] um deu chlag, ob ainer dem andern geunleuntt [verleumdet] hiet, is wær fraw oder man, daz er in diuf [Dieb] hiet zigen, die er auf in nicht bewæren mæcht. Dâ muest er
> Richter
> um an seinen stat stên gên dem richter an dem leib und an dem guot, den leip mit dem guot ze lœsen, jenem seinen schaden ab tuon zwîvaltichleichen [zweifach], den er dâ geunleuntt hiet.

642 Siehe dazu den Abschnitt «Rügegerichte und Rügeverfahren», S. 365–373.

643 Die Belegstellen bei Köstlin: Die Ehrverletzung nach deutschem Rechte (1855), S. 378–379.

Und er muss vor dem Gericht sprechen:

«swaz ich in an gesagt hân, daz ist gelogen und ist dez nicht.» Sam [ebenso] muest er auch auf dem letter [Lettner] tuon ein der pfarr, dâ jener inne gesezzen ist, den er dâ geun leuntt hât.[644]

In den *Rechten des Klosters St. Gallen für den Hof Koellikon* aus dem frühen 15. Jahrhundert heißt es, dass die gekränkte Ehre entweder «vor offenem gericht oder offenlich in der kirchen» durch den Straftäter hergestellt werden muss.[645]

3. Nach Albertus Magnus, Thomas von Aquin, Duns Scotus und Hostiensis müsste der Widerruf, wie eben erwähnt, möglichst am selben Ort und vor denselben Personen, die bei der Diffamierung zugegen waren, vollzogen werden.[646] Eine ständespezifische Unterscheidung sah das *Hamburger Recht* vor, wenn es Widerrufe für hoch angesehene Personen am Pranger verordnete, andere hingegen nur vor dem tagenden Gericht:

Straffe der Injuranten/ Calumnianten/ Lästermeuler vnd Ehrenschender. Wann einer den andern mit bösen schmähe- vnd Scheldtworten/ hinterrückens vnbesonnen beschweret/ vnd wann er darüber zu rede gesetzt/ oder von dem Gerichts Befehlhaber wird besprochen/ solcher gethanen affterredung keinen standt thun wird/ sondern derselben sich entlegt/ vnd dabey sich freywillig erkleret/ daß er von dem andern nichts anders/ als was den ehren gemeß/ wisse zu achten vnd zu halten/ Auff den fall stehet es in des beleidigten macht vnd freyen willen/ ob er auß friedliebendem gemüte die Injurien klage einstellen/ oder ferner mit Rechte außführen wolle/ worbey allewege/ so wol des Injurianten, als des beleidigten standt vnd qualitet ist zu respectiren. Es wird aber gleichwol der Injurant wegen seines vngeburlichen verhaltens/ dem Gerichte wandel vnd abtrag zu thun/ billig angehalten. Da aber hochbeschwerliche schmähunge/ die ehr vnd glimpff concerniren, einem würden vorsetzlich angefügt/ vnd der beleidigtee solches als eine atrcem Injuriam sich zu Gemüte ziehen/ vnd mit Kalumnie

644 Zitiert nach Claussen: Freisinger Rechtsbuch (1941), S. 302.

645 Grimm u. a.: Weisthümer, Bd. 5 (1866), S. 68.

646 Wallenrodt: Die Injurienklage auf Abbitte, Widerruf und Ehrenerklärung (1864), S. 258–259. Ergänzend dazu Hälschner: Ehrenerklärung, Widerruf und Abbitte in ihrer geschichtlichen Entwicklung (1864), S. 336–337.

> Rechte eyfern würde: So soll der Injurante solche außgegossene Injurien vnd schmähunge/ vor dem Rath offenes Hauses/ oder im Niederngerichte/ zu revociren vnd zu wiederruffen/ oder auch/ da solche enormissimae injuriae einer ansehenlichen Personen/ oder Erbarn Bürgern/ Bürgerinnen/ in seiner oder ihrer vnschult/ von einem friedhessigen würden wiederfahren: So soll solcher wiederruff/ auff dem ehrlosen Blocke geschehen/ vnd verrichtet werden.[647]

Häufig war der Brauch, dass sich die Delinquenten beim Widerrufen auf den Mund schlugen und sprachen: «Mund, das hast du gelogen». So heißt es zum Beispiel in der *Rechtsprechung des Ingelheimer Oberhofs* (fränkischer Rechtskreis) aus der ersten Hälfte des 15. Jahrhunderts:

> Als ir uns geschriben habt, wie ewer mitpurger gesprochen, eyner eytgenossen habe ym gewalt getan, und hat des nicht beweisen können, so sprech wir czu einem rechten, das der drei suntag nacheinander geen sal in die pfarrkirchen und treten auf den predigstuhl und also sprechen: ‹was ich auf den gerett habe, doran habe ich ym unrecht getan› oder ‹habe unrecht gerett als ein boser› und sal sich drei stund in das maul slahen.[648]

Diese Form des Widerrufs wäre seit dem 13. Jahrhundert von Friesland und Rügen bis nach Mähren und Ungarn hin bekannt gewesen:

> Die Strafe des Maulschlages hat spiegelnden Charakter, indem sie den fehlbaren Körperteil züchtigt. Zugleich aber soll sie in handgreiflicher Weise den Schaden wieder gut machen: durch den Schlag soll der Schelter, wie es im Westerwolder Landrecht (1470) heißt, «weder in kloppen, wat he hedde gesproken».[649]

---

647 Zitiert nach Der Stadt Hamburgk Gerichtsordnung vnd Statuta (1605), Teil IV, Art. 58, S. 390–391.

648 Zitiert nach Kaufmann: Das spätmittelalterliche deutsche Schadensersatzrecht (1961), S. 110–111. Weitere Beispiele ebenda, S. 111 Anm. 67–69.

649 His: Das Strafrecht des deutschen Mittelalters, Bd. 2 (1935), S. 577–578. Weitere Beispiele bei Helfritz: Der geschichtliche Bestand und die legislative Verwertbarkeit von Widerruf, Abbitte und Ehrenerklärung (1905), S. 47–55, sowie Köstlin: Die Ehrverletzung nach deutschem Rechte (1855), S. 374–380 und 402–403.

Andernorts sollte der Delinquent schwören, dass er über sein Opfer nur Gutes und Ehrenhaftes gehört und er die Unwahrheit gesagt habe. Zum Beispiel der vor dem *Dresdner Gericht* am 9. August 1516 verhandelte Fall zwischen der Näherin Margaretha und Anna Hule wegen Beleidigung:

> Margaretha, Anna Hulin. Sonabend in vigilia Laurencii seind Margaretha, eyn neterin, clegern, eins und fraw Hulin anders teyls, beclagtin, umb etliche scheldworth, daz sie bemelt Margarethe eyn barbirische [!] hure geschulden und geschmehet mit andern dergleichen worten, gutlichen entscheiden, und obgemelt fraw Anna Hulin hat sie wie ernach folget abgepeten: «Liebe Margaretha, ich weyß nichts von euch dan ere und frommigkeit. Byn ich euch aber an euren eren etwas zw nahen gewesen, wollet mir dasselbige umb gots willen vergeben. Ich will hinfurder euch eren und fordern.» Und mit dergleichen worten hat Margaretha widerumb gethan, und frauen Annen ist bey pen 10 fl geboten, sich hinfurder diß zu enthalden.[650]

Eine außergewöhnliche Regelung sieht das *Engelberger Talrecht* vor; dort wurde dem Opfer eine schriftliche Ehrenerklärung zuteil, ganz ähnlich der Bestimmung im *Eisenacher Recht*.[651]

2.7 Der Widerruf in der Erzählung des Hans von Schweinichen

Diese Regelungen scheinen über die Standesgrenzen hinaus Anwendung gefunden zu haben, denn auch Adlige konnten auf die eine oder andere Art zu einem Widerruf gezwungen werden. So berichtet der niederschlesische Ritter Hans von Schweinichen (* 1552 † 1616) in seinen autobiografischen Aufzeichnungen zu Beginn des Jahres 1586 von seinem Vetter Siegmund von Schweinichen, dass dieser einem Joachim von Näfe vorgeworfen hätte, er sei kein «Edelmann» und

650 Zitiert nach Kübler · Oberste: Das sechste und siebente Stadtbuch Dresdens (2011), Nr. 429. Weitere ähnlich lautende Formeln ebenda, Nr. 341, 480 und 592 sowie Kübler · Oberste: Das vierte und fünfte Stadtbuch Dresdens (2008), Nr. 41, 246 und 458.

651 Helfritz: Der geschichtliche Bestand und die legislative Verwertbarkeit von Widerruf, Abbitte und Ehrenerklärung (1905), S. 49–55 (mit weiteren Beispielen). Zu dem angesprochenen Eisenacher Recht siehe den Abschnitt «Post mortem», S. 108–112.

nicht «adelichen Geschlechts». Siegmund wurde daraufhin durch Herzog Georg II. von Brieg-Wohlau (* 1523 † 1586) festgesetzt. Der Gefangene hatte deshalb Verwandte gebeten, ihm als Leumundszeugen und Sprecher während des kommenden Gerichtstages beizustehen. Sie trafen aber nicht am Verhandlungsort in Brieg ein, sondern nur Hans von Schweinichen sprach für seinen Vetter. Das Gericht befand unter dem Vorsitz des Herzogs den Beklagten für schuldig, unter anderem auch, weil er Joachim einen «Pfeffersack» gescholten hatte und verurteilte ihn dazu, an Ort und Stelle zu widerrufen:

> was der von Schweinichen geredet und gethan, das wäre aus hitzigem Gemüte und vollem Trunk hergeflossen, wüßte also von dem von Nefe nichts andres, als was einem Ehrlichen von Adel geziemet und gebühret; da er ihm nun mit Worten zu nahe kommen wäre, so bitte er ihn um Verzeihung, hielte ihn auch förder vor einen adelichen ehrlichen Mann.

Siegmund musste also einen Widerruf leisten, der mit einer Abbitte kombiniert war, in der er sein Opfer um Verzeihung bat. Joachim nahm diese Bitte an. Damit waren Widerruf und Abbitte abgegolten. Jedoch sah der Herzog sich angesichts des enormen Beistands von 124 adligen Personen aufseiten Joachims gezwungen, Siegmund im Rathaus zu «bestricken», um, wie es Hans von Schweinichen schreibt, die «Reputation» zu beweisen. Das heißt der Herzog war aufgefordert, eine in den Augen der Adligen angemessene Strafe zu verhängen. Er entschied sich anfangs für eine Gefangennahme im Rathaus, ohne dass eine Befristung bekannt wäre. Noch am gleichen Abend gelang es Hans durch eine schriftliche Zusicherung, seinen Vetter aus der Festsetzung im Rathaus zu befreien. Dafür musste er versprechen, dass Siegmund in seiner Herberge verbleibe, bis der Herzog das endgültige Strafmaß verhängen würde. Am Morgen darauf sprach Hans abermals beim Herzog vor. Die Festnahme wurde nun auf drei Tage in der Herberge befristet, eine Gnade, die Hans sich und seiner Beredsamkeit zuschrieb.[652]

Es wird deutlich, dass hier das Strafmaß im Ermessen des Richters lag und dass der Herzog aufgrund des öffentlichen Drucks sich bemüßigt sah, eine Freiheitsstrafe festzusetzen. Dieses schwierige stände-

652 Osterley, Hermann (Hg.): Denkwürdigkeiten von Hans von Schweinichen. Breslau 1878, S. 316–317.

spezifische Abwägen des Strafmaßes lässt sich bereits in den älteren deutschen Rechtstexten nachweisen. *Sachsenspiegel, Deutschenspiegel* und *Augsburger Sachsenspiegel* schrieben eine abstammungsgemäße Bestrafung vor.[653] Der Schwabenspiegel führt diesen Gedanken weiter aus und mahnt, keinen Knecht einem Herrn gleich zu strafen und keinen Unfreien gleich einem Freien, denn das sei gegen Landes- und Gottesrecht. Für den Fall, dass eine Person eine zu hohe Strafe büßen soll, wird geraten, zuerst Freunde zum Eingreifen anzuhalten, und wenn es die Freunde nicht zu regeln vermochten, dann sollte sich der Richter weise Leute zu Rate holen und mit diesen urteilen. Der Schwabenspiegel benennt hier drei Kriterien, nach denen das Strafmaß festgelegt werden müsse: persönliche Würde, Laster und Schaden:

Abstammung

Richter

> Kap. 111. Und schilt ain man den andernn oder schosset er in oder wunt er in oder was er im ubels tut an den todslag vnd wil er pussen, das man im ere piete oder gut das man tün nach seiner wirdichait. Niemant sol den läwten geleich püezz ertailen. das man dem knecht püezz als dem herren vnd dem aigen als dem freyen, das ist weder gots recht noch lantzrecht. man sol dem man püzzen nach seiner wirdichait vnd sol auch dem richter in dem selben rechten püezzen. vnd wil aber ain man zeuil püzz, das sol stan an ir pay der frewnt. mügen ez die nicht beschaiden, so nem der richter weise läwt zw im vnd beschaid ez mit der rate. der richter sol sehen an des mannes laster vnd an seinen schaden vnd haizz im dar nach püezzen.[654]

Im Brieger Prozess und in den Rechtsspiegeln werden dem Richter in Abhängigkeit vom sozialen Status und der öffentlichen Meinung also Ermessensspielräume und Verhandlungspotential eingeräumt. Ein festes Kompositionensystem lag dem nicht zugrunde. Mit Blick auf das Rechtsverständnis, wonach Recht die (Wieder-)Herstellung des Friedens bezweckte, wird klar, weshalb die Öffentlichkeit und vor allem die Verwandten und Freunde als Helfer von Delinquent und Opfer in der Urteilsfindung berücksichtigt wurden. Umso höher ein Delinquent oder ein Opfer in der gesellschaftlichen Hierarchie stand, desto schwieriger war es, eine angemessene Strafe für Beleidigungen zu finden. Nicht nur die Person wurde in ihrer Ehre angegriffen, son-

653 Siehe dazu den Abschnitt «Die Berücksichtigung der ständischen Differenz und autoritätsabhängiger Beziehungen», S. 97–107.

654 Zitiert nach Eckhardt: Schwabenspiegel, Kurzform (^{2}1974), S. 169–170.

dern auch die Verwandten und das Gefolge. Deshalb war die Gefahr verheerender Fehden groß, selbst wenn ein generelles Fehdeverbot Landfrieden durch königliche Landfrieden, fürstliche Erlasse oder den 1495 beschlossenen *Ewigen Frieden* im Reich bestand. Ohne ein ausreichendes Maß an exekutiver Organisation, die im Untersuchungszeitraum ohne Frage Mangelware oder zumindest nicht flächendeckend war, Rache konnten Rache und Fehde nur schwer eingedämmt werden. Die mittelalterliche Schiedsgerichtsbarkeit und die Vermittlung zwischen Streitparteien bildeten daher im Adels- und Fürstenstand eine häufig bemühte Alternative zum Richterspruch.

3. Verweisungen, Geißelungen, Talionsprinzip

Die Ehrenerklärungen, Widerrufe und Abbitten bilden den wichtigsten Teil im Katalog der mittelalterlichen und frühneuzeitlichen Rechtsfolgen im Rahmen des Injurienrechts, weil die Verletzung des im Tatbestand beschriebenen Rechtsgutes ausgeräumt wurde. Damit war das Opfer rehabilitiert und der Delinquent rechtskräftig als solcher entlarvt. Diese Formen der Rehabilitierung sind aber nicht in jedem Fall als Strafe aufzufassen. Erst wenn eine der Formen tatsächlich erkennen lässt, dass sie darauf abzielte, den Täter als eine unehrenhafte Person zu kennzeichnen, wird aus der Forderung der Rehabilitation des Opfers auch eine Strafe für den Täter, weil er mit seinem Leumund und seiner Ehre ein wertvolles persönliches Rechtsgut ganz oder zum Teil einbüßte. Da die früh- und hochmittelalterlichen Quellen zur Bewertung der Rehabilitation nur wenige Auskünfte erteilen, lässt sich nicht mit Sicherheit behaupten, dass sich auf dem Weg ins späte Mittelalter eine Entwicklung abzeichnete, wonach aus den Formen der Rehabilitierung nun uneingeschränkt Formen der Bestrafung wurden. Ohne Zweifel trägt der spätmittelalterliche Widerruf, der ein Eingeständnis der persönlichen Lüge oder eine selbst zugefügte Maulschelte vom Verurteilten forderte, nach heutigen Maßstäben einen strafrechtlichen Charakter. Eingeschränkt wird dieser Befund durch die Quellenlage, weil nicht in jeder Bestimmung zu einem Widerruf über dessen Ausführung reflektiert wurde.[655]

Ehre, Leumund

Wenn die Zeitgenossen den Widerruf und die Abbitte tatsächlich als eine Strafe empfanden, dann war ihnen dieses Strafmaß allerdings zu gering, denn Widerruf und Abbitte treten beinahe ohne Ausnahmen in Kombination mit einer Strafe auf. Das heißt das Rachebedürfnis wurde durch diese beiden Formen offenbar nicht gestillt und als eine zufriedenstellende Genugtuung oder Ersatzleistung fasste man sie

655 Nach Thomas von Aquin trägt der Widerruf keinen Strafcharakter, sondern soll das Entzogene dem Opfer ersetzen, siehe S. 327 in diesem Abschnitt.

ebenfalls nicht auf. In diesem Sinn ist es geboten, mit Vorsicht gegenwärtige strafrechtliche Maßstäbe anzulegen. Es scheint eher geraten, die Formen der Rehabilitation als eine notwendige Rechtsfolge zu verstehen, mit der die Verletzung des Tatbestandes ausgeräumt wurde, um dem Opfer sein ursprüngliches Ansehen innerhalb seiner Gemeinschaft wieder zu geben. Erst in einem zweiten Schritt erfolgte die eigentliche Strafe beziehungsweise ein Zahlung von Bußgeldern und Gewette oder die Bestrafung durch Freiheitsentzug, Leibes- und Ehrenstrafen. Diese Strafen mussten nicht notwendigerweise an einen Widerruf oder eine Abbitte gekoppelt sein. Bei einer bürgerlichen Klage auf Schadensersatz, die sich seit dem 15. Jahrhundert an deutschen Gerichten durchzusetzen begann, wurde sogar bewusst auf eine Rehabilitation durch diese beiden Formen verzichtet.[656] Aufgrund dieser Überlegungen wurde das Kapitel «Ehrenerklärung, Widerruf und Abbitte» den eigentlichen Strafen vorgeschaltet.

Buße

Klage

3.1 Zur Unterscheidung der Strafen

Es bietet sich an, die Strafen selbst noch einmal zu unterscheiden, nämlich erstens in solche, die geeignet waren, den Täter durch öffentliche Strafen zu entehren, und zweitens in solche, die eine Art Ersatzleistung für das Opfer, das Gericht und die Gemeinde bildeten. Über die erste Gruppe berichtet dieses Kapitel, über die zweite das Kapitel im Anschluss.

Die nachfolgende Darstellung gewinnt ihre Überzeugungskraft natürlich insbesondere aus der Befundlage der Quellen. Während im frühen Mittelalter nur wenige Texte für die Untersuchung zur Verfügung stehen und für das hohe Mittelalter fast ausschließlich kirchenrechtliche, gibt es eine Fülle von Einzelnachweisen für das späte Mittelalter und die Frühe Neuzeit. Aus diesem Grund werden die Strafformen vor allem summarisch mit Rücksicht auf ihre zeitliche Präsenz und ihren zugrundeliegenden Rechtsbereich erörtert. Eine Ausnahme bildet die Behandlung der falschen Anschuldigung; hier wird vom Tatbestand ausgegangen, nicht von der Strafform, da die falsche Anschuldigung in den Quellen häufiger als andere Tatbestände ausführlich thematisiert und oft sehr hart bestraft wurde.

Falsche Anschuldigung

656 Siehe dazu den Abschnitt «Strafrechtlich oder bürgerlich klagen?», S. 354–364.

Es gab kaum Strafformen, die ohne Einschränkung nur einem Rechtsbereich zugeordnet werden können. Zu den Ausnahmen gehören die Exkommunikation und die Dispensierung einer Person von ihrem Amt. Diese Strafen lassen sich im Rahmen der Injurienbehandlung ausschließlich für das Kirchenrecht nachweisen. Das heißt nicht, dass Amtsenthebungen im profanen Recht nicht einer Injurienklage folgen konnten. In den Rechtstexten lassen sich solche Bestimmungen aber nicht finden. Erst aus Urteilen wird deutlich, dass Amtsenthebungen auch außerhalb der kirchlichen Gerichte während eines Injurienprozess angewiesen wurden.[657] Ähnlich vage fallen die folgenden Beobachtungen zum Narrenhaus und den Lastersteinen aus. Diese Formen der Bestrafung treten in den benutzten Quellen allein für Frauen auf; es lässt sich aber nicht mit Sicherheit sagen, dass dieser Befund tatsächlich den historischen Gepflogenheiten gerecht wird. Andere Rechtsfolgen wie die Talion, Stockhiebe und mit Einschränkung die Verweisung (Verbannung) sind für den gesamten Untersuchungszeitraum greifbar. Ein großer Teil der Strafformen für Injurien wird allerdings erst ab dem 13. Jahrhundert greifbar wie die Gefängnisstrafe, die Hinrichtung, die Verweisung, das Stäupen, der Pranger und das Tragen von Lastersteinen.

3.2 Strafen und Bußen im Kirchenrecht[658]

Beim Strafrecht und den Bußen der Kirche ist zu unterscheiden nach Strafen und Bußen, die einen Geistlichen erwarteten und den Strafen und Bußen eines Geistlichen bzw. geistlichen Gerichts über Laien. Zudem spielen die amtlichen Hierarchien innerhalb der Kirchenorganisation und die Weihegrade der Geistlichen eine wichtige Rolle. Besonders schwer fiel ins Gewicht, wenn Injurien im Rahmen einer heiligen Handlung ausgesprochen wurden oder sie sich gegen Personen richteten, die eine solche heilige Handlung zu diesem Zeitpunkt vollzogen. Denn hier greifen die Vorstellung von kultischer

657 Müller-Burgherr: Die Ehrverletzung (1987), S. 141: «1579 verklagten sich der Weibel Michel Mörlich und der Gerichtsschreiber Matrin Steiger gegenseitig wegen Ehrverletzung. Gemäss Urteil des Gerichts wurde Mörlin zu einer Geldstrafe verurteilt und des Amtes entsetzt».

658 Zu den in Bußbüchern festgehaltenen Folgen siehe auch Kapitel E, Abschnitt 2.4 Über die Schwierigkeit, den historischen Ursprung des Widerrufs zu ergründen, S. 275–279.

Reinheit und Sakrileg, die im Abschnitt «Unzucht und Illegitimität» (S. 212–214) bereits beschrieben wurden.

Im kanonischen Recht strafte man Injurien nach der Schwere des Deliktes. Neben der eigentlichen Bußleistung, die öffentlich oder im Geheimen erfolgen konnte, zählten zu den möglichen Bestrafungen die Dispensierung von den ausgeübten geistlichen Ämtern, die Einschließung in ein Kloster, Auspeitschen, die Exkommunikation und die Übergabe an ein weltliches Gericht mit der Maßgabe, dadurch das Strafmaß zu erhöhen.[659] Als Bußleistung bestimmte zum Beispiel das *Paenitentiale Casinense* (auch: *Paenitentiarium summorum pontificum*) aus der ersten Hälfte des 8. Jahrhunderts für das Ablegen eines falschen Zeugnisses (falsum testimonium) eine Dispensierung für Bischöfe von sieben Jahren, für Priester fünf, für Diakone und Mönche jeweils drei.[660]

Kirchendiener

Sakrileg

Falls ein Laie in einer Kirche oder während einer kultischen Handlung außerhalb des Gotteshauses die Zeremonie selbst oder die daran beteiligten Geistlichen und Kirchendiener in irgendeiner Weise schmähte, musste er mit einer Bestrafung durch Schläge und/oder Verweisung rechnen. Zugleich konnte ein solches Delikt als Sakrileg ausgelegt werden. Dann drohte auch die Exkommunikation, die sofort in Kraft trat und besonders schwer wog, weil eine Absolution vor dem Apostolischen Stuhl persönlich zu erbitten war. Einige wenige Ausnahmen waren möglich. Nach einer Verfügung Papst Alexanders III. (1159–1181) von 1170 durften Frauen, Unmündige, Greise, Kränkelnde, Krüppel und Arme vom Ortsbischof absolviert werden. Wenn das körperliche Hindernis bei einem Absolvierten ausgeräumt war, musste dieser seine Reise zum Apostolischen Stuhl allerdings nachholen, sonst trat die Exkommunikation wieder ein. Papst Clemens III. (1187–1191) verfügte wenige Jahre später, 1189, dass nur noch Absolutionen für schwere Injurien vor dem Papst erbeten wer-

659 Landau: Die Entstehung des kanonischen Infamiebegriffs (1966), S. 59–62 und 98.

660 Schmitz: Die Bussbücher und die Bussdisciplin der Kirche, Bd. 1 (1883), S. 409 (cap. 36 «De falso testimonio»): «Si quis falsum testimonium dixerit, episcopus VII annos peniteat, presbyter V, diaconus vel monachus III et deponantur usque dum finiant poenitentiam, si vero bene egerunt poenitentiam, reconcilientur […].» Weitere Beispiele für Rechtsfolgen zu diesem Tatbestand oder ähnlichen bei Schmitz auf den S. 447, 505, 560, 581, 616, 635–636, 673, 748, 754, 787 und 829.

den mussten, für minderschwere Injurien durfte der Ortsbischof die Absolution erteilen.

Für Geistliche bestanden andere Festlegungen. Jene, die in Gemeinschaft lebten, durften vom Bischof absolviert werden, wenn sie keiner schweren Injurie für schuldig befunden wurden. Wenn sich Mönche in einem Kloster untereinander beleidigten, war der Klostervorsteher befugt, die Absolution auszusprechen. Wenn ein Mönch aber einen Weltgeistlichen oder einen Mönch aus einem anderen Kloster beleidigte, musste der Bischof absolvieren; die gleiche Regelung galt auch für Nonnen.[661] Der Absolution hatten Bußleistungen und in bestimmten Fällen auch Genugtuungen vorauszugehen.

Genugtuung

Besonders schwer wog es, wenn eine geweihte Person sich durch eine falsche Anschuldigung versündigte. Lügen und falsches Zeugnis ablegen waren Todsünden, die nicht erst mit den vermehrten Disputen über die Zungensünden seit dem 12. Jahrhundert harte Strafen nach sich ziehen konnten. So wurden im fünften Buch der *Dekretalen Papst Gregors IX.* unter dem zweiten Titel «De calumniatoribus» ein Mahnschreiben Papst Gregors des Großen an Anthemius, dem «subdiaconus Campaniae», vom 10. Juli 601[662] und eine Dekretale von Papst Innozenz III. an die Bischöfe von Zamora, Segovia und Ávila vom 11. Mai 1207[663] aufgenommen.[664] Papst Gregor rügte in seinem Mahnschreiben den Subdiakon, weil er und andere Richter im Verleumdungsfall des Diakons Johannes nicht das rechte Strafmaß gefunden hätten. Hilarius, der Verleumder, müsse hart bestraft werden; er habe sich gegenüber einem Geweihten schuldig gemacht. Daher

Falsche Anschuldigung

661 München: Das kanonische Gerichtsverfahren und Strafrecht, Bd. 2 (1866), S. 612, 618–621. Die Nachweise zum Decretum Gratiani und den Dekretalen Papst Gregors IX. bei Wegele: Zur Geschichte der falschen Anschuldigung (1892), S. 25–26.

662 Hartmann: Gregorii I. papae registrum epistolarum, Bd. 2 (1899), S. 327–328.

663 Hageneder, Othmar · Moore, John C. · Sommerlechner, Andrea, gemeinsam mit Egger, Christoph · Eigl, Herwig (Bearb.): Die Register Innocenz' III. 6. Pontifikatsjahr 1203/04: Texte und Indices. Wien 1995 (Publikationen des Historischen Instituts beim Österreichischen Kulturinstitut in Rom, 2. Abt., 1. Reihe, 6: Texte und Indices), Po. 3100.

664 Der Titel «De calumniatoribuis» in: Decretalium collectiones, ed. Lipsiensis secunda post Aemilii Ludovici Richteri curas ad librorum manu scriptorum et editionis Romanae fidem recognovit et adnotatione critica instruxit Aemilius Friedberg. Leipzig 1881 (Corpus iuris canonici, ND New Jersey 2000), Sp. 748–749.

befahl Gregor, Hilarius von seinem Amt zu entsetzen, ihn öffentlich auspeitschen und verweisen zu lassen. In der Dekretale von Innozenz ist die Rede von einem «magister scholarum» aus dem spanischen Palencia. Er habe seinen Bischof angeklagt, jedoch die zur Last gelegten Anschuldigungen nicht ausreichend beweisen können. Während der Bischof von den Straftaten freigesprochen wurde, sollte der Magister von seinem Amt und den damit verbundenen Benefizien solange entbunden werden, bis er sich glaubhaft von dem Verdacht gereinigt habe, eine wissentlich falsche Anklage vorgebracht zu haben. In diesen Rahmen gehört auch eine Dekretale Papst Coelestins III. (1191–1198). Er verbot allen Klerikern, die ein falsches Zeugnis ablegten, in ihrem gegenwärtigen Weihegrad zu verbleiben oder in einen höheren aufzusteigen.[665]

Darüber hinaus enthielt das kirchliche Strafrecht im Rahmen der bischöflichen Sendgerichte noch eine Reihe von Ehrenstrafen, die aus einer eher sporadischen Überlieferung bekannt ist und die vermutlich auf die weltliche Gerichtsbarkeit vorbildhaft wirkte.[666]

3.3 Geißelungen

Die Episode zu Papst Gregor berichtet mit dem ausgepeitschten Verleumder Hilarius von einer typischen, vor allem in den früheren Rechtstexten festgesetzten Strafe. Im kirchlichen Strafrecht dürfte das Auspeitschen (flagellare) durch die Übernahme der erwähnten Dekretale in *Gratians Decretum* für Verleumdungen bzw. für üble Nachrede zur üblichen Praxis geworden sein. Das legen auch die Strafen für das Schmähen während kultischer Handlungen oder innerhalb des Kirchenraumes nahe. Peitschenhiebe treten jedoch nicht als eine singuläre Strafform in Erscheinung, sondern in Verbindung mit einer Verweisung oder Amtsenthebung. Die Kombination aus körperlicher Züchtigung und dem anschließenden Ausstoß eines nun ehrlos gewordenen Delinquenten dürfte, abgesehen von der Exkommunikati-

Züchtigung

665 Jaffé, Philipp (Hg.): Regesta Pontificum Romanorum ab condita ecclesia ad annum post Christum natum MCXCVIII, tom. II. Ab anno MCXLIII ad anno MCXCVIII. Editionem secundam correctam et auctam auspiciis Gulielmi Wat-tenbach curaverunt Samuel Loewenfeld · Friedrich Kaltenbrunner · Paul Ewald. Leipzig 1888, nr. 16617.

666 Siehe ausführlich dazu den Abschnitt «Rügegerichte und Rügeverfahren», S. 365–373.

on, zu den härtesten Strafen zählen, die durch die Geistlichkeit selbst vollzogen worden sind.

Eine ähnliche Position nahmen die Geißelungen in den profanen Rechtstexten ein. Im Additamentum zu den *Leges Visigothorum* werden zwischen 30 und 150 Peitschenhiebe für handgreifliche und verbale Injurien angedroht. Die Anzahl der Schläge richtete sich nach dem Schimpfwort und die damit unterstellte Beschuldigung. Genannt werden ausschließlich Worte, die charakteristisch für eine Tatsachenbeleidigung waren. Deshalb sollte die angedrohte Strafe auch nur dann vollzogen werden, wenn die Anschuldigung unrichtig war bzw. nicht ausreichend bewiesen werden konnte. Diese Bestimmungen bereiten allerdings einige Schwierigkeiten, da die Bedeutung der aufgezählten Worte bisher nicht zweifelsfrei geklärt werden konnte. Genannt sind dort schimpfliche Worte für Personen mit körperlichen Gebrechen oder Einschränkungen im sozialen Bereich.[667] Jedenfalls standen Begriffe wie «genebrosum», «cotrosum» oder «circumcisum» mit 150 Hieben höher im Kurs als handgreifliche Injurien, die mit 50 Hieben bestraft wurden. Mit der geringsten Anzahl von 30 Hieben bestrafte man eine Person, die eine andere «uuigosum» schimpfte:

> I. Si quis violentus homo contra hominem aliquis ad aliquem dixerit macrosum capite vel cervice, et ille non habuerit, cui dixerit, criminator extensus ante iudicem

667 Brunner: Deutsche Rechtsgeschichte, Bd. 2 (^{2}1928), S. 866–867.

Abbildung 12

Auf der linken Seite des Ausschnitts aus einem *Speculum humanae salvationis* ist ein Höllenschlund zu sehen, der von fleißigen Teufeln mit sündigen Menschen angefüllt wird. Die beiden Bilder rechts daneben zeigen Bestrafungen, die Menschen aufgrund bestimmter Taten erwarteten. Da es sich beim zweiten Bild von links wohl um Spiegelstrafen handelt, dürfte die Person in der unteren linken Ecke wegen verbaler Delikte gepeinigt werden. Auf dem dritten Bild werden Menschen gestäupt.

Papierhandschrift aus der Mitte des 14. Jahrhunderts

Gotha, Forschungsbibliothek, Chart. A 777, fol. 43v–44r

Zur Beschreibung der Handschrift siehe Rockar: Abendländische Bilderhandschriften der Forschungsbibliothek Gotha [1970], S. 44

c 41 In precedenti capitulo audivimus de corona conversacione
Consequenter audiamus de bonorum et malorum premio (victore)
Deus noster clementissimus est in collacione beneficiorum
Sed in futuro iustissimus erit in retribucione stipendiorum
Ita quod homo meritum et demeritum in anima sua fecit et corpore
In futuro punietur et remunerabitur simul in utroque
Corpora enim tunc animabus suis reiungentur
Et simul remunerabuntur et simul punientur
Corpora dampnatorum resurgent deformia et passibilia
Corpora vero bonorum resurgent pulchra et impassibilia
Cum tanta deformitate corpus dampnatorum resurget
Ut propriam manum vel pedem videre abhorreret
Quanto fuerint crimina malorum abhominabilia
Tanto erunt corpora eorum deformiora
Et quanto fuerint merita iustorum ampla et maiora
Tanto erunt corpora pulchra et clariora
Corpus minimi pueri qui in celo fuerit
Septempliciter clarius sole erit
Si aliquis fuerit in decuplo sanctior eo
Illius corpus erit in decuplo clarius illo
Si aliquis centies ~~clarior~~ illo sanctior fuerit
Illius corpus centies clarius illo erit
Et si aliquis fuerit millesies sanctior
Illius corpus millesies erit clarius
Et sic Christus est infinities omnibus sanctis sanctior
Ita infinities est corpus ipsius omnibus sanctis clarior

Corpora sanctorum in futura vita glorificabuntur
Et quatuor dotibus a domino dotabuntur
Prima dos est claritas secunda impassibilitas
Tercia subtilitas quarta agilitas
Hee quatuor dotes racione proprietate
Cristus olim in corpore suo comparavit prefigurate
Claritatem enim ostendit in sua transfiguratione
Quando facies eius resplenduit clarior sole
Subtilitatem suam ostendit in nativitate
Quando natus fuit de matre salva virginali integritate
Agilitatem eciam tunc demonstravit
Quando super undas maris siccis pedibus ambulavit
Impassibilitatem quando in cena ostendit
Quando corpus suum ad manducandum discipulis dedit
Hic ergo beatorum dotantur triplici dote
Videlicet visione delectacione et comprehensione
Hiis autem corpora malorum non dotabuntur
Sed sine intermissione eternaliter cruciabuntur
Sicut ei peccaverunt quamdiu fuerunt eterne
Ita punientur a deo in inferno in sempiternum
Dampnati enim numquam cessabunt de peccato suo penitere
Et ideo numquam mutabitur punitionis sentencia
Tam magna est et inenarrabilis pena inferni
Quod nulla pena huius mundi potest ei comparari
Omnia tormenta que martiribus sunt illata
Essent nichil penis infernalibus comparata

Gedeon contrivit derisores suos spinis et tribulis

Pharao cum exercitu suo submersus est in mari rubro

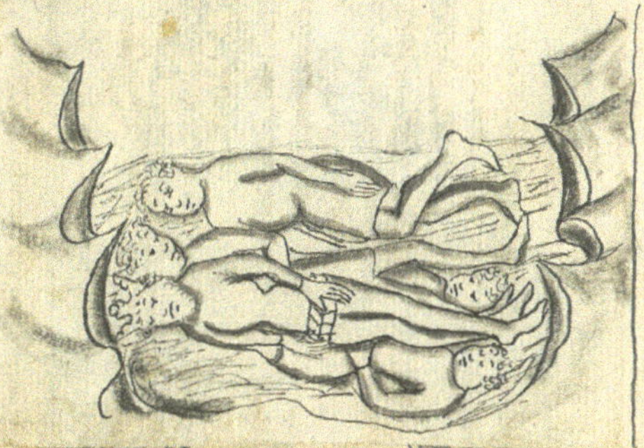

Ysaias fuit serratus, Jeremias lapidatus
Amos per tempora transfixus, Ezechiel excerebratus
Paulus ter virgis cesus, semel lapidatus / lap.
Judeis quadragena minus una accipiens / decol.
Sanctus Jacobus martir quidam dicitur incisus
Membratim fuit cultris et novaculis divisus
Bartholomeus fuit excoriatus, Petrus crucifixus
Laurencius assatus, Petrus martir gladio occisus / vel cerebratus
Et si primus homo fuit tormenta martirum nunquam
Tamen omnia non possent minime pene inferni comparari
Quia ista tormenta sunt transitoria et brevia
Sed tormenta dampnatorum sunt infinita et perpetua
Combustio in igne qui nunquam extinguetur
Et corrodit vermis qui nunquam morietur
Vermis iste non est putandus materialis
Quia ibi non erit vita alicuius animalis
Vermis iste est remorsus consciencie
Qui remordebit animas dampnatorum sine fine
Ibi erit aspectus demonum terribilis
Fletus et stridor dencium, fames et sitis
Clamor et horror, timor et tremor
Vincula et carcer, sulphur et fetor
Invidia et maledictio, fumus et tenebre
Pudor et confusio, lamentacio et lacrime
Desperacio liberacionis et omnis consolacionis
Nulla intermissio continue punicionis

Vindicta dei que dampnatos in inferno cruciat
Fuit olim in David et urbe Ramath prefigurata
Populum huius urbis David terribiliter punivit
Quosdam serravit, quosdam cultris ferreis divisit
Super quosdam fecit carpenta ferrata transire
Quosdam per thas disterpos fecit ire
Istud etiam figuratum est in viris Sochot et Gedeone
Quibus se taliter vindicavit pro sua derisione
Populus enim urbis Sochot quondam virum Gedeonem deridebat
Et ipse statim non se vindicavit, ad tempus expectabat / sustinuit
Post hoc rediens derisores suos horridissime punivit
Nam spinis et tribulis ipsos distraxit et contrivit
Sic Christus derisoribus et persecutoribus facit
Qui non statim se vindicat, sed in posterum se vindicet
Dicit enim sapiens quod parata sunt tormenta derisoribus
Et mallei percucientes stultorum corporibus
Istud etiam prefiguraverunt Egipcii et Pharao
Quos dominus simul conclusit in mari rubro
Sic dampnati cum demonibus et Lucifero
Ad ultimum omnes simul concludentur in inferno
O bone Jhesu, per tuam amarissimam passionem
Longe fac a nobis illam miserabilem conclusionem. Amen

> L flagella suscipiat. II. Si quis genebrosum vel cotrosum dixerit, et ille non habuerit, cui dixerit, dictor criminis extensus ante iudicem CL flagella suscipiat. III. Si quis uuigosum dixerit, id est tauposum vel disturpatum, et ille non habuerit, dictor criminis extensus ante iudicem XXX flagella suscipiat. IV. Si quis circumcisum dixerit vel disturpatum, et ille non habuerit, dictor criminis extensus publice CL flagella suscipiat. V. Qui ponderosum dixerit, et ille non habuerit, dictor criminis extensus publice CL flagella suscipiat. VI. Qui sarracinator dixerit et non probaverit, dictor criminis extensus ante iudicem CL flagella suscipiat.[668]

Im *Sächsischen Gottesfrieden* wird nach sozialen Kriterien unterschieden. Dort sollte ein Ritter (miles), falls er eine Person beleidigte, mit dem Stock (baculum) geschlagen werden. Falls es sich bei dem Täter um einen Bauern (rusticus) handelte, war eine Rute (scopa) für die Bestrafung zu nutzen.[669] Das Westgotenrecht kannte diese Unterscheidung noch nicht, zumindest lässt sich aus den benutzten Vokabeln nicht herleiten, welche Form der Geißel (flagellum) für die Ausführung der Strafe in Anschlag kam. Das Auspeitschen mit einer «Rute» blieb jedenfalls für das Injurienrecht erhalten, allerdings gefasst in eine andere Begrifflichkeit, nämlich das «Stäupen». Dabei dürfte in vielen Fällen der Delinquent am Pranger festgemacht worden sein, um ihn in der Öffentlichkeit durch eine festgesetzte Anzahl von Schlägen mit einer Rute zu bestrafen. Stockschläge sollen hingegen nicht öffentlich und nicht entehrend gewesen sein.[670] Demnach dürften den Rittern nach dem *Sächsischen Gottesfrieden* entehrende Strafen bei Beleidigungen erspart geblieben sein. Über die Bestrafung von vornehmeren Personen als den Rittern lässt der Gottesfrieden nichts verlauten. Man darf wohl mit Recht vermuten, dass sie von einer Bestrafung durch Geißelungen ausgenommen waren.

Öffentlichkeit

668 Zitiert nach Zeumer: Leges Visigothorum (1902), S. 462–463.

669 Kap. 10: «Qui convicia in alium dixerit, si miles, baculis multetur, si rusticus, scopis verberetur.» Zitiert nach Weinrich: Quellen zur deutschen Verfassungs-, Wirtschafts- und Sozialgeschichte bis 1250 (1977), S. 150–151.

670 Müller-Burgherr: Die Ehrverletzung (1987), S. 123–124. – Schild: Alte Gerichtsbarkeit (1980), S. 208.

Das Stäupen kam auch in spätmittelalterlichen Stadtrechten als eine Strafform für Beleidigungen vor, zum Beispiel in Brünn oder in Wien; im *Wiener Stadtecht* sollte es erst dann zur Anwendung kommen, wenn der Verurteilte nicht imstande war, seine Geldbuße zu zahlen.[671] In den ebenfalls sehr frühen *Stadtrechten* für *Hagenau, Hamburg* und *Schleswig* ist das Stäupen für nicht ehrbare Personen, sogenannte unehrliche Personen, vorgesehen. Ihnen drohte bei Beleidigung eines ehrbaren Menschen das Stäupen und anschließend ewige Verweisung aus der Stadt. In dieser Kombination wurde durch die Stadtrechte gleichfalls sichergestellt, dass die Verurteilten während des öffentlichen Auspeitschens jedermann in der Stadt bekannt wurden, sodass es ihnen nicht ohne weiteres möglich war, aus der ewigen Verweisung zurückzukehren.[672]

Es fällt auf, ohne dass ein tatsächlicher Zusammenhang bestehen muss oder dieser hier überprüft werden könnte, dass die spätmittelalterlichen städtischen Bestimmungen zur Bestrafung der unehrlichen Personen und der zahlungsunfähigen Verurteilten mit den wesentlich älteren westgotischen Leges große Ähnlichkeiten aufweisen. Für die Beschimpfung eines Edlen und anderer freier Personen durch einen Sklaven waren dort ebenfalls Schläge vorgesehen; und die gleiche Strafe drohte einer freien Person, wenn sie das Wergeld für eine Beschimpfung nicht zahlen konnte.[673] Offensichtlich kannten einige Rechtstexte das Auspeitschen als ein Strafmaß für Beleidigungen und zwar insbesondere in Verbindung mit schweren Strafen wie der Verweisung. Darüber hinaus trat das Auspeitschen über größere Zeiträume auch als Strafe im Rahmen sozialer strafrechtlicher Unterscheidungen auf und galt als eine sehr ehrenrührige Strafe, wie zum Beispiel die von Spalatin berichtete Geschichte über die Gefangensetzung des römischen Statthalters Petrus, der sich gegen die päpstliche Herrschaft in Rom und Mittelitalien empörte. Auf Befehl von Papst Johannes XIII. (965–972)X wurde Petrus gefangengesetzt und erst freigelassen als Kaiser Otto I. (* 912 † 973) 966 in Rom eintraf

671 Köstlin: Die Ehrverletzung nach deutschem Rechte (1855), S. 390.

672 Die Textstellen und Nachweise ebenda, S. 411–412. Zur Funktion der Verbindung von Pranger und Verweisung siehe Bader-Weiß, Grete · Bader, Karl S.: Der Pranger. Ein Strafwerkzeug und Rechtswahrzeichen des Mittelalters. Freiburg im Breisgau 1935, S. 86.

673 Zeumer: Leges Visigothorum (1902), S. 462–463.

(siehe Abbildung 13, S. 303). Über die Bestrafung berichtet Spalatin folgendes:

> Darnach lies der romische keyser Otto die ratsherrenn hencken, uber dieweil benandter pfleger zu Rom ein anheben war gewesen, aller schimpfung und iniurien den frommen babst erzeigt. So lies der keyser in spöttlich durch die gassen führen und mit geisseln durchhauen. Darnach in ein grausam gefengnus legen und endlich zu den bürgermeisternn in Germanien auch in das elend schicken. Platina meldet in seiner bebstlichen cronicken, das vielberurtter Peter, pfleger zu Rom, sey der bebstlichen heilig kirch geantworttet worden zu straffen, und man hab ihn erstlich den bart abgenommen und mit denn harn an den kopff des pferdes Constantion gebunden; und als er als eine meill zu einer furche alle thetter gestandenn, hab man ihn vom pferd genommen, auf ein esell geseztt, sein angesichtt zuo dem hintern (mit ihren zuschreiben) des esels gekehrett und seine hend unter des esels schwanz zusammen gebunden, und darnach hab man ihn durch die gantze statt Rom gefürt und mit gertten schier zu tode gestrichen, und danach in Teuschland vorweißtt.[674]

Bürgermeister

Die in diesem Beispiel beschriebene Strafe schließt eine zweite Schandstrafe mit ein: den Eselsritt. Dabei wird der Delinquent auf dem Esel nackt und mit dem Gesicht zum Hinterteil des Tieres gesetzt. Natürlich ist diese Form besonders erniedrigend und fand bei unterschiedlichen Straftatbeständen Anwendung. Das Spektrum

674 Spalatin: Chronik der Sachsen und Thüringer (ca. 1520), Bd. 2, fol. 154v (neue Seitenzählung). Forschungsbibliothek Gotha, Chart. A 190.

Abbildung 13

Die Gefangensetzung und Bestrafung des römischen Statthalters Petrus nach Georg Spalatins *Chronik der Sachsen und Thüringer*

Gotha, Forschungsbibliothek, Chart. A 190, fol. 154v (neue Seitenzählung)

Zur Handschriftenbeschreibung siehe Abbildung 8, S. 189

Darnach lies der Romisch Keyser Otto, die Rath
herren henckhen, aber dieweil benandter Pfleger zu Rom
ein Anheber war gewesen, aller Schmehung und Iniurien
dem frommen Babst erzeigt, So lies der Keyser in spött
lich durch die Gassen füren, und mit rutten sehr aufzhauen
Darnach in ein grausam gefengnus legen, und endlich zu dem

Majestäts-
beleidigung

reichte vom schadenstiftenden Trunkenbold bis zu einem, der einer Majestätsbeleidigung überführt wurde.[675]

3.4 Verweisungen und Freiheitsstrafen

Die für das Kirchenrecht bereits angesprochenen Verweisungen wurden durch das profane Recht bei der Bestrafung von Injurien erst spät in Anspruch genommen; vor allem Stadtrechte des 15. und 16. Jahrhunderts kennen sie als Strafe. Wie beim Auspeitschen handelte es sich auch bei den Verweisungen um besonders harte Strafen, die in verschiedenen Abstufungen auftreten konnten. Im Dresdener Stadtrecht wird die Härte besonders deutlich, wenn dort als alternative Strafe die Hinrichtung aufgerufen wird. Ein Merten Sporer hatte den Bürgermeister der Stadt, Johannes Huffener, beschimpft, seine Worte aber widerrufen und versprochen, keine neuen Beleidigungen folgen zu lassen. Sollte er sich nicht daran halten, so lautete das Urteil, müsse Sporer mit der erwähnten Verweisung oder der Todesstrafe rechnen:

> Merten Sporer hatte Johannßen Huffener, burgermeister, uff dem marckte und in etzlichen birhußern mit abeczihinden, smelichen worten beredt und gescholden hindert wert [?], dorumbe en der gnante burgermeister von den dreyn rethen geschuldiget und er der wort doselbst vor den dreyn reten bekant und denselben burgermeister und die rete umbe gotis und Marienn, syner liben muter, willen gebeten hat, ym das zcu gute zcu wenden, und hat sich gancz in gnade der rete gegeben, was sie mit ym umbe die bruche schafften ader teten, das wolle er gancz gehorsam und gevolgig sin. Haben die rete die sache zcu sich genomen und bericht, das der gemelte Merten Sporer dem burgermeister obgnant der scheltwort gnugliche entsworung gethan und dorneben geredt und globet hat, solchs nymmermehir zcu thune und gewilliget, wenne er ymmer den vilgnanten burgermeister ader eyn andern burgermeister ader geswor-

675 Mehr zum Eselritt bei Deutsch, Andreas: Eselritt und Rabenstein. Tiere bei der Strafvollstreckung gegen Menschen, in: Das Tier in der Rechtsgeschichte, hg. von Andreas Deutsch · Peter König. Heidelberg 2017 (Schriftenreihe des Deutschen Rechtswörterbuchs), S. 449–462, besonders S. 458–459. – Ders.: Von Eselsmasken und Hunden im Sack. Rechtshistorische Anmerkungen über Tiere und Tiersymbolik bei Strafen gegen Menschen, in: 100 Jahre Mittelalterliches Kriminalmuseum. Festschrift zum Museumsjubiläum, hg. von Markus Hirte. Darmstadt 2021 (Schriftenreihe des Mittelalterlichen Kriminalmuseums Rothenburg ob der Tauber, 13), S. 111–140, hier S. 115–121.

> nen ratmann lestern ader schelden wurde, wil er syns halß vorfallen sin ader ewigk der stat emperen, wie das die rete irkennen und von ym haben wollen.[676]

Das *Dresdner Stadtrecht* und ebenfalls die Statuten mehrerer thüringischer Städte verhängten die Stadtverweisung als Strafe nur dann, wenn der Magistrat beleidigt wurde. Dabei handelte es sich in der Regel nicht um ewige Verweisungen, sondern es lag im Ermessen des Gerichts, eine Befristung festzulegen. In Dresden musste am 7. Dezember 1469 Stenzel Nuldener wegen Beleidigung und Verleumdung des Bürgermeisters Johannes Franck Urfehde schwören. Im Wiederholungsfall sollte er für 30 Jahre aus der Stadt verwiesen werden:

> Stenczel Nuldener hatte Johanse Francken, dieczit burgermeister, in den birhusern mit unerlichir rede, mit unwarhit beredt und gescholden, dorumme er in straffunge des rats gesaczt und komen was, doruß en Jurge Bader, Hans Kanngisser, Stephan Ulrich, Mattis Weißgerber, Hans Boysem und Jurge Kirstan vor den rat zcu gestellen geburget und vor den rat gestalt haben, hat ym der rat doselbst manchirley brüche mitsampt dißem bruche vorgehalden und ym doch solche gunst getan, das er solchs gefenckniß halben eynen orfride sweren und ouch das er is furderhin in der stat gein ydermanne fridelichen halden sal. Derhalben der vorgnante Stenczel Nüldener eynen rechten orfride zcu den heiligen gesworn hat umme solch gefenckniß nymands und sunderlich an den personen, an den er gebrachen habe, mit rouchnung nymmermehir zcu gedencken durch sich selbs noch keynerley zcuschickunge. Und er hat sich furder doselbst vorm rate vorkort und vorwillet, ap er furderhin in der stat Dresden enncherley ungerichte, frevel ader gewalt an ymands uben ader die rathern in der gemeyne ader eynen alleyne in sunderheit obirgeben mit unerlichin worten bereden ader schelden wurde, das er die stat Dresden 30 jar und jar und tag emperen und dy bie 30 mylen myden wil.[677]

676 Urteil vom 5. November 1483, zitiert nach Kübler · Oberste: Das vierte und fünfte Stadtbuch Dresdens (2008), Nr. 190.

677 Zitiert nach Kübler, Thomas · Oberste, Jörg: Die drei ältesten Stadtbücher Dresdens 1404–1476, bearbeitet von Jens Klingner · Robert Mund. Leipzig 2011 (Die Stadtbücher Dresdens und Altendres-dens, 1), Nr. 422.

In Arnstadt musste der Delinquent «die stadt reumen jhar vnd tagk auf gnade noch gelegennhait der sachenn».[678] Im Vergleich mit anderen thüringischen Rechtstexten dürfte es sich dabei um einen Zeitraum zwischen acht Monaten und fünf Jahren gehandelt haben.[679] Nach der *Freiburger Stadtrechtsreformation* von 1520 sollte eine unbestimmte Turmhaft nur bei besonders schweren Injurien verhängt werden, bei geringeren Vergehen galten die Bestimmungen des älteren Stadtrechts oder der Delinquent wurde zu Schadensersatzzahlungen verurteilt.[680]

Schmähwörter

Verweisungen treten im Injurienrecht oft in Verbindung mit kurzfristigen Freiheitsstrafen auf;[681] es handelte sich hier um alternative Strafformen, wenn eine andere nicht eingelöst werden konnte, oder sie waren Bestandteil einer Taxordnung. In Ulm, Nordhausen und Dinkelsbühl gehörten Verweisungen und Gefängnisstrafen in ein abgestuftes System von Strafen, das sich an den Schimpfwörtern und den damit verbundenen Beschuldigungen orientierte. Für einfache Scheltwörter und Lügenschelten waren in Ulm acht Tage, für eine Diebesschelte zwei Wochen und für die unwahre Behauptung, eine Person sei ein Mörder, ein Monat Verweisung vorgesehen:

> 129. Wer ouch ainen bediubet und ain diub haisset, der sol und můz vierzehen tag von der stat sin. – 130. Wer ouch den andern schiltet, der sol und můz acht tag von der stat sin, der ain gesessner burger hie ze Ulme ist. – 131. Es hant ouch die burger gesetzt, wer den andern liegen haisset, daz sich der rat erkennet oder die ainunger erkennet, daz ez frevelich geschen ist, der sol und muoz acht tag von der stat sin. […] 133. Die burger sint me ze rat worden: wer ainen haisset ainen morder und der daz [niht] beweren mag mit erbern luten, der sol und můz ainen manot von der stat sin.[682]

678 Zitiert nach Michelsen: Rechtsdenkmale aus Thüringen (1863), S. 74, Art. 132.

679 Köstlin: Die Ehrverletzung nach deutschem Rechte (1855), S. 417 und 423.

680 «Einer möchte ouch so hoch vnd freuele wort dem andern zureden, er würd mit dem thurn oder einem höhern freuel dann bißhar gestrafft […].» Nüwe Stattrechten und Statuten der loblichen Statt Fryburg (1520), fol. 93v.

681 In Weesen (Schweiz) und in St. Gallen konnte auch die Aberkennung des Land- bzw. des Bürgerrechts an die Verweisung gekoppelt sein. Siehe Müller-Burgherr: Die Ehrverletzung (1987), S. 141.

682 Zitiert nach Mollwo, Carl (Hg.): Das Rote Buch der Stadt Ulm. Stuttgart 1905 (Württembergische Geschichtsquellen, 8), S. 74. Das Rote Buch folgte offen-

In den *Nordhäuser Statuten* von 1300 bis 1456 wird die einfache Beschimpfung «mit bosen worten» durch eine vierzehntägige Haft sanktioniert. Wenn hingegen eine Person eine andere «vorebeliche [vorsätzlich] an sine ere sprichet in sine keinwerdigkeit», musste sie, falls sie die Beschuldigungen nicht beweisen konnte, mit einem Bußgeld von einer Mark und einer achtwöchigen Verweisung aus der Stadt rechnen.[683] Ebenso sah der *Rechts- und Freiheitsbrief Kaiser Maximilians für Dinkelsbühl* von 1494 vor, dass eine Person, die eine andere falsch des Diebstahls oder des Mordes beschuldigt hatte, ein halbes Jahr verwiesen wurde; dem Opfer und dem Gericht standen zudem vier Pfund Heller, dem Amtmann eine gewisse Summe nach seinem Recht zu.[684] Ganz ähnlich lautet das *Recht der Stadt Halle an der Saale* aus dem frühen 14. Jahrhundert:

> De oblocucione detractoria. Sie wilkorn ouch. Wenn afftersprache vnd hinderrede habin gemacht grosen schaden vnd czweitracht der Stat. Wo man boben eynen qweme, der eyn lögener vnd eyn menger were, czu czweitracht der burgere vnd der Stat, bekente er des, wen er geschuldiget würde, er solde funff marg gebin, vnd eyn Jar auß der Stat seyn addir ynne sitczen.[685]

Nach dem *Hamburger Stadtrecht* drohten bei einer Beleidigung vier Wochen Gefängnis bei Wasser und Brot. Ein späterer Zusatz ergänzt, dass der Täter bis zur Zahlung der geforderten Geldsumme die Stadt verlassen musste.[686] In Nürnberg drohte zum Ende des 15. Jahrhunderts Verurteilten eine Haft im Schuldturm, wenn er das vom erfolg-

sichtlich nicht dem älteren Ulmer Stadtrecht von 1296, in dem insbesondere häretische Vorwürfe thematisiert wurden, so in Art. 5: «Quicumque eciam cives inter se rixam habuerint alter alteri maledicendo vel vittuperando vel offendendo sine volnere penam incurrit decem librarum, imo si per aliqua verba indignanter et in furia insurrexerint alter[i] desiderans alterum offendere et si de hoc fuerint refrenati et inpediti rei facti sunt penam incurrere decem librarum.» Zitiert nach Jäger, Carl: Ulms Verfassungs-, bürgerliches und commercielles Leben im Mittelalter. Meist nach handschriftlichen Quellen samt Urkundenbuch. Stuttgart · Heilbronn 1831, S. 730.

683 Zitiert nach Köstlin: Die Ehrverletzung nach deutschem Rechte (1855), S. 181–182.

684 Wegele: Zur Geschichte der falschen Anschuldigung (1892), S. 29.

685 Zitiert nach Förstemann: Die alten Statuten der Stadt Halle (1834), S. 70.

686 Köstlin: Die Ehrverletzung nach deutschem Rechte (1855), S. 371–372. Folgende Rechte überließen die Bestrafung ebenfalls dem Ermessen des Gerichts: von Lübeck, Goslar, Ilmenau, Königsee, Nordhausen, Halle, Mem-

Klage reichen Kläger geforderte Bußgeld nicht zahlte bzw. nicht zahlen konnte. Ansonsten fand mit einer Höchststrafe bei Beleidigungen von maximal acht Tagen Turmhaft eine vergleichsweise milde Strafe in Nürnberg Anwendung.[687]

Mit diesen Regeln sollte sichergestellt werden, dass Geldbußen tatsächlich bezahlt wurden bzw. dass ärmere Personen sich nicht der Strafe entziehen konnten. Diese für das späte Mittelalter übliche strafrechtliche Praxis sicherte Verfahrensgleichheit ungeachtet der finanziellen Möglichkeiten einer Person in dem Sinne zu, dass keiner aufgrund seiner ärmlichen Vermögensverhältnisse ohne Strafe davonkam. Diese Form der Verfahrensgerechtigkeit schloss aber keineswegs die oft praktizierte Möglichkeit aus, sich von bestimmten Strafen «loszukaufen». Dementsprechend war die alternative Bestrafung durch Verweisung oder auch eine befristete Haft die folgerichtige Konsequenz aus der Forderung, jede Person im Injurienrecht nach ihrem Ansehen zu richten.[688]

3.5 Verweisungen und andere Strafen für Kinder und Jugendliche

In den *Frankenhauser Statuten* ist ein Strafartikel überliefert, der sich sonst in keinem bekannten Injurienrecht dieser Zeit nachweisen lässt. Dort heißt es nämlich, dass Kinder, die ein Alter von über sieben Jahren erreicht und die ihre Eltern geschmäht hätten, gefangen genommen und etliche Jahre aus der Stadt verwiesen werden sollten. Den Eltern stand es zudem frei, das delinquente Kind zu enterben:

> Art. 14: Wan ein kindt seine elttern schlecht oder schmehett. Ein kindt, daß vber sieben jahre ist, wo eß seine elternn schlecht, schmehett oder dennselbigenn fluchdt, der soll gefennglich einngezogenn werdenn vnndt eine zeitlangk, alß drey, vier, funnff oder mehr jhar, auß der stadt

mingen, Diessenhofen, Ulm, Wien, Speyer, Bamberg, Hagenau, Arnstadt, Schwyz, Obwalden und Zürich. Ebenda, S. 402.

687 Henselmeyer: Ratsherren und andere Delinquenten (2002), S. 77.

688 Falls die Geldzahlungen durch den Delinquenten nicht aufgebracht werden konnten, drohten nicht nur Gefängnishaft und Verweisung, sondern auch Leibes- und Ehrenstrafen. Ebenda, S. 371–372. – Müller-Burgherr: Die Ehrverletzung (1987), S. 95–96.

> vorweiset werdenn. Darruber stehedtß denn elternn frey, solch kinnde zu beerbenn.[689]

Hier wurde ein konkreter Fall des häuslichen Züchtigungsrechtes des Vaters bzw. des Vormundes in das städtische Recht übernommen. Um den Hausfrieden zu wahren, lag es im Ermessen des Hausherrn, entsprechende Maßregeln zu verhängen und durchzusetzen.[690] Dazu gehörte auch das Verstoßen eines Kindes. Jedoch verzichtete das verstoßene Kind damit nicht auf sein Erbe und es durfte ihm auch nicht ohne weiteres verweigert werden. In diese Lücke greift das Frankenhauser Recht, wenn es zudem bestimmt, dass die Eltern das delinquente Kind enterben dürften.

Hausherr

Nicht nur das Strafmaß scheint ungewöhnlich zu sein, sondern auch die Altersgrenze des Kindes. Zwar erlangten Kinder in einem Alter von sieben Jahren die eingeschränkte Mündigkeit, sodass sie zum Beispiel nach kirchlichem Recht in ein Eheversprechen einwilligen durften, ohne allerdings die Ehe rechtskräftig vollziehen zu können.[691] Mit der eingeschränkten Mündigkeit ist jedoch noch nicht die Straffähigkeit von Kindern dieses Alters berührt.

Die praktische Umsetzung des Frankenhäuser Artikels dürfte jedenfalls den gleichen Zweifeln unterzogen werden können wie die Umsetzung der Strafen für Kinder in Köln und Passau: In der Stadt am Rhein drohte ein halbes Jahr Turmhaft bei Wasser und Brot, in der Stadt an der Donau sollte die Beleidigung mit dem Heraustrennen der

689 Zitiert nach Walch: Vermischte Beyträge zu dem deutschen Recht, Bd. 1 (1771), S. 337.

690 Zu Kinder- und Jugendstrafen im Überblick siehe Holzschuh, Karl: Geschichte des Jugendstrafrechts bis zum Ende des neunzehnten Jahrhunderts, unter besonderer Berücksichtigung der deutschen Entwicklung, Diss. Mainz 1957; Schmieder, Christiane: Kinderdelinquenz vor dem Familiengericht. Handlungsmöglichkeiten und Perspektiven. Münster 2011, S. 49–51 sowie die Abschnitte «Die Berücksichtigung der ständischen Differenz und autoritätsabhängiger Beziehungen» (S. 97–107) sowie «‹Stiefmütterliche Willkür›, Vergewaltigung und ‹weibisches Geschwätz›» (S. 181–200).

691 Spieß, Karl-Heinz: Familie und Verwandtschaft im deutschen Hochadel des späten Mittelalters. 13. bis Anfang des 16. Jahrhunderts. Stuttgart 1993 (Vierteljahrsschrift für Sozial- und Wirtschaftsgeschichte. Beihefte, 111), S. 414–420. Über die unterschiedlichen Festlegungen des Mündigkeitsalters mit zahlreichen Quellenbelegen siehe Müller-Burgherr: Die Ehrverletzung (1987), S. 176–178.

Zunge gesühnt werden.[692] Das Schlagen mit Ruten dürfte hingegen eine verbreitete Strafe für injurierende Kinder gewesen sein;[693] das Gleiche trifft auf die für Langwies in der Schweiz überlieferte Geldstrafe oder die Verminderung der Erwachsenenstrafe für Kinder zu.[694]

Aus dem Zürich des 16. Jahrhunderts erfahren wir aus verschiedenen Urteilen, welches Strafmaß Kindern und Jugendlichen in verschiedenen Altersstufen drohen konnte. Waren Jugendliche älter als 16 Jahre wurden leichte Verbalinjurien (Beschimpfungen und Schmähreden) in der Regel mit einer Geldbuße bestraft. Bei Vergehen gegen angesehene Persönlichkeiten oder den Jugendlichen nahstehenden Personen konnten je nach Geschlecht Ehrenstrafen verhängt werden. Von einem Mädchen namens Dorothea Schmid heißt es für das Jahr 1587, dass es wegen Schmähreden gegen ihre Großmutter eine Stunde am Pranger (Halseisen) musste. Härter war die Strafe für Symon Nötzli, der sich 1540 gegen den Pfarrer von Höngg vergangen hatte; er hatte eine fünftägige Haftstrafe im «Wellenberg» anzutreten.[695]

Falsche Anschuldigung

Verleumdungen außerhalb oder vor einem Gericht (falsche Anschuldigungen) durch Jugendliche zogen härtere Strafen nach sich. So wurde eine Jugendliche, die im Jahr 1591 einen Geistlichen verleumdet hatte, eine halbe Stunde an den Pranger (Halseisen) gestellt und anschließend aus der Stadt verwiesen. Diese Strafe ist auch für männliche Delinquenten belegt; diese konnten überdies ehr- und wehrlos gesprochen werden. Geldstrafen bildeten Ausnahmen: Ein Jugendlicher, der behauptete, bei einem Mädchen gelegen zu haben, wurde mit einer Geldbuße von 50 Pfund inklusive einer schriftlichen

692 His: Das Strafrecht im deutschen Mittelalter, Bd. 2 (1935), S. 123.

693 Müller-Burgherr: Die Ehrverletzung (1987), S. 124: «Die körperliche Züchtigung in all ihren Varianten war auch bei Kindern und Jugendlichen die am häufigsten angewandte Strafe und wurde meist anstelle von Todes-, Verstümmelungs-, Ehren- und Geldstrafen verhängt. Wie der Vollzug der milderen, gegen Jugendliche gebrauchten Variante vor sich ging, schildert sehr plastisch die Blutgerichtsordnung aus Zürich, 15. Jhd.: ‹Von Routen usschlachen […] ist von dem genanten N. nach gnaden in ansehung siner jugent also gericht, das er dem nachrichter befolchen werden, der im sine kleider bis uff sin weiche ussziechen, sine hend binden, und im demnach von dem fischmerkt die strass hinuss mit routen für das tor in inderdorff schlachen […]›.» Siehe auch Zürcher, Meret: Die Behandlung jugendlicher Delinquenten im alten Zürich (1400–1798). Diss. Zürich 1960, S. 55.

694 Müller-Burgherr: Die Ehrverletzung (1987), S. 167 und 176–178.

695 Zürcher: Die Behandlung jugendlicher Delinquenten im alten Zürich (1960), S. 147-148.

und besiegelten Abbitte bei dem geschädigten Mädchen bestraft. Aus Zürich haben wir auch Belege dafür, dass Kinder unter 16 Jahren, die andere verleumdet hatten, aus der Stadt verwiesen wurden. Kam noch ein Kapitelverbrechen als Tatbestand hinzu, wie bei einer Zehnjährigen, die eine Scheune angezündet hatte und dies einer Frau anhängen wollte, verhängte das Gericht die Todesstrafe: Das Mädchen wurde 1540 ertränkt.[696]

3.6 Prangerstrafen

Mit dem Pranger wird in der Reihe der Strafinstrumente ein Gegenstand genannt, der mit Sicherheit im späten Mittelalter und in der Frühen Neuzeit der wichtigste Ausgangspunkt für den Vollzug von Strafen im Injurienrecht war. Paradoxerweise lässt sich diese Behauptung nicht anhand der untersuchten Quellen beweisen, sondern nur nahelegen. Das Widerrufen von Beleidigungen und falschen Anschuldigungen, das Stäupen, die Verweisung, das Tragen von Lastersteinen oder auch das Einsitzen in einem sogenannten Narrenhäuschen stand in direkter Verbindung mit dem Pranger als eine feste, bekannte und zentrale Stätte für die Ausübung von Strafen. Der Pranger als Ort der Bestrafung wird daher selten in den Rechtstexten genannt, des Öfteren findet er Erwähnung, wenn die Strafe lautete, eine bestimmte Zeit festgemacht am Pranger zu stehen.

Pranger konnten in den Rechtstexten verschieden bezeichnet werden, zum Beispiel als «Pranger», «Halseisen», «Kaak» oder auch als

696 Ebenda, S. 148-150.

Abbildung 14

Ein an den Pranger gebundener Mann wird mit einem heißen Eisen gebrandmarkt, um ihn als ehrlose Person zu kennzeichnen (Illustration unten rechts), *Kronika der Preussenn* des Stanislaus Bornbach (* 1530 † 1597)

Papierhandschrift aus dem Jahr 1553

Gotha, Forschungsbibliothek, Chart. A 819, fol. 111v–112r

Zur Beschreibung der Handschrift siehe Rockar: Abendländische Bilderhandschriften der Forschungsbibliothek Gotha [1970], S. 45

Zu dieser Zeitt worffen sich zusamen ein hauffen böser buben und richten viel böses ann im Lande, als es dan zugehett in allen landen wo nicht gutt Policey und Regiment ist. Diese bose ehrlose menschen nantt man Vierscheppen, darumb das sie dem Lande umblieffen den Stetten und flecken und dorffern, dem alle kruge mitt spielen und doppeln, und lebten sehr übel und gottloß, und waren nimmer nüchtern, und sie gaben allen bieren Zunamen, unde es worden darnach der vielen Zeichen an die stirn gebrentt, darbey sie erkennett worden.

Namen der Vier.

Dantzker bier heist wehr dich
Elbinger bier — — Schlichting
Konigsberger — — Baurmage
Fornischbier — — Forosche.
Marienburger — — Kůhagel
Marienbor schlos bier — Kälberzagel
Braundentzer — — Kranckheinrich
Dirschauer — — — Freudenreich
Mewer bir — heist — O Jammer
Colmen — — — Kirchmesse
Colmische — — — glackse.
Strasburg — — — Torantsch
Neumarck — — — Kyrwell
Löbe — — — — Crumpe
Rosenberger — heist — Spůlwasser
Stum — — — — Spey nicht
Marienwerder — — — Reckenzagel
Eylau — — — Blerkatsche
Neutich — — — wo ist der magd zbette
Stargartt — — Granatke.
Schonecke — — — Spülkanne.
Lauenburgk — — — O Jatter
Putzker — heist — Es wird nicht besser
Hele — — — Renne katter
Tolkemitte — — — O Stockfisch
Fischausen — — — Roir katter
Braunsburg — — saltz im bas.
Frauenburgk — — — storcken kerle.

Heilige beihel heist Singe wol
Firtten — — geseltzen Wasser
Barttenstein — — Forlass.
Resßel — — — Kůemaul
Wartenberg — — bessre dich
Allenstein — — Lachermund
Guttstadt — — Bocknock
Heilsberg — heist — Leber Lorentz
Heilsberg schlos bir Schencken aufst
Wormitt — — Rottermund
Hohenstein — — Kyen ast.
Passenheim — — Das halt dich
Holland — — Dicke brey
Osterrode — — Dicke wurst.
Freutzburg — — dürre bart
Rastenburg heist mengetrol
Liebemöle — — Kreusel
Oldenburg — — Hors Lewe
Neuenburg — — Dreussel
Welau — — Ich klaube dich
Schippenbeil — volle wurst
Friedland — fischnass.
Möhlhausen — wolgemutt
Dirdauen — krebs bauche
Stolpe — — Schmur nich.

«Lasterstein», vermutlich weil der Lasterstein am Pranger aufbewahrt wurde.[697] In der Regel fand der Strafvollzug zu Marktzeiten, Sonn- oder Feiertagen statt, um eine größtmögliche Zahl von Menschen daran Anteil haben zu lassen. Die Delinquenten hatten ein bis zwei Stunden am Pranger zu stehen, manchmal auch über Tage hinweg zu festgelegten Zeiten.[698] Bisher gibt es keine systematischen Zusammenstellungen für Prangerstrafen innerhalb des Injurienstrafrechts, sondern nur Sammlungen sporadischer Befunde, die kurz genannt sein sollen: Prangerstrafen für durch Männer begangene Beleidigungen sind bekannt für die österreichischen Orte Wien (1221), Millstatt (16./17. Jahrhundert), Grafenwörth (1433), Markersdorf (1490) und in der *Bannteidigung der Stadt Melk* aus dem 15. Jahrhundert. In Lübeck (1294), Lebamünde in Pommern (1357), Pürgg in der Steiermark (16. Jahrhundert), Celle (16./17. Jahrhundert) und Breslau (1477) wurden Personen an den Pranger gestellt, wenn sie eine andere falsch beschuldigt hatten.[699]

In mährischen Rechtstexten werden Prangerstrafen im Zusammenhang mit Beleidigungen von Amtspersonen erwähnt. Aus Kremnitz (Kremnica) und Preßburg (Bratislava) ist für die erste Hälfte des 15. Jahrhunderts überliefert, dass Schmähreden wider städtische Richter oder Bürger mit dem Pranger bestraft wurden, an dem die Verurteilten drei Tage stehen mussten.[700] Unter anderem sollen Kläger mit der Zunge an den Pranger genagelt worden sein, wenn sie Richter eines unrechtmäßigen Urteils bezichtigt hatten, ohne es beweisen zu können (Urteilsschelte).

Richter

3.7 Verstümmlungen

Es ist angezweifelt worden, dass verstümmelnde Strafen tatsächlich zur Anwendung kamen. Besonders die sogenannten «spiegelnden Strafen» standen dabei auf dem Prüfstand. Bei Injurienstrafen hieße

697 Bader-Weiß · Bader: Der Pranger (1935), S. 83 und 89.

698 Ebenda, S. 136–139.

699 Ebenda, S. 122–123.

700 Horna, Richard: Der Pranger in der Tschechoslowakei, hg. von Hermann Baltl. Graz 1965 (1941 erstmals auf Tschechisch in Prag erschienen, Grazer rechts- und staatswissenschaftliche Studien, 16), S. 14 und 20. Weitere Beispiele bei Köstlin: Die Ehrverletzung nach deutschem Rechte (1855), S. 415–424.

das also, die Zungen und Lippen herauszureißen oder abzuschneiden, da sie jene Organe sind, mit denen die Straftaten begangen wurden. Vermutet wird, dass diese Strafen eher der Abschreckung dienten.[701]

Der größere Teil der Rechtstexte hat diese Strafen nicht aufgenommen, nur einzelne Belege lassen sich anführen: In Interlaken drohte bei vorsätzlicher Ehrverletzung der Handverlust[702] und das Wiener Stadtrecht sah für Meineid (falsum testimonium) das Abschneiden der Zunge vor. Wem es möglich war, konnte sich mit zehn Pfund von dieser Strafe loskaufen:

> Art. 14. Si quis convictus fuerit cum VII viris honestis et credibilibus, quod falsum testimonium perhibuerit, abscidatur ei lingua, vel redimat eam X talentis, et quem falsitate sua dampnificavit, illi dampnum suum emendet.[703]

In Wien hatte man sich also bereits auf eine Alternative verständigt, um die Verstümmlung aussetzen zu können. Das heißt allerdings auch, dass im Eventualfall der Vollzug der Körperstrafe nicht zur Disposition stand.

Sicher sind Zweifel am Vollzug durchaus berechtigt, allerdings können diese «Zungenstrafen» nicht ins Reich der Legenden gedrängt werden. Natürlich standen den Menschen durch biblische Erzählungen und deren bildliche Umsetzungen erbarmungslose Strafen in Fegefeuer und Hölle vor Augen. Doch war nicht zu überprüfen, ob diese Strafen tatsächlich die sündigen Verstorbenen im Jenseits treffen würden; sie konnten demnach auch nicht infrage gestellt werden, zumal sie teilweise in der Heiligen Schrift verbürgt sind[704] und Zweifler sich der Blasphemie verdächtig machten. Die irdischen Strafen mussten hingegen einer sichtbaren Prüfung standhalten. Blasphemie

Aus Augsburg weiß man jedenfalls aus chronikalischer Überlieferung, dass der Zunftmeister der Bäcker 1472 an den Pranger gestellt und ihm dort die Zunge gestutzt wurde, weil er den Magistrat der

701 Zum Forschungsstand siehe Lindorfer: Bestraftes Sprechen (2009), S. 163–169.

702 Müller-Burgherr: Die Ehrverletzung (1987), S. 126.

703 Zitiert nach Csendes: Die Rechtsquellen der Stadt Wien (1986), S. 35.

704 Zu den biblischen Textpassagen, in denen von Zungenstrafen berichtet wird, siehe Lindorfer: Bestraftes Sprechen (2009), S. 171–176.

Stadt beleidigt hatte.[705] Das Gleiche musste Gerhard Sallis 1416 in Luzern wegen «böser rede» erdulden und in Basel stach man einem Knecht wegen «snöder rede» die Augen aus und verwies ihn für ewig aus der Stadt.[706]

3.8 Narrenhäuschen

Mit dem Pranger waren Narrenhäuschen und Lastersteine als Instrumente der Ehrenstrafen eng verbunden, gelegentlich werden beide Strafinstrumente auch Pranger genannt. Zum Beispiel der Oschatzer Narrenkäfig, der in der Forschung auch «Käfigpranger» genannt wird. Er ist so konstruiert, dass Mann oder Frau nicht aufrecht darin stehen, sondern nur in zusammengekauerter Haltung dort einsitzen konnten.[707] In Freiburg (Breisgau) wurde ein für 1276 erstmals nachweisbarer Käfig, der mittels eines Balkens ins Wasser abgesenkt werden konnte, um so die im Käfig gefangenen Delinquenten untertauchen zu können, als «schupfin» bezeichnet. Im 15. Jahrhundert wurde das Wort «schupfin» dann aber für die Bezeichnung des städtischen Prangers verwendet. Die Schupfe kam auch als Strafinstrument bei Injurien zum Einsatz.[708]

Narrenhäuschen, die spätestens für das 15. Jahrhundert in deutschen Städten nachweisbar sind, sahen Käfigen ähnlich, die gelegentlich auch gedreht werden konnten[709] und an öffentlichen Plätzen aufgestellt waren.[710] Zum Teil hatte der städtische Rat die Narrenhäuschen

705 Bader-Weiß · Bader: Der Pranger (1935), S. 122. Zu verbalen Ehrverletzungen im Augsburger Stadtrecht siehe Schorer, Reinhold: Die Strafgerichtsbarkeit der Reichsstadt Augsburg 1156–1548. Köln · Weimar · Wien 2001 (Konflikt, Verbrechen und Sanktion in der Gesellschaft Alteuropas, 3), S. 79.

706 Müller-Burgherr: Die Ehrverletzung (1987), S. 127.

707 Frölich, Karl: Denkmäler mittelalterlicher Rechtspflege in Ost- und Mitteldeutschland. Gießen 1946 (Arbeiten zur rechtlichen Volkskunde, 5), Tafel IV, Abb. 12.

708 Süß: Hochgericht und Lasterstein (1980), S. 51-52.

709 Müller-Burgherr: Die Ehrverletzung (1987), S. 137 (hier als «Trülle» bezeichnet).

710 Frölich, Karl: Stätten mittelalterlicher Rechtspflege im niederdeutschen Bereich. Gießen 1946 (Arbeiten zur rechtlichen Volkskunde, 4), S. 45: «An Überreste derartiger Räumlichkeiten [Narrenhäusel, Betzekämmerchen, Hundeloch etc.] ist gewiß öfters zu denken, wenn an oder in Ratshäusern eingemauerte Skulpturen in Gestalt eines Narrenkopfes und dergleichen auftauchen, wie es zum Beispiel in Goslar zu beobachten ist.»

in andere öffentliche Gebäude integriert. Der Lübecker Finkenbauer (Kaak) aus dem 15. Jahrhundert, der in seiner ursprünglichen baulichen Gestalt nicht mehr erhalten, sondern neu aufgebaut worden ist, bietet ein anschauliches Beispiel. Er befand sich auf dem Markt über dem Butterhaus, sodass die zur Schelte ausgestellte Person von allen Seiten gut sichtbar, aber von Schaulustigen und Spöttern nicht greifbar war (Abbildung 15, S. 319).[711]

Trinker, Diebe, Nachtschwärmer und Ehebrecher saßen für eine bestimmte Zeit in Narrenhäuschen ein. Allerdings sind auch für diese Strafe kaum Belege zum Injurienrecht greifbar. Die volkskundlichen Studien, die sich mit den mittelalterlichen und frühneuzeitlichen Strafinstrumenten auseinandersetzen, werteten in der Regel die Urteilssprüche diverser Gerichte nicht systematisch aus, um den Instrumenten die jeweiligen zu strafenden Tatbestände zuzuordnen. In den oft sehr fleißig zusammengetragenen Arbeiten standen Fragen nach Herkunft, zum Vorkommen und zur unterschiedlichen Beschaffenheit der Strafinstrumente im Vordergrund. Für die Nutzung des Narrenhäuschens im Injurienrecht können daher nur zwei Fälle aus Dresden angeführt werden. 1477 sperrte der Stadtrat zwei Frauen im sogenannten «Narrengätterchen» ein, weil sie untereinander zankten.[712] Möglicherweise handelt es sich bei dem Rechtsspruch aus

711 So wie in Lübeck befindet sich auch in Obermarsberg ein erhöhter, käfigähnlicher Pranger, der die Funktion eines Narrenhäuschens übernehmen konnte; eine Abbildung des Prangers auf dem Umschlagbild ebenda.

712 Bader-Weiß · Bader: Der Pranger (1935), S. 91.

Abbildung 15

Marktplatz der Stadt Lübeck mit dem sogenannten Finkenbauer auf der rechten Seite. Dahinter ist der Pranger zu sehen, der sich nahe am dahinterliegenden Rathaus befand.

Kupferstich von ca. 1580

Abbildung aus: Steinhausen, Georg: Kaufleute und Handelsherren in alten Zeiten, Leipzig 1899, ohne Seitenzahlen

Beilage 7. Marktplatz zu Lübec

80. Lübeck, Stadtbibliothek.

dem österreichischen Schatterlee von 1489 auch um ein Narrenhäuschen. Das Gericht hatte einen Mann dazu verurteilt, seine schmähende Frau selbst zu züchtigen:

Richter

> Wär aber, das sie ir man nicht straffn wollt umb di schuld, so schol sei der richter nehmen und scholl die legn in ein kastn und scholl fur sei slahn zwai sloss, damit di fraw wol behüet sei. Auch scholl der richter irm mann den ainn schlussl gebn und er scholl den andern habm; und scholl sein in dem kasten untzt als lang das di gesworen kunnen erkennen, das si umb die schuld gepessert wird.[713]

Wenige Jahre später drohte der Richter wiederum zwei zänkischen Frauen, die vom Gericht gütlich vertragen worden waren, dass sie, sofern sie ihren Streit weiter führen, in die «Narrenkammer» eingesperrt würden:

> Die tugentsamen eliche frawen Matis Nabels und Georgen Ditterichs seindt etlicher wortzcusage irrigk gewest, dorumb Matis Nabel rechtlich wider Georgen Ditterichs weib vor gericht gestanden, sindt uff hute dinstags noch Kiliani diser und anderer sachen mechtig zcu entscheyden uff ein rat gangen, sie geschiden also, das sie vor allen dingen gute frunde sollen sein, und sollen forder yn einigkeit und fruntschafft leben. Wue aberdt eine kegen der andern mit worten ader wergkenn wurde heimlich ader offinbar solchen fruntlichen schidt uberfarn, die sal yn straff und gehorsam des rats gnomen werden, yn die narrenkammer gesatzt, dorzcu ein schogk gemeiner stat bawe zcu straff one vormynnerung geben und reichen, des sie zcu tun haben bewilligt und angenomen.[714]

Natürlich sind diese Beispiele nicht repräsentativ und es ist nicht ausgemacht, dass bei Beleidigungsdelikten nur Frauen in ein Narrenhäuschen eingesperrt wurden.

3.9 Steintragen

Für das Tragen von Lastersteinen lassen die bisherigen Forschungsergebnisse ein substantielles Votum zu. Hier steht eine größere Menge

713 Zitiert nach Künßberg: Über die Strafe des Steintragens (1907), S. 55–56.

714 Spruch vom 10. Juli 1492, zitiert nach Kübler · Oberste: Das vierte und fünfte Stadtbuch Dresdens (2008), Nr. 496.

an Belegen zur Verfügung, die vermuten lässt, dass es sich um eine typische Strafe für Frauen handelte. Die Bezeichnungen für Lastersteine waren sehr vielfältig: «Gewichtsstein», «Marktstein» oder «Klapperstein». Im thüringischen Schleiz und in Zerbst wurde er «Krötenstein» genannt. Dieser Begriff leitet sich von «kreten» her, der «zanken» oder «streiten» meinte. In Sachsen konnte der Lasterstein nach seiner Form die «steinerne Flasche» heißen oder auch «Büttelflasche» (in Bautzen, Dresden); in Neustadt an der Orla trug er die Bezeichnung «Stockstein». Ein weiterer Name für den Lasterstein in Österreich war «Bagstein». Der Name ist auf das Wort «bagen» zurückzuführen, was so viel wie «zanken», «streiten» oder «hadern» heißt und auf die Vergehen hinweist, die mit dem Tragen bestraft werden sollten. In den österreichischen Weistümern, die vom Bagstein berichten, wird deutlich unterschieden zwischen Schmähungen mit «verbotenen» Worten und Schmähungen, die Treue und Ehre angreifen. Bei letzterem Delikt sollte anstelle des Bagsteintragens eine Körperstrafe treten oder zu einer Körperstrafe das Bagsteintragen hinzukommen.[715] Ehre

Die Steine waren vielfach mit entsprechenden Bildern oder Sprüchen bemalt. Zum Beispiel befinden sich im Märkischen Museum Berlin zwei Lastersteine aus dem brandenburgischen Dahme, die wohl schon im 16. Jahrhundert Verwendung fanden. Ein ähnliches Paar wird im Museum des Lebuser Landes in Zielena Góra ausgestellt. Ein Stein wiegt ca. 15 Kilogramm. Die darauf abgebildeten Frauenfiguren stützen den Befund, wonach Lastersteine von bäuerlichen Ehefrauen, hausbesitzenden Frauen, ihren Töchtern, Mägden und Bürgerinnen gleichermaßen getragen wurden.[716]

Es gibt allerdings Hinweise für die Anwendung dieser Strafe bei Männern. In der *Zimmerschen Chronik* aus der Mitte des 16. Jahrhunderts wird von einer unerlaubten Liebschaft zwischen einem Geistlichen und einer Frau erzählt. Beide mussten zur Strafe Lastersteine durch den Ort tragen;[717] und im ehemaligen Stadtmuseum Laucha an der Unstrut befand sich ein Paar Lastersteine in Form eines männlichen

715 Künßberg: Über die Strafe des Steintragens (1907), S. 6–9, 13, 19–20.

716 Ebenda, S. 16–17. Weiter Belege spezifisch weiblicher Strafen nennen Grimm: Deutsche Rechtsalterthümer, Bd. 1 (1899), S. 720–722, und Köstlin: Die Ehrverletzung nach deutschem Rechte (1855), S. 429–435.

717 Herrmann, Paul (Hg.): Zimmersche Chronik. Urkundlich berichtet von Graf Froben Christof von Zimmern und seinem Schreiber Johannes Müller. Nach

und eines weiblichen Kopfes (Abbildung 16, S. 322).[718] Dies weist darauf hin, dass die Steine eine geschlechtsspezifische Verwendung fanden.

Nach Günter Haberer werde im Lasterstein der Tod durch Steinigung angedeutet.[719] Eine andere Erklärung für den Ursprung der Strafe gab Eberhard von Künßberg, der unter dem Steintragen eine typische Frauenstrafe und ein «Symbol weiblicher Arbeit» verstand:

> Diese Strafe hatte ihren Ursprung in der Verknechtung, bezw. Strafarbeit zahlungsunfähiger Übeltäterinnen. Die Zahlungsunfähigkeit lag aber nicht nur dann vor, wenn die Frau arm war, sondern auch dann, wenn ihr Geschlechtsvormund für sie nicht zahlen wollte; der Hauptgrund für das Fortbestehen dieser Ehrenstrafe war also die geminderte Vermögensfähigkeit der bevormundeten Frau.[720]

---

der von Karl Barack besorgten 2. Ausg. neu hg. Meersburg · Leipzig 1932, S. 553–554.

718 Funk, Wilhelm: Deutsche Rechtsdenkmäler mit besonderer Berücksichtigung Frankens. Erlangen 1938, S. 96–98.

719 Haberer, Günter: Art. Schandstrafen, in: Handwörterbuch zur deutschen Rechtsgeschichte, hg. von Adalbert Erler · Ekkehard Kaufmann, unter philologischer Mitarbeit von Ruth Schmidt-Wiegand, Bd. 4. Berlin 1990, Sp. 1353–1355, Sp. 1354.

720 Künßberg: Über die Strafe des Steintragens (1907), S. 15, Anm. 1. Zu weiteren Erklärungsmodellen für Herkunft und Symbolkraft des Steintragens: ebenda, S. 35–48.

Abbildungen 16

Lastersteine in Form eines männlichen und eines weiblichen Kopfes im ehemaligen Stadtmuseum Laucha an der Unstrut, Fotografie von ca. 1946

Abbildung aus: Frölich, Karl: Denkmäler mittelalterlicher Rechtspflege in Ost- und Mitteldeutschland. Gießen 1946 (Arbeiten zur rechtlichen Volkskunde, 5), Tafel IV, Abb. 13

Zur Beschreibung der Lastersteine siehe Hübbe, Manfred: Laucha – ein reizvolles Städtchen an der unteren Unstrut. Ein geschichtlicher Abriß, hg. von der Stadtverwaltung Laucha an der Unstrut. Laucha 1994, S. 19–20, mit dem Verweis, dass der «Schandsteinforscher Lothar Riedberg aus Dessau-Ziebig [...] 1964 insgesamt fünfzehn deutsche Städte (Stand 1939) gefunden [hat], die noch Schandsteine aufbewahren». Für Literaturhinweise und freundliche Hilfe sei Frau Karla Fitzner, Stadtarchivarin in Laucha, gedankt.

Die Angebote Haberers und Künßbergs zur Symbolik der Strafe sind mit mittelalterlichen Quellenbelegen nicht zu erhärten. Die Semantik einiger Bezeichnungen des Lastersteins macht auch deutlich, dass diese Symbolik keine Rolle spielte, sondern dass mit dem Lastersteintragen die Strafe für zänkisches Geschwätz und für Schmähungen verbunden wurde. Die Abbildungen auf den Steinen und die meisten schriftlichen Quellen legen nahe, dass mit dem Steintragen insbesondere das Schimpfen einer Person bestraft werden sollte, die sich auf einer festgelegten Strecke mit dem Stein durch den Ort bewegen und dabei den Hohn der Anwesenden erdulden mussten.

Künßberg schildert, wie während des Strafvollzugs das Anhängen und Abnehmen des Lastersteins durch den Gerichtsbüttel mit Gebühren versehen waren und dass schaulustigen Jugendlichen, die am Wegrand der verurteilten Person Schmach zufügen sollten, Wein auf Kosten der Delinquenten gereicht wurde. Es bestand auch die Möglichkeit, sich Pausen beim Tragen des Steins zu erkaufen oder sich ganz vom Tragen durch eine Geldzahlung auszulösen.[721] Über den Vorgang des Lastersteintragens in einer Verordnung Johanns von Schaumberg und des Burgebracher Rates von 1497 heißt es:

> Welche frau oder maid die ander mit groben frevlichen heftigen unnützen worten überladet oder die andere raffet oder schlüge, [...] dieselbe soll ohne verzug tragen den zentner stein, der da hanget am torhaus vor der kirchen, von derselben stätt hinab unten in das dorf, um die linden und wieder herauf an das obertor und wieder herab.[722]

Ein ähnlicher, allerdings wesentlich jüngerer Bericht liegt in einer handgeschriebenen Chronik Neustadts an der Aisch von 1708/1709 in Kapitel 19 vor:

> Vermög alter urkunden bey dem rath mußten vor alters die bösen, zänkischen und schmähsüchtigen weibspersonen irgend die andern fälschlich verklaget oder mit Schmachworten ehrverletzlich antastet, eine solche thäterin durch die stadtknechte am wochenmarkt, wann allermeist volk vorhanden, andern zum exempel herumbgeführt werde

721 Ebenda, S. 22–29. Zahleiche weitere Beispiele bei Funk: Deutsche Rechtsdenkmäler mit besonderer Berücksichtigung Frankens (1938), S. 96–98.

722 Funk: Deutsche Rechtsdenkmäler mit besonderer Berücksichtigung Frankens (1938), S. 97.

> und einen klapper- oder lasterstein bey 25 pfund schwer, wie ein weibshaupt, so an ausgestreckter zung ein mahlschloß hat, formiret, am halß tragen müsste. [...] Inmittels werden solch böse weiber, statt diesen stein zu tragen, anietzo mit anlegen der geigen bestrafft.[723]

3.10 Strafen für Frauen

Für einige Strafen im Injurienrecht sind ähnliche geschlechtsspezifische Differenzierungen wie für das Steintragen bekannt. Sieht man von dem schmalen Befund für das Narrenhäuschen einmal ab (S. 316–320), dann gehörten zu diesen für Frauen bestimmten Bestrafungen beispielsweise das dreimalige Herumführen von schmähsüchtigen «Jungfrauen» und «Weibern» um einen Brunnen,[724] das Ertränken oder Schwemmen von rückfälligen Delinquentinnen,[725] die Abgabe von Sachleistungen als Gewette[726] und gesonderte Abbitteformen. In der *Gerichtsordnung für Theilheim* im Landgerichtsbezirk Würzburg von 1473 heißt es:

> § 9. Item, welche frau imand verdachtem mut die ehren beschuldiget oder an die ehre redet, und des nit darbrecht wie recht ist, die soll offentlich vor einer gemein den stein tragen oder soll den herren 10 [pfund] heller geben uf gnad. Were aber ein solchs in einer gehe oder in einem zorn geschehen, so soll sie jenes mensch, das sie also gescholten oder an sein ehre geredt hat, vor vier oder funfen bitten umb gotteswillen, das er ihr vergeben will, und darzu 45 heller bueß geben uf gnade.[727]

Ehre

723 Zitiert nach ebenda. Nach His löste die Halsgeige das Steintragen seit dem 15. Jahrhundert langsam ab. His: Das Strafrecht im deutschen Mittelalter, Bd. 2 (1935), S. 124. Weitere Beispiele für das Tragen von Lastersteinen bietet Köstlin: Die Ehrverletzung nach deutschem Rechte (1855), S. 431–432.

724 Carlen, Louis: Art. Brunnen, B. III. Städtische und ländliche Rechts- und Sozialgeschichte [Mittelalterliche Brunnen in Mittel- und Westeuropa], in: Lexikon des Mittelalters, hg. von Robert-Henri Bautier u. a., Bd. 2. München 1983 (ND München 2002), Sp. 775.

725 Müller-Burgherr: Die Ehrverletzung (1987), S. 179.

726 Beispiele bei Köstlin: Die Ehrverletzung nach deutschem Rechte (1855), S. 433–434.

727 Zitiert nach Grimm u. a.: Weisthümer, Bd. 6 (1869), S. 84.

Busse

Auch das Herumführen in der Geige[728] sowie die Zahlung von im Vergleich zu Männern höheren oder geringeren Geldbußen werden in der Überlieferung als typische Frauenstrafen genannt, wobei die Bußen und Brüche von den Ehemännern als gerichtliche Vormünder erbracht werden mussten, zum Beispiel in den *Offnungen von Tablatt* und *Weinfelden*:

> Item, welcher den andern frefenlich haisset liegen oder sunst mit bösen wortten fräfenlich beschalkot, der ist verfallen zebuoß XVIII [schillinge] pfening und ein frow VIIII [schillinge] pf[ennig]. [...] Item, wer der ist, frow oder mann, der dem andern sin er nympt unnd abschnytt mit wortten, unnd sich das mit warhait nit erfündt, der sol dem sin er widergeben unnd dartzu gesträfft werden nach nach des gerichtz erkanntnuß.[729]

> Item eine pershon, es sei frau oder mann, die andere freventlich heiszt lügen, dieselb pershon ist dem gerichtsherren ein mann 9 [schillinge], [...] ein frau 3 [schillinge].[730]

Geschwätzigkeit

Damit trugen die mittelalterlichen und neuzeitlichen Rechtstexte dem «weibischen Geschwätz» (S. 194–200) nicht nur durch die Berücksichtigung in den Beschreibungen der Tatbestände Rechnung, sondern auch durch die Strafformen.[731]

3.11 Falsche Anschuldigung

Am Ende dieses Kapitels steht mit der falschen Anschuldigung ein Tatbestand, für den ein breites Repertoire an Strafen zur Verfügung

728 Heydenreuter, Reinhard: Kriminalgeschichte Bayerns. Von den Anfängen bis ins 20. Jahrhundert. Regensburg 2003, S. 234–235.

729 *Offnung von Tablatt*, zitiert nach Grimm u. a.: Weisthümer, Bd. 1 (1840), S. 229 und 231.

730 *Offnung für Weinfelden*, zitiert nach ebenda, Bd. 4 (1863), S. 410. Weitere wenige Beispiele sind noch aus dem Strafrepertoire des bischöflichen Sendgerichtes bekannt. Siehe dazu den Abschnitt «Rügegerichte und Rügeverfahren» (S. 365–373) und Müller-Burgherr: Die Ehrverletzung (1987), S. 179–181. Am Beispiel der Stadt Rendsburg zu Beginn des 16. Jahrhunderts siehe Lorenzen-Schmidt: Beleidigungen in schleswig-holsteinischen Städten im 16. Jahrhundert (1978), S. 11.

731 Weitere, meist aus der Frühen Neuzeit stammende Beispiele gibt Schwerhoff: Verordnete Schande? (1993), S. 171.

stand. Es reichte von Straffreiheit bis zur Todesstrafe. Hintergrund dieses ungewöhnlichen Auseinanderdriftens des Strafmaßes war die Frage, ob eine Person bestraft werden könne, wenn sie den Leumund und die Ehre einer anderen Person durch eine falsche Aussage verletzte: Ging sie straffrei aus, wenn sie fahrlässig handelte? War eine Kalumnie hingegen besonders hart zu sanktionieren? Diese und weitere im Kapitel «Vorsatz und Fahrlässigkeit» (S. 88–96) erörterten Fragen stellten einige Rechtsgelehrte und etliche Rechtstexte thematisierten damit zusammenhängende Unterschiede für die Urteilsfindung.

Ehre, Leumund

Fahrlässigkeit

Thomas von Aquin beschäftigte sich ausführlich mit diesen Fragen und bot folgende, allerdings nicht in jedem Fall verbindliche Bestrafungen an, sondern es bestand auch hier die bekannte Vielfalt von Rechtsfolgen: Wenn eine Person vor einem Richter aus Unkenntnis falsche Anklage erhob, drohten ihm nach Thomas keine Sanktionen. Wer böswillig klagte, sündigte gegen das Opfer und das Gemeinwesen (res publica). Deshalb müsse der Täter zweifach gestraft werden. Thomas führt für diesen Fall zwei Rechtsfolgen vor Augen – das Talionsprinzip für die begangene Sünde an seinem Nächsten und die Verweisung aus dem Gemeinwesen. Er rekurriert damit auf *Deuteronomium* 19, 16–21; dort heißt es:

Sünden

> Wenn jemand vor Gericht geht und als Zeuge einen andern zu Unrecht der Anstiftung zum Aufruhr bezichtigt, wenn die beiden Parteien mit ihrem Rechtsstreit vor den Herrn hintreten, vor die Priester und Richter, die dann amtieren, wenn die Richter eine genaue Ermittlung anstellen und sich zeigt: Der Mann ist ein falscher Zeuge, er hat seinen Bruder fälschlich bezichtigt, dann sollt ihr mit ihm so verfahren, wie er mit seinem Bruder verfahren wollte. Du sollst das Böse aus deiner Mitte wegschaffen. Die Übrigen sollen davon hören, damit sie sich fürchten und nicht noch einmal ein solches Verbrechen in deiner Mitte begehen. Und du sollst in dir kein Mitleid aufsteigen lassen: Leben für Leben, Auge für Auge, Zahn für Zahn, Hand für Hand, Fuß für Fuß.

Zeuge

Richter

Das Talionsprinzip bestimmt er als Ausgleich für den erlittenen Schaden des Opfers. Für die Bosheit (malitia) der Verleumdung verfällt der Täter hingegen der Strafe des Ehrverlustes (infamia), die nach Ermessen des Fürsten (princeps), der für den Gerichtsbezirk zuständig ist, oder durch den Papst aufgehoben werden könne:

> Et ideo quando judex cognoverit aliquem de falso accusasse non voluntate nocendi, sed involuntary propter ignorantiam ex justo errore, non imponit poenam talionis. Ad secundum dicendum quod ille qui male accusat peccat et contra personam accusati, et contra rempublicam. Unde propter utrumque punitur. Et hoc est quod dicitur Deut. 19: Cumque, diligentissime perscrutantes, invenerint falsum testem dixisse contra fratrem suum mendacium, reddent ei sicut fratri suo facere cogitavit›, quod pertinet ad injuriam personae: et postea, quantum ad injuriam reipublicae, subditur: Et auferes malum de medio tui: ut audientes ceteri timorem habeant, et nequaquam talia audeant facere. [...] Ad tertium dicendum quod poenam talionis meretur accusator in recompensationem nocumenti quod proximo inferre intentat: sed poena infamiae ei debetur propter malitiam ex qua calumniose alium accusat. Et quandoque quidem princeps remittet poenam, et non abolet infamiam: quandoque autem etiam infamiam abolet. Unde et Papa potest hujusmodi infamiam abolere: et quod dicit Papa Gelasius: Infamiam abolere non possumus, intelligendum est vel de infamia facti, vel quia eam abolere aliquando non expedit. Vel etiam loquitur de infamia irrogata per judicem civilem: sicut dicit Gratianus.[732]

Von der Bestrafung eines Klägers bzw. einer Person, die eine andere mit einer Tatsachenbehauptung falsch beschuldigte, sahen nur wenige Rechtstexte ab: das *Kolberger,*[733] *Goslarer* und *Bamberger Stadtrecht* sowie das *Oberbayerische Landrecht.* Allerdings stellte das *Oberbayerische Landrecht* eine vor einem Gericht nicht zum Ende gebrachte Klage unter Strafe. Dieser Tatbestand, «tergiversatio» (Fahnenflucht) genannt, könnte aus dem römischen Recht bekannt gewesen sein.[734]

3.12 Talionsprinzip

Die überwiegende Zahl der Rechtstexte sah für eine falsche Anschuldigung eine Bestrafung vor oder das Talionsprinzip.[735] Wenn Thomas also mit *Deuteronomium* auf diese Rechtsfolgen verweist, befindet er

732 Zitiert nach Thomas von Aquin: Recht und Gerechtigkeit (1953), questio 68, art. 4 (S. 244–245).

733 Art. 56, Jancke: Das Kolberger Rechtsbuch (2005), S. 171.

734 His: Das Strafrecht im deutschen Mittelalter, Bd. 2 (1935), S. 137–138.

735 Zur Definition der Talion siehe den Abschnitt «Definition der Tatbestände», S. 60–62. Spätmittelalterliche Beispiele für den Strafvollzug in der Schweiz

sich im Rahmen des üblichen Strafrechts, das Anleihen nicht nur aus der Heiligen Schrift aufnahm, sondern auch an ältere römisch-rechtliche Vorbilder anknüpfte. Von den frühen Rechtstexten kennen das Talionsprinzip die *Leges Visigothorum,* die *Lex Baiuwariorum* und die *Edicta Liutprandi,* sie verzichten allerdings auf eine Differenzierung zwischen Vorsatz und Fahrlässigkeit.[736] Eine Ausnahme bildet das *Edikt des König Rothari*; dort ist anstatt des Talionsprinzips bei vorsätzlichem Handeln die Zahlung eines Wergeldes an den König als Richter und an das Opfer vorgesehen. Im Gesetzbuch des langobardischen Königs heißt es im neunten Kapitel:

Römisches Recht

Vorsatz u. Fahrlässigkeit

> Wenn jemand irgendwen um etwas, was ans Leben geht, beim König anklagt, dann darf der Angeschuldigte mit [seinem] Eid Genüge tun und sich reinigen. Tritt solch ein Fall ein und ist der Bezichtiger zugegen, da mag [der andere] das Verbrechen, wenn er kann, vermittels eines Kämpen von sich weisen. Wird er indessen überführt, dann muß er entweder sein Leben lassen, oder er mag nach Ermessen des Königs büßen. Kann aber [jener] den Beweis nicht führen und zeigt sich, daß er arglistig geklagt hat, so muß der beweisfällige Kläger sein Wergeld erlegen, halb an den König, halb an den der Tat Bezichtigten.[737]

In der *Kapitulariensammlung des Benedictus Levita,* in der auch das Talionsprinzip als Rechtsfolge für eine falsche Anschuldigung vorgesehen ist, befindet sich ein ungewöhnlicher Artikel, der einem fahrlässigen Anschuldiger Straffreiheit einräumt, wenn dieser noch nicht vor Gericht geklagt hat. Falls dieser nämlich im Zorn seine Anschuldigung vorgebracht hatte und sich daraufhin schriftlich verpflichtete,

Zorn

bieten Müller-Burgherr: Die Ehrverletzung (1987), S. 131 und Müller: Das Strafrecht im alten Lande Glarus (1981), S. 158.

736 Wegele: Zur Geschichte der falschen Anschuldigung (1892), S. 17–19.

737 «Si quis qualemcumque hominem ad regem incusaverit, quod ad animae perteneat periculum, liceat ei, qui accusatus fuerit, cum sacramentum satisfacere et se eduniare. Et si tales causa emerserit et adest homo in praesenti, qui crimen mittat, liceat eum per camphionem (id est per pugnam) crimen ipsum de super se, si potuerit, eicere. Et si ei provatum fuerit, aut det animam, aut qualiter regi placverit conponat. Et si provare non potuerit et cognuscitur dolusae adcusassit, tunc ipse, qui accusavit et provare non potuit, wergild suo conponat, medietatem regi, et medietatem cui crimen iniectum fuerit.» Zitiert nach Beyerle: Die Gesetze der Langobarden (1947), S. 6–9.

Beweise für seinen Vorwurf zu erbringen und den Vorwurf später in schriftlicher Form nicht wiederholte, ging er straffrei aus.[738]

Falsche Anschuldigung

Kalumnie

Das *Decretum Gratiani* kennt im Zusammenhang mit falschen Anschuldigungen drei Texte, die das Talionsprinzip verlangen. Zwei davon sprechen eindeutig von einer falschen Anschuldigung vor Gericht;[739] im dritten werden zwar die Worte «calumnia» und «probare» verwendet,[740] jedoch kann für diese Zeit noch nicht mit Sicherheit von einer feststehenden rechtlichen Semantik für diese Begriffe ausgegangen werden, sodass über die Begleitumstände der falschen Anschuldigung in diesem Fall keine zweifelsfreie Aussage getroffen werden kann.

Seit dem späten Mittelalter war das Talionsprinzip vor allem im süd- und mitteldeutschen sowie im schweizerischen Raum verbreitet. Dazu zählen unter anderem das *Freisinger Stadtrecht*[741], die *Statuten von Nordhausen* (1300), das *Diessenhofer*, *Augsburger* und *Rüthener Stadtrecht*, das *Rechtsbuch Kaiser Ludwigs*, die *Kyburger Offnung*, die *Herrschaftsrechte für Andelfingen*, die *Landbücher* für *Appenzell* und *Zug*,[742] das *Freiburger Stadtrodel*, das *bischöfliche Privileg für die Stadt Passau* von 1225, die *Tiroler Landesordnung* von 1558, die *Offnung des Twinghofs Neerach*, die *Ordnung für den Dinghof Muttenz*, das *Gaster Landbuch*, die *Vogteioffnung von Stammheim*, das *Stadtrecht von Zug*

738 Wegele: Zur Geschichte der falschen Anschuldigung (1892), S. 22–24.

739 Decreti pars II, causa II, questio III, cap. 2: «Si accusator in accusatione defecerit, talionem recipiat. Item Damasus Papa. [ad Stephanum Archiepiscopum, epist. III.] Calumpniator, si in accusatione defecerit, talionem recipiat.» Zitiert nach Decretum magistri Gratiani (1879), Sp. 451–452. – Decreti pars II, causa II, questio III, cap. 3: «Item ex decreto Adriani Papae. [in capitulis ab ipso collectis, c. 52. in medio] Qui non probauerit quod obiecerit, penam, quam ipse intulerit, patiatur.» Ebenda.

740 Decreti pars II, causa V, questio VI, cap. 2: «Item Gregorius. Qui calumpniam illatam non probat, penam debet incurrere, quam, si probasset, reus utique sustineret.» Zitiert nach ebenda, Sp. 551–552.

741 Art. 60–62. Siehe Freyberg, Maximilian P. von (Hg.): Sammlung historischer Schriften und Urkunden. Geschöpft aus Handschriften, 5 Bde. Stuttgart · Tübingen 1827–1836, S. 175–176.

742 Köstlin: Die Ehrverletzung nach deutschem Rechte (1855), S. 394.

aus dem Jahr 1432[743], das *Kleine Kaiserrecht*[744] und das *Luzerner Bürgerbuch* von 1373; dort heißt es:

> [...] das nieman den anderen in ir Stat ze Lucern vmb einhein ding angevallen, noch berechten mag, denn vmb disu nachgeschriben stuk, das ist, des ersten vmb Mord, vmb Tüb, vmb nachtbrand, vmb Straßroub, vmb falsch, vmb nodzog, vmb ketzerye [...] vnd viele ieman den andern an vmb dirre stucken deheins vnd er des vff in also nüt beweren möchte, der mus an sin statt treten vnd liden, das einer sollte gelitten han.»[745]

Das *Berliner Stadtbuch* von 1397 sah das Talionsprinzip oder den Widerruf vor, fällt aber in dieser Aufzählung räumlich aus dem Rahmen.[746] Im *Sachsenspiegel* wird zwischen einer falschen Anschuldigung, bei der ein Kläger von der Wahrheit seiner Behauptung überzeugt ist, und der Kalumnie, der Klage wider besseres Wissen, unterschieden. Der erste Fall zieht keine Sanktionen nach sich, die Kalumnie aber soll bestraft werden.[747]

Im *Schwabenspiegel* sind für den gleichen Tatbestand zwei unterschiedliche Strafformen vorgesehen. Beschuldigte einer den anderen vor Gericht der Ketzerei und konnte es nicht ausreichend beweisen, musste er entweder mit der Talion oder mit dem Tod durch «Radebrechen» rechnen. Jener Artikel mit dem Radebrechen beschäftigt sich mit der Falschaussage im Rahmen der Strafen Hängen, Enthaupten, Radebrechen und Verbrennen:

> Verrater das sind die mit ir red ainen uerpalmundent, das sy in sagent von der christenhait, also das sy sagen, er sey ain sodomit, oder er hab vich geunraint oder er sey ain

743 Blumer · Heer: Urkundensammlung zur Geschichte des Kantons Glarus, Bd. 1 (1865–1880), S. 409.

744 Wegele: Zur Geschichte der falschen Anschuldigung (1892), S. 31–36.

745 Zitiert nach Segesser: Rechtsgeschichte der Stadt und Republik Lucern, Bd. 2 (1854), S. 617.

746 Fidicin, Ernst (Hg.): Berlinisches Stadtbuch. Berlin 1837 (Historisch-diplomatische Beiträge zur Geschichte der Stadt Berlin, 1), S. 136.

747 Ausführlich dazu Wegele: Zur Geschichte der falschen Anschuldigung (1892), S. 31–36. – Friese: Das Strafrechts des Sachsenspiegels (1898), S. 280–285.

> keczer; mugen si das nicht erzeugen, die soll man radprechen.»[748]

Der andere Artikel hingegen legt das Strafmaß unter dem Titel «Wie man ketzer rügen vnd versüchen sol etc.» fest:

> Wer ain man rüget, er sey ein ketzer oder mainayde oder anders, das im an sein erwerg gat, mag er in nicht überzewgen als recht ist, er sol alle die witze leyden, die iener solt haben geliten ob er in überzewgt hete.[749]

Letztlich laufen beide Artikel auf das gleiche Ergebnis hinaus: Der Delinquent wurde zum Tode verurteilt, entweder mit dem Rad oder durch Verbrennen, denn der Schwabenspiegel sah für den Tatbestand der Ketzerei den Tod auf dem Scheiterhaufen vor (prennen auf ainer hürd).[750] Die Grundlagen für die Strafen waren allerdings verschieden. Mit dem Rad wurden infame Verbrecher gerichtet, mit dem Feuer Personen, die angeblich aufgrund dämonischer Eingebungen ihre Seele dem Teufel verkauft und sich unzüchtiger Umtriebe schuldig gemacht hatten.

Das Talionsprinzip konnte also je nach Anschuldigung durch den Beklagten schwere Konsequenzen nach sich ziehen. Diese Konsequenzen erscheinen dann besonders schwerwiegend, wenn die Unterscheidung zwischen Vorsatz und Fahrlässigkeit vor Gericht keine Rolle spielte. Dabei muss berücksichtigt werden, dass eine falsche Behauptung gegen eine Person, wenn sie außerhalb des Gerichtes ausgesprochen wurde, in der Regel erst einmal vor dem Gericht wiederholt werden musste und damit dem Täter die Möglichkeit eingeräumt wurde, seine Aussage zu überdenken. Verzichtete er dort auf die Bestätigung seiner Anschuldigung, drohten nach vielen Rechtstexten neben dem Widerruf nur Buß- oder Ehrenstrafen.

Fahrlässigkeit

Kalumnie

Die Talion als Rechtsfolge bei einer Kalumnie galt aber als insofern gerechtfertigt, weil der Delinquent billigend in Kauf nahm, dass die von ihm beschuldigte Person möglicherweise das Leben verlieren würde.

748 Zitiert nach Eckhardt: Schwabenspiegel, Kurzform (1974), S. 253, Sp. 1.

749 Zitiert nach ebenda, S. 393, Sp. 1.

750 Ebenda, S. 391, Sp. 1.

3.13 Todesstrafe und Geldbuße

Die Todesstrafe für verbale Injurien kennen nur wenige Rechtstexte. Insgesamt sechs Belegstellen sind bisher bekannt:

1. die eben besprochene Stelle aus dem *Schwabenspiegel*,
2. die im Zusammenhang mit der Stadtverweisung angedrohte Todesstrafe bei wiederholter Beleidigung des Dresdner Bürgermeisters von 1483,[751]
3. eine ebenfalls angedrohte Todesstrafe in Bern, falls ein Delinquent viermal öffentlich widerrufen musste,[752]
4. in Zürich wurde 1487 ein Luzerner Söldnerführer wegen Beleidigung des Bürgermeisters enthauptet,[753]
5. in Fribourg sollten «öde wyber», die eine ehrbare Frau beleidigten oder verleumdeten, ertränkt oder geschwemmt werden,[754]
6. in einer zugegebenermaßen nicht sicher zu interpretierenden Stelle aus dem Rheingauer Landrecht nach einer Handschrift des späten 14. Jahrhunderts heißt es:

Bürgermeister, Beleidigung eines Amtsträgers

> Wer beym trunk jemanden mörder, dieb, verräther etc. schilt und seinen fuß nicht dabei setzen wollte, der ist bußfällig; setzt er hingegen den Fuß dabey, kann aber hernach nicht beweisen, so verliert er seinen leib.[755]

Wahrscheinlich wird mit diesem Rechtsbrauch eine Unterscheidung in Vorsatz und Fahrlässigkeit unter Alkoholeinfluss bzw. eine vor einem Gericht geltend zu machende Beschuldigung ausgedrückt. Mit dem «Fuß-dabei-setzen» könnte ein bekräftigendes Fußstampfen im Sinne von: «doch, es ist wahr, was ich gesagt habe», bezeichnet sein. In jedem Fall setzte die Verhängung der Todesstrafe hier ein Gerichtsverfahren mit einer Begutachtung zugelassener Beweismittel voraus. Damit wäre die Fußsymbolik die Vorstufe einer beeideten Aussage. Im Rahmen eines solchen Gerichtsverfahrens hätte auf die Erkennt-

751 Siehe S. 304–305.

752 Müller-Burgherr: Die Ehrverletzung (1987), S. 128.

753 Ebenda.

754 Ebenda, S. 129.

755 Grimm u. a.: Weisthümer, Bd. 1 (1840), S. 539.

nis, dass der Beschuldiger wider besseres Wissen handelte, keinen Einfluss auf das Urteil gehabt, sondern dem Beschuldiger war es selbst überlassen, seinen Vorwurf vor der abermaligen Bekräftigung seiner Aussage zu prüfen.

Falsche Anschuldigung

Wenige Rechtstexte belegen die falsche Anschuldigung vor Gericht mit Geldbußen, so zum Beispiel das *Lübische Recht* bei einer Beschuldigung als Dieb oder Räuber. Nach Ruprecht von Freisingen sei der Schadensersatz für das Opfer zu erlassen, wenn der Täter öffentlich widerruft, nicht aber die Geldbuße.[756] Etwas anders handhabte die *Carolina* eine Anschuldigung vor Gericht, die vom Kläger nicht ausreichend bewiesen werden konnte. Der Kläger hatte dem Gericht die entstandenen Kosten zu erstatten und dem Beklagten Ersatz für die zugefügte Schmach und den Schaden zu schaffen «nach burgerlicher rechtlicher erkantnuss».[757]

756 His: Geschichte des deutschen Strafrechts bis zur Karolina (1928), S. 137–138. Zur Kombination von Widerruf und Geldbuße in den Schweizer Rechten siehe Müller: Das Strafrecht im alten Lande Glarus (1981), S. 158–159.

757 Zitiert nach Des allerdurchleuchtigsten großmechtigste[n] vnüberwindtlichsten Keyser Karls des fünfften: vnnd des heyligen Römischen Reichs peinlich gerichts ordnung (1533), Art. 12.

4. Schadensersatz, Geld- und Sachbußen

Geld- und Sachbußen waren im gesamten Mittelalter und in der Frühen Neuzeit eine verbreitete Strafform im Injurienrecht, vielleicht sogar die dominante, in jedem Fall bei vielen Delinquenten die bevorzugte. Alternativ waren peinliche oder Ehrenstrafen abzubüßen; gelegentlich gab es auch die Möglichkeit, sich durch Geldzahlungen von diesen entehrenden, in aller Öffentlichkeit stattfindenden Strafen loszukaufen.[758] Den Widerruf oder die Abbitte, die in der Regel mit einer solchen Strafe verbunden waren, konnte der Delinquent hingegen nicht durch Zahlungen ablösen.

Öffentlichkeit
Genugtuung

4.1 Sanktionen nach richterlichem Ermessen

Bis zum 15. Jahrhundert existierten zwei Gewohnheiten zur Festlegung der Bußsumme. Entweder war sie durch ein Kompositionensystem festgehalten, das von Recht zu Recht ganz unterschiedliche Geldsummen festschrieb, oder es lag im Ermessen des Urteilers, eine entsprechende Summe festzulegen. Außer den bereits genannten wirkungsweiten Rechtstexten wie dem *Sachsen-* und *Schwabenspiegel*, in denen es heißt, dass die Delinquenten nach ihrer Herkunft, ihrem Ansehen und der verübten Tat zu richten seien, kennen das Verfahren nach Ermessen auch noch die späteren, reformierten Stadtrechte und Weistümer aus dem 15./16. Jahrhundert. Nach der *Nürnberger Reformation* war es möglich, eine zweite Instanz anzurufen, wenn sich das Opfer einer Injurie mit der Höhe der ihm zustehenden Schadensersatzzahlung nicht einverstanden erklärte. Dort ist festgelegt, dass jeder vom städtischen Gericht anerkannte Anklagepunkt (artickel) mit je «fünf pfundt Noui» gebüßt werden müsse. Ist der Kläger mit der Entscheidung des Gerichts nicht einverstanden, steht ihm frei, den «freuel vor de[n] fünff herren des rats außzetragen». Dieses

Abstammung

758 Beispiele für geistliche Gerichte werden im Abschnitt «Rügegerichte und Rügeverfahren» (S. 365–373) gegeben.

Gremium war dann aufgefordert, die «gestalt des freuels» erneut zu bemessen und ein weiteres Urteil zu fällen.[759] In der *Wormser Reformation* aus den Jahren 1498/1499 heißt es:

> Von achtung Taxacion vnd ermessung zugefugter Iniuri vnd schmehe. Ti. xvij. SO der ihenne dem Schmehe tzugefügt ist, solich schmehe in recht beclagt, fordert, schetzt die an ein benant gelt Sum. vnd wie sich gepürt bewert vnd bewyst hat, so söllen die vrteyler solich erforderet vnnd Estimirt Sum gelts krafft ires richterlichen ampts nach gelegenheyt der Person vnd vmbstend der sach eigentlich an ein Sum taxiren vn(d) messigen. Vnd so die selb taxirt vnd ermessigt Sum oder darunder durch den geschmechten berecht wirdet, so söllen alßdann die vrteiler den schmeher in Su(m)ma iurata, das ist in der Sum die durch den geschmechten berecht vnnd behalten ist, mitsampt erlitten gerichtßkosten vnd scheden condemniren vnd verdammen.[760]

Das *Weistum* von *Mühlheim bei Koblenz* legte fest:

> Zum zwölften erkent der höber dieses hobs den Claiß heimbergen alß einen schwygenden scholteis von wegen unsers gendigsten herren zu Trier oder viel mehr von wegen der gemeinen hauffung der Echter, daß recht zu beschutzen und beschirmen vor allem ubertracht oder schaltwort; ist es aber sach, das sich etwan einer uf diesem hoif oder diß hofs gerechtigkeit sich ungeburlich mit uberbracht oder schaltworten ungemeßig ergryff und daruber bedinckt wurdet, ist erfallen vor feunf marck, derselbig zu erlegen in drey theil, erstlich ein theil dem scholteßen dieses hofs, so fern er der person ein ist, die mit zu hof gehen oder schuldig seyn zu gehen; ist eß aber ein ander, so hat ihn der vögt, so hoch zu strafen, wen er daruber bedinckt wirt, alß er will und nach gelegenheit der sachen befinden wirt, edoch unserem gnedigsten herren seine vorbehalten straf.[761]

759 Zitiert nach Diss ist die Reformacion der Statut vnd gesetze, die ein erber Rate der Stat Nüremberg [...] fürgenomen hat. Augsburg 1488 (GW M27327), 5. Titel, 4. Gesetz (ohne Seitenzählung).

760 Zitiert nach Köbler: Der Statt Wormbs Reformation (1985), S. 47.

761 Zitiert nach Loersch: Die Weistümer der Rheinprovinz, Abt. 1, Bd. 1 (1900), S. 241. Im *Weistum von Kellenbach im Hunsrück* heißt es: «Zum achten, schilt oder schmeht einer den andern mit worten, das alles weisen wir nach gestalt

Zweifellos erhöhte diese Regelung einerseits die Gefahr der richterlichen Willkür. Andererseits war es nur durch diesen Ermessensspielraum möglich, tatsächlich ein am Stand und Ansehen gemessenes Urteil zu fällen, denn eine Abstufung der Geldbußen nach Stand oder Vermögenswerten des Delinquenten kannten die Bußtaxordnungen nicht. Bei Schadensersatzforderungen, die durch den Kläger geschätzt und vor das Gericht gebracht wurden, war es dem Richter zudem möglich, mäßigend oder erhöhend auf die letztlich zu zahlende Summe einzuwirken. Demnach entsprach das Verfahren nach richterlichem Ermessen dem Grundsatz der standesgemäßen Bestrafung eines Delinquenten mehr als das Kompositionensystem. Eine Bevorzugung des einen oder anderen Verfahrens lässt sich aus dem Quellenbefund jedoch nicht herauslesen; beide Möglichkeiten lassen sich seit dem frühen Mittelalter[762] belegen. In der Tendenz mögen die Taxordnungen überwiegen, wie die nachfolgende Tabelle «Geldbußen im späten Mittelalter» im Vergleich zu den eben erwähnten Belegen zum richterlichen Ermessen nahe zu legen scheint (S. 339–340).

Buße

Richter

4.2 Geldbußen

Ekkehard Kaufmann berichtete in seinem Beitrag zum spätmittelalterlichen Schadensersatzrecht in Anlehnung an Rudolf His von einer für Deutschland typischen «Kränkungsbuße» in Höhe von 30 Schillingen, «eine an den Verletzten fallende Strafsumme, mit der auch alle die Delikte abgegolten wurden, die später unter den Injurienbegriff fallen».[763] Wenn man die Quellenbelege entsprechend selektiert, tritt diese Geldbuße aber nur vereinzelt entgegen. Zum Beispiel nennt *Der Rechte Weg* (2. Hälfte 15. Jahrhundert) – eine Breslauer Kompilation von Schöffensprüchen, Auszügen aus Rechtsbüchern und anderem mehr[764] – diese Summe häufig. Dort waren 30 Schillinge als Buße für

undt gelegenheit einen jeden sach den herrn zur straff heim.» Zitiert nach Grimm u. a.: Weisthümer, Bd. 2 (1840), S. 143.

762 *Gesetzbuch des langorbardischen Königs Rothari*, 9. Kapitel, siehe Beyerle: Die Gesetze der Langobarden (1947), S. 6–9.

763 Kaufmann: Das spätmittelalterliche deutsche Schadensersatzrecht und die Rezeption der «actio iniuriarum aestimatoria» (1961), S. 100.

764 Zur Sammlung des Breslauer Schöffen und Ratsherrn Kaspar Popplau († 1499) siehe Ebel, Friedrich, unter Mitarbeit von Carls, Wieland · Schelling, Renate (Hg.): Der Rechte Weg. Ein Breslauer Rechtsbuch des 15. Jahrhunderts, 2 Bde. Köln · Weimar · Wien 2000, Bd. 1, S. IX–XVI.

das Opfer vorgesehen und ein nicht genau bezeichnetes Gewette für den Richter.[765] Ähnliches galt auch für Beleidigungen eines städtischen Ratsmannes; allerdings erhöhte sich die Buße, wenn der Täter den «siczenden rathe» (tagender Rat) angriff, dann mussten jedem Ratsherren 30 Schillinge Pfennige zur Buße gegeben und dem Richter sein Gewette entrichtet werden:

> Von rathmanne obilhandelunge. Beredet adir beschildet ymant den rath mit worten adir sachen, die die missehandelunge ruren mogin adir strafunge wert sein, den mogen sie dorumbe beschuldigen vor gerichte. Bekent er das, so muß er dorumbe eynem iczlichen rathmanne dreyssig phennig zu busse gebin und dem richter so maniche gewette. Leuckent er abir, so mag er das unschuldig werden uf den heiligen, als recht ist. Were es abir vor eynem siczenden rathe geschehen, so weren sie das nehir uf ehn czu irhalden, und das musten sie alle thun. Denne muste er eynem iczlichen rathmanne zu busse gebin sechsunddreissig schillinge pfennige und deme rcihter so manch gewette. Weldin sie es abir uf ehn nicht haldin, so musten sie ehn czu seiner unschult laßin komen.[766]

4.3 Ausgewählte Geldbußen im späten Mittelalter

Die nachfolgende Tabelle stellt eine Auswahl von Sach- und Geldbußen dar. Bei dieser Zusammenstellung werden Vorsatz und Fahrlässigkeit nicht berücksichtigt.[767]

765 Ebenda, Bd. 1, Buch E, Nr. 68 (S. 305); Bd. 2, Buch K, Nr. 59 (S. 701–703). Allerdings kennt die Sammlung auch einen Spruch, in dem es heißt: «Ist eynem manne smocheyt gethan mit boßen worten: Seczet man solche clage uf gelt, das ist unrecht, wen man sal sotans vorbussen noch dem rechten, ut Instit. De iniuriis § Patitur.» Ebenda, Bd. 2, Buch T, Nr. 68 (S. 1085).

766 Ebenda, Bd. 2, Buch P, Nr. 61 (S. 922). Ein weiteres Beispiel ohne den Zusatz zum «sitzenden Rat» ebenda, Bd. 1, Buch A, Nr. 26 (S. 16).

767 Eine ergänzende Tabelle mit Bußen für deutsche Städte bei Frenz: Frieden, Rechtsbruch und Sanktion in deutschen Städten vor 1300 (2003), S. 500–518.

Rechtsbuch (Jahr)	Geld- und Sachbussen (Empfänger)
Hamburger Stadtrecht (1270)	falsche Anschuldigung vor Gericht 3 Pd. (Gericht)[a]; «Mörder», «Mordbrenner» etc. 12 M. Pf.; «Hurensohn», «Lügner» 3 M. Siilber[b]
Kolberger Stadtrecht (1297)	«Mörder», «Dieb» etc. 60 Schill. (Richter, Stadt, Opfer); falsche Anschuldigung vor Gericht 4 Schill.[c]
Laxar Urbar (1303)	ehrenrührige Scheltwörter 3 Pd., alle anderen 3 Schill., falsche Anschuldigung vor Gericht 3 P d.[d]
Goslarer Statuten (1320/60)	Scheltwörter 30 Schill. (Opfer), 60 Schill. (Vogt)[e]
Leipziger Schöffensprüche (14. Jh.)	Beschimpfung 30 Schill. (Opfer)[f]
Gerichtsordnung Großburschla (14. Jh.)	ehrenrührige Scheltwörter 21 Hel., alle anderen 6 Hel.[g]
Freiheitsbrief für Saarbrücken (1321)	«Mörder», «Dieb» etc. 10 Schill. Pf. (Gericht), im Zorn gesprochen 5 Schill. Pf. (Gericht)[h]
Freisinger Rechtsbuch (1328)	«Hundesohn» etc. 10 Schill. (Richter)[i]
Offnung Neukilch (1330)	Wörter gegen die Ehre 10 Pd. (Stadtherr), 10 Schill. (Stadt)[j]
Seligenstädter Willkür (1377)	Schimpfwörter im Rat 1 Pd. Hel.[k]
Offnung Tannegg u. Fischingen (1432)	«Lügner» 3 Schill. Pf.[l]
Nussdorf bei Wien (1450)	«Hurensohn», «Dieb» etc. 12 Schill. Pf.[m]
Offnung Tablatt (1471)	Frevelwörter 18 Schill. Pf. für Männer, 9 Schill. Pf. für Frauen[n]
Gerichtsordnung Theilheim (1473)	«Dieb», «Verräter» etc. 45 Hel. (Opfer), «Lügner» 15 Hel. (Opfer)[o]
Nieder- und Mettmenhasli (1478)	Scheltwörter 3 Schill. Pf.[p]
Nürnberger Reformation (1484)	je anerkannter Frevel 5 neue Pd.[q]
Joh. Purgold (Eisenach, Anf. 16. Jh.)	Scheltwörter 25 Pf. (Richter), 1 Hel. (Opfer); Frevel 5 Schill. Pf.; Missetat 1 Schill. (Richter, Opfer)[r]
Offnung Kyburg (1506)	übel nachreden 10 Pd. (Richter)[s]
Weistum Waldesch (vor 1536)	Scheltwörter 12 Guld.[t]
Weistum Wartenberg (1560)	ehrenrührige Scheltwörter 10 Hel.[u]
Gerichtsordnung Anrath (1574)	Scheltwörter 1 Guld. (Schöffen), ½ Guld. (Schultheiß), 18 Schill. (Schreiber)[v]
Vogteigerichtsordnung Alefeld (1580)	Schmähwörter 1 Guld. 10 Gr.[w]
Weistum Mühlheim (1596)	Scheltwörter 5 M. (Schultheiß, Vogt, Opfer)[x]

Abkürzungen:	– Schill.	= Schillinge	– M.	= Mark
	– Guld.	= Gulden	– Pf.	= Pfennige
	– Hel.	= Heller	– Gr.	= Groschen
	– Pd.	= Pfund		

a	Eichler: Das Hamburger Ordeelbook von 1270 samt Schiffrecht (2005), S. 184.
b	Köstlin: Die Ehrverletzung nach deutschem Rechte (1855), S. 238–239.
c	Jancke: Das Kolberger Rechtsbuch (2005), Art. 36, 56 und 138.
d	Grimm u. a.: Weisthümer, Bd. 1 (1840), S. 813.
e	Göschen: Die Goslarischen Statuten (1840), liber tertius «Van ghe-richte unde klaghe», S. 74.
f	Kaufmann: Das spätmittelalterliche deutsche Schadensersatzrecht (1961), S. 101.
g	Grimm u. a.: Weisthümer, Bd. 3 (1842), S. 325.
h	Ebenda, Bd. 2 (1840), S. 5.
i	Claussen: Freisinger Rechtsbuch (1941), S. 318.
j	Grimm u. a.: Weisthümer, Bd. 1 (1840), S. 297.
k	Ebenda, Bd. 1 (1840), S. 506–507.
l	Ebenda, Bd. 1 (1840), S. 281.
m	Ebenda, Bd. 3 (1842), S. 704.
n	Ebenda, Bd. 1 (1840), S. 229 und 231.
o	Ebenda, Bd. 6 (1869), S. 84
p	Ebenda, Bd. 4 (1863), S. 307.
q	Diss ist die Reformacion der Statut vnd gesetze, die ein erber Rate der Stat Nüremberg [...] fürgenomen hat (1488), 5. Titel, 4. Gesetz (ohne Seitenzählung).
r	Ortloff: Das Rechtsbuch Johannes Purgoldts nebst statuarischen Rechten von Gotha und Eisenach (1967), S. 321.
s	Grimm u. a.: Weisthümer, Bd. 1 (1840), S. 19.
t	Loersch: Die Weistümer der Rheinprovinz, Abt. 1, Bd. 1 (1900), S. 200.
u	Grimm u. a.: Weisthümer, Bd. 1 (1840), S. 782.
v	Weber: Rheinische Weistümer, Abt. 2, Bd. 3 (1981), S. 188.
w	Grimm u. a.: Weisthümer, Bd. 3 (1842), S. 270.
x	Loersch: Die Weistümer der Rheinprovinz, Abt. 1, Bd. 1 (1900), S. 241.

4.4 Taxierung der Geldbußen

Köstlin, dessen Beitrag Kaufmann nicht kannte, His und Müller-Burgherr bringen zahlreiche Belege für Geldzahlungen, die ganz unterschiedlicher Höhe waren, so aus Österreich, der Schweiz, Oberbayern, Franken, Thüringen, Württemberg, Niedersachsen und Holland. Dort kommt die 30-Schilling-Buße nicht vor.[768] Ungeachtet

768 His: Das Strafrecht des deutschen Mittelalters, Bd. 2 (1935), S. 113–116. – Köstlin: Die Ehrverletzung nach deutschem Rechte (1855), S. 401–402. –

dieser Ergebnisse lässt Kaufmanns Beobachtung noch zwei andere, für Mittelalter und Frühe Neuzeit eigentypische Erscheinungen außer Acht. Zum einen waren, wie die Breslauer Quelle andeutet, die Bußen oft an verschiedene Instanzen auszuzahlen, und zwar nicht immer in der Weise, dass eine festgelegte Summe zu gleichen Teilen abzuführen war, sondern die Instanzen konnten auch verschiedene Summen einfordern (siehe die voranstehende Tabelle, S. 339–340). Zum anderen waren die Geldbußen – und auch das deutet die Tabelle an – oft abgestuft nach den benutzten Schimpfwörtern. Zwei besonders beeindruckende Beispiele sollen das näher veranschaulichen. Die *Rottweiler Statuten* (1315–1535) gaben ein sechsstufiges Strafgeldsystem vor:

> 336. [...] Item welher den anndern unzüchtigklich schältet oder flůchet, den ritten sant Vitstantz oder derglychen wort, der sol verfallen sin 5 sh. h. – 337. Item welcher den anndern schilt ain hůrensun, ain lecker, ain pfaffensun, ain panckhart und derglychen, ist verfallen 10 sh. h. – 338. Item welcher den anndern schilt uss zorn ain dieb, ain ketzer, ain unholden, ain schalck, ain bösewicht oder ain schelmen, ist verfallen 2 pf. h., schilt man aber ain mit der warhait, so frävelt man nit. – 339. Item wer auch den anndern schilt ain mörder oder ain mainaid, ist verfallen 3 pf. h. – 340. Item welcher in vorgeschribner mas den anndern ain dieb, ketzer, böswicht mörder oder unhold und derglychen, das im sin ere berüren wäre, tette schelten is verdächtem můte, und dasselbig unnderstiend uff den, der gescholten wirdt, mit recht zů bringen, und mag dasselbig mit recht nit tůn, der sol die höchst ainung, nämlich 15 pf. h. verfallen sin, und nichtzit dester minder dem cleger sins behalten rechten gehorsam sin. – 341. Item welcher den anndern haist unwar sagen mit den worten: ‹du sparest die warhait› oder ‹sagst nit war›, ist verfallen 1 pf. h.[769]

Zorn

Müller-Burgherr: Die Ehrverletzung (1987), S. 94 und 97–108. Weitere Beispiele: Gengler, Heinrich G. P. (Hg.): Deutsche Stadtrechte des Mittelalters, teils verzeichnet, teils vollständig oder in Probeauszügen mitgeteilt. Nürnberg 1866 (ND Aalen 1964), S. 235. – Michelsen, Andreas L. J.: Der ehemalige Oberhof zu Lübeck und seine Rechtssprüche. Altona 1839 (ND Aalen 1969), S. 208–209, 275, 326–327. – Auer, Franz (Hg.): Das Stadtrecht von München, nach bisher ungedruckten Handschriften mit Rücksicht auf die noch geltenden Rechtssätze und Rechtsinstitute. München 1840 (ND Aalen 1969), S. 107. – Schuster, Peter: Eine Stadt vor Gericht. Recht und Alltag im spätmittelalterlichen Konstanz. Paderborn · München · Wien · Zürich 2000, S. 80–86.

769 Zitiert nach Greiner, Johann (Hg.): Das ältere Recht der Reichsstadt Rottweil. Mit geschichtlicher und sprachlicher Einleitung. Stuttgart 1900, S. 215–216.

Die Differenzierung der Tatbestände in den Rottweiler Artikeln ist für spätmittelalterliche Rechtstexte nicht untypisch. Bis auf den letzten Punkt geben sie wieder, was aus anderen, bisher besprochenen Rechtstexten schon bekannt ist: Im ersten Artikel hat der Täter fünf Schillinge Heller für die Verfluchung einer Person zu zahlen. Nach dem zweiten stand auf Begriffe, die auf eine unehrenhafte Abstammung zielen, eine Strafe von zehn Schillingen Hellern. Der dritte Artikel stellt die im Zorn gesprochenen Worte «Dieb», «Ketzer» etc. mit zwei Pfund Hellern unter Strafe, davon ausgenommen und mit drei Pfund Hellern gesühnt war die Beschimpfung mit den Worten «Mörder» und «Meineidiger». Am höchsten wurde die falsche Anschuldigung vor Gericht bestraft; dabei unterschied das Rottweiler Recht nicht nach Vorsatz oder Fahrlässigkeit: Ein Kläger, der seine Anschuldigung nicht beweisen konnte, musste 15 Pfund Heller zahlen.

Fahrlässigkeit

Mit dem letzten Punkt könnten zwei Tatbestände angesprochen worden sein. Hier wird der Vorwurf «du lügst» mit einem Pfund Hellern bestraft. Da dieser Vorwurf eigentlich dem dritten Artikel zugeordnet werden müsste oder auch kürzer mit dem Schimpfwort «Lügner» hätte beschrieben werden können, dürfte es sich hierbei eher um den gesonderten Tatbestand der Retorsion gehandelt haben. Dabei geht es darum, dass eine Person eine andere falsch beschuldigt und der Beschuldigte darauf spricht: «du lügst». Rechtsgelehrte stritten seit dem hohen Mittelalter darüber, ob diese Antwort rechtens sei und ob sie zu strafen ist.[770] Der Rottweiler Artikel bezog eine eindeutige Position, indem er die Antwort, «du sparst die Wahrheit» und «du sagst nicht wahr», unter Strafe stellte.

Retorsion

Nach dem *Rechtsbuch Kaiser Ludwigs* von 1346, dem zweiten Beispiel, musste der Delinquent, der eine andere Person einen «Hundesohn», «Hurensohn» oder mit anderen Schimpfwörtern in Anspielung auf sodomitische Umtriebe gescholten hatte, «vor offenem gericht swern, daz er die red ungevaerlich in zorn getan hab» (Artikel 62). Wenn er eine Person des Verrats bezichtigte oder sie einen «Bösewicht» nannte, dann musste er öffentlich bekennen, «daz er ienen angesait hab, und swaz er da geret hab, daz hab er durch anders nicht getan, dann durch neid und durch hazz und von dhainer warhait waer» (Artikel 64).[771]

770 Siehe dazu den Abschnitt «Retorsion und Kompensation», S. 374–377.

771 Volkert: Das Rechtsbuch Kaiser Ludwigs des Bayern von 1346 (2010), S. 292–294.

Im nur wenige Jahre jüngeren *Freisinger Stadtrecht* von 1359 wurden diese Bestimmungen fast gleichlautend übernommen.[772]

Hinter beiden Rechtstexten verbirgt sich eine eigenwillige Art der Sanktionierung, die sich aus den Quellentexten nur schwer erschließen lässt: Wenn der Delinquent mit einem Widerruf bzw. einer Ehrenerklärung die Ehre seines Opfers wiederherstellte, dann durfte er mit einer geringen Summe rechnen. Falls er sich aber nicht darauf einließ und bei seiner Beschuldigung blieb, dann musste er, falls der Kläger die Anschuldigung durch zwei Wahrnehmungszeugen beweisen konnte, erstens den durch das Opfer (Kläger) geschätzten Ersatz für den angerichteten Schaden begleichen. Zweitens musste nach dem kaiserlich-bayerischen Recht die Hälfte der Summe dieser Schadensersatzforderung zusätzlich an das Gericht gezahlt werden – in Freising war die gesamte Summe des Schadensersatzes gefordert; und drittens musste der Verurteilte dem Richter 72 Pfennige entrichten. Wenn der Beklagte jedoch seine Unschuld bewies, dann hatte der Kläger diese Summen an den Beklagten und das Gericht abzuführen.[773]

Ehre

Richter

Wie im Rottweiler Recht werden die entsprechenden Tatbestände erörtert und verschieden bestraft; das bayerische Recht unterteilt in fünf Artikel: Im ersten geht es um die Klage vor Gericht: Der Beklagte habe den Kläger «Bösewicht» oder «untreu» genannt bzw. ihm, dem Kläger, vorgeworfen, er hätte ihn verraten oder verkauft:

> Art. 60. Wer ainen schiltt. Chlagt ainer den andern an, er hab in geheizzen einen pöswicht oder ungetriu oder er hab in verraten oder verchauft, sprich aber der antwurtter: ‹Diu red han ich in zorn getan ungevärlich und von dheiner warheit nicht›, da sol man sein recht umb nehmen mit seinem ayde und darzů sol ers dem gericht bezzern mit einem pfunt pfennig. Laugent aber er der red, mag ez dann der anchlager war gemachen mit zwain zů im, die ez gehört und gesehen haben, dez sol er geniezzen und sol ez bestäten mit seinem ayd, waz er der chlag und dez rechten schaden genommen hab, ist er under einem halben pfund. Ist er über ein halbz pfunt, so sol sein hant selb drittiu sein und dem gericht halb als vil und darnach sol der richter ha-

772 Freyberg: Sammlung historischer Schriften und Urkunden, Bd. 5 (1836), S. 175–177 (Art. 60–64).

773 Helfritz: Der geschichtliche Bestand und die legislative Verwertbarkeit von Widerruf, Abbitte und Ehrenerklärung (1905), S. 37–38.

> ben nach dem ziug zwen und sybentzick pfenning. Entprist aber der antwurtter dem chlager mit dem rechten, so ist der antwurtter ledich und ist der chlager als vil schhuldick dem gericht und dem antwurtter.[774]

Im folgenden Artikel handelt es sich nicht um eine gerichtliche Klage, sondern um üble Nachrede im Sinn der Schelte an der «christenheit». Der Delinquent nannte sein Opfer «chüsertinn sun», «huntsertinn sun» oder «merhen sun»; darin steckt der Vorwurf der Sodomie, hier konkret der Vorwurf der Zoophilie:

Sodomie

> Art. 61. Umb schelten aus der christenheit. Spricht ainer den andern an, er hab in geheizzen einen chüsertinn sun oder einen huntsertinn sun oder einen merhen sun oder waz sogtaner vihlicher scheltwort ist, da sol man sein laugen umb nehmen mit seinem ayd, er beziug dann der chlager mit zwayn zů im, die ez gehört und gesehen haben, daz er ez getan hab. Wirt er also überwunden, so ist er dem gericht schuldich zwen und sybentzick pfenning. Und sol der anchlager bereden mit seinem ayde, waz er der chlag und dez rechten schaden genomen hab, den sol er im auch abtůn, ist er under einem halben pfund. Ist er über ein halbs pfunt, so sol sein hant selb dritt sein und sol auch der, der da überwunden ist, vor offem gericht swern, daz er diu red ungevärlich in zorn getan hab. Entpräst aber der antwurtter dem chlager, so ist der chlager alles dez schuldig, dez der antwurtter schuldig wer worden.[775]

Schmähwörter

Der dritte Artikel erwähnt die üble Nachrede durch christliche Scheltwörter; also eine Person wurde beschuldigt, sie sei ein «Lügner» oder «Hurensohn»:

> Art. 62. Da ainer ainen haizzet liegen. Spricht ainer den andern an, er hab in heizzen liegen oder einen hürren sun oder waz sogetaner kristenlicher scheltwort ist, da sol man sein laugen umb nehmen mit seinem ayd, ez beziug dann der der chlager mit zwain, die ez gehort und gesehen haben, daz er ez getan hab. Wirt iener also uberwunden, so ist er dem gericht schuldich worden sechs und dreizick pfenning und nach dem ziug zwen und sibentzick pfennung, ob er überziugt wirt. Entpräst aber der antwurtter

774 Zitiert nach Volkert: Das Rechtsbuch Kaiser Ludwigs des Bayern von 1346 (2010), S. 292.

775 Zitiert nach ebenda, S. 293.

dem anchlager, so ist der chlager alles dez schuldig, dez der antwurtter schuldig worden wär.[776]

Mit den letzten beiden Artikeln wird der erste nochmals aufgenommen, nur geht es diesmal nicht um eine falsche Anschuldigung vor Gericht, sondern um üble Nachrede. Unterschieden wird einerseits in die Bezeichnung ein «untreuer Bösewicht» zu sein und dies durch Zeugen nicht beweisen zu können:

Zeuge

Art. 63. Umb einem pöswicht. Swer den andern anspricht, er hab in geheizzen einen untriuwen pöswicht und vermisset er sich darüber ziugen und get im an den ziugen ab, der ist dem gericht schuldig sechzick und drew pfunt pfenning.[777]

Andererseits soll jemand, der eine andere Person einen «rechten Bösewicht» nannte oder ihr vorwarf, sie verraten oder verkauft zu haben, als «schedlicher man» gelten, wenn er diese Beschuldigung nicht mit Zeugen beweisen konnte und nicht widerrufen wollte. Welche Strafe auf diese Feststellung hin folgen sollte, ist nicht ausgeführt. In diesem Artikel wird ein im Vergleich zu den voranstehenden Artikeln anderes Strafmaß angegeben, falls der Delinquent widerrief. Dann nämlich musste er dem Gericht mit Leib und Gut einstehen und zwar in der Weise, dass er seinen Leib mit seinem Gut auslöst und an drei aufeinander folgenden Gerichtstagen bekennt, dass er sich mit seinem Opfer wieder vertragen habe und seine Anschuldigungen aus Hass und Neid hervorgebracht habe:

Art. 64. Umb einen rechten pöswicht. Swer den andern anspricht, er sei ein rechter pöswicht und er hab in verraten und verchauft, da sol man sein laugen umb nehmen mit seinem ayd, daz er ez nicht getan hab, ez mache dann dirr war mit zwain zû im, daz er ez getan hab. Der ist dem gericht schuldich worden leib und gût und den leip mit dem gût zu lösen und sol auf der stat swern zû den heiligen, daz er ienes friunt sey und auch driu tädinck nach einander auf daz recht sten und daz er offenlichen iiech, daz er ienen angeseit hat und swaz er da gerdet hat, daz hab er durch anders nicht getan, dann durch neid und durch haz und von dheiner war-

776 Zitiert nach ebenda.

777 Zitiert nach ebenda, S. 294.

> heit. Wär aber, ob er dez nicht tät, so sol man in fürbaz haben für einen schedlichen man.[778]

Die Beispiele dokumentieren das komplexe Kompositionensystem des späten Mittelalters. Die Höhe der Summe richtete sich nach dem Tatbestand und dem Empfänger des Geldes. Während das Opfer eine bestimmte Summe als eine Entschädigung für den erlittenen Schaden an Ehre und Leumund erhielt, forderten darüber hinaus einige Rechtstexte ein Gewette als Aufwandsentschädigung für den Richter, dessen Beisitzer oder den Gerichtsherrn, der sich durch einen Bevollmächtigten vertreten ließ. Die 30-Schilling-Buße, die wohl vor allem in Städten mit *Magdeburger Recht* häufig zu finden war und ohne Gewette zu verstehen ist, stellt im Vergleich zu den vorgestellten Taxordnungen eine Ausnahme dar.

Ehre, Leumund
Richter

4.5 Frühmittelalterliches Wergeld

Auch im frühen Mittelalter waren nach der Schwere der Tat abgestufte Bußtaxen ein verbreitetes Strafmittel für Beleidigungen. In der *Lex Salica* mussten mit einer Grundbuße von 15 Solidi die Worte «cinitus», «falsator» und «delator» gesühnt werden. Demgegenüber wurde jener Täter, der eine Frau eine «Hure» schimpfte, mit 45 Solidi bestraft. Nur ein Fünftel der Grundbuße kostete das Schmähwort «concacatus» (Scheißkerl) und der Vorwurf, im Gefecht den Schild weggeworfen zu haben oder davon gelaufen zu sein. Einen schimpflich «Hase» zu nennen, konnte mit drei, sechs oder auch 15 Solidi bestraft werden; hier spiegelt die handschriftliche Überlieferung verschiedene Möglichkeiten wider. Am schwersten wurden Vorwürfe bestraft, die eine Verbindung zur Hexerei erkennen ließen. Falls eine Person beschuldigt wurde, einen Hexenkessel getragen zu haben, musste der Täter 62,5 Solidi büßen; das Dreifache dieser Summe drohte jenem, der eine Frau der Hexerei bezichtigte:

Hexerei

> Kap. 30. 1. Si quis alterum centium clamaverit, DC denariis qui faciunt solidos XV culpabilis iudicetur. 2. Si quis alterum conchagatum clamaverit, CXX denariis qui faciunt solidos III culpabilis iduicetur. 3. Si quis alterum vulpiculam clamaverit, CXX denariis qui faciunt solidos III culpabilis iudicetur. 4. Si quis alterum leporem clamaverit,

778 Zitiert nach ebenda.

> CCXL denariis qui faciunt solidos VI culpabilis iudicetur. 5. Si quis alteri inputaverit, quod scutum suum proiecisset in oste vel fugiendo pre timore, CXX denariis qui faciunt solidos III culpabilis iudicetur. 6. Si quis alterum delatorem clamaverit et non potuerit conprobare, DC denariis qui faciunt solidos XV culpabilis iudicetur. 7. Si quis alterum falsatorem clamaverit et non potuerit conprobare, DC denariis qui faciunt solidos XV culpabilis iudicetur. [...] Kap. 67: 1. Si quis alterum herburgium clamaverit, hoc est strioportium, aut qui aenum portare dicitur, ubi striae concinnunt, et convincere non potuerit, MMD denariis qui faciunt solidos LXII s culpabilis iudicetur. 2. Si quis mulierem ingenuam striam clamaverit aut meretricem et convincere non potuerit, VIIMD denariis qui faciunt solidoas CLXXXVII s culpabilis iudicetur.[779]

Im alamannischen Recht musste eine Frau, falls sie eine andere «Hexe» gescholten oder einen Mann der Falschheit und Arglist beschuldigt hatte, die hier geltende Grundbuße von zwölf Solidi zahlen. Ähnlich nach Geschlechtern und Schimpfwörtern abgestufte Bußen kennt das *Edikt des Königs Rothari.* Bezichtigte man eine Frau der Unzucht oder Hexerei, waren 20 Solidi zu zahlen, warf man einem Mann Feigheit vor, drohten zwölf Solidi Buße:

Falschheit

> Art. 381. Si quis alium "arga" per furorem clamaverit et negare non potuerit et dixerit, quod per furorem dixisset, tunc iuratus dicat, quod eum arga non cognovisset; postea conponat pro ipso iniurioso verbo solidos duodecim. Et si perseveraverit, convincat per pungnam, si potuerit, aut certe conponat, ut supra.[780]

4.6 Erste Gewette

In den *karolingischen Kapitularien* trat zum ersten Mal eine in Gewette und Buße geteilte Sanktion im Injurienrecht auf: Falls eine Personen jemanden schmähte und deswegen verurteilt wurde, hatte sie dem König zwölf Schillinge, dem Opfer die Hälfte und dem Hausherrn, in dessen Rechtsbereich die Tat geschah, einen Schilling zu

Hausherr

779 Zitiert nach Eckhardt: Die Gesetze des Karolingerreiches 714–911, Bd. 1: Salische und rebuarische Franken (1934), S. 46–48 und 96–98.

780 Zitiert nach Beyerle: Die Gesetze der Langobarden (1947), S. 154–155.

zahlen. Offenbar wurden hier zwei Tatbestände gestraft: die Schmähung und die Störung des Hausfriedens.[781]

Mit den *karolingischen Kapitularien* setzen für etwa drei Jahrhunderte Belege für Bußtaxen im Injurienrecht aus. Erst der *Landfrieden König Friedrichs I.* Ks. Friedrichs I. Barbarossa (1152)" vom Sommer 1152 beendet diese quellenarme Zeit und droht im Zusammenhang mit Realinjurien auch die Bestrafung verbaler Beleidigungen an. Parallel zu dem noch immer bestehenden Kompositionensystem entwickelte sich mit den Gottes- und Landfrieden im hohen Mittelalter ein peinliches Strafgeld:[782] Mit fünf Pfund war die Summe aus *Friedrichs Landfrieden* Ks. Friedrichs I. Barbarossa (1152)" im Vergleich zur Strafsumme für Realinjurien gering:

Realinjurien

> Kap. 4. Wenn jemand einen anderen gefangen nimmt und ihn ohne Blutvergießen mit Knüppeln mißhandelt oder dessen Haare oder Bart ausrauft, soll er demjenigen, dem das Unrecht so offensichtlich zugefügt wurde, zehn Pfund als Bußgeld zuwenden, doch dem Richter soll er zwanzig Pfund zahlen. Wenn er ihn aber unüberlegt ohne Verletzung angreift, was man gemeinhin «asteros hant» – mit hitziger Hand – nennt, und mit Schmähungen und Schlägen übel traktiert, soll er für solches Vergehen fünf Pfund zahlen.[783]

Unter Friedrichs Herrschaft wurden dann auch entsprechende Bestimmungen in die *Stadtrechte von Hagenau* (1164) und *Schleswig* (1188) aufgenommen; ihnen folgten ab dem 13. Jahrhundert weitere Rechtstexte.

4.7 Sachleistungen

Für das frühe 14. Jahrhundert begegnen im städtischen Injurienrecht die ersten Gewette in Form von Sachleistungen. Die Art der Leistun-

781 Brunner: Deutsche Rechtsgeschichte, Bd. 2 (^{2}1928), S. 866–867.

782 Sellert · Rüping: Studien- und Quellenbuch zur Geschichte der deutschen Strafrechtspflege, Bd. 1 (1989), S. 98–99.

783 «Si quis alium ceperit et absque sanguini effusione fustibus percusserit vel crines eius aut barbam expilaverit, decem libras ei, cui iniuria illata esse videtur, per compositionem impendat et iudici viginti libras persolvat. Si vero temerarius absque precussione eum invadat, quod vulgo dicitur asteros hant, calida manu, ac verberibus contumeliisque male tractaverit, V libras pro tali excessu persolvat.» Zitiert nach Weinrich: Quellen zur deutschen Verfassungs-, Wirtschafts- und Sozialgeschichte bis 1250 (1977), S. 216–217.

gen lässt in den meisten Fällen darauf schließen, dass sie entweder für das Gemeinwesen bestimmt waren oder Material für die Gerichtsstuben zum Gegenstand hatten oder zur Versorgung der Personen am Gericht beitragen sollten. Dadurch waren die Gewette unabhängig von der regionalen Preisentwicklung im Gegensatz zu den Geldbußen für das Opfer, die weiterhin in Münze gesühnt werden mussten. Busse
Es darf bei einigen älteren Rechtstexten als zweifelhaft gelten, ob die darin enthaltenen Bußsätze tatsächlich als eine angemessene Entschädigung aufgefasst wurden, denn es lassen sich über Jahrhunderte keine Anpassungen der Summen erkennen. Zum Beispiel blieben die Sätze im *Hamburger Recht* aus dem Jahr 1270 bis ins frühe 17. Jahrhundert konstant, also über vier Jahrhunderte.[784]

Wenn Bußtaxen über viele Jahrzehnte oder gar Jahrhunderte konstant blieben, dürfte das ein Hinweis darauf sein, dass es sich bei den Bußen in der Regel nur um symbolische Beträge handelte, die auf reale Löhne und Preise keine Rücksicht nahmen und in Rechtstraditionen verankert waren.[785] Unter diesen Umständen können Bußen auch nicht

784 Eichler: Das Hamburger Ordeelbook von 1270 samt Schiffrecht (2005), S. 184.

785 Die Preis- und Lohnentwicklung im Spätmittelalter fiel regional aufgrund politischer, wirtschaftlicher und witterungsabhängiger Bedingungen unterschiedlich aus (zu den Einflüssen siehe zum Beispiel die Grafik in Buszello, Horst: «Wohlfeile» und «Teuerung» am Oberrhein 1340–1525 im Spiegel zeitgenössischer erzählender Quellen, in: Bauer, Reich und Reformation. Festschrift für Günther Franz zum 80. Geburtstag am 23. Mai 1982, hg. von Peter Blickle. Stuttgart 1982, S. 30–34). Sie zeigen aber im Verlauf der Jahrzehnte erhebliche Schwankungen. Dafür einige Beispiele: in Rostock differierte der Lohn eines Zimmermanns zwischen 1350 und 1500 zwischen knapp 20 Mark und 300. Nicht ganz so drastisch variierten die Jahreslöhne der Maurer in der Hansestadt: zwischen 1400 und 1520 erhielten die Maurer von knapp 40 Mark bis zu über 100 Mark. Siehe Hauschild, Ursula: Studien zu Löhnen und Preisen in Rostock im Spätmittelalter. Köln · Wien 1973 (Quellen und Darstellungen zur hansischen Geschichte, N. F., 19), S. 45–46. Etwa im gleichen Zeitraum mussten die Rostocker zwischen knapp vier und zwölf Schillinge für einen Scheffel Roggen bezahlen, für eine Tonne Butter hingegen zwischen sieben und knapp 20 Mark. Ebenda, S. 141 und 145 (mit noch weiteren Beispielen). Ähnlich stark schwankende Zahlen für den Zeitraum von 1500 bis 1627 bietet: Biederstedt, Rudolf: Löhne und Preise in Vorpommern 1500 bis 1627. Schwerin 2005, für den Hanseraum östlich von Mecklenburg. Für den süddeutschen Raum siehe zum Beispiel die tabellenreiche Arbeit für die Zeit von ca. 1400 bis 1800 von Elsas, Moritz J.: Umriß einer Geschichte der Preise und Löhne in Deutschland vom ausgehenden Mittelalter bis zum Beginn des neunzehnten Jahrhunderts, Bd. 1. Leiden 1936.

in jedem Fall als eine Schadensersatzleistung aufgefasst werden,[786] es sei denn, man bezieht den Schaden auf die immateriellen Größen Ehre und Leumund. Aber selbst unter diesen Bedingungen müsste der Schaden durch das Hinzuziehen weiterer Kategorien messbar vor Augen geführt werden, etwa so wie es die ästimatorischen Injurienklagen nahe legen, denen je nach Fall materielle Werte für die Bemessung zugrunde gelegt wurden. Über einen langen Zeitraum unveränderliche Bußen lassen sich allerdings nur selten in den Rechtstexten finden, entweder weil die Taxen den Zeitumständen angeglichen wurden wie beispielsweise in den *Kursächsischen Konstitutionen* oder weil die Erneuerungen der Rechtstexte aufgrund der Überlieferung nicht stringent nachvollzogen werden können.

Ehre, Leumund

Buße

Die erste bekannte Sachleistung im Injurienrecht wurde durch das oben erwähnte *Rüthener Stadtrecht* von 1310 festgesetzt. Dort musste der Delinquent, der den Bürgermeister oder die Ratsleute durch «snode wart» geschmäht hatte, zwei Eimer Wein dem Bürgermeister, einen Eimer jedem Ratsmann und je einen den «höchsten Boten» der Stadt bringen:

Bürgermeister, Ratsmänner

> Art. 34. Hyr steht eyn ander recht, Were dat also, dat eyn dem borghermester efthe dem rade sceldewort gheue, al so dat he snode wart en gehue, de en an ere ede nicht en ghingen, de hedde ghebroken dem borghermester tve eymer wynes vnd eyme yuliken vyt dem rade eynen, vnde der stat de hoghesten bothe also, vere als de wart van der stades weghene synt.[787]

Im thüringischen Ilmenau stellte das Stadtrecht für Delinquenten, die das Gesetz der Stadt oder deren Ratsmänner beschimpften, zwei mögliche Strafen in Aussicht: Sie sollten einen Garten (gerten) anlegen oder einen guten steinernen Erker (an der Stadtmauer) errichten.[788] Das jüngere *Arnstädter Stadtrecht* von 1543 verfügte in vier Artikeln neben Geldzahlungen unter anderem auch Steinlieferungen:

786 Müller-Burgherr: Die Ehrverletzung (1987), S. 88: Bußen hätten keinen «primären Strafcharakter», sondern fielen «nach heutigen Gesichtspunkten unter den zivilrechtlichen Aspekt des Schadensersatzes bzw. der Genugtuung».

787 Zitiert nach Seibertz: Urkundenbuch zur Landes- und Rechtsgeschichte des Herzogthums Westfalen, Bd. 2 (1843), S. 78.

788 Walch: Vermischte Beyträge zu dem deutschen Recht, Bd. 7 (1781), S. 48. Im Statut von Königsee befindet sich ein im Wortlaut sehr ähnlicher Artikel. Siehe ebenda, Bd. 6 (1777), S. 19.

Beleidigungen durch Auswärtige wurden mit einem Pfund Pfennigen und acht Fudern Steinen für den Stadtrat gesühnt, das Opfer erhielt eine Entschädigung nach Ermessen der Ratsmänner. Für Beleidigungen unter Männern waren 20 Fuder Steine für den Rat fällig; wer den Rat beleidigte, hatte 60 Fuder zu liefern und wenn sich Personen im Rathaus schmähten, mussten sie zehn Fuder Steine geben.[789] Schmähende Frauen hatten nach einigen Stadtrechten Gewette in Form von einem Sack Hafer, von Schmalz, Schreibpapier oder Siegelwachs zu leisten.[790]

4.8 Ästimatorische Injurienklage

Die vierte und letzte Möglichkeit für eine Forderung von Geldzahlungen oder Sachleistungen lag mit der ästimatorischen Injurienklage (actio iniuriarum [aestimatoria]) vor, einer Klageform, die bereits den mittelalterlichen Legisten und Kanonisten aus den *Digesten* und *Institutionen* des römischen Rechts bekannt war.[791] Darunter wird im Injurienrecht eine Klage verstanden, durch die der entstandene Schaden einer Ehrenkränkung (iniuria) vom Kläger selbst geschätzt und vor Gericht vom Beklagten in Form einer Geldbuße eingefordert werden konnte (aestimatio = Schätzung eines Wertes). Die Höhe der geschätzten Schadensersatzforderung - der neben der Straf- auch eine Genugtuungsfunktion innewohnte[792] - hatte aber letztlich der Richter festzulegen.[793]

Römisches Recht

Der Klage lag eine von Kaufmann so bezeichnete «Schätzungsformel» zugrunde, die in etwa so lautete: «Nicht für hundert Pfund würde ich die Wahrheit dieser Behauptung anerkennen.»[794] Diese For-

789 Michelsen: Rechtsdenkmale aus Thüringen (1863), Art. 9, 11, 132 und 133, S. 44 und 74.

790 Beispiele bei Köstlin: Die Ehrverletzung nach deutschem Rechte (1855), S. 433–434. Noch weitere Beispiele zu Sachleistungen ebenda, S. 234–236 und 369 sowie bei Müller-Burgherr: Die Ehrverletzung (1987), S. 93–94.

791 *Iustiniani digesta*, lib. 47, 10 «De iniuriis et famosis libellis» und Iustinaniani Institutiones, lib. 4, 4 «De iniuriis».

792 Balthasar: Der Schutz der Privatsphäre im Zivilrecht (2006), S. 15.

793 Zur Geschichte der ästimatorische Injurienklage siehe Mainzer: Die ästimatorischen Injurienklage in ihrer geschichtlichen Entwicklung (1908) – Hirschberg: Der Vermögensbegriff im Strafrecht (1934), S. 88–216.

794 Kaufmann: Das spätmittelalterliche Schadensersatzrecht und die Rezeption der «actio iniuriarum aestimatoria» (1961), S. 98.

mel habe sich nach Kaufmann in folgende praxisnahe Redefigur im fränkischen Rechtskreis gewandelt: «Ich nehme nicht tausend Mark, daß die Beleidigung wahr ist!». Mit Hilfe dieser Rechtsfigur konnte der Geschädigte im Rahmen einer ästimatorischen Injurienklage auf Schadensersatz klagen. Der in der Schätzungsformel genannte Wert wurde in dieser Klageform zum Schadensersatzwert.[795] Nach Kaufmann kannte das deutsche Recht bis zum 15. Jahrhundert diese Schätzungsformel nicht. Im sächsischen Rechtskreis lassen sich erste Hinweise auf diese Klageform im frühen 15. Jahrhundert ausmachen, sie bleibt zwar vorerst selten, dürfte sich aber später durchgesetzt haben, wie zum Beispiel die Rezeption durch Kilian König im Jahr 1541 zeigt:

> Die Klage wider iniurien sachen wird nach den gemeinen Rechten darauf gestellet/ das der kleger seine schmach vnd iniurien achten mag auff eine summa geldes/ vnd sagen/ er wölle viel lieber soviel vnd mehr von seinen gütern verlieren/ wo er so stadthafftig were/ denn die schmach vnd iniurien dulden.[796]

Für Klagen am Ingelheimer Oberhof aus der ersten Hälfte des 15. Jahrhunderts kann Kaufmann hingegen überzeugend darlegen, dass die Schätzungsformel oft in Anspruch genommen wurde. Forderungen in Höhe von 100, 500 und 1.000 Gulden treten für den Tatbestand der Beleidigung oft auf.[797] In den frühen Stadtrechtsreformationen des 16. Jahrhunderts, wie zum Beispiel aus der Stadt Freiburg im Breisgau (1520 inkraftgetreten), fand die ästimatorische Injurienklage dann ebenfalls Eingang. Unter Beibehaltung des älteren Rechts verfügte der Freiburger Stadtrat:

> Doch diewil wir manigfaltiglich gehört vnd erfunden, das sich vnser vnderthonen zuziten lichtlich entbort, etwe mit schmächlichen schweren worten, einandern geschmecht, vnd darnach im rechten solichs verantwurt, als ob es vß bewegnuß zorns geschehen wer etc. So haben wir gesetzt vnd geordnet, wo sich solich hendel füro hin in vnser Statt

795 Ebenda, S. 98–99.

796 Zitiert nach König, Kilian: Processus vnd Practica der gerichtsleuffte/ nach dem gebrauch Sechsischer Landart/ aus den gemeinen Bäpstlichen/ Keiserlichen vnd Sechsischen Rechten. Leipzig 1541 (VD16 K1846), Kap. III, Anm. 3.

797 Kaufmann: Das spätmittelalterliche Schadensersatzrecht und die Rezeption der «actio iniuriarum aestimatoria» (1961), S. 119.

gepiett vnd obrikeiten begeben, das dann ein yetlicher der den andern also vnbillicher wise in zorn schmecht, vnd übel zuredt, demselben allen sinen kosten vnd schaden, der jm in rechtvertigung, vnd sunst daruß erwachsen wer, zu sampt dem freuel, den er dem Schultheis vnd vns, zugeben schuldig ist, abtragen sol, doch vns vnd den Richtern die mutmassung deßselben kostens in allweg vorbehalten […].[798]

Zorn

798 Zitiert nach: Nüwe Stattrechten und Statuten der loblichen Statt Fryburg (1520), fol. 93v.

5. Strafrechtlich oder bürgerlich klagen?

Seit dem 15. Jahrhundert liegen deutschsprachige Rechtstexte vor, aus denen hervorgeht, wie eine bürgerliche und eine strafrechtliche Klage auf Beleidigung und Verleumdung bei einem Gericht einzureichen bzw. vorzutragen war. Diese Möglichkeit ging auf die oben besprochenen Stellen im römischen Recht zur ästimatorischen Injurienklage zurück; dort heißt es nämlich, dass nicht nur die Zahlung einer Geldbuße verlangt werden könne, sondern es war dem Kläger auch möglich, «criminaliter», das heißt strafrechtlich gegen Delinquenten vorzugehen:

> In summa sciendum est, de omni iniuria eum, qui passus est, posse vel criminaliter agere, vel civiliter. Et, si quidem civiliter agatur, aestimatione facta, secundum quod dictum est, poena imponitur. Sin autem criminaliter, officio iudicis extraordinaria poena reo irrogatur: Hoc videlicet observando, quod Zenoniana constitutio introduxit, ut viri illustres, quique supra eos sunt, et per procuratorem possint actionem iniuriarum criminaliter vel persequi, vel suscipere, secundum eius tenorem, qui ex ipsa manifestius apparebit.[799]

In Anlehnung an diesen Passus wird unter dem Titel «De iniuriis et damno dato» die Ehrverletzung als Tatbestand in die *Dekretalen Papst Gregors IX.* aufgenommen:

> Si culpa tua datum est damnum vel iniuria irrogata, seu aliis irrogantibus opem forte tulisti, aut haec imperitia tua sive negligentia evenerunt: iure super his satisfacere te oportet, nec ignorantia te excusat, si scire debuisti, ex facto tuo iniuriam verisimiliter posse contingere vel iacturam.[800]

---

799 Iustinaniani Institutiones, lib. 4, 4, 10; Mommsen: Römisches Strafrecht (1899), S. 801.

800 Decretales Gregorii IX. (Liber Extra), lib. 5, tit. 36, cap. 9. Zitiert nach: Decretalium collections (1881).

Dieser Titel wird in der Folge immer wieder ausführlich besprochen, beispielsweise von Accursius (* ca. 1185 † 1263), Heinrich von Segusio (* ca. 1194 † 1271) und Bartolus a Saxoferrato (* 1313/1314 † 1357).[801]

5.1 Erste Textzeugen im deutschen Recht

Der von Conrad Heyden verfasste *Klagspiegel* (1436–1442), die *Wormser Reformation* von 1498 (gedruckt 1499), der *Laienspiegel* Ulrich Tenglers (* 1447 † 1511) von 1509 und die im gleichen Jahr publizierte *Frankfurter Reformation* waren die ersten deutschen Rechtsbücher, die eine prozessrechtliche Behandlung der Injurien auf dem straf- und zivilrechtlichen Weg vorschrieben – in der Sprache der Quellen bezeichnet mit «peinlich» und «burgerlich» bzw. «criminaliter» und «civiliter». Hälschner und Helfritz geben zwar dafür als erste bekannte Quelle einen Artikel aus dem *lübischen Recht* an,[802] jedoch ist nicht bekannt, aus welchem Zeitraum er stammt. Beide beziehen sich auf die Ausgabe des *lübischen Rechts* von Johann Friedrich Hach aus dem Jahr 1839. Der betreffende Artikel wird dort in der vierten Abteilung der Edition wiedergegeben, in der Hach alle von ihm aus Druckwerken zusammengetragenen Artikel bekannt gibt, die er in den älteren handschriftlichen Codizes nicht vorfand. Den gesuchten Artikel übernahm er aus der Zusammenstellung des *lübischen Rechts* des Juraprofessors Heinrich Brokes von 1765. Weder bei Hach noch bei Brokes wird eine Datierung angegeben. Da dieser Artikel in den älteren handschriftlichen Statuten, die Hach vorlagen, nicht erwähnt wird, dürfte er eine spätere, frühneuzeitliche Ergänzung sein, die hier nicht weiter berücksichtigt, sondern nur im Wortlaut wiedergegeben wird:

> So up wedderrop werdt geklagt. Wenner dat jemand up wedderrop klaget, so werdt keine pinliche straffe von der overicheit deshalven vorgenamen, sundern alleine gebeden, dat deme beleidigten afdracht und ergetzlichkeit siner

801 Balthasar: Der Schutz der Privatsphäre im Zivilrecht (2006), S. 18–19 und 24.

802 Hälschner: Ehrenerklärung, Widerruf und Abbitte in ihrer geschichtlichen Entwicklung (1864), S. 342. – Helfritz: Der geschichtliche Bestand und die legislative Verwertbarkeit von Widerruf, Abbitte und Ehrenerklärung (1905), S. 62.

> ehre mit einem wedderrop beschehe, welliches is eine bürgerliche und keine pinliche klage.[803]

Tengler sah für Verbalinjurien nur die bürgerliche Klage vor:

> Forma burgerlicher clag vmb Iniuri: Herr Richter vor eüch clagt N. wider N. vnd sagt/ wie jn der benannt n. auff die n. zeitt/ an den n. ennden/ ainen hůrnsun/ bößwicht/ dieb/ kätzer/ bescholten/ ain smachschrifft oder leyd von jm gedicht oder auffpracht. Oder jm an seinen oder der seinen leib/ eern/ oder gůtt beschedigt/ das er auff N. guldin achter/ vnd ee verliern weder solich welt gedulden/ doch mit vorbehalte wer rechtliche mässigung. Hierub[er] begert er rechtlich zůerkennen/ das der selb N. jn daran vnrecht gethon hab vnd schuldig sey/ darumb mit der benannten N. guldin nach ewer mässigung wandel vnd abtrag/ auch gewißhaitt thůn, das er es füran vermeiden soll etc.[804]

Die *Wormser Reformation* überlässt es dem Kläger, welchen Weg er einschlägt und folgt damit dem Vorbild des *Klagspiegels*. Im Titel «De actione iniuriarum» (fol. 17v) heißt es: «Nota in dieser clage magst du ciuiliter oder criminaliter clagen [...].» Es folgt eine ausführliche Darstellung, welche Tatbestände auf welchem Weg zu klagen und welche Strafmaße dafür anzusetzen waren.[805] Ist die Klage vor das Gericht gebracht, kann die alternative Klage nicht mehr eingereicht werden. Zivilrechtlich soll geklagt werden, wenn der Kläger einen Schadensersatz fordern will. Falls eine strafrechtliche Klage eingereicht wurde, sollte nach kaiserlichem Recht gestraft werden. Dazu gehörte bei der Überführung des Beklagten ein Widerruf an den Platz, an dem die Injurie ausgesprochen wurde (wie es bereits Thomas von Aquin formuliert hatte) oder an einen anderen öffentlichen Ort wie zum Beispiel auf einer Kanzel, vor der städtischen Münze oder auf dem

803 Zitiert nach Hach, Johann F. (Hg.): Das Alte Lübische Recht. Lübeck 1839, S. 581, Art. 80. Auf die prozessrechtliche Unterscheidung geht kurz, jedoch sehr informativ auch Brunnenmeister, Emil: Die Quellen der Bambergensis. Ein Beitrag zur Geschichte des deutschen Strafrechts. Leipzig 1879, S. 255–258, ein.

804 Zitiert nach Tengler: Layen Spiegel (1509), zweiter Teil, Blatt 82v.

805 Zitiert nach Heyden, Conrad: Clag, antwort vnnd ausgesprochene vrteil, getzogen aus geistlichen vnd weltlichen Rechten, dodurch sich ein yeder, er sey cläger, antworter oder Richter, vor vnrechter that, handelung vnd furnemen huten mag. Mainz ca. 1480 (Klagspiegel, GW M 16331).

Markt. Die Strafe sollte ermessen werden am Ansehen des Opfers sowie an der Schwere und Gestalt der Injurie:

> Vnd heißt das burgerlich angeclagt: Wan einer syn schmach achtet vn[d] setzt an gelt: vn[d] in synem rechtsatz begert ym sölich schmach abzulegen mit gelt oder gelds wert. Pynlich zuclagen ist, wan einer syn bit vnd beger setzt mit recht zu erkennen, das der ym schmach oder iniuri gethan hat, soll gestrafft werden nach sag der keyserlichen recht, gestalt der Iniuri. So es schmachwort weren durch ein widerspruch an dem ort, da soliche wort oder Iniuri gescheen weren oder vff einer Cantzeln oder offenbaren Platz als vor der Müntz, vff dem Marck vnd derglichen.[806]

Die *Frankfurter Reformation* schildert den entsprechenden Gerichtsprozess ausführlicher: Der Kläger soll die Klage mündlich vorbringen, desgleichen soll der Beklagte mündlich darauf antworten und wenn nötig, eine «defensio» bzw. eine Gegenklage vorbringen. Anschließend mussten die Zeugen von den Parteien benannt werden. Diese hatten nach geschworenem Eid ihre Aussage vor den Schöffen abzulegen, die durch den Gerichtsschreiber notiert werden sollte. Danach kamen die Schöffen zu einem Urteil, dass durch den Gerichtsschreiber dem obersten Richter und den Parteien beim nächsten Gerichtstag vorgetragen wurde. Die Prokuratoren der Parteien hatten nun noch einmal die Möglichkeit, die Zeugenaussagen zu hören, bevor das endgültige Urteil, das von einer Appellation ausgeschlossen war, gefällt wurde.

Zeuge
Schöffen
Appellation

An diese Prozessordnung schließt sich eine Taxordnung mit den Geldbußen, die in der erneuerten *Reformation* von 1578 aufgrund der zunehmenden «Boßheyt bei Alten vnd Jungen» erheblich erhöht wurden. Ebenda wird auch ausgeschlossen, dass auf straf- und zivilrechtlichen Weg geklagt werden konnte; nur eine Alternative stand dem Kläger offen. Das zivilrechtliche Prozessverfahren war identisch mit dem eben geschilderten strafrechtlichen. In einem letzten Titel legt die *Reformation* noch fest, dass Verbalinjurien gemäß dem kaiserlichen Recht nach zwölf Monaten verjähren.[807]

806 Zitiert nach Der Statt Wormbs Reformation (1499), Buch 3, 1. Teil, fol. 38r.

807 Der Statt Franckenfurt erneuwerte Reformation (1587), Teil 10, Tituli 2–4, Blätter 254v–258r. Die gleiche Verjährungsfrist findet sich auch bei Heyden: Der Richterlich Clagspiegel (1516), Blatt 12v (De actione iniuriarum): «Item

Bemerkenswert ist der Zusatz zur Appellation in den *Reformationen*. Sie untersagen ausdrücklich einen weiteren Gerichtsgang. Wenige Jahre später wird auf Reichsebene das Appellationsrecht zu Injurienklagen thematisiert. In der auf dem Wormser Reichstag aufgerichteten *Reichskammergerichtsordnung* von 1521 heißt es, dass Appellationssachen im Wert von unter 50 Gulden nicht angenommen werden dürfen. Von dieser Bestimmung sei die Injurienklage ausgenommen, wenn auf Widerruf oder auf einen Schadensersatz von über 50 Gulden geklagt werde. Beide Klagen sind beim kaiserlichen Kammergericht als zivilrechtliche Klagen einzureichen:

> Kap. 24 § 1. Wir ordnen, setzen und wollen auch, daß die Appellation-Sachen, so unter fünfftzig Gülden Haupt-Guts wären, an Unserm Käyserlichen Cammer-Gericht nicht angenommen, auch von dem Richter voriger Instantzien nicht zugelassen, sondern die Urtheil auff Ansuchen der Partheyen von ihm exequirt und vollnzogen werden. Doch sollen hierin die Sachen Injuriarum, so anderst nicht durch den Injuriaten unter funfftzig Gülden aestimiret werden, auch Obrigkeit, Gerechtigkeit, persönliche und Feld-Dienstbarkeit, ewige unablößliche Gült, Zinß und Nutzung, auch andere dergleichen, so nicht gewisse Achtung hätten, ausgenommen seyn.[808]

Leumund

Nach den eben besprochenen Rechtsbüchern bestand das Ziel der Strafrechtsklage demnach darin, den Beklagten vor Gericht der beschuldigten Injurie zu überführen. In einem zweiten Schritt sollte der Leumund des Klägers durch einen öffentlichen Widerruf wieder hergestellt werden und in einem dritten Schritt hatte der überführte Täter entweder nach Ermessen des Richters oder nach einer festen Taxgebühr eine Strafe abzubüßen, die, falls sie in Form von materiellen Werten geleistet werden musste, an das Gericht verfiel. Mit der bürgerlichen Klage forderte der Kläger vom Beklagten einen Schadens-

---

wo ich mitt worten oder gesanck geschmähet wurde/ vn[d] schwige ein iare/ mag ich fürbaß nit clagen.»

808 Zitiert nach Senckenberg, Heinrich Christian von (Hg.): Neue und vollständigere Sammlung der Reichs-Abschiede, Welche von den Zeiten Kayser Conrads II. bis jetzo, auf den Teutschen Reichs-Tägen abgefasset worden, sammt den wichtigsten Reichs-Schlüssen, so auf dem noch fürwährenden Reichs-Tage zur Richtigkeit gekommen sind, in vier Theilen. Frankfurt am Main 1747, Teil 2, S. 187. Diese Bestimmung wird leicht variiert wiederholt in der Kammergerichtsordnung von 1523 in Kap. 1 § 5 (ebenda, S. 247–248) und von 1555 in Kap. 28 § 4 (ebenda, Teil 3, S. 104).

ersatz in Höhe einer persönlichen Forderung oder einer ortsüblichen Taxe. Diese Schadensersatzklage richtete «sich auf den Ausgleich der Vermögensbeschädigung und zielt nicht mehr auf Privatstrafe».[809] Obwohl auch in diesem Verfahren die Schuld des Beklagten festgestellt werden musste, war eine Ehrenerklärung oder ein Widerruf nicht Bestandteil des Urteils. Die vielfältigen Möglichkeiten der Demütigung des Täters durch einen Widerruf entfielen also, allerdings dürfte die Ehre und der Leumund des Klägers allein schon durch das für ihn positive Urteil und die Auszahlung der Ersatzleistung wieder restituiert worden sein.[810]

Ehre

5.2 Herkunft der straf- und zivilrechtlichen Injurienklage

Diese Verfahrensweise, wonach zivil- oder strafrechtlich geklagt werden konnte, aber nur eine von beiden Klagen zu einer Straftat vor ein Gericht gebracht werden durfte, war den Schöpfern der zitierten Rechtsbücher mittelbar oder unmittelbar aus den *Justinianischen Digesten* bekannt.[811] In das *Corpus Iuris Canonici* gelangte diese Form über Papst Gregor IX. (S. 354–355). Allerdings muss das Kirchenrecht nicht zwangsläufig eine Vorbildfunktion für nachfolgende Rechtstexte in Bezug auf die Injurienklage übernommen haben. Denn Robert Mainzer hat glaubhaft versichern können, dass einflussreiche Rechts-

809 Kaufmann: Das spätmittelalterliche Schadensersatzrecht und die Rezeption der «actio iniuriarum aestimatoria» (1961), S. 94.

810 Die beiden Statuten zeigen, dass Hälschners Behauptung zu modifizieren ist, die besagt: «Wo ein Klage auf Widerruf stattfindet, ist auch eine bürgerliche Klage. Der Satz aber, daß der Beleidigte nach seiner Wahl civiliter oder criminaliter klagen könne, ist jener Zeit nach unbekannt, und die peinliche Klage ist durchaus auf die Schmähschrift und Calumnie beschränkt.» Zitiert nach Hälschner: Ehrenerklärung, Widerruf und Abbitte in ihrer geschichtlichen Entwicklung (1864), S. 344. – Nicht jede Klage auf Wiederruf ist eine bürgerliche Klage und peinliche Klagen sind mitnichten auf Schmähschriften und die Kalumnie beschränkt.

811 *Corpus iuris civilis, Iustiniani digesta*, liber 47.10.6 (Paulus libro 55 ad edictum): «Quod senatus consultum necessarium est, cum nomen adiectum non est eius, in quem factum est: tunc ei, quia difficilis probatio est, voluit senatus publica quaestione rem vindicari. Ceterum si nomen adiectum sit, et iure communi iniuriarum agi poterit: nec enim prohibendus est privato agere iudicio, quod publico iudicio praeiudicatur, quia ad privatam causam pertinet. Plane si actum sit publico iudicio, denegandum est privatum: similiter ex diverso.»

Römisches Recht

gelehrte wie beispielweise Roffredus Epiphanii während der ersten Rezeptionsphase des römischen Rechts vor allem frühmittelalterliche langobardische Gesetze als Grundlage ihrer Glossen und Kommentare verwendeten. Es wäre auch möglich, dass Titel aus den *Gesetzen des Rothari*, *Liutprands* und anderen lombardischen Rechtstexten rezipiert wurden.[812]

Als Vorbild für die Unterscheidung in zivil- und strafrechtlichen Gerichtsgang in Deutschland wurde von Helfritz Roberto Marantas *Tractatus de ordine iudiciorum* (Erstaufl. 1540) geltend gemacht; dort soll Maranta als erster die Streitfrage aufgerollt haben, ob eine «Klage auf Widerruf und Abbitte eine actio civilis oder criminalis sei». Maranta hielt die Klage für ein «iudicum mere criminale» und berief sich dabei auf das Werk des Paris de Puteo (* 1410 † 1493, auch: Paride Del Pozzo): *De syndicatu tractatus* (Erstaufl. 1472, auch: *De syndicatu officialum* bzw. *Tractatus in materia sindicatus*). Paris forderte, dass eine Genugtuung «ein der Schwere der Beleidigung angemessenes Strafübel enthalten müsse».[813] Es dürfte aber ausgeschlossen werden können, dass Maranta tatsächlich zum Vorbild für deutsche Juristen in dieser Frage geworden ist. Denn Helfritz war offensichtlich nicht geläufig, dass es zwei Juristen desselben Namens gab: Roberto Maranta der Ältere und der Jüngere – Vater und Sohn. Der Vater starb um 1530; das angesprochene Werk erschien in erster Auflage allerdings erst 1540 in Venedig. Entweder ist es also nicht auf den Vater zurückzuführen oder es wurde posthum durch den Sohn herausgegeben. In jedem Fall aber wäre es zu spät publiziert worden, um Einfluss auf die Unterscheidung in den erwähnten deutschen Rechtsbüchern ausüben zu können.

Maranta war nicht der einzige und auch nicht der erste Gelehrte für römisches Recht, der sich eingehender mit der Injurienklage beschäftigte. Vor ihm in der Reihe standen in ihrer Zeit bekannte und oft rezipierte Rechtsgelehrte wie der erwähnte Roffredus Epiphanii, Azo Portius, Hostiensis, Guilelmus Durantis, Petrus de Bellapertica, Albertus de Gandino, Jacobus de Bellovisu, Albertus de Rosate und für das 15. Jahrhundert Jason de Mayno. Roffredus, Hostiensis und

812 Mainzer: Die ästimatorische Injurienklage in ihrer geschichtlichen Entwicklung (1908), S. 38–61.

813 Helfritz: Der geschichtliche Bestand und die legislative Verwertbarkeit von Widerruf, Abbitte und Ehrenerklärung (1905), S. 91.

Durantis sollten hinsichtlich ihrer Unterscheidung in Verbal- und Realinjurien, ihrer Beispiele für Verbalinjurien und ihrer Taxierung strafbarer Schimpfwörter den stärksten Einfluss auf die nachfolgenden Rechtstexte besitzen.[814]

Realinjurien
Schmähwörter

Azo setzte sich ausführlich im 35. Kapitel (De iniurijs) des neunten Buches seiner *Summa super codicem* mit den realen, verbalen und schriftlichen Injurien auseinander; und dort heißt es tatsächlich und vielleicht zum ersten Mal im Zusammenhang mit der mittelalterlichen Behandlung von Injurien, dass man «criminaliter» und «civiliter» klagen könne:

> Nam et si nomen adiectum non est, quia probatio difficilis est nihilominus publica questione per criminalem accusationem reus iudicat vel iudicatur. Si autem nomen adiectum est, et iure communi potest agi actione iniuriarum forte et agetur ciuiliter de iniuria vbi nomen non est adiectum si probetur in cuius infamiam scripsit quod difficile est probari. Et eodem modo tenetur ille qui libedllum famosum vel similem scripturam curauit emendum vel vendendum.[815]

Darin folgte ihm Condrad Heyden in seinem *Klagspiegel*, der Azos *Summa* nachweislich nutzte und «als erstes Werk der deutschen Rechtsgeschichte [...] die Injurienklage in wissenschaftlicher Form in deutsche Sprache»[816] darstellt und diese sowohl als zivilrechtliche Strafklage (Titel 21) als auch als peinliche Klage (Titel 22) behandelt:

> De actione iniuriarum. So einer dem andern schmacheit gethan hat/ oder laster mit worten oder sunst. In dieser klag würt das wort iniuria genommen für laster/ schand/ schmachheit oder scheltwort/ damit man einem sein

814 Mainzer: Die ästimatorische Injurienklage in ihrer geschichtlichen Entwicklung (1908), S. 38–61. Mainzer zählt folgende wichtige Werke auf: Roffredus: Solemnis atque aureus tractatus libellorum. – Jacobus de Bellovisu: Libellus iniuriarum. – Petrus de Bellapertica: Quaestiones et decisiones aureae. – Jason de Mayno: Commentaria super codice. – Hostensis: Summa aurea. – Guillemus Durantis: Speculum. Von den jüngeren Rechtsgelehrten erwähnt er: Angelus Aretinus, Julius Clarus, Aegidius Bossius und Prosper Farinacius.

815 Zitiert nach Azonis summa super codicem. Instituta. Extraordinaria. Turin 1966 (Corpus glossatorum juris civilis, ND 1578), S. 338.

816 Deutsch: Der Klagspiegel und sein Autor Conrad Heyden (2004), S. 548–549.

Ehre

ehre/ oder gutten Leümut nimpt oder abschneit. Nun mag ein yeglicher den and[er]n lestern oder schmähem/ oder schenden/ on narren oder kinde die vnder xii jaren, seind meidlin/ vn[d] knaben vnder viiii jaren/ ist es anders vntreü vn[d] arglistes nit vehig/ ist es aber argelistig/ es ist dieser klag pflichtig. Nun geschicht schmähe in drei wege/ mit den werke[n]/ als offt du freuel hand anlegst/ mit feüste[n]/ prügel/ waffen/ oder geest mit gewalt/ oder über meinen willen in mein hauß/ es sei mein eigen/ bestanden/ oder nur vmb sunst geluhen/ darin[n] zu wonen. Solch iniuria oder schmacheit/ würr gestrafft auß dem rechten Cornelia genant/ vn[d] du magst söllich schmähe/ nach dem iar vn[d] es gesche[n] ist/ dan[n]oche klagen vn[d] rach bitten. Ite[m]/ der schmäher muß söllichs in mutte zu schmäen thun/ wann der wille vnd fürsatz vnderscheiden die malefitz.

Wan[n] rede ich etwas in schimpff/ od[er] schlahe oder würffe ich mit eine[m] stein/ so ich ein andern wolt schlahen oder werffen/ bin ich nit schuldig dieser klag. Sunder der klag aquilia/ von dem schaden/ von der du hernach würst haben. Mit den worten/ so du mich heissest ein böߟwicht/ oder mit andern worten mich schendest vn[d] lesterst/ das mir mein ehre oder leümut rüre/ ich sei gegenwertig oder nit/ oder so ich einen anderen getautzt hab vnd bewegt/ ein namlich person lestere[n] vnd schende[n]. […]

Merck wie sunst schmacheyt geschicht/ außgenommen wie obstat geschriben/ muß alleyn der klagen/ dem solchs geschicht/ vnnd sunst niemandt sol vom richter gehört werden.

Merck/ wiewol die/ die schmähen/ mit gerücht oder gesange/ mügen darumb getödt werden/ will ich aber so mag ich klagen/ vn[d] schätz soliche schmähe an ein summe gelts/ vnd würt er mir verdempt in einer summa/ so mag ich nicht noch niemant mehr den verklagen, vmb das leben wie obstat. […]

Diese klag würt gegeben wider den/ der die schmahe gethan hat/ es sei mit worten oder wercken/ auch wid[er] den, der es geheyssen vnd gebotten hat/ auch wider den/ der es gedingt hat/ das er selbs on das thun wolt. […]

> Item/ wan[n] nun vor dem richter die schmacheit bewisen ist/ so sol der/ dem schmacheit geschehen ist schwören/ wie vil er des seinen geben wolt/ hätte er so vil/ ee dann er die schmacheit wolt leyden. [...]
>
> Item/ es würt auch die schmacheit beschwärt vnd grösser/ in drei wege. Am ersten/ an der person/ anders solle man schätzen schmacheit, die da geschicht dem magistrat/ patron/ vatter vnd mutter/ dan[n] andern personen. An d[er] zeit geschicht schmacheit/ vor dem richter/ od[er] in angesicht des volcks/ oder an einem eynig/ schwer ist die geschicht in angesicht/ schwerer ist die schmacheit. Als ist dir ein wunden geschlagen/ od[er] an den mund. Auch merer die grösse der wunde[n]/ auch so dir ein auge vderbet ist/ auch schlecht einer dem and[er]n auff de[m] marckt od[er] dantzhauß/ wie wol er in nit seer wundet od[er] schlechte, doch meret die stat schmacheit/ nicht alleyn geschätzte würt, so schmacheit an dem leib geschicht/ sunder auch/ so dir an dem leib nichts geschicht/ als so dich einer mit worten oder gesang schmähet/ dein kleyder zereißt/ oder deiner frauwen knecht oder magd abfüret.
>
> Merck in dieser klag magst du ciuiliter oder criminaliter klagen.[817]

Ästimatorische Injurienklage

In diesem Passus wird die bereits behandelte ästimatorische Injurienklage noch ein einmal sehr deutlich, aber eben auch die Möglichkeit, bei bestimmten Tatbeständen «ciuiliter oder criminaliter» Während diese Unterscheidung in zivil- und strafrechtlichen Prozessgang auf römisches Recht zurückzuführen ist, lag mit der Genugtuung eine Strafform vor, die im römischen Recht für eine Injurienklage nicht bekannt war. Demnach mussten zwei sehr unterschiedliche Merkmale eines Tatbestandes abgeglichen werden.[818] Heyden hatte sich die-

817 Zitiert nach [Heyden]: Der Richterlich Clagspiegel Ein nutzbarlicher begriff: wie man setze[n] vd[d] formiere[n] sol nach ordenu[n]g der rechte[n] [...] (1516).

818 In der Sache ähnlich, aber eine auf die Kapitalstrafen fixierte Unterscheidung formulierten die sächsischen Juristen des 16. Jahrhunderts. In dem 1572 publizierten Werk Das Gantze Sechsisch Landrecht mit Texte und Gloß in eine richtige Ordnung gebracht heißt es im letzten Teil (Von peinlichen Sachen), dass nach Kaiserrecht zwei Delikte existierten: «privata» und «publica». Zu den privatrechtlichen Delikten zählten Raub, Diebstahl, Schadenssachen (damnum) und Injurien, die nicht mit Leibesstrafen sanktioniert wurden. Nun aber wären nur noch Injurien und Schadenssachen Privatdelikte, die

ser Aufgabe im *Klagspiegel* angenommen und wirkte nachhaltig auf die spätere Behandlung von Injurien.[819]

anderen hingegen Kapitalstrafen (capitalia). Siehe dazu Lück, Heiner: Strafe und Sühne im Spiegel kursächsischer Rechtspraxis auf der Grundlage des Sachsenspiegels und seiner gelehrten Bearbeitungen, in: Kriminalität in Mittelalter und Früher Neuzeit. Soziale, rechtliche, philosophische und literarische Aspekte, hg. von Sylvia Kesper-Biermann · Diethelm Klippel. Wiesbaden 2007 (Wolfenbütteler Forschungen, 114), S. 53.

819 Hälschner: Das preußische Strafrecht, Bd. 3: System des preußischen Strafrechts, Teil 2 (1868), S. 224–229. – Rannacher: Der Ehrenschutz in der Geschichte des deutschen Strafrechts (1938), S. 12–13. – Deutsch: Der Klagspiegel und sein Autor Conrad Heyden (2004), S. 548–549.

6. Rügegerichte und Rügeverfahren

Unter dem Wort «Rüge» wurde in Mittelalter und Neuzeit eine gerichtliche Anzeige und Anklage verstanden.[820] Darauf basierend formulierte Heinrich Brunner die beiden Fachbegriffe «Rügegericht» und «Rügeverfahren». An der Spitze eines Rügegerichtes stand ein durch den König bevollmächtigter Richter, der in einem Untersuchungsbezirk mehrere angesehene Männer als vereidigte Rügegeschworene auswählte, die verdächtige Taten zur Anzeige bringen sollten. So heißt es zum Beispiel im *Kapitular König Pippins für Italien* (782–786), Kapitel 3: Richter

> Iudex unusquisque per civitatem faciat iurare ad Dei iudicia homines credentes iuxta quantos previderit, seu foris per curtes vel vicoras ibi mansuros, ut, cui ex ipsis cognitum fuerit id est homicidia, furta, adulteria et de inlicitas coniunctiones, ut nemo eas concelet. Et hoc damus in mandatis, ut si quis venerit iustitias reclamare super quempiam hominem, dicendo de homicidia, furta aut de praeda, et ille super quem dixerit denegare voluerit, tunc ille qui reclamat si potuerit approbet illud; et si forsitan ipse non potuerit approbare, et ipse super quem dicit negaverit quod malum ipsum nec ipse nec homines ipsius perpetrassent, et posuerit excusationem et dixerit: ›nomina michi homines meos qui tibi malum illum fecerunt; ego tibi de illos iustitias facio‹, et ille incognitus qui reclamat et nomina de illos homines non scit et nec approbare potest, et ipsi qui exinde sic veritatem sciunt denegare voluerint, et ille qui reclamat dixerit: ‹quia homo ille exinde scit veritatem›, tunc iudex ille qui in loco ipso est faciat iurare homines illos, quilibet sint, Francos aut Langobardos, quod ipse nominative dixerit, et dicant exinde veritatem; et si credentes homines fuerint, in manus comiti sui dextrent. Et si latrocinia vel furta aut preda ipsa inventa fuerit, emendetur iuxta ut eorum est

820 Daneben bestanden noch andere Bedeutungen: Tadel, Streit, Verbrechen oder Verleumdung. Sellert, Wolfgang: Art. Rügegericht, Rügeverfahren, in: Handwörterbuch zur deutschen Rechtsgeschichte, hg. von Adalbert Erler · Ekkehard Kaufmann, unter philologischer Mitarbeit von Ruth Schmidt-Wiegand, Bd. 4. Berlin 1990, Sp. 1201.

lex, ut populus hic habitantibus aut advenientibus in pace vivere valeant.[821]

Dieses Verfahren ist in etwa gleichzusetzen mit einer rechtsförmlichen Klage vor einem Richter. Falls einer der Geschworenen allerdings eine Person falsch angeklagt hatte, wurde er, wenn es sich um einen Geistlichen handelte, wegen Meineides (periurium) gebannt oder, wenn der Delinquent ein Laie war, mit der Zahlung eines Wergeldes (widrigild) belegt:

De illis hominibus vel sacerdotibus aut quibuslibet per regnum nostrum, qui propter premia aut parentellam de nostra iustitia inquirentibus aut emendantibus vicia veritatem obfuscare volunt missis vel fidelibus nostris ut se in periuria mittant, iubemus atque precipimus, ut si suspitio fuerit quod periurassent, ut postea ad campum vel ad crucem iudicetur, ut ipsa veritas vel periurium fiant declarata. Et si Domini g fuerit voluntas, quod per ipsa iudicia veritas aut periurium declaretur, tunc volumus atque iubemus, ut, si sacerdos vel clericus fuerit, dupliciter bannum nostrum persolvat sicut superius decrevimus et postea secundum sanctos canones iudicetur; et si laicus fuerit, widrigild suum ad partem nostram persolvat.[822]

Offenbar weigerte sich aufgrund dieser Verfahrensweise so manch einer, das Amt eines Rügegeschworenen zu übernehmen. Jedenfalls legen das Bestimmungen aus der Mitte des 9. Jahrhunderts nahe, die eine Ablehnung der Berufung zum Rügegeschworenen verboten:

[...] et cuiuscumque gentis aut conditionis fuerint, per quos hoc inquiri melius potuerit, iusiurandum dare, cum a comite conventus fuerit, recusandi non habeat potestatem.[823]

Das Rügeverfahren weicht von den üblichen karolingischen Klageverfahren ab, in denen der Verletzte oder ein Vormund der verletzten Person die Klage erhob. Wolfgang Sellert sieht in dieser Verfahrens-

821 Zitiert nach Boretius: Capitularia regum Francorum, Bd. 1 (1883), Nr. 91, hier S. 192–193.

822 Kapitular König Pippins für Italien (800–810?), cap. 4, zitiert nach Boretius: Capitularia regum Francorum, Bd. 1 (1883), S. 208, Nr. 100.

823 Kapitular König Ludwigs II. (850), cap. 3, zitiert nach Boretius, Alfred · Krause, Victor: Capitularia regum Francorum, Bd. 2, Hannover 1897 (Monumenta Germaniae Historica. Leges, 2), S. 87, Nr. 213.

form einen Zusammenhang zwischen sich verdichtender Herrschaft unter den Karolingern und der Entwicklung eines öffentlichen Strafverfahrens.[824] Die Rügegerichte seien nach Brunner wohl immer dann zusammengetreten, wenn die Anzahl landschädlicher Personen bedenklich zugenommen habe.[825]

6.1 Bischöfliches Sendgericht

Seit Mitte des 9. Jahrhunderts verbreitete sich das bischöfliche Sendgericht als eine weitere Form des Rügegerichts in Deutschland und in Nordfrankreich. Die Bischöfe übertrugen eine Kombination aus Elementen der (inner-)kirchlichen Strafgerichtsbarkeit und der Kirchenbuße auf ihre strafgerichtliche Gewalt über Laien.[826] Auf ihren Visitationen suchten Bischöfe oder bevollmächtigte Vertreter nach Verstößen gegen die christliche Ordnung durch die Befragung von vereidigten Sendzeugen. Das Besondere an diesem kirchlichen Rügegericht ist, dass ihm ein vom profanen Recht dieser Zeit abweichendes Verständnis zugrunde lag: Nicht nur das Opfer würde durch die delinquente Tat geschädigt, sondern auch das Gemeinwesen.[827] Deshalb müsse gerügt werden, auch durch Personen, die zwar keinen unmittelbaren Opferstatus einnahmen, aber dennoch durch die Tat betroffen waren, denn der Täter habe Gottes Zorn erweckt:

Buße

Zeuge

> […] mit Hilfe der Bestrafung distanzierte sich die christliche Gemeinschaft von Übeltätern, macht deutlich, daß sie deren Tat als schwere Sünde erkennt und kann so die göttliche Strafe verhindern, die nicht nur den Täter, sondern die gesamte Gemeinschaft gleichsam als ‹Mittäter› treffen würde. Im Verfahren des Sendgerichts kommt eine ähnliche Überzeugung in der Maßgabe des Bischofs zum Ausdruck, daß jeder, der nicht alles aussagt, was er über den Lebenswandel seines Nächsten weiß, wegen der Sünde eines anderen die ewige Verdammnis riskiere.[828]

Sünden

824 Sellert: Art. Rügegericht, Rügeverfahren (1990), Sp. 1203.

825 Brunner: Deutsche Rechtsgeschichte, Bd. 2 (^{2}1928), S. 643.

826 Kéry: Verbrechen und Strafen im kanonischen Recht des Mittelalters (2007), S. 18.

827 Dies.: Canonica severitas und amor correctionis (2006), S. 28.

828 Ebenda, S. 29–30.

Was Lotte Kéry hier beschreibt, setzt eine christliche Gemeinschaft voraus, die um den heilssichernden Wertekanon weiß und diesen bewahren und weitertragen möchte. Da die Sendgerichte des 9. Jahrhunderts in heute nordfranzösischen und deutschen Gebieten aufzufinden waren, also in Gegenden mit erheblichem Missionierungsbedarf in dieser Zeit, dürfte in der Tätigkeit der Rügegerichte vor allem die Absicht liegen, auf strafrechtlichem Weg möglichst flächendeckend die ersten mageren kirchlichen Organisationsstrukturen zu festigen und das Evangelium in die Köpfe der Schafe zu bringen, für die der Bischof als Hirte seiner Herde Sorge zu tragen hatte. Auch der oben erwähnte und durch König Ludwig den Deutschen 850 befohlene Rügezwang spricht dafür, dass diese Form der Denunziation auf Widerstand gestoßen sein dürfte. Diese Art der Kombination von Strafgewalt und endzeitlichen Angstvorstellungen trägt daher perfide Züge, die sich nur mit der wahrhaftigen Sorge um das Seelenheil der anvertrauten Gemeinde rechtfertigen ließen. Dieser hier aufscheinende Gedanke christlicher Fürsorgepflicht und Nächstenliebe auf der Basis strafrechtlicher Sanktionen und angedrohter Gewalt begleitete fortan die oftmals dunkle Geschichte des kirchlichen Strafrechts.

Mit der Bestrafung der Delinquenten sollte, soweit es in den Möglichkeiten der Geistlichen stand, die göttliche Strafe verhindert werden, die ja nicht nur den Täter, sondern die Gemeinschaft als Mittäter treffen würde. Jeder, der nicht alles über delinquentes Benehmen seines Nächsten sagt, riskiere nach diesem Verständnis die ewige Verdammnis. Im *Sendhandbuch des Regino von Prüm*, bei Burchard von Worms und Bischof Fulbert von Chartres[829] wird den geistlichen Richtern immer wieder nahe gelegt, schwere Verbrechen nicht ohne Strafe zu lassen, denn sonst lenke man Gottes Zorn auf den Täter und jene, die das Verbrechen nicht zur Sprache brächten. So heißt es bei Regino:

> Nach Leistung des Eides spricht der Bischof zu den Geschworenen: ›Seht zu, ihr Brüder, daß ihr dem Herrn gegenüber euren Eid erfüllt. Nicht einem Menschen habt ihr nämlich geschworen, sondern Gott, eurem Schöpfer. Wir aber, die wir seine Diener sind, verlangen nicht euer

829 Ebenda, S. 30: Fulbert begründet den kirchlichen Strafanspruch wie folgt: «der Richter, der aus Nachlässigkeit und Ungerechtigkeit schwere Verbrechen ungeahndet läßt, ruft Gottes Zorn hervor und wird zusammen mit den Missetätern schrecklich bestraft werden.» Ebenda, S. 30 Anm. 23 die entsprechende Belegstelle.

> irdisches Gut, sondern suchen das Heil eurer Seelen. Hütet euch davor, etwas zu verbergen, und gebt acht, daß nicht aus der Sünde eines anderen eure Verdammnis wird.[830]

Die Arbeit der Sendgerichte dokumentiert diese Gedanken; dort werden aus Bußen, deren Erfüllung durch die Androhung der Exkommunikation erzwungen wurden, eine Form kirchlicher Strafen, denn die Freiwilligkeit als wichtiges Merkmal des Bußgedankens tritt hinter die erzwungene Bußfertigkeit zurück. Damit kam die kirchliche Buße Buße

> einer öffentlichen Strafe sogar deutlich näher als die weltliche Buße, die compositio, wenn man die öffentliche Strafe mit Dietmar Willoweit als eine «für den Verletzten vorteilsfreie Sanktion» definiert, an der dieser «ein geringeres Interesse habe als die Rechtsgemeinschaft insgesamt».[831]

Bei Gratian wurde grundlegende Bedingung für die Zulassung einer kirchlichen Strafe die Mahnung, dass Strafen «nur aus Liebe zum Sünder und aus Eifer für die Gerechtigkeit, nicht jedoch aus Haß oder Rachsucht verhängt werden».[832] Weil der Mensch nicht wisse, wen die Strafe Gottes letztlich treffe, müsse man sich notwendigerweise um jede Seele bemühen und sie gegebenenfalls durch Strafen zum Heil zwingen:

830 Kap. 4 aus dem Sendhandbuch Reginos von Prüm: «Post datum sacramentum iuratores episcopus alloquatur. Videte, fratres, ut Domino reddatis iuramenta vestra, non enim homini iurastis, sed Deo creatori vestro. Nos autem, qui eius ministri sumus, non terrenam substantiam vestram concupiscimus, sed salutem animarum vestrarum requirimus. Cavete, ne aliquid abscondatis, et ex alterius peccato vestra fiat damnatio. » Zitiert nach Kroeschell: Deutsche Rechtsgeschichte, Bd. 1 (132008), S. 132–133. Burchard von Worms hat dieses Zitat in das erste Buch (Kapitel 94) des Decretorum libri viginti übernommen, siehe Burchardi Vormatiensis episcopi opera omnia, praecedunt Sancti Henrici imperatoris augusti constitutiones et diplomata ecclesiastica, intermiscentur Adelboldi Trajectensis episcopi, Thangmari presbyteri Hildesheimensis, Alperti S. Symphoriani Metensis monachi, S. Romualdi ordinis Camaldulensis institutoris, scripta vel scriptorum fragmenta quae supersunt, in: Patrologia Latina, tom. 140, hg. von Jean-Paul Migne. Paris 1880, col. 573.

831 Kéry: Canonica severitas und amor correctionis (2006), S. 29. Auch die Scholastiker folgten noch diesen Gedanken, wenn sie annahmen, dass mit jeder Sünde die Ehre Gottes geschmälert werde. Siehe Helfritz: Der geschichtliche Bestand und dlegislative Verwertbarkeit von Widerruf, Abbitte und Ehrenerklärung (1905), S. 72.

832 Kéry: Canonica severitas und amor correctionis (2006), S. 32.

> Unter Hinweis auf das höchste Ziel der christlichen Religion, die Rettung der Seelen, wird die Verhängung der Strafen ebenso wie die Ausübung einer institutionalisierten Zwangsgewalt nicht nur durch kirchliche, sondern auch durch weltliche Gewalten mit dem aus der Liebe zum Sünder hergeleiteten Zwang zum Heil als dem nötigen Anstoß zur freien Entscheidung für den rechten Glauben begründet. Dahinter steht die Überzeugung, daß diejenigen, die ihre gerechte Strafe empfangen, letztlich eine größere Liebe erfahren, als diejenigen, die man ungestraft sich selbst überläßt. Selbst die Lehre von der Prädestination macht Strafen nicht überflüssig, da der Mensch im Unterschied zu Gott nicht weiß, wer auserwählt ist, und sich deshalb um die Rettung aller bemühen muß.[833]

Nachdem sich die Sendgerichte unter den Karolingern institutionalisiert hatten, gingen sie seit dem 11. Jahrhundert an die Archidiakonate und später auch an Erzpriester, Landdekane und Pfarrer über. Dadurch wurde der Kompetenzbereich der Gerichte geschmälert: Die Tatbestände Diebstahl, Mord und Totschlag, die die Hochgerichte wahrnahmen, wurden ausgegliedert. Mit zum Teil großen regionalen Unterschieden erfragten die Sendgerichte nun die Beteiligung an der Instandhaltung von Kirchgebäuden, Festtagsentheiligungen, Gewalttätigkeiten gegen Geistliche, Eltern und Gatten, Beleidigungen, Verleumdungen und anderes mehr.[834]

Das Verfahren sah, soweit man es für einzelne Regionen nachvollziehen kann, wie folgt aus: Der Bischof bzw. die bischöflichen Vertreter

Zeuge

beriefen die Sitzung ein, an der etwa drei bis sieben Sendzeugen, die auch Sendschöffen genannt wurden, teilnahmen. In der Regel nahmen diese Männer eine angesehene Stellung in ihrer Gemeinde ein; unklar ist in vielen Fällen, von wem sie zu ihrem Amt ernannt wurden: manchmal waren es die Pfarrer, in Städten scheint der Einfluss der Magistrate groß gewesen zu sein. Die Sendzeugen waren eidlich verpflichtet alles anzuzeigen, was «nach Recht und Gewohnheit zu rügen war».[835]

Die karolingischen Rügegerichte und die bischöflichen Sendgerichte bildeten prozessrechtlich keinen Sonderfall. Aus Weistümern, Stadt-

833 Ebenda, S. 32–33.

834 Neumann: Von Kirchenbuße und öffentlicher Strafe (2001), S. 161–162.

835 Zitiert nach ebenda, S. 163.

rechten und Zehntgerichtsordnungen für das Spätmittelalter und die Frühe Neuzeit lassen sich eine ganze Reihe von Rügeverfahren erkennen, deren Genese allerdings oft nicht klar nachvollzogen werden kann.[836] Auch der *Sachsenspiegel* kennt ein Rügegericht, dessen Kontinuität zum Beispiel für Kursachsen anhand der *Kursächsischen Konstitutionen* belegt ist. Danach ist ein «Bauermeister» berechtigt, Rechtsverletzungen, die Leibes- und Lebensstrafen nach sich ziehen, zu rügen. Angezeigt werden konnten nur Delikte, die noch nicht von anderer Seite geklagt wurden. Diese Praxis stand den anderen üblichen Klageverfahren in Sachsen zahlenmäßig nicht nach und war ein effektives Mittel, «um ein Verfahren unabhängig vom Willen des aktiv legitimierten Klägers in Gang zu setzen».[837]

6.2 Rechtsfolgen der bischöflichen Sendgerichte

Über die Rechtsfolgen berichten die Quellen nur spärlich. Die Sendweistümer geben kaum Auskunft und Bußkataloge waren in diesem Zusammenhang nicht allgemein üblich, sodass anzunehmen ist, dass die auferlegte Buße im Ermessen des Sendherrn lag.[838] Bei Beleidigungsdelikten wurden wohl vor allem die öffentlichen Bußformen Kerzen- und Steintragen verhängt. Nach dem Seligenstädter Sendrecht galt folgendes: Stritten zwei Frauen in der Kirche oder auf dem Kirchhof, sollte die Schuldige, also jene, die den Streit begonnen hatte, an drei Sonntagen barfuß um die Kirche gehen und dabei einen Besen tragen, gefolgt von der anderen. Wenn die andere Frau darüber lachte, musste sie den Besen übernehmen: Buße

> Item da sich zwo schelden in der kirche oder uf dem kirchhofe, welche dan unrecht hat, die sal den besembe barfuss umb die kirchen dragen drie sontage und sal vorgeen und die ander nachgeen [...] und lachet sie, die sal den besemen dan dragen.[839]

836 Sellert: Art. Rügegericht, Rügeverfahren (1990), Sp. 1204.

837 Lück: Strafe und Sühne im Spiegel kursächsischer Rechtspraxis (2007), S. 49–50.

838 Müller-Burgherr: Die Ehrverletzung (1987), S. 132–133. – Neumann: Von Kirchenbuße und öffentlicher Strafe (2001), S. 163–164.

839 Zitiert nach Köstlin: Die Ehrverletzung nach deutschem Rechte (1855), S. 432. Weitere Beispiele für das Rute- oder Besentragen bei Grimm: Deut-

In Zürich wurde eine Frau für zwei Stunden in ein Halseisen gelegt, weil sie eine Geistliche beleidigt hatte.[840] Das Aachener Sendweistum sah für scheltende Frauen vor, diese eine Zeitlang auf einer Leiter festzubinden. Es war den Frauen allerdings auch möglich, sich von dieser Form einer Prangerstrafe mit 30 Schillingen loszukaufen.[841] In Würzburg wird beklagt, dass der Loskauf von den Richtern gelegentlich missbraucht wurde, um sich zu bereichern. Aus Stralsund wird von einem Archidiakon berichtet, der jeder erdenklichen Denunziation folgte und wohl viele ehrbare Menschen zu Unrecht büßen ließ.[842]

Das Steintragen soll eine aus der kirchlichen Bußpraxis hervorgegangene Rechtsfolge gewesen sein, die sich vor allem in Städten mit geistlichen Stadtherren nachweisen ließe. Von der kanonischen Buße hätte sie sich ab dem 12. Jahrhundert allmählich zu einer profanen Ehrenstrafe gewandelt, die in die von einem Stadtherrn unabhängige städtische Gesetzgebung Eingang gefunden habe. Aus Frankreich, der Schweiz und der unter Mainzer Herrschaft stehenden Stadt Walldürn sind Beispiele bekannt, wonach Frauen Lastersteine während der sonntäglichen Prozession trugen. Aus Dortmund, Hamburg, Speyer und der pommerschen Stadt Leba(münde) (poln. Łeba) weiß man von steintragenden Frauen, die einen bestimmten Weg durch die Stadt nehmen mussten oder denen die Steine am Pranger umgelegt wurden. Diese Loslösung von der kirchlichen Bußpraxis hin zu einer eigenständigen Ehrenstrafe spreche für eine «frühe partielle Befreiung von kirchlicher Sendgerichtsbarkeit».[843]

6.3 Frauen im Injurienrecht

Folgende Überlegungen Friederike Neumanns zur Sendgerichtsbarkeit wollen nicht recht überzeugen:

> Ein Schwerpunkt der öffentlichen Buße liegt also bei den Wortdelikten. Geschützt werden sollte die Unantastbarkeit von Institutionen und Werten, die grundsätzliche Wichtigkeit für die gesellschaftliche Ordnung hatten. Geschützt

sche Rechtsalterhümer (1828), S. 714–715.

840 Müller-Burgherr: Die Ehrverletzung (1987), S. 136.

841 Neumann: Von Kirchenbuße und öffentlicher Strafe (2001), S. 171.

842 Ebenda, S. 179.

843 Ebenda, S. 159 und 164.

> wurden Frauen, die sich eine eigene Ehrverteidigung nicht leisten konnten, und geschützt wurde auch vor dem Scheltwort der Frauen. Beides resultierte vermutlich daraus, daß Frauen keine gleichrangigen Gegenüber im Streit um Ruf und Ehre waren, sondern in diesen Fragen in der Regel von ihren Vätern und Ehemännern abhingen. Auch untereinander wurde ihnen weder Streit noch Ehrenhandel zugebilligt.[844]

Schmähwörter

Ehre

Warum sollten Frauen einen besonderen Schutz bei Injuriendelikten genießen? Neumann hat keinen Eintrag aus einem Bußkatalog, aus einem Weistum oder aus sonst einem Rechtstext angeführt, der einen speziellen Schutz der weiblichen Ehre im Injurienrecht ausweisen könnte. Diese Unterscheidung wurde in den Rechtstexten nur in dem Sinne getroffen, dass man die Verwendung bestimmter geschlechtsspezifische Schimpfwörter unter Strafe stellte oder dass bestimmten Tatbeständen wie einer Vergewaltigung besondere Aufmerksamkeit geschenkt wurde.[845] Grundsätzlich schlossen die Bestimmungen zu den Injurien in den Rechtstexten aber beide Geschlechter gleichermaßen ein. Die prozessualen Verfahrensgrundlagen, nämlich dass Frauen nicht selbst wegen Injurien klagen konnten, hatten auf die Tatbestandsmerkmale keinen Einfluss. Es wäre erstaunlich, wenn die Sendgerichtsbarkeit eine Ausnahme bilden sollte; das *Corpus Iuris Canonici* und seine namhaften Kommentatoren und Glossatoren wie Petrus Lombardus, Albertus Magnus oder Thomas von Aquin kennen jedenfalls keine Gründe, warum die Ehre einer Frau unter den besonderen Schutz der Gerichte gestellt werden müsste.

844 Ebenda, S. 168–169.

845 Siehe den vorangegangenen Abschnitt «Gegenstände der Beschuldigungen und ihre geschlechtsspezifischen Ausdifferenzierungen», S. 175–254.

7. Retorsion und Kompensation

Unter Retorsion im historisch-rechtlichen Zusammenhang versteht man «die auf der Stelle ausgeführte Erwiderung einer wörtlichen Beleidigung oder Tätlichkeit».[846]

Notwehr

Sie unterscheidet sich von der Notwehr: Denn das «primäre Anwendungsgebiet der Notwehr lag doch in der Abwehr von gewalttätigen Einwirkungen auf Leib und Leben, während der in seiner Ehre Angegriffene die ursprüngliche Tat nicht eigentlich abwehrte, sondern sie vielmehr im Sinne einer ‹eigenhändigen Bestrafung› erwiderte».[847] Handelt es sich bei einer Beleidigung der darauffolgenden Retorsion um widerrechtliche Handlungen oder Äußerungen, dann können sie sich im rechtlichen Sinn aufheben, das heißt kompensieren.[848] Über beide Gegenstände ist in den Gesetzen, Statuten und Ordnungen nichts oder kaum etwas zu finden. Bei Retorsion und Kompension handelte es sich vermutlich um nicht selten praktizierte Rechtsgewohnheiten, die sich allerdings mehr in den Urteilen und in Disputen der Rechtsgelehrten niederschlugen. Eine ausführliche Darstellung des Gelehrtenstreits erarbeitete vor gut einem Jahrhundert Ernst Beling (* 1866 † 1932); dieser und einer neueren Studie von Thomas Müller-Burgherr von 1987 werden die nachstehenden Ausführungen folgen. Für eine Erhärtung und Gegenüberstellung der Positionen Belings Müller-Burgherrs mit Beispielen aus der Rechtspraxis fehlen bisher noch aussagefähige Studien.

Ehre

7.1 Hinweise im römischen Recht

Rache

Das römische Recht kannte keine Berechtigung zur Retorsion, die immer den Charakter der Rache in sich trägt, sondern Gegenwehr war nur in Form der Notwehr zugelassen. Dennoch konnte in Ein-

846 Müller-Burgherr: Die Ehrverletzung (1987), S. 187.

847 Ebenda.

848 Beling, Ernst von: Retorsion und Kompensation von Beleidigungen und Körperverletzungen, Teil 1: Die geschichtliche Entwicklung. Breslau 1894 (Strafrechtliche Abhandlungen des juristischen Seminars der Universität Breslau, Serie 1, Heft 5), S. 13.

zelfällen eine Kompensation der Delikte eintreten, wenn diese einander glichen. Ungleich schwere Delikte gegeneinander aufzuwiegen war hingegen ausgeschlossen. Grundsätzlich sah das römische Recht jedoch keine Kompensation bei Injurienretorsion vor. Stattdessen wirkte sich die offenkundige Fahrlässigkeit während der spontanen Gegenbeleidigung strafmildernd aus.[849]

Im *Corpus Iuris Canonici* finden sich keine Spuren von Retorsion oder Kompensation.[850] Erst die Kommentatoren und Glossatoren griffen auf einen Spezialfall aus dem römischen Recht zurück, wonach im Rahmen eines Gerichtsverfahrens eine unwahre und beleidigende Behauptung ausgesprochen wurde, auf die der Beschuldigte antwortete: «du lügst» (tu mentiris). Obwohl sich die Rechtsgelehrten nicht einig darüber waren, auf welche Vorwürfe und welche Begriffe diese Form der Retorsion erfolgen durfte, trafen sie sich in dem Punkt, dass man auf eine schimpfliche unwahre Behauptung mit «du lügst» antworten könne, weil diese Antwort provoziert worden sei und es im Interesse des Opfers liegen musste, den eigenen Leumund rein zu halten.[851] Die Geister schieden sich hingegen an der Frage, ob es auch erlaubt sei, auf ein Schimpfwort mit einem Schimpfwort zu reagieren. Einige wie Durantis lehnten dies ab, andere wie Bellovisu sahen in dieser Gegenwehr ein «sich verteidigen» (si defendere) im Sinne des Notwehrgedankens und hielten es für statthaft.[852]

Leumund

7.2 Diskussion der deutschen Juristen

In der deutschen Rezeption der italienischen Rechtsgelehrten während des 15. und 16. Jahrhunderts sieht es danach aus, dass sich die Retorsion im Sinne der Notwehr durchgesetzt hat. Gelegentlich wird, wie beispielsweise bei Georg Obrecht (* 1547 † 1612) und Johannes Harpprecht (* 1560 † 1639), die dringende Notwendigkeit sogar hervorgehoben, auf eine Beleidigung mit einer Gegenposition zu reagieren, denn sonst erkenne das Opfer die schmähende Behauptung an

849 Ebenda, S. 4–21.

850 Ebenda, S. 21–24.

851 Ebenda, S. 27–34.

852 Ebenda, S. 34–40.

Öffentlichkeit

und lasse zu, dass diese ihre Wirkung in einer nicht absehbaren Öffentlichkeit entfalte.[853]

Die Uneinigkeit darüber, auf welche Beleidigungen mit einer straffreien Retorsion geantwortet werden dürfe, hielt auch die deutsche Diskussion in Atem. Durfte man auf jede Art der Beschimpfung straffrei reagieren oder nur auf Tatsachenbeleidigungen (üble Nachrede)? Martin Prenninger (* ca. 1450 † 1501) und mit ihm andere einflussreiche Juristen wollten in einer Erwiderung auf eine abfällige Bemerkung kein Retorsionsrecht namhaft machen. Auch durfte die Erwiderung nicht ohne Beziehung auf die erlittene Beleidigung stehen und man durfte kein neues Verbrechen mit der Erwiderung begehen, indem man zum Beispiel wider besseres Wissen Unwahres behauptete.[854] In diesem Zusammenhang hatte in der Mitte des 16. Jahrhunderts das Reichskammergericht über zwei bekannte Fälle zu entscheiden. In dem einen wurde beanstandet, dass der Retorquent nicht nur «du lügst» auf eine Beleidigung entgegnete, sondern noch ergänzte: «wie ein ehrloser Mann». Im zweiten Fall lautete der Zusatz: «wie ein Ehrendieb». Während im ersten Fall gegen den Retorquenten geurteilt wurde, entschied das Gericht im zweiten zugunsten des Beklagten. Die Behauptung, ein ehrloser Mann zu sein, trägt bereits eine neue, nicht bewiesene Anschuldigung in sich. Die andere Beschuldigung war hingegen schon bestätigt worden durch die vorangegangene Beleidigung.[855]

Ehrlose

Wohl spätestens in der zweiten Hälfte des 16. Jahrhunderts wurde es zur Gewohnheit, von einer planmäßigen Retorsion anstelle eines aufwendigeren Prozesses Gebrauch zu machen, indem entweder die Gegendarstellung mündlich und unter Zeugen vorgetragen oder eine schriftliche Retorsion unter Zeugen dem Beschuldiger überreicht wurde. Gleichzeitig setzte sich durch, dass man Notare mit der Abfassung der Schriftstücke oder der mündlichen Überbringung be-

Zeuge

853 Am Beispiel Schweizer Rechte siehe Müller-Burgherr: Die Ehrverletzung (1987), S. 188. Eine geringe Strafe sahen das Berner und das Nidwalder Recht vor.

854 Beling: Retorsion und Kompensation von Beleidigungen und Körperverletzungen (1894), S. 67–85.

855 Ebenda, S. 91–92.

auftragte.[856] Damit war die Retorsion zu einem einseitigen Rechtsgeschäft herangereift.

856 Ebenda, S. 98–105 (mit einer schriftlichen Retorsion als Beispiel).

KAPITEL F
Ergebnisse

1. Historische Entwicklungslinien

Ehre

Dem Injurienrecht liegt der Gedanke zugrunde, die Ehre und den Leumund als wichtige Rechtsgüter einer Person zu schützen. Der im kirchlichen und profanen Recht gleichermaßen beschriebene Reinigungseid zeigt die Bedeutung dieser beiden Rechtsgüter beispielhaft bereits für das frühmittelalterliche Prozessrecht. Durch die Verletzung ihrer Ehre und ihres Leumunds waren Verurteilte innerhalb dieser Verfahren gar nicht mehr oder nur noch eingeschränkt rechtsfähig. Zudem drohte der Verlust gesellschaftlicher Positionen und Ämter. Nicht jeder Rechtstext behandelte Injurien und stellte diese unter Strafe, unter anderem weil Beleidigungen und Verleumdungen nicht zwangsläufig durch ein gerichtliches Urteil gesühnt werden mussten, sondern weil Entschädigung, Rache und Genugtuung auch auf außergerichtlichem Weg eingefordert werden konnten.

Genugtuung, Rache

Es lässt sich keine ausreichend belegbare Aussage darüber treffen, in welchem quantitativen Verhältnis gerichtliche und außergerichtliche Verfahren im Injurienrecht zueinanderstanden. Die profanen und geistlichen Rechtstexte kennen die Bestrafung von Injurien jedenfalls seit dem Beginn des Untersuchungszeitraums.

Im Kirchenrecht fand sie unter anderem Eingang in Konzils- und Synodalbeschlüssen, in Dekretalen, in die *Collectio vetus Gallica* (um 600), in Bußbücher, in die *Kapitulariensammlung des Benedictus Levita* (um 850) und schließlich auch in das *Decretum Gratiani* (um 1140) und den *Liber extra* (1234), also in zentrale Texte des mittelalterlichen Kirchenrechts.

Ein ähnlicher Befund zeichnet sich für die weltlichen Rechtstexte ab: Das westgotische, burgundische, friesische und langobardische Recht verurteilte Injurien, mehrere Kapitularien der karolingischen Könige widmeten sich der Bestrafung falscher Anschuldigungen und Beleidigungen. Schmal sind die Befunde für das hochmittelalterliche profane Recht: Stichproben in den Urkunden des Gerichtes der deutschen Könige für das 10. bis 13. Jahrhundert belegen 20 verhandelte Beleidigungsprozesse bzw. Privilegien zum Schutz vor Beleidigungen. Darüber hinaus lassen sich Bestimmungen im *Sächsischen Gottesfrie-*

Falsche Anschuldigung

den (1085) und in einem *Kaiser Barbarossas* Ks. Friedrichs I. Barbarossa (1152)" (1152) finden.

Seit dem 13. Jahrhundert mehren sich die Belege sprunghaft. Die bedeutenden deutschen Landrechte des *Sachsen-* und *Schwabenspiegels*, zahlreiche Weistümer und städtische Statuten setzten sich mit dem Injurienrecht auseinander. Während die *Carolina* (1532) Verbalinjurien nur am Rande behandelte, nahmen die *Reichskammergerichtsordnungen* von 1521, 1523 und 1555 Beleidigungen in ihr Appellationsrecht mit auf. Die Bedeutung der *Carolina* dürfte in diesem Zusammenhang gering gewesen sein, da die deutschen Partikularrechte im 16. Jahrhundert und juristische Handbücher wie zum Beispiel die von Abraham Sauer und Joost de Damhouder Verbalinjurien ausführlichen würdigten. Appellation

Der magere Befund für das 10. bis frühe 13. Jahrhundert ist nicht auf ein mangelndes Interesse am Injurienrecht zurückzuführen, sondern auf die Auswahl und Bearbeitung der in dieser Arbeit herangezogenen Quellen. Die königlichen Urkunden dieses Zeitraums dürften noch weitere Belege liefern, sofern die Recherche auf das gesamte Verzeichnis der «Regesta Imperii» und weiterer Urkundensammlungen ausgedehnt würde. Dies legen nicht nur die erwähnten 20 Urkunden nahe, sondern auch königliche Privilegierungen von Städten wie die von Hagenau (1164), in denen Verbalinjurien berücksichtigt wurden, und historiografische Quellen, in denen über Rechtsfolgen von zahlreichen Schmähungen berichtet wird; diese dürften sich auch in königlichen Urkunden niedergeschlagen haben. Das Gleiche ist auch für nicht königliche Urkunden zu erwarten, nur müssten diese erst ausgewertet werden, eine Aufgabe, die in dieser Studie nicht geleistet werden konnte. Eine solche weiterführende Untersuchung würde auch klären helfen, inwiefern die geistlichen Gerichtsherren die in dieser Arbeit erörterten Grundlagen des Kirchenrechts berücksichtigten.

Das Injurienrecht wurde maßgeblich durch das *Corpus Iuris Civilis* beeinflusst. Deshalb bilden die Rezeptionsphasen des römischen Rechts im 12./13. Jahrhundert und im 15./16. Jahrhundert wichtige Zäsuren. Allerdings waren bereits die frühmittelalterlichen Leges, vor allem das westgotische Recht, und kirchenrechtliche Bestimmungen wie die *Collectio vetus Gallica* vom römischen Recht beeinflusst. Für das Injurienrecht lassen sich diese Abhängigkeiten jedoch nur in bescheidenem Maße, beispielsweise in der Verwendung der Begriffe «iniuria» und «contumelia», belegen. Für das hochmittelalterliche Römisches Recht

Kirchenrecht bildeten das *Decretum Gratiani* und der *Liber extra* die Grundlagen für die Auseinandersetzung mit Injurien. Dekretisten wie Azo Portius (* ca. 1150 † nach 1220), der nach dem Vorbild des römischen Rechts zivil- und strafrechtliche Formen auch für die Injurienklage vorsah, und Guillemus Durantis (* ca. 1230 † 1296), der maßgeblich den Kanon der Schimpfwörter im Injurienrecht für die Zukunft bestimmte, nahmen entscheidenden Einfluss auf das spätere geistliche und profane Recht.

Sünden

Zur gleichen Zeit setzte in der scholastischen Theologie mit Albertus Magnus († 1280) und Thomas von Aquin (* ca. 1225 † 1274) eine gründliche begriffliche Durchdringung des Sündenspektrums von Beleidigung und Verleumdung ein. Bereits die frühmittelalterlichen Bußbücher hatten auf die Notwendigkeit einer Widerherstellung des guten Rufs bei Beleidigungen hingewiesen und spätestens seit dem 12. Jahrhundert hatte mit wirkungsmächtigen Vertretern wie Bernhard von Clairvaux (* ca. 1090 † 1153) eine verstärkte Auseinandersetzung mit den Zungensünden begonnen, in der die «böse Nachrede» und «lügnerisches Geschwätz» verteufelt wurden. Albertus und Thomas stellten diese älteren Vorstellungen zusammen, sie erläuterten die Notwendigkeit der Widerherstellung der verlorenen Rechtsgüter und legten ein System der Beleidigungsformen vor, auf das zeitgenössische und spätere Theologen und Rechtsgelehrte wie Hostiensis (* ca. 1200 † 1271), Durantis, Petrus de Bellapertica († 1308), Albertus de Gandino († nach 1310), Jacobus de Bellovisu (* ca. 1270 † 1335), Albertus de Rosate (* ca. 1290 † 1360), Jason de Mayno (* 1435 † 1519), Cajetanus (* 1469 † 1534) und Dominicus Soto (* 1494 † 1560) zurückgreifen konnten.

Falsche Anschuldigung

Die profanen Rechtstexte in Deutschland partizipierten an diesen kirchenrechtlichen und theologischen Erkenntnissen. Das lässt sich unter anderem an der Übernahme eines Schimpfwörterkanons schwerer Verbrechen belegen, der kirchenrechtlichen Vorbildern folgte, aber auch an der Aufnahme neuer Tatbestände wie zum Beispiel die falsche Anschuldigung, ein Sodomit oder Ketzer zu sein. Großen Anteil an der Verbreitung des kanonischen Rechts im deutschen Sprachraum des 14. und 15. Jahrhunderts hatte die *Rechtssumme* des Dominikaners Berthold (14. Jahrhundert), ein Werk, in dem das Kirchenrecht in deutscher Übertragung zusammengefasst war. Die *Rechtssumme* stellte nahezu die einzige deutschsprachige Quelle des Kirchenrechts in ihrer Zeit dar. Trotz alledem hatten die deutschen Partikularrechte sehr unterschiedliche Bestimmungen zum Injurienrecht und nicht in jedem Fall lassen sich die Wurzeln zurückverfolgen, zumal insbesondere zwischen dem 13. und 15. Jahrhundert zahlreiche städtische Statuten mit spezifischen Bestimmungen entstanden, in die vermutlich regionale Gegebenheiten eingeflossen waren.

Herausragende Zeugen der zweiten Rezeptionsphase des römischen Rechts in Deutschland sind der *Klagspiegel* (1436–1442), die *Wormser Reformation* (1498/1499), der *Laienspiegel* Ulrich Tenglers von 1509 und die im gleichen Jahr publizierte *Frankfurter Reformation*. Hier werden ausführlich Prozessordnungen für Injurienklagen erläutert, Formulare wiedergegeben und Strafmaße formuliert. Zum ersten Mal kommt hier die Unterscheidung in zivil- und strafrechtliche Klage im deutschen Injurienrecht ins Spiel und die damit verbundene ästimatorische Injurienklage wird zur verbindlichen zivilrechtlichen Klageform. Ungeachtet dessen kennen viele andere Rechtstexte wie die *Kursächsischen Konstitutionen* (1572) traditionelle Verfahren und Bußkataloge. Eine deutliche Zäsur im Injurienrecht ist für diese Zeit nicht erkennbar, allerdings nimmt das gelehrte juristische Schriftgut zum Injurienrecht seit dem 16. Jahrhundert sprunghaft zu.

Ästimatorische Injurienklage

Im Frühmittelalter war es für die profanen Rechtstexte nicht die Regel, Tatbestandsmerkmale allgemein zu formulieren, sondern sie wurden anhand von Schimpfwörtern exemplarisch dargestellt. Mit der kirchenrechtlichen Systematisierung nach schweren, mittleren und leichten Verbrechen im 13. Jahrhundert entstand für das Injurienrecht ein Schimpfwörterkatalog, der in das kirchliche und profane Recht gleichermaßen einging. Die darauffolgenden spätmittelalterlichen Wechselwirkungen erlauben es dann aber nicht mehr, den einzelnen Rechtsbüchern besondere Merkmale nach Provenienzen zuzuordnen. Allgemeine Formulierungen und exemplarische Erörterungen waren in den Rechtstexten gleichermaßen verbreitet. Ab dem 15. Jahrhundert wird in mehreren Rechtstexten das Bedürfnis erkennbar, die zu schützenden Rechtsgüter und die Tatbestände näher zu beschreiben und durch den Vergleich unterschiedlicher Rechtstexte zu kommentieren. Nur für die weit verbreiteten Landrechte des *Sachsen*- und *Schwabenspiegels* sowie für die davon unmittelbar abhängigen Rechtstexte gilt ohne Ausnahme, dass die Tatbestände Beleidigung und Verleumdung dort nicht exemplarisch, sondern nur in einer sehr allgemeinen Formel und oft in fremden Zusammenhängen beschrieben sind.

2. Definitionen und Begriffe

Das nachfolgende Verzeichnis stellt gemäß der Aufgabenstellung – einen möglichst vollständigen Überblick zu den Tatbeständen der Beleidigung und Verleumdung zu geben – die wichtigsten Ergebnisse dieser Arbeit lexikografisch und nach Schlagworten geordnet zusammen. Dabei wurde die Reihenfolge der Arbeit teilweise variiert.

2.1 Der Begriff «iniuria» im römischen Recht unter Kaiser Justinian I. und seine Rezeption in Mittelalter und Früher Neuzeit

Weder die deutsche noch die lateinische Sprache des Mittelalters kannten den vom 16. bis zum 19. Jahrhundert verbindlichen Terminus «Injurie»/«iniuria» als Hauptwort für Beleidigungen. Dieser Befund trifft auf die theologischen, kirchen- und profanrechtlichen Texte gleichermaßen zu. Erst in der zweiten Rezeptionsphase des römischen Rechts im 15./16. Jahrhundert begann sich der Begriff in den Rechtstexten des deutschen Sprachraums als dominante Bezeichnung für Beleidigungsdelikte durchzusetzen.

2.1.1 «Iniuria» im römischen Recht

Das *Corpus Iuris Civilis* bietet zur Erläuterung des Wortes «iniuria» eine weite Definition des Wortes, wonach «iniuria» Unrecht im Allgemeinen bezeichnete, und eine engere Definition, nach der «iniuria» Schmach, Beschimpfung und Beleidigung ausdrückte. Nach der engeren Definition sei in Verbal- und in Realinjurien zu unterscheiden, wobei diese beiden Delikte nochmals differenziert wurden nach dem körperlichen und besitzständischen Schaden an einer Person sowie nach der Art der Verbreitung verbaler Injurien: auf mündlichem bzw. schriftlichem Weg. Es gab jedoch keinen mittelalterlichen Rechtstext, der dem Vorbild des römischen Corpus zur Gänze gefolgt wäre: «Iniuria» ist nicht nur nicht als Hauptwort für Ehrverletzungen im Mittelalter benutzt worden, es fehlt dieser Zeit überhaupt ein übergreifender Terminus zur Bezeichnung der Beleidigungen.

2.1.2 Vielfalt der Begriffe

Mit Worten wie «calumniare» und «maledicere» wurden Ehrverletzungen im Allgemeinen ausgedrückt oder auch Einzeltatbestände wie die Verleumdung; Nomen für Beleidigungen waren beispielsweise «contumelia», «convicium», «opprobrium», «nota», «ignominia», «invidia» oder «turpiloquium». In der deutschen Rechtssprache wurden «schmähen», «schelten» und «verleumden» bevorzugt verwendet; die Worte «verleumden» und «beleumden» besaßen jedoch noch nicht jene semantische Festlegung, wie sie das gegenwärtige Strafrecht kennt. Mehrere mittelalterliche Rechtstexte boten alternativ auch Aufzählungen von Schimpfwörtern, um den Tatbestand zu konkretisieren.

2.2 Zu schützende Rechtsgüter

In den untersuchten Quellentexten werden drei zu schützende Rechtsgüter im Rahmen der Tatbestände Beleidigung und Verleumdung erwähnt: Ehre (honor), Leumund (fama) und «cristenheit». Da keiner dieser Begriffe in den Texten eine nähere Erläuterung findet, wurden der Arbeit folgende Definitionen als Behelfsmittel zugrunde gelegt.

2.2.1 Ehre

Einer Person wird mit der ihr zuerkannten und von ihr beanspruchten Ehre ein Geltungswert beigemessen, der sich aus der Anerkennung ihrer eigenen Leistung und ihrer sozialen Mitgift zusammensetzt. Voraussetzung dafür ist, dass die Person ihre Bereitschaft zur Einhaltung und Wahrung der bestehenden Normen signalisiert und umsetzt. Daraus leitet sie in der Gemeinschaft ihr Recht auf Achtungsanspruch her, der ihr entsprechende Handlungsspielräume ermöglicht.

2.2.2 Leumund

Der Leumund einer Person entspricht ihrem Geltungswert, der durch die soziale Stellung dieser Person bestimmt und von anderen aus dem Umfeld der Person zuerkannt wird.

2.2.3 «Christenheit»

Im späten 13. Jahrhundert wurde infolge der intensiven Auseinandersetzung mit häretischen Gruppen und ihren Lehren die «cristen- Häresie

Christliches Bekenntnis

heit» einer Person als neues Rechtsgut in die profanen Rechtstexte mit aufgenommen. Unter diesem Rechtsgut wird das persönliche Bekenntnis zur christlichen Kirche und zum christlichen Glauben verstanden. Die Verletzung dieses Rechtsgutes entsprach demnach einer Glaubensschelte. Es wird in den deutschsprachigen Rechtstexten in Verbindung mit Ehre und Leumund erwähnt.

2.3 Definition der Tatbestände

Weder die kirchlichen noch die profanen Rechtstexte in Mittelalter und Früher Neuzeit präsentieren einheitliche Tatbestandsmerkmale oder Unterscheidungskriterien für Beleidigungsdelikte. Für die Beschreibung der Tatbestände wurden deshalb Definitionen in Anlehnung an das gegenwärtige deutsche Strafrecht gewählt; unterschieden wurde nach einfacher Beleidigung, übler Nachrede und Verleumdung: Auf Grundlage dieser Definitionen konnten anschließend die wichtigsten Tatbestandskriterien für die mittelalterlichen und frühneuzeitlichen Rechtstexte herausgearbeitet werden.

2.3.1 Einfache Beleidigung

Bei Werturteilen, in der älteren Literatur auch «einfache Beleidigung» genannt, handelt es sich um Äußerungen, die den Geltungswert einer

Ehre

Person herabsetzen und den Vorwurf in sich tragen, dass die Ehre des Opfers unzulänglich ist. Dazu zählen zum Beispiel die Schimpfwörter «feiger Hase», «Hundsfott» und «Maultasche».

2.3.2 Üble Nachrede

Eine Tatsachenbehauptung, dabei handelt es sich um den Tatbestand der üblen Nachrede, muss bewiesen werden können. Dazu gehören unter anderem die Vorwürfe, eine Person sei ein Dieb oder Mörder. Wichtigstes Kriterium für die Abgrenzung zum Tatbestand der Verleumdung ist, dass die üble Nachrede in dem Bewusstsein ausgesprochen wird, dass die Anschuldigung wahr ist oder dass der Täter zumindest belegen kann, dass er nicht wider besseres Wissen die Beschuldigung hervorgebracht hat.

2.3.3 Verleumdung

Eine Person verleumdet eine andere, wenn sie wider besseres Wissen eine unwahre Tatsache behauptet oder verbreitet, die geeignet ist, die andere Person verächtlich zu machen, sie in der öffentlichen

Meinung herabzuwürdigen oder ihren Kredit zu gefährden. Das heißt dass die behauptete Tatsache erstens als unwahr bewiesen werden muss und zweitens ist es erforderlich, dem mutmaßlichen Täter den Vorsatz bei der Begehung seiner Straftat nachzuweisen. Allerdings muss mit einer Verleumdung keine Beleidigung beabsichtigt werden.

Vorsatz

2.3.4 Kalumnie

Römisches Recht

Im römischen Recht ist die Kalumnie eine Sonderform der Verleumdung; mit ihr werden falsche Anschuldigungen wider besseres Wissen vor einem Gericht bezeichnet. Allerdings geht aus den mittelalterlichen Quellentexten nicht immer hervor, ob die falsche Anschuldigung vorsätzlich und damit wider besseres Wissen vorgebracht wurde oder ob der Kläger fahrlässig handelte. Trotzdem werden beide Tatbestände (Verleumdung und Kalumnie) zum Beispiel noch im *Decretum Gratiani* unter dem Begriff «calumnia» subsummiert. Auf diese Ungenauigkeit im *Decretum* machte erstmals Thomas von Aquin aufmerksam und schlug vor, fahrlässige falsche Anschuldigungen vor Gericht nicht zu bestrafen.

2.3.5 Falsche Anschuldigung

In den Rechtstexten fehlen oft zwei entscheidende Aussagen, um zu erklären, ob ein Delikt einen der Tatbestände nach den oben gegebenen Definitionen erfüllt:

1. Wurde eine falsche Anschuldigung vor einem Gericht oder außerhalb eines Gerichtes ausgesprochen?
2. Ist diese Anschuldigung fahrlässig oder absichtlich wider besseres Wissen geäußert worden?

Der in vielen Rechtsexten erfasste Tatbestand beschreibt zwar eine falsche Anschuldigung, jedoch spielten Vorsatz und Fahrlässigkeit keine Rolle, sodass eine Unterscheidung in üble Nachrede oder Verleumdung nicht möglich ist. Gelegentlich wird in den Rechtstexten der Ort der Beleidigung präzisiert, es werden zum Beispiel Marktplatz oder Kirche genannt – die Öffentlichkeit war in diesen Fällen das ausschlaggebende Merkmal für den Straftatbestand.

Fahrlässigkeit

Öffentlichkeit

Zur falschen Anschuldigung zählte auch die nicht als eigener Tatbestand ausgewiesene falsche Denunziation. Hier wird davon ausgegangen, dass eine Person wissentlich eine andere beschuldigt, ohne dies vor Gericht zu tun. Allerdings ist auch diese Beschuldigung geeignet, das Opfer vor einem Richter anzuklagen.

2.3.6 Vorsatz und Fahrlässigkeit

Schuldhaftes Handeln kann vorsätzlich oder fahrlässig geschehen. Die untersuchten Rechtstexte kennen die heute geläufige Aufgliederung in die verschiedenen Grade von Vorsatz und Fahrlässigkeit jedoch noch nicht. Wenn gelegentlich eine Unterscheidung in den Rechtstexten getroffen wurde, dann in Vorsatz und Zorn oder in Vorsatz und Trunkenheit. Die Feststellung einer fahrlässigen Handlung wirkte sich strafmildernd aus. Im 16. Jahrhundert wurde es in Deutschland allgemein üblich, die Beleidigungsabsicht (animus iniuriandi) für eine Injurienklage vorauszusetzen.

Fahrlässigkeit

2.3.7 Haftung und Beleidigungsfähigkeit

Das kanonische Recht hatte im 12. Jahrhundert erste Gründe für einen Haftungsausschluss und für die Beleidigungsfähigkeit thematisiert. Danach sollten Geisteskranke von der Haftung ausgeschlossen bleiben und es war nicht möglich, aufgrund des fehlenden und zu schützenden Rechtsgutes sie oder ehrlose Personen zu beleidigen. Im späten Mittelalter traten in Stadtrechten Bestimmungen hinzu, mit denen Amtsträger unter Schutz gestellt wurden. So blieben vor allem Gerichtsherren und Gerichtsdiener straffrei, wenn sie während der Ausübung ihres Amtes Worte aussprachen, die den Tatbestand einer Beleidigung erfüllten.

Geisteskranke

Ehrlose

Gerichtsdiener

Im 16. Jahrhundert begann eine systematische und wegweisende Auseinandersetzung mit der Frage, wer für eine aus einem Schuldverhältnis herrührende Schuld letztlich einstehen musste. In den Kreis der Schuldhaften wurde nicht mehr nur der Sprecher einer Verbalinjurie einbezogen, sondern auch dessen möglicher Anstifter und jene Person, die zur Verbreitung der Beleidigung beitrug.

2.3.8 Ehrenschutz post mortem

Dass Personen nach ihrem Ableben gleichermaßen für begangene Straftaten gerichtet und ihre Ehre durch die Lebenden geschützt werden mussten, daran bestand für mittelalterliche und frühneuzeitliche Rechtsgelehrte kein Zweifel. Bei Beleidigungsfällen galt erstens, den Achtungsanspruch der verstorbenen Person und ihrer noch lebenden Angehörigen zu wahren und es lag zweitens im öffentlichen Interesse, die Geltung von bestehenden Normen und die Wahrheit von Anerkennungsurteilen zu bekräftigen. Wenn eine Straftat einer bereits verstorbenen Person noch ungesühnt war, gehörte es zum Rechtsbrauch, den toten Straftäter zu exhumieren und nach Beweis seiner Schuld unehrenhaft zu bestatten, das bedeutete, den Toten ungeweihtem Boden zuzuführen. Des Weiteren sollte sichergestellt werden, dass Täter ihre gerechte Strafe auch dann erhalten sollten, falls das Opfer keine Klage mehr erheben oder sich rechtfertigen konnte. Klage

2.3.9 Benennung der Tatbestände im mittelalterlichen und frühneuzeitlichen Recht

Die Rechtstexte kennen mehrere Möglichkeiten der Tatbestände Beleidigung und Verleumdung. Zu den wichtigsten zählten:

1. Rechtstexte ohne begriffliche Schärfung, in denen durch rechtssprachlich nicht eindeutige Worte und Wendungen der Tatbestand ausgedrückt wurde («schelten», «schmähen», «böse Worte» etc.),
2. Rechtstexte, die durch die Benennung von Schimpfwörtern und Anschuldigungen die Tatbestandsmerkmale genau bezeichneten, dazu gehörten zum Beispiel Ehebruch/Prostitution, Illegitimität, Denunziation, Fälschung, Meineid, Desertion, Hexerei/Zauberei, Betrug, Diebstahl, Raub, Unzucht (mit Tieren, Familienangehörigen und gleichgeschlechtlichen Sexualpartnern) und Mord sowie die Schimpfwörter «Scheißkerl», «Fuchs», «Hase», «Buhlknabe», «Hexendiener», «Hexenträger», «Hexe», «Bösewicht» und «Hundesohn», Schmähwörter Ehebruch, Illegitimität, Prostitution Hexerei, Sodomie, Zauberei
3. Rechtstexte, mit denen als Tatbestandsmerkmal bestimmt wurde, dass die Beleidigung durch das Opfer statt durch Hörensagen direkt zur Kenntnis genommen werden sollte,
4. Rechtstexte mit der Unterscheidung in «bloße Schimpfwörter» und «Schimpfwörter wider die Ehre», Ehre
5. Rechtstexte mit der Unterscheidung «Scheltwörter» und «gelogene urchund»,
6. Rechtstexte mit der Unterscheidung «Worte, die an die Ehre gehen» und «Worte, die Leib und Ehre betreffen»,
7. Rechtstexte mit der Unterscheidung «Worte großer und kleiner Schmach».

2.4 Prozessverfahren

Die gelegentlich in der Forschungsliteratur geäußerte Behauptung, dass Injurienklagen in Mittelalter und Früher Neuzeit nur privatrechtlich geführt wurden, ist irrig. Zum einen, weil eine Differenzierung in privates und öffentliches Recht für den Untersuchungszeitraum nur punktuell greifbar ist, zum anderen, weil in dieser Zeit Prozessverfahren miteinander konkurrierten, die beide Wege für den Kläger eröffneten. Von besonderer prozessrechtlicher Bedeutung für Injurienklagen waren die Famapurgation, das Inquisitions- und Rügeverfahren sowie die zivil- und strafrechtlichen Klageformen des ausgehenden Mittelalters.

2.4.1 Kirchenrechtliche Grundlagen für Injurienklagen im 12. und 13. Jahrhundert

Die entscheidenden kirchenrechtlichen Bestimmungen für das Injurienrecht in Hoch- und Spätmittelalter wurden im *Decretum Gratiani* und in der Dekretalensammlung Papst Gregors IX. (*Liber extra*) formuliert. Beide Texte stellten entsprechende Titel zusammen, wann ein Kirchenoberer einem Verdacht gegen Kleriker nachgehen müsse, welche Rolle Gottesurteile spielen sollten und in welcher Form Reinigungseide zu leisten waren. Unter anderem aus der Beschäftigung mit diesen Fragen erwuchs das Inquisitionsverfahren.

Gottesurteile

2.4.2 Inquisitionsverfahren

Das durch Papst Innozenz III. zu Beginn des 13. Jahrhunderts etablierte Inquisitionsverfahren sollte es einerseits erleichtern, die Kirchenoberen zu belangen und sie in einem Disziplinarverfahren ihrer Ämter zu entsetzen. Andererseits regte Innozenz mit der Durchsetzung des Verfahrens auf dem *Vierten Laterankonzil* 1215 eine flächendeckende Reform und Prüfung der Sitten des Klerus innerhalb jeder Diözese an. Hinzu kommt noch, dass sich mit dem Inquisitionsprozess der Schutz von beklagten Personen erhöhte: Ihre mutmaßlichen Straftaten wurden im Sinne der materiellen Wahrheit mit entsprechenden Beweismitteln geprüft. Zu den Beweismitteln zählten neben dem Reinigungseid auch der Augenschein, ein eidliches Zeugnis Dritter und Urkunden. In diesem Zusammenhang verbot das vierte Laterankonzil die Teilnahme von Geistlichen an Gottesurteilen.

Leumund

Der Leumund einer Person spielte innerhalb des Inquisitionsverfahrens weiterhin eine entscheidende Rolle, zum Beispiel bei der

Festlegung des Strafmaßes oder bei der Einschätzung, ob eine Aussage und ein Reinigungseid als glaubwürdig einzuschätzen seien. In der *Carolina* von 1532 hatte der Reinigungseid diese Bedeutung verloren. Zeugen und Geständnis waren die wichtigsten Beweismittel geworden.

Eid

Zeuge, Geständnis

2.4.3 Rügegerichte und Rügeverfahren

Die seit den karolingischen Königen bekannten Rügegerichte waren ein effizientes Instrument des profanen und kirchlichen Rechts, auf dem Land und in der Stadt Delikte wie Beleidigungen und Verleumdungen zur Anzeige zu bringen und zu verurteilen. Dem bischöflichen Sendgericht, einer Form des Rügegerichts, lag dabei ein besonderes strafrechtliches Verständnis zugrunde: Mit der Bestrafung des Delinquenten sollte der göttliche Zorn, der durch die begangene Tat hervorgerufen worden war, besänftigt werden, da er nicht nur den Täter, sondern auch die Gemeinschaft als Mittäter treffen würde. Jeder, der bei einem Gerichtstag nicht alles über delinquentes Benehmen seines Nächsten sagte, riskierte nach diesem Verständnis die ewige Verdammnis. Weil der Mensch nicht wisse, wen die Strafe Gottes letztlich treffe, müsse man sich notwendigerweise um jede Seele bemühen und Delinquenten gegebenenfalls durch Strafen zum Heil zwingen.

2.4.4 Zivil- und strafrechtliche Klageformen

Der *Klagspiegel* Conrad Heydens (1436–1442), die *Wormser Reformation* (1498/1499), der *Laienspiegel* Ulrich Tenglers von 1509 und die im gleichen Jahr publizierte *Frankfurter Reformation* waren die ersten deutschen Rechtsbücher, die eine prozessrechtliche Behandlung der Injurien auf dem straf- und zivilrechtlichen Weg vorschrieben. Der *Klagspiegel* schöpfte unter anderem aus der *Summa super codicem* des Azo Portius (* ca. 1150 † nach 1220), dort heißt es vermutlich zum ersten Mal in Zusammenhang mit der mittelalterlichen Behandlung von Injurien, dass man «criminaliter» und «civiliter» klagen könne. Frühere Rechtstexte kannten dieses Verfahren, das sich an das römische Recht anlehnte, für Injurienklagen noch nicht.

Römisches Recht

Das Ziel der Strafrechtsklage bestand darin, den Beklagten vor Gericht der begangenen Injurie zu überführen. In einem zweiten Schritt sollte der Leumund des Klägers durch einen öffentlichen Widerruf wieder hergestellt werden und in einem dritten Schritt hatte der überführte Täter entweder nach dem Ermessen des Richters oder nach einer festgelegten Taxe ein Bußgeld zu entrichten, das an das Gericht verfiel. Mit der bürgerlichen Klage forderte der Kläger vom Beklagten einen Schadensersatz in Höhe einer persönlichen Forderung oder einer ortsüblichen Taxe. Obwohl auch in diesem Verfahren die Schuld des Beklagten festgestellt werden musste, war eine Aufforderung des Delinquenten, eine Ehrenerklärung oder einen Widerruf zu leisten, nicht Bestandteil des Urteils.

2.4.5 Ästimatorische Injurienklage

Unter der ästimatorischen Injurienklage (actio iniuriarum aestimatoria), die im engen Zusammenhang mit dem Aufkommen der Unterscheidung in bürgerliche und strafrechtliche Klageformen im Injurienrecht steht, wird eine Klage verstanden, durch die der entstandene Schaden einer Ehrenkränkung vom Kläger selbst geschätzt und vor Gericht vom Beklagten eingefordert wurde. Die Höhe der geschätzten Schadensersatzforderung hatte letztlich der Richter festzulegen. Der Klage lag eine «Schätzungsformel» zugrunde, die in etwa so lautete: «Nicht für hundert Pfund würde ich die Wahrheit dieser Behauptung anerkennen.»

2.4.6 Richterliches Ermessen

Sanktionen im Injurienrecht konnten auf drei Wegen ermittelt werden:

1. durch eine festgelegte Strafe innerhalb des Kompositionensystems,
2. durch die ästimatorische Injurienklage und das abschließende Urteil des Richters,
3. durch das Ermessen des Richters.

Die letzte Möglichkeit erhöhte einerseits die Gefahr der richterlichen Willkür. Andererseits war es durch diesen Ermessenspielraum möglich, tatsächlich ein am Stand und Ansehen der Person gemessenes Urteil zu fällen. Bei ästimatorischen Injurienklagen war es dem Richter zudem möglich, Einfluss auf die Schadensersatzforderung zu nehmen. Demnach entsprach das Verfahren nach richterlichem Ermessen dem Grundsatz der standesgemäßen Bestrafung eines Delinquenten mehr als das Kompositionensystem.

Abstammung

2.5 Berücksichtigung ständischer und hierarchischer Differenzen

Einflussreiche Rechtstexte wie der *Schwabenspiegel* warnten davor, Personen nicht ihrer Herkunft gemäß zu verurteilen, weil ein nicht am Stand orientiertes Urteil weder göttliches noch Landrecht sei. Dieses oder ein ähnliches Verständnis lag mehreren mittelalterlichen und frühneuzeitlichen Rechtstexten zugrunde, es variierten aber die Formen der Umsetzung.

2.5.1 Unterscheidung nach Herkunft

In den früh- und hochmittelalterlichen Artikeln zum Injurienrecht wurde durch das Kompositionensystem und die genaue Bezeichnung des Standes oder Geschlechts bestimmt, wie ein standesgemäßes Urteil zu fällen sei, unterschieden wurde dort nach freien Frauen und Männern, zwischen Sklaven und Edlen; die Schmähung von Geistlichen fand auch in wenigen profanen Texten Berücksichtigung. Singulären Charakter trägt die Unterscheidung der Bestrafungsinstrumente nach ritterlichem und bäuerlichem Stand im *Sächsischen Gottesfrieden* aus dem 11. Jahrhundert.

Die verbreiteten spätmittelalterlichen Rechtstexte in Deutschland (*Sachsen-*, *Deutschen-* und *Schwabenspiegel*) verallgemeinerten den Grundsatz nach standesgemäßem Urteil, wenn sie festsetzten, jeden Delinquenten nach seiner Abstammung zu strafen. Mit dieser Maßgabe lag es in den Händen der Urteiler, ein angemessenes Strafmaß zu verhängen.

2.5.2 Kirchenrecht

Im Kirchenrecht wurde bestimmt, dass eine Strafe nicht aus persönlichem Hass oder aus Rache verhängt werden durfte, denn das kanonische Strafrecht gab keine Antwort auf ein persönlich erlittenes Unrecht, sondern auf ein Unrecht gegen die Kirche, die durch die betroffene Person repräsentiert wurde. Dementsprechend traf die Beleidigung eines Geistlichen nicht nur dessen persönliche Ehre, sondern die römische Kirche im Allgemeinen. Daher war der Vorsteher eines geschmähten Geistlichen verpflichtet, jede Injurie vor einen Richter zu bringen – hier galt es, die Heiligkeit von kultischer Handlung, heiligem Ort und Mysterium zu schützen.

Rache

Ehre

2.5.3 Stadtrechte

Die spätmittelalterlichen Stadtrechte nahmen zum Teil gesonderte Tatbestände in ihrem Injurienrecht auf. Auch sie kannten wie das Kirchenrecht die Beleidigung von Amtsträgern oder der Stadt als Gemeinwesen, die unter besonderem Schutz standen, da vor allem die städtischen Ämter das Risiko, beleidigt zu werden, erhöhten, aber von den Amtspersonen eine vorbildliche moralische Integrität erwartet wurde. Solche Formen der repräsentativen Beleidigung einer Person standen inhaltlich der Majestätsbeleidigung sehr nahe, nach der ein verbaler oder tätlicher Angriff auf einen Vertreter des Königs oder eines Fürsten als eine Beleidigung gegen den Herrn verfolgt wurde.

Beleidigung von Amtsträgern

Majestätsbeleidigung

Darüber hinaus sahen Stadtrechte einen besonderen Schutz ihrer Bürger vor Beleidigungen durch Auswärtige vor und sie nahmen Gewohnheitsrechte auf, die eigentlich im Rechtsbereich eines Hausherrn lagen, wenn sie Beleidigungen durch Ehefrauen, Kinder und Hausgesinde unter Strafe stellten. Ähnliche Bestimmungen finden sich auch in den spätmittelalterlichen Landrechten und Weistümern sowie im Kirchenrecht, allerdings werden dort die Rechte des Hausherrn mehr betont und der Einfluss des Gerichtsherrn verhaltener kodifiziert. Nach den kirchenrechtlichen Bestimmungen durfte der schmale Grat von Züchtigung und Ehrenschelte nicht überschritten werden, denn der Leumund einer Person sollte zu keiner Zeit verletzt werden, weil dies eine Todsünde wäre. Im Vergleich dazu griffen die Stadtherren stärker in die «privatrechtlichen» Belange ihrer Bürger ein.

Hausherr

Kinder

Züchtigung

Leumund

2.6 Geschlechtliche Differenzierungen

Obwohl die Rechtstexte keine geschlechtsspezifische Sprache kennen und dort kein Wert daraufgelegt wird, bestimmte Begriffe ausdrücklich Frauen und Männern zuzuweisen, bezogen sich die Paragraphen der Rechtstexte in der Regel auf beide Geschlechter. Es gibt aber auch ein kleines Korpus von Texten, die Tatbestandsmerkmale einem bestimmten Geschlecht zuwiesen, gelegentlich wurde dem weiblichen Geschlecht ein besonderer Schutz eingeräumt. Einige Tatbestände hingegen, die Frauen zugeordnet wurden, waren «external attribuiert», das heißt man schloss von Erfahrungen bzw. (Vor-)Urteilen mit einer kleineren Gruppe von Personen auf das Verhalten einer größeren Gruppe.

2.6.1 Böse Stiefmutter

Im *Gesetz König Eurichs* aus dem späten 5. Jahrhundert wurde die Beschuldigung, Stiefmütter seien habgierig und würden ihrer Habsucht auf Kosten von Schutzbefohlenen nachkommen, als strafwürdiges Delikt aufgenommen. Mit dieser Beschuldigung wurde dem Gatten das Unvermögen unterstellt, das Erbe seiner Kinder vor dem Zugriff einer zweiten Ehefrau bewahren zu können. Obwohl sich das Motiv der «bösen Stiefmutter» in erzählenden Texten des Mittelalters oft auffinden lässt, tritt es in Rechtstexten nur in dieser frühen Zeit auf.

2.6.2 Der Vergewaltigung beschuldigt

In den *Konstitutionen von Melfi* (1231) wird von Frauen berichtet, die zu Unrecht Männer mit einer Falschaussage erpresst hätten, eine Eheverbindung einzugehen. Dieses Vorgehen wurde nach dem Talionsprinzip mit dem Tod gesühnt, ähnliche Bestimmungen sind auch aus Goslar und Oberbayern bekannt.

Dieses Gesetz gehört in eine Reihe unterschiedlicher Zugangsweisen zum Tatbestand der Vergewaltigung. Einige Rechtstexte legten mehr Wert auf den Schutz der Frau, andere, wie die *Konstitutionen von Melfi*, betonten die «Heimtücke» der Frauen. Selbst wenn die referierten Erfahrungen stimmen sollten, wurde dort für die Zukunft ein Vorurteil gefestigt, dass eine Verurteilung eines Vergewaltigers erschwerte. Uneinig waren sich die Rechtstexte auch darin, wie mit der festgestellten Vergewaltigung und den Folgen umzugehen sei. Ältere Rechtstexte wie das *Edictum Rothari* und die *Lex Frisionum* sowie das kanonische Recht tolerierten Ehen zwischen Opfer und Vergewaltiger und legitimierten auch die Kinder aus diesen Ehen. Die spätmittelalterlichen Landrechte in Deutschland versagten den Kindern hingegen jegliches Recht; auf die Eheschließung selbst konnten sie aufgrund der kirchlichen Zuständigkeit keinen Einfluss nehmen.

2.6.3 Defloration und Verlöbnis

Falls eine verlobte Frau vor ihrer Eheschließung defloriert und ihr Verlöbnis durch den Verlobten aufgelöst wurde, konnte sie mit einer materiellen Entschädigung in Form eines «Kranzgeldes» rechnen. Es sollte nicht nur den Ehrverlust der Frau und ihres Vormundes ausgleichen helfen, der infolge der Defloration zu einer schwierigen Verheiratung und zu einer Erhöhung der zu zahlenden Mitgift führen konnte, sondern es ging auch darum, dem Vorwurf der «Hurerei» entgegen zu treten, indem der Mann durch die Zahlung seine Schuld eingestand und damit die Ehre der Opfer wiederherstellte und anerkannte. Das kanonische Recht forderte von Männern entweder die Zahlung des Kranzgeldes oder die Heirat der «entehrten» Frau. Die profanen Rechtstexte folgten dem kanonischen darin, bis sie im 14. und 15. Jahrhundert eigene Strafen festlegten, zum Beispiel Verweisung, Ehrenstrafen oder in einigen Fällen auch die Todesstrafe.

Ehre

2.6.4 «Weibisches Geschwätz»

Die wenigen Rechtstexte, die sich dem «weibischen Geschwätz» widmeten, führen nicht aus, weshalb sie abweichend von anderen Rechtstexten das zänkische und beleidigende Gerede unter Frauen behandeln. In der Regel wertete man die schmähenden Worte von Frauen nicht als Angriff auf die Ehre aufgrund der angenommenen «eingeschränkten Geistesfähigkeit» von Frauen, eine Auffassung, die unter anderem durch die Erbsündetheologie des Augustinus in das Mittelalter hineingetragen worden ist.

2.6.5 Hexerei und Ketzerei

Einige der frühmittelalterlichen Leges (*Edictum Rothari*, *Recensio Clothariana*, *Pactus legis Alamannorum*, *Lex Salica*) verboten zum Schutz der Opfer die Beschimpfung von Personen als «Hexen» oder «Hexer». Denn obwohl in dieser Zeit die Realität von Hexen durch Vertreter der Kirche immer wieder in Abrede gestellt wurde, war der Glaube an ihre magischen Kräfte fest verankert.

Im 13. Jahrhundert setzte sich der Glaube an Dämonen jedoch auch in den Reihen der kirchlichen Autoritäten durch. Die kanonischen und profanen Rechtstexte reagierten darauf mit der Bestrafung von Hexerei, die unter dem Begriff der Häresie subsummiert wurde. Neuer Tatbestand war nun der Abfall vom christlichen Glauben. Nun hieß es, man dürfe eine andere Person nicht «Ketzer» oder «Sodomit» nennen, wenn dieser Vorwurf unzutreffend sei. Denn aufgrund der unterstellten sexuellen Verfehlungen der Apostaten mit Dämonen wurden der Häresie Verdächtige mit Sodomiten gleichgestellt, sodass eine klare inhaltliche Unterscheidung oft nicht zu vollziehen ist. Über den *Sachsenspiegel* fanden Häresie und Sodomie als Tatbestände Eingang in die profanen deutschen Rechtstexte.

2.6.6 Fälschlich der Hurerei beschuldigt

In den frühmittelalterlichen Leges trat der Tatbestand der Beleidigung mit dem Wort «Hexe» oft in Verbindung mit der Beleidigung als «Hure» auf. Im Vordergrund stand auch hier der Schutz des Opfers, weil es beim «Beweis» des Vorwurfs hohe Strafen erwartete, beim Ehebruch sogar die Todesstrafe. Der Tatbestand entsprach demnach dem der falschen Anschuldigung und nicht dem der einfachen Beleidigung. Die Ehre einer Frau sollten vor jedwedem Vorwurf wegen sexueller Verfehlungen und magischer Praktiken geschützt werden.

Ehebruch

Ehre

Die Beleidigung mit dem Wort «Hure» blieb auch für die spätmittelalterlichen Rechtstexte wichtig. Gerichtsprotokolle und Gnadenersuche des 14. und 15. Jahrhunderts zeigen, dass Männer in erster Linie als Lügner, Diebe oder Meineidige bezeichnet wurden. Frauen warf man hingegen vor allem Hurerei vor. Rechtstexte wie das *Augsburger Stadtbuch* legen allerdings nahe, dass der Tatbestand insofern modifiziert wurde, als dass man die Beschimpfung einer Frau mit dem Wort «Hure» nicht nur im Sinne einer üblen Nachrede oder Verleumdung auffasste, sondern auch als einfache Beleidigung.

2.7 Kanon schwerer Verbrechen

In mehreren spätmittelalterlichen Rechtstexten, insbesondere in städtischen Statuten, lässt sich ein Kanon von Anschuldigungen nachweisen, die geeignet waren, einer anderen Person erheblichen sozialen Schaden zuzufügen. Würden die durch die Anschuldigungen mitgeteilten Tatbestände zutreffen, dann hätten die so Beschuldigten fast ausnahmslos peinliche Strafen erwartet, in vielen Fällen sogar der Tod. Zu diesem Kanon zählten folgende Worte: Dieb, Mörder, Verräter/Fälscher und Räuber. Diese Verbrechen stimmen weitgehend mit wichtigen christlichen Wertvorstellungen überein, allein die Zehn Gebote sind durch die Anschuldigungen stark vertreten: Ketzerei versus Gottes Gebot, keine anderen Götter zu dulden; Hurerei versus das Verbot des Ehebrechens; Mord versus das Verbot des Tötens; Diebstahl versus das Verbot des Stehlens etc.

Der Kanon wurzelt in einer Zeit, als:

1. im Kirchenrecht mit dem *Decretum Gratiani* und dem *Liber extra* die grundlegenden Sammlungen für das spätere Injurienrecht entstanden,

2. das kirchliche Strafrecht an Systematik gewann, die Zungensünden ein brennendes Thema der Theologie wurden,
3. die erste Rezeptionsphase des römischen Rechts in Blüte stand,
4. mit dem Inquisitionsprozess ein Verfahren in den Gerichten seinen Siegeszug antrat und
5. die Auseinandersetzung mit den Ursprüngen häretischer Gruppen eine neue Qualität gewann.

Inquisitionsprozess

Häresie

Dieser Befund legt den Gedanken nahe, dass die in den Rechtstexten aufgenommenen Anschuldigungen kein Reflex auf die an den Gerichten verhandelten Prozesse waren, sondern Ergebnis theologischer und kirchenrechtlicher Erkenntnisprozesse. Mit dem Kanon verfügten die Rechtstexte über eine überschaubare Anzahl «kapitaler» Verbrechen (crimen maxima). Wechselwirkungen schließt diese Beobachtung nicht aus und auch nicht, dass Anschuldigungen, die auf die Sexualität oder Abstammung des Opfers rekurrierten, einen ebenfalls festen Platz in den Rechtstexten hatten. Allerdings dürfte die Aufnahme dieser Schimpfwörter in einem anderen Zusammenhang stehen, vermutlich in einem an der Praxis der Gerichte orientierten.

2.8 Rechtsfolgen

Ehre

Genugtuung

Falsche Anschuldigung

Rechtsfolgen für Verbalinjurien waren vielfältig, sodass sich Beispiele aus der kirchlichen Bußpraxis und dem breiten Repertoire von Strafen, das die mittelalterlichen und frühneuzeitlichen Rechtstexte kannten, gleichermaßen fassen lassen. Zu den wichtigsten Rechtsfolgen gehörten die drei Formen zur Restitution der verletzten Ehre: Ehrenerklärung, Widerruf und Abbitte. Darüber hinaus waren Geldbußen eine verbreitete Strafform im profanen Recht. Das Kirchenrecht kannte für Laien neben der Kirchenbuße insbesondere Ehrenstrafen und für Kleriker Körperstrafen und Amtsenthebungen. Bei falschen Anschuldigungen sahen mehrere Rechtstexte eine Verurteilung auf der Grundlage des Talionsprinzips vor, das heißt den Täter traf jene Strafe, die sein Opfer bei einer Verurteilung erwartet hätte. Harte peinliche Strafen mit bleibenden Körperschäden oder die Hinrichtung von Delinquenten treten erst in den spätmittelalterlichen Rechtstexten auf. Nach dem derzeitigen Kenntnisstand waren diese Strafformen allerdings selten.

2.8.1 Kirchenstrafen

Kirchenstrafen sind zu unterscheiden nach Strafen für Laien und Strafen für Geistliche. Für Geistliche waren die Dispensierung von den ausgeübten Ämtern, die Einschließung in ein Kloster, das Auspeitschen, die Exkommunikation oder die Übergabe an ein weltliches Gericht mit der Maßgabe, dadurch das Strafmaß zu erhöhen, häufige Strafformen für Beleidigungen. Falls ein Laie in einer Kirche oder während einer kultischen Handlung außerhalb des Gotteshauses die Zeremonie selbst oder die daran beteiligten Geistlichen und Kirchendiener in irgendeiner Weise schmähte, musste er mit einer Bestrafung durch Schläge und/oder Verweisung rechnen. Zugleich konnte ein solches Delikt als ein Sakrileg ausgelegt werden. Dann drohte auch die Exkommunikation, die sofort in Kraft trat und besonders schwer wog, weil eine Absolution vor dem Apostolischen Stuhl persönlich zu erbitten war. Im Allgemeinen scheinen Ehrenstrafen wie das Tragen von Schandsteinen oder Kerzen in der Öffentlichkeit die häufigsten Rechtsfolgen für Laien gewesen zu sein.

Kirchendiener

Sakrileg

Öffentlichkeit

2.8.2 Geschlechts- und altersspezifische Strafmaße

Die in den früh- und hochmittelalterlichen Rechtstexten festgelegten Strafen besaßen in der Regel Geltung für beide Geschlechter und lassen keine Rücksichten auf das Alter des Delinquenten erkennen. Im späten Mittelalter wurde es jedoch üblich, geschlechts- und altersspezifische Strafen zu verhängen. Entweder minderte oder erhöhte man das als «Norm» verstandene Strafmaß für Männer oder man maß Frauen und Kindern andere Strafformen zu, als die Norm vorsah. Das Tragen von Lastersteinen, das Einsperren in ein Narrenhaus, das Herumführen um einen Brunnen und anderes mehr galten als bevorzugte, aber nicht ausschließliche Strafformen für Frauen. Diese Strafen, vollzogen in der Öffentlichkeit, trugen einen schändlichen und demütigenden Charakter.

Kinder

Kinderstrafen wie Verweisungen, Zunge abschneiden oder Turmhaft scheinen hingegen sehr streng im Vergleich zur Norm und in ihrer Verhältnismäßigkeit. Vermutlich wirkte sich der Ungehorsam gegen die Eltern straferhöhend aus. Die Bestrafung von Kindern im Injurienrecht tritt nur in Stadtrechten auf und ist ein Indiz für die intensivere Einflussnahme der städtischen Obrigkeit auf die Belange des Hausherrn und Vormunds, der für die Bestrafung und «Züchtigung» seiner ihm unterstellten Kinder Sorge zu tragen hatten.

Hausherr
Züchtigung

2.8.3 Ehrenerklärung, Widerruf und Abbitte

Mit den Begriffen Ehrenerklärung, Widerruf und Abbitte werden drei mögliche und für den Untersuchungsraum typische Formen der Genugtuung in Injurienfällen bezeichnet. Ihre ersten Spuren im profanen und kirchlichen Recht können bereits für das frühe Mittelalter nachgewiesen werden. In der Scholastik wurden diese Formen insbesondere durch Albertus Magnus und Thomas von Aquin diffizil herausgearbeitet und kommentiert. Das römische Recht kannte hingegen keine Genugtuung für den Tatbestand der Beleidigung.

Unter einer Ehrenerklärung versteht man in der historischen Rechtswissenschaft eine Erklärung, mit der die Ehrenhaftigkeit einer Person anerkannt wird. Der Widerruf unterscheidet sich von dieser allgemeinen Definition darin, dass speziell die Delinquenten, die eine Person
Ehre durch Worte oder andere geeignete Mittel in ihrer Ehre verletzten, ihre Beleidigung oder Verleumdung widerriefen. Mit der Abbitte versuchte der Täter Vergebung beim Opfer zu erlangen. Voraussetzung war eine offene oder stillschweigende Ehrenerklärung bzw. ein Widerruf. Die Abbitte beabsichtigte eine Versöhnung und beiderseitige
Ehre Anerkennung der Ehre durch Täter und Opfer.

Der Vollzug des Widerrufs konnte erniedrigende Formen annehmen, zu den am häufigsten vorkommenden gehören: dass der Delinquent vor dem tagenden Gericht, von der Kirchenkanzel, auf dem Markt oder am selben Ort und vor denselben Personen, die bei der Diffamierung zugegen waren, seine Beleidigung widerrief. Diese Formen der Rehabilitierung sind aber nicht in jedem Fall als Strafe aufzufassen, denn sie treten beinahe ohne Ausnahmen in Kombination mit einer Strafe auf. Das heißt man fasste diese Formen offenbar nicht als eine zufriedenstellende Genugtuung oder Ersatzleistung auf.

2.8.4 Geldbuße und Sachleistungen

Im profanen Recht zählten die Geldbuße und die Entrichtung von Sachleistungen zu den häufigsten Rechtsfolgen im Injurienrecht. Beide Strafformen konnten entweder bestimmt sein durch einen festen Bußkatalog (Kompositionensystem) oder durch richterliches Ermessen. Die Höhe der zu zahlenden Summe richtete sich nach dem Tatbestand und dem Stand des Empfängers des Geldes. Das Bußgeld tritt zuerst in Form des frühmittelalterlichen Wergeldes als eine Art Schadensersatzleistung in Erscheinung. Bereits im 9. Jahrhundert mussten Zahlungen (Gewette) an die Personen des Gerichts oder den

Gerichtsherrn entrichtet werden, oft in Verbindung mit Geldbußen für das Opfer. Diese Praxis ist in den spätmittelalterlichen Rechtstexten anzutreffen. Mit der Unterscheidung in zivil- und strafrechtliche Klagen kam es zur Ausdifferenzierung: auf zivilrechtlichem Weg konnte Schadensersatz gefordert werden, nach einer strafrechtlichen Verurteilung musste der Delinquent widerrufen und dem Gericht ein Gewette entrichten. Der Kläger konnte nicht beide Wege einschlagen, um Widerruf und Schadensersatz zu erlangen. Im frühen 14. Jahrhundert begegnen im städtischen Injurienrecht die ersten Gewette in Form von Sachleistungen.

Klage

2.8.5 Geißelungen

Geißelungen durch Stockhiebe oder Stäupen treten bereits in profanen und geistlichen Rechtstexten des frühen und hohen Mittelalters auf – nicht nur als eine singuläre Strafform, sondern im Kirchenrecht meist in Verbindung mit der Verweisung oder gar der Amtsenthebung des Delinquenten. Die Kombination aus körperlicher Züchtigung und dem Verstoßen einer Person zählte – abgesehen von der Exkommunikation – zu den härtesten der von der Geistlichkeit vollzogenen Strafen. In den spätmittelalterlichen Rechtstexten lassen sich kaum noch Geißelungen nachweisen, falls doch, dann als alternative Strafform für Personen, die eine Geldbuße nicht zahlen konnten.

2.8.6 Verweisungen und Freiheitsstrafen

Verweisungen als besonders harte Strafen sind aus dem frühmittelalterlichen Kirchenrecht für Injurien bekannt, durch das profane Recht wurden sie erst spät, vor allem in städtischen Statuten des 15. und 16. Jahrhunderts in Anspruch genommen. Verweisungen treten oft in Verbindung mit kurzfristigen Freiheitsstrafen auf; es handelte sich hier um alternative Strafformen, wenn eine andere aufgrund der Vermögensverhältnisse des Delinquenten nicht eingelöst werden konnte oder sie waren Bestandteil einer Taxordnung.

2.8.7 Pranger

Das Widerrufen von Beleidigungen und falschen Anschuldigungen, das Stäupen, die Verweisung, das Tragen von Lastersteinen oder auch das Einsitzen in einem sogenannten Narrenhäuschen stand in direkter Verbindung mit dem Pranger als eine feste, bekannte und zentrale Stätte für den Strafvollzug. Der Pranger als Ort der Bestrafung wird daher selten in den Rechtstexten genannt, des Öfteren findet er Er-

Falsche Anschuldigung

wähnung, wenn die Strafe lautete, eine bestimmte Zeit festgemacht am Pranger zu stehen.

2.8.8 Todesstrafe

Die Rechtstexte kannten die Todesstrafe für verbale Injurien äußerst selten, nur sechs Belege sind bisher bekannt. Diese Strafe wurde dort vor allem über Wiederholungstäter verhängt oder wenn der Delinquent eine besonders schwere Beleidigung vor einem Gericht (wiederholt) ausgesprochen hatte.

2.8.9 Retorsion und Kompensation

Unter Retorsion im historisch-rechtlichen Zusammenhang wird die unmittelbare Erwiderung einer wörtlichen Beleidigung oder Tätlichkeit durch das Opfer verstanden. Handelte es sich bei der Retorsion um eine widerrechtliche Äußerung oder Handlung, dann konnten sich Beleidigung und Widerrede aufheben (Kompensation). Über beide Gegenstände ist in den behandelten Texten zum Injurienrecht kaum etwas zu finden. Während die mittelalterlichen Kommentatoren und Glossatoren eine Retorsion in Form der Widerrede «du lügst» tolerierten, wurde eine Erwiderung mit einem Schimpfwort oder ähnlichem meist abgelehnt. In der gelehrten Diskussion des 15. und 16. Jahrhunderts wird die dringende Notwendigkeit hervorgehoben, auf eine Beleidigung mit einer Gegenposition zu reagieren, weil das Opfer sonst die Anschuldigung indirekt anerkenne. Spätestens in der zweiten Hälfte des 16. Jahrhunderts wurde es zur Gewohnheit, von einer planmäßigen Retorsion anstelle eines aufwendigeren Prozesses Gebrauch zu machen, indem entweder die Gegendarstellung mündlich und unter Zeugen vorgetragen oder eine schriftliche Retorsion unter Zeugen dem Beschuldiger überreicht wurde. Parallel setzte sich durch, Notare mit der Abfassung der Schriftstücke oder der mündlichen Überbringung zu betrauen.

Zeuge

3. Ausblick

Die Untersuchung der Rechtstexte zu den Tatbeständen Beleidigung und Verleumdung hat die uneingeschränkte Bedeutung der Ehre und des Leumundes für 1100 Jahre Rechtsgeschichte auf einer breiten Quellengrundlage gezeigt. Künftig wird es leichter sein, Fallstudien zu diesem Thema in größere Zusammenhänge und Entwicklungslinien zu stellen. Das gilt nicht nur für Beiträge zu weiteren, hier nicht behandelten Rechtstexten. Auch die Interferenzen zwischen geltendem Recht und Rechtspraxis sowie die Behandlung von Beleidigung und Verleumdung in Literatur und bildender Kunst dürften durch den Vergleich mit den hier zur Verfügung gestellten Ergebnissen an Kontur gewinnen. Durch die kurzen Exkurse zu narrativen Quellen und durch die Zusammenstellung der Abbildungen konnten erste Beispiele dafür gegeben werden. Verfolgt man diese fächerübergreifenden Ansätze weiter, dann wird man ein komplexes Spiegelbild einer Gesellschaft erkennen können, in der die Verletzbarkeit einer Person größere Gefahren in sich barg als in modernen Gesellschaften mit einem wesentlich höheren Anteil an Institutionalisierung. In diesem Bild werden sich grundsätzliche Wertvorstellungen, gesellschaftliche Vorurteile, religiöse Umbruchssituationen und das autoritäre Streben nach Disziplinierung wiederspiegeln.

Ehre, Leumund

Allerdings ließ die Untersuchung der Rechtstexte auch viele Fragen unbeantwortet. Sie konnte nur knappe Einblicke in die am sozialen Stand einer Person orientierten Verfahrensweisen geben. In vielen Fällen wurde nicht klar, welche gesellschaftlichen Gruppen die untersuchten Rechtsetzungen eigentlich erreichten. Zu fragen ist auch, welche alternativen Formen der Genugtuung bei einer Ehrverletzung – wie zum Beispiel die Fehde oder das Duell – Anwendung fanden und wer auf diese zurückgreifen durfte? Des Weiteren sollte erörtert werden, in welchen Zusammenhängen die städtischen Rechtstexte standen, mit denen versucht wurde, den Einfluss auf das «Züchtigungsrecht» der Hausherren und Hausväter zu vergrößern. Unabhängig davon ist es sinnvoll, die geschlechtsspezifischen Beschuldigungen durch weiterführen-

Duell

Züchtigung

Hausherr

de Untersuchungen zur Rechtspraxis schärfer zu problematisieren, als es hier möglich war. Vor allem wäre in diesem Rahmen zu wünschen, dass künftig der Unterschied zwischen Beschimpfungen (einfachen Beleidigungen) und Tatsachenbehauptungen stärker als bisher berücksichtigt wird, um das Gewicht der Schimpfwörter in Bezug auf ihre rechtliche und gesellschaftliche Verurteilung besser abschätzen zu können.

Diese Defizite der älteren und Perspektiven der künftigen Forschung, die ohne weiteres noch um ein Vielfaches ergänzt werden könnten, zeigen, dass trotz einer zwei Jahrhunderte währenden historischen Beschäftigung mit Injurien noch immer erheblicher Forschungsbedarf besteht, vor allem in Bereichen der Rechtssoziologie, der Sozial- und Mentalitätsgeschichte sowie in der Literaturwissenschaft und Kunstgeschichte.

Appendizes

Literatur und Register

1. Ältere Drucke (vor 1800), Editionen und Regesten

A

Amtsrecht von Willisau 1489, in: Zeitschrift für Schweizerisches Recht 5 (1856), S. 93–105.

Auer, Franz (Hg.): Das Stadtrecht von München, nach bisher ungedruckten Handschriften mit Rücksicht auf die noch geltenden Rechtssätze und Rechtsinstitute. München 1840 (ND Aalen 1969).

Ausgewählten Quellen zur deutschen Geschichte des Mittelalters – Freiherr-von-Stein-Gedächtnisausgabe, Bd. 1 ff. Berlin · Darmstadt 1955 ff.

Azonis summa super codicem. Instituta. Extraordinaria. Turin 1966 (Corpus glossatorum juris civilis, ND 1578).

B

Bauer, Christoph u. a. (Bearb.): Lorenz Fries. Chronik der Bischöfe von Würzburg 742–1495, Bd. 3: Von Gerhard von Schwarzburg bis Johann II. von Brunn (1372–1440), hrsg. von Ulrich Wagner · Walter Ziegler. Würzburg 1999 (Fontes Herbipolenses. Editionen und Studien aus dem Stadtarchiv Würzburg).

Behrends, Okko · Knütel, Rolf · Kupisch, Berthold · Seiler, Hans Hermann (Hg.): Corpus Iuris Civilis. Text und Übersetzung. Auf der Grundlage der von Theodor Mommsen · Paul Krüger besorgten Textausgaben, 4 Bde. Heidelberg 1990–2005.

Behringer, Wolfgang · Jerouschek, Günter (Hg.): Heinrich Kramer (Institoris). Der Hexenhammer – Malleus Maleficarum. Neu aus dem Lateinischen übertragen von Wolfgang Behringer, Günter Jarouschek · Werner Tschacher. Herausgegeben und eingeleitet von Wolfgang Behringer · Günter Jarouschek, 13. Aufl., München 2020.

Bernhard von Clairvaux. Sämtliche Werke. Lateinisch / Deutsch, hg. von Gerhard B. Winkler in Verbindung mit Alberich Altermatt · Denis Farkasfalvy · Polykarp Zakar, Bd. 9. Innsbruck 1998.

Beyerle, Franz (Hg.): Die Gesetze der Langobarden, mit einem Glossar von Ingeborg Schröbler. Weimar 1947.

Blackmore, Anthony: Christliche Alterthümer. Mit einer Vorrede von Friedrich Eberhard Rambach, Bd. 1. Breslau 1768.

Blumer, Johann Jakob · Heer, Gottfried (Hg.): Urkundensammlung zur Geschichte des Kantons Glarus, 3 Bde. Glarus 1865–1915.

Boretius, Alfred (Hg.): Capitularia regum Francorum, Bd. 1. Hannover 1883 (Monumenta Germaniae Historica. Leges, 2).

Ders. · Victor Krause (Hg.): Capitularia regum Francorum, Bd. 2. Hannover 1897 (Monumenta Germaniae Historica. Leges, 2).

Bornbach, Hanislag: Kronika der Preussenn. Wie das landt erfündenn undt gebaütt istt. Vom Glaüben, sitten und gebrauch seiner regirungk und wie sie das landtt verlorenn. Handschrift von 1553 (Forschungsbibliothek Gotha, Chart. A 819).

Brokes, Heinrich: Selectae observationes forenses ex omni ivris parte collectae atqve variis praeivdiciis et responsis confirmatae quibvs praeter dvplicem indicem appendix trivm ivris Lvbecensis codicvm vna cvm antiqvo ivre Wisbyensi [ ]. Lübeck 1765.

Buchanan, George: Baptistes, sive calumnia. Tragoedia. London 1577.

Buma, Wybren Jan · Gerbenzon, Pieter · Tragter-Schubert, Martina (Hg.): Codex Aysma. Die altfriesischen Texte. Assen · Maastricht 1993 (Fryske Akademy, 742).

Buma, Wybren Jan · Ebel, Wilhelm (Hg.): Das Fivelgoer Recht. Göttingen 1972 (Altfriesische Rechtsquellen, 5).

Burchardi Vormatiensis episcopi opera omnia, praecedunt Sancti Henrici imperatoris augusti constitutiones et diplomata ecclesiastica, intermiscentur Adelboldi Trajectensis episcopi, Thangmari presbyteri Hildesheimensis, Alperti S. Symphoriani Metensis monachi, S. Romualdi ordinis Camaldulensis institutoris, scripta vel scriptorum fragmenta quae supersunt, in: Patrologia Latina, tom. 140, hg. von Jean-Paul Migne. Paris 1880.

C

Chmel, Joseph (Hg.): Regesta chronologico-diplomatica Friderici IV. romanorum regis (Imperatoris III.). Auszug aus den im k. k. geheimen Haus-, Hof- und Staats-Archive zu Wien sich befindenden Reichsregistraturbüchern vom Jahre 1440–1493. Wien 1838 (ND Hildesheim 1962).

Claussen, Hans-Kurt: (Bearb.): Freisinger Rechtsbuch. Weimar 1941 (Germanenrechte, N. F. Schriften des Deutschrechtlichen Instituts).

Conrad, Hermann · Lieck-Buyken, Thea von der · Wagner, Wolfgang (Hg.): Die Konstitutionen Friedrichs II. von Hohenstaufen für sein Königreich Sizilien. Nach einer lateinischen Handschrift des 13. Jahrhunderts hg. und übersetzt. Köln · Wien 1973 (Studien und Quellen zur Welt Friedrichs II., 2).

Csendes, Peter (Hg.): Die Rechtsquellen der Stadt Wien. Wien u. a. 1986 (Fontes rerum Austriacarum, Abt. 3: Fontes iuris, 9).

D

Damhouder, Joost de: Praxis rerum criminalium. Gründlicher Bericht und Anweisung welcher massen in Rechtfertigung peinlicher Sachen nach gemeynen beschriebnen Rechten vor und in Gerichten ordentlich zu handeln [...] / erstlich durch Josten Damhouder [...] lateinisch beschrieben. Jetzt aber [...] in hoch Teutsche Sprach mit vleiß verwandelt durch Michaelem Beuther. Frankfurt am Main 1565 (VD16 D1084).

Daniels, Alexander von · Gruben, Franz von (Hg.): Das Saechsische Weichbildrecht – Jus municipale Saxonicum, Bd. 1. Berlin 1858 (Rechtsdenkmäler des deutschen Mittelalters).

Decretalium collectiones, ed. Lipsiensis secunda post Aemilii Ludovici Richteri curas ad librorum manu scriptorum et editionis Romanae fidem recognovit et adnotatione critica instruxit Aemilius Friedberg. Leipzig 1881 (Corpus Iuris Canonici, ND New Jersey 2000).

Decretum magistri Gratiani, ed. Lipsiensis secunda post Aemilii Ludovici Richteri curas ad librorum manu scriptorum et editionis Romanae fidem recognovit et ad-notatione critica instruxit Aemilius Friedberg. Leipzig 1879 (Corpus Iuris Canonici, ND New Jersey 2000).

Der Statt Franckenfurt erneuwerte Reformation. Frankfurt am Main 1578 (VD16 F2298).

Der Stadt Hamburgk Gerichtsordnung und Statuta. Hamburg: Georg Ludwig Frob-nius und Paul Lange 1605 (ND Hamburg 1978, mit einer Einleitung Jürgen Christoph Gödans).

Der Statt Wormbs Reformation. Speyer 1499 (ohne GW-Eintrag).

Des allerdurchleuchtigsten großmechtigste[n] vnüberwindtlichsten Keyser Karls des fünfften: vnnd des heyligen Römischen Reichs peinlich gerichts ordnung auff den Reichsztägen zu Augspurgk vnd Regenspurgk, in[n] jaren dreissig, vn[d] zwey vnd dreisssig gehalten, auffgericht vnd beschlossen. Mainz 1533 (VD16 D1069).

Des Durchlauchtigsten Hochgebore[n] Fürsten vnd Herrn, Herrn Augusten Hertzogen zu Sachsen [...] vnd Churfürsten [...] Verordenungen vnd Constitutionen des Rechtlichen Proces, auch waser massen etzlicher zweiffelhafftiger vnd streitiger fell halben [...] zu recht erkand vnd gesprochen werden sol. Dresden 1572 (VD16 S894).

Diss ist die Reformacion der Statut vnd gesetze, die ein erber Rate der Stat Nüremberg [...] fürgenomen hat. Augsburg 1488 (GW M27327).

Diestelkamp, Bernhard (Hg.): Urkundenregesten zur Tätigkeit des deutschen Königs- und Hofgerichts bis 1451, Bde. 1–2. Köln · Wien 1988/1994.

Dreyer, Carl Heinrich: Zur Erläuterung der teutschen Rechte, Rechtsal terthümer und Geschichten angewandte Nebenstunden. Bützow · Wismar 1768.

E

Ebel, Friedrich, unter Mitarbeit von Carls, Wieland · Schelling, Renate (Hg.): Der Rechte Weg. Ein Breslauer Rechtsbuch des 15. Jahrhunderts, 2 Bde. Köln · Weimar · Wien 2000.

Ebel, Friedrich (Hg.): Magdeburger Recht, Bd. 2: Die Rechtsmitteilungen und Rechtssprüche für Breslau, Teil 1: Die Quellen von 1261 bis 1452. Köln · Wien 1989 (Mitteldeutsche Forschungen, 89/II/1).

Eckhardt, Karl A. (Hg.): Die Gesetze des Karolingerreiches 714–911, Bd. 1: Salische und ribuarische Franken. Weimar 1934 und Bd. 2: Lex Salica: recensio Pippina. Weimar 1953 (Germanenrechte. Texte und Übersetzungen, 2).

Ders. (Hg.): Legis Alamannorum, Bd. 1: Einführung und Recensio Chlothariana (Pactus). Göttingen · Berlin · Frankfurt 1958 (Germanenrechte, N. F., Bd. 5: Westgermanisches Recht).

Ders. (Hg.): Pactus legis Salicae, Bd. 2.1. Göttingen 1955 (Germanenrechte: Westgermanisches Recht, 2).

Ders. (Hg.): Schwabenspiegel, Kurzform. I. Landrecht, II. Lehnrecht. Hannover ^{2}1974 (Monumenta Germaniae Historica. Fontes iuris Germanici antiqui, N. S., 4.1–2).

Ders. (Hg.): Sachsenspiegel – Landrecht. Göttingen · Berlin · Frankfurt ^{2}1955 (Monumenta Germaniae Historica. Fontes iuris Germanici antiqui, N. S., 1.1).

Ders. (Hg.): Sachsenspiegel. Quedlinburger Handschrift. Hannover 1966 (Fontes iuris Germanici antiqui in usum scholarum ex Monumentis Germaniae Historicis separatim editi, 8).

Ders. · Eckhardt, Albrecht (Hg.): Lex Frisionum. Hannover 1982 (Monumenta Germaniae Historica: Fontes juris Germanici antiqui, 12).

Eckhardt, Karl A. · Hübner, Alfred (Hg.): Deutschenspiegel und Augsburger Sachsenspiegel. Hannover ^{2}1933 (Monumenta Germaniae Historica, Fontes juris Germanici antiqui, N. S., 3)

Eckhardt, Wilhelm A. (Hg.): Die Kapitulariensammlung Bischof Ghaerbalds von Lüttich. Göttingen · Berlin · Frankfurt 1955 (Germanenrechte, N. F. Deutschrechtliches Archiv-Heft, 5).

Eichler, Frank (Hg.): Das Hamburger Ordeelbook von 1270 samt Schiffrecht, nach der Handschrift von Fredericus Varendorp von 1493 (Kopenhagener Codex). Textausgabe und Übersetzung ins Hochdeutsche mit rechtsgeschichtlichem Kommentar. Hamburg 2005.

F

Fidicin, Ernst (Hg.): Berlinisches Stadtbuch. Berlin 1837 (Historisch-diplomatische Beiträge zur Geschichte der Stadt Berlin, 1).

Foerster, Hubert · Dessonnaz, Jean-Daniel (Hg.): Die Freiburger Handfeste von 1249. Edition und Beiträge zum gleichnamigen Kolloquium 1999. Fribourg 2003 (Scrivium Friburgense, 16).

Förstemann, Ernst G. (Hg.): Die alten Gesetze der Stadt Nordhausen, in: Mittheilungen aus dem Gebiet historisch-antiquarischer Forschungen 3.1 (1836), S. 30–72.

Ders. (Hg.): Die alten Gesetze der Stadt Nordhausen, in: Mittheilungen aus dem Gebiet historisch-antiquarischer Forschungen 3.3 (1837), S. 39–72.

Ders. (Hg.): Die alten Statuten der Stadt Halle, in: Mittheilungen aus dem Gebiet historisch-antiquarischer Forschungen 1.2 (1834), S. 61–92.

Francke, Otto (Hg.): Das Verfestungsbuch der Stadt Stralsund. Mit einer Einleitung von Ferdinand Frensdorff. Halle 1875 (Hansische Geschichtsquellen, 1).

Freyberg, Maximilian P. von (Hg.): Sammlung historischer Schriften und Urkunden. Geschöpft aus Handschriften, 5 Bde. Stuttgart · Tübingen 1827–1836.

Friedberg, Emil: (Hg.): Corpus juris canonici. Editio Lipsienis secunda post Aemilii Ludouici Richteri, curas ad librorum manu scriptorum et editionis Romanae fedem recognouit et adnotatione critica instruxit Acmilius Friedberg, 2 Bde. Leipzig ^{2}1879/1881.

Fuchsberger, Ortolf: Justinianischer Jnstituten warhaffte dolmetschung/ darin der groszmechtigst Kayser IVSTINIAN. den ersten grond geschribner recht hat fürgebildet durch Orth. Fuchsper. von Dit. Augsburg 1536 (VD16 C5236).

G

Gaupp, Ernst Theodor (Hg.): Deutsche Stadtrechte des Mittelalters. Mit rechtsgeschichtlichen Erläuterungen hg., 2 Bde. Breslau 1851–1852.

Gengler, Heinrich G. P. (Hg.): Deutsche Stadtrechte des Mittelalters, teils verzeichnet, teils vollständig oder in Probeauszügen mitgeteilt. Nürnberg 1866 (ND Aalen 1964).

Göbler, Justinus: Der Rechten Spiegel/ Auß den beschribenen Geystlichen/ Weltlichen/ Natürlichem/ vnd andern gebreuchlichen Rechten/ Auch gemeynen im Heiligen Reich Teutscher Nation/ Constitutionen, vnd übungen/ zugericht. Allen Oberkeyten/ [...] Befelchhabern/ vnd Vnderthonen/ zuwissen nötig [...] / Durch Herrn Justin Goblern,/ von Sanct Gwere/ der Rechten Doctorem. Frankfurt am Main 1550 (VD16 G2313).

Göschen, Otto (Hg.): Die Goslarischen Statuten, mit einer systematischen Zusammenstellung der darin enthaltenen Rechtssätze und Vergleichung des Sachsenspiegels und vermehrten Sachsenspiegels. Berlin 1840.

Graff, Theodor von (Bearb.): Regesta Imperii, hg. von der Österreichischen Akademie der Wissenschaften, Bd. 2.4: Die Regesten des Kaiserreiches unter Heinrich II. 1002–1024. Wien 1971.

Greiner, Johann (Hg.): Das ältere Recht der Reichsstadt Rottweil. Mit geschichtlicher und sprachlicher Einleitung. Stuttgart 1900.

Grimm, Jacob u. a. (Hg.): Weisthümer, 7 Bde. Berlin 1840–1878 (ND Göttingen 1957).

Große, Rudolf (Hg.): Schwabenspiegel – Kurzform. Mitteldeutsch-niederdeutsche Handschriften. Weimar 1964 (Monumenta Germaniae Historica. Fontes iuris Germanici antiqui, N. S., 5).

H

Hach, Johann F. (Hg.): Das Alte Lübische Recht. Lübeck 1839.

Hageneder, Othmar · Moore, John C. · Sommerlechner, Andrea, gemeinsam mit Egger, Christoph · Weigl, Herwig (Bearb.): Die Register Innocenz' III. 6. Pontifikatsjahr 1203/04: Texte und Indices. Wien 1995 (Publikationen des Historischen Instituts beim Österreichischen Kulturinstitut in Rom, 2. Abt., 1. Reihe, 6: Texte und Indices).

Hartmann, Ludwig M. (Hg.): Gregorii I papae registrum epistolarum, Bd. 2: libri VIII–XIV. Berlin 1899 (Monumenta Germaniae Historica. Rerum Germanicarum medii aevi: Epistolae, 2).

Hartmann, Wilfried (Hg.): Das Sendhandbuch des Regino von Prüm. Unter Benutzung der Edition von F. W. H. Wasserschleben hg. und übersetzt. Darmstadt 2004 (Freiherr-vom-Stein-Gedächtnisausgabe. Ausgewählte Quellen zur deutschen Geschichte des Mittelalters, 42).

Hegelund, Peder Jensen: Susanna. København 1578.

Heyden, Conrad: Clag, antwort vnnd ausgesprochene vrteil, getzogen aus geistlichen vnd weltlichen Rechten, dodurch sich ein yeder, er sey cläger, antworter oder Richter, vor vnrechter that, handelung vnd furnemen huten mag. Mainz ca. 1480 (*Klagspiegel*, GW M16331). Eine spätere, von Sebastian Brant herausgegebene Ausgabe trägt den Titel: Der Richterlich Clagspiegel. Ein nutzbarlicher begriff: wie man setze[n] vd[d] formiere[n] sol nach ordenu[n]g der rechte[n] [...]. Straßburg 1516 (VD16 B7085).

Helmholz, Richard H. (Hg.): Select cases on defamation to 1600. London 1985.

Henrici de Segusio Cardinalis Hostiensis Lectura in quinque libros decretalium. Venedig 1581 (ND Torino 1965).

Herkommer, Hubert: Das Buch der Welt. Kommentar und Edition zur «Sächsischen Weltchronik». Ms. Mem. I 90 Forschungs- und Landesbibliothek Gotha. Luzern 2000.

Herrmann, Paul (Hg.): Zimmersche Chronik. Urkundlich berichtet von Graf Froben Christof von Zimmern und seinem Schreiber Johannes Müller. Nach der von Karl Barack besorgten 2. Ausg. neu hg. Meersburg · Leipzig 1932.

Hessus, Helius Eobanus: Elegia, recens scripta calumnia. Wittenberg 1538 (VD16 E1487).

Homeyer, Carl Gustav (Hg.): Der Richtsteig Landrechts. Berlin 1857.

Hrabanus Maurus. Liber ad Heribaldum, in: Patrologia Latina, tom. 110, hg. von Jean-Paul Migne. Paris 1852, S. 467–494.

J

Jaffé Philipp (Hg.): Regesta Pontificum Romanorum ab condita ecclesia ad annum post Christum natum MCXCVIII, tom. II: Ab anno MCXLIII ad anno MCXCVIII. Editionem secundam correctam et auctam auspiciis Gulielmi Wattenbach curaverunt Samuel Loewenfeld · Friedrich Kaltenbrunner · Paul Ewald. Leipzig 1888.

Jancke, Peter (Hg.): Das Kolberger Rechtsbuch. Der Kolberger Kodex des Lübischen Rechts von 1297. Faksimiledruck der verschollenen Handschrift mit hochdeutscher Übersetzung und Glossar. Hamburg 2005 (Beiträge zur Geschichte der Stadt Kolberg und des Kreises Kolberg-Körlin, 32).

K

Kaltenbaeck, Johann P. (Hg.): Die Plan- und Bergteidigingsbücher in Oesterreich unter der Enns, Bd. 1. Wien 1846 (Die Österreichischen Rechtsbücher des Mittelalters. Reihe 1, 2).

Kisch, Guido (Hg.): Leipziger Schöffenspruchsammlung. Leipzig 1919 (Quellen zur Geschichte der Rezeption, 1).

Knaust, Heinrich: Calumnia. Das mann dem Affterreden, Schendung, Lästerung, Angebung, unnd verleumbdung, so auff andere geredt unnd außgesperet wirdt, nicht leichtlich glauben solle, Oration [...]. Frankfurt am Main 1569 (VD16 L3021, Übertragung nach Lukian von Samosatensis).

Köbler, Gerhard (Hg.): Der Statt Wormbs Reformation. Mit Einleitung, bibliographischen Hinweisen und Sachregister in fotomechanischer Verkleinerung von ca. DIN A 4 auf DIN A 5, nach einem Exemplar der Bibliothek des Germanischen Nationalmuseums, ergänzt nach einem Exemplar der Stadt- und Universitäts-Bibliothek Frankfurt und überprüft nach einem Exemplar des Stadtarchivs Worms. Gießen 1985 (Arbeiten zur Rechts- und Sprachwissenschaft, 27).

Ders. (Hg.): Nüwe Stattrechten und Statuten des loblichen Statt Fryburg im Pryszgow gelegen. Freiburg 1520 (ND Gießen 1986).

Koller, Heinrich u. a. (Hg.): Regesten Kaiser Friedrichs III. (1440–1493). Nach Archiven und Bibliotheken geordnet, Heft 1 ff. Wien u. a. 1982 ff.

König, Kilian: Processus vnd Practica der gerichtsleuffte/ nach dem gebrauch Sechsischer Landart/ aus den gemeinen Bäpstlichen/ Keiserlichen vnd Sechsischen Rechten. Leipzig 1541 (VD16 K1846).

Kothing, Martin (Hg.): Das Landbuch von Schwyz, in amtlich beglaubigtem Text. Zürich 1850.

Kraut, Wilhelm T. (Hg.): Das alte Stadtrecht von Lüneburg. Göttingen 1846.

Kries, Friedrich W. von (Hg.): Thomasin von Zerclaere. Der welsche Gast, Bd. 4: Die Illustrationen des Welschen Gasts. Kommentar mit Analyse der Bildinhalte und den Varianten der Schriftbandtexte. Verzeichnisse, Namenregister, Bibliographie. Göppingen 1985 (Göppinger Arbeiten zur Germanistik, 425/IV).

Krusch, Bruno (Bearb.): Fredegarii et aliorum chronica. Vitae sanctorum. Hannover 1888 (Monumenta Germaniae Historica: Scriptorum rerum Merovingicarum, 2).

Ders. (Bearb.): Passiones vitaque sanctorum aevi Merovingici. Hannover · Leipzig 1902 (Monumenta Germaniae Historica. Scriptorum rerum Merovingicarum, 4).

Kübler, Thomas · Oberste, Jörg (Hg.): Das vierte und fünfte Stadtbuch Dresdens 1477–1505, bearbeitet von Jens Klingner · Robert Mund. Leipzig 2008 (Die Stadtbücher Dresdens und Altendresdens, 2).

Dies. (Hg.): Das sechste und siebente Stadtbuch Dresdens 1505–1535, bearbeitet von Jens Klingner · Robert Mund. Leipzig 2011 (Die Stadtbücher Dresdens und Altendresdens, 3).

Dies. (Hg.): Die drei ältesten Stadtbücher Dresdens 1404–1476, bearbeitet von Jens Klingner · Robert Mund. Leipzig 2011 (Die Stadtbücher Dresdens und Altendresdens, 1).

L

Laband, Paul (Hg.): Magdeburger Rechtsquellen. Zum akademischen Gebrauch. Königsberg 1869.

Lappenberg, Johann Martin (Hg.): Die ältesten Stadt-, Schiff- und Landrechte Hamburgs. Hamburg 1845 (Hamburger Rechtsalterthümer, 1).

Laspeyres, Ernst A. Th. (Hg): Bernardi Papiensis Faventini episcopi Summa decretalium. Ad librorum manuscriptorum fidem cum aliis eiusdem scriptoris anecdotis editit. Regensburg 1860 (ND Graz 1956).

Lindsay, Wallace M. (Hg.): Isidori Hispalensis episcopi Etymologiarum sive originum. Libri XX, 2 Bde. Oxford 1911.

Loersch, Hugo: Die Weistümer der Rheinprovinz, Abt. 1: Die Weistümer des Kurfürstentums Trier, Bd. 1: Oberamt Boppard, Hauptstadt und Amt Koblenz, Amt Bergpflege. Bonn 1900 (Publikationen der Gesellschaft für rheinische Geschichtskunde, 18).

M

Mackay, Christopher S. (Hg.): Malleus maleficarum, von Henricus Institoris und Jacobus Sprenger, Bd. 1: The Latin Text and Introduction. Cambridge 2006.

Maranta, Roberto: Tractatvs De ordine Judicior[um] Excellentiss. J.U.D. Domini Roberti Marrante Uenusini: intitulatus Speculum aureum & lumen Aduocatorum […]. Venedig 1540.

Meyer, Christian (Hg.): Das Stadtbuch von Augsburg, insbesondere das Stadtrecht vom Jahre 1276, nach der Originalhandschrift zum ersten Male herausgegeben und erläutert. Mit einem lithographirten Facsimile der Handschrift. Augsburg 1872.

Meyer, Herbert (Hg.): Das Mühlhäuser Reichsrechtsbuch aus dem Anfang des 13. Jahrhunderts. Deutschlands ältestes Rechtsbuch nach den mittelalterlichen Handschriften hg., eingeleitet und übersetzt. Weimar ²1934 (ND Leipzig 1969).

Michelsen, Andreas L. J.: Der ehemalige Oberhof zu Lübeck und seine Rechtssprüche. Altona 1839 (ND Aalen 1969).

Ders.: Rechtsdenkmale aus Thüringen. Jena 1863.

Migne, Jacques P. (Hg.): Sancti Aurelii Augustini, Hipponensis episcopi, opera omnia, post Lovaniensium theologorum recensionem castigata denuo ad manuscriptos codices Gallicos, Vaticanos, Belgicos, etc., necnon ad editiones antiquiores et castigatiores. Paris 1865 (Patrologia Latina, 33).

Micyllus, Jakob: Apelles, ein schöne Historia wider die Verleumbder, in deutschen Reimen von Jacob Corner. Frankfurt am Main 1569.

Möller, Lenelotte (Hg.): Die Enzyklopädie des Isidor von Sevilla. Wiesbaden 2008.

Mollwo, Carl (Hg.): Das Rote Buch der Stadt Ulm. Stuttgart 1905 (Württembergische Geschichtsquellen, 8).

Mordek, Hubert (Hg.): Kirchenrecht und Reform im Frankenreich. Die Collectio Vetus Gallica, die älteste systematische Kanonessammlung des fränkischen Gallien. Studien und Edition. Berlin 1975 (Beiträge zur Geschichte und Quellenkunde des Mittelalters, 1).

Ders. · Zechiel-Eckes, Klaus · Glatthaar, Michael (Hg.): Die Admonitio generalis Karls des Großen. Hannover 2012 (MGH, Fontes iuris Germanici antiqui in usum scholarum separatim editi, tom. XVI).

Mühlbacher, Engelbert (Bearb.): Regesta Imperii, hg. von der Österreichischen Akademie der Wissenschaften, Bd. 1.1: Die Regesten des Kaiserreichs unter den Karolingern 751–918. Innsbruck 1889.

N

Neue Jerusalemer Bibel. Einheitsübersetzung mit dem Kommentar der Jerusalemer Bibel, neu bearb. und erw. Ausg., deutsch hg. von Alfons Deißler · Anton Vögtle in Verbindung mit Johannes M. Nützel. Freiburg · Basel · Wien 1985.

Nova Vulgata. Bibliorum Sacrorum Editio, sacrasancti oecumenici concilii Vaticani II ratione habita, iussu Pauli PP. VI recognita auctortatae Ioannis Pauli PP. II promulgata. Editio typica altera. Roma 1979.

Nüwe Stattrechten und Statuten der loblichen Statt Fryburg im Pryszgow gelegen (von Ulrich Zasius). Basel 1520 (VD16 F2540).

O

Oelrichs, Gerhard (Hg.): Volstaendige Sammlung Alter Und Neuer Gesez-Bücher Der Kaiserlichen Und des Heil. Römischen Reichs Freien Stadt Bremen. Aus Original-Handschriften. Bremen 1771.

Ortloff, Friedrich (Hg.): Das Rechtsbuch Johannes Purgoldts nebst statuarischen Rechten von Gotha und Eisenach. Jena 1860 (ND Aalen 1967. Sammlung deutscher Rechtsquellen, 2).

Ders. (Hg.): Das Rechtsbuch nach Distinctionen und ein Eisenachisches Rechtsbuch enthaltend. Jena 1836 (Sammlung Deutscher Rechtsquellen, 1).

Osterley, Hermann (Hg.): Denkwürdigkeiten von Hans von Schweinichen. Breslau 1878.

Ottheinrich-Bibel. Faksimile-Ausgabe der Handschrift Cgm 8010/I.2 der Bayerischen Staatsbibliothek München. Luzern 2002.

P

P. Ovidi Nasonis Metamorphoseon libri quindecim. Metamorphosen in fünfzehn Büchern von P. Ovidus Naso, übersetzt und hg. von Michael von Albrecht. Stuttgart 1997.

Paris de Punteo: De syndicatu officialium (mit Tabula von Johannes Augustinus Portius). Pavia 1493 (ohne GW-Eintrag).

Pertz, Georg Heinrich (Hg.): Legum, Bd. 3 [Lex Alamannorum, Leges Baiuwariorum, Leges Burgundionum, Lex Frisionum]. Hannover 1863 (Monumenta Germaniae Historica, 15).

Ders. (Hg.): Scriptorum, Bd. 5 [Mariani Scotti chronicon etc.]. Hannover 1844 (Monumenta Germaniae Historica, 7).

Petrus de Eubelo: Liber ad honorem Augusti, sive de rebus Siculis. Codex 120 II der Burgerbibliothek Bern. Eine Bildchronik der Stauferzeit, hg. von Theo Kölzer · Marlis Stähli. Sigmaringen 1994.

Porta, Konrad: Lugen Vnd Lesterteufel. Mit seinen Natürlichen Farben vnd Eygenschafften. Allen Gifftigen/ Verlipten Zungen/ Ehrendiepen/ Vnd Verleumbdern zur Vermanung/ vnd Warnung/ abgemahlet/ vnd beschrieben. Durch M. Conradum Portam, Pfarherrn zu S. Peter vnd Paul in Eisleben. Mit einer Vorrede Georgij Autumnij, Decani vnd Pfarherrn zu Mansfelt. Eisleben: Urban Gaubisch 1581 (VD 16 P4338).

Publius Cornelius Tacitus: Germania, hg., übersetzt und mit Erläuterungen versehen von Eugen Fehrle. Heidelberg 51959.

R

Radbruch, Gustav (Hg.): Die Peinliche Gerichtsordnung Kaiser Karls V. von 1532 (Carolina). Stuttgart 1960.

S. Raimundus de Pennaforte: Summa de paenitentia, curantibus Xaverio Ochoa et Aloisio Diez. Rom 1976.

Raumer, Georg W. (Hg.): Codex diplomaticus Brandenburgenis continuatus. Sammlung ungedruckter Urkunden zur Brandenburger Geschichte, 2 Bde. Berlin · Elbing 1831/1833 (ND Hildesheim 1976).

Redlich, Oswald (Hg.): Die Regesten des Kaiserreiches unter Rudolf, Adolf, Albrecht, Heinrich VII. 1273–1313. Innsbruck 1898 (ND Hildesheim 1969. Regesta Imperii, 6/1–2).

Regesta Imperii, erstellt durch die Akademie der Wissenschaften und der Literatur Mainz. Freier Internetzugang unter: http://www.regesta-imperii.de/startseite.html.

Reindel, Kurt (Hg.): Die Briefe des Petrus Damiani, Bd. 1. München 1983 (Monumenta Germaniae Historica. Die Briefe der deutschen Kaiserzeit, 4).

Rennefahrt, Hermann (Hg.): Die Rechtsquellen des Kantons Bern, Teil 1: Stadtrechte, Bd. 1-2. Aarau 1971.

Richthofen, Karl Frhr. von (Hg.): Friesische Rechtsquellen. Berlin 1840.

Rondi, Peter (Bearb.): Eisenacher Rechtsbuch. Weimar 1950 (Germanenrechte, N. F. Abt. Stadtrechtsbücher, 3).

S

Saur, Abraham: Straff Buch/ Das ist: Gründtliche vnd rechte Vnderweysung wie heutiges tags/ nach allen gemeinen beschriebnen Geistlichen vnd Weltlichen Rechten/ Reichs auch Lands Ordnungen/ Statuten, Opinionen der Rechtsgelehrten/ vnd wolhergebrachten Gewonheiten/ etliche grobe eusserliche Sünde/ Freuel vnd begangne Missethaten/ Bürgerlich vnd peinlich zustraffen gepflogen werden [...]. Frankfurt am Main 1579 (VD16 S1931).

Schauberg, Joseph: Aelteste Stadtordnung von Frauenfeld vom Jahre 1331, in: Zeitschrift für noch ungedruckte schweizerische Rechtsquellen 2 (1847), S. 116–121.

Scheele, Friedrich (Hg.): «di sal man alle radebrechen». Todeswürdige Delikte und ihre Bestrafung in Text und Bild der Codices picturati des Sachsenspiegels, 2 Bde. Oldenburg 1992.

Scheelje, Reinhard (Hg.): Der mittelalterliche Bremervörder Stadtrechtskodex. Stade 2009 (Schriftenreihe des Landschaftsverbandes der ehemaligen Herzogtümer Bremen und Verden, 34).

Schwarzenberg, Johann von: Bambergische halsgerichts ordenung. Bamberg: Hans Pfeil 1507 (VD16 B256).

Seibertz, Johann Suibert (Hg.): Landes- und Rechtsgeschichte des Herzogthums Westfalen, Bd. 3: Urkundenbuch zur Landes- und Rechtsgeschichte des Herzogthums Westfalen, Bd. 2: Urkunden von 1300 bis 1400. Arnsberg 1843.

Senckenberg, Heinrich Christian von (Hg.): Neue und vollständigere Sammlung der Reichs-Abschiede, Welche von den Zeiten Kayser Conrads II. bis jetzo, auf den Teutschen Reichs-Tägen abgefasset worden, sammt den wichtigsten Reichs-Schlüssen, so auf dem noch fürwährenden Reichs-Tage zur Richtigkeit gekommen sind, in vier Theilen. Frankfurt am Main 1747.

Spalatin, Georg: Chronik der Sachsen und Thüringer, 3 Bde. Dritte überlieferte Handschrift von 1585 (Forschungsbibliothek Gotha, Chart. A 189, A 190 und A 191).

Speculum humanae salvationis. Handschrift, Mitte 15. Jahrhundert (Forschungsbibliothek Gotha, Chart. A 777).

Steer, Georg · Klimanek, Wolfgang · Kuhlmann, Daniela · Löser, Freimut · Südekum, Karl-Heiner (Hg.): Die ‹Rechtssumme› Bruder Bertholds. Eine deutsche abecedarische Bearbeitung der «Summa Confessorum» des Johannes von Freiburg. Synoptische Edition der Fassungen B, A und C, Bde. 1–4. Tübingen 1987 (Texte und Textgeschichte. Würzburger Forschungen, 11–14).

Steinmeyer, Elias von (Hg.): Die kleineren althochdeutschen Sprachdenkmäler. Berlin · Zürich ²1963.

T

Tengler, Ulrich: Layen Spiegel. Von rechtmässigen ordnungen in Burgerlichen vnd peinlichen regimenten. Augspurg 1509 (VD16 T337).

Thomas von Aquin. Recht und Gerechtigkeit, hg. von der Albertus-Magnus-Akademie Walberberg bei Köln, kommentiert von Arthur Fridolin Utz OP. Heidelberg u. a. 1953 (Die deutsche Thomas-Ausgabe. Vollständige, ungekürzte deutsch-lateinische Ausgabe der «Summa theologica», 18).

Thomasin von Zirclaria. Der wälsche Gast, zum ersten Male hg., mit sprachlichen und geschichtlichen Anmerkungen von Heinrich Rückert.

Quedlinburg · Leipzig 1852 (Bibliothek der gesammten deutschen National-Literatur von der ältesten bis auf die neuere Zeit, 30).

Tiemann, Hermann (Hg.): Der Roman von der Königin Sibille in drei Prosafassungen des 14. und 15. Jahrhunderts. Mit Benutzung der nachgelassenen Materialien von Fritz Burg. Hamburg 1977 (Veröffentlichungen aus der Staats- und Universitätsbibliothek Hamburg, 10).

U

Uhlirz, Mathilde (Bearb.): Regesta Imperii, hg. von der Österreichischen Akademie der Wissenschaften, Bd. 2.3: Die Regesten des Kaiserreiches unter Otto III. Wien 1956.

Ullrich, Günther (Bearb.), unter Mitarbeit von Hans Planitz: Zwickauer Rechtsbuch. Weimar 1941 (Germanenrechte N. F. Abt. Stadtrechtsbücher, 2).

V

Vives, José, con la colaboración de Tomás Marín Martínez · Gonzalo Martínez Díez (Hg.): Concilios Visigoticos e Hispano-Romanos. Barcelona · Madrid 1963 (España Cristiana. Textos, 1).

Volkert, Wilhelm (Hg.): Das Rechtsbuch Kaiser Ludwigs des Bayern von 1346, hg. von W. V. unter Verwendung der Vorarbeiten von Walter Jaroschka (†) und Heinz Lieberich (†). München 2010 (Bayerische Rechtsquellen, 4).

W

Walch, Carl Friedrich: Vermischte Beyträge zu dem deutschen Recht, 8 Bde. Jena 1771–1793.

Walther, Oskar Albert (Hg.): Das Sächsische oder Magdeburgische Weichbild-Recht. Nach der Pergament-Handschrift einst der Stadt Orlamünda, jetzt zu Gotha vom Jahre 1381. Zum ersten Male herausgegeben mit einem Glossar. Leipzig 1871.

Wasserschleben, Friedrich Wilhelm (Hg.): Die Bussordnungen der abendländischen Kirche nebst einer rechtsgeschichtlichen Einleitung. Halle 1851 (Nachdruck Graz 1958).

Ders. (Hg.): Reginonis abbatis Prumiensis libri duo de synodalibus causis et disciplinis ecclesiasticis, iussu domini reverendissimi archiep. Trever. Ratbodi, ex diversis sanctorum patrum conciliis atque decretis collecti. Leipzig 1840.

Weber, Dieter (Bearb.): Rheinische Weistümer, Abt. 2: Die Weistümer des Kurfürstentums Köln, Bd. 3: Die Weistümer der kurkölnischen Ämter Kempen und Oedt, des Landes Geisseren sowie der Herrlichkeiten Hüls und Neersen-Anrath (mit ergänzenden Quellen). Düsseldorf 1981 (Publikationen der Gesellschaft für rheinische Geschichtskunde, 18).

Weber, Matthias (Hg.): Die Reichspolizeiordnungen von 1530, 1548 und 1577. Historische Einführung und Edition. Frankfurt am Main 2002.

Weinrich, Lorenz (Hg.): Quellen zur deutschen Verfassungs-, Wirtschafts- und Sozialgeschichte bis 1250 – Diplomata et acta publica statum regni et imperii usque ad annum MCCL illustrantia. Darmstadt 1977 (Ausgewählte Quellen zur deutschen Geschichte des Mittelalters. Freiherr vom Stein-Gedächtnisausgabe, 32).

Werminghoff, Albert (Bearb.): Concilia aevi Karolini, tom. I, p. I. Hannover · Leipzig 1906 (MGH Concilia, tom. II, p. I).

Wohlhaupter, Eugen (Hg.): Gesetze der Westgoten. Weimar 1936 (Germanenrechte. Texte und Übersetzungen, 11).

Wohlmuth, Josef (Hg.): Dekrete der ökumenischen Konzilien, im Auftrag der Görres-Gesellschaft ins Deutsche übertragen und herausgegeben unter Mitarbeit von Gabriel Sunnus und Johannes Uphus, Bd. 1: Konzilien des ersten Jahrtausends: vom Konzil von Nizäa (325) bis zum vierten Konzil von Konstantinopel (869/70). Paderborn u. a. ^{2}1998, Bd. 2: Konzilien des Mittelalters: vom ersten Laterankonzil (1123) bis zum fünften Laterankonzil (1512–1517). Paderborn u. a. 2000.

Z

Zeumer, Karl (Hg.): Leges Visigothorum. Hannover 1902 (Monumenta Germaniae Historica. Leges nationum Germanicarum, 1).

Zimmermann, Harald (Hg.): Chronica regum Romanorum des Thomas Ebendorfer, Bd. 1. Hannover 2003 (Monumenta Germaniae Historica. Scriptores rerum Germanicarum, nova series, 18.1).

Zinsmaier, Paul · Paul-Joachim Heinig · Monika Karst (Bearb.): Regesta Imperii, hg. von der Österreichischen Akademie der Wissenschaften, Bd. 5.2/3: Die Regesten des Kaiserreichs unter Philipp, Otto IV., Friedrich II., Heinrich (VII.), Conrad IV., Heinrich Raspe, Wilhelm und Richard 1198–1272. Köln · Wien 1983.

Zschech, Fritz (Hg.): Das Dekameron. Hundert Geschichten, von Giovanni Boccaccio. Rudolstadt 41965.

2. Darstellungen

A

Ackermann, Ernst: Die Verleumdung des allgemeinen deutschen Strafrechts im Vergleich mit der Verleumdung nach dem Strafgesetzbuch für das deutsche Reich. Greifswald 1872.

Aehnlich, Barbara: Rechtspraktikerliteratur und neuhochdeutsche Schriftsprache. Conrad Heydens Klagspiegel und Ulrich Tenglers Laienspiegel. Berlin u. a. 2020 (Deutsche Sprachgeschichte – Texte und Untersuchungen, 11).

Ahrend-Schulte, Ingrid: Schadenzauber und Konflikte. Sozialgeschichte von Frauen im Spiegel der Hexenprozesse des 16. Jahrhunderts in der Grafschaft Lippe, in: Wandel der Geschlechterbeziehungen zu Beginn der Neuzeit, hg. von Heide Wunder · Christina Vanja. Frankfurt am Main 1991, S. 198–228.

Adalbert Stifter Verein (Hg.): Johann von Nepomuk. Variationen über ein Thema (Ausstellungskatalog). München · Paderborn · Wien 1973.

Amira, Karl von: Die germanischen Todesstrafen, in: Abhandlungen der Bayrischen Akademie der Wissenschaften, N. F. 31,3 (1922), 1–415.

Andermann, Kurt (Hg.): «Raubritter» oder «Rechtschaffende vom Adel»? Aspekte von Politik, Friede und Recht im späten Mittelalter. Sigmaringen 1997 (Oberrheinische Studien, 14).

Angenendt, Arnold: Ehe im Mittelalter. Mit Anmerkungen zur Xantener Ehegerichtsbarkeit, in: Xantener Vorträge zur Geschichte des Niederrheins 1996–1998, hg. von Dieter Geuenich. Duisburg 1998, S. 55–84.

Ders.: «Mit reinen Händen». Das Motiv der kultischen Reinheit in der abendländischen Askese, in: Herrschaft, Kirche, Kultur. Beiträge zur Geschichte des Mittelalters. Festschrift für Friedrich Prinz zum 65. Geburtstag. Stuttgart 1993, S. 297–316.

Ariès, Philippe · Chartier, Roger (Hg.): Geschichte des privaten Lebens, Bd. 3: Von der Renaissance zur Aufklärung. Augsburg 1999 (deutsche Übertragung der französischen Originalausgabe von 1986).

Aronson, Elliot · Wilson, Timothy D. · Akert, Robin M.: Sozialpsychologie. München ^{6}2008.

B

Bader-Weiß, Grete · Bader, Karl S.: Der Pranger. Ein Strafwerkzeug und Rechtswahrzeichen des Mittelalters. Freiburg im Breisgau 1935.

Baker, James H.: An Introduction to English Legal History, 4. Aufl. London 2002.

Balthasar, Stephan: Der Schutz der Privatsphäre im Zivilrecht. Eine historisch-vergleichende Untersuchung zum deutschen, französischen und englischen Recht vom ius commune bis heute. Tübingen 2006 (Grundlagen der Rechtswissenschaft, 7).

Bartels, Karlheinz: Die Dogmatik der Ehrverletzung in der Wissenschaft des gemeinen Rechts bis zum Ausgang des 18. Jahrhunderts. Göttingen 1959.

Barth, Eugen: Die Lehre von der falschen Anschuldigung. Historisch und dogmatisch dargestellt. Freiburg im Breisgau 1908.

Bartz, Gabriele · Karnein, Alfred · Lange, Claudio: Liebesfreuden im Mittelalter. Kulturgeschichte der Erotik und Sexualität in Bildern und Dokumenten. Stuttgart · Zürich 1994 (Sonderausg. München 2001).

Bauer, Martin: Die «gemain sag» im späten Mittelalter. Studien zu einem Faktor mittelalterlicher Öffentlichkeit und seinem historischen Auskunftswert. Inaugural-Diss. Erlangen-Nürnberg 1981.

Baumann, Jürgen · Weber, Ulrich · Mitsch, Wolfgang · Eisele, Jörg: Strafrecht – Allgemeiner Teil. Lehrbuch, 13., neu bearb. Aufl. Bielefeld 2021.

Becker, Hans-Jürgen: Art. Gottesurteil, in: Lexikon des Mittelalters, hg. von Robert-Henri Bautier u. a., Bd. 4. München 1989 (ND München 2002), Sp. 1594–1595.

Ders.: Art. Konkubinat, in: ebenda, Bd. 5. München 1991 (ND München 2002), Sp. 1335.

Beckerman, John S.: Adding insult to iniuria. Affronts to honor and the origins of trespass, in: On the Laws and Costums of England, hg. von Morris S. Arnold u. a. Chapel Hill NC 1981, S. 159–181.

Beling, Ernst von: Retorsion und Kompensation von Beleidigungen und Körperverletzungen, Teil 1: Die geschichtliche Entwicklung. Breslau 1894 (Strafrechtliche Abhandlungen des juristischen Seminars der Universität Breslau, Serie 1, Heft 5).

Bellini, Pieoro: «Denunciatio evangelica» e «Denunciatio judicialis privata». Un capitolo di storia discipliniare della chiesa. Milano 1986.

Bennecke, Hans: Die strafrechtliche Lehre vom Ehebruch in ihrer historisch-dogmatischen Entwicklung, Abt. 1: Das römische, canonische und das deutsche Recht bis zur Mitte des XV. Jahrhunderts. Marburg 1884.

Berg, Sebastian: Art. Raub, in: Enzyklopädie der Neuzeit, Bd. 10, im Auftrag des Kulturwissenschaftlichen Instituts (Essen) und in Verbindung mit den Fachwissenschaftlern hg. von Friedrich Jaeger. Stuttgart · Weimar 2009, Sp. 647-650.

Beulke, Werner: Art. Beleidigung, in: Deutsches Rechts-Lexikon, Bd. 1, hg. von Horst Tilch · Frank Arloth. München ³2001, S. 628–632.

Biederstedt, Rudolf: Löhne und Preise in Vorpommern 1500 bis 1627. Schwerin 2005.

Binz, Gustav: Basler Schimpfwörter aus dem fünfzehnten Jahrhundert, in: Zeitschrift für deutsche Wortforschung 8 (1906), S. 161–164.

Bloch, Iwan: Die Prostitution. Berlin 1912 (Handbuch der gesamten Sexualwissenschaft in Einzeldarstellungen, 1).

Blume, Dieter · Jacobs, Grit · Kindler, Anette: Wechselnde Blickwinkel. Die Bildzyklen der heiligen Elisabeth vor der Reformation, in: Elisabeth von Thüringen. Eine europäische Heilige. Aufsätze [Katalog zur 3. Thüringer Landesausstellung auf der Wartburg, Eisenach 7. Juli bis 19. November 2007], hg. im Namen der Wartburg-Stiftung Eisenach und der Friedrich-Schiller-Universität Jena, unter Mitarbeit von Uwe John und Helge Wittmann, von Dieter Blume und Matthias Werner. Petersberg 2007, S. 271–292.

Blümle, Claudia: Wunder oder Wissen. Formen juridischer Zeugenschaft in der «Eidesleistung» von Derick Baegert, in: Zeugnis und Zeugenschaft. Perspektiven aus der Vormoderne, hg. von Wolfram Drews und Heike Schlie. München 2011 (Trajekte. Eine Reihe des Zentrums für Literatur- und Kulturforschung Berlin), S. 33–52.

Bogner, Ralf G.: Die Bezähmung der Zunge. Literatur und Disziplinierung der Alltagskommunikation in der frühen Neuzeit. Tübingen 1997 (Frühe Neuzeit – Studien und Dokumente zur deutschen Literatur und Kultur im europäischen Kontext, 31).

Booz, Ernst: Fürstenspiegel des Mittelalters bis zur Scholastik. Inaugural-Diss. Freiburg im Breisgau 1913.

Borges, Jorge Luis: Storia universale dell'infamia. Milano 1982.

Brink, Leendert: Art. Ehe/Eherecht/Ehescheidung, VI. Mittelalter, in: Theologische Realenzyklopädie, hg. von Gerhard Krause und Gerhard Müller, Bd. 9. Berlin · New York 1982, S. 330–336.

Brinkkötter, Hans-Otto: Feigheit. Die Verletzung der soldatischen Gefahrtragungspflicht als Wehrstraftatbestand in rechtshistorischer Betrachtung. Ein Beitrag zur Wehrstrafrechtsgeschichte von der Zeit der Germanen bis zum 18. Jahrhundert mit einem Ausblick. Marburg 1983.

Brümmer-Pauly, Kristina: Art. Fahnenflucht, in: Handwörterbuch zur deutschen Rechtsgeschichte, hg. von Albrecht Cordes · Heiner Lück · Dieter Werkmüller · Ruth Schmidt-Wiegand, Bd. 1. Berlin ²2008, Sp. 1461–1463.

Brunnenmeister, Emil: Die Quellen der Bambergensis. Ein Beitrag zur Geschichte des deutschen Strafrechts. Leipzig 1879.

Brunner, Heinrich: Deutsche Rechtsgeschichte, Bd. 2, in zweiter Aufl. neu bearbeitet von Claudius Freiherrn von Schwerin. Leipzig · München 1928 (Systematisches Handbuch der Deutschen Rechtsgeschichte, 2. Abt., 1.2).

Bubach, Bettina: Richten, Strafen und Vertragen. Rechtspflege der Universität Freiburg im 16. Jahrhundert. Berlin 2005 (Freiburger Rechtsgeschichtliche Abhandlungen, N. F., 47).

Buchda, Gerhard: Art. Gerichtsverfahren, in: Handwörterbuch zur deutschen Rechtsgeschichte, hg. von Adalbert Erler · Ekkehard Kaufmann, unter philologischer Mitarbeit von Ruth Schmidt-Wiegand, Bd. 1. Berlin 1971, Sp. 1551–1563.

Buchhester, Dörthe · Mario Müller: Art. Meißner Rechtsbuch, in: Deutsches Literatur-Lexikon. Das Mittelalter. Autoren und Werke nach Themenkreisen und Gattungen, Bd. 6: Das wissensvermittelnde Schrifttum bis zum Ausgang des 14. Jahrhunderts, hg. von Wolfgang Achnitz, Berlin/Boston 2014, Sp. 1025-1030.

Burghartz, Susanna: Leib, Ehre und Gut. Delinquenz in Zürich Ende des 14. Jahrhunderts. Zürich 1990.

Burkhart, Dagmar: Eine Geschichte der Ehre. Darmstadt 2006.

Buszello, Horst: «Wohlfeile» und «Teuerung» am Oberrhein 1340–1525 im Spiegel zeitgenössischer erzählender Quellen, in: Bauer, Reich und Reformation. Festschrift für Günther Franz zum 80. Geburtstag am 23. Mai 1982, hg. von Peter Blickle. Stuttgart 1982, S. 18–42.

C

Caminas, Julio G.: La lex Remmia de calumniatoribus. Santiago de Compostela 1984.

Carlen, Louis: Art. Brunnen, B. III. Städtische und ländliche Rechts- und Sozialgeschichte [Mittelalterliche Brunnen in Mittel- und Westeuropa], in: Lexikon des Mittelalters, hg. von Robert-Henri Bautier u. a., Bd. 2. München 1983 (ND München 2002), Sp. 774–777.

Ders.: Zauber und Recht, in: Forschungen zur Rechtsarchäologie und Rechtlichen Volkskunde 22 (2005), S. 53–71.

Casagrande, Carla: Fama e diffamazione nella letteratura teologica e pastorale del sec. XIII, in: Ricerche storiche (Napoli) 26 (1996), S. 7–24.

Casagrande, Carla · Silvana Vecchio: I peccati della lingua. Disciplina e etica della parola nella cultura medievale. Roma 1987.

Cast, David: The Calumny of Apelles. A studie in the humanist tradition. New Haven · London 1981.

Cavanna, Adriano: Art. Majestätsverbrechen, in: Lexikon des Mittelalters, hg. von Robert-Henri Bautier u. a., Bd. 6. München 1993 (ND München 2002), Sp. 148–150.

Ciprotti, Pio: De iniuria ac diffamatione in iure poenali canonico. Roma 1937.

Classen, Albrecht: Die deutsche Predigtliteratur des Spätmittelalters und der Frühneuzeit im Kontext der europäischen Erzähltradition. Johannes Paulis «Schimpf und Ernst» (1521) als Rezeptionsmedium, in: Fabula. Zeitschrift für Erzählforschung 44 (2003), S. 209–236.

D

Dane, Gesa: «Zeter und Mordio». Vergewaltigung in Literatur und Recht. Göttingen 2005.

Delbrück, Victor: Begriff und Voraussetzung der Verleumdung und üblen Nachrede. Berlin 1885.

Demandt, Karl E.: Scherz und Schimpf. Der Spott in hessischen Familiennamen und sein Gegenbild, in: Zeitschrift des Vereins für hessische Geschichte und Landeskunde 87 (1978/1979), S. 221–267.

Deutsch, Andreas: Art. Beweis, in: Handwörterbuch zur deutschen Rechtsgeschichte, hg. von Albrecht Cordes · Heiner Lück · Dieter Werkmüller · Ruth Schmidt-Wiegand, Bd. 1. Berlin ^{2}2008, Sp. 559–566.

Ders.: Das Tier in der Rechtsgeschichte – eine Gesamtschau im Hinblick auf die deutsche Rechtsentwicklung, in: Das Tier in der Rechtsgeschichte, hg. von dems. · Peter König. Heidelberg 2017 (Schriftenreihe des Deutschen Rechtswörterbuchs – Akademiekonferenzen, 27), S. 11–102.

Ders.: Eselritt und Rabenstein. Tiere bei der Strafvollstreckung gegen Menschen, in: ebenda, S. 449–462.

Ders.: Der Klagspiegel und sein Autor Conrad Heyden. Ein Rechtsbuch des 15. Jahrhunderts als Wegbegleiter der Rezeption. Köln · Weimar · Wien 2004 (Forschungen zur deutschen Rechtsgeschichte, 23).

Ders.: Art. Ehre, in: Handwörterbuch zur deutschen Rechtsgeschichte, hg. von Albrecht Cordes · Heiner Lück · Dieter Werkmüller · Ruth Schmidt-Wiegand, Bd. 1. Berlin ^{2}2008, Sp. 1224–1231.

Ders.: Art. Ehrenstrafe, in: ebenda, Sp. 1232–1234.

Ders.: Art. Gobel, Justin, in: ebenda, Bd. 2. Berlin ^{2}2012, Sp. 438–440.

Ders.: Von Eselsmasken und Hunden im Sack. Rechtshistorische Anmerkungen über Tiere und Tiersymbolik bei Strafen gegen Menschen, in: 100 Jahre Mittelalterliches Kriminalmuseum. Festschrift zum Museumsjubiläum, hg. von Markus Hirte. Darmstadt 2021 (Schriftenreihe des Mittelalterlichen Kriminalmuseums Rothenburg ob der Tauber, 13), S. 111–140.

Ders.: Was ist Ehre? Ein Rechtsbegriff im historischen Vergleich, in: Früchte vom Baum des Wissens. Eine Festschrift der wissenschaftlichen Mitarbeiter – 100 Jahre Heidelberger Akademie der Wissenschaften, hg. von Ditte Bandini · Ulrich Kronauer. Heidelberg 2009, S. 179–192.

Diestelkamp, Bernhard: Reichsweistümer als normative Quellen? In: Recht und Schrift im Mittelalter, hg. von Peter Classen. Sigmaringen 1977 (Vorträge und Forschungen, 23), S. 282–310.

Dinzelbacher, Peter: «strîtes êre». Über die Verflechtung von Ehre, Schande, Scham und Aggressivität in der mittelalterlichen Mentalität, in: Mediaevistik. Internationale Zeitschrift für interdisziplinäre Mittelalterforschung 28 (2015), S. 99–140.

Dittrich, Lothar · Dittrich, Sigrid: Lexikon der Tiersymbole. Tiere als Sinnbilder in der Malerei des 14. bis 17. Jahrhunderts, 2. Aufl. Petersberg 2005 (Studien zur internationalen Architektur- und Kunstgeschichte, 22).

Dochow, Adolf: Art. Beleidigung, in: Handbuch des deutschen Strafrechts, hg. von Franz von Holtzendorff, Bd. 3. Berlin 1874, S. 327–378.

Ders.: Falsche Anschuldigung, in: ebenda, S. 251–260.

Doyle, Daniel E.: The bishop as disciplinarian in the letters of St. Augustine. New York u. a. 2002 (Patristic studies, 4).

Dreßler, Hans-Heinrich: Das deutsche Beleidigungsrecht des 16. und 17. Jahrhunderts. Frankfurt am Main 1967.

Drews, Wolfram · Schlie, Heike: Zeugnis und Zeugenschaft. Perspektiven aus der Vormoderne. Zur Einleitung, in: Zeugnis und Zeugenschaft. Perspektiven aus der Vormoderne, hg. von Wolfram Drews · Heike Schlie. München 2011 (Trajekte. Eine Reihe des Zentrums für Literatur- und Kulturforschung Berlin), S. 7–21.

Drüppel, Hubert: Art. Eid, IV. Germanisches und deutsches Recht, in: Lexikon des Mittelalters, hg. von Robert-Henri Bautier u. a., Bd. 3. München 1986 (ND München 2002), Sp. 1677–1680.

Duby, Georges: Frauen im 12. Jahrhundert, Bd. 2. Frankfurt am Main 1997.

Ders.: Private Macht, öffentliche Macht, in: Geschichte des privaten Lebens, Bd. 2: Vom Feudalzeitalter zur Renaissance, hg. von dems. Frankfurt am Main 1990 (französische Originalfassung unter dem Titel «Histoire de la vie privée». Paris 1985), S. 17–45.

Duft, Johannes · Gössi, Anton · Vogler, Werner: Art. St. Gallen, in: Helvetia Sacra, Bd. III/1: Frühe Klöster, die Benediktiner und Benediktinerinnen in der Schweiz. Bern 1986, S. 1180–1369.

Dumont, Jean · Vittorio Messori (Hg.): La regina diffamata. La verità su Isabella la Cattolica. Torino 2003.

E

Ebermayer, Ludwig: Art. Beleidigung, in: Handwörterbuch der Rechtswissenschaft, hg. von Fritz Stier-Somlo · Alexander Elster, Bd. 1. Berlin · Leipzig 1926, S. 594–597.

Eibach, Joachim: Art. Strafe, in: Enzyklopädie der Neuzeit, Bd. 12, im Auftrag des Kulturwissenschaftlichen Instituts (Essen) und in Verbindung mit den Fachwissenschaftlern hg. von Friedrich Jaeger. Stuttgart · Weimar 2010, Sp. 1052–1062.

Eichmann, Arthur: Über das Wesen der verleumderischen Beleidigung und der falschen Anschuldigung nach deutschem Strafrecht. Leipzig 1896.

Eickels, Klaus van: Unerlaubter Handgebrauch. Masturbation und ihr Platz in der Wahrnehmung des sexuellen Verhaltens im Mittelalter, in: Handgebrauch. Geschichten von der Hand aus dem Mittelalter und der Frühen Neuzeit, hg. von Robert Jütte · Romedio Schmitz-Esser. Paderborn 2019, S. 253–283.

Elisabeth von Thüringen. Eine europäische Heilige, 2 Bde. [Katalog zur 3. Thüringer Landesausstellung auf der Wartburg, Eisenach 7. Juli bis 19. November 2007], hg. im Namen der Wartburg-Stiftung Eisenach und der Friedrich-Schiller-Universität Jena, unter Mitarbeit von Uwe John · Helge Wittmann, von Dieter Blume · Matthias Werner. Petersberg 2007.

Elsas, Moritz J.: Umriß einer Geschichte der Preise und Löhne in Deutschland vom ausgehenden Mittelalter bis zum Beginn des neunzehnten Jahrhunderts, Bd. 1. Leiden 1936.

Erler, Adalbert: Art. Gottesurteil, in: Handwörterbuch zur deutschen Rechtsgeschichte, hg. von Adalbert Erler · Ekkehard Kaufmann, unter philologischer Mitarbeit von Ruth Schmidt-Wiegand, Bd. 1. Berlin 1971, Sp. 1769–1773.

Esmyol, Andrea: Geliebte oder Ehefrau? Konkubinen im frühen Mittelalter. Köln u. a. 2002.

Esser, Hartmut: Soziologie. Spezielle Grundlagen, Bd. 1. Frankfurt am Main 1999.

Ewig, Eugen: Die Merowinger und das Frankenreich. Stuttgart ³1997.

F

Fehr, Hans: Der Zweikampf. Antrittsrede. Berlin 1908.

Ders.: Kunst und Recht, Bd. 1. München · Leipzig 1923.

Feldner, Adolf: Die falsche Anschuldigung. Lübbecke 1896.

Fellner, Fritz · Kocher, Gernot · Streit, Ute (Hg.): Schande, Folter, Hinrichtung. [Forschungen zu] Rechtsprechung und Strafvollzug in Oberösterreich. Buch zu den Ausstellungen «Schande, Folter, Hinrichtung» im Linzer Schlossmuseum und «Richtrad und Schwert» im Schlossmuseum Freistadt, 8. Juni bis 2. November 2011. Linz 2011 (Kataloge der Oberösterreichischen Landesmuseen – Oberösterreichische Landesmuseen, N. S., 117).

Feuerbach, Paul J. A. Ritter von: Lehrbuch des gemeinen in Deutschland gültigen Peinlichen Rechts. Mit vielen Anmerkungen und Zusatzparagraphen und mit einer vergleichenden Darstellung der Fortbildung des Strafrechts durch die neuen Gesetzgebungen hg. von Carl J. A. Mittermaier, 14., sehr vermehrte und völlig umgearbeitete Originalausgabe. Gießen 1847.

Fischer, Mattias G.: Art. Zeugen, in: Handwörterbuch zur deutschen Rechtsgeschichte, hg. von Adalbert Erler · Ekkehard Kaufmann, unter philologischer Mitarbeit von Ruth Schmidt-Wiegand, Bd. 5. Berlin 1998, Sp. 1684–1694.

Fleischhauer, Wolfgang: Mittelhochdeutsch «Leit» = Beleidigung? In: Modern language notes 69 (1954), S. 586–594.

Förster, Richard: Die Verleumdung des Appells in der Renaissance, in: Preußische Kunstsammlungen. Jahrbuch der Preußischen Kunstsammlung 15 (1894), S. 27–40.

Frenz, Barbara: Frieden, Rechtsbruch und Sanktion in deutschen Städten vor 1300. Mit einer tabellarischen Quellenübersicht nach Delikten und Deliktgruppen. Köln · Weimar · Wien 2003 (Konflikt, Verbrechen und Sanktion in der Gesellschaft Alteuropas. Symposien und Synthesen, 8).

Friese, Victor: Das Strafrechts des Sachsenspiegels. Breslau 1898 (Untersuchungen zur Deutschen Staats- und Rechtsgeschichte, 55).

Frohne, Bianca: Narren, Tiere und «grewliche Figuren». Zur Inszenierung komischer Körperlichkeit im Kontext von Bloßstellung, Spott und Schande vom 13. bis zum 16. Jahrhundert, in: Glaubensstreit und Gelächter. Reformation und Lachkultur im Mittelalter und in der Frühen Neuzeit, hg. von Christoph Auffarth · Sonja Kerth. Berlin 2008 (Religionen in der pluralen Welt. Religionswissenschaftliche Studien, 6), S. 19–54.

Frölich, Karl: Denkmäler mittelalterlicher Rechtspflege in Ost- und Mitteldeutschland. Gießen 1946 (Arbeiten zur rechtlichen Volkskunde, 5).

Ders.: Stätten mittelalterlicher Rechtspflege auf südwestdeutschem Boden. Gießen 1938 (Arbeiten zur rechtlichen Volkskunde, 1).

Ders.: Stätten mittelalterlicher Rechtspflege im niederdeutschen Bereich. Gießen 1946 (Arbeiten zur rechtlichen Volkskunde, 4).

Frommann, Georg K.: Bayerisches Wörterbuch von Johann A. Schmeller, Bd. 1, 2., überarb. Ausg. München 1872.

Fuchs, Ralf-Peter: Art. Beleidigung, in: Enzyklopädie der Neuzeit, Bd. 1, im Auftrag des Kulturwissenschaftlichen Instituts (Essen) und in Verbindung mit den Fachwissenschaftlern hg. von Friedrich Jaeger. Stuttgart · Weimar 2005, Sp. 1180–1183.

Ders.: Um die Ehre. Westfälische Beleidigungsprozesse vor dem Reichskammergericht 1525–1805. Paderborn 1999 (Westfälisches Institut für Regionalgeschichte, Landschaftsverband Westfalen-Lippe, Münster. Forschungen zur Regionalgeschichte, 28).

Funk, Wilhelm: Alte deutsche Rechtsmale. Sinnbilder und Zeugen deutscher Geschichte. Bremen 1940.

Ders.: Deutsche Rechtsdenkmäler mit besonderer Berücksichtigung Frankens. Erlangen 1938.

G

Gauvard, Claude: «De grace especial». Crime, Etat et Société en France à la fin du Moyen Age. Paris 1991 (Publications de la Sorbonne, 24).

Goebel, Ulrich · Reichmann, Oskar (Hg.): Frühneuhochdeutsches Wörterbuch, begründet von Robert R. Anderson · Ulrich Goebel · Oskar Reichmann, Bd. 4. Berlin · New York 2001.

Gombrich, Ernst H.: The heritage of Apelles. Studies in the art of Renaissance. Oxford 1976.

Grimm, Jacob: Deutsche Rechtsalterthümer, 2 Bde. 4., vermehrte Ausg., hg. von Andreas Heusler · Rudolf Hübner. Leipzig 1899.

Ders. · **Grimm, Wilhelm**: Deutsches Wörterbuch, 16 Bde. Leipzig 1854–1954 (ND Leipzig 1984).

Grubmüller, Ulrich: Art. Boner, Ulrich, in: Lexikon des Mittelalters, hg. von Robert-Henri Bautier u. a., Bd. 2. München 1983 (ND München 2002), Sp. 410–411.

Gschwend, Lukas · **Good, Christoph**: Art. Straftat, in: Enzyklopädie der Neuzeit, Bd. 12, im Auftrag des Kulturwissenschaftlichen Instituts (Essen) und in Verbindung mit den Fachwissenschaftlern hg. von Friedrich Jaeger. Stuttgart · Weimar 2010, Sp. 1105–1111.

Guggenbühl, Dietegen: Mit Tieren und Teufeln. Sodomiten und Hexen unter Basler Jurisdiktion in Stadt und Land 1399 bis 1799. Liestal 2002 (Quellen und Forschungen zur Geschichte und Landeskunde des Kantons Basel-Landschaft, 79).

Gullath, Brigitte: Kodikologie und Geschichte der Ottheinrich-Bibel, in: Die Ottheinrich-Bibel. Kommentar zur Faksimile-Ausgabe der Handschrift Cgm 8010/I.2 der Bayerischen Staatsbibliothek München. Mit Beiträgen von Brigitte Gullath · Jeffrey Hamburger · Karin Schneider · Robert Suckale. Luzern 2002, S. 9–37.

H

Haberer, Günter: Art. Schandstrafen, in: Handwörterbuch zur deutschen Rechtsgeschichte, hg. von Adalbert Erler · Ekkehard Kaufmann, unter philologischer Mitarbeit von Ruth Schmidt-Wiegand, Bd. 4. Berlin 1990, Sp. 1353–1355.

Haering, Stephan: Strafrecht in der Kirche – gestern und heute, in: 100 Jahre Mittelalterliches Kriminalmuseum. Festschrift zum Museumsjubiläum, hg. von Markus Hirte. Darmstadt 2021 (Schriftenreihe des Mittelalterlichen Kriminalmuseums Rothenburg ob der Tauber, 13), S. 163–180.

Hagemann, Hans-Rudolf: in: Art. Diebstahl, C. III Deutsches Recht, in: Lexikon des Mittelalters, hg. von Robert-Henri Bautier u. a., Bd. 3. München 1986 (ND München 2002), Sp. 990–991.

Hagemann, Matthias: Iniuria. Von den XII-Tafeln bis zur Justinianischen Kodifikation. Köln · Weimar · Wien 1998 (Forschungen zum römischen Recht, 43).

Hälschner, Hugo: Das preußische Strafrecht, Bd. 3: System des preußischen Strafrechts, Teile 1 und 2. Bonn 1868 (ND Aalen 1975).

Ders.: Ehrenerklärung, Widerruf und Abbitte in ihrer geschichtlichen Entwickelung und ihrem Verhältnisse zur heutigen Gesetzgebung, in: Der Gerichtssaal. Zeitschrift für Strafrecht, Strafprozeß, Gerichtliche Medicin, Gefängnißkunde und die gesammte Strafrechtsliteratur 16 (1864), S. 321–369.

Hammer, Françoise: Schimpf und Schande. Beschimpfungen aus phraseologischer Sicht. Ein deutsch-französischer Vergleich, in: Phraseologie in Raum und Zeit. Akten der 10. Tagung des Westfälischen Arbeitskreises «Phraseologie/Parömiologie«»(Münster 2001), hg. von Elisabeth Piirainen · Ilpo Tapani Piirainen. Hohengehren 2002 (Phraseologie und Parömiologie, 10), S. 239–254.

Harding, Alan: Art. Felony, in: Lexikon des Mittelalters, hg. von Robert-Henri Bautier u. a., Bd. 4. München 1989 (ND München 2002), Sp. 345.

Harmening, Dieter: Hexen. Hinter dem Rand des Christentums, in: Randgruppen der spätmittelalterlichen Gesellschaft, hg. von Bernd-Ulrich Hergemöller, neu bearb. Aufl. Warendorf 2001, S. 300–334.

Hartmann, Martina: Aufbruch ins Mittelalter. Die Zeit der Merowinger, 11. Aufl. Darmstadt 2011.

Dies.: Concubina vel regina? Zu einigen Ehefrauen und Konkubinen der karolingischen Könige, in: Deutsches Archiv für Erforschung des Mittelalters 63 (2007), S. 545–568.

Hartwich, Filip: Die Entwicklung des Konkubinats im Lauf der Geschichte, in: Zeitschrift für Geschichtswissenschaft 55/4 (2007), S. 336–360.

Hauptmann, Walter: Psychologie für Juristen – Kriminologie für Psychologen. Einführung in die Sozialpsychologie des Strafrechts. Wien ²1993.

Hauschild, Ursula: Studien zu Löhnen und Preisen in Rostock im Spätmittelalter. Köln · Wien 1973 (Quellen und Darstellungen zur hansischen Geschichte, N. F., 19).

Heffter, August W.: Die Begriffsverschiedenheit der römischen und deutschen Injurie, in: Archiv des Criminalrechts, N. F. (1839), 2. Stück, S. 237–247.

Hehenberger, Susanne: Unkeusch wider die Natur. Sodomieprozesse im frühneuzeitlichen Österreich. Wien 2005.

Heinig, Paul-Joachim: «Omnia vincit amor». Das fürstliche Konkubinat im 15./16. Jahrhundert, in: Principes. Dynastien und Höfe im späten Mittelalter, hg. von Cordula Nolte · Karl-Heinz Spieß · Ralf-Gunnar Werlich. Stuttgart 2002 (Residenzenforschung, 14), S. 277–314.

Helfritz, Hans: Der geschichtliche Bestand und die legislative Verwertbarkeit von Widerruf, Abbitte und Ehrenerklärung. Greifswald 1905.

Hendel, Harald: Die Verbreitung einiger Rechtsbegriffe der Fürther Gerichtssprache des 15. Jahrhunderts. Köln 1975.

Henning, Edith: Die Zulässigkeit des Wahrheitsbeweises bei der Ehrenkränkung in historischer und rechtsvergleichender Darstellung. Breslau 1939.

Henselmeyer, Ulrich: Ratsherren und andere Delinquenten. Die Rechtsprechungspraxis bei geringfügigen Delikten im spätmittelalterlichen Nürnberg. Konstanz 2002 (Konflikte und Kultur – Historische Perspektiven, 6).

Herde, Peter: Art. Fälschungen, II. Fälschungen im weltlichen und kirchlichen Recht des Mittelalters, in: Lexikon des Mittelalters, hg. von Henri-Robert Bautier u. a., Bd. 4. München 1989 (ND München 2002), Sp. 247–249.

Hergemöller, Bernd-Ulrich: Art. Homosexualität, in: Lexikon des Mittelalters, hg. von Robert Bautier u. a., Bd. 5. München 1991 (ND München 2002), Sp. 113–115.

Ders.: Chorknaben und Bäckerknechte. Homosexuelle Kleriker im mittelalterlichen Basel. Hamburg 2004.

Ders.: Krötenkuß und schwarzer Kater. Ketzerei, Götzendienst und Unzucht in der inquisitorischen Phantasie des 13. Jahrhunderts. Warendorf 1996.

Ders.: Sodom und Gomorrha. Zur Alltagswirklichkeit und Verfolgung Homosexueller im Mittelalter, überarb. und ergänzte Ausg. Hamburg 2000.

Herrmann, Steffen Kitty · Krämer, Sybille · Kuch, Hannes: Verletzende Worte. Eine Einleitung, in: Verletzende Worte. Die Grammatik sprachlicher Missachtung, hg. von dens. und Sybille Krämer. Bielefeld, 2007, S. 7–30.

Hesse, Hans A.: Einführung in die Rechtssoziologie. Wiesbaden 2004.

Hessler, Christiane J.: «Ne supra crepidam sutor!» [Schuster, bleib bei deinen Leisten!]. Das Diktum des Apelles seit Petrarca bis zum Ende des Quattrocento, in: Fifteenth-Century Studies 33 (2008), S. 133–150.

Heydenreuter, Reinhard: Kriminalgeschichte Bayerns. Von den Anfängen bis ins 20. Jahrhundert. Regensburg 2003.

Hille, Iris: Der Teufelspakt in frühneuzeitlichen Verhörprotokollen. Standardisierung und Regionalisierung im Frühneuhochdeutschen. Berlin · New York 2009 (Studia Linguistica Germanica, 100).

Hils, Hans-Peter: Meister Johann Lichtenhauers Kunst des langen Schwertes. Frankfurt am Main 1985.

Hinckeldey, Christoph (Hg.): Justitz in alter Zeit. Rothenburg ob der Tauber 1989 (Schriftenreihe des Mittelalterlichen Kriminalmuseums Rothenburg ob der Tauber, VIc).

Hirschberg, Rudolf: Der Vermögensbegriff im Strafrecht. Versuch eines Systems der Vermögensdelikte. Berlin 1934 (Abhandlungen aus der Berliner Juristischen Fakultät, 7).

Hinschius, Paul: System des katholischen Kirchenrechts, mit besonderer Rücksicht auf Deutschland, Bde. 4–6. Berlin 1888–1897 (Das Kirchenrecht der Katholiken und Protestanten in Deutschland. ND Graz 1959).

Hirte, Markus: Papst Innozenz III., das IV. Lateranum und die Strafverfahren gegen Kleriker. Eine registergestützte Untersuchung zur Entwicklung der Verfahrensarten zwischen 1198 und 1216. Tübingen 2005 (Rothenburger Gespräche zur Strafrechtsgeschichte, 5).

Ders.: Poenae et poenitentiae. Sanktionen im Recht der Kirche des Mittelalters. Budapest 2003 (Rechtsgeschichtliche Vorträge, 14).

His, Rudolf: Das Strafrecht des deutschen Mittelalters, Bd. 2: Die einzelnen Verbrechen. Weimar 1935 (ND Aalen 1964).

Ders.: Geschichte des deutschen Strafrechts bis zur Karolina. München · Berlin 1928 (Handbuch der mittelalterlichen und neueren Geschichte, Abt. 3).

Hlaváček, Ivan: Johannes von Nepomuk und seine Zeit, in: Johannes von Nepomuk 1393 - 1993, hg. von Reinhold Baumstark, Johanna von Herzogenberg und Peter Volk (Ausstellungskatalog). München 1993, S. 13–19.

Holdsworth, William: Diffamation in the sixteenth and seventeenth centuries, in: The Law Quarterly Review 40 (1924), S. 302–315, 397–412 und ebenda 41 (1925), S. 13-31.

Holtzendorff, Franz von (Hg.): Handbuch des deutschen Strafrechts, Bd. 3. Berlin 1874.

Holzfurtner, Ludwig: Herzog Ludwig II. und Maria von Brabant. Eine böse Tat und ihre Hintergründe, in: Kloster Fürstenfeld, hg. von Lothar Altmann · Werner Schiedermair. Lindenberg 2006 (^{2}2013), S. 42–52.

Holzhauer, Heinz: Art. Beleidigung. II. Deutsches Recht, in: Lexikon des Mittelalters, hg. von Robert-Henri Bautier u. a., Bd. 1. München 1980 (ND München 2002), Sp.1837–1838.

Ders.: Art. Betrug, in: ebenda, Sp. 2087.

Ders.: Über materielle und prozessuale Talion, in: Leges - Gentes - Regna. Zur Rolle von germanischen Rechtsgewohnheiten und lateinischer Schrifttradition bei der Ausbildung der frühmittelalterlichen Rechtskultur, hg. von Gerhard Dilcher · Eva-Marie Distler. Berlin 2006, S. 367–376.

Holzschuh, Karl: Geschichte des Jugendstrafrechts bis zum Ende des neunzehnten Jahrhunderts, unter besonderer Berücksichtigung der deutschen Entwicklung, Diss. Mainz 1957.

Homeyer, Carl G.: Die deutschen Rechtsbücher des Mittelalters und ihre Handschriften. Berlin 1856.

Honemann, Volker: Die «Vita sancte Elisabeth» des Dietrich von Apolda und die deutschsprachigen «Elisabethleben» des Mittelalters, in: Elisabeth von Thüringen. Eine europäische Heilige. Aufsätze [Katalog zur 3. Thüringer Landesausstellung auf der Wartburg, Eisenach 7. Juli bis 19. November 2007], hg. im Namen der Wartburg-Stiftung Eisenach und der Friedrich-Schiller-Universität Jena, unter Mitarbeit von Uwe John und Helge Wittmann, von Dieter Blume und Matthias Werner. Petersberg 2007, S. 421–430.

Hopf, Cornelia (Bearb.): Die abendländischen Handschriften der Forschungs- und Landesbibliothek Gotha. Bestandsverzeichnis: 1. Großformatige Pergamenthandschriften Memb I. Forschungs- und Landesbibliothek Gotha 1994.

Horna, Richard: Der Pranger in der Tschechoslowakei, hg. von Hermann Baltl. Graz 1965 (1941 erstmals auf Tschechisch in Prag erschienen, Grazer rechts- und staatswissenschaftliche Studien, 16).

Hübbe, Manfred: Laucha – ein reizvolles Städtchen an der unteren Unstrut. Ein geschichtlicher Abriß, hg. von der Stadtverwaltung Laucha an der Unstrut. Laucha 1994.

Hübner, Heinz: Zur Iniuria in der Gesetzgebung Friedrichs II. von Hohenstaufen, in: Satura Roberto Feenstra sexagesimum quintum annum aetatis complenti ab alumnis collegis amicis oblata, hg. von Hans A. Ankum · J. E. Spruit · Felix B. J. Wubbe. Fribourg 1985, S. 317–330.

Hünemörder, Christian: Art. Heuschrecken, in: Lexikon des Mittelalters, hg. von Henri-Robert Bautier u. a., Bd. 4. München 1989 (ND München 2002), Sp. 2197–2198.

Ders.: Art. Insekten, in: ebenda, Bd. 5. München 1991 (ND München 2002), Sp. 447–449.

Hupp, Otto: Scheltbriefe und Schandbilder. Ein Rechtsbehelf aus dem 15. und 16. Jahrhundert. München · Regensburg 1930.

I

Israel, Uwe · Kraus, Marius · Sasso, Ludovica (Hg.): Agonale Invektivität. Konstellationen und Dynamiken der Herabsetzung im italienischen und deutschen Humanismus. Heidelberg 2021 (Das Mittelalter. Perspektiven mediävistischer Forschung. Beihefte, 17).

J

Jäger, Carl: Ulms Verfassungs-, bürgerliches und commercielles Leben im Mittelalter. Meist nach handschriftlichen Quellen samt Urkundenbuch. Stuttgart · Heilbronn 1831.

Jakobs, Dörthe (Hg.): Sankt Georg in Reichenau-Oberzell. Der Bau und seine Ausstattung. Bestand, Veränderungen, Restaurierungsgeschichte, 2 Textbde. und 1 Tafelbd. Stuttgart 1999 (Landesamt Baden-Württemberg. Forschungen und Berichte der Bau- und Kunstdenkmalpflege in Baden-Württemberg, 9).

Jászai, Géza: Art. Schlange [II. Symbolik und Ikonographie], in: Lexikon des Mittelalters, hg. von Robert-Henri Bautier u. a., Bd. 7. München 1995 (ND München 2002), Sp. 1476–1477.

Jerouschek, Günter: Art. Akkusationsprozess, in: Handwörterbuch zur deutschen Rechtsgeschichte, hg. von Albrecht Cordes · Heiner Lück · Dieter Werkmüller · Ruth Schmidt-Wiegand, Bd. 1. Berlin ²2008, Sp. 126–128.

Jones, Whitney R.: «Actions for Slaunder». Defamation in English law, language, and history, in: Quarterly Journal of Speech 57 (1971), S. 274–283.

Jung, Heike: Kriminalsoziologie, 2., neu bearbeitet Aufl. Baden-Baden 2007.

K

Karg-Gasterstädt, Elisabeth · Frings, Theodor (Hg.): Althochdeutsches Wörterbuch, auf Grund der von Elias von Steinmeyer hinterlassenen Sammlungen im Auftrag der Sächsischen Akademie der Wissenschaften zu Leipzig bearb. und hg., Bd. 1. Berlin 1968.

Kasten, Brigitte: «Noverca venefica». Zum bösen Ruf der Stiefmütter in der gallischen und fränkischen Gesellschaft, in: Frühmittelalterliche Studien. Jahrbuch des Instituts für Frühmittelalterforschung der Universität Münster 35 (2001), S. 145–181.

Kauffmann, Hans (Hg.): Rechtswörterbuch, begründet von Carl Creifelds. München 121994.

Kaufmann, Ekkehard: Art. Raub, in: Handwörterbuch zur deutschen Rechtsgeschichte, hg. von Adalbert Erler · Ekkehard Kaufmann, unter philologischer Mitarbeit von Ruth Schmidt-Wiegand, Bd. 4. Berlin 1990, Sp. 182–186.

Ders.: Art. Reinigungseid, in: ebenda, Sp. 837–840.

Ders.: Art. Strafe, Strafrecht, in: ebenda, Sp. 2011–2029.

Ders.: Art. Vorsatz, in: ebenda, Bd. 5. Berlin 1998, Sp. 1061–1065.

Ders.: Das spätmittelalterliche deutsche Schadensersatzrecht und die Rezeption der «actio iniuriarum aestimatoria», in: Zeitschrift der Savigny-Stiftung für Rechtsgeschichte, Germanistische Abt. 78 (1961), S. 93–139.

Kerff, Franz: Das Paenitentiale Pseudo-Gregorii III. Ein Zeugnis karolingischer Reformbestrebungen, in: Zeitschrift der Savigny-Stiftung für Rechtsgeschichte, Kanonistische Abteilung 69 (1983) S. 46–63.

Kern, Manfred: Art. Fama, in: Lexikon der antiken Gestalten in den deutschen Texten des Mittelalters, hg. von Alfred Ebenbauer, Manfred Kern · Silvia Krämer-Seifert. Berlin · New York 2003, S. 255.

Ders.: Art. Ovidius, in: ebenda, S. 447–452.

Ders. · Krämer-Seifert, Silvia: Art. Apelles, in: ebenda, S. 90–91.

Kéry, Lotte: «Canonica servitas» und «amor correctionis». Zur Ausbildung des kirchlichen Strafrechts im Spannungsfeld zwischen Strafanspruch und Besserungsverlangen, in: «Strafrecht» in einer Kirche der Liebe. Notwendigkeit oder Widerspruch? Hg. von Ludger Müller · Alfred E. Hierold · Sabine Demel · Libero Gerosa · Peter Krämer. Berlin 2006 (Kirchenrechtliche Bibliothek, 9), S. 23–44.

Dies.: Gottesfurcht und irdische Strafe. Der Beitrag des mittelalterlichen Kirchenrechts zur Entstehung des öffentlichen Strafrechts. Köln · Weimar · Wien 2006 (Konflikt, Verbrechen und Sanktion in der Gesellschaft Alteuropas. Symposien und Synthesen, 10).

Dies.: Verbrechen und Strafen im kanonischen Recht des Mittelalters, in: Kriminalität in Mittelalter und Früher Neuzeit. Soziale, rechtliche, philosophische und literarische Aspekte, hg. von Sylvia Kesper-Biermann · Diethelm Klippel. Wiesbaden 2007 (Wolfenbütteler Forschungen, 114), S. 13–33.

Kiening, Christian: Verletzende Worte – verstümmelte Körper. Zur doppelten Logik spätmittelalterlicher Kurzerzählungen, in: Zeitschrift für deutsche Philologie 127 (2008), S. 321–335.

Kindhäuser, Urs: Strafrecht – Besonderer Teil I: Straftaten gegen Persönlichkeitsrechte, Staat und Gesellschaft, 8., völlig neu überarb. Aufl. Baden-Baden 2017.

Kleinen, Michael: «... zur Wollust und zur Unzucht preisgegeben». Vergewaltigungsszenen in den Berichten zum Sachsenaufstand gegen König Heinrich IV. (* 1050 † 1106), in: Leben in der Stadt. Eine Kultur- und Geschlechtergeschichte Magdeburgs, hg. von Eva Labouvie. Köln · Weimar · Wien 2004, S. 175–193.

Kleinheyer, Gerd: Tradition und Reform in der Constitutio Criminalis Carolina, in: Strafrecht, Strafprozeß und Rezeption. Grundlagen, Entwicklung und Wirkung der Constitutio Criminalis Carolina, hg. von Peter Landau · Friedrich-Christian Schroeder. Frankfurt am Main 1984 (Juristische Abhandlungen, 19), S. 7–27.

Knapp, Hermann: Das Rechtsbuch Ruprechts von Freising (1328) in seiner Bedeutung als strafrechtliche Quelle des Mittelalters, in: Archiv für Strafrecht und Strafprozeß 61 (1914), S. 219–272.

Knefelkamp, Ulrich: Diskriminierung durch Prostitution. Dirnen, Huren und städtische Gesellschaft in Mitteleuropa vom 14.–16. Jahrhundert, in: Diskriminierung – Antidiskriminierung, hg. von Jan C. Joerden. Berlin u. a. 1996, S. 39–66.

Knust, Cornelia: Vorbild der Gerechtigkeit. Jan Provosts Gerechtigkeitsbild in Brügge. Mit einem Katalog seiner Werke. Göttingen 2007 (Rekonstruktion der Künste, 8).

Köbler, Gerhard: Art. Ehre. Rechtshistorisches (1986), in: Reallexikon der Germanischen Altertumskunde von Johannes Hoops, mit Unterstützung der Akademie der Wissenschaften in Göttingen hg. von Heinrich Beck · Herbert Jankuhn · Kurt Ranke · Reinhard Wenskus, Bd. 6. Berlin · New York 1986, S. 502–504.

Ders.: Welchen Gottes Urteil ist das Gottesurteil des Mittelalters? In: Vom mittelalterlichen Recht zur neuzeitlichen Rechtswissenschaft. Bedingungen, Wege und Probleme der europäischen Rechtsgeschichte, hg. von Norbert Brieskorn u. a. Paderborn u. a. 1994 (Rechts- und Staatswissenschaftliche Veröffentlichungen der Görres-Gesellschaft, N. F. 72), S. 89–109.

Ders.: Wörterbuch des althochdeutschen Sprachschatzes. Paderborn u. a. 1993.

Kocher, Gernot: Zeichen und Symbole des Rechts. Eine historische Ikonographie. München 1992.

Koschwanez, Bruno: Ehrverletzungsklagen im 15. Jahrhundert in den Urteilen des Ingelheimer und Neustadter Oberhofes. Frankfurt am Main 1973.

Köstlin, Christian R.: Die Ehrverletzung nach deutschem Rechte, in: Zeitschrift für deutsches Recht und deutsche Rechtswissenschaft 15 (1855), S. 151–236 und 364–435.

Ders.: System des deutschen Strafrechts, 2. Abt.: Abhandlungen aus dem Strafrechte, hg. v. Theodor Geßler. Tübingen 1858 (ND Aalen 1978).

Kottje, Raymund: Konkubinat und Kommunionswürdigkeit im vorgratianischen Kirchenrecht. Zu c. 12 der römischen Ostersynode von 1059, in: Annuarium Historiae Conciliorum 7 (1975), S. 159–165.

Krieger, Karl-Friedrich: Art. Felonie, in: Lexikon des Mittelalters, hg. von Robert-Henri Bautier u. a., Bd. 4. München 1989 (ND München 2002), Sp. 344–345.

Kriegk Georg L.: Deutsches Bürgerthum im Mittelalter. Nach urkundlichen Forschungen, nebst einem Anhang, enthaltend ungedruckte Urkunden aus Frankfurtischen Archiven. Frankfurt am Main 1871 (ND Frankfurt am Main 1969).

Küpper, Georg · Börner, René: Strafrecht – Besonderer Teil 1: Delikte gegen Rechtsgüter der Person und Gemeinschaft, 4., neu bearb. Aufl. Berlin 2017.

Kuttner, Stephan: Kanonistische Schuldlehre von Gratian bis auf die Dekretalen Gregors IX. Systematisch auf Grund der handschriftlichen Quellen dargestellt. Città del Vaticano 1935 (Studi e testi, 64).

Krenkel, Werner: Apelles bei Petron und Lucilius, in: Wissenschaftliche Zeitschrift der Universität Rostock 17 (1968), S. 689–695.

Kroeschell, Karl: Deutsche Rechtsgeschichte, Bd. 1. Köln · Weimar · Wien 132008.

Ders.: Wahrheit und Recht im frühen Mittelalter, in: ders.: Studien zum frühen und mittelalterlichen deutschen Recht. Berlin 1995 (Freiburger Rechtsgeschichtliche Abhandlungen, N. F. 20), S. 409–416.

Krings, Stefanie: Sodomie am Bodensee. Vom gesellschaftlichen Umgang mit sexueller Abartigkeit in spätem Mittelalter und früher Neuzeit auf St. Galler Quellengrundlage, in: Schriften des Vereins für Geschichte des Bodensees 113 (1995), S. 1–46.

Kümper, Hiram: Sachsenrecht. Studien zur Geschichte des sächsischen Landrechts in Mittelalter und früher Neuzeit. Berlin 2009 (Schriften zur Rechtsgeschichte, 142).

Kullmann, Hans J.: Klenkok und die «Articuli reprobati» des Sachsenspiegels. Frankfurt am Main 1959.

Künßberg, Eberhard Freiherr von: Über die Strafe des Steintragens. Breslau 1907 (Untersuchungen zur deutschen Staats- und Rechtsgeschichte, 91).

Kuttner, Stephan: Kanonistische Schuldlehre von Gratian bis auf die Dekretalen Gregors IX. Systematisch auf Grund der handschriftlichen Quellen dargestellt. Città del Vaticano 1935 (Studi e testi, 64).

L

Labouvie, Eva: Zauberei und Hexenwerk. Ländlicher Hexenglaube in der frühen Neuzeit. Frankfurt am Main 1991.

Lade-Messerschmied, Ulrike: Die Articuli reprobati des Sachsenspiegels. Zur Rezeption eines Rechtstextes, in: Der Sachsenspiegel als Buch. Vorträge und Aufsätze, hg. von Ruth Schmidt-Wiegand. Frankfurt am Main 1991 (Germanistische Arbeiten zur Sprache und Kulturgeschichte, 1), S. 169–217.

Lamnek, Siegfried: Theorien abweichenden Verhaltens, Bd. 1: «Klassische» Ansätze. Eine Einführung für Soziologen, Psychologen, Juristen, Journalisten und Sozialarbeiter, 8., überarbeitete Aufl. Paderborn 2007.

Lang, Dominik: Sodomie und Strafrecht. Geschichte der Strafbarkeit des Geschlechtsverkehrs mit Tieren. Frankfurt am Main u. a. 2009.

Landau, Peter: Die Entstehung des kanonischen Infamiebegriffs von Gratian bis zur Glossa Ordinaria. Köln · Graz 1966 (Forschungen zur kirchlichen Rechtsgeschichte und zum Kirchenrecht, 5).

Ders.: Das Weihehindernis der Illegitimität in der Geschichte des kanonischen Rechts, in: Illegitimität im Spätmittelalter, hg. von Ludwig Schmugge. München 1994 (Schriften des Historischen Kollegs. Kolloquien, 29), S. 41–53.

Landsberg, Ernst: Iniuria und Beleidigung. Eine Untersuchung über die heutige Anwendbarkeit der «Actio iniuriarum aestimatoria». Bonn 1886.

Landwehr, Götz (Hg.): Die nichteheliche Lebensgemeinschaft in der Geschichte. Göttingen 1978.

Lentz, Matthias: Konflikt, Ehre, Ordnung. Untersuchungen zu den Schmähbriefen und Schandbildern des späten Mittelalters und der frühen Neuzeit (ca. 1350 bis 1600), mit einem illustrierten Katalog der Überlieferung. Hannover 2004.

Lexer, Matthias: Mittelhochdeutsches Handwörterbuch, 3 Bde. Leipzig 1872–1878.

Lieberwirth, Rolf: Art. Beleidigung, in: Handwörterbuch zur deutschen Rechtsgeschichte, hg. von Albrecht Cordes · Heiner Lück · Dieter Werkmüller · Ruth Schmidt-Wiegand, Bd. 1. Berlin ^{2}2008, Sp. 514–516.

Ders.: Art. Diebstahl, in: ebenda, Sp. 1047–1053.

Ders.: Art. Folter, in: ebenda, Sp. 1610–1614.

Ders.: Art. Verleumdung, in: Handwörterbuch zur deutschen Rechtsgeschichte, hg. von Adalbert Erler · Ekkehard Kaufmann, unter philologischer Mitarbeit von Ruth Schmidt-Wiegand, Bd. 5. Berlin 1998, Sp. 762–764.

Lindorfer, Bettina: Bestraftes Sprechen. Zur historischen Pragmatik des Mittelalters. München 2008.

Dies.: Zungensünden› und ewiges Strafgericht. Zur Performativität der Rede im moraltheologischen Diskurs des späten Mittelalters, in: Blutige Worte. Internationales und interdisziplinäres Kolloquium zum Verhältnis von Sprache und Gewalt in Mittealter und Früher Neuzeit, hg. von Jutta Eming · Claudia Jarzebowski. Göttingen 2008 (Berliner Mittelalter- und Frühneuzeitforschung, 4), S. 53–74.

Lingelbach, Gerhard: Art. Anklage, in: Handwörterbuch zur deutschen Rechtsgeschichte, hg. von Albrecht Cordes · Heiner Lück · Dieter Werkmüller · Ruth Schmidt-Wiegand, Bd. 1. Berlin ^{2}2008, Sp. 244–245.

Ders.: Art. Injurienklage, in: ebenda, Bd. 2. Berlin ^{2}2012, Sp. 1221–1222.

Link, Christoph: Kirchliche Rechtsgeschichte. Kirche, Staat und Recht in der europäischen Geschichte von den Anfängen bis ins 21. Jahrhundert. Ein Studienbuch. München ^{2}2010 (Juristische Kurz-Lehrbücher).

Liszt, Franz E. von: Meineid und falsches Zeugnis. Eine strafrechts-geschichtliche Studie. Wien 1876.

Lobenstein-Reichmann, Anja: Sprachliche Ausgrenzung im späten Mittelalter und in der frühen Neuzeit. Berlin · Boston 2013 (Studia Linguistica Germanica, 117).

Lömker-Schlögell, Annette: Prostituierte. «umb vermeydung willen merers übels in der cristenhait», in: Randgruppen der spätmittelalterlichen Gesellschaft, hg. von Bernd-Ulrich Hergemöller, neu bearb. Aufl. Warendorf 2001, S. 58–89.

Longère, Jean: Art. Predigt, in: Lexikon des Mittelalters, hg. von Robert-Henri Bautier u. a., Bd. 7. München 1995 (ND München 2002), Sp. 171–174.

Lorenzen-Schmidt, Klaus-Jürgen: Beleidigungen in schleswig-holsteinischen Städten im 16. Jahrhundert. Soziale Normen und soziale Kontrolle in Städtegesellschaften, in: Kieler Blätter zur Volkskunde 10 (1978), S. 5–27.

Lübtov, Ulrich von: Zum römischen Injurienrecht, in: Labeo 15 (1964), S. 131–167.

Lück, Heiner: Art. Gerichtsverfassung, in: Handwörterbuch zur deutschen Rechtsgeschichte, hg. von Albrecht Cordes · Heiner Lück · Dieter Werkmüller · Ruth Schmidt-Wiegand, Bd. 2. Berlin ^{2}2012, Sp. 192–219.

Ders.: Art. Hochgerichtsbarkeit, in: ebenda, Sp. 1055–1059.

Ders.: Strafe und Sühne im Spiegel kursächsischer Rechtspraxis auf der Grundlage des Sachsenspiegels und seiner gelehrten Bearbeitungen, in: Kriminalität in Mittelalter und Früher Neuzeit. Soziale, rechtliche, philosophische und literarische Aspekte, hg. von Sylvia Kesper-Biermann ·

Diethelm Klippel. Wiesbaden 2007 (Wolfenbütteler Forschungen, 114), S. 35–55.

Lüdemann, Christian · Ohlemacher, Thomas: Soziologie der Kriminalität. Theoretische und empirische Perspektiven. München 2002 (Grundlagentexte Soziologie).

Ludwig, Ulrike: Art. Strafrecht, 4. Die Entstehung des öffentlichen Strafrechts, in: Enzyklopädie der Neuzeit, Bd. 12, im Auftrag des Kulturwissenschaftlichen Instituts (Essen) und in Verbindung mit den Fachwissenschaftlern hg. von Friedrich Jaeger. Stuttgart · Weimar 2010, Sp. 1088–1090.

Lutterbach, Hubertus: Sexualität im Mittelalter. Eine Kulturstudie anhand von Bußbüchern des 6. bis 12. Jahrhunderts. Köln · Weimar · Wien 1999 (Beihefte zum Archiv für Kulturgeschichte, 43).

M

Maihold, Harald: Art. Mord, in: Enzyklopädie der Neuzeit, Bd. 8, im Auftrag des Kulturwissenschaftlichen Instituts (Essen) und in Verbindung mit den Fachwissenschaftlern hg. von Friedrich Jaeger. Stuttgart · Weimar 2008, Sp. 784–788.

Mainzer, Robert: Die ästimatorische Injurienklage in ihrer geschichtlichen Entwicklung. Stuttgart 1908.

Marezoll, Theodor: Ueber die bürgerliche Ehre, ihre gänzliche Entziehung und theilweise Schmälerung. Eine historisch-dogmatische Abhandlung. Gießen 1824.

Massen, Josef: Zoophilie. Die sexuelle Liebe zu Tieren. Informationen zu einem sexuellen Tabu. Köln 1994.

Masser, Achim: Art. Sächsische Beichte, in: Die deutsche Literatur des Mittelalters. Verfasserlexikon, begründet von Wolfgang Stammler, fortgeführt von Karl Langosch. 2, völlig neu bearb. Aufl. hg. von Kurt Ruh u. a., Bd. 8. Berlin · New York 1992 (ND Berlin 2010), Sp. 467–468.

Massing, Jean-Michel: Du texte à l'image. La Calomnie d'Apelle et son iconographie. Strasbourg 1990.

Matthiassen, Terje: Zur Syntax der Schimpfanrede. Eine areallinguistische und typologische Übersicht: germanisch, slavisch, baltisch, ostseefinnisch, in: Balten – Slaven – Deutsche. Aspekte und Perspektiven kultureller Kontakte, hg. von Ulrich Obst · Gerhard Ressel. Münster 1999, S. 139–143.

Mausen, Yves: «Pugio malitiae». Misstrauen als Prinzip des Gerichtsverfahrens im mittelalterlichen ius commune, in: Akten des 36. Deutschen

Rechtshistorikertages, Halle an der Saale, 10. –14. September 2006, hg. von Rolf Lieberwirth · Heiner Lück. Baden-Baden 2008, S. 387–399.

May, Georg: Die Anfänge der Infamie im kanonischen Recht, in: Zeitschrift der Savigny-Stiftung für Rechtsgeschichte, Kanonistische Abt. 47 (1961), S. 77–94.

Ders.: Die Infamie im Decretum Gratiani (Erstveröffentl. 1960), in: Ders.: Schriften zur Rechtsgeschichte. Ausgewählte Aufsätze, hg. von Anna Egler · Wilhelm Rees. Berlin 2014 (Kanonistische Studien und Texte, 64), S. 309–332.

Meder, Stephan: Rechtsgeschichte. Eine Einführung. Köln · Weimar · Wien [3]2008.

Metzger, Karl: Die Verbrechen und ihre Straffolgen im Basler Recht des späten Mittelalters. Basel 1931.

Meurer, Dieter: Art. Tötungsdelikte, in: Handwörterbuch zur deutschen Rechtsgeschichte, hg. von Adalbert Erler · Ekkehard Kaufmann, unter philologischer Mitarbeit von Ruth Schmidt-Wiegand, Bd. 5. Berlin 1998, Sp. 286–290.

Michiels, Gommarus: De delictis et poenis. Paris 1934.

Mielke, Jörg: Der Dekalog in den Rechtstexten des abendländischen Mittelalters. Aalen 1992 (Untersuchungen zur deutschen Staats- und Rechtsgeschichte, N. F., 29).

Mierau, Heike J.: Gerüchte als Medium der Grenzüberschreitung im Bonifaz-Prozeß, in: Grenze und Grenzüberschreitung im Mittelalter. 11. Symposium des Mediävistenverbandes vom 14. bis 17. März 2005 in Frankfurt an der Oder, hg. von Ulrich Knefelkamp · Kristian Bosselmann-Cyran. Berlin 2007, S. 109–121.

Migliorino, Francesco: Fama e infamia. Problemi della società medievale nel pensiero giuridico nei secoli XII e XIII. Catania 1985.

Mittellateinisches Wörterbuch bis zum ausgehenden 13. Jahrhundert, begründet von Paul Lehmann und Johannes Stoux, in Gemeinschaft mit den Akademien der Wissenschaften zu Berlin, Göttingen, Heidelberg, Leipzig, Mainz, Wien und der Schweizerischen Akademie der Geistes- und Sozialwissenschaften hg. von der Bayerischen Akademie der Wissenschaften, Bd. 2. München 1999.

Mittermaier, Carl T. A.: Art. Injurien, in: Rechtslexikon für Juristen aller teutschen Staaten, enthaltend die gesammelte Rechtswissenschaft, bearbeitet vonKarl Ludwig Arndts von Arnesberg, Bd. 5. Leipzig 1844.

Molien, Auguste: Blasphème et Blasphémateurs, in: Dictonaire de droit canonique, contenant tous les termes du droit canonique avec un sommaire l'histoire et des institutions et de l'état actuel de la discipline, hg. von Raoul Naz, Bd. 2. Paris 1937, S. 902–920.

Mommsen, Theodor: Römisches Strafrecht, Berlin 1899 (Nachdr. Berlin 1955).

Mordek, Hubert · Michael Glatthaar: Von Wahrsagerinnen und Zauberern. Ein Beitrag zur Religionspolitik Karls des Großen, in: Archiv für Kulturgeschichte 75 (1993), S. 33–64.

Mörsdorf, Klaus: Die Rechtssprache des Codex Juris Canonici. Eine kritische Untersuchung. Paderborn 1937 (Görres-Gesellschaft zur Pflege der Wissenschaft im katholischen Deutschland. Veröffentlichungen der Sektion für Rechts- und Staatswissenschaft, 74).

Müller, Albert: Das Strafrecht im alten Lande Glarus seit der Befreiung von 1387 bis zur Helvetik. Diss. Freiburg in der Schweiz 1981.

Müller, Daniela: Schuld – Geständnis – Buße. Zur theologischen Wurzel von Grundbegriffen des mittelalterlichen Strafprozeßrechts, in: Herrschaftliches Strafen seit dem Hochmittelalter. Formen und Entwicklungsstufen, hg. von Hans Schlosser · Rolf Sprandel · Dietmar Willoweit. Köln · Weimar · Wien 2002 (Konflikt, Verbrechen und Sanktion in der Gesellschaft Alteuropas. Symposien und Synthesen, 5), S. 403–420.

Müller, Mario: Besiegelte Freundschaft. Die brandenburgischen Erbeinungen und Erbverbrüderungen im späten Mittelalter. Göttingen 2010 (Schriften zur Politischen Kommunikation, 8).

Müller, Ulrich: Art. Schmähdichtung [II. Deutsche Literatur], in: Lexikon des Mittelalters, hg. von Robert-Henri Bautier u. a., Bd. 7. München 1995 (ND München 2002), Sp. 1499.

Müller-Burgherr, Thomas: Die Ehrverletzung. Ein Beitrag zur Geschichte des Strafrechts der deutschen und rätoromanischen Schweiz von 1252–1798. Zürich 1987.

Müller-Lindenlauf, Hans Günther: Germanische und spätrömisch-christliche Eheauffassungen in fränkischen Volksrechten und Kapitularien. Diss. Freiburg im Breisgau 1969.

München, Nicolaus: Das kanonische Gerichtsverfahren und Strafrecht, 2 Bde. Köln · Neuss 1865/1866.

Munzel-Everling, Dietlinde: Art. Eid, in: Handwörterbuch zur deutschen Rechtsgeschichte, hg. von Albrecht Cordes · Heiner Lück · Dieter Werkmüller · Ruth Schmidt-Wiegand, Bd. 1. Berlin ^{2}2008, Sp. 1249–1261.

N

Nehlsen-von Stryk, Karin: Art. Zeugen, C. I. Deutsches Recht, in: Lexikon des Mittelalters, hg. von Robert-Henri Bautier u. a. Bd. 9. München 1998 (ND München 2002), Sp. 584.

Neumann, Friederike: Öffentliche Sünder in der Kirche des späten Mittelalters. Verfahren – Sanktionen – Rituale. Köln u. a. 2008 (Norm und Struktur. Studien zum sozialen Wandel in Mittelalter und früher Neuzeit, 28).

Dies.: Von Kirchenbuße und öffentlicher Strafe. Öffentliche Sanktionsformen aus der Sendgerichtsbarkeit in städtischem und landesherrlichem Recht, in: Herrschaftliches Strafen seit dem Hochmittelalter. Formen und Entwicklungsstufen, hg. von Hans Schlosser · Rolf Sprandel · Dietmar Willoweit. Köln · Weimar · Wien 2002 (Konflikt, Verbrechen und Sanktion in der Gesellschaft Alteuropas. Symposien und Synthesen, 5), S. 159–187.

Neumann, Sarah: Der gerichtliche Zweikampf. Gottesurteil – Wettstreit – Ehrensache. Ostfildern 2010 (Mittelalter-Forschungen, 31).

Niccoli, Ottavia: Rinascimento anticlericale. Infamia, propaganda e satira in Italia tra Quattro e Cinquecento. Roma · Bari 2005.

Niermeyer, Jan Frederik · van de Kieft, Co: Mediae Latinitatis lexicon minus, 2 Bde. Darmstadt ^{2}2002.

Nöcker, Rebekka · Hanno Rüther: «Es ist besser in Ehre zu sterben, als mit Schande zu leben». Zur Verwendung situationsmodellierender Phraseologismen in mittelhochdeutschen Romanen des 12. und 13. Jahrhunderts, in: Phraseologie in Raum und Zeit. Akten der 10. Tagung des Westfälischen Arbeitskreises «Phraseologie/Parömiologie» (Münster 2001), hg. von Elisabeth Piirainen · Ilpo Tapani Piirainen. Hohengehren 2002 (Phraseologie und Parömiologie, 10), S. 101–112.

O

Odgers, William B.: A digest of the law of libel and slander and of actions on the case for words causing damage, with the evidence, procedure, practice, and precedents of pleadings, both in civil and criminal cases. London 1929.

Oestmann, Peter · Kahl, Karoline: Art. Diebstahl, in: Enzyklopädie der Neuzeit, Bd. 2, im Auftrag des Kulturwissenschaftlichen Instituts (Essen) und in Verbindung mit den Fachwissenschaftlern hg. von Friedrich Jaeger. Stuttgart · Weimar 2005, Sp. 1005-1007.

Ökumenischen Heiligenlexikon, Redaktion: Joachim Schäfer. Frei zugänglich im Internet unter: www.heiligenlexikon.de/

Oldenbourg, Gabriele von: Aspekte der rechtlich-sozialen Stellung der Frauen in den frühmittelalterlichen Leges, in: Frauen in der Spätantike und im Frühmittelalter. Lebensbedingungen – Lebensnormen – Lebensformen. Sigmaringen 1990, S. 221–235.

Opelt, Ilona: Schimpfwörter bei Commodian, in: Vigiliae christianae 24 (1970), S. 290–299.

Oppitz, Ulrich-Dieter: Deutsche Rechtsbücher des Mittelalters, 3 Bde. Köln · Wien 1990–1992.

Osenbrüggen, Eduard: Das Alamannische Strafrecht im deutschen Mittelalter. Schaffhausen 1860.

Ders.: Die Ehre im Spiegel der Zeit. Berlin 1872.

P

Paravicini, Werner · Hirschbiegel, Jan (Hg.): Höfe und Residenzen im spätmittelalterlichen Reich, Teilbd. 2: Bilder. Sigmaringen 2005.

Patschovsky, Alexander: Art. Schwäbisch Hall, Sekte von, in: Lexikon des Mittelalters, hg. von Robert-Henri Bautier u. a., Bd. 7. München 1995 (ND München 2002), Sp. 1606–1607.

Plöchl, Willibald M.: Geschichte des Kirchenrechts, 2 Bde., 2., erweiterte Aufl. Wien · München 1960/1962.

Plotzek, Joachim M.: Art. Briefmaler, in: Lexikon des Mittelalters, hg. von Robert-Henri Bautier u. a., Bd. 2. München 1983 (ND München 2002), Sp. 683.

Popitz, Heinrich: Die normative Konstruktion von Gesellschaft. Tübingen 1980.

Posener, Paul: Art. Beleidigung, in: Rechtslexikon. Handwörterbuch der Rechts- und Staatswissenschaft. Mit Unterstützung zahlreicher Mitarbeiter herausgegeben von Paul Posener, Bd. 1. Berlin 1909, S. 196–197.

Posset, Franz: Luthers Predigt von 1515 gegen das Laster der Verleumdung und seine mittelalterliche Quelle: Bernhard von Clairvaux oder Bernhardin von Siena? In: Luther. Zeitschrift der Luther-Gesellschaft 75 (2004) S. 142–149.

Prelog, Jan: Art. Cadac (Andreas), in Lexikon des Mittelalters, hg. von Robert-Henri Bautier u. a., Bd. 2. München 1983 (ND München 2002), Sp. 1336.

Puff, Helmut: Die Sünde und ihre Metaphern. Zum «Liber Gomorrhianus» des Petrus Damiani, in: Forum Homosexualität und Literatur 21 (1994), S. 45–77.

Ders.: «Orpheuß der Erst puseran». Ein Zeichnung Albrecht Dürers, in: «Die sünde, der sich der tiuvel schamet in der helle». Homosexualität in der Kultur des Mittelalters und der frühen Neuzeit, hg. von Lev Mordechai Thoma · Sven Limbeck. Ostfildern 2009, S. 163–184.

Ders.: Sodomy in Reformation Germany and Switzerland 1400–1600. Chicago · London 2003 (The Chicago Series on Sexuality, History, and Society).

Ders.: Weibliche Sodomie. Der Prozeß gegen Katherina Hetzeldorfer und die Rhetorik des Unaussprechlichen an der Wende vom Mittelalter zur frühen Neuzeit, in: Historische Anthropologie. Kultur – Gesellschaft – Alltag 7 (1999), S. 364–380.

Puza, Richard: Art. Diebstahl, B. Kanonisches Recht, in: Lexikon des Mittelalters, hg. von Robert-Henri Bautier u.a., Bd. 3. München 1986 (ND München 2002), Sp. 988.

Q

Quanter, Rudolf: Die Schand- und Ehrenstrafen in der deutschen Rechtspflege. Eine kriminalistische Studie. Dresden 1901 (ND Aalen 1970).

R

Ragg, Sascha: Ketzer und Recht. Die weltliche Ketzergesetzgebung des Hochmittelalters unter dem Einfluß des römischen und kanonischen Rechts. Hannover 2006 (Monumenta Germaniae Historica: Studien und Texte, 37).

Raiser, Thomas: Grundlagen der Rechtssoziologie. 5., durchgesehene und erweiterte Aufl. von «Das Lebende Recht». Tübingen 2009.

Rannacher, Helmut: Der Ehrenschutz in der Geschichte des deutschen Strafrechts von der Carolina bis zum Reichsstrafgesetzbuch von 1871. Breslau 1938.

Rees, Wilhelm: Die Strafgewalt der Kirche. Das geltende kirchliche Strafrecht, dargestellt auf der Grundlage seiner Entwicklungsgeschichte. Berlin 1993 (Kanonistische Studien und Texte, 41).

Rehbinder, Manfred: Rechtssoziologie. München 62007 (Juristische Kurz-Lehrbücher).

Reinle, Christine: Das mittelalterliche Sodomieverständnis im Spannungsfeld von rechtlicher Norm, theologischer Deutung und gesellschaftlicher Praxis, in: Rechtsverständnis und Konfliktbewältigung. Gerichtliche und außergerichtliche Strategien im Mittelalter. Festschrift Hanna Vollrath, hg. von Stefan Esders. Köln u. a. 2007, S. 165–209 (nochmals abgedruckt in: «Die sünde, der sich der tiuvel schamet in der helle». Homosexualität in der Kultur des Mittelalters und der frühen Neuzeit, hg. von Lev Mordechai Thoma · Sven Limbeck. Ostfildern 2009, S. 13–42).

Dies.: Zur Rechtspraxis gegenüber Homosexuellen. Eine Fallstudie aus dem Regensburg des 15. Jahrhunderts, in: Zeitschrift für Geschichtswissenschaft 4 (1996), S. 307–326.

Reuter, Timothy · Silagi, Gabriel: Wortkonkordanz zum Decretum Gratiani, 5 Bde. München 1990 (Monumenta Germaniae Historica. Hilfsmittel, 10.1–5).

Rickenbacher, Franz: Das Strafrecht des alten Landes Schwyz. Leipzig 1902.

Rockar, Hans-Joachim (Bearb.): Abendländische Bilderhandschriften der Forschungsbibliothek Gotha. Ein kurzes Verzeichnis mit 34 Abbildungen. Forschungsbibliothek Gotha 1970.

Rocke, Michael: Forbidden friendships. Homosexuality and male culture in Renaissance Florence. New York 1996 (Studies in the history of sexuality).

Rogall, Klaus: §§ 185–200 StGB, in: SK – StGB. Systematischer Kommentar zum Strafgesetzbuch, hg. von Jürgen Wolter, Bd. IV: §§ 174–241a StGB, 9., neu bearbeitete Aufl., Köln: Carl Heymanns Verlag 2017, S. 251–359.

Roloff, Volker: Reden und Schweigen. Zur Tradition und Gestaltung eines mittelalterlichen Themas in der französischen Literatur. München 1973 (Münchener Romanistische Arbeiten, 34).

Roth, Klaus: Art. Ehebruch [C. Literatur und Volksüberlieferung], in: Lexikon des Mittelalters, hg. von Robert-Henri Bautier u. a., Bd. 3. München 1986 (ND München 2002), Sp. 1658–1659.

Ruberg, Uwe: Beredtes Schweigen in lehrhafter und erzählender deutscher Literatur des Mittelalters. Mit kommentierter Erstedition spätmittelalterlicher Lehrtexte über das Schweigen. München 1978 (Münstersche Mittelalter-Schriften, 32).

Rubo, Ernst T.: Zur Lehre von der Verleumdung mit besonderer Bezugnahme auf alle gegenwärtig geltenden deutschen Strafgesetzbücher. Berlin 1861.

Ruggiero, Guido de: The boundaries of eros. Sex crime and sexuality in renaissance Venice. New York 1989 (Studies in the history of sexuality).

Ruof, Wilhelm H.: Die Züricher Räte als Strafgericht und ihr Verfahren bei Freveln im 14. und 15. Jahrhundert. Zürich 1941.

S

Saar, Stefan Ch.: Art. Notzucht, in: Lexikon des Mittelalters, hg. von Robert-Henri Bautier u. a., Bd. 6. München 1993 (ND München 2002), Sp. 1298–1299.

Saint-Denis, Alain: La punition des mauvaises paroles aux XIIe et XIIIe siècles. Paris 1998.

Schaller, Dieter: Der verleumdete David. Zum Schlußkapitel von Bedas «Epistola ad Pleguinam», in: Literatur und Sprache im europäischen Mittelalter. Festschrift für Karl Langosch zum 70. Geburtstag, hg. von Alf Önnerfors · Johannes Rathofer · Fritz Wagner. Darmstadt 1973, S. 39–43.

Schild, Wolfgang: Alte Gerichtsbarkeit. Vom Gottesurteil bis zum Beginn der modernen Rechtsprechung. München 1980.

Ders.: Art. Feigheit, in: Handwörterbuch zur deutschen Rechtsgeschichte, hg. von Albrecht Cordes · Heiner Lück · Dieter Werkmüller · Ruth Schmidt-Wiegand, Bd. 1. Berlin 2008, Sp. 1529–1530.

Ders.: Art. Meineid, in: Lexikon des Mittelalters, hg. von Robert-Henri Bautier u. a., Bd. 6. München 1993 (ND München 2002), Sp. 472–473.

Ders.: Art. Talio(n), in: ebenda, Bd. 8. München 1997 (ND München 2002), Sp. 446–447.

Ders.: Tiergestalten und Hexereiverbrechen, in: Das Tier in der Rechtsgeschichte, hg. von Andreas Deutsch · Peter König. Heidelberg 2017 (Schriftenreihe des Deutschen Rechtswörterbuchs – Akademiekonferenzen, 27), S. 511–547.

Ders.: Art. Verrat (1998), in: Handwörterbuch zur deutschen Rechtsgeschichte, hg. von Adalbert Erler · Ekkehard Kaufmann, unter philologischer Mitarbeit von Ruth Schmidt-Wiegand, Bd. 5. Berlin 1998, Sp. 793–795.

Ders.: Art. Zweikampf, in: Lexikon des Mittelalters, hg. von Robert-Henri Bautier u. a., Bd. 9. München 1998 (ND München 2002), Sp. 723–724.

Schindler, Georg: Verbrechen und Strafen im Recht der Stadt Freiburg von der Einführung des neuen Stadtrechts bis zum Übergang an Baden (1520–1806). Freiburg im Breisgau 1937.

Schleif, Corine: «Das pos weyb» Agnes Frey Dürer. Geschichte ihrer Verleumdung und Versuche der Ehrenrettung, in: Mitteilungen des Vereins für Geschichte der Stadt Nürnberg 86 (1999), S. 47–80.

Schlosser, Hans: Art. Beweis (Recht), III. Deutsches Recht, in: Lexikon des Mittelalters, hg. von Robert-Henri Bautier u. a., Bd. 2. München 1983 (ND München 2002), Sp. 30–31.

Schmeller, Johann A.: Bayerisches Wörterbuch. Sammlung von Wörtern und Ausdrücken [...], Bd. 2. Stuttgart · Tübingen 1828.

Schmidt, Günter: Libelli famosi. Zur Bedeutung der Schmähschriften, Scheltbriefe und Pasquille in der deutschen Rechtsgeschichte. Köln 1985.

Schmidt-Wiegand, Ruth: Art. Mord (sprachlich), in: Handwörterbuch zur deutschen Rechtsgeschichte, hg. von Adalbert Erler · Ekkehard Kaufmann, unter philologischer Mitarbeit von Ruth Schmidt-Wiegand, Bd. 3. Berlin 1984, Sp. 673–675.

Schmied, Wieland: Ochs und Esel und andere Tiere der Bibel. Meisterwerke der europäischen Malerei. Stuttgart 2011.

Schmugge, Ludwig: Ehen vor Gericht. Paare der Renaissance vor dem Papst. Berlin 2008.

Schmieder, Christiane: Kinderdelinquenz vor dem Familiengericht. Handlungsmöglichkeiten und Perspektiven. Münster 2011.

Schmitz, Hermann Joseph: Die Bussbücher und die Bussdisciplin der Kirche. Nach handschriftlichen Quellen dargestellt, Bd. 1. Mainz 1883 (Nachdruck Graz 1958).

Schneider-Lastin, Wolfram · Helmut Puff: «Vnd solt man alle die so das tuend verbrennen, es bliben nit funffzig mannen jn Basel». Homosexualität in der deutschen Schweiz im Spätmittelalter, in: Lust, Angst und Provokation. Homosexualität in der Gesellschaft, hg. von Helmut Puff. Göttingen · Zürich 1993, S. 79–103 (ein ergänzter Wiederabdruck in: «Die sünde, der sich der tiuvel schamet in der helle». Homosexualität in der Kultur des Mittelalters und der frühen Neuzeit, hg. von Lev Mordechai Thoma · Sven Limbeck. Ostfildern 2009, S. 69–89).

Schorer, Reinhold: Die Strafgerichtsbarkeit der Reichsstadt Augsburg 1156–1548. Köln · Weimar · Wien 2001 (Konflikt, Verbrechen und Sanktion in der Gesellschaft Alteuropas, 3).

Schormann, Gerhard: Hexenprozesse in Deutschland, 3., durchgesehene Aufl. Göttingen 1996.

Schott, Clausdieter: Art. Eideshelfer, in: Handwörterbuch zur deutschen Rechtsgeschichte, hg. von Albrecht Cordes · Heiner Lück · Dieter Werkmüller · Ruth Schmidt-Wiegand, Bd. 1. Berlin [2]2008, Sp. 1261–1264.

Schreiner, Klaus: Art. Fußkuß, in: Lexikon des Mittelalters, hg. von Robert-Henri Bautier u. a., Bd. 4. München 1989 (ND München 2002), Sp. 1063–1066.

Ders.: «Defectus natalium» – Geburt aus einem unrechtmäßigem Schoß als Problem klösterlicher Gemeinschaftsbildung, in: Illegitimität im Spätmittelalter, hg. von Ludwig Schmugge. München 1994 (Schriften des Historischen Kollegs: Kolloquien, 29), S. 85–114.

Schubert, Ernst: Alltag im Mittelalter. Natürliches Umfeld und menschliches Miteinander. Darmstadt 2002.

Schuler, Josef: Bedeutung und Tragweite der strafrechtlichen Bestimmungen in den ältesten schweizerischen Bundesbriefen 1291–1332. Zürich 1947.

Schulte, Nikos: Öffentliche Strafe und Privatgenugtuung bei Ehrverletzungen mit Rücksicht auf die historische Entwicklung. Breslau 1913 (Strafrechtliche Abhandlungen, 173).

Schulz, Knut: Die Norm der Ehelichkeit im Zunft- und Bürgerrecht spätmittelalterlicher Städte, in: Illegitimität im Spätmittelalter, hg. von Ludwig Schmugge. München 1994 (Schriften des Historischen Kollegs: Kolloquien, 29), S. 67–83.

Schumann, Eva: Art. Buße, in: Handwörterbuch zur deutschen Rechtsgeschichte, hg. von Albrecht Cordes · Heiner Lück · Dieter Werkmüller · Ruth Schmidt-Wiegand, Bd. 1. Berlin ²2008, Sp. 789–795.

Dies.: Art. Gewette, in: ebenda, Bd. 2. Berlin ²2012, Sp. 360–362.

Dies.: Entstehung und Fortwirkung der Lex Baiuvariorum, in: Leges – Gentes – Regna. Zur Rolle von germanischen Rechtsgewohnheiten und lateinischer Schrifttradition bei der Ausbildung der frühmittelalterlichen Rechtskultur, hg. von Gerhard Dilcher · Eva-Marie Distler. Berlin 2006, S. 291–319.

Schüssler, Joseph: Ueber Injurien und Injurienklagen, insbesondere über die ästima-torische Injurienklage sowie die Klage auf Ehrenerklärung, Widerruf und Abbitte, nebst dem dabei zu beobachtenden Verfahren, mit besonderer Rücksicht auf die in Kurhessen deshalb bestehenden Vorschriften und Grundsätze. Kassel 1847.

Schuster, Beate: Frauenhandel und Frauenhäuser im 15. und 16. Jahrhundert, in: Vierteljahresschrift für Sozial- und Wirtschaftsgeschichte 78 (1991), S. 172–189.

Schuster, Peter: Das Frauenhaus. Städtische Bordelle in Deutschland 1350–1600. Paderborn 1992.

Ders.: Der gelobte Frieden. Täter, Opfer und Herrschaft im spätmittelalterlichen Konstanz. Konstanz 1995.

Ders.: Eine Stadt vor Gericht. Recht und Alltag im spätmittelalterlichen Konstanz. Paderborn · München · Wien · Zürich 2000.

Ders.: Hinaus oder ins Frauenhaus. Weibliche Sexualität und gesellschaftliche Kontrolle an der Wende vom Mittelalter zur Neuzeit, in: Mit den Waffen der Justiz. Zur Kriminalitätsgeschichte des späten Mittelalters und der Frühen Neuzeit, hg. von Andreas Blauert · Gerd Schwerhoff. Frankfurt am Main 1993, S. 17–31.

Schweitzer, Franz-Josef: Tugend und Laster in illustrierten didaktischen Dichtungen des späten Mittelalters. Studien zu Hans Vintlers «Blumen der Tugend» und zu «Des Teufels Netz». Hildesheim · Zürich · New York 1993 (Germanistische Texte und Studien, 41).

Schwerhoff, Gerd: Invektive Hände. Schmähgesten im Spätmittelalter und in der Frühen Neuzeit, in: Handgebrauch. Geschichten von der Hand aus dem Mittelalter und der Frühen Neuzeit, hg. von Robert Jütte · Romedio Schmitz-Esser. Paderborn 2019, S. 211–233.

Ders.: Invektivität und Geschichtswissenschaft. Konstellationen der Herabsetzung in historischer Perspektive – ein Forschungskonzept, in: Historische Zeitschrift 311 (2020), S. 1–36.

Ders.: Verfluchte Götter. Die Geschichte der Blasphemie. Frankfurt am Main 2021.

Ders.: Verordnete Schande? Spätmittelalterliche und frühneuzeitliche Ehrenstrafen zwischen Rechtsakt und sozialer Sanktion, in: Mit den Waffen der Justiz. Zur Kriminalitätsgeschichte des späten Mittelalters und der Frühen Neuzeit, hg. von dems. · Andreas Blauert. Frankfurt am Main 1993, S. 158–188.

Ders.: Zungen wie Schwerter. Blasphemie in alteuropäischen Gesellschaften 1200–1650. Konstanz 2005 (Konflikte und Kultur – historische Perspektiven, 12).

See, Klaus von: Altnordische Rechtssprache als mittelalterliche Fachsprache, in: Leges – Gentes – Regna. Zur Rolle von germanischen Rechtsgewohnheiten und lateinischer Schrifttradition bei der Ausbildung der frühmittelalterlichen Rechtskultur, hg. von Gerhard Dilcher · Eva-Marie Distler. Berlin 2006, S. 159–165.

Segesser, Anton P. von: Rechtsgeschichte der Stadt und Republik Lucern, Bd. 2: Die innere Rechtsgeschichte bis zum Ende es 15. Jahrhunderts. Luzern 1854 (ND Aaalen 1974).

Seibertz, Johann S.: Landes- und Rechtsgeschichte des Herzogthums Westfalen, Bd. 2. Arnsberg 1843.

Seibt, Ferdinand: Johannes von Nepomuk. Ein schweigender Märtyrer, in: Johannes von Nepomuk. Variationen über ein Thema, hg. vom Adalbert Stifter Verein. München · Paderborn · Wien 1973, S. 15–24.

Sellert, Wolfgang: Art. Leumund, in: Handwörterbuch zur deutschen Rechtsgeschichte, hg. von Adalbert Erler · Ekkehard Kaufmann, unter philologischer Mitarbeit von Ruth Schmidt-Wiegand, Bd. 2. Berlin 1978, Sp. 1856–1858.

Ders.: Art. Rügegericht, Rügeverfahren, in: ebenda, Bd. 4. Berlin 1990, Sp. 1201–1205.

Ders.: Art. Standesgerichtsbarkeit, in: ebenda, Sp. 1916–1917.

Ders. · Rüping, Hinrich: Studien- und Quellenbuch zur Geschichte der deutschen Strafrechtspflege, Bd. 1: Von den Anfängen bis zur Aufklärung. Aalen 1986.

Senft, Eduard: Bemerkungen über das Verbrechen der widernatürlichen Unzucht, in: Österreichische Vierteljahrsschrift für Rechts- und Staatswissenschaft 17 (1866), S. 195–233.

Shahar, Shulamith: Die Frau im Mittelalter. Königstein im Taunus 1981.

Siegemund, Jan: unrechtliche peinliche schmehung oder dem gemeinen nutz nuetzlich? Eine Fallstudie zur Normkonkurrenz im Schmähschriftprozess des 16. Jahrhunderts, in: Das Mittelalter 25 (2020), S. 135–149.

Singer, Bruno: Die Fürstenspiegel in Deutschland im Zeitalter des Humanismus und der Reformation. Bibliographische Grundlagen und ausgewählte Interpretationen: Jakob Wimpfeling, Wolfgang Seidel, Johann Sturm, Urban Rieger. München 1981.

Somerville, Robert: Pope Alexander III and the Council of Tours (1163). A Study of Ecclesiastical Politics an Institutions in the Twelfth Century. Berkeley · Los Angeles · London 1977.

Sonntag, Esther: Entwicklungstendenzen der Privatstrafen. Strafschadensersatz im antiken, römischen, deutschen und US-amerikanischen Recht. Berlin 2005 (Berliner Juristische Universitätsschriften – Grundlagen des Rechts, 33).

Sörries, Reiner: Der mittelalterliche Friedhof. Das Monopol der Kirche im Bestattungswesen und der so genannte Kirchhof, in: ders. (Hg.): Raum für Tote. Die Geschichte der Friedhöfe von den Gräberstraßen der Römerzeit bis zur anonymen Bestattung. Braunschweig 2003, S. 27–52.

Spieß, Karl-Heinz: Familie und Verwandtschaft im deutschen Hochadel des Spätmittelalters. 13. bis Anfang des 16. Jahrhunderts. Stuttgart 1993 (Vierteljahrsschrift für Sozial- und Wirtschaftsgeschichte. Beihefte, 111).

Sprecher, Daniel: Persönliche Ehre und Ehrenstrafen. Die strafrechtsgeschichtliche Entwicklung der Ehrenstrafe vom Mittelalter bis zur Neuzeit, in: Das Recht im kulturgeschichtlichen Wandel. Festschrift für Karl Heinz Burmeister zur Emeritierung, hg. von Bernd Marquardt · Alois Niederstätter. Konstanz 2002, S. 401–425.

Steinhausen, Georg: Kaufleute und Handelsherren in alten Zeiten, Leipzig 1899.

Steinhoff, Hans H.: Art. Elisabeth von Nassau-Saarbrücken, in: Die deutsche Literatur des Mittelalters. Verfasserlexikon, hg. von Kurt Ruh, Bd. 2, 2., völlig neu bearb. Aufl. Berlin · New York 1979, Sp. 482–488.

Stutz, Emil: Das Strafrecht von Stadt und Amt Zug (1352–1798). Bern 1917.

Süß, Rolf: Hochgericht und Lasterstein. Rechtsleben im alten Freiburg, Freiburg im Breisgau 1980.

T

Tacke, Andreas (Hg.): «... wir wollen der Liebe Raum geben». Konkubinate geistlicher und weltlicher Fürsten um 1500. Göttingen 2006.

Telechea, Jesus A. S.: «Fama publica», infamay and defamation. Judical violence and social control of crimes against sexual morals in medieval Castile, in: Journal of Medieval History 33 (2007), S. 398–413.

Teufert, Eveline: Notzucht und sexuelle Nötigung. Ein Beitrag zur Kriminologie und Kriminalistik der Sexualfreiheitsdelikte unter Berücksichtigung der Geschichte und der geltenden strafrechtlichen Regelung. Frankfurt am Main 1980.

Thiel, Kasimir: Iniuria und Beleidigung. Eine Vorarbeit zur Bestimmung des Begriffes der Beleidigung. Breslau 1905 (Strafrechtliche Abhandlungen, 62).

Toch, Michael: Schimpfwörter im Dorf des Spätmittelalters, in: Mitteilungen des Instituts für Österreichische Geschichtsforschung 101 (1993), S. 311–327.

Trusen, Winfried: Art. Inquisitionsprozeß, in: Lexikon des Mittelalters, hg. von Robert-Henri Bautier u. a., Bd. 5. München 1991 (ND München 2002), Sp. 441–442.

Ders.: Das Verbot der Gottesurteile und der Inquisitionsprozeß. Zum Wandel des Strafverfahrens unter dem Einfluß des gelehrten Rechts im Mittelalter, in: Sozialer Wandel im Mittelalter. Wahrnehmungsformen, Erklärungsmuster, Regelungsmechanismen, hg. von Jürgen Miethke · Klaus Schreiner. Sigmaringen 1994, S. 235–247.

Ders.: Der Inquisitionsprozeß, in: Zeitschrift für Rechtsgeschichte, germanistisch-kanonistische Abt. 74 (1988), S. 168–230.

Ders.: Gelehrtes Recht im Mittelalter und in der frühen Neuzeit. Goldbach (bei Aschaffenburg) 1997 (Bibliotheca eruditorum, 23).

Ders.: Strafprozeß und Rezeption. Zu den Entwicklungen im Spätmittelalter und den Grundlagen der Carolina, in: Strafrecht, Strafprozeß und Rezeption. Grundlagen, Entwicklung und Wirkung der Constitutio criminalis Carolina, hg. von Peter Landau · Friedrich-Christian Schroeder. Frankfurt am Main 1984, S. 29–118.

Tschacher, Werner: Der Flug durch die Luft zwischen Illusionstheorie und Realitätsbeweis. Studien zum sog. Kanon Episcopi und zum Hexenflug, in: Zeitschrift der Savigny-Stiftung für Rechtsgeschichte 116, Kan. Abt. 85 (1999), S. 225–276.

U

Ubl, Karl: Doppelmoral im karolingischen Kirchenrecht? Ehe und Inzest bei Regino von Prüm, in: Recht und Gericht in Kirche und Welt um 900, hg. von Winfried Hartmann, unter Mitarbeit von Annette Grabowsky. München 2007 (Schriften des Historischen Kollegs. Kolloquien, 69), S. 91–124.

Uitz, Erika: Die Frau im Mittelalter. Wien 2003 (ND Leipzig 1988, Originaltitel: Die Frau in der mittelalterlichen Stadt).

Ulbrich, Claudia: Art. Prostitution, in: Enzyklopädie der Neuzeit, Bd. 10: Physiologie – Religiöses Epos, im Auftrag des Kulturwissenschaftlichen Instituts (Essen) und in Verbindung mit den Fachwissenschaftlern hg. von Friedrich Jaeger. Stuttgart · Weimar 2009, Sp. 464–471.

V

Vasella, Oskar: Über das Konkubinat des Klerus im Spätmittelalter, in: Mélanges d'histoire et de litterature offerts à Charles Gilliard. Lausanne 1944, S. 268–283.

Verfasser-Datenbank. Autorinnen und Autoren der deutschsprachigen Literatur und des deutschsprachigen Raums: Von den Anfängen bis zur Gegenwart (Online Reference des Walter de Gruyter Verlags, veröffentlicht 2012). Lizensierter Internetzugang unter: https://www.degruyter.com/database/vdbo/html.

W

Wallenrodt, C. [?] von: Die Injurienklagen auf Abbitte, Widerruf und Ehrenerklärung in ihrer Entstehung, Fortbildung und ihrem Verfall. Ein Beitrag zur Geschichte des deutschen Strafrechts, in: Zeitschrift für Rechtsgeschichte 3 (1864), S. 238–300.

Weber, Adolph D.: Ueber Injurien und Schmähschriften, 3 Abt. Schwerin · Wismar 1800–1805 (1. Abt.: 3. Aufl. 1803, 2. Abt.: 3. Aufl. 1805, 3. Abt.: 1. Aufl. 1800).

Weber, Wolfgang E. J.: Art. Ehre, in: Enzyklopädie der Neuzeit, Bd. 3: Dynastie–Freundschaftslinien, im Auftrag des Kulturwissenschaftlichen Instituts (Essen) und in Verbindung mit den Fachwissenschaftlern hg. von Friedrich Jaeger. Stuttgart · Weimar 2006, Sp. 77–83.

Wechsler, Elisabeth: Ehre und Politik. Ein Beitrag zur Erfassung politischer Verhaltensweisen in der Eidgenossenschaft (1440–1500) unter historisch-anthropologischen Aspekten. Zürich 1991.

Wegele, Hermann: Zur Geschichte der falschen Anschuldigung. Ansbach 1892.

Weigand, Karl: Art. Fünf, Fünfe, in: Deutsches Wörterbuch, Bd. 4, Abt. 1.1, bearb. von Jacob Grimm · Rudolf Hildebrand · Karl Weigand. Leipzig 1878, Sp. 557.

Weimar, Peter: Art. Beleidigung [I. Römisches und gemeines Recht], in: Lexikon des Mittelalters, hg. von Robert-Henri Bautier u. a., Bd. 1. München 1980 (ND München 2002), Sp. 1837.

Ders.: Art. Calumnia, in: ebenda, Bd. 2. München 1983 (ND München 2002), Sp. 1403.

Ders.: Art. Diebstahl, A. Römisches und gemeines Recht, in: ebenda, Bd. 3. München 1986 (ND München 2002), Sp. 987–988.

Wernicke, Steffen: Von Schlagen, Schmähen und Unendlichkeit. Die Regensburger Urfehde im 15. Jahrhundert, in: Kriminalitätsgeschichte. Beiträge zur Sozial- und Kulturgeschichte der Vormoderne, hg. von Andreas Blauert und Gerd Schwerhoff. Konstanz 2000, S. 397–404.

Ders.: «Weil ich mich gegen meinen benannten Mann vergessen ...». Frauen vor Gericht, in: Regensburger Frauenspuren. Eine historische Entdeckungsreise, hg. von Ute Kätzel · Karin Schrott. Regensburg 1995, S. 64–85.

Wessels, Johannes · Hettinger, Michael · Engländer, Armin: Strafrecht – Besonderer Teil 1: Straftaten gegen Persönlichkeits- und Gemeinschaftswerte, 44., neu bearb. Aufl. Heidelberg 2020 (Schwerpunkte).

Widder, Ellen: Konkubinen und Bastarde. Günstlinge oder Außenseiter an Höfen des Spätmittelalters? In: Der Fall des Günstlings. Hofparteien in Europa vom 13. bis zum 14. Jahrhundert, hg. von Jan Hirschbiegel · Werner Paravicini. Ostfildern 2004 (Residenzenforschung, 17), S. 417–480.

Wigand, Paul: Das Femgericht Westphalens, aus den Quellen dargestellt, und mit noch ungedruckten Urkunden erläutert. Ein Beitrag zur deutschen Staats- und Rechtsgeschichte. Hamm 1825.

Wilda, Wilhelm E.: Das Strafrecht der Germanen. Halle 1842 (Geschichte des deutschen Strafrechts, 1).

Ders.: Von den unecht gebornen Kindern. Ein Beitrag zur Rechtsgeschichte, in: Zeitschrift für deutsches Recht und deutsche Rechtswissenschaft 15 (1855), S. 237–297.

Willoweit, Dietmar (Hg.): Die Entstehung des öffentlichen Strafrechts. Bestandsaufnahmen eines europäischen Forschungsproblems. Köln · Weimar · Wien 1999 (Konflikt, Verbrechen und Sanktion in der Gesellschaft Alteuropas. Symposien und Synthesen, 1).

Ders.: Von der natürlichen Kindschaft zur Illegitimität. Die nichtehelichen Kinder in den mittelalterlichen Rechtsordnungen, in: Illegitimität im Spätmittelalter, hg. von Ludwig Schmugge. München 1994 (Schriften des Historischen Kollegs: Kolloquien, 29), S. 55–66.

Wunder, Heide: «Weibliche Kriminalität» in der Frühen Neuzeit. Überlegungen aus der Sicht der Geschlechtergeschichte, in: Von Huren und Rabenmüttern. Weibliche Kriminalität in der Frühen Neuzeit, hg. von Otto Ulbricht. Köln · Weimar · Wien 1995, S. 39–61.

Wunderlich, Werner: Apelles. Der Mythos vom Künstler ohne Werk, in: Künstler – Dichter – Gelehrte, hg. von Ulrich Müller · Werner Wunderlich, unter Mitarbeit von Margarete Springeth. Konstanz 2005 (Mittelalter. Mythen, 4), S. 37–47.

Würth, Ingrid: Die Aussagen der vier «Dienerinnen» im Kanositationsprozess und ihre Überlieferung im sogenannten «Libellus», in: Elisabeth von Thüringen. Eine europäische Heilige. Aufsätze [Katalog zur 3. Thüringer Landesausstellung auf der Wartburg, Eisenach 7. Juli bis 19. November 2007], hg. im Namen der Wartburg-Stiftung Eisenach und der Friedrich-Schiller-Universität Jena, unter Mitarbeit von Uwe John · Helge Wittmann, von Dieter Blume · Matthias Werner. Petersberg 2007, S. 187–192.

Wustmann, Gustav: Apelles‘ Leben und Werk. Leipzig 1870.

Z

Zumkley, Beate: Das Weseler Gerichtsbild «Die Eidesleistung» von Derick Baegert. Quellengeschichtliche und technologische Studien zu einem Gemälde des 15. Jahrhunderts. Köln 1988.

Zürcher, Meret: Die Behandlung jugendlicher Delinquenten im alten Zürich (1400–1798). Diss. Zürich 1960.

3. Personen- und Ortsregister

4. Sachregister

5. Verzeichnis der verwendeten Quellentexte

6. Abbildungsverzeichnis

13

Die Gefangensetzung und Bestrafung des römischen Statthalters Petrus nach Georg Spalatins *Chronik der Sachsen und Thüringer*

Nach einer mitteldeutschen Pergamenthandschrift aus dem späten 16. oder frühen 17. Jahrhundert

Gotha, Forschungsbibliothek, Chart. A 190, fol. 154v (neue Seitenzählung)

Abbildung auf S. 303

14

Mann am Pranger, Illustration aus der *Kronika der Preussenn* des Stanislaus Bornbach (* 1530 † 1597)

Papierhandschrift aus dem Jahr 1553

Gotha, Forschungsbibliothek, Chart. A 819, fol. 111v–112r

Abbildung auf S. 312–313

15

Marktplatz der Stadt Lübeck mit Finkenbauer und Pranger

Kupferstich von ca. 1580

Abbildung aus: Steinhausen, Georg: Kaufleute und Handelsherren in alten Zeiten, Leipzig 1899, ohne Seitenzahlen

Abbildung auf S. 318–319

16

Lastersteine aus dem ehemaligen Stadtmuseum Laucha an der Unstrut

Fotografie von ca. 1946

Abbildung aus: Frölich, Karl: Denkmäler mittelalterlicher Rechtspflege in Ost- und Mitteldeutschland. Gießen 1946 (Arbeiten zur rechtlichen Volkskunde, 5), Tafel IV, Abb. 13

Abbildung auf S. 322

FSC
www.fsc.org
MIX
Papier | Fördert gute Waldnutzung
FSC® C083411

Kolibri 360 GmbH
Ferdinand-Jühlke-Straße 7
99095 Erfurt, Deutschland
produktsicherheit@kolibri360.de